KB146445

안병희 선생 10주기 추모 논문집

안병희 선생 10주기 추모 논문집 간행위원회

역락

安秉禧 先生님 遺影

安秉禧 先生님 年譜

원　적: 慶南 晋陽郡 晋城面 大寺里 952-4.

본　관: 廣州 (부 龍洙 모 昌寧成氏의 4남)

생몰월일: 1933. 1. 11. 生.

2006. 10. 24. 卒.

가족관계: 妻　李敦淑

장남　章勳(안장훈 내과 병원 원장)

자부　朴柱玲

손녀　和姸, 裕姸

장녀　慶華(서울대학교 언어교육원 선임연구원)

婿　辛重鎬(한국지질자원연구원 책임연구원)

외손　辛正模, 辛之潤

차남　容勳(엠실리콘(주) 과장)

자부　朴池苑

손자　在憲, 재은

학 력

1946. 9. 1. - 1952. 3. 20.	진주농림중(고등)학교
1952. 4. 24. - 1956. 3. 28.	서울대학교 문리과대학 국어국문학과(문학사)
1956. 4. 1. - 1958. 3. 28.	서울대학교 대학원 국어국문학과(문학석사)
1960. 4. 1. - 1965. 2. 28.	서울대학교 대학원 국어국문학과(박사과정 수료)
1977. 2. 26.	서울대학교 대학원 문학박사 [중세국어의 구결 표기 차자에 관한 연구]

경 력

1958. 6. 12. - 1960. 3. 31.	서울대학교 문리과대학 조교
1960. 4. 1. - 1961. 3. 31.	건국대학교 문리과대학 전임강사
1961. 4. 1. - 1964. 8. 31.	건국대학교 문리과대학 조교수
1964. 9. 1. - 1968. 4. 15.	건국대학교 문리과대학 부교수
1968. 4. 15. - 1969. 11. 30.	서울대학교 교양과정부 조교수
1969. 12. 1. - 1975. 2. 28.	서울대학교 교양과정부 부교수
1975. 3. 1. - 1977. 4. 20.	서울대학교 인문대학 국어국문학과 부교수
1977. 4. 21. - 1998. 2. 28.	서울대학교 인문대학 국어국문학과 교수
1998. 5. 27. - 2006. 10. 24.	서울대학교 인문대학 국어국문학과 명예교수

1973. 9. 25. - 1975. 1. 18. 일본 동경대학 문학부 외국인연구원

1975. 1. 20. - 1975. 4. 5. 중화민국 국립중앙연구원 역사어언연구소 외국인연구원

1980. 8. 20. - 1980. 11. 20. 독일 보훔대학교 동아시아학부 외국인연구원

1987. 12. 19. - 2006. 10. 24 진단학회 평의원

1990. 4. 2. - 1990. 12. 31. 국어연구소 소장 (제4대)

1991. 1. 10. - 1994. 12. 31. 국립국어연구원장 (초대, 2대 연임)

1993. 3. 1. - 1994. 2. 28. 국어학회 회장

1996. 1. 1. - 1997. 12. 31. 서울대학교 인문학연구소장

1998. 5. 29. - 2002. 6. 27. 한국서지학회 회장

2005. 4. 25. - 2006. 10. 24. 국보지정분과 문화재위원

서훈 · 상훈

1993. 4. 10. 월봉저작상 수상 [월봉 한기악선생 기념사업회]

1996. 3. 1. 제37회 3·1 문화상 수상.

1998. 2. 20. 국민훈장목련장

2002. 10. 9. 대통령상(제21회 세종문화상)

2004. 11. 23. 제8회 동숭학술상 수상. [재단법인 동숭학술재단

2007. 10. 9. 은관문화훈장(한글의 날 유공)

추모사

安秉禧 선생님을 회고합니다

—10주기 추모 논문집에 붙여—

시간이 흐른다는 것, 그것도 인생의 한 부분이 아니겠습니까. 벌써 安秉禧 선생님을 여읜 지 10여 년이 흘러갔습니다. 늘 제 옆을 그리고 국어학을 지켜 주시던 安 선생님의 모습도 얼른 떠오르지 않고 때로는 멈추어 서 버려 가물가물할 때가 있습니다. 安 선생님 댁은 오랫동안 마포 종점의 서쪽 언덕에 있었고 나는 그 남쪽 한강 가운데 섬(?)에 있었습니다. 지금은 기억이 그 중간 옛 종점에서 딱 멈추어 버렸나 봅니다. 安 선생님은 10여 년 전에 돌아가셨고 저는 이제 80살이 다 되어 버렸습니다. 이렇게 세월이 흘러 버렸습니다. 이제 남은 기억 몇 가지를 회고하며 그 중간 지점인 마포 종점(?)으로 달려 가 선생님을 뵐까 합니다.

安 선생님과 저는 7년의 시간차를 두고 이 세상에 나왔습니다. 1959년 봄 제가 서울대학교 문리과대학 국어국문학과에 입학했을 때 安 선생님은 석사논문을 쓰시고서 학과 무급조교로 계셨습니다. 자리에는 거의 보이지는 않았던 것 같습니다. 아마 딴 곳에서 국어를 가르치고 계셨던 것 같습니다. 조교 책상에 있던 '安秉禧'라 적혀 있는 누렇게 바랜 대학노트의 겉장이 기억에 남았을 뿐입니다. 제가 여러 해 뒤에 그 자리에 앉게 되리라고는 전혀 상상을 못했었습니다.

그 이듬해에 2학년이 되었을 때 거기에는 故 金明坤이라는 거구의 선배가 앉아 있곤 했는데, 安 선생님은 1960년에 건국대 교수로 자리를 옮기시고는 1년 뒤인 1961년에 서울대 문리대에서 처음으로 <국어학특강>이란 강의를 맡으셔서 3학년이었던 저와 동기들 또 일부 선배들 해서 20명 가까이서 수강을 했었습니다. 저는 조교와 학생의 관계를 떠나 이제 스승과 제자의 관계로의 후학이 된 것이었습니다. 선생님은 우선 언어학의 여러 분야를 흑판에 깨끗이 적으면서 첫 시간 강의를 시작하셨습니다. (phonetics), phonemics, morpho(pho)nemics, morphemics, morphology, (morphosyntax), syntax, (semantics) ... 등등 말입니다. 그리고는 이번 강의는 주로 15세기 국어를 중심으로 morphonemics로부터 morphemics에 걸쳐 즉 형태론(morphology)을 중심으로 하시겠다고 했는데, 도중에 어느 학생이 갑자기 "선생님, 용어들이 생소합니다." 하고 말했을 때에 安 선생님은 좀 당황해 하면서 홍당무 표정을 지으셨던 것 같습니다. 배우는 수강생에게는 생소한 강의 내용이 한두 가지가 아니잖습니까. 이들 미국식 용어는 그때까지는 익숙하지 않았습니다. 미국식 용어 phonemics 대신 주로 phonology 등의 유럽식 용어를 강의 시간을 통해 들어왔기 때문이었던 것 같습니다. 나중에 들은 것이기는 하지만 강의를 나가시던 어느 고등학교의 교장 따님과 올리는 결혼식장에 입장할 때에 신랑 安 선생님이 너무 떨까 봐 心岳 李崇寧 선생님 사모님께서 커피를 타서 드시게 해 진정시켰다는 말씀을 들은 일이 있었습니다. 安 선생님은 심악 선생님 댁에서 유숙하며 사모님이 차려 주시는 밥을 먹으며 학창 시절을 보낸 학생이었습니다. 서울대 첫 강의에서 가뜩이나 긴장된 순간에 학생으로부터 느닷없이 질문이 아닌 질문을 듣는 순간 당황하지 않을 수 있었겠습니까? 강의 내용은 주로 安 선생님의 석사학위 논문인 <국어연구> 7집의 것이 바탕이 되었었습니다. 이 논문은 한 동안 국어학 석사논문의 모델 역할도 했었는데, 나도 비록 현대어를 바탕으로 했지만 학부 졸업논문의 틀을 이 논문으로 삼았었습니다. 金完鎭 선생님과 나는 "15세기 국어 활용어간에 대한 형태론적 연구"란 논문 제목 그대로 탑출판사에서 단행본으로 재간해 학계에 다시 보급하기도 했었습니다. 安 선생님이 후기를 꼼꼼히 적어 주셨었습니다.

제가 군 복무를 마치고 安 선생님이 지키셨던 학과 연구실 조교 자리에 앉은 1965년 말엽 어느 날 安 선생님께서 논문 별쇄본 하나를 주셨습니다. 건국대 <學術誌>에 실은 "後期 中世國語의 疑問法에 대하여"(1965)였었습니다. 한국어의 특성을 잘 보여 주던 본격적인 morphosyntax의 주제였었습니다. 그걸 밤새 읽으며 무릎을 여러 번 쳤습니다. "논문이란 이런 거구나." "논문은 이렇게 써야 되는 거구나."하면서 감탄을 했습니다. 정확한 예시며 정연한 논리 전개며 깔끔한 요약 등은 당시의 저를 여러 번 놀라게 했던 기억이 떠오릅니다. 자료를 중심으로 귀납적 결론을 이끌어내던 은사 이숭녕 선생님의 논문 방식이기는 하나, 당시에 제가 흔히 보던 논문들과는 전혀 다른 서술 방식이었습니다. 예시와 요약적 설명 등의 방식은 석사논문의 틀을 유지했던 것은 물론이었습니다. 특히 예증으로 든 15세기의 자료를 보면서 아! 심악 선생님이 언어 자료의 신빙성을 높이기 위해 강의 중에서 또 논문 속에서 수없이 강조했던 문헌 검증을 거친 sampling으로부터 얻는 결과가 이런 것이구나 하는 생각도 먹게 했었습니다. 더 정확히 말하면 安 선생님의 사고의 바탕이 정확성과 엄격성에 있기 때문이 아닌가 하고 생각합니다. 평소에 이를 반영하는 언급으로 이런 예를 들 수 있지 않을까 합니다. 예컨대 어떤 위원회에서 맡고 있던 그 위원직을 사퇴하려 할 때에, 말로 사퇴하겠다고 하려면 말로만 위촉받았을 경우이고 사퇴서를 제출할 경우에는 서류로 위촉장을 받은 경우로, 이 두 경우를 분명하게 구별하라는 것이었습니다. 安 선생님이 생애 말기에 한국서지학회 회장을 지내신 역사는 이렇게 그분의 타고난 엄격한 성격에다가 이른 시기에 싹텄던 문헌 자료의 깔끔한 sampling 과정을 거친 때문은 아니었을까 하는 생각도 가져 봅니다. 어쩌다가 외부에서 논문을 받고서 제 연구실로 오셔서 특히 지방 간행 고서를 통한 방언 현상 연구 논문 중에 문헌 고증도 없이 문헌 목록만 제시하고서 방언적 실현의 예시를 통해 논지를 전개시킨 경우에는 열을 올리며 성토하시곤 했던 일이 여러 번 있었습니다. 문헌 고증의 서지적 기초가 전혀 이루어지지 않아 엄격한 sampling을 거치지 않았던 경우였습니다. 특히 문헌 자료의 신빙성 문제는 꼭 짚고 넘어가야 할 일일 것입니다.

1968년 서울대학교에는 기초 교양교육(general education)의 강화를 위해 교양과정부라는 기구가 신설되면서 安秉禧 선생님은 이곳 서울대 교수로 옮기시어 그곳의 국어과 과장을 맡으시고 저도 문리대 연구조교에서 그곳의 유급조교로 자리를 옮겨 安 선생님과 같은 직장의 한 식구가 되었습니다. 어느 연세가 드신 전임 교수가 저에게 조교 임무 이외의 개인적인 연구수행을 위한 일부 앙케트 자료 조사를 부탁한 적이 있었는데, 안 선생님은 그건 조교의 업무가 아니라며 이를 제지해 주곤 했었습니다. 2년 뒤 저도 은사님들과 주위의 선생님들의 배려로 30세의 젊은 나이에 그곳의 전임강사로 발령받아 근무하게 되었습니다. 주제넘게 표현하면 安 선생님과 직장동료가 된 셈인데, 이때부터 안 선생님의 가르침과 지도를 더욱 계속 많이 받고는 했었습니다. 세상 살아가는 방법을 배우기도 했습니다. 安 선생님의 행정능력과 학과 운영은 마치 그 분의 논문처럼 아주 명쾌하게만 보였습니다. 아랫사람을 탈 없이 돌봄도 겉으로는 드러나지 않지만 깊이가 있으셨습니다. 학문적인 대화는 그분의 학문이 워낙 높아서 조심스러워 거의 여쭙지를 못했습니다. 가끔 오히려 安 선생님이 방언 자료와 근대국어와의 관련성에 대해 이야기를 꺼내며 저의 생각을 묻곤 했었습니다. 표기와 발음과의 관계가 현대방언에 어찌 반영되었는지 하는 등 참으로 근대국어의 핵심이면서 어려운 질문이 많았던 것으로 기억됩니다. 1970년 전후해서 어떤 사정이 있어서 저도 심악 선생님 댁에서 보름쯤 길지 않은 기간 유숙하게 되었는데, 일제강점기의 적산가옥 현관문 옆방이었습니다. 바로 그 방은 유서 깊게도 安 선생님 이외에도 서강대의 鄭然燦 선생님, 숙명여대의 蔡壎 선생님 등 여러 분들이 학창 시절에 한때 유숙했던 방이었습니다. 이런 인연도 있어서인지 심악 선생님과 관련이 있는 일에 대해 가끔 의논을 하기도 했었습니다. 저로서는 물론 분에 넘치고 때로는 당혹스러운 일이었을 때도 있었습니다.

1975년 서울대 종합화로 함께 인문대 교수로 옮겨 연구실을 이웃하고 있을 때도 여전하셨습니다. 安 선생님은 같은 학과의 李基文, 金完鎭 선생님과 마찬가지로 내게는 어려운 분이었는데 학계와 학문을 함께 이끌면서 내게도 깊은 배려를 해 주시곤 했었습니다. 나의 일생은 아마도 어쩌면 이런 배려 속에서 어른들께 응석받이로 지낸 세월이었던 셈입니다.

1970년대에는 국어학회 등에서 모시고 임원을 함께 한 일도 있는데 역시 명확한 일 처리를 하셨었습니다. 安 선생님의 무게 있는 논문들은 <震檀學報>와 <國語學>에 많이 게재되었었습니다. 진단학회에서는 이제는 전통이 된 '고전심포지엄'에서 이른 시기에 安 선생님께서 <訓民正音>의 주제 발표를 하신 일이 있었고, 제가 임원으로 있을 때에는 <月印釋譜>의 주제 발표를 부탁드리기도 했었습니다. 그때 국립박물관의 큰 강당이 꽉 찼던 기억이 납니다.

학계에 대한 생각도 넓으셨습니다. 1970년대 후반 심악 선생님의 칠순을 앞두고 기념논문집을 준비하면서 의논을 드린 일이 있었는데, 당시까지는 국내에서 회갑기념논문집 외에는 칠순 또는 고희 기념논문집이 간행된 일이 없었습니다. 너도 나도 이런 기념논문집을 간행하려는 풍토를 걱정하며 다시 생각해 보라 하셨었습니다. 학계를 위한 생각이라 저도 머뭇거렸었습니다. 이삼일 뒤 安 선생님이 제 연구실에 오셔서 현대국어학을 개척하신 심악 만한 분이라면 간행해도 좋겠다고 하시며 오히려 생각이 짧았다고 해서 그 이듬해에 <이숭녕선생고희기념 국어국문학논총>(1977, 탑출판사)을 간행하게 되었습니다. 그 후 2008년에 이숭녕 선생님의 탄신 100주년 기념논집 <이숭녕, 현대국어학의 개척자>까지 간행하게 되었습니다.

그런가 하면 은사를 생각하는 마음도 끔찍했었습니다. 이희승 선생님의 저서 <한글 맞춤법 강의>(1989)를 손질해 수정판을 낸 일은 은사를 끔찍이 아끼지 않으면 좀처럼 하기 힘든 일일 것입니다. 그리고 우여곡절 끝에 남산 한옥마을에다 어렵게 세우게 된 은사 이희승 선생님을 기리는 추모비는

安 선생님의 적극성이 아니었더라면 세워질 수가 없었습니다. 심악 선생님이 작고하신 지 몇 년 뒤의 일이었습니다. 당시에 국립국어연구원장으로 계셨던 어느 날 학교 연구실로 오시더니 심악 은사를 "이 달의 문화 인물"로 추천하면 어떠냐는 것이었습니다. 그런데 저는, 그 당시 문화관광부 차관이 심악 선생님 아드님의 친구임을 고려해서 반대했었습니다. 후에 추천을 포기했다고 말씀하시는 것을 듣고 역시 은사를 끔찍이 생각하시는구나 하는 생각이 들고 安 선생님께 오히려 송구스러워 한 일이 있었습니다. 몇 달 뒤 한글날에 정부에서는 문화관광부의 추천을 받아 심악 선생님께 금관문화훈장을 추서하였습니다.

국립국어연구원장으로 재직하던 때 어느 날이었습니다. 아마도 환갑 무렵이었던 듯합니다. 평소 安 선생님과 대학 동기로 특별히 가까이 지내셨던 언어학과 成百仁 교수가 내 연구실로 들어와 "안병희 교수가 나쁜 병에 걸렸나 봐요." 하며 병환 얘기를 들려주었었습니다. 청천병력이었습니다. 참으로 안타까웠습니다. 다행히 그간에 '삼일문화상'을 받으셨습니다. 그러고 여러 해를 지나 부음을 듣게 되었습니다. 장지에 갔었습니다. 섭섭한 마음에 마지막 모습을 보기 위해서였습니다. 옆에 季氏 安秉奎 전국회의원이 "형제가 다 돌아가고 나만 남았어." 하고 말을 해 주었던 목소리가 지금 오랜만에 들려옵니다. 安 선생님! 부디 고이 쉬시며 생전에 우리에게 해 주셨던 그 말씀과 행동으로 후학들을 여전히 이끌어 주시기를 빕니다.

2018년 10월

後學 李秉根이 두 번 절을 올립니다.

차례

제2부 선생님을 그리며

제1부

선생님을 기리고

안병희 선생과 세종실록의 몇 가지 문제

임 홍 빈(서울대 명예교수)

1. 목적

본고[1)]의 목적은 세 가지이다. 하나는 안병희 선생 10주기를 맞이하여, 선생의 업적을 회고하며 『세종장헌대왕실록』[2)]의 『훈민정음』 간행 기사에 대한 선생의 언급을 찾아보는 것이고,[3)] 다른 하나는 실록의 훈민정음 간행 기사에 나타나는 오자(誤字), 기자(奇字)에 대한 졸고(2013a,d)의 주장을 다시 소

1) 본고는 2016년 9월 24일 안병희 선생 10주기를 추모하여 열린 발표회에서 '조선왕조실록과 안병희 선생'이라는 제목으로 발표된 것을 수정하고 크게 확대하여, 안병희 선생의 훈민정음에 대한 생각을 좀더 살펴보고, 김주원(2013)에 대한 비판을 좀더 적극화한 것이다.

2) 이후 이를 그냥 『세종실록』으로 가리키기로 한다.

3) 이와 관련하여 안병희 선생의 사신(私信)을 찾게 된 것을 기쁘게 생각한다. 사신을 찾아 손에 들고는 선생을 다시 만난 듯한 감회에 젖었다. 사신에 담긴 선생의 생각을 여럿이 같이 나누게 된 것을 다행으로 생각한다. 이러한 기회가 없었다면, 선생의 생각은 영영 어딘가에 파묻혀 버렸을 것이다. 필자는 2005년 6월 10일 한국언어학회가 경기도 일산의 킨텍스에서 '한글 심포지엄: 한글의 현재・과거・미래'란 주제로 개최된 발표회에서 "누가 한글을 만들었나: 한글 창제자와 훈민정음 대표자"란 제목의 발표를 한 일이 있다. 안병희 선생은 필자가 전한 이 발표의 원고를 보시고 여러 가지 문제점을 지적하여 주셨다. 그때 발표된 원고를 수정하여 발표한 것이 졸고(2006)이다. 선생이 주신 사신을 이 논문에 포함시켜, 관련 문제에 대한 선생의 계시를 소개하고, 필요한 경우, 필자의 생각을 덧붙이기로 한다. 다만, 선생께서 주신 여러 가지 지적을 모두 반영할 수 없는 것을 아쉽게 생각한다. 그 부분의 하나는 한글의 '창제자'에 관한 것으로, 그것은 본 논의의 범위를 벗어난다.

개하고 부족한 점을 보충하는 것이고, 또 다른 하나는 김주원(2013b)의 졸고(2013a)의 비판에 대하여 졸고(2013a)의 입장을 다시 방어하는 것이다. 졸고(2013a,d)의 주장이 문자 '훈민정음'과 문헌 『훈민정음』에 대한 것이므로, 이에 대한 안병희 선생의 선구적인 생각들의 흔적들을 부분적으로 찾아보고자 한다.

세종실록의 『훈민정음』 간행 기사에 대한 안병희 선생의 언급은 매우 짧고 상상 외로 그 분량이 적다. 그 분량이 더 많은 것이었으면 하는 아쉬움을 금할 수가 없다. 안병희 선생에 의하여 실록의 훈민정음 창제 기사가 좀 더 풍부하고 치밀하게 다루어졌으면, 지금 필자는 좀 더 편안하고 든든한 바탕에서 논의를 펼 수 있을 것이라 생각해 본다.

(1) 안병희(2007)의 '앞날개글'의 일부
하나같이 한 글자도 더하거나 뺄 것 없는 주옥같은 연구 성과가 담겨 있다. 한 구절 한 구절에 숨어 있는 선생의 진지한 고민과 치밀한 사고를 어느 장에서나 찾아 읽을 수 있을 것[…]

이는 안병희 선생에 대한 안병희(2007) 편집자의 글로, 안병희 선생의 인품을 잘 표현하고 있다. 그러나, 아쉽게도 실록의 훈민정음 기사에 대한 안병희 선생의 언급은 매우 짧은 단 한 번의 언급에 그치는 것이다. 아래의 (2)에 보이는 언급이 그 전부인 것으로 생각된다.

본 논의의 중심적인 내용은 실록의 '훈민정음 창제' 기사에 대한 필자의 추측이 어떠한 것이었던가를, 이에 대한 주장을 담고 있는 졸고(2013a, d)의 내용을 중심으로 다시 소개하고, 김주원(2013b)의 졸고(2013a)에 대한 비판이 역사적 현실과 당시 지식인들의 생각을 잘 파악하지 못한 데서 나온 것임을 지적하고, 『세종실록』의 훈민정음 창제 기사에 나타나는 기자(奇字), 오자(誤字) 및 기이한 형상에 대한 필자의 추측이 상당한 근거를 가지는 것임을 확인하고자 한다.

2. 안병희 선생의 실록 기사에 대한 언급

안병희 선생의 『훈민정음』 이본에 대한 언급은 1976년 『진단학보』 42호(191-198)에 '훈민정음의 이본'이라는 제목으로 실려 있다. 이 논문은 안병희(1992: 170-185)에도 실려 있고, 안병희(2007: 3-10)에도 '훈민정음의 이본'이란 제목으로 실려 있다. 1976년 진단학보의 안병희(1976)에는 토론기사가 논문 뒤에 첨부되어 있다. 토론 기사를 정리한 것이 '김동욱'이기 때문에, 인터넷 검색에서는 '훈민정음의 이본'이 '안병희 · 김동욱(1976)의 공동 집필로 되어 있다. 안병희(1992, 2007)에는 토론 기사가 생략되어 있다. 토론 기사에는 안병희 선생의 언급이 한 번 들어 있어, 이 부분에 대한 고려도 필요한 것으로 여겨진다. 안병희(1976)에는 훈민정음의 여러 이본에 대한 진술이 들어 있으나, 여기서는 그 중 '실록본'에 대한 언급만을 다음과 같이 가져오기로 한다. 편의상 내용을 나누어 번호를 붙여 보이기로 한다.

(2) 안병희(1976)의 '실록본'에 대한 언급

(가) 세종실록 28년 9월조의 마지막 기사로 실려져 있다. (나) 해례본에서 세종에 의한 본문(예의라고도 한다)과 정인지의 서(序)만을 전재한 것이다. (다) 약간의 문자 출입이 있다. '어제왈(御製曰)'로 시작되는 세종 서의 '욕사인인이습(欲使人人易習)'이 '욕사인이습(欲使人易習)'으로 되고, 정인지 서에서 두 번째 이하의 '신(臣)'이 생략된 점 등등이 그것이다. (라) 그러나 해례본이 나타나기 전에는 정인지 서로 말미암아 중요한 이본으로 다루어졌었다.

(2가)는 『훈민정음』에 대한 『세종실록』 기사의 위치를 나타낸 것이다. (2나)는 그 내용을 제시한 것이고, (2다)는 실록 기사의 문자 출입에 대한 두 가지 사항을 지적한 것이다. (2라)에서는 '실록본'의 중요성에 대하여 말하고 있다.

(2가)는 훈민정음 창제 기사의 위치를 말한 것이지만, (2가)에서 주목되는 것은 '기사'라는 말이다. 『세종실록』의 '기사'를 과연 『훈민정음』의 이본의 하나인 '실록본'과 같은 것으로 볼 수 있는 것인가 하는 문제를 제기한다. '본'이라는 것을 '책'에 대하여 쓰는 것으로 이해하면, '실록본'이라는 것은 성립하기 어렵다. '본'을 영어의 'version'과 같은 의미로 쓰는 것이 일반화되어 있다. 그러나, '실록본'이라는 것은 '『세종실록』의 훈민정음 간행 기사'라고 하는 것이 정확한 것으로 보인다. '이달에 훈민정음이 이루어졌다. 임금이 말하기를(是月訓民正音成 御製曰)'로 시작되는 부분은 『훈민정음』에 속하는 것이 아니다. 그것은 '어제왈'의 내용을 도입하는 실록의 기사이다. '어제왈'은 흔히 세종 서문으로 알려져 있으나, '세종 서문'을 넘어 '예의'에까지 미치고 있다. 이는 '어제왈'이 매우 부정확한 것이며, 임금에 대한 모멸적 의미를 띠고 있는 언사라고 할 수 있다. 적어도 그것은 '어제서(御製序)'나 '어제서문(御製序文)'이라고 했어야 한다. 그리고 '훈민정음'의 '예의' 부분 시작에는 '예의'를 도입하는 기사가 있어야 한다. '어제왈'로 시작되는 세종 서문과 '정인지서왈'로 시작되는 『훈민정음해례』의 정인지 발문(흔히 이를 서문으로 보나, 필자는 발문으로 본다. 주6 참조)을 비교해 보면 당시의 실록 편찬자들의 생각을 읽을 수 있다. 그것은 세종 임금을 아주 홀대한 것이다.

(2나)에서는 실록 기사의 내용을 '세종에 의한 본문(예의라고도 한다)'과 '정인지의 서'만을 전재한 것으로 보고 있는 것이 문제이다. (2나)에는 분명히 '세종 서'가 언급되지 않고 있다. 그러나, 『세종실록』의 정음 창제 기사는 훈민정음 간행 사실을 명시한 부분과, '어제왈'로 시작하는 '어제 서'와, '예의'

부분과 『훈민정음해례』의 '정인지 발'로 이루어져 있는 것이다. 세종 서문을 '본문'이나 '예의'라고는 할 수 없다.

欲使人易習

주목되는 구절

(2다) 문자 출입에 관한 두 가지 지적은 '욕사인인이습(欲使人人易習)'이 "욕사인이습(欲使人易習)"으로 되었다는 것이고, 정인지 발에서 두 번째 이하의 '신(臣)'이 생략된 점을 들고 있다. 해례본의 '욕사인인이습'에는 '사람 인'이 두 개나 있는데, 실록의 해당 구절은 '욕사인양습(欲使人易習)'과 같이 '사람 인'이 하나만 쓰이고 있다.[4] 이것만 보면, 실록 기사의 오류가 그리 크지 않은 것으로 생각될 가능성이 있다. 그러나 '사람 인'이 둘 있는 것은 '누구나'의 의미를 가지는 것이며, 하나 있는 것은 '일부의 사람'을 가리키는 것이다. 그 해석에 적지 않은 차이가 있다. '사람 인(人)'자의 수 문제와 더불어 한 가지 더 지적되었어야 할 것은, 실록에는 '이습(易習)'이 아니라 '양습(易習)'으로 되어 있다는 것이다.[5] 안병희 선생의 지적에 적어도 '이(易)'라는 한자가 다소 이상하다든가, '쉬울 이(易)'자를 이렇게 쓸 수도 있다는 언급이 덧붙었으면 좋았을 것이라는 생각을 해 보게 된다.

(2다)의 문자 출입과 관련되는 지적은 '정인지 서에서 두 번째 이하의 신(臣)이 생략'되었다는 것이다. 그러나 그 문맥은 '이에 신이 집현전 응교 최항, 부교리 박팽년, 신숙주, 수찬 성삼문, 돈녕 주부 강희안, 행(行) 집현전 부수찬 이개, 이선로 등과 더불어 삼가 여러 해(解)와 예(例)를 지어서 이 글자에 대한 경개를 서술하고, 보는 사람들로 하여금 스승이 없어도 스스로

4) 이는 뒤에서 논의될 것이나, '양(易)'을 졸고(2013a, d) 등에서는 '양'으로만 읽었다. '양(易)'이 '이'로도 읽힐 수 있음을 나중에야 알게 되었다. 여기서는 우선 '이(易)'와 '양(易)'을 구별하기 위하여 편의상 '易'은 '양(易)'으로 읽기로 한다.

5) 안병희 선생은 '이습(易習)'을 '양습(易習)'으로도 쓸 수 있는 것으로 보고 있다. 해례본의 세종 서문에 이용준(李容準)이 쓴 것으로 알려져 있는 '易習'은 '이습'이 아니라 '양습'임을 밝힌 것은 최세화(1997)이다.

깨우치도록 바랐사오나, 그 깊은 연원(근원)이나, 자세하고 묘한 깊은 이치에 대해서는 신 등이 능히 펴 낼 수 있는 바가 아니니다(강신항 1987: 141 참조).'와 같이 되어 있다. '정인지'를 가리키는 대명사적인 '신(臣)'은 위의 번역에서 밑줄 친 부분과 같이 두 번 출현한다. 이를 제거하면, 문맥이 성립할 수 없다. 밑줄 친 '신'은 생략이 불가능한 예라고 할 수 있다. 두 번째 이하의 '신'이 생략되었다고 하면, 밑줄 친 두 번째 '신'이 생략되었어야 한다. 그러나 이는 그렇지 않다. 생략된 것은 사람 이름 앞에 있는 '신(臣)'자이다. 그것은 수식어의 기능을 하는 '신'이다. 필자는 '신'자의 생략에도 세종을 홀대하는 실록 편찬자들의 의도가 작용하고 있는 것으로 판단한다.

안병희(1976)에서 다루어지고 있는 것은 '문자 출입'에 관한 사실이라고 할 수 있다. 문자가 들어가고 나가고의 문제만을 언급한 것이다. 오자나 기자(奇字)나 괴자 등의 존재에 대해서는 아무런 지적도 하지 않고 있다. (2다)에는 '등등'과 같이 지적되어 있기 때문에, 또 다른 사실도 염두에 두고 있었던 것으로 생각될 수 있다. 그러나, 또 다른 사실이 문자의 출입과 관련되는 것이라고 할 수는 없다. '문자의 출입'에 다른 예가 있는 것은 아니기 때문이다.

(2라)는 실록의 『훈민정음』 간행 기사가 '정인지 서'로 말미암아 매우 중요시되었었는데, 『훈민정음』이 나타난 뒤에는 그 중요성을 잃게 되었음을 말하고 있다. 이후 국어학자들은 훈민정음의 내용을 알기 위하여 실록 기사를 찾아보는 일은 없어졌음을 말하고 있다. 1940년 『훈민정음』(해례본)[6]이

6) 종래에는 세종어제 '훈민정음' 서문과 '예의' 및 '정인지 서문'이라는 것이 있는 책을 흔히 『훈민정음』(해례본)이라 하였다. 그러나, 이는 『훈민정음』과 『훈민정음해례』란 두 책이 합본된 것으로 본다. 안병희 선생은 『훈민정음해례』를 독립된 책으로 보신 것으로 기억한다. 세종 서문이 '훈민정음' 반포에 대한 서문으로 보는 것과 같이 다소 분명치 않았었는데, 필자는 세종 서문은 『훈민정음』이란 책의 서문으로, 정인지 서문은 『훈민정음해례』란 책의 '발문'으로 본다. '훈민정음'이란 책에 세종 서문이 있고, 정인지 서문이 있는 것은 아니다. 세종 서문의 '어제왈'이 가진 문제에 대해서는 위에서 언급하였다. 박지홍(1999)에도 '정인지 서'가 '꼬리말'로 되어 있다. 아래의 (4) 참조.

발견되었기 때문에, 이후 국어학계의 관심은 오롯이 『훈민정음』(해례본)에 쏠리게 되었다고 할 수 있다.

그러는 동안 매우 중요한 사실이 간과되어 왔다. 실록의 『훈민정음』 간행 기사에 숨겨진, 당시 실록 편찬자들의 세종에 대한 문자 테러가 관심을 끌지 못하게 된 것이다.

3. 실록 기사의 오류에 대한 다른 지적

최현배(1940/1976) 및 안병희(1976) 이후 실록 기사에 대한 문제점을 본격적으로 지적한 것은 박종국(1984)이다. 『세종실록』에 실린 『훈민정음』 '예의'를 역시 '실록본'이라 부르고, 그 오기를 다음과 같이 제시하고 있다.

(3) 박종국(1984)에 지적된 실록의 오기
가. '欲使人易習'은 '欲使人人易習'의 잘못이다.
나. '如蚪字初發聲'은 '如虯字初發聲'의 잘못이다.
다. '呑字初發聲'은 '如呑字初發聲'의 잘못이다.
라. '唇音'은 '脣音'의 잘못이다.
마. '如戍字初發聲'과 '如戍字中聲'은 "如戌字初發聲'과 '如戌字中聲'의 잘못이다.
바. '則爲唇輕音'은 '則爲脣輕音'의 잘못이다.
사. 'ㅡㅗㅜㅛㅠ附書初聲之下'은 '·ㅡㅗㅜㅛㅠ附書初聲之下'의 잘못이다.
아. 'ㅣㅓㅏㅑㅕ附書於右'는 'ㅣㅏㅓㅑㅕ附書於右'의 잘못이다.

(3가)는 (2다)와 관련하여 지적된 바와 같다. 그러나, 두 가지 미흡한 점이 있다. 하나는 실록의 한문이 '욕사인이습(欲使人易習)'이 아니라 욕사인양습(欲

使人易習)'이라는 사실이 지적되지 않은 것이고, 다른 하나는 실록의 '욕사인 양습'이라는 한자 사용이 특별한 의미를 전달하기 위한 것일 수 있다는 점이 지적되지 않은 것이다. (3나)는 실록본의 '여두자초발성(如蚪字初發聲)'의 '두(蚪)'자가 '규(虯)'의 잘못임을 지적한 것이다. 그러나 '두(蚪)'자의 '벌레 충' 변 위에 삐침이 있는 것은 지적되지 않고 있다. (3다)는 잘못된 것임에 틀림이 없다. (3라)는 '별 진(辰)'자 밑에 '입 구'를 가지는 '순(唇)'자가 쓰이고 있음을 지적한 것이다. 그러나 '순(唇)'자가 '순(脣)'과 통하는 것으로 되어 있어, 그것이 진정한 오기인지 판단하기 어렵다. 원본 『훈민정음』과 『훈민정음해례』에는 '순음', '순경음' 등의 '순'이 모두 '별 진(辰)'자 밑에 '고기 육'을 가지는 '순(脣)'으로 되어 있으나, 나머지 모든 관련 문헌에서는 '진(辰)'자 밑에 '입 구'를 가지는 '순(唇)'자가 쓰이고 있어 오기인지 어떤지 의심스러운 문제가 있다. 박씨본이나 『열성어제(列聖御製)』에도 모두 '순(唇)'으로 쓰이고 있다. '진(唇)'은 본래 '놀랄 진'자이나, 『사원(辭源)』에도 '순(唇)'은 '순(脣)'과 통하는 것으로 되어 있다. 그러나, 네이버 한자 사전에서는 '순'음의 '순(脣)'에서 '순(唇)'을 찾을 수 없다.

(1마)는 '술(戌)'자가 '수(戌)'자로 잘못 쓰인 것을 지적한 것이다. 해례본과 언해본과 박씨본에도 모두 '술(戌)'과 같이 되어 있고, 언해본의 음 달기에도 '슗(戌)'과 같이 되어 있음을 지적하고 있다.

박종국(1984)에서는 언해본의 '술(戌)'자가 모두 '수(戌)'로 되어 있는 것으로 기술하고 있으나, 언해본에서 '술(戌)'자는 적어도 4가지 문맥에 쓰이고 있다. 하나는 'ㅅ'풀이의 한문 문맥에 나오는 '술'자이며, 다른 하나는 그 언해 문맥에 나오는 '술'자이고, 또 다른 하나는 'ㅠ'자 풀이의 한문 문맥에 나오는 '술'자이고, 그 언해 문맥에 나오는 '술'자이다. 이 중 가장 '술'자의 전형에 가까운 것이 'ㅅ' 풀이의 한문 문맥에 나오는 '술'자이다. '무성할 무(戊)'자 속에 들어 있는 획이 거의 '한 일(一)'자에 가깝다. 그러나 그 한글 문맥에 들어 있는 '술'자는 '무(戊)'자 속에 들어 있는 획이 '한 일(一)' 자와는 차이가 있다. '술(戌)'과 '수(戍)'를 혼동하여 적음으로써 독자를 혼란에 빠뜨리려는 의도가 있는 것은 아닌가 의심된다. '교란 작전'의 성격을 띠는 것으로도 생각된다.

'ㅅ'자 풀이의 '술'자

(1바)는 이미 위의 (1라)와 관련하여 지적한 것이다.

(1사)는 부서(附書) 규정에 나오는 'ㅡㅗㅜㅛㅠ附書初聲之下'에서 처음에 '·'자가 빠진 것을 말한 것이다.

(1아)는 오른쪽 부서(附書) 설명에 자모순이 'ㅣ, ㅓ, ㅏ, ㅑ, ㅕ'와 같이 되어 있는 것을 말한다. 실록본과 『배자예부운략』만이 (1아)와 같은 순서로 되어 있다고 한다.

박종국(1984)에는 정인지 발문이 검토의 대상에 포함되어 있지 않다. 이 부분의 오자를 지적하고 있는 것은 박지홍(1999)이다.

(4) 박지홍(1999)의 지적

가. 정인지 꼬리말의 '문장(文章)'이 실록에서는 '문물(文物)'로 되어 있다.

나. 정인지 꼬리말의 '불종(不終)'이 실록에서는 '불숭(不崇)'으로 되어 있다.

다. 정인지 꼬리말의 '능변(能辨)'이 실록에서는 '능변(能卞)'으로 되어 있다.

이에 대하여 박지홍(1998)은 '이런 엄청난 잘못'이 생겨난 이유를 '정음의 제정이 극비리에 진행되었기 때문에 생겨났음이 분명하다'고 말하고 있다. (4가-다)와 같은 오자, 오기를 단순히 '잘못'으로 보고 있다. 박종국(1984), 박지홍(1999) 이후, 실록의 『훈민정음』 간행 기사는 크게 주목을 받지 못하였다. 그러나, 오자, 오기뿐만 아니라, 기자, 괴자 등도 관심의 대상이 되어야 하며, 그 속에 숨은 의도도 찾아내지 않으면 안 될 것으로 생각된다. 그것은 정음 창제와 관련된 당시의 상황을 알 수 있는 자료를 제공하는 것이기 때문이다.

4. 실록본 훈민정음과 해례 서문의 문자 테러

실록본『훈민정음』의 세종 서문과 '예의' 및『훈민정음해례』의 정인지 발문에는 이상하게도 기이한 한자와 오자, 오류가 많이 포함되어 있다. 필자는 졸고(2006, 2008, 2012a, b 및, 2013a-d)에서 훈민정음에 관한 여러 가지 생각들을 제시한 바 있다. (3)과 (4)의 박종국(1984) 및 박지홍(1998)에 대한 소개에서도, 이미 졸고(2013a, d)의 생각의 일부가 드러난 상태라고 할 수 있다. 여기서는 졸고(2006, 2013a, d)를 중심으로『세종실록』의『훈민정음』의 세종 서문과 예의 및『훈민정음해례』의 정인지 발문에 나타난 기이한 한자와 오자, 오류를 다음과 같이 제시하고 그것들이 가지는 의미를 천척해 보고자 한다. 여기서는 박종국(1984) 및 박지홍(1999)에서 이미 지적된 것이라도 다시 제시하기로 한다. 이전 논의에 대한 수정도 포함될 것이다.

(5) 가. 세종 서문의 '여문자불상유통(與文字不相流通)'의 '더불 여(與)'자가 특이한 모습을 하고 있다. 글자 전체가 오른쪽으로 기울어 있고, 특히 가운데 윗부분의 모습이 손을 내밀어 다른 사람에서 어서 오라는 신호를 보내는 것과 같다. 정족산사고본은 두 세로줄기로 시작되는 약자를 쓰고 있다.

나. 세종 서문의 '욕사인인이습(欲使人人易習)'이 실록에는 '욕사인양습(欲使人易習)'과 같이 '사람 인(人)'자가 하나만 쓰이고 있다. '양습'은 '이습'을 적은 것으로 보기도 한다(김주원 2013b). 이에 대해서는 뒤에서 다시 보기로 한다. 정족산사고본에도 '사람 인(人)'자는 하나만 쓰이고 있다.

다. 세종 서문의 '이습(易習)'이 실록본에는 '양습(昜習)'으로 나타난다. 태백산사고본에서 '양습(昜習)'의 '양(昜)'은 '날 일(日)'자 밑에 '한 일(一)'자가 있고 그 아래 '말 물(勿)'자가 오는 형상이다. 졸고(2013a,d)에서도 이를 '양(昜)'과 같은 글자로만 보았다. 그러나 더 자세히 보면, 왼쪽에 보인 바와 같이 '양(昜)'에 해당하는 한자는 '또 차(且)'자 아래에 '말 물(勿)'자가 있는 형상이라고도 할 수 있다. 그러나 이러한 한자는 옥편에서 찾을 수 없다. 정족산사고본은 '날 일(日)'자의 밑변이 긴 '한 일(一)'자로 되고, 그 아래에 '말 물(勿)'자가 있는 형상이다. 정족산사고본의 글자가 정확하게 태백산사고본의 글자와 일치하는 것은 아니다.

昜

'이습'에 쓰인 자

라. 자음 'ㄱ'을 설명하는 '여군자초발성(如君字初發聲)'의 '군(君)'자에서 윗부분의 '다스릴 윤(尹)'자 아래 가로획의 앞부분이 없고, 가로획과 세로획이 만나는 교차점이 공백으로 되어 있다. '다스릴 윤(尹)'자 윗부분의 가로획이 다소 길게 된 것을 볼 수 있다. 가로획과 세로획이 만나는 교차점이 공백으로 되어 있다.

君

'ㄱ' 대표자

마. 'ㄱ'의 병서자인 'ㄲ'의 초성 대표자인 '규(虯)'를 '두(蚪)'로 적고 있다.[7] 정족산사고본도 같다. '두(蚪)'자의 '벌레 충'변에는 본래 삐침(ノ)이 없는데, 실록에 쓰인 글자에는 삐침이 있다. 정족산사고본에도 삐침이 있다.

바. 'ㅌ'에 대한 풀이에서 'ㅌ설음(舌音) 탄자초발성(呑字初發聲)'과 같이 '설음' 뒤 '여(如)'자가 빠져 있다. 정족산사고본도 같다.

사. 'ㄴ설음'의 '설'자 앞에 뱀의 형상인 것 같은 그림이 그려져 있다. 정족산사고본에는 이러한 그림이 없다.

아. 'ㅃ'의 예시자 '보(步)'자가 특이하다. 정족산사고본에는 '그칠 지'의 왼쪽 세로줄기가 조금 휘어져 있을 뿐이다.

자. 'ㅎ' 음가 설명의 '후음(喉音)'의 목구멍 '후(喉)'에 '뚫을 곤(丨)'자를

7) '두(蚪)'는 대부분 사전에서 '올챙이 두'자로 풀이되어 있다. 이에 대하여 네이버사전의 한자사전에서는 '올챙이 두' 외에도 '규룡 규'란 풀이가 더 있다. 규룡(虯龍)은 '양쪽 뿔이 있는 새끼 용'과 '뿔 없는 용'의 두 가지 뜻이 올라와 있다. 실록 편찬자들은 이 음과 뜻도 노린 것으로 볼 수 있다. (5마)에 대한 뒤의 풀이 참조 요망.

더한 글자를 쓰고 있다. 편의상 이를 '목구멍 뚫을 후'자라 부르기로 한다. 정족산사고본의 글자도 유사하다. 다만 '뚫을 곤'자의 길이가 짧다. 태백산사고본에서는 목구멍 '후(喉)'의 '뚫을 곤' 옆에 오는 방(旁)에는 '사사로울 사(厶)' 밑에 '잃을 실(失)'자가 오는 형태로 되어 있다. 정족산사고본에서는 '장인 공(工)'자 아래에 '화살 시(矢)'자가 오는 보통의 글자가 쓰이고 있다.

'ㆆ' 대표자

차. 'ㅇ' 음가 설명에 쓰인 '후음'의 '후(喉)'자의 '입 구(口)'변의 오른쪽 내린 획의 중간이 끊어져 있다. 정족산사고본에는 목구멍 '후(喉)'자에 '뚫을 곤(丨)'자를 더한, 여기서 우리가 말하는 '목구멍 뚫을 후'자가 쓰이고 있다. 그러나 '뚫을 곤' 획이 일반적인 '기후 후'에 있는 것보다 다소 길다.

카. '여탄자중성(如呑字中聲)'와 같은 풀이에서 제시자인 아래아 'ㆍ'가 찍히지 않았다. 국사편찬위원회와 세종대왕기념사업회의 홈페이지본에는 큰 검은 동그라미가 그려져 있다. 정족산사고본에도 큰 검은 동그라미 'ㆍ'가 찍혀 있다.

타. 모음 'ㅜ'를 설명하는 '여군자초발성(如君字中聲)'의 '군(君)'의 '다스릴 윤'자의 위 가로획이 거의 없는 것으로 보인다. 정족산사고본에는 정상적인 '군(君)'자가 쓰이고 있다.

'ㅜ'

파. 아래쪽 부서(附書) 풀이에 'ㆍ'가 찍히지 않았다. 국사편찬위원회의 홈페이지에는 '검은 동그라미가 그려져 있다. 정족산사고본에도 'ㆍ'가 찍혀 있다.

하. 오른쪽 부서 풀이에 'ㅏ, ㅓ'가 'ㅓ, ㅏ'와 같이 순서가 바뀌었다. 정족산사고본에도 자모의 순서가 바뀌어 있다.

갸. 성조 설명의 '무즉평성(無則平聲)'에 쓰인 '없을 무(無)'자가 기괴한 모양을 하고 있다. 정족산사고본의 '무'자는 정상적인 '무'자이다.

없을 '무'

냐. 성조 설명에서 '입성가점동이촉급(入聲加點同而促急)'에서 '입(入)'자와 '가(加)'자 뒤에 '입(入) 성가(聲加) 점동이촉급(點同而促急)'과 같이 두 군데에 공백이 있다. 정족산사고본에는 이러한 공백이 없다.

댜. 정인지 발문을 '정인지서왈(鄭麟趾序曰)'로 도입하고 있다. '정인지'

의 이름자 앞에 '신'자를 넣지 않고 있다. 정족산사고본도 같다.

랴. 정인지 발문에서 '동방예악문장(東方禮樂文章)'의 '문장(文章)'이 '문물(文物)'로 바뀌었다. 정족산사고본도 같다.

먀. 정인지 발문에서 '불종조이회(不終朝而會)'에서 '종(終)'이 '숭(崇)'으로 바뀌었다. 정족산사고본도 같다.

뱌. 정인지 발문에서 '자운즉청탁지능변(字韻則清濁之能辨)'에서 '변(辨)'이 '변(卞)'으로 바뀌었다. 정족산사고본도 같다.

샤. 정인지 발문에는 해례 팔유[8]를 소개하면서 '집현전 응교 신 최항, 부교리 신 박팽년, 신 신숙주, 수찬 신 성삼문, 돈녕 주부 신 강희안, 행집현전 부수찬 신 이개, 신 이선로 등'과 같이 사람 이름 앞에 '신(臣)'이 있었는데, 이들을 모두 제거하였다. 정족산사고본도 같다.

야. 정인지 발문에 등장하는 강희안의 소속과 관직 '돈녕부 주부(敦寧府注簿)'에서 '부(府)'가 빠져 '돈녕주부(敦寧注簿)'가 되었다. 정족산사고본도 같다.

쟈. 정인지 발문에 등장하는 '이선로'의 성씨 '이(李)'자의 세로줄기 위에 작은 삐침이 있다. 정족산사고본도 같다.

챠. 정인지 발문에서 '개물성무지(開物成務之) 대지(大智)'에서 '대지(大智)' 앞에 공백이 있었으나, 실록에는 공백이 없다. 정족산사고본도 같다.

캬. 정인지 발문의 끝부분 '자헌대부 예조판서 집현전대제학 지춘추관사 세자우빈객 신 정인지 배수계수 근서' 부분이 실록에는 모두 없다. 정족산사고본도 같다.

이제 (5가-챠)에 지적된 오자, 오류 등이 어떠한 의미를 가지고 있는지 간략히 보기로 한다.

(5가)는 '더불 여(與)'자 속의, '여'의 약자로 쓰는 획이 지나치게 위로 많이 튀어나와 손을 내밀고 있는 형상을 하고 있는 것을 말한 것이다. '여(與)'자

8) 이를 '언문 팔유(諺文八儒)'라고도 한다. 필자는 이를 '정음 팔유(正音八儒)'라고 부른 일이 있는데, 이들은 정음이 아니라, 해례 작성에 관여한 인물들이므로, 여기서는 '해례 팔유(解例八儒)'라 고쳐 부르기로 한다.

더불 '여'

상부 가운데 획이 다른 사람을 권유하는 모습, 받들고 있는 모습을 옆에서 보고 있는 듯한 형상을 하고 있다. '더불어 참가하라' 또는 '더불어 함께 가자'고 유혹하는 것과 같다. 사근사근하고 다정스러운 모습으로, 더불어 뛰쳐 일어나라는 의미를 전달하려는 것 같다. '더불 여'자는 부수가 '절구 구(臼)'로 되어 있는 것이다. '절구'는 갇힘과 질곡과 압제의 의미이다. 이 '여'자의 모습은 갇힘과 질곡과 압제에서 벗어나는 것을 상징한 것 같이 느껴진다. 정인지 발문의 '단방언이어 불여지동(但方言俚語 不與之同)'에도 '여'자가 쓰이고 있으나, 이는 그러한 모습을 하고 있지 않다. 실록의 대부분의 '여'자는 다소 무거운 모습을 하고 있다. 실록의 다른 기사에도 이와 흡사한 '여'자가 쓰이고 있으나, 오른쪽으로 기울어 아주 사근사근한 모습을 하고 있는 것은 실록의 훈민정음 간행 기사의 '여'자가 가장 두드러지는 것이다. 이렇게 한자의 형상을 이용한 의도 표출을 '형상적 전략'이라 부르기로 한다.

세종 44년의 다른 '여'자

(5나)에서 '인인(人人)'은 모든 사람을 뜻한다.[9] 세종은 '모든 사람'이 쉽게 익혀 날마다 쓰는 데 편안하게 할 뿐이라고 하였는데, 실록 편찬자들은 '인'을 하나만 써서 '일부의 사람이 어렵게 익혀'와 같이 해석될 수도 있도록 만든 것이다. '인인'은 '누구나'의 뜻으로 일반 백성 모두를 포함하는 것이었딸고 할 수 있다. '인'을 하나만 쓰는 것은 일부의 사람을 제외하는 의미를 가지는데, 훈민정음의 대상 가운데 한문에 능한 자신들을 제외하고, '어리석은 백성'에 날마다 쓰는 데 편하게 하는 의미만을 가지게 한 것이라 할 수 있다. 임금의 뜻을 고의로 축소하고 비꼬고 모욕한 혐의가 있다. 이는 '훼손

9) 『정조실록』 21년 9우러 29일 경오 2번째 기사에는 "호호부귀(戶戶富貴) 인인화락(人人和樂)"과 같은 예가 나타난다. 이는 '호호마다 부유하게 하고 사람마다 화락하게 하는 것'으로 국역되고 있다. 『고종실록』 19년 5월 4일 기축 1번째 기사에는 "난신적자(亂臣賊子) 인인득이주지(人人得而誅之)"와 같은 예가 나타난다. '난신적자는 누구나 주벌할 수 있다'와 같이 국역되고 있다. '인인'은 보편 양화의 의미를 가진다.

전략'의 하나이다. '인인'의 뜻을 잘 모르는 사람에게는 '교란 작전'의 성격을 가진다. 문자 생활에 어려움을 겪는 '어리석은 백성'이 정음 창제의 동기가 된 것이지만, 세종의 뜻은 '모든 백성'을 염두에 둔 것이다.

(5다)는 세종 서문의 '이습(易習)'을 실록에서 '양습(易習)'으로 바꾼 것을 말한다. 최세화(1997)은 이용준(李容準)의 보사 부분의 '이(易)'자가 '쉬울 이(易)'자라기보다는 '볕 양(昜)'자임을 지적하고 있다. 김주원(2013b)에서는 '양(易)'이 '쉬울 이(易)'의 이체자임을 강조하고 있다. 이전 논의에서 필자는 이 글자가 '양'으로 읽히는 줄로만 알았다. 필자가 참조한 사전이 다른 음을 보여주지 않았기 때문이다. 쉽게 그 음을 '양'으로 단정한 것이다. 그러나, 네이버의 한자사전에서 '양(易)'이 '볕 양'과 '쉬울 이'의 두 음과 훈을 가진다는 사실을 알게 되었다. 이는 '양(易)'이 '양'과 '이'의 두 음을 가지는 '이음자(異音字)'임을 의미한다.

'양(易)'이 이음자라는 것과, '양(易)'이 '이(易)'의 이체자라는 사실은 그 성격이 흡사한 것처럼 여겨질 가능성이 있다. 그러나, 이 둘은 결코 동일한 것이 아니다. 이체자는 그 본자의 음과 훈이 이체자의 음과 훈과 대부분의 경우 동일한 것으로 간주된다. 그러나, 이음자는 다른 음으로 읽힐 때, 다른 뜻을 가지는 경우가 많다. 이것이 이체자와 이음자가 다른 점이다. '양(易)'은 '볕 양'과 '쉬울 이'로 읽힐 수 있다. 반면, '이(易)'는 '쉬울 이(易)'와 '바꿀 역(易)'으로 읽힐 수 있다. '양(易)'이 '이(易)'의 이체자라면, '양'이 '바꿀 역(易)'으로도 쓰일 수 있어야 한다. 그러나, '양(易)'이 '역(易)'으로 읽히는 일은 김주원(2013b:302)에 지적된 '역환(易換)'의 예 외에는 별로 눈에 띄지 않는다.

'양(易)'을 '볕 양'으로 읽어, '양습(易習)'의 의미를 최대한 부연하면, '땡볕에서 (고생하며) 익혀' 즉 '어렵게 익혀'와 같이 해석될 수 있다. 이는 한글 정신을 정면으로 부정한 것이다. 한글은 배우기 쉽고 쓰기 쉬운 글자라고 하나, 그것은 쓸데없는 소리라고 비아냥거린 것이다.

'양(昜)'은 '이'로도 읽힐 수 있고, 그 의미도 '쉬운 것'을 뜻할 수 있으므로, 나중에 왜 이런 글자를 썼느냐고 추궁을 당할 때, '양습(昜習)'은 '이습'으로 읽을 수도 있고, 그 뜻도 쉽다는 것이므로 그 음이나 훈에서 아무런 차이도 없는 것이라고 변명하는 일이 가능하다고 할 수 있다. 실록의 훈민정음 기사 작성자는 '이음자(異音字)' 작전을 구사한 것이라 할 수 있다. 이는 '이중적 의미 전략'이라 할 수 있다. 이를 다음과 같이 제시하기로 한다.

(6) 『세종실록』의 훈민정음 기사의 '이중적 의미 전략'
세종실록의 훈민정음 기사 작성자가 구사한 중요한 전략의 하나는 '이중적 의미 전략'이다. 하나의 의미로는 상대를 공격하고, 다른 의미로는 자신을 방어하는 것이다.

(5라)는 '임금 군(君)'자의 '다스릴 윤(尹)'자의 아래 가로줄기의 앞부분을 훼손한 것을 말한다. 아주 눈치 채기 어려운 것이지만, 임금의 오른쪽 다리 부분을 잘라낸 것과 같다. '임금 군(君)'의 '다스릴 윤(尹)'자 위의 획이 길어진 것은 아래 획이 잘려진 것에 대한, 보상적 길이의 성격을 가진다. 아래의 다리가 잘린 것을 눈치채기 어렵게 한 것이다. 무엇인가 심상치 않은 의도가 숨어 있다는 것을 알 수 있다. '다스릴 윤'자의 가운데 획과 삐침 획이 만나는 점이 공백으로 되어 있다는 것은 너무도 사소하여 문제꺼리가 안 된다고 볼 수도 있다. 그러나 그 공백은 사지를 흐트러지게 하는 효과를 가진 것으로 이 또한 세종에 대한 테러의 성격을 가진다. 이에 작용하고 있는 것은 '문자 훼손 전략'이다. 이는 '형상적 전략'의 하나라고 할 수 있다. 이를 다음과 같이 제시하기로 한다.

(7) 『세종실록』의 훈민정음 기사의 '문자 훼손' 전략
세종실록의 훈민정음 기사 작성자가 구사한 중요한 전략의 다른 하나

는 '문자 훼손' 전략이다. 'ㄱ' 초성 대표자인 '군(君)'자에 대한 훼손이 그 대표적인 예이다. 이는 '형상적 전략'의 하나라 할 수 있다.

(5마)는 'ㄲ'의 대표자 '규(虯)'를 '올챙이 두(蚪)'자로 적은 것을 말한다. '두(蚪)'를 '규룡 규'로 풀이한 사전도 있다[10]. 이를 그대로 받아들인다면, '이중적 의미 전략'이 여기서도 작용하는 것이라 할 수 있다. 왜 이런 자를 썼느냐고 하면, '두'가 '규룡 규'로 읽힐 수 있고, 그 뜻도 '규룡'를 뜻할 수 있다고 할 것이다. 공격은 '올챙이'로 하고, 방어는 '규룡'으로 하는 것이다. 하나의 의미로는 '왕의 새끼'를 '올챙이 새끼'로 모독한 것이다. 적어도 그렇게 해석될 수도 있도록 만들어 놓은 것이다.

'두(蚪)'의 '벌레 충'변에 삐침(丿)을 한 이유는 자세히 알기 어려우나, 적어도 이 글자가 주목되는 것임을 암시한 것이라 할 수 있다. 필자는 이것이 머리의 '비녀'를 나타낸 것은 아닐까 추측해 보았다. '비녀'가 여성이 착용하는 것이라고 할 때, 정음 창제와 관련하여 어떤 여성의 존재를 암시하는 것은 아닐까 추측해 볼 수 있다. 그러나 (5자)에서 지적한 '이선로'의 '이(李)'에도 삐침이 있어, 이 둘이 어떤 공통점을 가진 것인지 분명하지 않다. '이(李)'의 삐침이 아무런 의미가 없는 것이라면, 일부는 의미가 없고 일부는 의미가 없는 것이어서 혼동이 불가피하다. 이런 점에서 보면, 『세종실록』 훈민정음 기사 편찬자가 구사한 전략의 다른 하나는 '교란 작전'이라고 할 수 있다. 이를 다음과 같이 제시하기로 한다.

李善老

(8) 『세종실록』의 훈민정음 기사의 '교란 작전'
『세종실록』의 훈민정음 기사 작성자가 구사한 중요한 전략의 또 다른 하나는 '교란 작전'이다. 삐침을 여러 곳에 하여 그것이 무슨 뜻인지 알 수 없게 만드는 것이 그러한 예의 하나이다.

10) 이는 네이버의 한자 사전이 그렇게 되어 있다.

(5바)는 우연적인 탈자로 보이지만, 의도적인 탈자일 것이다. 여기저기서 실수하는 모습을 보임으로써, 그들의 의도를 숨겨 놓는 것이다. 실수로 그런 것이라는 변명을 늘어놓을 가능성이 있다. 이는 '실수'를 위장한 '위장 전략' 혹은 상대를 혼란에 빠뜨리려는 '교란 작전'의 하나라고 할 수 있다. '더듬수' 호신술이라 할 수도 있을 것이다. '여(如)'자 탈락은 대수롭지 않은 것이므로, 그런 것까지 문제삼을 것이 없다고 할 가능성이 있다. 그러나, 그러한 속임수에 중대한 사실을 놓칠 위험이 있다.

(5사)는 누군가 뱀과 같이 혀를 놀린 사람이 있음을 의미한다. 그들이 싫어하고 미워하는 사람이 '말은 잘하는 것'을 나타내어 그가 '뱀'과 같은 인물임을 암시한 것이다. 이는 (7)의 '문자 훼손' 작전과 크게 다르지 않다. 문자에 장식을 부가하는 것으로, 전형적인 '형상적 전략'의 성격을 가진다.

혀 '설'

(5아)는 경쾌하게 걷는 모습을 연상시킨다. 따라오라고 유혹하는 것 같다. 테러의 주동자들이 다른 실록 편찬자들의 참여를 꾀이고 있는 것으로 보인다. 이 또한 '형상적 전략'의 성격을 가진 것이다. 이는 다른 일면, 당시 실록 편찬에 참가한 사람들이 모두 세종 테러에 참여한 것은 아님을 암시한다.

걸음 '보'

(5자)는 우선 'ㆆ'자에 대한 풀이에서 '후음(喉音)'의 '후(喉)'의 '사람 인'변 옆에 상하 일직선의 획이 더 있는 것을 말한다. '입 구(口)'변에 '기후 후(候)'가 있는 형상과 같은 것이 된 것으로도 보일 수 있다.[11] 그러나 (5자)의 '사람 인' 옆에 있는 상하 일직선의 한자(丨)는 '뚫을 곤'자라고 해야 한다. 길이가 보통의 '기후 후'에 있는 획보다 훨씬 길다. 이는 분명 어떤 의도를 드러낸 것이라 할 수 있다.

11) 정족산사고본에는 'ㅇ'에 대한 설명에도 '뚫을 곤'자가 있는 목구멍 후자가 쓰이고 있다. 그러나 태백산사고본에서는 'ㆆ' 하나에만 '뚫을 곤'자가 있는 한자가 쓰이고 있다.

이것으로 실록 편찬자들이 의도했던 것은 누군가의 목구멍에 긴 칼을 꽂으려는 것이었다고 할 수 있다. 살의(殺意)가 숨어 있다. 그들은 누구의 목에다 칼을 꽂으려 한 것일까? 그 인물은 분명히 세종일 것이다. 'ㅎ' 대표자로 쓰인 '후'자와 'ㅇ'과 'ㆆ' 후음 대표자로 쓰인 '후'자는 상당한 차이가 있다. 'ㅇ'과 'ㆆ'의 음가 설명에 나오는 '후(喉)'자는 왼쪽에 보인 바와 같은 정상적인 '후'자라고 할 수 있다. 다만 '입 구'변의 오른쪽 획 중간이 찢어져 있는 것이 다를 뿐이다. 이 또한 '문자 훼손'에 의한 '형상적 전략'의 성격을 가지는 것이라 할 수 있다.

여기서 더 들여다보아야 할 것은, 'ㅎ'의 음가 설명에 쓰인 '喉(후)'자의 오른쪽 방(旁)이 '사사로울 사(厶)'와 '잃을 실(失)'자로 되어 있는 것이다. 이러한 조합이 뜻하는 것은 '사사로움을 잃은 것'이다. 이는 세종에 대한 모반을 시도하는 그들의 행위가 사사로운 것이 아님을 말하려고 했던 것은 아니었을까 생각해 볼 수 있다. 그들의 행위가 공의(公義)로운 것임을 자부하고 있었을 가능성이 있다. 정상적인 목구멍 '후'자의 방은 '장인 공(工)'자 밑에 '화살 시(矢)'가 있는 것이다. 이를 다음과 같이 제시하기로 한다.

> (9) 실록 편찬자들의 모반
> 세종실록의 훈민정음 기사 작성자는 세종의 목구멍에 칼을 들이대려 하였으며, 그들은 그들의 행위가 공의(公義)에 입각한 것이라는 근거 없는 공명심을 가지고 있었다.

(5차)는 'ㅇ'의 음가 설명에 쓰인 '후(喉)'자의 '입 구(口)'변의 오른쪽 획이 중간에 끊긴 것을 말하는데, 붓으로 쓰는 글씨에서 '입 구(口)'변의 오른쪽 획이 중간에 끊긴다는 것은 상상하기 어려운 일이다. 누군가의 입을 찢어놓고 싶은 심정을 이렇게 표현한 것으로 보인다. 그 입은 아마도 세종의 입일 것이다.

보통 '후'

聲 如呑字中聲

①

(5카)는 '·' 설명의 제시자인 '·'가 찍히지 않은 것을 말한다. 위에 말한 바와 같이 국사편찬위원회의 태백산사고본 『조선왕조실록』의 해당 쪽과 세종대왕기념사업회(2003: 280)에는 '·' 자리에 큰 검은 동그라미 점이 그려져 있고, 정족산사고본에도 큰 검은 동그라미 '·'가 찍혀 있다. 그러나, 1973년에 나온 국사편찬위원회(1973)의 113권 36쪽에는 분명히 '·'가 없다. 간기를 가지지 않은 나중의 영인본에도 '·'가 찍히지 않았다. 박종국(1975: 184)에도 '·'가 찍히지 않고 있다. 동일한 태백산사고본에 하나에는 '·'가 찍히고, 다른 하나에는 '·'가 찍히지 않고 있는 것이다. 한 곳에 누군가 지우지 않았으면, 다른 곳에 누군가가 찍은 것이다. 이 문제는 김주원(2013b)를 비판하면서 다시 보기로 한다.

여기서 찾아보아야 할 것은 그 의미이다. 『훈민정음해례』 4쪽에는 '하늘은 자(子)에서 열리니, 둥근 것을 본떴다'와 같은 해설을 하고 있다. 이는 '·'가 하늘을 뜻하는 것을 말한다. 하늘은 즉 임금이다. 따라서 '·'를 제거하는 것은 임금을 제거하는 것을 뜻한다. 이는 이들이 세종에 대한 모반을 도모한 것임을 드러내는 것이다. 형상이 나타나지 않은 것이기는 하나, 이 또한 넓은 의미의 '형상적 전략'이다.

(5타)는 (5라)와 성격이 거의 같다. 다만 (5타)의 '군(君)'자는, '다스릴 윤'자의 위 가로줄기가 아주 짧아 거의 없는 상태가 된 것이 (5라)와 다른 점이다. 임금의 오른팔을 자른 모양을 상징한 것일 수도 있고, 목을 자른 형상을 상징한 것일 수도 있다. '형상적 전략'의 하나를 보이는 것이다.

(5파)는 아래쪽 부서(附書) 풀이에 '·'가 찍히지 않은 것을 말한다. 이는 (5카)와 그 성격이 같다. 문헌 관련 현상도 (5카)의 경우와 같다. 국사편찬위원회의 태백산사고본 『조선왕조실록』의 해당 쪽과 세종대왕기념사업회(2003: 280)에는 '·' 자리에 큰 검은 동그라미 점이 그려져 있고, 정족산사고본에도

큰 검은 동그라미 '·'가 찍혀 있다. 그러나, 국사편찬위원회(1973)의 113권 36족에는 분명히 '·'가 없다. 간기를 가지지 않은 나중의 영인본에도 '·'가 찍히지 않고 있다. 박종국(1975: 184)에도 '·'가 찍히지 않았다. 동일한 태백산사고본 하나에는 '·'가 찍히고, 다른 하나에는 '·'가 찍히지 않고 있는 것이다. (5카)에서 지적한 바와 같이 이것은 누가 지우지 않았으면, 누군가가 찍은 것이다. 이는 김주원(2013b)를 비판하면서 다시 보기로 한다.

聲ㆍ如呑字中聲

②

(5하)는 오른쪽 부서 풀이에 'ㅏ, ㅓ'의 순서가 바뀐 것을 말한다. 이들 자모를 아무런 의미 없이 바꾼 것이라고 할 때, 그것은 '부주의를 가장한 공격' 또는 (7)에 보인 바와 같은 '교란 작전'의 성격을 띠는 것이다. 나중에 누가 책임을 물으면, 부주의해서 그렇게 되었다고 답할 것이다. 잘 모르고 그렇게 했다고도 할 가능성이 있다. 귀중한 사람의 귀중한 자료는 귀중하게 다루는 법이다. 그러나, 실록 편찬자들은 그렇게 하지 않았다. 세종의 창제라고 하는 훈민정음을 정중하게 대접하지 않은 것이다. 실수로 그렇게 하지 않았다고 하는 것은 '실수'를 가장한 '위장 전술'이다. 이를 다음과 같이 제시하기로 한다.

(10) 실록 편찬자들의 '위장 전술' 혹은 '교란 작전'
실록의 훈민정음 기사 작성자는 여러 곳에 오자나 오류를 남기고 있다. 이는 그들의 실수를 가장한 '위장 전술'의 산물이라 할 수 있다. 나중에 추궁을 당할게 될 때, 실수한 것뿐이라고 변명하기 위한 것이다. 결국 그것은 '교란 작전'의 성격을 가띠는 것이다.

(5갸)는 성조 설명에 나오는 '무(無)'자가 매우 특이한 모습을 하고 있는 것을 말한 것이다. '무(無)'자의 중간 왼쪽 바깥의 형상과 오른쪽 바깥의 형상을 합하면 '북(北)'자가 된다. '북(北)'은 '북녘 북'자이기도 하지만, '달아나

없을 '무'

다, 도망치다'를 뜻하기도 한다. '없을 무'자 속에 있으므로, '달아나지 말라'는 것을 뜻하는 것인지 모른다. 가운데 글자가 '날 일(日)'자이므로, 그것은 임금을 뜻할 수도 있다. '무(無)'가 '없애다'를 뜻하므로, 누구를 없애는 것을 뜻할 수도 있다. 똑같은 활자가 세종 29년 9월 29일 실록, 신숙주의 『동국정운』 서의 '자음즉상거무별(字音則上去無別)'의 '무(無)'자에도 쓰이고 있다. 그러나, 원본 책에는 이러한 글자들이 없다. 이 모두가 발뺌을 위한 방패막이의 성격을 가지는 것으로 해석될 수 있다. '형상적 전략'을 보이는 것이다.

(5나)는 성조 설명에서 '입(入)'자와 '가(加)'자 뒤에 다소 공백이 있는 것을 말한다. 부주의하여 칸을 비어 놓게 된 것이라면, 그것은 최소한 (10)의 실수를 가장한 '위장 전술'의 성격을 띤다. '입(入)'은 '들 입'자이므로, '들어오라'는 의미를 띠고 '가(加)'는 '가담하라'는 의미를 띤다. 반역과 모반의 주동자들이 주위 사람들에게 가담하기를 종용하고 있는 것으로 여겨진다. 이는 실록 찬수자 전체가 문자 반역에 가담한 것은 아니라는 것을 뜻하는 것일 수 있다.

(5다)는 『훈민정음해례』의 정인지 발문을 '정인지서왈'로 도입하고 있음을 지적한 것이다. 이 구절은 『훈민정음해례』 뒷부분의 '정인지 발문'을 "정인지 서문"으로 알려지게 된 단초를 제공하는 것이다. 『훈민정음해례』의 정인지 발문을 『훈민정음』 서문으로 본다면, 『훈민정음』에는 두 개의 서문이 있는 것이 된다. 당시 실록의 훈민정음 기사 작성자들이 의도한 것은 세종에 대한 모독이었기 때문에, 정인지 발문을 세종 서문과 대등한 위치에 놓은 것이다. '어제왈'과 같은 무례한 조사는 '정인지 서왈'과 대비된다. '정인지 서왈'에서는 이름자 앞에 신하 '신'자를 넣지 않고 있다. 정족산사고본도 같다. 『세종실록』 '악보'의 『용비어천가』 서문은 책에서와 똑같이 실록에서도 그 직위나 자격을 제시한 뒤에 "신 정인지 배수계수 근서"와 같이 쓰고 있

다. 『세종실록』 편찬자들은 『훈민정음』 간행 기사에서 이러한 예를 지키지 않고 있다.

(5라)는 정인지 발문에 나오는 '예악문장(禮樂文章)'의 '문장'이 실록 기사에서는 '문물(文物)'로 바뀐 것을 말한다. '문물(文物)'은 『표준국어대사전』에 의하면, 문화의 산물, 곧 정치, 경제, 종교, 예술, 법률 따위의 문화에 관한 모든 것을 통틀어 이르는 말이다. 이를 "예악문물"에 적용하면, 예악과 문화라는 것이 된다. 그러나 "예악문장"에서 '문장'은 '글'을 뜻한다. 『조선왕조실록』 113권 36쪽의 해당 구절을 국사편찬위원회에서 국역한 것을, 다음과 같이 제목 아래에 보이기로 한다.

(11) '예악문장'인가 '예악문물'인가?
우리 동방의 (ㄱ)예악 문물(禮樂文物)이 중국에 견주되었으나 다만 (ㄴ) 방언(方言)과 이어(俚語)만이 같지 않으므로, 글을 배우는 사람은 그 지취(旨趣)의 이해하기 어려움을 근심하고, 옥사(獄事)를 다스리는 사람은 그 곡절(曲折)의 통하기 어려움을 괴로워하였다.

(11)에서 (ㄱ) 부분을 '예악 문장'으로 바꾸면, (ㄴ)과 같은 말이 이어지는 것은 받아들일 수 있다. (ㄴ)은 문자는 같은데 '방언'과 '이어'만이 달랐을 뿐임을 말하고 있기 때문이다. 여기서 '방언'과 '이어'는 언어를 가리킨다. (ㄱ)과 같이 '예악 문물(禮樂文物)이 중국에 견주되었다'고 말하는 것은 '예악 문물이 중국과 같았다는 것'을 의미한다. '문물'에는 문화 일반을 뜻하는 것이므로, 언어가 포함되지 않는다고 할 수 없다. 그 경우, (ㄴ)과 같은 언급은 다소 부적합한 것이라고 할 수 있다. 그러나 그 부적합성이 크게 두드러지는 것은 아니다. 왜 실록의 훈민정음 기사 작성자는 이를 '예악 문물'로 바꾼 것인가? '예악 문물'이라는 것이 문화 일반을 가리키는 매우 일반적인 술어이므로, '예악 문장'의 결합을 제거하려는 의도가 작용한 것이라고도 할

수 있을 것이다. 그러나 그대로 두면 그 미세한 의미가 작용하는 것을 광범한 의미로 모호하게 된다. 이는 혼란을 가중시키는 '교란 전략'의 성격을 띠는 것이라 할 수 있다.

(5마)는 정인지 발문에서 '불종조이회(不終朝而會)'에서 '종(終)'이 '숭(崇)'으로 바뀐 것을 말한다. 이에서는 분명히 반역자들의 모반의 의도가 드러나 있다고 할 수 있다. 국사편찬위원회의 『조선왕조실록』에서는 그 문맥을 한문으로는 "지자 불숭조이회(智者不崇朝而會), 우자 가협순이학(愚者可浹旬而學)"과 같이 제시하고, 국역에서는 "지혜로운 사람은 아침나절이 되기 전에 이를 이해하고, 어리석은 사람도 열흘 만에 배울 수 있게 된다"고 번역하였다. 실록 원문의 '불숭조이회'를 한문전사로도 '불숭조이회'로 적고, 그 번역을 "아침나절이 되기 전에 이를 이해하고"로 하였다. '숭(崇)'을 '종(終)'의 뜻으로 번역한 것이다.[12] '숭'은 일반적으로 '숭배하다'를 뜻하나, '숭조(崇朝)'를 '아침을 숭배하여'와 같이 번역할 수 없어, '아침나절이 되기 전에'와 같이 번역한 것으로 여겨진다. 그러나 '불숭조이회(不崇朝而會)'는 '조정을 숭배하지 않아 모이고'와 같은 의미로 해석될 수 있다. 모반자들이 노리는 의미이다. 실록 편찬자들이 역적 패당을 만들었다는 의미가 된다. 그러나, 왜 이런 글자를 썼느냐고 물으면, '숭(崇)'에도 '마치다'의 뜻이 있으므로, '종(終)'과 다른 것이 아니라고 답할 것이다. 이에 작용하는 것은 '다의(多義) 전략' 혹은 '이중적 의미 전략'이라고 할 수 있다. 그들은 특수한 유표적 의미와 일상적 인 무표적 의미 둘을 염두에 두었으므로, 이에 대해서는 '이중적 의미 전략'이라고 하는 것이 더 적합할 것이다. 이를 다음과 같이 제시하기로 한다.

(12) 『세종실록』의 훈민정음 기사의 '이중적 의미 전략'

실록의 훈민정음 기사 작성자들이 구사한 전략의 하나는 '이중적 의

12) 국사편찬위원회는 이 번역에서 적어도 주석을 달았어야 한다. '숭(崇)'이 '마치다'를 뜻하는 것은 아주 드문 일이기 때문이다.

> 미 전략'이다. 동일한 한자가 가지는 여러 가지 의미 가운데 한 가지 의미를 공격용 의미로 쓰고, 다른 한 가지 의미를 방어용 의미로 쓰는 것이다. 상황에 따라 자기에게 유리한 의미를 끌어 쓰는 것이다.

(5바)는 정인지 발문에서 '자운즉청탁지능변(字韻則淸濁之能辨)'에서 '변(辨)'을 '변(卞)'으로 바꾼 것을 말한다. 김주원(2013b)에서는 '변(卞)'을 '변(辨)'의 이체자로 보고 있으나, 『조선왕조실록』 전체를 통하여 '변(卞)'은 주로 사람의 성에 쓰인 것이 많고, '분별하다, 구별하다'의 의미로 쓰인 것은 극히 부분적이다. 실록 기사의 '청탁지능변(淸濁之能卞)'은 '청탁을 능히 구별할 수 있고'와 같은 뜻을 가지기도 하지만, 그와 동시에 '청탁의 구별(좋은 신하와 나쁜 신하의 구별?)은 조급한 것이 될 수 있고'와 같이도 해석될 수 있다. 자기들은 좋은 신하인데 임금이 그것을 알아주지 않음을 뜻하는 것으로 해석될 수 있다. 표면적 의미와 숨은 의미를 동시에 노리는, '이중적 의미 전략'을 구사한 예라고 할 수 있다. 김주원(2013b, 2016)은 '변(卞)'을 '변(辨)'의 대용자로 쓰인 것으로 본다. 획수가 적은 것도 그런 '변(卞)'을 쓰기에 좋은 조건이 된다고 할 수 있다. 혹은 '변(辨)'이 '분별할 변, 갖출 판, 두루 편, 깎아내릴 폄'과 같이 지나치게 이음적 음과 훈을 가진 것이어서 그것을 단순화하기 위해서여 '변(卞)'을 썼다고도 할 수 있다. 그러나, 여기서 그것은 적어도 '교란 작전'의 성격을 띤다. 원래의 글자대로 '변(辨)'을 쓸 수도 있었는데, 그것을 안 썼기 때문이다. 세종에 대한 문자 테러의 의도가 있음을 입증하는 다른 증거가 있기 때문에 '변(卞)'의 쓰임도 그러한 관점을 유인한다. '변(卞)'에는 '구별하다, 분별하다'의 의미 외에 '조급하다'란 의미가 있기 때문에, '이중적 의미 전략'이 작용한다고 할 수 있다. '변(辨)'에는 '조급하다'의 뜻이 없는 것이 '변(辨)'이 '변(卞)'과 다른 점이다.

(5사)는 『훈민정음해례』를 편찬한 '해례 8유(儒)'[13]의 이름 앞에 '신하 신

(臣)'자를 모두 뺀 것을 말한다. 『훈민정음해례』의 "신 정인지 배수계수 근서(臣鄭麟趾 拜首稽首 謹書)"에서 보는 바와 같이 이름자 앞에 '신'자를 넣는 것이 임금에 대한 정중한 예우가 된다. 실록에서는 의도적으로 정음 팔유의 이름자 앞에 '신'자를 제외한 것이므로, 이는 분명히 세종 임금에 대한 예우에 결함을 가진 것이다. 이는 크게 눈에 띄는 것이 아니므로, '위장 전술'의 성격을 띠는 것이라 할 수 있다.

(5야)는 '돈녕부주부(敦寧府注簿)'에서 '부(府)'를 쓰지 않은 것을 말한다. 얼른 보면 대수롭지 않은 것이라 할지 모른다. 그러나 '돈녕부'는 왕실의 권위를 지키고 친목을 돈독히 하기 위한 부서이다. '돈녕부'를 '돈녕'이라 한 것은 그러한 일을 하는 부서를 온전히 대접하지 않았다는 의미를 가진다. 관례상 혹은 부주의하여 '부'자를 놓친 것일 수 있다. 그것은 부주의를 가장한 '위장 전술'의 성격을 띤다. (10)에 보인 '교란 작전'의 성격을 띠는 것이라고도 할 수 있다. 김주원(2016: 44)에서는 여러 곳에서 '돈녕부'가 '돈녕'과 같이 쓰인 예를 보이고 있다. 그러나 그것으로 '돈녕'이 '돈녕부'와 같은 가치를 가진다고 말할 수 있는 것은 아니다. '돈녕'은 '돈녕부'와 같이 정식의 대우를 하지 않은 것이다. 그것은 사관들이 왕실을 홀대하는 경향을 가졌음을 반영하는 것이다.

(5자)는 '이선로(李善老)'의 성씨 '이'자의 세로줄기 위에 작은 삐침이 있는 것을 말한다. '계(季)'자를 적은 것으로 의심될 정도이다. 그러나 삐침이 그렇게 긴 것은 아니다. '이선로(李善老)'의 이름에 왜 삐침이 있는가? '이선로'는 『훈민정음해례』 편찬에 관여한, '해례 8유'의 한 사람이다. 그러나, 『세종실록』 편찬 찬수관에는 포함되지 않은 인물이다. 그러한 '이선로(李善老)'를 왜 조롱한 것인지 알 수 없다. 의미 없이 '삐침'을 한 것이라면, 그것은 '교란 작전'

13) 이는 흔히 '언문 팔유(諺文八儒)'라고 한다. 『훈민정음해례』 편찬에 관여한 8사람을 말한다. 이 이름에 굳이 '언문'이란 이름을 붙일 필요는 없는 것으로 생각된다. '해례'와 관련된 인물이므로, 정확하게 '해례 팔유(解例八儒)'라고 하는 것이 온당한 것으로 여겨진다.

의 성격을 띠는 것이다.

(5차)는 해례에서는 정인지 발문의 '개물성무지 대지(開物成務之 大智)'의 '대지(大智)' 앞에 공백이 있었으나 실록에서 그것을 없앤 것을 말한다. 『훈민정음해례』에서 '대지(大智)'는 세상을 열고 일을 이루는 큰 지혜로 임금의 지혜를 가리킨다. 비어 있는 공백은 그것에 대한 존숭의 염을 표현한 것이다. 그러나 『실록』에는 이를 반영하지 않았다. 그만큼 임금에 대한 존숭의 개념을 훼손한 것이다. '훼손 전략'의 하나로, 크게 보면 이에도 '형상적 전략'이 작용하고 있는 것이라 할 수 있다.

(5카)는 실록의 『훈민정음』 간행 기사에서 정인지 발문 끝부분의 정인지의 직위와 신분을 나타낸 말들을 모두 제거한 것을 말한다. 이 결과, '자헌대부, 예조판서, 집현전 대제학, 지춘추관사, 세자 우빈객'과 같은 자격이나 직위를 나타내는 말이 모두 없어진 것은 물론이지만, 더불어 '정인지'의 이름 앞에 '신하 신'자가 없어졌고, '두 손을 모아 머리가 땅에 닿도록 절하다'를 뜻하는 '배수계수(拜手稽首)'라는 말도 없어졌다. 모두 임금에 대하여 신하된 위치를 명백히 하는 말로, 그것으로 임금에 대한 예우가 되는 것이다. 실록의 『훈민정음』 간행 기사는 그것을 반영하지 않았다. 『세종실록』 '악보'의 『용비어천가』 서문[14]은 책에서와 똑같이 그 직위나 신분을 제시한 뒤에 "신 정인지 배수계수 근서"와 기록하고 있다. 실록 편찬자들은 『훈민정음』 간행 기사에서 이러한 예우를 하지 않은 것이다.

이와 같이 『세종실록』의 '훈민정음' 간행 기사에는 실로 엄청난 양의 오자와 오류 혹은 괴자가 있다. 겨우 2쪽 여에 이르는 분량의 글에서 위와 같이 어마어마한 오자, 오류, 괴자들이 찾아진다는 사실만도 엄청난 일이라 할 수 있다.

이 밖에도 (5)에서 지적되지 않은 것은 『훈민정음해례』의 정인지 발문에

14) 이는 (5다)에서도 언급한 것이다.

不達

실록의 '불달'

'불달(不達)'이라는 말이 특별히 진하게 그리고 그 위아래에 다소 눈에 띄는 공백을 가지고 인쇄되어 있다는 사실이다. '달(達)'이 '통달하다'의 뜻을 가지는 것이므로, 모반의 뜻과 관련하여 어떤 뜻을 가지는지 알기 어렵다. '달'의 다른 뜻에 '정하다, 결단하다'의 뜻이 있고, '길이 엇갈리다'와 같은 뜻을 제시한 사전도 있다. 반도들에게 '길을 잃지 말아라, 아직도 결단하지 못한 상태이다'와 같은 메시지를 전하는 것으로 해석될 수도 있다. '순음(脣音)'이 '진음(唇音)'으로 적힌 것도 '이중적 의미 전략'의 하나로 볼 수 있을지 모른다. '진(唇)'은 '놀랄 진'으로 '놀라다'는 의미가 무표적인 것이라고 할 수 있다. 그러나 '진(唇)'의 속음이 '순'이라는 사실이 이러한 접근을 막고 있다.

위에서 우리는 가능한 한 객관적으로, 『세종실록』의 『훈민정음』 간행 기사에서 찾아질 수 있는, 실록 편찬자들의 모반과 문자 테러의 징후들을 찾아내는 데 주력하였다. 실록 편찬자들이, 세종에 대한 문자 테러와 모반을 획책한 인물들이라는 것은 의심의 여지가 없다.

세종실록의 찬수관에는 전후관을 포함하여 감관사에 정인지, 지관사에 김조, 이계전, 정찬손, 동지관사에 신석조, 최항, 편수관에 박팽년, 어효첨, 하위지, 성삼문이 있었다. 그리고 기주관에 신숙주 외에 22명이 있었고, 또 기사관에 25명의 인원이 더 있었다. 비록 전후관이 포함되어 있다고 하더라도, 그 수가 적지 않았고, 찬수에 참여한 사람들이 당대 제1급의 한학자들였다고 할 때, 이들이 이와 같이 대대적인 오자, 괴자를 무의식적으로 썼다는 것은 상상하기 어려운 일이다. 분명히 임금을 폄하, 비하하고 모욕하고자 하는 의도가 작용하고 있는 것으로 볼 수 있다. 그러나, 이들이 그렇게 경솔한 인물들이었을까?

실록은 절대적으로 임금의 접근을 거부한다. 따라서 임금이 그들의 문자 테러를 알아채는 일은 일어나지 않을 것이라고 그들은 믿었을 것이다. 신분이 높은 관료들이 실록을 보는 일도 그렇게 자주 있는 일은 아닐 것이다. 춘추관[15]의 관료나 겸춘추나 사관들이 접근할 수 있었다고 생각된다. 하급 관리가 이에 접근하는 것도 허락되지 않았다. 더구나 평민이나 노비들이 실록에 접근하는 것은 상상할 수도 없는 일이다. 그렇다면, 실록에다 누구의 눈에도 띄지 않게 그들의 반역의 의도를 숨겨 놓는 일이 가능할 것으로 생각될 수 있다.

그들은 정음(正音)의 출현으로 그들이 지위가 위협을 받는다고 생각하였을 가능성이 있다. 한자를 알고 한자로 그들의 의사를 표현하는 능력이라는 것이 그들의 독점적인 능력이었는데, 정음의 출현으로 그러한 능력을 누구나 가질 수 있는 것으로 생각하게 된 것이다. 정인지 발문에서는 "그런 까닭으로 지혜로운 사람은 아침나절이 되기 전에 이를 이해하고, 어리석은 사람도 열흘 만에 배울 수 있게 된다. 이로써 글을 해석하면 그 뜻을 알 수가 있으며, 이로써 송사를 청단(聽斷)하면 그 실정을 알아낼 수가 있게 된다. 자운(字韻)은 청탁(淸濁)을 능히 분별할 수가 있고, 악가는 율려가 능히 화합할 수가 있으므로 사용하여 구비하지 않은 적이 없으며 어디를 가더라도 통하지 않는 곳이 없어서, 비록 바람소리와 학의 울음이든지, 닭울음소리나 개짖는 소리까지도 모두 표현해 쓸 수가 있게 되었다."와 같이 기술하고 있는 것이다.[16]

정음 창제에 대한 태도를 여실히 보여 주고 있는 것이 최만리 상소이다. 세종 26년 2월 26일, 부제학 최만리, 직제학 신석조, 직전 김문, 응교 정창손, 부교리 하위지, 부수찬 송처검, 저작랑 조근 등이 반대 상소를 올렸는데, 세종은 이들을 모두 의금부에 내렸다가 이튿날 석방하라 명하였다. 오직 정

15) 조선 때 시정의 기록을 맡은 관아. 태조 원년(1392)에 고려의 제도를 본받아 예문춘추관을 두었다가 태종 원년(1401)에 예문·춘추의 두 관으로 각각 독립하고 고종 31년(1894)에 없앴다. 『표준국어대사전』 참조.

16) 국사편찬위원회의 『조선왕조실록』 홈페이지 『세종실록』 28년 9월 29일 갑오 네 번째 기사에 대한 국역 참조.

창손만은 파직시켰고, 의금부로 하여금 김문이 앞뒤 말을 바꾼 이유를 국문하게 한다. 이 사건을 매우 사소한 사건으로 생각하기 쉬우나, 그렇지 않다. 이 상소 사건으로 정창손은 파직되고 있다. 정음 창제와 관련하여 이 사건이 당시 집현전 학자들에게 준 충격은 엄청나게 큰 것이었다고 보아야 한다. 최만리는 훈민정음 반대 상소 이전에는 상소를 많이 하던 인물이었으나, 이 사건 이후 전혀 상소를 한 것이 없다. 그는 반대 상소 이후 곧 세상을 떠난 것으로 보인다.

세종실록 『훈민정음』 간행 기사에 대한 재검토에서 이전에는 지적하지 못하였던 일부의 사실을 지적할 수 있었던 것을 다행으로 생각한다.

이러한 논의에도 불구하고, 김주원(2013b)에서는 이와 같은 오자, 탈자, 오류 등에 실록 편찬자들의 '반역의 의도'가 숨어 있다고 보는 것은 잘못이고, 모든 기자나 오자 등은 이체자이거나 인쇄상의 잘못에서 기인하는 것으로 볼 수 있다는 주장을 다시 펴고 있다. 김주원(2013b)는 박종국(1984) 이전으로 다시 돌아간 것이다. 졸고(2006, 2008, 2012a,b, 2013a-d) 등이 이미 제시되어, 편찬자들의 반역의 음모가 숨어 있다는 것을 파헤친 상태이므로, 단순히 모든 기자나 오자 등을 인쇄상의 잘못으로 돌리는 것은 받아들이기 어려운 것이다. 오자론은 모든 기자나 괴자, 형상 등이 그런 것이 아님을 입증하지 않으면 안 된다. 단 하나의 예도 그것이 오자임을 입증할 수 없으면, 그것은 '반역 의도설'을 부정할 수 있는 것이 되지 못한다. 아래에서 김주원(2013b)에는 어떠한 문제가 있는가를 검토하기로 한다.

5. 문헌 자료에 대한 기초적 접근

5.1. 문헌 비판의 필요성

여기서는 김주원(2013b)를 중점적으로 검토하기로 한다. 김주원(2013b)은 졸고(2013b)의 주장에 대하여 극심한 반대를 표현하고 있다. 김주원(2013b)에 의하면, 실록의 『훈민정음』 간행 기사의 오자, 탈자, 오류 등은 모두 단순한 오자이거나 이체자에 불과한 것으로, 그것에 실록 편찬자들의 '반역의 의도'가 숨어 있다고 하는 것은 전혀 아무런 근거가 없는 것으로 본다.

김주원(2013b)의 논의는 크게 둘로 나뉜다. 하나는 문헌 비판에 대한 것이며, 다른 하나는 『훈민정음』 기사의 기자나 괴자 등에 대한 것이다. 여기서는 우선 문헌 비판에 대한 것을 보기로 한다. 관련 사항을 다음과 같이 보이기로 한다.

(13) 김주원(2013b)의 문헌 비판 관련 사항
가. 『세종장헌대왕실록』(이하 『세종실록』)을 비롯한 (ㄱ)조선 전기의 실록들이 임진왜란을 비롯한 전화에 상당수가 망실되었다는 사실은 상식에 속하는 것이다. (ㄴ)이러한 상식이 국어학계에서 훈민정음을 논할 때에는 고려된 적이 없는 것으로 보인다.(279쪽)
나. 또한 상식이지만 문헌을 다룰 때에는 문헌 비판이 선행되어야 하며 (ㄷ)문헌 비판이 이루어진 후에야 비로소 해당 문헌의 가치를 논하고, 국어학적, 언어학적 가치를 이끌어낼 수 있다.(279쪽)

(13가ㄴ)은 국어학계에 대한 질책으로 생각된다. 김주원(2013b)이 표적으로 삼는 것은 졸고(2013a)이므로, 그 공격은 졸고(2013a)에 한정된 것이어야 한다. 불필요하게 국어학계 전체를 질타할 필요가 없다. 국어학계 전체가 특히 『훈민정음』을 논할 때 실록이 전화(戰禍)나 병화를 입었다는 사실을 고려

하지 않았다는 것은 아마도 과학적으로 입증하기 어려울 것이다. (13나ㄴ)은 자칫 일반화의 오류를 범한 것일 가능성이 많다.

필자는 김주원(2013b)의 졸고(2013a)에 대한 질책은 혹독한 것이지만, 그 비판을 고맙게 생각한다. 덕분에, 이 반론이 가능하게 된 것이기 때문이다. 김주원(2013b)의 비판을 계기로, 『세종실록』의 훈민정음 관련 기사를 다시 볼 수 있는 기회를 가지게 되었으며, 그로 인하여 종래에는 눈에 띄지 않았던 사실도 눈에 띄게 되었다. 김주원(2013b)은 특히 문헌 비판을 중시하였는데, 가르침을 받은 바 적지 않다.

5.2. 태백산사고본의 성립 문제

김주원(2013b)의 논의와 관련하여 주의 깊게 관찰할 필요가 있는 것은 (13가ㄱ)이다. 김주원(2013b)는 조선 전기의 기록들이 임진왜란을 비롯한 전화에 상당수가 망실된 것으로 보고 있다. 이는 김주원(2013b)이 오늘날 남아 있는 태백산사고본 등이 선조나 현종 때에 다시 만들어진 것으로 보는 듯한 느낌을 준다. "망실"되었다는 용어를 쓴 것도 이전의 실록이 완전히 없어졌음을 말하는 듯한 느낌을 준다. 비록 '상당수'라는 양보가 있는 것이지만, 그것은 남아 있는 것이 별로 없다는 뜻에 가깝다. 태백산사고본의 가치는 다음과 같은 것으로 보고 있다.

(14) 김주원(2013b)이 말하는 태백산사고본(이하 밑줄 필자)

가. 태백산사고본은 […] 임진왜란이 끝난 후 전주 사고본을 저본으로 하여 <u>급하게</u> 만든 책이다.(281-282쪽)

나. 지금까지 학계에서는 이 점을 간과하여 현전 실록본이 마치 『세종실록』이 <u>처음 만들어진 단종 때의 것으로 오해하고 있는 경우</u>를 종종 보지만 […](282쪽)

다. 실제로는 1603년부터 1606년 사이에 이루어진 것이다.(282쪽)

라. 태백산사고본은 [···] 임진왜란 후인 1603년부터 1606년까지 2년 7개월의 기간 동안에 전주 사고본을 저본으로 하여 새로 만든 것이다.(284쪽)

(14가)에서 "급하게"라는 말은 김주원(2013b)이 부가한 것이다. (14다)에는 기 제작 기간을 3년으로 보고 있다. "급하게"라는 말은 태백산사고본의 기자, 괴자의 발생 원인을 의도적인 것이 아닌 것으로 보려는 것과 관련된다. (14다)에서는 태백산사고본이 1603년에서 1606년 사이에 이루어진 것으로 말하였다가 이를 다시 (14라)의 밑줄 친 부분처럼 "2년 7개월"로 축소하고 있다. 실록 재인출 작업이 그만큼 "졸속"으로 이루어진 것임을 강조하려는 것이다. 그것은 '2년 7개월'의 시간 동안에 무엇을 제대로 할 수 있겠느냐는 부정적 함축을 가진다. 그러나, 김주원(2013b)에서는 실록 재인출의 공역이 언제부터 시작된 것인지, 또 그것이 언제 끝난 것인지에 대하여 아무런 정보도 제공하지 않고 있다. 그에 대한 언급 없이 (14라)와 같이 그 기간이 2년 7개월이라고 못박는 것은 온당한 것이 아니다.

선조 때의 태백산사고본 실록 재인출(再印出)의 공역은 선조 36년 5월 19일쯤에 시작되는 것으로 여겨진다. 관련 실록의 기록의 일부를 다음과 같이 제시하기로 한다.

(15) 선조 때의 태백산사고본 재인출 관련 사항

가. 실록청의 등서하는 일에 있어서도 어느 서원(書員)으로 하여금 어떤 것을 등서하도록 하고, 일하는 사람은 몇 명쯤이며 몇 달이면 끝날 것인지, 그 규모와 조치를 먼저 알고 싶으니 살펴서 아뢰라. (선조 36년 5월 15일)

나. 신들이 『실록』의 형지안(形止案)[17]을 가져다가 고찰해 보니, 모두

17) 어떤 일에 대하여 조사한 상황이나 전말을 적은 부책(簿冊)으로 '형지기(形止記)'라고도 한다. 『표준국어대사전』 및 『금성판국어대사전』 참조.

통틀어 5백 77책이었으며, 책의 항수(行數)와 자수(字數)가 매우 많아 글씨를 빨리 쓰는 사람으로 하여금 쓰게 하더라도 많이 쓰기는 어려울 것입니다. 그러므로 계하한 겸춘추(兼春秋) 10원(員)으로는 절반도 부족하겠기에 지금 10원을 더 청하였습니다.(36년 5월 16일)

다. 춘추관이 아뢰기를, 이번의 『실록』을 보건대, 권질(卷帙)이 적지 않아 서역(書役)이 쉽지 않을 것이므로 문관들이 등서하는 것으로는 반드시 성사하기 어려울 것이며, 더구나 1질을 만드는 것도 아니므로 강화에다 국을 설치하여 인출하는 것만 못하니, 다시 의논하여 아뢰라는 것으로 일찍이 전교가 있었습니다.(36년 5월 19일)

라. 인출하는 것이, 등서하는 것이 고통스럽고도 성사하기 어려운 것보다 훨씬 편리하고 쉬운 점은 진실로 상교에서 분부하신 바와 같습니다.(36년 5월 19일)

마. 을해자가 수효도 꽤 넉넉하고 크지도 작지도 않아 『실록』을 인출하는 데 적당합니다. 그러나 글자가 부식되어 흠이 많으므로 새겨서 보충하지 않는다면 일을 시작하기가 쉽지 않을 듯합니다.(36년 5월 23일)

바. 『실록』을 인출하는 일이 하루가 급한데, 공장이 갖추어지지 않아 글자를 고르게 하기가 매우 어렵습니다. 장인 10명이 하루에 20장을 인출할 수 있는데, 지금 공신도감에는 장인이 많이 있으나 녹권(錄券)을 핑계로 옮겨다가 일을 돕지 못하게 합니다.(36년 7월 23일)

(15가)는 실록청의 실태 파악의 성격을 가지는 것이고, (15나)는 『실록』의 형지안을 검토한 것을 말한 것이고, 겸춘추관을 더 요청하는 것이다. (15다)는 실록 관련 일의 진행 방법을 말한 것이고, (15라)는 등서보다는 인출 방법이 좋음을 말하고 있고, (15마)는 활자 문제를 거론하고 있고, (15바)는 장인 부족 문제를 말하고 있다. (15바)는 이미 실록 재인 작업이 진행되고 있음을 말하고 있다. (15나)에서 겸춘추를 더 요청한 것은 『실록』의 재인출 작업이 이미 시작되었음을 말하는 것으로 받아들일 수 있을 것이다. 그 날짜

는 선조 36년(1603) 5월 16일이다. 이를 다음과 같이 제시하기로 한다.

(16) 선조 때의 태백산사고본 재인출 작업 개시일
선조 때 실록인출청이 『실록』의 재인출 작업을 시작한 것은 선조 36년(1603) 5월 16일로 볼 수 있다.

그렇다면, 『실록』의 재인출 작역이 끝난 것은 언제인가? '실록인출청' 낭청이 영사(領事), 감사, 제당상(諸堂上)의 뜻으로 다음과 같은 사항을 아뢰는 것을, 『실록』 재인출의 마무리로 볼 수 있다.

(17) 선조 때의 태백산사고본 재인출 작업 완료일
가. 『실록』을 이제 이미 교정을 끝냈고 개보(改補)도 마무리지었습니다.(선조 39년 4월 28일, 1606년)
나. 구건(舊件)은 모두 5백 76권인데, 이번 새로 인출한 것은 4~5권을 합쳐 1책으로 하기도 하고 2~3권을 1책으로 합치기도 했으므로 신건(新件)은 모두 2백 59권입니다. 따라서 신건과 구건을 통틀어 5건으로 계산하면 거의 1천 5백여 권이나 됩니다.(선조 39년 4월 28일, 1606년)

(17가)는 교정을 끝낸 것을 말하고 있고, 그 개보(개보수)도 마무리지었음을 말하고 있다. 이를 인출 작업의 끝으로 보면, 그날은 선조 39년 4월 28일이 된다. 재인출 개시일을 선조 36년 5월 16일이라 할 경우, 그 기간은 2년 11개월이 넘치게 된다. 그러나, 교정 작업이 끝나고 개보수 작업이 끝난 것을 현대에서는 결코 출판이 완료된 것으로 보지 않는다. 인쇄를 해야 하고 제책을 해야 하고, 배송을 해야 한다. 이 시간까지 합치면, 그 기간은 3년을 훌쩍 넘기게 될 것이다. 그러나 이에 대한 자세한 사항은 『실록』에서 확인하기 어렵다. (17가)의 작업까지를 인출 작업의 완료라 하여 그 기간을 다음

과 같이 보이기로 한다.

(18) 선조 때의 태백산사고본 재인출 작업의 경과 기간
선조 때 실록인출청이 『실록』의 재인출 작업을 시작하고 끝낸 것은 대략 2년 11개월 하고 12일 정도가 된다.

이를 위의 (14라)와 비교하면, 재인출 기간을 "2년 7개월"이라 하는 것은 온당치 못한 것이라고 할 수 있다. 그것은 대략 2년 11개월하고도 12일 정도가 된다. 재인출 작업의 개시일을 (15바)의 선조 36년 7월 23일로 치더라도 그 기간은 2년 9개월이 된다. 2개월의 기간이 더 있다. 그러나 이것은 위에서 본 바와 같이, 교정과 개보수가 끝났을 때를 기준으로 한 것이다. 즉, 가장 박하게 계산한 것이다. 따라서 그 기간을 2년 7개월이라 한 것은 『실록』의 재인출이 그만큼 "졸속"으로 이루어졌음을 과장하는 것이 된다. 이를 다음과 같이 제시하기로 한다.

(19) 김주원(2013b)의 판단
김주원(2013b)에서 『실록』의 재인출 작업의 경과 기간을 2년 7개월이라 한 것은 『실록』의 재인출을 "졸속"으로 몰고 가기 위한 전략의 하나이다.

여기서는 선조 때의 태백산사고본 재인출이 언제 시작되고, 언제 완료된 것인지에 대하여 가능한 한, 정확한 날짜를 얻으려고 노력하였다. 그 결과, 선조 때의 '실록인출청'이 『실록』의 재인출 작업을 시작한 것은 선조 36년(1603) 5월 16일로 보았으며, 그 작업이 끝난 것은 선조 39년 4월 28일인 것으로 보았다. 이러한 날짜가 중요한 것은 김주원(2013b)에서 재인출 작업이 "졸속"으로 진행된 것으로 보고, 『실록』의 훈민정음 간행 기사에 오자, 오류가 많은 원인을 "졸속"에 돌리고 있기 때문이다. 그럴 개연성이 큰 것이라고

하여도, "졸속"이 반드시 오자의 근원이 되는 것은 아니다. 의도적 오자, 오류도 있는 것이기 때문이다. 이에는 다른 요인도 작용하고 있다. 이는 아래에서 보기로 한다. 태백산사고본의 구성에 대한 문제이다.

5.3. 태백산사고본의 구성에 대한 문제

이보다 더 중요한 것은 (17나)가 말해 주고 있는 내용이다. (17나)는 선조 38년 4월 28일에 새로 재인출한 것은 259권뿐이라는 것이다. 위의 (14가, 라)에 보인 김주원(2013b)에는 이 구건(舊件)에 대한 언급이 없다. (14가)에 의하면, 태백산사고본은 전주본을 저본으로 하여 급하게 만든 책이다. 이 언급만으로는 태백산사고본을 모두 새로 만들었다는 느낌을 준다. 태백산사고본을 저본으로 한 것이 정족산사고본이라는 것이므로, 태백산사고본이 저본으로 한 전주본은 종적이 묘연한 것이 된다. (17나)에서 말하는 '구건'은 이 전주본을 말하는 것으로 여겨진다. 따라서, 태백산사고본은 선조 39년에 모두 새로 만든 것은 아닌 것이 분명하다. 그러나, 김주원(2013b)에서는 전혀 이러한 사실을 고려하지 않고 있는 것으로 보인다. 오히려 (14나)와 같이 "현전 실록본이 마치 『세종실록』이 처음 만들어진 단종 때의 것으로 오해하고 있는 경우를 종종 보지만 [···](282쪽)"과 같이 언급하고 있다. 현전 실록본이 『세종실록』이 처음 만들어진 때의 실록본인지는 분명치 않다. 그러나 (17나)에 의하면, 선조 때 이루어진 태백산사고본이 전부 새로 만들어진 것은 아니라는 것은 의심의 여지가 없다고 할 것이다.

구건이 5백 76권인데, 신건은 2백 59권이다. 선조 때 새로 인출한 실록보다 구건이 더 많은 것이 된다. 이에 대해서는 두 가지 추측이 가능하다. 하나는 선조 때의 『실록』의 인출이 그렇게 졸속으로 이루어진 것은 아니라는 것이다. 1천 5백여 권을 3년에 인출하는 것과, 2백 59권을 3년에 인출하는 것은 차원이 다른 문제라고 할 수 있다. 2백 59권을 3년으로 나누면 1년에 86권을 만드는 것이 된다. 실록 재인출이 졸속이 아닌 것은, 선조가 오히려 실록과 같이 별로 보는 사람도 없는 책을 빨리 만들라고 독촉을 하고 있을 정도이다.

다른 하나는 (14나)의 밑줄 친 부분과 관련하여 "현전 실록본이 마치 『세종실록』이 처음 만들어진 단종 때의 것으로 오해하고 있는 경우"가 종종 있다고 하는 비판이 지나친 것이라는 것이다. 구건은 전주본이 '단종'때의 것일 수 있음을 말해 준다. 구건이 남아 있었다면, 그것은 선조 때의 것이 아니라, 단종 때 만들어진 것이다.

선조 때의 재인출본이 모두 새로 만들어진 것이라고 하더라도, 거기에 이전 기록의 흔적이 남아 있는 것은, 정족산사고본이 태백산사고본을 저본으로 하여 등서한 것이라고 할 때 그에 태백산사고본의 흔적이 남아 있는 것과 같다.

(5나)의 '인인'의 예, (5다)의 '양습(易習)'의 예, (15마)의 '규룡 규(虯)'가 '올챙이 두(蚪)'와 같이 적힌 것, (5자)의 '목구멍 뚫을 후'자의 예 및 (5마)의 '불종조이회(不終朝而會)'가 '불숭조이회(不崇朝而會)'와 같이 적힌 것 등등은 태백산사고본의 흔적이 정족산사고본에 남게 된 것이라고 할 수 있다. 이를 다음과 같이 제시하기로 한다.

(20) 김주원(2013b)의 전제와 우리의 입장
김주원(2013b)은 선조 때 『실록』의 재인출이 단종 때의 기록과 전혀 관계가 없는 것으로 전제하나, 재인출 작업은 이전 기록의 흔적을 가지게 마련이다.

이는 (5가-카)와 같은 일련의, 세종에 대한 실록 편찬자들의 '문자 테러'가,

선조 이후의 것일 수 없음을 말해 준다. 정음을 만든 것은 세종이고, 정음 창제가 유학자들의 지위에 위협을 가하게 되었다는 것을 상고할 때, 이는 논리적으로도 타당한 근거를 가지는 것이라고 할 수 있다.

5.4. 기록의 확인과 해석의 문제

5.4.1. '아래 아' 확인의 문제

김주원(2013b)는 문헌 자료의 확인과 해석에서 각각 하나씩, 합하여 두 가지 오류를 범하고 있다. 그 하나는 태백산사고본『세종실록』의 훈민정음 간행 기사에 '·'가 찍히지 않은 것과 관련된다. 이는 박종국(1984)의 지적과 관련하여 (3사)에서 이미 지적된 것이고, (5카)에서도 그 잘못과 그것이 세종에 대한 문자 테러의 성격을 가지는 것임을 지적한 것이다. 이에 대하여 김주원(2013b: 294, 주13)에서는 '·'가 찍히지 않았다고 지적하는 것조차 잘못된 것임을 주장하고 있다. 이 부분을 다음과 같이 가져와 보기로 한다.

(21) 김주원(2013b: 294)의 '아래 아' 기록 확인

가. 이러한 지적 외에도, ㈀ 박 종국(1984)과 마찬가지로, ㈁ '·'가 찍히지 않았다고 지적하였으나(임 홍빈 2013: 25), 이는 잘못이다. 아래의 〈표 10〉에서 보듯이 '·'가 태백산사고본뿐 아니라, 정족산사고본에도, 비록 큰 점이 되었지만, 확실하게 찍혀 있다. ㈂박 종국(2007)에서도 이 부분을 올바르게 수정하였다.

나. 박 종국(2007: 262-263)에서는 이 중에서 '아래 아'에 관련된 부분 즉 ③과 ④는 더 이상 지적하지 않음으로써 종래의 잘못된 기술을 스스로 수정하였다고 할 수 있다(각주 12 참조).

(21가)는 졸고(2013a)의 잘못을 과장한 데 대하여, (21나)는 박종국

聲 如呑字中聲

①

(2007)에서의, 박종국(1984)에 대한 수정을 올바른 길로 들어선 것으로 보고 있다. 그러나, 문헌에 '·'가 찍히지 않았다고 기술하는 것은 사실 확인의 성격을 가지는 것이다. 그것이 지적되지 않았으면 모르되, 그것이 없다고 지적한 것에 대하여, (21가ㄴ)과 같이 그것이 잘못된 것이라는 것은 상황 파악에 문제가 있는 것으로 보인다. 그것은 작업자를 소경으로 취급하는 것이다. 생각해 보라. 눈을 크게 뜨고 『세종실록』의 훈민정음 간행 기사의 오류를 찾는 사람의 눈에 어떻게 그렇게 크고 둥근 '아래 아'가 눈에 띄지 않을 수가 있는가? '·'가 없다는 것은 박종국(1984)에서도 지적되고 있는 것이 아닌가? '아래 아'가 있는 것이라면, '·'가 찍혀 있지 않다고 한 박종국(1984)도 소경 아니면 거짓말쟁이이고, 졸고(2013a)도 거짓말쟁이가 아니면 소경이라는 것밖에는 되지 않는다. 그렇다면, 이들은 정말로 소경인가? 그렇지 않다. 그 외의 다른 오자들은 찾아내고 있기 때문이다. 그런데 왜 졸고(2013a)는 '·'가 찍히지 않았다고 하는 것인가? 졸고(2013a)에서 확인한 태백산사고본에는 그 자리에 실제로 '·'가 없었기 때문이다. 왼쪽의 그림 ①과 같다. 박종국(1984)는 또 왜 '·'가 없다고 하였는가? 박종국(1984)에서 확인한 태백산사고본에도 그 자리에 '·'가 없었기 때문이다. 김주원(2013b)는 오른쪽의 그림 ②와 같이 자신이 확인한 『조선왕조실록』 세종 28년 9월 29일 네 번째 기사에 '·'가 그려져 있기 때문에 '·'가 있는 것으로 판단한 것이다.

그렇다면, 왜 이러한 일이 생긴 것인가? 동일한 태백산사고본의 하나에는 '·'가 없고, 다른 하나에는 '·'가 있다. 이를 어떻게 해결할 것인가? 동일한 『조선왕조실록』 태백산사고본이 두 질이 있었다면 모르되, 두 질이 있었다는 이야기가 없으므로, 동일한 태백산사고본이 두 가지 현상을 드러내는 것이 된다.

이는 (5카)에서 암시한 바와 마찬가지로, 누군가 '·'를 지웠거나 누군가 그것을 그려 넣은 것이다. 필자는 태백산사고본에는 처음에 '·'가 없었던 것을, 나중에 누군가가 그것을 그려 넣은 것으로 판단한다. 이를 다음과 같이 제시하기로 한다.

聲。如呑字中聲

②

(21) 태백산사고본의 '아래 아'
현대의 태백산사고본의 영인본에는 '·'를 가진 것과 '·'를 가지지 않은 두 가지 본이 있다. 이는 본래 태백산사고본에는 '·'가 없었던 것이나, 나중에 누군가가 크고 둥근 점을 그려 넣은 것으로 판단한다.

현대의 태백산사고본에 누군가 나중에 그것을 그려 넣었다는 것을 어떻게 입증할 수 있는가? 이 문제의 열쇠를 쥐고 있는 것이 1973년 영인본에 찍혀 있는 독점(讀點)이다. 위의 ①번 그림에서, 위에 있는 '성(聲)'자와 아래 '성'자 바로 아래 오른쪽에는 현대의 쉼표와 같은 점이 있다. 그런데 왼쪽에 보인 ②에는 그러한 점들이 없다. 그것은 무슨 점인가? 실록의 인쇄면에 개인이 찍어 넣은, 의미 분절을 위한 독점이다. 국사편찬위원회(1973)의 종이 출판 태백산사고본에는 이러한 구두점들이 숱하게 찍혀 있다. 왼쪽의 태백산사고본 (1) 참조. 이 구두점이 있으면, 원문을 비교적 쉽게 읽을 수 있다.

이것이 아래의 오른쪽 그림 ②에서는 말끔히 없어져 있다.[18] 이에 대한 아주 쉬운 추측은, 현대의 누군가가 개인이 찍어 넣은 독점(讀點)들을 지운 것으로 보는 것이다. 언제 지웠는가? 영인을 하면서 지운 것으로 볼 수 있다. 국사편찬위원회의 홈페이지에 있는 『조선왕조실록』에도 세종실록의 훈민정음 간행 기사에도 개인이 찍은 의미 분절을 위한 독점들은 찾을 수 없다. 그런데 '아래 아'는 나타나 있다. 세종대왕기념사업회 편(2003)의 '훈민정음 기사'의 영인에도 의미 분절을 위한 독점들이 없다. 그런데, 거기에도

18) 이 밖에도 다른 지저분한 것이 없어진 것으로 보인다.

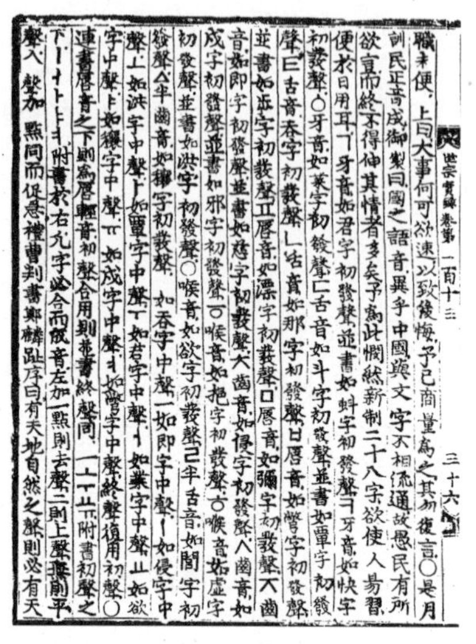
世宗實錄 卷第一百十三 三十六

職事便上曰大事何可欲速以致後悔予已商量爲之其初復言○是月
訓民正音成御製曰國之語音異乎中國與文字不相流通故愚民有所
欲言而終不得伸其情者多矣予爲此憫然新制二十八字欲使人人易習
便於日用耳ㄱ牙音如君字初發聲並書如虯字初發聲ㅋ牙音如快字
初發聲ㆁ牙音如業字初發聲ㄷ舌音如斗字初發聲並書如覃字初發
聲ㅌ舌音如呑字初發聲ㄴ舌音如那字初發聲ㅂ脣音如彆字初發聲
並書如步字初發聲ㅍ脣音如漂字初發聲ㅁ脣音如彌字初發聲ㅈ齒
音如即字初發聲並書如慈字初發聲ㅊ齒音如侵字初發聲ㅅ齒音如
戌字初發聲並書如邪字初發聲ㆆ喉音如挹字初發聲ㅎ喉音如虛字
初發聲並書如洪字初發聲ㅇ喉音如欲字初發聲ㄹ半舌音如閭字初
發聲ㅿ半齒音如穰字初發聲ㆍ如呑字中聲ㅡ如即字中聲ㅣ如侵字中
聲ㅗ如洪字中聲ㅏ如覃字中聲ㅜ如君字中聲ㅓ如業字中聲ㅛ如欲
字中聲ㅑ如穰字中聲ㅠ如戌字中聲ㅕ如彆字中聲終聲復用初聲ㅇ
連書脣音之下則爲脣輕音初聲合用則並書終聲同ㆍㅡㅗㅜㅛㅠ附書初聲之
下ㅣㅏㅓㅑㅕ附書於右凡字必合而成音左加一點則去聲二則上聲無則平
聲入聲加點同而促急禮曹判書鄭麟趾序曰有天地自然之聲則必有天

태백산사고본 (1)

'아래 아'가 나타나 있다.

독점은 개인적인 낙서와 같은 것이라고 할 수 있다. 실록의 영인에서 독점을 지운 것은 이한걸 집안에서 발견된 원본 『훈민정음』의 '예의'편 뒤의 공백에 누군가 낙서를 한 것을 『훈민정음』을 영인하면서 지운 것과 같다. 그러면서, 혹 꼭 있어야 할 '・'를 그려 넣은 것이다. 이것은 추측이기 때문에, 반드시 그런 것이라고는 할 수 없다. 그러나 개연성은 있는 것으로 생각한다. 그러나 국사편찬위원회와 같은 나라의 기관이 『조선왕조실록』을 영인하면서 그 자리에 없는 '아래 아'를 그려 넣었다고 생각하기 어렵다. 그러나 독점까지 없어진 것을 어떻게 설명할 것인가?

정족산사고본의 '아래 아'도 누군가 그려 넣은 것일까? 정족산사고본에는 아마도 '・'가 그려져 있었을 것이다. 현대의 태백산사고본이 가지는 '・'는 정족산사고본의 것을 보고 그것을 그려 넣었을 가능성이 있다. 왜 그런가? 국어학자가 '・'를 그렇게 크게 그린다는 것은 생각하기 어려운 일이기 때문이다. 그것은 정상적인 '아래 아'가 아니다. 우리 시대의 국어학자는 『훈민정음』이나 『훈민정음해례』의 '・'를 보았을 것이기 때문에, '아래 아'를 그렇게 크게 그리지는 않았을 것이다. 이는 비교적 개연성이 큰 추측이라 할 수 있다. 정족산사고본을 필사한 사람은 글씨도 잘 썼을 뿐만 아니라 한문도 잘하는 사람이었을 것이다.[19] 아마도 그는 훈민정음에 호감을 가지지 않았을 것이다. 그렇기 때문에, 태백산사고본에는 'ㆆ'에 대해서만 '목구멍 뚫

19) 한문을 잘하는 사람이 아니었으면, 실록을 필사하는 일이 맡겨지지도 않았을 것이다.

을 후'자가 있었는데, 그는 한 수를 더 떠서, 'ㅇ'에도 '목구멍 뚫을 후'자를 써 넣은 것이다. 그는 세종의 목에 두 번의 자상을 입힌 것이다. 현대의 태백산사고본의 '아래 아'가 크고 둥글게 된 것은 정족산사고본을 연상시키는 것이다. 이를 다음과 같이 제시하기로 한다.

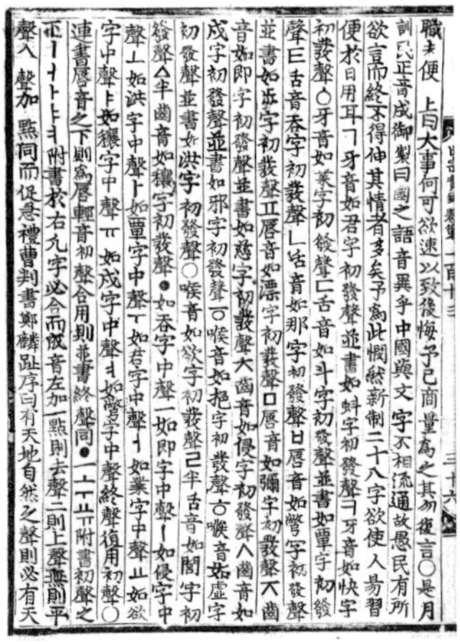

태백산사고본 (2)

(22) 태백산사고본의 '아래 아' 삽입
현대의 태백산사고본 중에서 '·'를 가진 본은 해당 부분을 영인하면서, 의미 분절을 위한 개인적인 독점(讀點)을 지우고, 꼭 필요한 것으로 여겨지는 '·'를 그려 넣은 것이라 할 수 있다. 이에는 정족산사고본의 '아래 아'가 참고가 되었을 것이다.

정족산사고본의 '·' 중 '여탄자중성(如呑字中聲)'의 문맥에 나타나는 '아래 아'가 왼쪽 윗부분에 치우쳐 있는 것도 그 필사자의 정체에 대하여 말해 주는 바가 있는 것으로 볼 수 있다. 아마도 그는 정음 자모에 대하여는 잘 모르는 사람이었을 가능성이 있다.

여기서 우리는 현대의 태백산사고본의 영인본에는 '아래 아'를 가지는 것이 있고, '아래 아'를 가지지 않는 본이 있음을 밝히고, 이것이 어떻게 그렇게 될 수 있었던가에 대하여 필자의 추측을 제시하였다. 동일한 태백산사고본 가운데, 김주원(2013b)이 본 태백산사고본과, 졸고(2013a) 및 박종국(1984)에서 확인한 태백산사고본은 같지만 다른 것으로 보았다. 김주원(2016: 43)에는 위에 보인 위에 보인 '태백산사고본 (2)'만이 제시되고 있다. 우리는, '아래 아'가 찍힌 태백산사고본은 인쇄본의 독점을 제거하면서, '아래 아'를 그려 넣은 것이라는 가설을 세웠다.

5.4.2. '하인(下人)' 해석의 함정

문헌학적인 접근과 관련하여 김주원(2013b)에서 지적될 수 있는 다른 문제의 하나는 '하인(下人)'의 해석과 관련된다. 다음 예를 보기로 하자. 문제의 '하인'은 선조 임금과 신하가 대화하는 장면에 등장한다. 이에서 김주원(2013b: 287)은, 선조 38년(1605) 8월 1일, 선조와 심희수의 대화 부분 번역에서 "하인"들까지도 실록 교정을 보는 것으로 받아들이고 있다.[20] 그 대화 부분을 다음과 같이 단락을 나누어 보이기로 한다.

(23) 선조와 심희수의 대화 (선조 38년 8월 1일 계묘 두 번째 기사, 1605)

가. 상이 이르기를, "실록(實錄) 인출(印出) 작업은 지금 어느 정도나 진척되었는가?" 하니, 희수가 아뢰기를, (ㄱ) "올 겨울에 끝내야 할 텐데 어려울 듯싶습니다." 하였다. 상이 이르기를, "이른바 전서(傳書)라고 하는 것은 무슨 일인가?" 하니, 희수가 아뢰기를, "분판(粉板)에 전사(傳寫)하는 일입니다." 하였다.

나. 상이 이르기를, "속히 책을 인출해야 하니 낭관은 반드시 가려서 임명해야 한다. […] (ㄴ) 등서(謄書)[21]할 적에 오자(誤字)가 많이 나온다고 한다. 만에 하나라도 틀리게 되면 작은 일이 아니다." 하니, 허욱이 아뢰기를, "일이 중대하기 때문에 초교정(初校正)을 보고 나서 대교정(大校正)을 보고 있습니다." 하니 (생략).

다. 희수가 아뢰기를, "낭관만 볼 뿐만 아니라 (ㄷ) 하인들까지도 모두 보고 있습니다."(喜壽曰: 非但郎官見之, 下人亦皆見之矣)

김주원(2013b)에서 이 대목은 선조 때의 『실록』 인출이 졸속으로 이루어진 것임을 보이기 위한 자료로 인용된 것이다. 이는 훈민정음 간행 기사의 오류가 졸속 때문에 생긴 것임을 입증하려는 의도에서 행해진 것이다.

김주원(2013b)에서 문제 삼은 것은 (23다)의 밑줄 친 부분의 '하인'이다.

---

20) 국사편찬위원회의 홈페이지에서 볼 수 있는 번역이 그렇게 되어 있다.

21) '등서'는 '등초(謄抄)'와 같은 뜻으로 원본에서 베껴 옮기는 것을 말한다.

"하인들까지도 모두 보고 있습니다."는 국사편찬위원회의 『조선왕조실록』 홈페이지의 국역 부분에서도 똑같이 나타난다. 일이 얼마나 바쁘면 "하인들까지도" 교정을 보겠는가 하는 의미이다. 이 자료는 『실록』을 "졸속"으로 만들었기 때문에 많은 오자, 오류들이 생기게 된 것으로 해석하기 위한 것이다.

그러나 "하인들까지도 모두 보고 있습니다."는 잘못된 번역이다. 문제는 '하인들까지도'에 있다. '하인'이 아니라 '하인들'이라고 한 것에서, 그 복수 표지 '들'의 연원은 (23다)의 한문 '하인역개견지의(下人亦皆見之矣)의 '개(皆)'에 있다. 그렇다면 '하인들까지도'에서 '도'는 어디서 온 것인가? 그것은 '역(亦)'에서 온 것이다. 이제 그렇다면, '하인들까지도'에서 '까지'는 어디서 온 것인가 물을 수 있다. 이에 대한 대답은 분명치 않다. (23다)의 한문에서는 '까지'가 나올 만한 한자나 문맥이 없다. '하인들까지도'는 최대한 '하인들도'와 같이 번역했어야 한다. 그러면 아마도 최악의 오역은 면하였을 것이다. '까지'는 문제의 범위가 흔히 생각하는 범위를 넘어섰다는 것을 함축한다. 보조사 '까지'는 흔히 부정적인 함축을 가진다. '하인들까지도'는 나쁜 의미를 끌어들인다.

이 부분에서 실록의 문맥을 정확하게 이해하기 위하여, (23다)의 '하인'을 가령 '부적격자'와 같이 바꾸어 보기로 하자. (23나)에서 선조가 뜻하는 것을 '만에 하나라도 틀리면 안 된다'는 것이라고 할 때, 선조와 그에 대한 심희수의 대답을 다음과 같이 재구성해 보기로 한다.

(24) 선조와 심희수의 대화 (가상적 구성)
가. 선조 : 실록은 만에 하나라도 틀리면 안 된다.
나. 희수 : *부적격자들까지도 모두 교정을 보고 있습니다.
다. 희수 : 저희들도 모두 보고 있습니다.

(24가)에 대하여 (24나)와 같이 답하는 것은 적합한 것이 아니다. 선조가

일을 잘하라고 충고하고 있는데, 그것에 대하여 부정적인 효과를 가지는 말로 답하였기 때문이다. (24나)의 '부적격자들'은 교정을 볼 능력도 없거니와, 교정을 본다고 하더라도 오자를 수도 없이 만들어 낼 수 있는 사람들이다. 그것은 (24가)의 취지와는 다른 것이며, 정반대되는 것이다. 진정한 문맥은 (24다)와 같은 것이 되어야 한다. 김주원(2013b)에서는 (24다)의 '하인'을 '종'이나 '노비'와 같은 것으로 해석하였으나, 그것은 문맥을 잘못 파악한 것이다. 비록 그 해석이 국사편찬위원회의 『조선왕조실록』의 국역을 그대로 가져온 것이라고 할지라도, 그것은 오역을 그대로 가져온 것이 된다. 따라서, 그것은 선조 때의 『조선왕조실록』이 '졸속'으로 만들어졌다는 것을 입증할 수 있는 자료가 되지 못한다. (23다)의 '하인'은 '노비'나 '종'을 뜻하는 것이 아니기 때문이다. '하인'의 의미를 다음과 같이 보이기로 한다.

(25) '하인(下人)'의 의미 (네이버 중국어 사전 참조)
가. 고용자[底下]
나. 비천한 사람. 신분이 낮은 사람.
다. 소인 (자기를 낮추어 이르는 말)

우리가 흔히 알고 있는 '하인'은, 정확하게 일치하는 것이라 할 수 없으나, 대체로 (25나) 의미의 '하인'을 뜻한다. '집에서 부리는 신분이 낮은 사람'을 뜻한다. (23다)의 '하인'은 '1인칭 화자'가 자기를 낮추어 말하는 것이다. 그것은 '1인칭 대명사'로 쓰이는 '신(臣)'과 같은 의미를 가지는 것이라고 할 수 있다. '아랫사람'의 '하인'이라는 뜻을 화자가 자신에게 적용할 때, 1인칭 비칭과 같은 의미가 파생된다고 할 수 있다. 『선조실록』에서는 당시 상황을 '상(上)'은 별전에 나아갔다고 하고, 심희수는 '영사(領事)'로[22] 소개하고 있다.

22) '영사'는 조선 시대에, 문하부, 삼사, 돈녕부, 경연, 집현전, 홍문관, 예문관, 춘추관, 관상감, 중추부, 돈령원 따위의 으뜸 벼슬을 말한다. 영돈령부사 외에는 의정(義政) 또는 영의정이 겸하였다고 한다. 『표준국어대사전』 참조..

(25) '하인(下人)'의 의미
(23다)의 '하인'은 '아랫사람'을 뜻하는 것이지만, 윗사람인 임금에 대하여 자신을 낮추는 1인칭 비칭의 대명사적인 의미를 확득한 것이다.

『실록』에는 '하인'이라는 말이 여러 번 나타나고 있으나, 대부분은 '관하인(管下人)'이나 '수하인(手下人)'의 의미로 쓰인 것이고, 정작 '노비'나 '종'을 가리키는 말에는 '동(僮)'이나 '종(從)' 또는 관청의 하인에 대해서는 '일수(日守)'와 같은 말이 쓰이고 있다. '하인'이 '아랫사람'을 뜻하는 예는 '세조실록 43권, 세조 13년 9월 14일 병자 3번째 기사'에서 많은 물건을 '백옹'에게 주고자 하나 그가 받으려고 하지 않자, "박물(薄物)을 하인(下人)에게 주기를 청합니다."하니 백옹이 말하기를, "내가 이미 받지 않았는데, 저들이 어찌 감히 받겠습니까?"하고 답한다. 여기서 '하인'은 '저들'로 번역되고 있다. 이 경우, '하인'은 '종'이 아니라, '아랫사람'을 뜻한다.

(23가)의 밑줄 친 (ㄱ)은 임금이 실록의 재인출 작업을 독촉을 하고 있는 상황이다. 선조가 빨리 끝낼 것을 독촉하는 듯한데, 희수는 "올 겨울에 끝내야 할 텐데 어려울 듯싶습니다."하고 답하고 있다. 이를 기초로, 선조 때의 『실록』의 재인출 작업이 졸속으로 진행된 것이라고 결론을 내릴 수 있는가? 그럴 수 없다. 아마도 그렇지 않을 것이다. 적어도 '심희수'가 만약 '그렇게 하겠습니다. 빨리 끝내겠습니다.'와 같이 대답하였다면, 그 결과를 "졸속"의 산물이라고 판단하는 것이 가능할지 모른다. 그러나 심희수는 그렇게 대답하지 않았다. 이는 실록 재인출 작업이 적어도 그렇게 "졸속"으로 이루어진 것은 아님을 뜻한다. 같은 자리에 있던 허욱은 "일이 중대하기 때문에 초교정(初校正)을 보고 나서 대교정(大校正)을 보고 있습니다."와 같이 답하고 있다. 이는 그들이 그만큼 일에 힘을 들이고 있음을 의미한다.

여기서는 다시 '하인'의 의미를 살펴, 그것이 '노비'나 '종'을 뜻하는 '하인'의 의미로 해석될 수 없음을 밝히는 데 힘을 기울여 왔다. 그것은 아랫사람의 의미로, 그것으로 '1인칭 화자'가 자기를 가리킬 때, '1인칭 비칭 대명사'와 같은 용법을 가지는 것이라 할 수 있다.

6. 오자론과 입증력의 문제

여기서는 졸고(2013a)의 '문자 테러' 주장에 대한 김주원(2013b)의 비판을 검토하기로 한다. 김주원(2013b)에서는 이와 같은 오자, 탈자, 오류 등에 실록 편찬자들의 '반역의 의도'가 숨어 있다고 보는 것은 잘못이고, 모든 기자(奇字)나 오자 등은 이체자이거나 인쇄상의 잘못에서 기인하는 것으로 볼 수 있다고 하고 있다. 우리가 위에서 본 것과 같은, 『세종실록』의 오자 등에 대하여, 김주원(2013b)에서는 글자들이 빠진 것, 바뀐 것, 글자 순서가 바뀐 것, 이체자가 쓰인 것, 대용자가 쓰인 것 등으로 나누어 제시하였다.

김주원(2013b)에서 전혀 언급이 되지 않은 것은, 한자에 나타나는 이상한 '형상'이다. 위에서 우리는 그것을 『세종실록』의 훈민정음 기사 작성자들의 '형상적 전략'으로 이름 붙인 것이다. 김주원(2013b)에서는 왜 기이한 한자를 도외시하고 있는 것인가? 한 가지 가능한 추측은 그것이 김주원(2013b)의 논의를 뒷받침 하는 것이 아니기 때문이다. 오히려, 기자에 의한 '형상적 공격'은 필자의 '테러 의도설'을 뒷받침하는 가장 직접적인 증거가 된다고 할 수 있다. 그 모습은 부정할 수 없는 것이고, 그에 대하여 다른 해석을 한다는 것도 그렇게 쉬운 것은 아니다. 이를 다음과 같이 제시하기로 한다.

(26) 김주원(2013b)에서의 괴자(怪字) 기피
김주원(2013a))에서는 『세종실록』의 훈민정음 간행 기사에 나타나는 기자와 괴자를 전혀 다루지 않고 있다. 이는 추측컨대, 그러한 괴자들이 졸고(2013a)의 '문자 테러설'을 지지해 주는 반면, 오자설은 지지해 주지 않기 때문이다. 나타난 형상은 부정될 수 없고, 그 의미도 달리 해석하기 어렵기 때문이다.

김주원(2013b)이 제시하고 있는 오자, 탈자 등의 분류와 예를 다음과 같이 보이기로 한다.

(27) 김주원(2013b)의 분류와 예

가. 글자가 빠진 것 : 欲使人易習[23](←欲使人人易習), 呑字初發聲(←如呑字初發聲), 崔恒 등(←臣崔恒 등), 敦寧主簿(←敦寧府主簿)

나. 글자가 바뀐 것 : 禮樂文物(←禮樂文章), 不崇朝而會(←不終朝而會), 喉音(←喉音), 如蚪字(←如虯字)

다. 글자가 순서가 바뀐 것 : ㅣㅓㅏㅑㅕ附書於右(←ㅣㅏㅓㅑㅕ附書於右)

라. 이체자가 쓰인 것 : 昬音(←脣音), 戍字(←戌字), 泒通(←流通), 異[24]乎中國(←異乎中國), 昜(←易)

마. 대용자가 쓰인 것 : 淸濁之能卞(←淸濁之能辨)

(27가-마)와 같은 일이 왜 일어났는가에 대한 김주원(2013b)의 추측은 다음과 같다. (27가)의 글자가 빠진 것은 단순한 실수에 의한 것일 수도 있고, '인인(人人)'은 오히려 맞게 고친다고 생각하여 두 '인(人)'자 중 하나를 빼 버렸을 수도 있다고 본다(295쪽). 그러나 이러한 설명이 가지는 문제는 무엇인가? 그것이 단순한 '실수'에 의하여 빠졌다는 것을 어떻게 입증하는가? 그것이 '실수'를 위장한 실수가 아니라는 것을 무엇으로 증명할 것인가? 필자는 그것은 증명할 수 없다고 생각한다. 오히려 반대이다. 나라의 역사는 엄중한

23) 실록에서는 '양습(昜習)'으로 된 것인데, 김주원(2013b)는 이를 '이습(易習)'으로 보이고 있다.

24) '함께 공(共)'자의 가운데에 세로 획이 더 있는 글자임. '함께 있지 못하고, 갈라져 있음'을 뜻하는 것인지도 모른다. 동일한 '이(異)'자가 여러 곳에서 발견된다.

것이다. 그 기록도 엄중한 것이다. 이러한 상황에서 그 기록을 실수로 잘못 한다는 것은 생각할 수 없는 것이다. '단순 실수'라는 것을 증명할 수 있다면, 김주원(2013b)의 논의는 설명력을 가질 수 있을지 모른다. 그러나 '단순한 실수'라는 것을 입증할 수 있는 논리는 쉽게 찾아질 수 없을 것이다. '실수'는 변명 이상의 성격을 가지기 어렵기 때문이다. 그것은 김주원(2013b)의 논의가 그만큼 취약하다는 것을 의미한다. 이를 다음과 같이 제시하기로 한다.

(28) 김주원(2013b) 논의의 취약성 (1)
김주원(2013b)의 논의는 『세종실록』의 훈민정음 간행 기사에 나타난 탈자 등이 '단순한 실수'에 의한 것으로 본다. 그러나 기록의 탈자 등이 단순한 실수에 의하여 일어난 것임을 증명하기는 어려운 일이다. '실수'는 변명 이상의 성격을 가지기 어렵기 때문이다. 이는 김주원(2013b)의 논의의 입증력이 그만큼 취약한 것임을 의미한다.

달리 보면, (27가)와 같은 예들을 실수에 의한 탈자로 보는 것은 『세종실록』 편찬자들의 모반과 반역을 도와 주는 것이라고도 할 수 있다. 그들의 오자나 오류를 실수로 포장하려던 것이 모반자들의 '위장 전술'이었기 때문이다. 실록 편찬자들은 한문의 대가들이다. 임금을 좇아다니며 임금이 하는 말이나 행적을 한문으로 적을 수 있는 능력을 가진 대유학자들이다. 동료 중에서도 그들은 아주 뛰어난 인재들이다. 그들이 글자를 실수로 탈락시킨다든가, 오자를 쓴다든가 하는 것은 상상할 수 없는 일이다.

김주원(2013b)는 정인지 발문의 '인인(人人)'을 오히려 맞게 고친다고 생각하여 두 '인(人)'자 중 하나를 빼 버렸을 수도 있는 것으로 본다. 그러나 '인인(人人)'과 '인(人)'의 의미는 완전히 다른 것이다. '인인(人人)'은 '모든 사람'을 뜻하는 것이나, '인(人)'은 반드시 모든 사람을 뜻하는 것이 아니다. 이 두 의미의 차이를 특출한 한문의 실력자들이 모른다고 하는 것은 있을 수 없는 일이다. 그러한 해석은 오히려 한문의 대가들에 대한 모욕이 된다고 해야 한다.[25] 그들의 교묘한 전략으로 오늘날까지도 그들의 음모가 들키지 않고 이어져 온 것이며, 현대에도 그들의 음모를 오자로 보는 사람들이 있는 한, 그들의 음모는 더 발각되지 않고, 앞으로도 계속될지도 모를 일이다. 오자론은 그들의 음모를 도와 주는 것이다.

(27나)는 졸속적인 작업과 부주의로 인하여 글자가 바뀐 것으로 본다. 김주원(2013b)은 '후음(喉音)'과 '두자(蚪字)'는 자형에 대한 뚜렷한 인식이 없어서 글자를 잘못 새겼을 가능성도 있는 것으로 본다. '규(虯)'는 워낙 드물게 쓰이는 글자여서 다른 글자로 썼을 가능성이 있는 것으로 본다(295쪽). 김주원(2013b)은 '후음(喉音)'의 '후(喉)'를 '입 구(口)'에 '기후 후(候)'가 있는 것으로 보았으나, 이는 우리와 입각점이 다른 것이다. 그 글자는 '목구멍 후'에 '뚫을 곤'가 있는 것으로 보아야 한다. 그래야 그들의 의도를 명확히 알 수 있는 것이다. '두(蚪)'자에는 삐침도 있는 것인데, 이 삐침을 일부러 지적하지 않은 것인지, 못 본 것인지 알 수 없다. 주어진 자료에서 이것을 못 본다는 것은 있을 수 없는 일로 생각된다.[26] 그런데 왜 지적하지 않은 것인가? 추측건대 부주의나 실수로 그러한 삐침을 하는 것은 있을 수 없기 때문이 아닐까 생각해 본다. '두(蚪)'자가 '규룡 규'로 읽힐 수도 있다는 것을 김주원(2013b)는 알고 있었을까? 이를 보면 『실록』의 반역자들이 얼마나 간교하고

---

25) 김주원(2016:45)에 소개되고 있는 최석정(1678)의 『경세훈민정음』에는 "욕사인양습(欲使人易習)"이 가필(加筆)로 "욕사인인양습(欲使人人易習)"으로 수정되고 있다. 가필되기 전에는 '훈민정음'에 대하여 『세종실록』의 간행 기사 내용이 일반에 알려지고 있음을 알 수 있다. 이는 당시에 『훈민정음』 원본은 볼 수 없었음을 의미한다. 최석정(1678)에 '이습'이 '양습'으로 나타난다는 것이 큰 의미를 가지는 것은 아니다. 최석정(1678)의 해당 내용은 실록의 『훈민정음』 간행 기사와 그 성격이 같은 것이기 때문이다. 최석정(1678)이 무엇을 근거로 수정을 한 것인지는 확실치 않다. 문제는 유표성의 원리이다. '양습'이 '이습'으로 읽힐 수 있다고 하여 '이습'을 '양습'으로 쓰는 것은 유표적인 것이나, '이습'으로 쓰는 것은 무표적인 것이다. 유표적인 것은 특수한 목적을 가진 것이다.

26) 김주원(2016:45)에 소개되고 있는 최석정(1678)의 『경세훈민정음』에는 '규(虯)'의 자리에 '두(蚪)'가 쓰이고 있다. '두(蚪)'에는 삐침도 있다. 1678년의 『배자예부운략』에도 같은 글자가 보인다. '두'에 삐침이 있다는 것은 이 문헌들의 내용이 『세종실록』 훈민정음 간행 기사에서 온 것임을 말해 준다. 이들은 『훈민정음』 원본을 볼 수 없었음을 말해 준다.

정교하게 그들의 의도를 숨겨 놓았는지 알 수 있다. 그들은 실수나 부주의로 이러한 일들이 생겨났다고 변명할 것이다. 그러나 이러한 일들이 정말로 부주의나 실수로 일어날 수 있는 일이라고 생각하는가? 그렇게 생각한다면 그것은 너무나 소박한 것이다. 그것이 졸속적인 작업의 결과나 부주의에 기인한 것이라면, 그것 또한 증명되어야 한다. '졸속'이나 '부주의'를 어떻게 입증할 것인가? 우리는 입증할 수 없다고 생각한다. (27다)도 부주의로 인하여 글자의 배열이 바뀐 것으로 보는 것이다. '부주의'라는 점에서 설명 원리를 같이한다. 그러나 이 또한 입증할 수 없는 것이다. 이를 다음과 같이 제시하기로 한다.

(29) 김주원(2013b) 논의의 취약성 (2)
김주원(2013b)의 논의는 『세종실록』의 훈민정음 간행 기사에 나타나는 어떤 오자 등을 '졸속'이나 '부주의'에 의한 것으로 본다. 그러나 '졸속'이나 '부주의'는 입증하기 어려운 것이다. 이 또한 김주원(2013b)의 논의가 설명력이나 입증력이 그만큼 취약한 것임을 의미한다.

김주원(2013b)은 '두(斗)'자에 대해서는 자형에 대한 뚜렷한 인식이 없어서 글자를 잘못 새겼을 가능성도 있다고 한다. 자형에 대한 뚜렷한 인식이 없다는 것은 증명할 수 있는가? '두(蚪)'가 '규룡 규'로 읽힐 수도 있다는 것은 역도들이 얼마나 정밀한 한자 지식을 갖추고 있는지를 말해 준다. '규(虯)'는 워낙 드물게 쓰이는 글자여서 다른 글자로 썼을 가능성이 있는 것으로 본다고 한다. 그러나 태백산사고본은 목활자본이라고 한다. 아무리 드물게 쓰이는 한자라도 새기면 된다. 이와 달리, 그 대안이 된 '두(蚪)'는 흔히 쓰는 글자란 말인가? 그렇지 않다. '두(蚪)'도 일생에 몇 번 만나지 못하는 글자이다.[27] 글자에 대한 뚜렷한 인식이 없다든가 드물게 쓰는 글자라든가 하는

27) 『조선왕조실록』 전체를 통하여 '올챙이 두(蚪)'자는 단 4번 출현한다. '과두(蝌蚪)'라는 서체

이유는 너무나 주관적이어서 받아들이기 어려운 것이다. 이를 다음과 같이 제시하기로 한다.

> (29) 김주원(2013b) 논의의 취약성 (3)
> 김주원(2013b)의 논의는 『세종실록』의 훈민정음 간행 기사에 나타나는 오자나 이체자에 대하여 자형에 대한 뚜렷한 인식이 없다거나, 드물게 쓰이는 글자이기 때문에 생겨난 것으로 본다. 그러나 이러한 접근은 매우 주관적이어서 입증하기 어려운 것이다. 이 또한 김주원(2013b)의 논의가 설명력이나 입증력이 취약한 것임을 말해 준다.

(27ㄴ)의 '불종조이회(不終朝而會)'가 '불숭조이회(不崇朝而會)'로 된 것을 김주원(2013b)에서는 오자로 보았다. 그러나, 이런 오자도 가능한 것일 수 있다고 보는 것은 지나친 것이다. 국사편찬위원회의 『조선왕조실록』 홈페이지의 한문 전사에는 원문의 '숭(崇)'이 원문 그대로 '숭(崇)'으로 나타난다. 그러나, 이에 대한 국역은 '아침 나절이 되지 않아 깨우치고'와 같이 되어 있다. 호의적으로 생각하면, 국사편찬위원회는 '숭'을 오자로 보지 않은 것이라고 할 수 있다. 그러나 '숭'이 아니라, '훈민정음' 원본의 '종'을 번역하였을 가능성이 있다. '숭'이 가지는 '마치다'의 뜻은 거의 그 쓰임을 볼 수 없는 글자이기 때문이다. 『조선왕조실록』 전체를 통하여 '숭(崇)'자가 쓰인 것은 11,547예나 된다. 이를 무작위 표본 조사에 의하여 확인해 본 바로는 사람이름, 벼슬이름, 전각이름, 원호(園號), 능명, 지명 등에 쓰인 것이 거의 전부이다. 동사의 어근으로는 쓰이는 숭상, 숭대, 숭장(崇奬), 숭신 등의 '숭'은 모두 '높이다'의 뜻이다. '마치다'와 같은 뜻으로 쓰인 예는 찾을 수 없다. 실록의 11,547개의 예를 다 뒤지면, 혹 한두 개의 쓰임을 찾을 수 있을지 모른다. 아마도, 실록의 『훈민정음』 간행 기사에 나

의 이름으로 쓰였을 뿐이다. 이에 대해서 '규(虯)'는 '벌레 충'변에 방(旁)'이 '숨을 은(乚)'으로 된 글자를 포함하여 78예나 출현한다.

타나는 '숭'이 '마치다'로 해석되는 유일한 예일 가능성이 있다. '숭음황전(崇飮荒腆)'의 의미가 혹시 어떨까 곰곰이 생각하였으나, 이 또한 '높이다'의 뜻인 것으로 여겨진다.[28)]

이 글자의 쓰임이 '마치다'로 해석되는 것은 유표적인 것으로, 특수한 의미를 표현하기 위하여 쓰인 것이라고 할 수 있다. 역도들은 '불숭조이회'가 '조정을 숭배하지 않아 만나고'와 같이 해석할 수도 있도록 한 것이다. 방어의 논리는 아마도 상당히 궁색할 것이다.

(27라) 중 주목되는 것은 '양(昜)'이 '볕 양'자이기도 하지만 '이(易)'의 이체자이기도 하다고 지적하고, 태백산사고본에서 무작위로 '양(昜)'와 '이(易)'를 혼용하고 있다고 하고 있다. '양'을 '이'의 '이체자'라고 하는 것이지만, 위에서 우리는 '양'이 '이음자'로 두 개의 음과 훈을 가지는 '이음자'인 것으로 보았다. '양(昜)'과 이(易)'를 '이체자'로 보나 '이음자'로 보나 큰 차이가 없을 것으로 생각하지 모르나, 그 둘의 차이는 실로 적지 않은 것이다. 이는 위에서도 지적하였다. 여기서는 그 쓰임을 보기로 한다.

『조선왕조실록』 전체를 통하여 '이습(易習)'이라는 어구 자체가 쓰인 것은 10개의 예가 찾아진다. '이습' 검색에서 찾아지는 모든 한자에는 모두 '쉬울 이'자가 쓰이고 있다. '이습'이 '양습(昜習)'으로 쓰인 것은 유독 『세종실록』의 훈민정음 간행 기사에서뿐이다. 이번에는 '양습'을 검색해 보자. 결과는 놀랍게도 『조선왕조실록』 전체를 통하여 '양습'이 검색되는 것은 단 한 건도 없다. 『세종실록』의 『훈민정음』 간행 기사에서 '양습'이 검색될 수도 있었을 것이나, 국사편찬위원회의 국역에서 '양습'의 '양'과 '습' 사이에 '교정'의 '교(校)'자가 삽입되어, '양습'이 검색되지 못한 것이다. '이습'을 '양습'으로 쓴 것은 오직 『훈민정음』 간행 기사에서뿐이라는 것은 무엇을 의미하는가? '양습'

---

28) 이 의미는 아마도 '거칠게 마시고 배 내미는 것을 존숭하고'와 같은 뜻일 것이다. 네이버의 중국어 사전에서도 이 말은 확인되지 않는다.

에 특별한 의미가 부여되어 있음을 뜻한다. 『조선왕조실록』 전체를 통하여 '백거이(白居易)'의 '이'는 결코 '양'으로 쓰인 일이 없다. 이는 '이'와 '양'이 이체자로 무작위적으로 교체되어 쓰일 수 있었던 글자가 아님을 의미한다. 이를 다음과 같이 제시하기로 한다.

(30) 김주원(2013b) 논의의 취약성 (4)
김주원(2013b)의 논의는 『세종실록』의 『훈민정음』 간행 기사에 나타나는 '양습'의 '양'을 '이'의 이체자로 보고 어떤 문맥에서든 교체되어 쓰일 수 있는 것으로 본다. '이습'이 함부로 '양습'과 같이 쓰인 것은 아니다. '양습'은 실록 편수자들의 '이중적 의미 전략'에 쓰인 글자이다. '이습'과 '양습'이 차이는 그만큼 김주원(2013b)의 논의를 취약하게 만든다.

'이'가 '양'으로 쓰인 예가 나타나는 것이 사실이나, 그 예는 아주 희귀한 것이다. 『조선왕조실록』 전체를 통하여 '용이'가 '용양(容易)'으로 쓰인 것은 8예에 지나지 않는다. 이에 대하여 '용이(容易)'로 나타나는 것은 880개나 된다. '양'이 '이' 자리에 쓰인 것은 아주 드물다는 것을 알 수 있다. '쉽다'는 의미를 '이(易)'로 표현하는 것은 무표적(Unmarked)인 것이나, '양(易)'으로 표현하는 것은 극히 유표적(Marked)이라 할 수 있다. 무표적인 것을 배제하고 유표적인 것을 쓰는 것은 그에 특별한 의미가 부여되어 있다는 것을 의미한다. 이를 다음과 같이 제시하기로 한다.

(31) 유표성의 원리
형태가 유사하거나 같은 음을 가진 한자라도 무표적인 한자를 쓰지 않고 유표적인 한자를 쓰는 것은 특수한 표현 목적을 가진 것이라 할 수 있다.

(27마)의 '변(卞)'도 대용자가 쓰인 것으로 보았으나, '변(卞)'은 '조급하다, 맨 손으로 치다'와 같은 뜻을 가지기도 한다. 이는 위에서도 지적한 바 있다. 『조선왕조실록』 전체에서 '변별(辨別)'이 원래대로 쓰인 것은 331예가 검색된다. 이에 대하여 '변별(卞別)'로 쓰인 것은 26예에 그친다. '변별(辨別)'은 무표적인 것이나, '변별(卞別)'은 유표적인 것이라 할 수 있다. 평범한 글에 유표적인 것을 쓰는 것은 특수한 목적을 가진 것이기 쉽다. 단순히 획수가 적기 때문에 '변(卞)'을 쓰는 것으로 보기는 어렵다. 실록에 '변별(卞別)'이 나타나는 것은 영조(英祖) 이후이다. 비교적 후대에 '변(辨)'의 자리에 '변(卞)'이 쓰이는 일이 있게 되었다고 할 수 있다. 단종 때에 실록 편찬자들이 그러한 용법을 썼다는 것은 그 용법이 매우 특이한 것이었음을 말해 준다.

여기서는 김주원(2013b)에서의 오자, 오류에 대한 해석과 관련하여, 오류의 근원이 부주의, 졸속, 단순한 실수 등과 같이 접근하는 것은 입증력이 취약한 것을 분명히 하는 데 힘을 모았다. 그러한 논의에 의하여 졸고(2013a)의 '문자 테러설'이 부정되는 것은 아니다.

7. 문헌 위주 접근의 허점

여기서는 김주원(2013b)가 강조하고 있는 문헌 비판이 매우 중요하고 유용한 것이기는 하지만, 다른 어떠한 것에 대해서보다도 문헌 비판이 선행해야 한다거나 다른 무엇보다도 문헌 비판이 중요한 것이라고 말하는 것은 온당한 것이 아님을 밝히고자 한다. 위의 (13나)를 번호를 바꾸고, 밑줄 친 부분을 둘로 나누어 다음과 같이 가져오기로 한다.

(32) 김주원(2013b)의 문헌 비판과 가치
또한 상식이지만 (ㄱ) 문헌을 다룰 때에는 문헌 비판이 선행되어야 하며 (ㄴ) 문헌 비판이 이루어진 후에야 비로소 해당 문헌의 가치를 논하고, (ㄷ) 국어학적, 언어학적 가치를 이끌어낼 수 있다.(279쪽)

(32)는 전체적으로 문헌 비판의 중요성을 말한 것으로 대체로 타당한 것이지만, 문헌 비판의 중요성을 지나치게 강조하는 듯한 느낌을 준다. (32ㄱ)이 문헌을 다룰 때에는 '누구에게 있어서나', '반드시' 그리고 '언제나' 문헌 비판이 선행되어야 하는 것을 의미하는 것이라면, 그것은 다소 지나친 것이며 타당한 것이 아니라고 할 수 있다. 이미 확립된, 정평이 있는 문헌에 대하여, 다시 처음부터 문헌 비판을 시도해야 하는 것은 아닐 것이다. 문헌학을 전공한 사람인 경우에 있어서도, 선구자들이 마련해 놓은 길을 따라 가는 것은 어쩔 수 없는 일이기도 하다.

(32ㄴ)은 '문헌 비판'과 '문헌의 가치 평가'가 서로 다른 성격의, 이질적인 작업인 것으로 전제하고 있는 것으로 여겨진다. 가치 평가가, 최후적인 것이 아닌 한, 문헌 비판은 가치 평가 작업과 동시적으로 진행되거나 진행될 수 있는 일이라고 할 수 있다. (32ㄷ)은 문헌 비판이 이루어진 후에야 언어학적, 국어학적 가치를 이끌어낼 수 있는 것으로 말하고 있다. 여기서는 '후에야'란 조사(措辭)가 문헌 비판이 '문헌의 가치 논의'나 '국어학적, 언어학적 가치 평가'의 어떠한 것보다도 선행되어야 하는 조건인 것처럼 말하고 있는 것이 문제이다. 그러나 어느 경우에나 그런 것은 아닐 것이다. 이미 확립된 문헌의 경우에는 영인본을 가지고도 언어학적인 접근을 시도할 수 있는 것이다. 모든 사람이 문헌 비판을 위하여 국사편찬위원회를 직접 방문하여 그 자료를 확인하고, 태백산사고본을 확인하기 위하여 '국가기록원 부산기록관'을 방문하여야 하는 것은 아니다.

그러나 여기서는 문헌에 입각한 접근에 의하여 오히려 역사적 사실이나 관련 사실이 왜곡될 수도 있음을, 가령, 우리에게 『훈민정음』이나 『훈민정음해례』와 같은 문헌이 없었을 경우를 가정하여 검토해 보기로 한다.

김광해(1982, 1989)에서 밝혀진 중요한 사실의 하나는 『훈민정음』 세종 서문의 글자수가 한문으로는 54자이나, 그 언해는 108자가 된다는 것이다. 이는 부정할 수 없는 사실이다. 『훈민정음』 세종 서문과 그 언해본을 다음과 같이 제시하기로 한다.

(33) 『훈민정음』 세종 서문
國之語音異乎中國與文字不相流通故愚民
有所欲言而終不得伸其情者多矣予爲此憫
然新制二十八字欲使人人易習便於日用耳 (18자 3행, 도합 54자)

(34) 『훈민정음』 (언해본) 세종 서문
나랏말ᄊᆞ미中國에달아文字와로서르ᄉᆞᄆᆞᆺ
디아니ᄒᆞᆯᄊᆡ이런젼ᄎᆞ로어린百姓이니르고
져ᄒᆞᇙ배이셔도ᄆᆞᄎᆞᆷ내제ᄠᅳ들시러펴디몯ᄒᆞᇙ
노미하니라내이ᄅᆞᆯ爲ᄒᆞ야어엿비너겨새로
스믈여듧字ᄅᆞᆯᄆᆡᇰᄀᆞ노니사ᄅᆞᆷ마다ᄒᆡᅇᅧ수ᄫᅵ
니겨날로ᄡᅮ메便安킈ᄒᆞ고져ᄒᆞᇙᄯᆞᄅᆞ미니라 (18자 6행, 도합 108자)

(33)의 자수는 54자인 데 대하여, (34)의 자수는 그 배가 되는 108자이다. 108은 불교에서 말하는 백팔번뇌와 관련되는 숫자이다. 그것은 불교에서 매우 신성시하는 숫자이다. 김광해(1982, 1989)는 이 자수가 인위적인 조절에 의하여 만들어진 것으로 본다. 여기서 중요하다고 생각되는 두 가지만을 보이면 다음과 같다.

(35) 가. '여문자불상류통(與文字不相流通)'의 '여(與)'는 '~로 더브러, ~로 다ᄆᆞᆺ'과 같이 번역하는 것이 당시에는 더 일반적이었다. 그러나 (34)에서는 이러한 번역을 취하지 않았다. 이는 자수를 조절하여 108자를 만들기 위한 조처였을 것이다.

나. (33)의 '유통(流通)'은 '흘러 ᄉᆞᄆᆞᆺ디'로 번역되었어야 할 것이나, '유(流)'에 해당하는 '흘러'가 번역되지 않았다.

(35가)는 '여(與)'를 '~로 더브러'로 번역하지 않고, '~와로'로 번역한 것이 자수의 조정과 관련됨을 말한 것이다. 15-16세기 언해 문헌에서 '~로 더브러'는 70예 정도가 찾아진다. 이에 대해서 '~와로'는 90예나 찾아진다. '~와로 서르'의 예만도 5~6예나 찾아진다. 따라서 '~와로 서르'로 번역하였다고 하여도 특별한 의미를 가지기 어렵다. 그러나 '~로 더브러'로 번역할 수 있는 것을 '~와로'로 번역하였다는 사실까지 아무런 의미가 없는 것은 아니다. (33)의 '유통(流通)'에 대해서 김광해(1989)는 '흘러 ᄉᆞᄆᆞᆺ디'가 더 일반적인 15세기의 문장인 것으로 보고 있다. 그러나 15~16세기 중세어 자료 중 '흘러'가 쓰인 것은 201예나 있으나, 뒤에 '사몿-'이 이어지는 예는 찾기 어렵다. '유통'은 오히려 '유통(流通)'이란 한자어 그대로 쓰이는 예가 언해본의 예 말고도 21예나 찾아진다. 그러나 여기서도 그 협주에 '유통(流通)은 흘러 ᄉᆞᄆᆞ출 씨라'와 같이 풀이한 상태에서 그 번역문에 '흘러'를 생략한 것은 의도적인 것으로 여겨진다.

108이란 숫자가 불교와 관련된 번뇌의 숫자라고 하는 것은 사실이라기보다는 주관적 해석이다. 이러한 해석은 누군가 불교 관계의 인물이 '훈민정음'과

임홍빈 교수께

보내온 한글 심포지엄의 발표문은 재미있게 읽었습니다. 여러 가지 새 견해가 있어서 공부가 되었습니다. 견해 중 한두 가지는 어떨까 하여 솔직한 생각을 적었습니다. 조금이라도 참고가 되면 고맙겠습니다.

1. 한글창제와 수양의 역할

이기문 교수의 글에도 나왔지만, 세종의 한글창제에 수양, 안평(거기에 정의공주도 추가)의 도움이 큰 것으로 주장된 일은 당시의 왕자나 공주, 특히 그들이 성인이 되어 出宮하면 부왕을 만나는 일이 사갓집 부자, 부녀와 전혀 다른 사실을 간과한 것이 아닐까 합니다. 출궁하면 군주와 신하의 관계로 만나는 것이 법도입니다. 함부로 입궁하지도 못하는 일은 정의공주의 경우(공주에 관한 국어학의 내 글 참조)에도 드러납니다. 일반 신료가 군주를 뵐 경우와 같이 사전에 승지가 알고 있고, 사관이 배석하여야 합니다. 이를 위하여 밤에도 승지와 사관은 항상 당직자를 두고 있습니다. 학문에 대한 군주의 자문을 위하여 집현전 학사가 당직을 두는 것과 똑같습니다. 이러한 상황을 고려한다면, 세종이 혼자 한글창제를 하였다 하더라도 侍從의 신하에게 숨기고서, 더욱이 經筵에서 집현전 학사에게 철저히 감추고서 왕자나 공주와 의론하였다는 일은 상상하기 어렵습니다. 세종은 반대상소를 올린 정창손과 김문에게도 창제 전에 한글의 효용을 자문(국어학에 실린 내 글의 반대상소문 처리에 관한 부분 참조)하였는데, 이른바 언문8유에게 아무런 자문을 하지 않았다고는 못할 것이기 때문입니다.

2. 훈민정음서의 글자 수효의 문제

김광해 교수가 문제의 서문을 붓글씨로 쓰다가 알게 되었다는 글자 수효와 불교의 관련성은 그저 재미있는 '이야기'에 불과하다고 생각됩니다. 더구나 언해문의 108자는 한글창제 이후의 일입니다. 서문의 '耳', 언해의 '與, 流通, 人人, 使'의 설명은 너무나 작위적입니다. 숫자에 맞추기 위하여 그 한자와 번역이 선택되었다고 하지만, 필연적인 이유라고 하기에는 너무 미흡합니다. 전혀 다른 해석도 얼마든지 가능할 것입니다. 이 번역에 대하여는 나 자신도 합리적으로 설명할 수 있지만, 여기서는 줄입니다. 더욱 문제는 54자나 108자가 세종의 언어정책 과제인 동국정운이나 홍무정운역훈의 편찬과 아무런 연관이 없다는 것입니다. 이들 편찬은 불교와 전혀 상관이 없습니다. 따라서 훈민정음서의 숫자 54나 108은 하나의 破閑거리는 될지 몰라도 진지하게 고려할 일이 아닌 것 같습니다. 논문이 공개된 지 10여년이 되었지만 아무도 그것을 언급하지 않는 사실이 그것을 말하지 않을까 합니다.

3. 기타의 문제

초성 자모를 위하여 선정된 한자가 일정한 의미를 가진다는 생각을 나도 지적한 일이 있습니다(동봉한 진단학보의 글. 각주 10 참조). 교수가 한자를 일일이 해석하고, 더욱이 첫 4자가 왕과 왕자의 합작으로 한글창제란 사업이 이루어졌음을 나타내었다고 한 것은 세종의 한글창제에 대한 새로운 주장이 되리라 생각됩니다. 나는 상상력이 부족하여 한자가 의미를 가질 수 있겠다고만 하였으나, 과연 그것으로 세종의 한글창제가 왕과 왕자의 협업으로 얻은 성과란 해석으로 비약할 수 있을지는 모르겠습니다.

2005. 6. 25. 안병희

안병희 선생 사신

관련되고 있음을 말하는 것이라 할 수 있다. 안병희 선생의 사신에서는 이를 신빙성이 없는 것으로 보고 있다.

언해가 이루어진 것은 정음 창제 이후의 일이며, '여(與), 유통(流通)' 등의 해석이 작위적이고, 언해는 세종의 언어 정책의 과제인 『동국정운』 또는 『홍무정운역훈』과도 관련이 없음을 지적하고 있다. 그러나 (35가, 나)와 같은 사실은 분명 해석을 필요로 하는 사실이라고 할 수 있다.

한편, 김주원(2013b)는 문헌 비판을 중시한다. 『세종실록』에 대한 문헌 비판은 『세종실록』이 많은 변화를 거쳐, 오늘날 남아 있는 태백산사고본과 정족산사고본은 단종 때의 것이 아니라, 선조나 현종 때의 것이라 한다. 지금 남은 『세종실록』에서 세종 서문은 53자로 되어 있다. '욕사인인이습'이 '욕사인양습'으로 되었기 때문이다. 53자와 108자와의 관련은, 54자의 108자와의 관련과는 다른 것이다. 54와 108로 세종 서문과 그 언해본이 필연적인 관련을 맺고 있음을 암시하는 것이라고 할 때, 세종 서문이 53자로 된 것은 그 관련을 훼손하는 것이라고 할 것이다. 『훈민정음』이나 『훈민정음해례』가 전해지지 않는다고 할 경우, 『세종실록』의, 『훈민정음』 관련 기사에 대한 문헌학적인 접근이 이 같은 사실을 밝혀내고, 그 의미를 드러내게 할 것인지는 의심스럽다. 이를 다음과 같이 제시하기로 한다.

(36) 문헌 위주 접근의 허점 (1)
문헌 위주의 접근만이 가치를 가지는 것이라고 할 때, 『훈민정음』 세종 서문의 글자수와, 그 언해의 글자수가 필연적인 관련을 맺기가 어려워진다.

졸고(2006, 2012a, 2013a)에 의하여 밝혀진 사실의 하나는 『훈민정음』의 초성 대표자와 중성자들의 배열이 일정한 의미를 표현하고 있다는 것이다. 이를 보이기 위하여 『훈민정음』의 '예의'에서의 음가 설명을 다음과 같이 보이기로 한다.

(37) 『훈민정음』 예의의 음가 설명
ㄱ 牙音 如君字初發聲
並書 如虯字初發聲
ㅋ 牙音 如快字初發聲
ㆁ 牙音 如業字初發聲
ㆍ 如呑字中聲
ㅡ 如卽字中聲
ㅣ 如侵字中聲

초성 대표자인 '군규쾌업'만을 볼 때, 'ㄱ'의 음가는 '군(君)'자 처음 나는 소리와 같고, 'ㄲ'의 음가는 '규(虯)'자 처음 나는 소리와 같고, 'ㅋ'의 음가는 '쾌(快)'자 처음 나는 소리와 같고, 'ㆁ'의 음가는 '업(業)'자 처음 나는 소리와 같이 된다.

주목되는 것은 이들 초성 대표자, 나아가 정음 대표자들이 한글 자모의 음가만을 나타내기 위해서 선택된 것만은 아니라는 것이다. 입체적이고 다차원적인 고려를 함께 도입한 것이라고 할 수 있다. 정음 대표자의 선택 원리를 다음과 같이 제시할 수 있다.

(38) 정음 음가 대표자의 선택 원리
가. 대표자는 정음 자모의 음가를 정확하게 나타낼 수 있도록 배려된 것이다.
나. 초성의 대표자가 중성의 대표자로도 쓰일 수 있도록 배려된 것이다.
다. 초성의 대표자가 종성도 포괄할 수 있도록 배려된 것이다.
라. 정음 대표자는 일정한 의미를 나타내도록 배열된 것이다.

(37)에서 아음의 대표자를 『훈민정음』 예의에 주어진 순서대로 놓으면

'군규쾌업(君虯快業)'이 된다. 이들 글자들의 의미 해석에서 열쇠를 쥐고 있는 것은 '규(虯)'자라고 할 수 있다. 그 훈에는 '규룡'이 있다. '규룡'은 전설에 나오는 상상의 동물로 빛이 붉고 양쪽에 뿔이 있는 용의 새끼를 뜻한다. '용'은 임금을 상징한다. 그렇다면 그 새끼는 왕자나 공주를 뜻한다. '군규쾌업'은 '임금과 임금의 새끼가 일을 좋아한다'는 뜻이 된다. 그 함축을 최대한 학대하면 '임금과 왕자 혹은 공주가 정음 만드는 일을 좋아한다'는 것이 될 수 있다. 이를 다음과 같이 제시하기로 한다.

(39) 아음 대표자 배열의 의미
'군규쾌업(君虯快業)'은 '임금과 임금의 새끼들이 일을 좋아한다'는 의미로 해석된다. 이를 부연하면, '임금과 임금의 새끼들이 정음 관련 일을 좋아한다'는 것과 같이 된다.

중성 대표자도 무의미한 글자의 나열이 아니다. 중성의 대표자는 이미 초성자로 제시된 자를 다시 쓰고 있다. 천지인(天地人)자의 음가 예시에 쓰인 '탄즉침(呑卽侵)'은 '참는 것이 이기는 것이다'라는 정도의 뜻이라 할 수 있다.

광운(廣韻) 36자모의 배열은, 중국 운서가 다 그렇듯이, 자음을 전청, 차청, 전탁, 불청불탁과 같은 순서로 배열한다. 아음(牙音)의 운목자(韻目字)들은 '견계군의(見溪群疑)'로 되어 있다. 그 의미를 해석하면 '시냇물을 보니 뭇 생각이 난다'는 의미가 된다. 그러나 『훈민정음』의 '예의' 제시 순서는 '전청, 전탁, 차청, 불청불탁'과 같은 순서로 되어 있다. 전통적인 중국 운서의 배열 순서를 바꾸어 가면서, 『훈민정음』 창제자들은 그들이 의도하는 의미를 전달하려고 한 것이다. 그것은 분명히 의도적인 것으로 보이는 것이다.

이제 『훈민정음』이나 『훈민정음해례』가 전하여지지 않는다고 하여 보자. 다만 실록본만이 전해져, '군규쾌업(君虯快業)'이 아니라 '군두쾌업(君蚪快業)'과 같은 문맥을 이루게 되었다고 하여 보자. 그것은 '임금과 올챙이가 일을 좋아한다'와 같은 것이 된다. '두(蚪)'는 그 두음이 일반적으로 'ㄷ'이기 때문에

'ㄲ'을 표시하는 글자로 해석되기 어렵거니와, 그 의미도 그것으로는 '정음' 창제 당사자가 숨겨 놓은 의미에 도달하기 어렵다.[29)]

> (40) 문헌 위주 접근의 허점 (2)
> 문헌 위주의 접근만이 가치를 가지는 것이라고 할 때, 『훈민정음』 예의의 '군규쾌업'의 의미가 그 올바른 문맥을 이루기 어렵다.

졸고(2013a, d) 등에서 지적된 다른 사실은 『세종실록』의 초성 대표자들의 오자나 이체자와 같은 글자들은 단순한 오자나 오류 및 오용과 같은 것이 아니라, 세종에 대한 문자 테러의 성격을 가지는 것으로 보았다. 이는 우리가 위의 (5가-캬)에서 지적한 바와 대체로 같은 것이다. 가령, '다리[脚]'를 잘라낸 '임금 군(君)'자의 모습이나, '불종조이회(不終朝而會)'를 '불숭조이회(不崇朝而會)'로 바꾼 것, 'ㅎ' 설명의 목구멍 '후(喉)'의 '사람 인'변 옆에 '뚫을 곤(丨)'자를 더한 것과 같은 것 등이 그것이다. 이 외에도 몇 개의 글자들이, 세종에 대한 반역의 의도를 드러내는 글자들로 해석될 수 있는 것으로 보았다.

김주원(2013b)에서는 이들 기이한 한자들을 '탈락'이나 '오용'이나 '이체자' 등으로 보고, 기이한 한자나 구성에 대하여 '이것은 오자이다. 이것은 잘못 생각한 것이다. 이것은 졸속 편찬의 결과이다' 등등과 같이 해석한다. 문헌 비판이 제공하는 것이 이와 같은 것이라면, 이것은 문헌 비판의 큰 허점이라고 할 수 있다. 문헌 비판은 나타난 것만을 단순히 비교하는 것으로 그 임무를 다하는 것으로 인식할 가능성이 있다. 문헌을 열심히 들여다보면 볼수록 아직도 조사를 다하지 못한 문헌이 남아 있고, 그 세부를 확인하지 못한 부분이 있게 마련이다.

따라서, 단순히 공상을 하기보다는 나타난 현상을 확인하는 것이 급선무

29) 여기서는 '두(斗+虫)'가 '규룡 규'와 같이 읽히기는 것은 잠시 접어 두기로 한다. 이에 대해서는 위의 (5마)에 대한 해석을 참고하기 바란다. 그 경우는 왜 무표적인 '규룡 규'를 제외하고 유표적인 그러한 글자를 썼는가를 물을 수 있다.

이고 중요성을 가지게 된다. 한 문헌에 '후(喉)'로 적힌 것이 다른 문헌에는 우리의 '목구멍 뚫 후(喉)'자와 같이 나타난다. 문헌 위주의 접근은 그 이유를 따지기 전에 그 현상을 기록해야 한다. 그리고 결론을 내린다. '목구멍 뚫을 후'자는 오자이다. '오자'라는 판단은 주어진 것에 대한 확인이지만, 문제 자체이다. 그것을 해결로 보아서는 안 된다. 왜 이러한 오자가 쓰였는지를 알아내지 않으면 안 된다. 문헌 비판이 이를 막아서는 안 된다. 그것은 문제를 가지고 그 해결을 추구하는 노력을 꺾는 일이 되기 때문이다. 이를 아래의 (40)과 같이 제시하기로 한다.

'후(喉)'자의 예를 더 보기로 하자. 위의 주13에 보인 바와 같이 정족산사고본에는 'ㅇ'에 대한 설명에도 '목구멍 뚫을 후'자가 쓰이고 있다. 그러나 태백산사고본에는 'ㅎ' 하나에만 그 한자가 쓰였다. 정족산사고본이 태백산사고본을 베낀 것이라면, '목구멍 뚫을 후'자가 둘이 있는 것은 어떻게 할 것인가? 문헌 위주의 접근을 중시하는 입장에서는 'ㅇ'에 쓰인 글자를 '오자'로 볼 가능성이 있다. 그러나 어느 것이 오자인가? 태백산사고본의 '목구멍 뚫을 후'가 일정한 목적을 가진 글자이므로, 잘못된 것은 태백산사고본의 것이다. '테러 의도설'을 주장하는 입장에서는 '목구멍 뚫을 후'가 둘이 있는 것은 임금의 목을 두 번 찌른 것이 된다. 문헌의 어디를 뒤져도 이러한 의미는 드러나지 않는다. 이는 문헌 위주의 접근이 가지는 또 다른 허점이라 할 수 있다. 문헌 위주의 접근은 문헌 바깥으로 나가기 어렵다. 이를 다음과 같이 제시하기로 한다.

(40) 문헌 위주 접근의 허점 (3)

문헌 위주의 접근은 흔히 문헌 조사가 끝나기 전에는 해석에 들어갈 수 없다고 한다. 문헌 조사는 언제 끝나는가? 알 수 없다. 문헌 위주의 접근이 '해석'을 할 수 없는 이유는 이것이다. 그러나 문헌을 아무리 뒤져도 나올 수 없는 의미가 있다.

김주원(2013b)는 『세종실록』의 내용도 17세기에 편찬된 것으로 보는 것은 아닌가 의심이 들기도 한다. 그러나 『실록』이 재인출된다고 하여 이전의 모습이 완전히 없어지거나 달라지는 것은 아니다. 원칙적으로 실록의 내용이 유지되는 것은 물론이거니와 그 한자나 한문이 바뀌는 것도 극히 꺼리는 것이다. 실록의 재인출이 그 내용을 창작하여 다시 쓰는 것은 절대로 아닌 것이다. 가령 실록의 재인출자가 저본에서 '불숭조이회(不崇朝而會)'를 만났다고 하여 보자. 이를 '불종조이회(不終朝而會)'로 바꿀 것인가? 대부분의 경우, 그럴 수 없다. 무엇 때문에 그 글자를 바꿀 것인가? 그 글자를 바꾸는 것은 새로운 편찬에 해당한다. 바꾸면 안 된다.

문헌 비판은 매우 중요한 것이기는 하지만, 그것만을 중시하여, 『세종실록』을 선조나 현종 때 편찬된 것과 같이 말하는 것은 온당한 것이 아니다. 지금의 『세종실록』에 초기 찬수자의 의도가 숨어 있을 가능성은 충분히 있다. '불숭조이회(不崇朝而會)'나 '목구멍 뚫을 후'자와 같은 것이 그러한 증거의 하나이다. 선조 때의 『실록』 인출에는 구건(舊件)이 있었다는 것이 확인되었다(위의 (17나) 참조) 그것은 이전의 기록이나 형상이 유지될 수 있음을 의미한다.

8. 결론

본고는 먼저 『세종실록』의 『훈민정음』 간행 기사에 대한 안병희(1976)의 언급을 검토하였다. 안병희(1976)은 아주 간략하게 실록의 훈민정음 기사를 언급하고 있다. 그것은 지극히 짧은 것이다. 『훈민정음』에 대한 『세종실록』 기사의 위치를 말하고, 그 내용을 제시하고, 실록 기사의 문자 출입에 대한 두 가지 사항을 지적한 뒤에, 실록 기사의 중요성을 말하였다. 『훈민정음』 '해례본'이 나타나기 전에는 실록 기사가 매우 중요하게 다루어졌다고 한다. 문자 출입에 대해서는 '욕사인인이습(欲使人人易習)'이 '욕사인이습(欲使人易習)'으로 된 것과, 정인지 발문에서 두 번째 이하의 '신'이 생략된 점을 들고 있다. 정확하게는 '욕사인인이습(欲使人人易習)'이 '욕사인양습(欲使人昜習)'으로 되었다고 해야 하고, 정인지 발문에서 첫 번째 '신' 다음의, 사람 이름 앞의 '신'이 생략되었다고 해야 한다. 주요 문장 성분인 '신'은 생략되지 않았다. 이 밖에 우리는 "어제왈"에 대해서도 실록 편찬자들의 세종에 대한 홀대가 작용하고 있음을 지적하였다.

안병희(1976) 이후 실록 기사에 대한 문제점을 지적한 것은 박종국(1983)이다. 박종국(1983)에서 지적된 오기는 (3)과 같은 것이지만, '진/순(脣)'을 '순(唇)'으로 쓴 것과 같이 오기로 보아야 할지 이체자로 보아야 할지 애매한 것들이 포함되어 있다. 정인지 발문에 나타나는 오기를 지적한 것은 박지홍(1983)이다. (4)에 지적한 바와 같이 '문장'이 '문물'로 된 것, '불종조(不終朝)'가 '불숭조(不崇朝)'로 된 것, '변(辨)'이 '변(卞)'으로 된 것을 지적하였다.

이에 대하여, 졸고(2013a-d)는 이러한 오자나 오기들이 일정한 목적을 가진 것임을 지적하였다. 가령, 자음 'ㄱ'을 설명하는 '여군자초발성(如君字初發聲)'의 '군(君)'자의 윗부분 '다스릴 윤(尹)'자 아래 가로획의 앞부분이 없고, 가로획과 세로획이 만나는 교차점이 공백으로 되어 있는 것은 '임금 군(君)'자를 훼손한 것으로 세종에 대한 '문자 테러'의 성격을 가지는 것으로 보았다. 또 가령, 'ㄲ'의 대표자 '규(虯)'를 실록에서는 '두(蚪)'로 적고 있음을 지적하였다. '두(蚪)'자의 '벌레 충'변에는 본래 빼침(丿)이 없는데, 실록에 쓰인 글자에는 '벌레 충'자 위에 빼침이 있다. '규(虯)'는 '새끼 용'이나 '규룡 규'로 왕자, 공주들을 가리키는 글자인데, 그것을 '올챙이 두(蚪)'와 흡사한 글자로 적음으로써 이 또한 임금에 대한 문자 테러의 성격을 띠는 것으로 보았다. '충

(虫)'자 위에 삐침이 있는 것을 '벌레 충(虫)'자의 이체자로 볼 수도 없거니와 착오나 혼동으로 볼 수도 없는 것이다. 글자의 모습이 단순한 실수나 오류가 아니라는 것이 너무나 분명하다. 그것은 실록 편찬자들의 세종에 대한 문자 테러의 의도를 여실히 보여 주는 것이라 할 것이다.

이 글자의 모습이 실록 편찬자들와는 관련이 없는 단순한 오류라고 보는 것은 실록 편찬자들을 지나치게 소박한 사람으로 보는 것이다. 그들은 세종에 대하여 테러를 가한 아주 간악한 테러리스트들이었으며, 반역자들이었다. 실록 편찬자들은 정인지 발문의 '불종조이회(不終朝而會)'는 '불숭조이회(不崇朝而會)'로 바꾸었는데, 이는 '아침이 끝나기 전에 깨우치고'와 같은 뜻의 한문을 '조정을 숭배하지 않아 모이고'와 같이 해석될 수 있도록 바꾼 것이다. 이 밖에 일부의 기자(奇字), 괴자 및 오자 등에 대해서 그것이 실록 편찬자들의 세종에 대한 문자 테러의 성격을 가지는 것이라는 입장에서 해석을 가하였다. 이전의 입장과 달라진 것은 없으나, '두(斗)'가 '규룡 규'로도 읽을 수 있음을 확인하였으며, '숭(崇)'에 '마치다'의 뜻이 있는 것을 확인하였다. 『세종실록』 편찬자들이 구사한 것은 '이중적 의미 전략'으로, 이중적 의미 중 하나로 세종을 공격하고, 다른 하나로 자신을 방어하는 정교한 전략을 구사하였다고 할 수 있다.

'이습(易習)'을 '양습(易習)'으로 쓴 것에 대해서도 '양(易)'이 이음자(異音字)로 두 가지 음과 훈을 가지는 것으로 보았다. 편찬자들은 '볕 양'을 가지고는 세종을 공격하고, '쉬울 이'를 가지고는 자신을 방어하려 한 것이다. 이는 '이'와 '양'을 김주원(2013b)에서와 같이 이체자로 보는 것과는 다른 것이다. 『조선왕조실록』 전체를 통하여 '이습'이란 말은 10번 쓰이고 있다. 이 예들에는 모두 '쉬울 이'자가 쓰이고 있다. '이습'이 '양습'으로 쓰인 것은 『세종실록』 훈민정음 간행 기사에 단 한 번뿐이다. 이는 문제의 '양습'이 편찬자의 의도를 증명하는 것이라고 할 수 있다.

이에 대하여, 박종국(1984, 2007), 정우영(2000), 김주원(2013a, 2013b, 2016) 등에서는 이들을 단지 오자나 이체자에 지나지 않는 것으로 보았다.

김주원(2013b)은 태백산사고본 『세종실록』은 단종 때 만들어진 초간본이 아니라, 그보다 150년이나 뒤인 1603년~1606년 선조 때 만들어진 재인출본으로 보고 있다. 따라서 거기에 쓰인 글자가 세종에 대한 테러와 같은 것이 행해질 수 없는 것으로 보고 있다. 그러나, 본고는 선조 때의 '재출판'이나 '재인출(再印出)'이라는 것이 반드시 원본이 가진 특이한 흔적이나 특징을 완전히 제거하고 새롭게 만들어지는 것은 아니라고 보았다. 그렇다면 그것은 '재출판'이나 '재인출'이 아니라, 새로운 출간의 성격을 가지는 것이다.

이전 실록의 오자나 오기, 특이한 형상의 문자들을 교정하여 실록을 새롭게 출판하는 것은 역사를 바꾸는 것이다. 그것을 역사를 대하는 올바른 방법이 되지 못한다. 선조 때의 인출자들이 『세종실록』에 대하여 무엇인가 손을 대었다면, 그들은 실록의 재인출자가 아니라 실록의 편찬자가 된다. 그들은 원본에 가장 가깝게 전서(傳書)하여 태백산사고본을 인출하는 것을 목적으로 삼았다고 보아야 한다. 오자나, 이체자뿐만 아니라, 기자(奇字), 괴자 등도 해석을 필요로 하는데, 그것은 세종에 대한 문자 테러의 성격을 적나라하게 드러내는 것이라고 해야 한다. 따라서, 『세종실록』의 오자, 기자, 괴자 등을 단순한 오자나 이체자로 보는 것은 『세종실록』을 올바로 보는 것이 아니라고 할 수 있다.

『조선왕조실록』에서는 선조 때의 『실록』의 인출에 구건(舊件)이 5백 76권이나 되고, 신건(新件)이 2백 59권이 된다고 밝히고 있다. 구건이 이전 실록을 말하는 것이라고 한다면, 태백산사고본이 이전의 모습을 더 많이 지니고 있을 것으로 추측해 볼 수 있다.

기록의 확인 및 해석의 정확성이란 측면에서, '하인'이라는 말이 '노비'의 뜻이 아님을 살펴볼 수 있었던 것도 큰 수확이라고 할 수 있다. 태백산사고본에 '아래 아'가 찍힌 것이 있고, 안 찍힌 것이 있다는 사실에 대해서도 우리는 그것이 누군가 찍은 것이라는 가설을 세웠다.

김주원(2013b)의 졸고(2013a)에 대한 비판은 혹독한 것이지만, 필자는 김주원(2013b)의 비판을 고맙게 생각한다. 졸고(2013a)의 부족한 점, 미흡한 점에 대한 비판을 겸허히 받아들인다. 김주원(2013b)의 비판을 계기로 『세종실록』 훈민정음 간행 기사의 기자, 괴자, 오류 등을 다시 한번 생각해 보게 되었으며, 이전에 잘 보지 못하였던 몇 가지 사실을 발견할 수 있었다.

참고문헌

강신항(1987), 『훈민정음 연구』, 성균관대학교출판부.

국사편찬위원회(1955/실용보급판: 1973), 『조선왕조실록』, 영인.

김광해(1982), "훈민정음의 우연들," 대학신문, 1982. 11. 19. 서울대학교.

김광해(1989), "훈민정음과 108," 『주시경학보』 4, 탑출판사, 158-163.

김주원 (2005), "훈민정음 해례본의 뒷면 글 내용과 그와 관련된 몇 문제," 『국어학』 45, 국어학회, 177-212.

김주원(2013a), 『훈민정음: 사진과 기록으로 읽는 한글의 역사』, 민음사.

김주원(2013b), "훈민정음 실록본 연구," 『한글』 302, 한글학회, 277-309.

김주원(2016), "세종실록에 실린 훈민정음 어제(서)와 정인지 서에 대하여," 2016년 훈민정음학회 전국학술대회 발표논문집, 37-46.

박종국(1984), "훈민정음 이본간에 나타난 '예의'의 몇 가지 문제," 『문호』./『겨레어문학』 8, 건국대학교, 185-204.

박종국(2007), 『훈민정음 종합 연구』, 세종학연구원.

박종국 주해(1976), 『훈민정음』, 정음사.

박지홍(1998), "'훈민정음 해례'에 나타나는 수수께끼의 하나," 『한글새소식』 308, 한글학회.

박지홍(1999), "훈민정음 창제와 정의 공주," 세종대왕기념사업회 편(1999), 138-139.

세종대왕기념사업회 편(1999), 『세종성왕 육백돌』.

세종대왕기념사업회(2003), 『훈민정음: 세종대왕기념사업회 소장 한글문헌 자료 2』.

송기중·이현희·정재영·장윤희·한재영·장윤희(2003), 『한국의 문자와 문자 연구』, 집문당.

신상순·이돈주·이환묵 편(1988), 『훈민정음의 이해』, 한신문화사.

안병희(1976), "훈민정음의 이본," 『진단학보』 42, 진단학회, 91-98. 참고: 안병희(2007: 179-185), 안병희(1992: 3-10).

안병희(1986), "'훈민정음' 해례본의 복원에 대하여," 『국어학신연구』, 탑출판사./ 안병희 (1992), 186-195에 "'훈민정음' 해례본의 복원"이란 제목으로 재록.

안병희(1992), 『국어사연구』, 문학과 지성사.

안병희(1997), "훈민정음 해례본과 그 복제에 대하여," 『진단학보』 84./ 안병희(2007), "훈민정음 해례본과 그 복제," 25-44. 재록.

안병희(2002), "『훈민정음』 해례본 3제," 『진단학보』 93/ 안병희(2007), 45-79. 재록.
안병희(2004), "세종의 훈민정음 창제와 그 협찬자," 『국어학』 44,, 국어학회, 3-38.
안병희(2007), 『훈민정음 연구』, 서울대학교출판부.
이기문(1974), "훈민정음 창제에 관련된 몇 문제," 『국어학』 2, 국어학회, 1-15.
이기문(1992), "훈민정음 친제론," 『한국문화』 13, 한국문화연구소, 1-18.
이기문 편(1977), 『국어학논문선 7: 문자』, 민중서관.
이돈주(1988), 『'훈민정음'의 해설』, 신상순 · 이돈주 · 이환묵 편(1988), 1-40.
이성구(1985), 『훈민정음 연구』, 동문사.
이현희(2003), "훈민정음 연구사," 송기중 외 편 (2003), 593-626.
임홍빈(1999), "훈민정음의 명칭에 대한 한 가지 의문," 세종대왕기념사업회 편(1999), 283-288.
임홍빈(2006), "한글은 누가 만들었나: 한글 창제자와 훈민정음 대표자," 『이병근선생 퇴임기념 국어학논총』, 태학사, 1347-1395.
임홍빈(2008), "훈민정음의 몇 가지 문제," 한국학중앙연구원 주최 '파스파문자와 훈민정음' 국제학술회의 자료집.
임홍빈(2012a), "訓民正音創制者と音價表示代表字に關する問題," 『朝鮮學報』 222, 朝鮮學會, 1-49.
임홍빈(2012b), "훈민정음 창제의 비밀," 『第二十一屆 中韓文化關係國際學術會議 論文集』, 84-107.
임홍빈(2013a), "정음 창제와 관련된 몇 가지 문제," 2013 훈민정음학회, 제2회 전국학술대회 발표논문집, 1-39.
임홍빈(2013b), "정음 창제와 세종조 유교와 불교의 구도," 2013년 한글날 기념 전국학술대회 불교와 한글, 13-49.
임홍빈(2013c), "訓民正音의 不可思議와 實錄의 創制 記事," 제7회 國際韓日比較言語學會 學術大會, 17-44.
임홍빈(2013d), "실록의 훈민정음 간행 기사의 비밀," 『언어와 정보 사회』 20, 서강대학교 언어정보연구소, 51-91.
전몽수(1949), "훈민정음의 음운조직," 『조선어연구』 창간호, 1949-4, 조선어문연구회.
정우영(2000), "훈민정음 한문본의 원본 복원에 대한 연구," 『동악어문논집』 36, 동악어문학회, 107-135.
정우영(2001), "'훈민정음' 한문본의 낙장 복원에 대한 재론," 『국어국문학』 129, 국어국문학회, 191-227.
조의성(趙義成) 역주(2010), 『訓民正音』, 東京: 平凡社.
최세화(1997), "훈민정음 낙장의 복원에 대하여 : 그 수정 보완을 위하여," 『국어학』

29, 국어학회, 1-32.
최현배(1940/1961), 『한글갈/고친 한글갈』, 정음사.
한글학회(1997), 『훈민정음』, 복원본.
훈민정음학회 및 국립한글박물관 주최(2016), "2016년 훈민정음학회 전국학술대회 발표논문집: 훈민정음 연구의 깊이와 외연," 2016년 5월 21일, 한신대학교 늦봄관 다목적실.

안병희 선생이 끼치신 학문적, 공적 생활의 영향*

서 정 목(서강대 명예교수)

1. 서언

필자는 크게 두 가지 측면에서 선생님의 은혜를 입고 살아 왔다. 첫째는 당연히 공부에 관한 은혜로서 이는 모든 제자들이 공통으로 누릴 수 있었던 은혜이다. 이 은혜는 국어 문법 연구의 指南이 되어 주신 것, 문헌을 면밀하게 읽는 일의 중요성을 머릿속에 심어 주신 것으로 요약된다.

둘째로 필자는 선생님께 또 다른 성격의 은혜를 입었다. 그것은 관악의 학과장이신 선생님을 조교로서, 그리고 초대 국립국어연구원장이신 선생님을 어문실태연구부장으로서 모시면서 입은 은혜이다. 이 은혜는 공적 사무 처리, 공적인 생활의 엄격성이라 할 수 있다. 이 은혜는 사람 삶의 기본에 관한 엄격함, 대쪽 같은 올곧은 일 처리, 불같이 노하셨다가도 뒤끝 없이 깨끗하게 화를 삭이시는 인품, 후배나 제자들의 어려운 일을 이해하고 도와주

---

* 이 글의 2. 학문적 인연과 4. 공적 생활의 영향은 국립국어원의 『새국어생활』 제24권 제4호(2014)에 실린 것을 바탕으로 하여 다시 정리한 것이다. 3. 문헌 면밀하게 읽기의 중요성은 이곳저곳에 발표한 논문들에서 논의된 것들을 핵심 내용만 간추려서 새로 쓴 것이다. 이 글은 선생님의 10주기 추모 학술 대회에서 기조 강연으로 발표한 글로서 창의적인 논문이 아니고 회고담이다.

시던 자애로움 등으로 뇌리에 남아 있다. 그렇지만 그것은 그렇게 표현하는 것만으로는 충분하지 않은 어떤 경외의 경지 같은 것이었다. 이 경지를 본받으려고 애쓰면서 살아온 것이 지난 40여년의 제 공적 생활이지 않았을까 싶을 정도이지만, 그것은 타고나는 것이지 애쓴다고 이루어지는 일이 아니었다.

필자는 1978년 한 해 동안의 관악의 조교 시절과 1991년부터 1994년까지의 국립국어연구원의 부장 겸직으로 일한 4년 동안 마치 군 복무를 다시 하는 것 같은 기분으로 살았다. 대부분의 군 복무를 최전방 부대의 상황실에서 근무한 필자는 군화를 벗고 자 본 적이 거의 없는 생활을 하였다. 항상 긴장 상태에서 산 것을 이렇게 표현하는데, 그 생활이 공무원 생활인 이 5년간에도 지속된 것이었다.

2. 학문적 인연

필자는 1968년에 입학하였다. 그 해에 교양과정부가 설치되어 필자 동기들은 1년을 공릉동 캠퍼스에서 공부하였다. 안병희 선생님은 그때 국어과 과장 선생님을 맡고 계셨다. 이 68년이라는 입학년도가 필자에게는 행운의 연도였다. 그때 교양과정부 국어과의 조교로 李秉根 선생님이 오셨다. 1학기 '국어학 개론'을 心岳 선생님께서 가르치셨는데 첫 시간에 이병근 선생님이 강의실로 심악 선생님을 모시고 왔다. 이 장면이 필자가 국어학 세계와 맞닥뜨린 첫 경험이었다. 신비로웠다.

1학기 중간쯤 2학년 중에 국어학을 전공하던 선배들이 와서 필자를 데리고 이병근 선생님 연구실에 인사를 갔다. 그 선배 중에는 고교 선배가 있었다. 거기서 국어학이라는 학문 세계에 들어갈 것을 결심하였다. 막연히 고려가요를 공부할까 하는 생각을 하고 있었고 집안에서는 행정고시 보아 공무원 하라는 지침이 있었는데 이때 마음이 국어학 쪽으로 굳어졌다. 그 신비로운 장면 때문이었다. 거기서 공대, 문리대, 법대, 상대의 2000여 명에 가까운 학생들의 교양 국어를 관장하시는 분이 옆방에 계시는 안병희 선생님이라는 말씀에서 선생님 성함을 들었다.

그리고 2학년이 되어서는 동숭동에 와서 一石 선생님, 심악 선생님께 배울 수 있었다. 심악 선생님은 우리 학년의 졸업과 함께 정년을 맞으셨다. 심악 선생님께서 마지막 제자들인 저희들에게 쏟으신 애정은 두터웠다. 그때 그 그룹에서 아직 국어학계에 있는 사람은 朴良圭 선생님과 나 둘이다. 李基文 선생님께서 많은 과목을 가르치셨다. 3년 동안 총 5과목을 수강하였다. 姜信沆 선생님, 李承旭 선생님께서도 출강을 오셨고, 4학년부터는 金完鎭 선생님께서 부임해 오셨다. 강신항 선생님께서 69년 1학기에 '국어 정서법'을 가르치셨는데, 2016년 여름 그 과목의 중간고사, 기말고사의 필자의 답안지와 그 복사본을 우송해 주셨다. 무려 47년 전의 답안지이다. 그걸 아직까지 보관하고 계셨던 것이다. 그 내용을 보고 깜짝 놀랐다. 중간고사 문제가 'Kenneth L. Pike와 Daniel Jones의 표기법 이론에 비추어 현행 맞춤법에 대하여 논하라.'였다. 그 당시 맞춤법의 주요 조항, 결함, 보완 방향 등등 그런 것이 답안에 다 들어 있었다. 엄청나게 깊이 있게 배운 것이다. 그런데 재미있는 것은 그런 이론적으로 서술하는 부분은 잘 되었는데, 기말고사의 OX 문제에서 '일찍이:일찌기', '옳바른:올바른'이 틀려 있었다. 이론에 강하고 실제에는 약한 것이다. 졸업을 하고 군 복무를 마친 후 1975년에 대학원에 입학하고서 안 선생님의 강의들을 수강할 수 있었다. 대학원부터는 선생님께 직접 배우기 시작한 것이다. 그 시기에는 아마 이렇게 많은 선생님들께 배울 수 있는 행운을 누릴 수 있었던 학년이 드물지 않았을까 생각한다.

필자가 안 선생님의 학문으로부터 직접적으로 계몽 받은 일들 몇 가지를 간추려 보겠다. 이렇게 쓰고 보니 필자가 쓴 거의 모든 글이 선생님의 논저들로부터 출발했다는 것을 알게 되었다. 그런데 이것은 참 조심스러운 일이다. 어디까지가 선생님 생각이시고, 어디부터가 필자 생각이라는 것을 명확히 해야 하는데 그게 참, 다 경험하셨겠지만, 어려운 일이다.

[1] 경어법

안병희(1968a)에서 유정명사에는 '-ᄋᆡ/의'를 쓰고, 무정명사에는 '-ㅅ'을 쓰며, 존칭명사에도 '-ㅅ'을 쓴다는 규칙이 확립되었다. 그런데 그 논문에 (1)처럼 동일 인물에게 '-ㅅ'을 쓰기도 하고 '-ᄋᆡ/의'를 쓰기도 하는 경우가 있다는 지적이 있었다.

(1) a. 王이 耶輸의 ᄠᅳ들 누규리라 ᄒᆞ샤(釋詳 六, 9b)
　a'. 目連이 --- 耶輸ㅅ 알ᄑᆡ 셔니(釋詳 六, 3a)
　b. 太子祇陀ᄋᆡ 東山(釋詳 六 23b)
　b'. 祇陀太子ㅅ 東山(釋詳 六, 26b)

그래서 왜 그럴까 하고 찾아보았다. 『석보상절』을 한참 카드화 하다가 갑자기 다음과 같은 생각을 하게 되었다. '-ㅅ'을 쓴 경우는 화자나 문장에 있는 다른 인물이 그 사람보다 하위자이고, '-ᄋᆡ/의'를 쓴 경우는 화자나 문장에 있는 다른 인물이 그 사람보다 상위자이지 않을까? 즉, 화자가 그 명사가 존칭명사라고 생각하면 '-ㅅ'을 쓰고, 자신이나 비교되는 인물보다 낮아서 존칭명사라고 생각하지 않으면 '-의'를 쓰는 것이 아닐까?

이것을 김완진 선생님 강의 시간에 발표하였는데, 선생님께서 '그거, 진짜다.' 그러셨다. 그래서 '안병희 선생님 1961년 논문에서 '-숩-'의 사용 상황을 설명하시면서 그와 같은 논지를 밝히셨는데, 왜 '-ᄉ'에는 그 논지를 적용하지 않았을까요?' 하고 여쭈어 보았다. 선생님 말씀이, '글쎄, 그건 安 선생께 직접 여쭈어 봐.' 그러셨다. 이때 필자의 머릿속을 스친 것은 '아, 우리는 새로운 생각이 하나 떠오르면 선배들에게 다 물어보는데, 우리 선생님들은 안 그러시나 보다.' 하는 것이었다. 이것을 그 후 강단에 서서 참 많이 느꼈다.

어디까지가 선생 생각이고 어디서부터가 학생 생각인지 모르는 단계가 있다. 필자는 수업 시간에 생각나는 것은 한계를 두지 않고 막 상상으로 말하는데 그게 어느 순간, '아차! 이걸 누가 먼저 쓰면 나는 못 쓰지?' 하게 된다. 그래서 누구에게나 선생님, 선배들이 연구한 주제로 논문을 쓰는 일은 참 어려운 일이 된다.

그뿐만 아니라 사석에서 주고받은 말들 속의 아이디어로 누군가가 논문을 쓰면 그것이 누구의 생각인지 알 수 없게 된다. 5년 전쯤에 필자가 「모죽지랑가」에 대하여 아무 데서나 막 떠들고 다녔는데, 어느 학위논문 심사 후 저녁 식사 자리에서 또 '국사학계에서는 『삼국유사』를 무시하고 효소왕이 6살에 즉위하여 16살에 승하하였다고 하는데, 사실은 『삼국유사』의 기록대로 16살에 즉위하여 26살에 승하하였다가 옳다.'고 떠드니까 任洪彬 선생님이 '사실이 그러하다면 논문으로 써야지 남들 다 듣는 데서 떠들 일이 아니다.'고 하였다. 그때 '아차! 이게 학문하는 자세가 아니지.' 그러고는 논문으로 그것을 밝히고 왜 그렇게 되었는지를 추구해 나가기 시작하였다. 그것이 필자를 향가와 신라 중대 정치사에 발이 묶이는 신세로 만들었다.

우리 시대에는 어떤 문제에 대하여 어떤 의견을 누가 가장 먼저 제시하였는가를 밝히는 것이 참 중요하다고 생각하였다. 그런데 요새는 어떤 학설을 누가 가장 먼저 말했다는 것을 알기가 어렵게 되어 버렸다. 새로운 진리를 먼저 찾아 발표하는 일 자체가 존중되어야 한다. 다른 사람이 비슷하게라도 한 번 말하고 나면 그 뒤에 이어서 새로 덧붙여서 발전시켜나가는 것은 쉽다. 그래서 어떤 학설이든 그 단초를 연 분을 존중해야 하는 것이다.

(1)로부터 국어 경어법 사용의 기본 원리가 도출된다. '[+존칭]과 [-존칭] 자질의 결정은 화자가 한다. 그 자질이 체언에 고유한 자질이 아니다. 국어의 경어법은 화용론적 지배를 받는 것으로 거리를 재는 사람의 심리적 문제이지, 문법론의 원리로 세울 수 있는 현상이 아니다.' 이런 원리가 도출되었다. 그 후로 필자의 경어법 관련 논문에는 이 원리가 제일 중요한 원리로 전제되어 있다. '-(으)시-'를 통합시킬 것인가 안 시킬 것인가 하는 판정은 순전히 화자가 주체인 체언에 대하여 [+존칭] 자질을 부여하는가 부여하지 않는가에 의하여 결정되는 것이다. '선생님 온다. : 선생님 오신다.'를 어느 하나가 틀렸다고 하면 안 된다. '유미나, 아버지 오셨느냐?'고 물으시는 할머니의 말도 자연스럽게 설명된다.

선생님께서는 1961년에 '-숩-'에 대하여 명징한 논문을 쓰셨다. '-숩-'이 '주체가 객체보다 하위자일 때, 주체의 객체에 대한 동작이 겸양해야 함'을 나타내는 '(주체) 겸양의 형태소'라는 논지였다. 그리고 화자가 객체보다 하위자여야 한다는 것을 강조하고 있었다. 화자가 객체보다 하위자여서, 객체를 존칭 체언으로 파악해야 비로소 주체가 객체에 겸양하는 표현을 화자가 사용하는 것이다. 그러니까 객체가 존칭 체언인가 아닌가 하는 것은 화자가 정하는 것이다. 똑 같은 객체에 대하여 똑 같은 주체의 동작이 이루어지는 두 문장에 '-숩-'이 통합되기도 하고 안 되기도 한다. 화자가 다른 것이다. 화자가 객체보다 높은 사람이면 '-숩-'이 안 들어간다. 화자가 객체보다 낮은 사람이면 '-숩-'이 들어간다. '-ㅅ'의 경우나, '-(으)시-'의 경우나 똑 같다. 그러므로 '어떤 체언에도 고유하게 존칭 자질이 들어 있는 것은 아니다. 왕도 왕의 아버지가 보면 하위자이고 부처 아버지도 화자가 부처의 처지에서 판단하면 하위자일 수밖에 없다.'는 원리가 도출된다. 그리고 이 원리의 첫 시발은 안병희(1961)로 가야 하는 것이다. 국어의 경어법 논의가 이것을 잊어서는 안 된다.

이를 원용하면, 그 객체가 청자와 일치하는 사람이 되는 순간, '-숩-'은 바로 청자에 대한 화자 겸양으로 기능 변화가 일어날 수 있다. 이것이 필자가 종결 어미 속의 '-습-'을 설명하는 서정목(1988, 1993)의 방식이었다. 그런데 사실, 이 화자 겸양 설은 현대국어의 '-습-'에 대하여 임홍빈(1976) 선생님이 먼저 말한 것이다. 필자는 안 선생님의 학설과 임 선생님의 학설 사이에 다리를 놓는 역할 정도를 한 것이라고 본다. (2a, b)에서 '-ㅂ-/-습-'이 있는 형과 없는 형, 그리고 '-다'가 '-더'로 '-까'가 '-꺼'로 되는 현상을 볼 수 있다. 이에 대한 필자의 설명 방법은 (2c)와 같다. 결국은 선생님 생각에서 나온 것이다.

(2) a. 하-ㅂ{-니-, -디-}껴, 하{-니-, -디-}이껴 : 하-ㅂ{-니-, -디-}까 참고: ᄒᆞ{-ᄂᆞ니-, -더-}잇가/고[중세]
b. 하-ㅂ{-니-, -디-}더, 하{-니-, -더-}이더. : 하-ㅂ{-니-, -디-}다, 참고: ᄒᆞ{-ᄂᆞ니-, -더-}이다.[중세]
c. 근대국어에서는 '-숩-'의 주체 겸양 기능은 축소되고 화자 겸양의 기능이 우세해지며, 현대국어에서는 화자 겸양의 기능만 남았다. 방언에 따라 이 '-숩-'의 화자 겸양의 기능을 받아들이지 않은 방언이 있어 '하니이껴, 하니이더 형'이 존속하고 있다. 그런 방언은 '청자 높임'의 '-이-'를 강하게 유지한다. '-더', '-꺼'는 이 청자 높임의 형태소 '-이-' 뒤에서 /ㅏ/가 /ㅓ/로 변한 것이다. '-숩-'의 화자 겸양 기능을 받아들인 방언은 청자 높임의 '-이-'를 약하게 유지하고 있다. '-숩-'의 화자 겸양의 기능도 받아들이고 '-이-'의 힘도 강하게 유지하고 있는 방언이 '합니꺼, 합니더' 형을 가진다.

안병희(1965b)의 15세기 국어의 공손법에 대한 연구는 (2)에서 보는 현대국어의 '합쇼체' 어미에 대하여 형태소에 기반을 두고 국어의 청자 대우 등급을 설명하려는 필자의 연구의 밑바탕이 되었다.

[2] 의문문

중세국어에서 '-고', '-뇨', '-료' 등이 설명 의문문에 사용되고 '-가', '-녀', '-려' 등이 판정 의문문에 사용된다는 선생님(1965a)의 논문은 그 후 국어학계의 가장 모범적인 논문으로 공인되고 있었다. 이 문제는, 이승욱 선생님(1961)에서 통시적인 사실, 즉 '-고'가 더 고형이고 '-가'가 후대형이라고 파악하신 거고, 심악 선생님(1961)에서 경어법상의 차이가 있을 것으로 보았던 것이다. 그런데 심악 선생님은 『중세국어 문법』을 가르치면서 책의 내용과는 달리 의문사가 있는가, 없는가의 문제라고 하시고 이 논문을 소개하셨다. 그때가 필자 학부 2학년 때[1969년]인데 구할 수가 없었다. 나중에 高永根 선생님이 복사하여 만든 교재를 통하여 접하게 되었다. 그 논문을 읽고 논문 체제가 좋아서 그 후 필자가 쓴 글은 거의 모두 그 논문의 체제를 본받으려 하였다.

이 논문에 보면 이 사실을 가장 먼저 주목한 분은 羅鎭錫 선생이라는 언급이 있다. 그러나 '-고'는 의문사가 있으면 쓰인다는 맞지만, '-가'는 의문사가 있으나 없으나 쓰인다고 한 것이 충분하지는 않다는 것이다. 그런데 그 성함을 보는 순간 '아! 그분인가?' 하면서 놀랐다. 필자는 어릴 때부터 나진석 선생님의 성함을 들어서 알고 있었다. 경남의 초등교육계의 신화이시었다. 주로 장학관을 하셨는데 동래고보 출신이고 허웅 선생님 후배이며 외솔 선생님처럼 '넘보라살', '마름모꼴', '사다리꼴', '나란히꼴' 그런 교육 용어의 보급에 앞장 선 것으로 안다. 안 선생님의 그 논문의 주에는 현대 서남경남 방언에도 이 현상이 있다고 지적되어 있다. 이를 이어받은 것이 崔明玉 선생님의 1976년 논문이다.

필자는 이 상태에서 출발하여 자료를 동남 방언에서 가져오고, 單文에서뿐만 아니라 여러 가지 複合文에서 의문사와 '-고' 계 의문 어미의 일치 현상이 어떤 실현을 보이는지를, 생성 통사론의 WH-이동을 원용하여 정리하였다. 이것이 필자의 박사학위 논문이 되었다. 그것을 공간한 『국어 의문문 연구』(1987)은 공부에 있어서 필자가 선생님께 입은 가장 큰 은혜이다. 그런데 이 논의의 핵심 예문은 (3a, b)이다.

(3) a. 니는 순이가 눌로 좋아한다고 생각하노?
    b. 니는 순이가 눌로 좋아하는고 아나?

필자는 (3a, b)를 국어 통사론이 세계 언어학계를 향하여 제시한 가장 중요한 예문이라고 자부한다. 그런데 (3)은 Radford(1981) 책을 번역할 때 미아리 어느 치킨 집에서 임홍빈 선생님과 더불어 WH-移動에 관하여 논의하면서 대당 영어 문장을 번역할 때 나온 것이다. 그것을 종이 내프킨에 써서 가져와서 발전시켰다. 그러니까 이 주제에는 두 분 선생님의 생각이 밑바탕에 깔려 있다.

부정의 '아니'를 다룬 선생님(1959b)의 논문은, 필자가 박사학위 논문에서 계사 구문과 그 부정문의 통사 구조를 확정짓는 시각을 마련해 주었다. '이-' 뒤에 '-가'와 '-고'가 사용되는데 이것을 동사, 형용사 뒤에 사용되는 '-니-아', '-니-오'와 구분하기 위해서는 계사 '이-'의 존재를 설정하지 않을 수 없고, 그리고 계사를 설정하는 순간 똑 같이 '-가'와 '-고'를 통합시키는 '아니'를 위하여 '아니 이-'의 통합체를 인정하지 않을 수 없었다. 필자는 이것을 박사학위 논문 통과 여부의 한 난관이 될 것으로 보고 심혈을 기울여 썼다. 그런데 학위 논문 심사 과정에서 위원장을 맡으셨던 선생님께서 '아무 문제없다.' 하시고 무수정 통과시키셨다. 이때 '-지'가 접속 어미 '-디위/-디외/디웨'에 기원한다고 논의한 것을 보시고 그것이 '-됴에'로 적힌 예가 『三綱行實圖』에 있다고 직접 원전을 보여 주시고, 이두로는 '豆亦'으로 적힌다고 하시면서 접속 어미의 반말 어미화 과정을 뒷받침해 주셨다.

[3] 구조 기술 언어학의 백미

활용 어간에 관한 선생님의 석사학위 논문(1959a)은 훨씬 뒤에 문법 연구사를 쓰면서 자세히 읽었다. 26세 때 쓰신 논문이다. 이 논문은 미국의 기술언어학을 이해하고 그 정신에 따라, 소위 불규칙 용언들을 중심으로 중세국어의 용언들의 어간 교체의 공시태를 객관적으로 기술하는 기술 언어학의 전범을 보인 것이다. 그 당시 세계 최고 수준이라 하여도 과함이 없을 것이다.

앞에서 말한 1965년의 의문문 연구에도 어미들을 형태소로 분석하는 자세한 과정이 들어 있다. 이러한 논문들로써 15세기 국어의 활용에 관여하는 문법 형태소들의 기술 언어학적 분석은 완성되었다고 할 수 있다.

[4] 아쉬운 점들

선생님의 강의를 수강하면서 느낀 가장 큰 아쉬움은, 이 논문들의 집필 동기나 아이디어의 획득, 논지의 전개 과정상의 미진함이나 남은 문제에 대한 나아간 논의의 필요성 등에 관하여 말씀하시는 것을 들을 수 없다는 점이었다. 아니, 어쩌면 선생님의 강의 시간에 이 논문들에 관하여 언급하시는 것 자체를 들을 수 없었는지도 모른다. 아마 거의 유일하게 말씀하신 것이 1982년쯤에 '겸양법'에 대하여 재론하신 논문에 대하여 한번쯤 말씀하신 것이 모두일 것 같다. 그만큼 선생님은 당신께서 이룩하신 학문적 업적에 대하여 겸허하셨고, 당신의 학설로 강의 시간을 보내는 것을 꺼려하셨다. 대부분의 강의 내용은 다른 분의 논문들, 아직 연구되지 않은 주제들, 문법학의 기본이라 할 형태 분석, 중세국어 자료 이용에서 주의해야 할 까다로운 언어 현상들이었다.

그러나 직접 문법 현상에 대하여 맞부딪혀서 새로운 창안을 해야 하는 저희들의 처지에서는 참으로 아쉬운 일이었다. 어떻게 보면 그 논문들 속에 이미 다 드러나 있는데 저희들이 부족하여 세심하게 읽지 못한 데서 나온 아쉬움이라 할 것이다.

그렇지만 내면적으로는 그 논문들의 완성도에 깊은 믿음을 가지고 계셨다. 선생님은 당신이 쓴 논문에는 한 문장도 덜 것도 없고 더할 것도 없다는 정도의 자신감을 가지고 계셨을 것이다. 그리고 적어도 1960년대까지는 그런 정도로 완성된 생각이 아니면 논문으로 쓰시지 않은 것으로 보인다. 학문에 대한 선생님의 완벽 추구성을 보여 주는 일례로 들 수 있는 것은 '국어 문장의 현대화에 대한 연구(1968)'라는 연구보고서이다. 1970년대 초에 필자는 관악의 중앙 도서관에서 이 보고서를 보았다. 그때 필자는 근대국어와 현대국어의 차이가 생겨난 개화기 국어에서 어떤 문장 변화가 일어났을까 하는 것을 심중에 품고 있었는데 결국 이런 연구에는 착수하지 못하였다. 문장의 변화를 구명하는 것은 방대한 작업이 될 것이고 개화기 문헌은 너무나 많다. 필자는 그 연구보고서가 완성되어 공간되기를 오랫동안 기다렸다.

1991년 여름쯤 국어연구원 일을 하실 때 어느 점심시간에 의문문에 관한 말씀을 하시면서, "사실은 그 논문에서 강조한 것은 '-(으)ㄴ다'가 의도법 의문문이라는 것인데 그것이 충분히 논증이 되지 않았고 그 뒤에도 크게 논점으로 부각되지 못하고 있어서 아쉽다."는 뜻의 말씀을 하셨다. 필자는 무안하고 부끄러웠다. WH-現象에만 골몰하여 2인칭 주어 문장에 사용되는 '-(으)ㄴ다'의 기능에 대해서는 깊이 생각해 보지 못한 상황이었던 것이다. 의도법 '-오/우-'가 심악 선생님의 오랜 사색의 주제였던 점과 1인칭 주어 호응설과의 논쟁을 생각하면, 당연히 그것이 선생님의 주 관심사였을 것인데, 그 어려운 주제는 여전히 우리들이 접근하기에는 머나먼 중세국어의 질서인가 보다.

필자가 선생님께 여쭈어 보았어야 하나, 하지 못한 것 하나는 양태 선어말 어미들이다. 특히 '-더-'와 '-ᄂᆞ-', 그리고 '-(으)니-'와 '-(으)리-'에 대하여 어떤 방향의 해결책이 있을지 마지막 주제처럼 붙들고 있다. 필자는 '-느-'를 '현재 인식'['-더-'는 '과거 인식']으로 보고 형용사, 계사 뒤에서는 '영 변이형'이 오는 것으로 기술하였다. '있-', '-었-', '-겠-'의 뒤에서는 평서법에서는 '영 변이형', 의문법에서는 '-느-'가 나타난다고 간명하게 기술하였다. 선생님께서 보셨으면 무엇이라 하실지 궁금하다.

[5] 배우고 가르침

필자가 가르친 것의 주 내용은 수도출판사의 『국어학 개설』과 선생님들의 강의 노트이다. 이 책의 문법론을 선생님이 쓰셨다. 그런데 그 내용이 기술 언어학을 국어에 응용한 것으로는 그 당시에 볼 수 있었던 최고 수준이었다. 음운론은 김완진 선생님이 쓰셨는데 프라그 학파의 이론이 정리되어 있었다. Trubetzkoy의 음운론적 대립을 그렇게 정확하게 설명해 둔 글은 그 당시에는 아무 데도 없었다. 이 내용들을 필자는 이기문 선생님 강의 시간에 받아쓰기 해 가면서 배웠다. 그런데 필자가 수업에 많이 빠져서 노트가

충실하지 못했다. 공백이 많았다.

1976년쯤 박양규 선생님이 영생대학의 전임으로 가서 이 책을 교재로 쓰는 것을 보았다. 필자는 79년에 강원대로 가서 첫 학기에 '언어학 개론'을 맡았다. 그 책과, 안 선생님께 문법론 강의를 들은 김창섭 교수의 노트 복사본과, 김완진, 이병근 선생님 공저의 '고교 문법(박영사)'과 필자가 가지고 있는 이기문 선생님의 강의 노트를 혼합하여 교안을 만들었다. 이런 교안으로 '언어학 개론', 그 해 여름의 1급 정교사 연수 '국어 문법론', 그 후 '국어학 개론', '국어 문법론' 등을 가르쳤다. 정말 팔방미인 강의 노트였다.

처음 이렇게 시작된 교안이, 그 뒤에 변형 생성 문법을 약간 가미하는 것 등으로 조금씩 보완해 가면서 평생 이어져 갔고, 결국 빨간 책, 까만 책으로 공간되기까지 하였다. 그 후부터 서강대에서는 '국어문법론'이 '국어 형태론'과 '국어의 문장 구조'로 나누어졌다. 필자는 선생님들께 배운 것을 그대로 가르친 셈이다. 필자가 덧붙인 것은 변형 생성 문법뿐이었다. 그 교안이 이 고해를 헤쳐 나가는 데에 지친 몸을 지탱해 준 평생의 버팀목이 되었다.

3. 문헌 면밀하게 읽기의 중요성

문헌 읽기에 관하여 우리 시대에 안 선생님만큼 큰 교훈을 주신 분은 따로 없을 것이다. 안병희(1987)에서 향찰 표기에 사용된 한자들의 音과 訓을 검토하고, 오식이 난 글자와 잘못 읽은 글자들을 지적하신 것 등은 原文 校勘의 전범을 보여 준 것이다. 그 밖에도 중세 한글 자료에 대한 정오 판단도 많이 있다.

이 교감에서 제기된 가장 중요한 개념 하나가 '內的 再構'이다. 향가 원문의 정오를 향가 해독 내에서 근거를 찾아 판단한다는 것이다. 그런데 이런 일은 예상 외로 영역이 넓어서 할 일이 산적해 있다. 필자는 이 개념을 넓혀서, 『삼국사기』, 『삼국유사』의 내용을 정확하게 독해하는 데에도 적용하고 있다. 여러 문헌 내에서 증거를 찾아 잘못된 것을 고치고 올바른 해석을 하는 것이다. 최근에 필자가 해 본 것 몇 가지를 소개한다. 여기에는 '문헌을 정확하게 읽어야 한다.'는 선생님의 가르침이 큰 영향을 끼쳤다. 계촌 능력은 '언어 예절'을 만들 때 선생님께서 길러 주신 것이다.

[1] 향가 표기의 오류

필자는 오랫동안 향가를 가르치면서 「찬기파랑가」의 제4구 '沙是八陵隱汀理也中'과 제5구 '耆郎矣皃史是史藪耶'가 순서가 바뀌어 적혀 있다고 말해 왔다. 그 이유는 두 가지다. 첫째 '몰개 가룬 믈시불리예[1]'는 잣나무 숲이 있을 수 없다. 둘째 '몰개 가룬 믈시불리예'는 제6구의 '逸烏川理磧惡希[수믄 나릿[2] 지벽아힐]'와 같은 이미지를 가져서 '기랑(耆郎)'이 처했던 정치적 곤경을 의미하는 말이 되어야 한다.

그런데 2014년에 이 내용을 논문으로 작성하면서, 언젠가 어디선가 선생

---

1) '믈시불리'는 '汀理'를 해독한 것으로 徐在克(1975)에서 제안된 것인데 白斗鉉(1988)에 따라 경북 지역의 지명에 사용되는 단어로 보아 받아들였다. 서재극(1975)에서 처음 이 행을 '새부룬 믈시브리야히'로 해독하였다. 김완진(1980:224)에도 소개되어 있다. 백두현(1988)은 서재극(1974)의 해독을 지명에 남은 흔적을 통하여 논증한 것이다.

2) '수믄 나리'는 '逸烏川理'를 해독한 것으로 현대 한국어로는 '(물이) 숨은내'이다. 이 해독은 2015년 2월 11일의 제49회 구결학회 전국학술대회에서 발표했을 때 동국대의 정우영 교수가 준 정보를 받아들인 것이다. 이 해독은 이임수(1992, 1998:216-218)에서 처음 제시되었는데, 그곳에서는 현 경주시 양북면 입천리(卄川里)를 가리키는 것으로 보고 있다. 입천리가 '스무내'로 '二十乃里'로 적힌 기록[東京雜記]도 있고, 물줄기가 스무 갈래라는 민간어원도 있지만, 실제로는 '돌 아래 물이 숨어 흐르는 숨은내'를 적은 것으로 해석하였다. 원래 필자는 '건천(乾川)'을 생각하고 있었다. 물이 흐르지 않는 자갈밭으로 구체적인 지명이 아니라 그런 지명으로부터 대유법으로 사용된 시어로 본 것이다. 서울의 건천은 '마른내'이다.

님께서 『삼국유사』에 오식이 있다는 말씀을 하시면서 「제망매가」의 '吾隱去內如辭叱都[나는 가ᄂᆞ닷 말도]'에서 '辭'와 '叱'이 순서가 바뀌어 적혔다는 것과 함께 「찬기파랑가」의 두 구가 순서가 바뀌어 적혔다는 것을 지적하신 기억이 났다. 바로 이현희 교수에게 전화를 하여 문의하였더니, 찾아보고 알려 주겠다던 이 교수는 10여 분 후에 「국어사 자료로서의 『삼국유사』」라는 논문 속에 있다고 말해 주었다.

그 논문에는 '10구체 향가는 4구-4구-2구로 단락이 지어지는 것이 일반적이다. 그러니 처격어로 끝난 제4구가 단락이 나누어지는 4구 위치에 와서는 안 된다. 문장이 종결되는 제5구가 4구 위치에 와야 한다. 그러므로 현재 전하는 이 노래는 원래 노래로부터 제4구와 제5구가 전도되어 적힌 것이다.'는 내용이 들어 있었다. 향가의 형식과 문법적 정보로도 두 구가 바뀌어 적혔다는 것을 논증한 것이다. 그 논문 속에는 이 두 구가 바뀌어 적혔다는 것을 맨 처음 지적한 분은 김준영 선생이라는 것도 정확하게 기록되어 있다. 이렇게 알게 모르게 필자의 기억 속에는 선생님께로부터 강의 시간에 배우거나, 교실 밖의 한담에서 오갔던 정보들이 쌓여 있음을 고백하지 않을 수 없다.

학문의 논의는 정말 끝이 없는 것인지, 옳은 것은 어떤 경우에나 옳음을 보여 주는 것인지, 지난 여름 김성규 교수가 새 논문의 원고를 1편 보내왔다. 향가의 형식을 논의한 것인데 '後句', '落句'가 현대의 '後斂'에 해당된다는 것이었다. 예정대로라면 『국어국문학』 지에 실릴 것인데, 그 논문에서는 「모죽지랑가」, 「원가」, 「혜성가」, 「처용가」를 4구-2구, 4구-2구의 2연으로 이루어진 것으로 재구성해 놓았다. 필자는 '후구'에 대한 논의 가운데 이것이 가장 적합하다고 판단한다. 따라서 이제 향가의 형식은 현행 2개 구가 1행을 이룬다고 보면 '본가사 2행-후렴 1행'으로 이루어진 2개의 연으로 된 기본 틀을 갖게 된다. 종장이 같은 시조 2수처럼 되는 것이다. 물론 「모죽지랑가」, 「처용가」는 8구가 아니라 10구로 된 노래라는 것이 전제된다. 「모죽지랑가」의 첫 부분 14자가 들어갈 공백을 보면 누구나 10구체라는 것을 알 수 있다.

이 새로운 학설이 성립하기 위해서는 당연히 「찬기파랑가」의 이 제4구와 제5구는 자리를 바꾸어야 한다. 지금 「찬기파랑가」는 小倉進平(1929), 김완진(1980) 선생님 해독으로는 '5구-3구-2구'로 나누어지고, 양주동(1942/1981) 선생님 해독으로는 '3구-5구-2구'로 나누어지는 기형적 모습을 가지고 있다. 이 두 행을 바꾸고 행 조절을 반영하여 「찬기파랑가」를 재구성하면 (4)와 같은 모습을 가지게 된다. 해독은 김완진(1980) 선생님의 해독을 따르되 몇 군데는 다른 분들의 의견을 반영하였다.

(4)	늣겨곰 ᄇᆞᄅᆞ매	이슬 ᄇᆞᆯ긴 ᄃᆞ라리
	흰 구름 조초 ᄠᅳ간 언저레	耆郞ᄋᆡ 즈ᅀᅵ옰시 수피여
	아아 자싯가지 노포	누니 모ᄃᆞᆯ 지즈ᄅᆞᆷ 花判이여
	몰개 가ᄅᆞᆫ 믈시ᄫᅳ리에	수믄 나릿 ᄌᆡ벽아ᄒᆡ
	郞이여 디니더샨	ᄆᆞᅀᆞᄆᆡ ᄀᆞ술 좇ᄂᆞ오라
	아아 자싯가지 노포	누니 모ᄃᆞᆯ 지즈ᄅᆞᆷ 花判이여

(4)의 해독에서 '花判'은 한자어로 보고 의미상으로는 화랑도의 업무를 관장하던 풍월주 혹은 병부령을 달리 이르는 말로 추정한다. '-判'이 관등 이름에 사용된 3등관 명칭 '蘇判[蘇塗를 관장하던 관직에서 온 관등]'을 참고한 것이다.[3)]

「찬기파랑가」는 681년 8월의 '김흠돌의 모반'에 연루되어 억울했을지도 모르는 죽음을 당한 문무왕의 마지막 상대등 겸 병부령 김군관[김흠돌의 사

3) 소판과 같은 관등을 가리키는 迊湌은 迎鼓를 관장하던 관직에서 온 迎湌에서 迊湌으로 된 것으로 본다. 김희만(2015)를 참고하기 바란다.

돈]의 절개를 찬양한 詩이다(서정목(2014b) 참고). '耆郎'은 60대의 '노화랑'이라는 뜻이다. '耆婆郎'은 경덕왕이 '기랑'을 낮추어 '늙보 화랑'으로 지칭한 말로 보인다. '좇ᄂᆞ오라'는 '逐內良齊'를 해독한 것이다.

[2] 國과 新羅

『삼국사기』 권 제6 문무왕 시대는 (5a)처럼 시작된다. 언니 보희가 동생 문희에게 비단 치마에 꿈을 판 '매몽 설화'이다. 이 설화 속의 '國內'는 어디를 가리키는 것일까? 그리고 『삼국유사』 권 제3 「탑상 제4」 「명주 오대산 봇내태자 전기」의 (5b)에는 '歸國'이 있다. 어느 나라로 돌아갔다는 말일까? 외국에서 본국으로 왔다는 말일까?

(5) a. 其妹夢登西兄山頂坐旋流徧國內[그 언니가 꿈에 서형산 정상에 올라 앉아 소변을 보았는데 '국내(?)'에 흘러 넘쳤다]. 覺與季言夢[깨어서 막내에게 꿈을 말해 주었다]. <『삼국사기』 권 제6 「신라본기 제6」 「문무왕 상」>

b. 陪孝明太子歸國卽位[효명태자를 모시고 '국(?)'으로 와서 즉위시켰다]. <『삼국유사』 권 제3 「탑상 제4」 「명주 오대산 봇내태자 전기」>

여기서 '國'은 무슨 뜻일까? '나라[國]'은 원래 중국에서 宮, 城, 廓을 포함하는 지역으로 왕궁을 중심으로 그 주변 지역을 가리키는 단어이다. 그 바깥은 郊이고 郊의 바깥은 野이다. '國' 字 자체가 도읍, 수도라는 뜻을 가진다.

(5a)의 '國'도 이러한 관점으로 접근해야 한다. '國內'는 '나라 안'이긴 하지만 그것은 의미상으로는 '전체 나라 안'이 아니라 '서울 안', 즉 '서라벌 안'을 뜻한다. 아무리 꿈이지만 '오줌이 신라 나라 안'을 다 채울 수야 없을 것이

다. (5b)의 '國'도 '서울, 서라벌[경주]'로 번역하거나, '나라'로 번역한다면 '서울'을 뜻한다고 주를 붙여야 한다. 효명태자는 693년 경 8월 오대산에 들어가 수도하다가 702년 7월 이후 어느 날 서라벌로 와서 제33대 성덕왕이 되었다. 그러므로 (5b)의 '歸國'은 오늘날처럼 외국에 있다가 '나라로 돌아오는 것'을 의미하지 않는다. 이 '귀국'은 도읍인 '서라벌에 돌아가서'의 뜻이다. 중요한 것은 '나라 國'이 도읍, 여기서는 서라벌을 가리킨다는 사실이다.[4)]

(6)에 나오는 '新羅'는 어디를 가리키는 것일까? (6a)의 '在新羅[신라에 있어]' 왕위 쟁탈전이 일어났다는 것인데 그 '신라'는 어디일까? (6b)의 '至新羅'는 빛이 '오대산'에서 '신라'에 이르렀다니 오대산은 신라 땅이 아닌가?

(6) a. 淨神太子(與)弟副君在新羅爭位誅滅[정신의 태자가 아우인 부군과 '신라(?)'에서 왕위를 다투다가 사망하였다]. ('與' 字가 결락되었음은 (7a)를 보면 알 수 있다.)

b. 國人遣將軍四人 到五臺山孝明太子前呼萬歲 卽時有五色雲自五臺至新羅七日七夜浮光[국인이 장군 4인을 보내어 오대산에 이르러 효명태자 앞에서 만세를 부르니 즉시 오색 구름이 오대산으로부터 '신라(?)'에 이르기까지 7일 밤낮으로 빛을 비추었다]. <『삼국유사』 권 제3 「탑

4) 서정목(2016a:241, 329)에서는 이 용법의 '國'과 중세 한국어 '나랑', 그리고 일본의 고도 '나라[奈良]'를 연결하여 논의하였다. 그런데 그 곳에서 말한 '國立寧樂博物館[National Nieraku Museum]'은 필자의 기억이 잘못된 것이었다. 1995년경 필자는 日本 朝鮮學會 참석 차 天理에 갔었고 奈良를 관광할 기회를 얻었다. 그때 '國立寧樂博物館[National Nieraku Museum]'으로 적혀 있는 것을 보았다고 기억하고 있었는데, 그것이 그렇지 않다고 管野裕臣 教授께서 이 글을 번역하면서 지적하여 왔다. 國立 博物館은 奈良國立博物館[Nara National Museum]이다. 그런데 奈良의 依水園에 있는, 1969년에 만들어진 사설 미술관 이름이 寧樂美術館[Neiraku Museum]이다. 필자가 이것과 국립 박물관을 혼동한 것으로 생각된다. '奈良'를 예전에는 '寧樂'으로도 적었다는 것이 이기문(1971)에 있는데 이 미술관이 그 옛 표기를 살려 쓴 것으로 보인다. 중세 한국어 '나랑'과 현대 일본어 '奈良[Nara]'를 바로 비교하기는 어렵다. 末音 /ㅎ/ 때문이다. 그러나 '樂'의 옛 음이 'raku'와 비슷하다면 일본의 古都 '나라'도 말음 /ㅎ/과 관련 맺을 수 있는 후행음을 가졌을 수 있다. 여기서는 '나라 國'이 도읍을 의미하고, 우리 말 '나랑'도 신라 시대에는 도읍을 뜻했으며, 일본의 奈良도 도읍을 뜻한다는 것을 확인하는 것으로 충분하다. 오류를 고칠 수 있는 정보를 주신 管野裕臣 교수께 감사드린다.

상 제4」「명주 오대산 봇내태자 전기」>

이 '新羅'는 국명 '신라'가 아니다. 그것은 '徐羅伐, 徐伐, 東京'처럼 '싀벌>셔블>서울'을 한자를 이용하여 적은 것이다. 여기서 '새'는 '東'을 뜻한다. '샛바람[東風]'에 남아 있다. 방향을 나타내는 우리 고유어가 '놉새바람[東北風]', '마파람[南風]', '하늬바람[西風]' 등과 같이 바람의 방향을 나타내는 고유어에 들어 있는 것이다. '벌[野]'은 '벌판'을 의미한다. 이 '동쪽 벌판'을 나타내는 '싀벌'에서 '셔블'이 나왔고 그 말이 '서울'이 되었다. '새 新', '벌 羅'는 '싀벌'을 한자의 훈을 이용하여 적은 것이다. '徐伐'은 '싀벌'을 한자의 음을 이용하여 적은 것이다. '徐羅伐'은 '싀벌벌'로 '得烏谷, 得烏失[실오실]'처럼 '음독자+훈독자+음독자'로 '벌'을 한 번 더 적은 것이다. '東京'은 '새 東', '셔블 京'으로 '서울'을 적은 것이다. 그러므로 '新羅, 徐伐, 徐羅伐, 東京'은 모두 '싀벌>셔블>셔울'이라는 우리 고유어를 적은 것으로 경주 지역을 가리킨다. 원래는 도읍을 가리키던 말이 후세에 국명으로 사용된 것이 '新羅'이다. 그러므로 이 문장의 '新羅'는 '서울'이나 '서라벌[경주]'로 번역해야 한다.

그런데 一然禪師가 (6a, b)를 앞에 놓고 보면서, 다시 쓴 (7a, b)의 해당 위치에는 '在新羅', '至新羅'가 없다. (5b)를 보고 옮겨 쓴 (7c)의 '歸' 뒤에도 '國'이 없다. 왜 이런 것일까?

(7) a. 淨神王(太子)之弟與王爭位[정신왕의 아우가 왕과 왕위를 다투었다]. ('太子'가 결락되었음은 (6a)를 보면 알 수 있다.)

b. 國人廢之 遣將軍四人到山迎之 先到孝明庵前呼萬歲 時有五色雲 七日垂覆[국인이 (정신왕의 태자의 아우를 부군에서) 폐위하고 장군 4인을 보내어 산에 이르러 맞아오게 하였다. 먼저 효명암 앞에서 만세를 부르니 이때 오색 구름이 7일간 드리워 있었다].

c. 國人尋雲而畢至 排列鹵簿 將邀兩太子而歸 寶川哭泣以辭 乃奉孝明歸卽位[국인이 구름을 찾아 이르러 노부를 벌여놓고 두 태자를 맞아 가

려 하였으나 보천은 울면서 사양하여 이에 효명을 받들어 돌아와서 즉위시켰다. <『삼국유사』 권 제3 「탑상 제4」 「대산 오만 진신」>

(5b)와 (6)의 최초본이 기록되던 시기의 화자들에겐 '식벌'을 '新羅'나 '國'으로 표현하는 의식이 있는 것이다. 그것은 확대하면 「명주 오대산 봇내태자 전기」가 최초 작성되던 시기에는 '新羅'는 훈독하여 '식벌'로 읽고, '國'은 훈독하여 '나랗'이라고 읽되 뜻은 '식벌[首都]'를 의미하였다는 것이 된다.

그러나 일연선사가 「대산 오만 진신」을 재구성하던 시대에는 더 이상 '新羅'가 '식벌'을 뜻하고, '國[나랗]'이 '식벌[수도]'를 뜻한다는 의식이 없어진 것이다. (7a, b)에 '식벌'을 의미하는 '新羅'와 (7c)에 '서울'을 뜻하는 '國'이 사용되지 않은 것은 고려 시대에는 이미 '新羅'가 국호로 굳어졌고 '國'이 '나라 전체'를 의미하는 것으로 바뀌었음을 보여 주는 것이다. 국어학이 이런 걸 알려 주어야 역사가 제대로 연구된다.

[3] 성덕왕의 즉위 과정

이 기록에 대한 그동안의 연구를 검토해 보면 문헌을 면밀하게 읽는 것이 얼마나 중요한지 잘 알 수 있다. 이 「명주 오대산 봇내태자 전기」와 「대산 오만 진신」이 보여 주는 '성덕왕의 즉위 과정'을 둘러싼 시기의 신라 중대 정치 상황은 정확하게 파악되지 않고 있다. 이는 현대 한국 학계가 『삼국유사』, 『삼국사기』 등을 제대로 읽어낼 능력을 갖추지 못하고 있기 때문에 생긴 일이다.

이 시기에 창작된 향가들의 역사적 배경을 밝히는 것은, 국어학과 국문학이 협동하여 수행하여야 할 고유 업무이다. 그리고 그 연구는 문헌 면밀하게 읽기로부터 출발해야 한다. 이것이 문헌 읽기를 책임져야 할 국어학이 당면한 가장 큰 문제이다.

〈1〉 '국인이 폐하고'의 목적어는 무엇인가?

(6a)에는 '아우인 副君'과 왕위를 다투다가 誅滅한[사망한] 왕[정신의 태자, 효소왕]이 있고, (7b)에는 그 '정신왕의 아우'가 '왕과 왕위를 다투어' '國人이 폐하고'가 있다. 누군가가 지위에서 폐위된 것이다. 그런데 그 문장의 주어는 '국인이'이다. 국인이 누구일까? 복수일 가능성도 있다. 문무왕의 오누이들로 보인다. 그 핵심은 요석공주이다. 이를 '나라 사람들이'로 번역하면 오해가 생긴다. 국인은 나라의 실세, 나라의 주인이라는 주석이 필요하다.

'국인이 폐하고'에는 목적어가 없다. 그런데 그 앞에 '정신왕의 아우가 왕과 왕위를 다투었다.'가 있다. 이렇게 되면 후행 문장의 목적어는 선행 문장의 주어가 된다. 그러므로 '폐하다'의 목적어는 '정신왕의 아우'이다. (7a)의 '정신왕의 아우'는 (6a)의 '정신의 태자의 아우'와 관련지어 따져보면 '정신왕의 (태자의) 아우'에서 '태자'가 결락된 것이다. 그러므로 '정신왕의 태자[효소왕]의 아우'가 폐위된 것이다. 그가 누구인가? 그는 효소왕의 아우로서 副君에 책봉되었던 사람이다. 그가 어떤 지위로부터 폐위되었을까? 부군 지위에서 폐위된 것이다.

『삼국유사』의 번역서와 신라 중대 정치사 연구 논저 가운데 이렇게 번역한 것은 단 한 편도 없다. 거의 모두 '왕을 {폐하고, 쫓아내고}'로 번역하거나 목적어를 밝히지 않았다. 효소왕은 사망하였지 폐위된 것이 아니다. 그러므로 폐위된 사람이 효소왕이 아니라 효소왕의 아우인 부군이라는 것은 역사적 실제와 일치한다.

〈2〉 이 왕위 쟁탈전은 어떤 사건일까?

효소왕 때의 모반 사건은 하나밖에 없다. 700년 '경영의 모반'이 그것이다. (6), (7)의 왕위 쟁탈전은 (8)의 '경영의 모반'을 가리키는 기록일 수밖에 없다. 「모죽지랑가」는 이때쯤 아마도 年晩하여 사망한 죽지 장군의 초상 때나 대상 때 지어진 輓歌로 보인다.

(8) a. 700년[효소왕 9년] --- 여름 5월 이찬 경영*{영은 현으로도 적는다.}* 이 모반하여 죽였다[夏五月 伊飡慶永*{永一作玄}*謀叛 伏誅]. 중시 순원이 연좌되어 파면하였다[中侍順元緣坐罷免].
b. 702년[동 11년] 7월에 왕이 승하하였다[十一年 秋七月 王薨]. 시호를 효소라 하고 망덕사의 동쪽에 장사지냈다[諡曰孝昭 葬于望德寺東].
<『삼국사기』 권 제8 「신라본기 제8」 「효소왕」>

이 모반의 성격은 무엇일까? 이 반란 2년 후에 효소왕이 승하하였다. 그런데 더 중요한 것은 「皇福寺 石塔 金銅舍利函記」에 의하면 신목왕후가 700년 6월 1일에 사망하였다는 사실이다. 아우가 형의 왕위를 넘본 사건인데 그 사건에서 어머니가 죽은 것이다. 왜 이런 일이 생겼을까? 그것은 신문왕의 왕자들을 보아야 알 수 있다.

(9) a. 687년[신문왕 7년] 2월 원자가 출생하였다[元子生]. 이 날, 날이 음침하고 어두우며 큰 번개와 우레가 쳤다[是日陰沈昧暗 大電雷].
b. 691년[신문왕 11년] 봄 3월 1일 왕자 이홍을 책봉하여 태자로 삼았다[春三月一日 封王子理洪爲太子]. 13일 널리 사면하였다[十三日 大赦].
<『삼국사기』 권 제8 「신라본기 제8」 「신문왕」>

한국사학계는 (9a)의 '원자'와 (9b)의 '왕자 이홍'이 동일인이라고 착각하고, 효소왕을 687년 2월생으로 적힌 신문왕의 '원자'로 오해하고 있다.[5] 그리하

여 (10a)와 같이 효소왕이 6세에 즉위하였다고 주장한다.

그러나 원자와 왕자는 다른 말이다. '원자'와 '왕자 이홍'은 같은 사람이 아니다. 『삼국유사』는 (10b)와 같이 효소왕이 16세에 즉위하였다고 명백하게 밝히고 있다.

(10) a. 효소왕은 691년 3월 1일 5세로 太子로 책봉되어 692년 6세로 즉위하였고 702년 16세로 승하하였다. 성덕왕은 681년에 22세였으면 효소왕의 이복형이고(신종원(1987)), 효소왕의 아우라면 691년경에 태어나서 12세경에 즉위하였을 것이다(이기동(1998)).

b. 按孝照*{*一作昭*}*以天授三年壬辰卽位時 年十六 長安二年壬寅崩 壽二十六 聖德以是年卽位 年二十二[생각해 보면 효조*{*조는 소로 적기도 한다.*}*는 천수 3년 임진[692년] 즉위 시에 나이가 16세였고 장안 2년 임인[702년] 붕어했으니 누린 나이 26세였다. 성덕이 이 해에 즉위하였으니 나이 22세였다]. <『삼국유사』 권 제3 「탑상 제4」 「대산 오만 진신」>

그런데 그들의 부모인 신문왕과 신목왕후는 (11)에서 보듯이 683년 5월 7일 혼인하였다. 이것이 사실이라면 저 두 왕의 출생 시기는 어떻게 된 것일까?

(11) 683년[신문왕 3년] 봄 2월 순지를 중시로 삼았다[以順知爲中侍]. 일길찬 김흠운의 딸을 들여 부인으로 삼기로 하고[納一吉飡金欽運少[6)]女爲

---

5) 처음에 이 기록을 읽을 때 '元子'와 '王子'를 주의 깊게 보지 못한 것 같다. '원자'는 아버지가 왕이고 어머니가 원비인 부부 사이에서 난 맏아들이다. 맏아들이 아니거나, 혼외자, 차비, 후궁 소생은 원자가 될 수 없다(서정목(2015e) 참고). 그러나 왕자는 왕의 아들이면 모두 왕자이다. 이 '원자'와 '왕자'의 착각이 사소한 일인 것처럼 보일 수도 있다. 그리고 '그러면 다른 사람이라고 하지 뭐.' 할 수도 있다. 그러나 이것을 고치는 순간 지금의 신라 중대사는 다 무너진다. 왕실 내부 사정도 다 달리 파악해야 한다. 즉, 지금 존재하는 신라 중대사를 다 버리고 신라 중대사를 새로 써야 한다. 그만큼 지금의 신라 중대사는 역사적 진실과 거리가 멀다.

6) 이 '少女'에 대하여 '작은 딸', '막내 딸', '어린 딸'로 번역한 것은 오역이다. 김흠운의 졸년

> 夫人] --- 5월 7일 이찬 문영, 개원을 보내어 그 댁에[7] 이르러 책립하여 부인으로 삼고, 그 날 묘시에[五月 七日 遣伊湌文穎愷元 抵其宅冊爲夫人 其日卯時] ---왕궁의 북문에 이르러 수레에서 내려 궁안으로 들어왔다[至王宮北門 下車入內] <『삼국사기』 권 제8 「신라본기 제8」 「신문왕」>

효소왕이 692년에 16세이면 그는 677년에 태어나야 한다. 성덕왕이 702년에 22세라면 그는 681년에 태어나야 한다. 그런데 그들의 어머니 신목왕후는 그들의 아버지 신문왕과 683년 5월에 결혼했다는 것이다. 이것을 어떻게 해석할 것인가? 너무나 뻔하다. 그들은 부모가 혼인하기 전에 태어난 것이다. 그러므로 677년생 첫째 효소왕, 679년(?)생 둘째 봇내, 681년생 셋째 성덕왕은 혼전 아들들이다.

그리고 신문왕과 신목왕후의 정식 혼인 후에 684년생 넷째 金嗣宗(『삼국사기』 권 제8 「성덕왕」 27년[728년] '王弟' 참고), 687년 2월생 다섯째 金釿{欽}質(『삼국사기』 권 제 8 「성덕왕」 25년[726년] '王弟' 참고)이 태어난다. 혼인 후 태어난 원자는 김사종이고, 김근{흠}질은 사종의 아우이다.

(6a)는 효소왕 때에 왕의 아우가 부군으로 책봉되어 있었음을 뜻한다. 부군을 둔 것은 효소왕이 아들 없이 유고를 맞으면 부군이 왕위를 잇는다는 뜻이다. 이렇게 된 것은, 691년 3월 신문왕이 태자를 책봉할 때 첫아들 15세 '왕자 이홍'을 미는 세력과 넷째 아들 8세 '원자 사종'을 미는 세력이 대

655년과 관련지으면 신문왕과 혼인한 683년에 28살 이상이다. 이 '少'자가 '之'자의 오류일 것이라는 이영호(2003:70, 주 92)가 옳다. '김흠운의 딸'이다. 이 '少'는 '之'의 오각임이 분명하다. 왕비는 'OO OO之女'로 표기하는 것이 관례이다. 『삼국유사』 권 제1 「왕력」에서 '왕비는 신목왕후로 김운공의 딸이다[妃神穆王后 金運公之女].'에 바로 '之'가 사용되고 있다.

7) '그 댁'이 어느 집일지 궁금하다. 신문왕은 태자 시절에 동궁에서 살았다. 그때 그는 김흠돌의 딸과 살았을까, 김흠운의 딸과 살았을까? 이홍과 보천도 함께 살았을 것이다. 681년생인 효명도 여기서 태어났을 것이다. 그러므로 정명태자는 김흠운의 딸과 살았다고 보아야 한다. 그런데 '그 댁'은 동궁으로 보이지는 않는다. 혹시 신문왕 즉위 후 동궁을 비우고 김흠운의 딸은 어머니의 집으로 가서 살았을까? 그렇다면 '그 댁'은 신목왕후의 어머니 집 요석궁이었을 가능성도 있다.

립하였음을 뜻한다. 혼외자 효소왕이 원자가 아니어서 正統性이 없으므로, 혼인 후 출생한 원자 사종을 태자로 해야 한다는 세력이 있었을 것이다.

왕자 이홍을 미는 세력이 이겨서 '원자'가 아닌 '왕자' 이홍이 태자가 되었다. (9b)의 '왕자'는 '원자'가 아니라는 뜻이 들어 있다. 문헌은 이렇게 면밀하게 읽어야 한다. 이런 걸 놓치면 진실을 파악할 수 없다. 그리고 692년 7월 16세의 효소왕이 즉위하고 9세의 원자 사종을 부군으로 삼아 상대방과 타협하였다. 넷째인 원자 사종이 부군이 되어 동궁을 차지하였다. 이제 둘째 봇내와 셋째 효명은 설 곳이 없다. 그들이 693년 경 8월 오대산으로 숨어든 것이 (6), (7)의 바로 앞 기록이다. 693년에 봇내는 15세(?), 효명은 13세이다.

부군에 책봉된 원자 사종이 정신의 태재[효소왕]의 왕위에 도전한 것이 (8)의 700년 5월의 '경영의 모반'이다. '경영의 모반'으로 신목왕후가 사망한 것을 보면 효소왕을 미는 세력은 신목왕후와 그 어머니 요석공주였을 것이다. 이 모반 후 사종의 인척이었을 경영이 복주되고 중시 김순원이 緣坐되어 파면되었다. 이 김순원은 자의왕후의 동생이다. 자의왕후의 친정을 누를 만한 힘을 가진 세력이 이 모반을 진압한 것이다. 그러면 자의왕후의 친정 세력은 원자 사종을 밀었을 것이다. 684년생 사종은 700년에 17세이다. 혼인하였을 것이다.

경영과 순원은 왜 모반하였을까? 그것은 신문왕의 적통 원자인 부군 사종이 즉위할 희망을 잃었기 때문이다. 어떤 경우에 사종이 왕이 될 희망을 잃게 되는가? 그것은 효소왕의 아들이 태어나는 것뿐이다. 그런데 효소왕이 아들을 낳은 것 같은 정보가 있다. (12a, c)에는 왕자 金守忠과 成貞王后가 있다. 어느 왕의 왕자인지 어느 왕의 왕비인지 모른다.[8)]

8) 박노준(1982)에서는 수충을 성덕왕과 성정[=엄정]왕후의 아들이라고 보았지만 틀린 것이다. 그리고 국사편찬위원회(1998:96-101) 등 모든 논저에서 성정왕후가 엄정왕후의 다른 이름인 것으로 보고 있지만 그것도 틀린 것이다. 서정목(2014a:258, 270, 274 등)에는 '성정왕후와 엄정왕후가 같은 사람인 것'으로 되어 있다. 틀린 것이다. 본인이 검증하지 않은 통설을 따르면 안 된다는 것을 보여 준다. 서정목(2016a:268-272)에서 성정왕후와 엄정왕후가

(12) a. 714년[성덕왕 13년] 2월 — 왕자 김수충을 당으로 보내어 숙위하게 하니 현종은 주택과 의복을 주고 그를 총애하여 조당에서 대연을 베풀었다[春二月 — 遣王子金守忠 入唐宿衛 玄宗賜宅及帛以寵之 賜宴于朝堂].

b. 715년[동 14년] 12월 — 왕자 중경을 책봉하여 태자로 삼았다[十二月 — 封王子重慶爲太子].

c. 716년[동 15년] 3월 — 성정*{*다른 데서는 엄정이라고 했다.*}*왕후를 쫓아내는데 비단 500필과 밭 200결과 조 1만 석, 주택 1구역을 주었다.[三月 — 出成貞*{*一云嚴貞*}*王后 賜彩五百匹 田二百結 租一萬石 宅一區]. 주택은 강신공의 옛집을 사서 주었다[宅買康申公舊居賜之].

d. 717년[동 16년] 6월 태자 중경이 죽어 시호를 효상태자라고 하였다[六月 太子重慶卒 謚曰孝殤]. — 가을 9월에 당으로 들어갔던 대감 수충이 돌아와서 문선왕, 십철, 72 제자의 도상을 바치므로 그것을 태학에 보냈다[秋九月 入唐大監守忠廻 獻文宣王十哲七十二弟子圖 卽置於大學]. <『삼국사기』 권 제8「신라본기 제8」「성덕왕」>

(12a)에서 김수충은 714년에 당 나라에 숙위를 갔다. 당 현종의 대우가 극진하다. 몇 살에 갔을까? 만약 수충을 (13a)에서 보는 704년에 혼인한 왕비가 낳았다면 많아야 10살이다. 그러면 그는 성덕왕의 원자가 되어야 한다. 그러나 아무 데서도 수충을 성덕왕의 원자라 적지 않았다. 성덕왕의 원자는 기록에 없다. 그리고 성덕왕의 첫 태자는 重慶이다. 거듭된 경사라는 이름으로 보아 중경은 둘째 아들이다. 맏아들 원자[元慶(?)]가 조졸한 것이다. 중경은 빨라야 707년생이다. 수충이 704년 성덕왕과 혼인한 왕비의 아들이라면 709년 이후 출생이다. 714년에 6살이다. 6살짜리가 당 나라 황제 근위 부대의 병사가 되어 숙위할 수는 없다. 대감이라는 관직도 어린이가 가질 수 있는 직은 아니다. 수충은 절대로 704년 혼인한 왕비의 친아들이 아니다. 따

다른 사람이라는 것을 밝혔다.

라서 성덕왕의 친아들이 아니다.

기록상으로 보면 수충이 성덕왕의 태자 중경보다 나이가 많은 것으로 보인다. 그렇다면 수충은 성덕왕보다 더 앞의 왕의 아들이다. 성덕왕의 앞 왕은 32대 효소왕이다. 수충은 효소왕의 왕자일 가능성이 크다. 이제 다시, 효소왕이 몇 살에 즉위하여 몇 살에 승하하였는지가 문제된다. '효소왕이 6살에 즉위하여 16살에 승하하여 혼인도 하지 않았고 아들도 없었다.'는 현대 한국사학계의 통설 아래서는 아무도 수충이 효소왕의 아들이라는 생각을 할 수 없다. 그러나 서정목(2013)처럼 '효소왕이 16세에 즉위하여 26세에 승하하였다.'는 『삼국유사』의 기록을 믿고 받아들이면, 효소왕은 혼인도 하고 아들도, 딸도 낳았다고 할 수 있다.

수충이 효소왕의 아들이라면 그를 낳은 왕비가 있어야 한다. 신목왕후 이후 처음 등장하는 왕비는 704년에 성덕왕과 혼인한 왕비이다. 그런데 수충은 그 왕비가 혼인하기 전에 태어났다. 그 왕비는 수충을 낳을 수 없다.

그 다음으로 등장하는 왕비가 성정왕후이다. 그런데 성정왕후는 중경이 태자로 책봉된 715년 12월로부터 3개월 지난 716년 3월 쫓겨났다. 성정왕후가 704년에 혼인한 왕비이라면, 그리고 자신의 아들 중경이 태자로 책봉되었다면 그 왕비가 쫓겨날 리가 없다. 태자의 어머니를 쫓아낼 간 큰 왕과 신하가 어디에 있겠는가? 위자료를 받은 유일한 왕비가 성정왕후이다. (12c)의 성정왕후가 쫓겨난 것은 무엇인가에 불평을 했기 때문이다. 무슨 일에 불평을 했을까? 그 앞에 있은 일은 중경의 태자 책봉이다. 자신의 아들이 태자로 책봉된 것을 불평했을까? 그럴 리가 없다. 그러면 중경은 성정왕후의 아들이 아니다. (12c)는 자신의 아들이 아닌 중경이 태자가 된 데 항의한 것이다.

그러면 성정왕후의 아들은 누구일까? 이 시기에 등장한 왕자는 중경을 빼고 나면 수충뿐이다. 수충은 704년 혼인한 왕비의 아들도 아니고, 성덕왕의 아들도 아니다. 수충은 효소왕의 아들이다. 그러면 수충의 어머니가 될 수 있는 왕비는 성정왕후이다. 정상적이라면 성정왕후는 효소왕의 왕비이다. (12c)는 성정왕후가 자신의 아들 수충이 당 나라에 가 있는 사이에, 성덕왕과 704년에 혼인한 同壻[효소왕의 아우인 성덕왕의 왕비 엄정왕후]의 아들 중경이 태자로 책봉된 것을 항의하다가 쫓겨난 것이다. 중경은 성정왕후에게는 시조카이다. 그래서 성덕왕은 형수를 대궁 밖으로 쫓아내었다.

이제 왕자 김수충과 성정왕후의 정체가 정확하게 밝혀졌다. 성정왕후는 32대 효소왕의 왕비이고 수충은 효소왕과 성정왕후의 아들이다. 수충은 아버지 효소왕이 일찍 사망하지 않았으면 왕이 될 제1 후보였다. 그런데 아버지가 700년 5월의 '경영의 모반'으로 상처를 입어 702년 26세에 승하하였다. 이에 국인[아버지의 외할머니 요석공주]가 오대산에 가서 스님이 되어 있던 22세의 삼촌을 데려와서 즉위시켰으니 이 이가 성덕왕이다. 성덕왕은 관례에 따라 성정왕후를 형사취수하였을 것이다.

성덕왕은 (13a)에서 보듯이 704년에 첫 혼인을 하였다. 그런데 그 왕비가 성정왕후인지 엄정왕후인지는 『삼국사기』만 보아서는 알 수가 없다. (12c)의 '성정*{*一云 엄정*}*왕후'를 '성정=엄정'인지, '성덕왕의 왕비를 A 기록에서는 성정왕후라 했는데 B 기록에서는 엄정왕후라 했다.'는 뜻인지 정확히 알 수 없다. 필자는 후자라고 본다. 그리고 (13b)에서 보듯이 720년에 김순원의 딸과 둘째 혼인을 하였다. 그런데 (13c)에서 보듯이 그 왕비는 소덕왕비이다.

(13) a. 704년[성덕왕 3년] 여름 5월에 승부령 소판*{*구본에는 반이라 했는데 이번에 바로 잡았다.*}* 김원태의 딸을 들여 왕비로 삼았다[夏五月 納乘府令蘇判*{*舊本作叛 今校正*}*金元泰之女爲妃].

b. 720년[동 19년] 3월 이찬 순원의 딸을 들여 왕비로 삼았다[三月納伊湌順元之女爲王妃]. 6월 왕비를 책립하여 왕후로 삼았다[六月 冊王妃爲王后].

c. 724년[동 23년] 겨울 12월에 — 소덕왕비가 사망하였다[冬十二月 — 炤德王妃卒]. <『삼국사기』 권 제8 「신라본기 제8」 「성덕왕」>

그러나 『삼국유사』 권 제1 「왕력」은 성덕왕의 이 두 왕비에 대하여 (14)와 같이 적어 아주 간명하게 저간의 사정을 알 수 있게 해 준다.

(14) 제33 성덕왕, 이름은 흥광이다[第三十三 聖德王 名興光]. 본명은 융기이다[本名 隆基]. 효소왕의 동모제이다[孝昭之母弟也]. 선비는 배소왕후이다[先妃陪昭王后]. 시호는 엄정이다[謚嚴貞]. 원태 아간의 딸이다[元太阿干之女也]. 후비는 점물왕후이다[後妃占勿王后]. 시호는 소덕이다[謚炤德]. 순원 각간의 딸이다[順元角干之女]. <『삼국유사』 권 제1 「왕력」 「성덕왕」>

『삼국유사』는 정확하게 성덕왕의 첫 왕비인 김원태 아간의 딸이 살아서는 배소왕후이고 죽어서는 엄정왕후라고 적었다. 『삼국유사』를 보지 않고, 보았으나 믿지 않고, 『삼국사기』만 보면 이 간명한 진실을 전혀 이해할 수 없게 되어 있다. 더욱이 '성정*{ *일운 엄정*}*왕후'라는 『삼국사기』의 불필요한 註 기록은 쓸 데 없는 혼란만 불러왔다. 이 주는 『삼국사기』의 편찬자들이, 성덕왕의 왕비는 엄정왕후로 되어 있는데 갑자기 성정왕후가 나오니, '어! 다른 데에는 엄정왕후라고 했는데.' 하고 붙인 것이다. 그들도 성정왕후와 엄정왕후에 대하여 잘 몰랐다.

(14)에는 성정왕후가 성덕왕의 왕후라는 흔적도 없다. 누가 보아도 성정왕후는 엄정왕후와 다른 사람이라는 것을 알 수 있다. 그러면 당연히 성정왕후는 누구의 왕비인가 하는 의문을 가지게 되고, 제대로 생각하는 사람이라면 당연히 성정왕후는 효소왕의 왕비일 것이라고 추론하게 되어 있다. 이 경우에는 『삼국유사』가 『삼국사기』보다 더 정확하고 믿을 수 있는 사서인 것이다.

704년 성덕왕은 (13a)에서 보듯이 엄정왕후와 혼인하고 맏아들 원경(?), 둘째 중경, 셋째 승경을 낳았다. 맏아들은 조졸하였다. 성덕왕은 형 효소왕의 아들인 조카 수충과 자신의 아들 중경 가운데 누구를 후계자로 할지 고민하였다. 그래서 수충을 714년 2월에 당 나라로 보내었다. 그래 놓고 715년 12월에 자기 아들 중경을 태자로 책봉하였다. 남편 사후 왕위를 아들에게 승계시키지 못하고 시동생에게 빼앗기고, 이제 그 후계 자리도 시앗 같은 同壻[남편, 즉 효소왕의 아우인 성덕왕의 王妃] 엄정왕후의 아들에게 빼앗긴 성정왕후는 불같이 항의하였을 것이다.

그리고 성정왕후는 716년 3월 쫓겨났다. 위자료는 충분히 받은 것으로 보이지만 2번에 걸쳐 天下를 빼앗긴 성정왕후로서는 억울하였다. 당 나라에 있는 아들 수충에게 알렸다. 그래서 수충이 717년 9월에 귀국하였다. 와서 보니 태자 중경이 717년 6월 사망하였다. 아들을 잃은 숙부, 숙모에게 수충이 항의할 여지도 없었다. 이제 다시 태자로 책봉되기를 기다려야 했다. 그러나 사촌동생 승경이 버티고 있었다. 수충은 엄정왕후의 셋째 아들 승경과 왕위 계승 경쟁을 벌일 수밖에 없었다.

이렇게 하여 696년경 효소왕 20여 세에 아들 수충이 태어났다는 것이 증명되었다. 수충은 신문왕의 장손이고 문무왕의 장증손자이다. 신목왕후와 요석공주 측은 수충이 왕위 계승권자가 되어야 한다고 생각하였다. 그러나 원자 사종을 미는 경영과 순원은 부군으로 책봉되어 있는 사종이 우선한다고 생각하였다. 필연적으로 충돌할 수밖에 없다.

700년 5월의 '경영의 모반'은, 이 김수충의 출생으로 왕위 계승 가능성이 없어진, 683년 5월 7일 정식으로 혼인한 신문왕과 신목왕후의 첫 법적 혼내 아들인 684년생 '신문왕의 원자 김사종' 측의 항의이다. 그러니 이는 사종이 형 효소왕과 왕위를 다툰 사건이다. 아마도 경영은 김사종의 장인일 것이다. 684년생 사종은 700년에 17세이다. 혼인하였다. 그의 아들은 733년 아버지를 찾아 당 나라로 떠난 金志廉이다. 그리고 김순원은 자의왕후의 동생으로서 사종을 支持함으로써 요석공주와 대립하였다.

'경영의 모반'으로 신목왕후가 사망하였다. 효소왕도 다쳤다. 딸[신목왕후]를 잃은 외할머니 요석공주는 분노하였다. 요석공주는 원자 김사종을 부군에서 폐위시키고 원자 자격도 박탈하였다. 그것이 저 기록 (6a, b)와 (7a, b)이다. 김사종은 역사에서 지워졌다. 조정에서는 언급할 수도 없는 역적이 되었다. 그러니 사종의 출생년 684년은 원자 출생년이었다가 지워졌다. 이 모반으로 경영이 죽고 순원이 중시에서 파면되었다. 이것이 나중에 문제가 된다.

이제 정통성을 갖춘 왕자는 사종의 아우 김근{흠}질뿐이다. 김근{흠}질의 출생연월인 687년 2월에 '元子生'이 기록된 까닭이다. 이때 國人은 김근{흠}질을 다시 부군으로 책봉하려 했을 것이다. 그런데 700년에 17세인 형 사종이 부군에서 쫓겨나고 원자 지위도 박탈당하는 모습을 지켜본 14세의 근{흠}질은 부군이 되기를 극구 사양하였다. 그 상태에서 702년에 26세의 효소왕이 승하하였다. 국인은 다시 16세의 근{흠}질을 즉위시키려 하였다. 그러나 근{흠}질은 왕위를 버리고 도망쳤다. 신문왕과 신목왕후가 혼인한 후에 태어난 왕자는 더 이상 없다.

할 수 없이 國人은 오대산에 가 있던 22세의 효명을 데려와서 즉위시켰다. 이 이가 33대 성덕왕이다. 그러니 자의왕후 친정 세력을 누른 세력은 이 국인이다. 이 시기에는 문무왕의 동생인 愷元이 상대등을 맡는 등, 요석공주의 형제들이 막강한 권력을 지니고 있었다.

이것이 이 기록「명주 오대산 봇내태자 전기」,「대산 오만 진신」의 이면에 들어 있는 31대 신문왕, 32대 효소왕, 33대 성덕왕 시기의 신라 중대 왕실 역사이다. 이 기록은 요약하면 (15)와 같은 내용을 담고 있다.

(15) a. 643년 자장율사의 오대산 입산[來到此山]과 648년 자장율사의 태백산으로 돌아감[不果而還]
b. 자장율사가 (오대산에서) 돌아가고[藏師之返], 693년경의 봇내와 효명의 오대산 잠적[隱入]
c. 700년의 식벌[新羅]에서 벌어진 '경영의 모반'으로 말미암은 702년의 효소왕의 사망[誅滅]
d. 국인[요석공주]이 오대산의 효명을 식벌[國]으로 데려와서[歸] 성덕왕으로 즉위시킴

〈3〉 高僧이 된 신라의 세 왕자와 신문왕의 아들들

효소왕의 나이를 『삼국유사』의 (10b)에 따르지 않고, 현재의 한국사학계의 통설대로 하면 신라 중대 왕실의 왕자들을 둘러 싼 중요한 일들을 전혀 설명하지 못한다.

그 대표적인 것으로 들 수 있는 것이 『宋高僧傳』에 기록된 신라 왕자 출신이라는 세 고승이다. 지장보살의 화신으로 보살의 반열에 오른 金喬覺, 淨衆宗을 창시한 無相禪師, 당 肅宗과 '安史의 亂'을 진압하기 위한 百高座 講會를 연 釋 無漏[번뇌가 없다], 이렇게 세 분이 그들이다.

그러나 효소왕의 생년을 『삼국유사』처럼 부모 혼인 전인 677년에 태어난 것으로 인정하면 이 세 고승에 대해서도 선명하게 설명할 수 있다. 여기서는 간략히 보이고 이 주제는 다른 글에서 논의하기로 한다(서정목(2016 예정), 「입당 구법승 교각[地藏], 무상, 무루의 정체와 출가 계기」, 『서강인문논총』 47집 참고).

역시 신문왕과 신목왕후의 혼전, 혼외의 셋째 아들 효명[본명: 융기, 개명: 흥광]이 왕위에 올랐다. 이로써 신문왕의 원래 원자 사종, 새 원자 흠질, 그리고 장손자 수충이 왕위 계승권에서 밀려났다. 왕위를 버리고, 사실은 빼앗기고 당 나라에 가서 고승이 되었다고 하는 신라의 왕자 3명이 이 속에 다 들어 있다.

이후 김수충은 714년에 당 나라에 숙위 갔다가 717년에 돌아온다(『삼국사기』 성덕왕 조 참고). 그리고 종적을 감추었다. 그가 719년 24세에 당 나라에 가서 김교각으로 수도하여 김지장 보살이 되었다. 75년 수도하고 99세 되던 794년에 입적하였다. 그러면 그는 696년생이다. 입적 3년 후 그의 썩지 않은 시신에 제자들이 금을 입혀 肉身佛=등신불을 만들었다. 그 육신불이 지금도 안휘성 지주시 청양현 구화산에 안치되어 있다. 그의 99세 입적을 기리는 99미터 높이의 동상도 거기에 서 있다. 지장보살 김교각이 효소왕의 왕자 김수충임에 틀림없다.

687년 2월 출생한 김근{흠}질은 726년 40세에 당 나라에 사신으로 가서 당 현종에게 낭장[唐 정5품 상]을 받았다[授郎將還之](『삼국사기』 성덕왕 조 참고). '還之'의 목적지가 불분명하여 그가 신라로 왔는지 안 왔는지는 알 수 없다. 그는 지금의 寧夏 回族自治區 銀川 賀蘭山 白草谷에서 수도하여 釋 無漏가 되었다. 756년 당 나라 肅宗의 요청으로 '安史의 亂'을 진압하는 百高座講會에 참가한 고승이 바로 이 신문왕의 5번째 아들 근{흠}질이다. 그는 758년 선 채로 발이 땅에서 한 자나 떨어진 상태에서 입적하였다. 72세였다. 당 숙종은 장례를 후하게 지내고 그의 유서에 따라 그가 수도하던 寧夏 銀川의 하란산 백초곡 하원에 安置하였다.

684년생 김사종은 728년 45세 때 당 나라에 사신으로 갔다. 당 현종은 果毅[당 종6품 하]를 주었다. 그는 귀국하지 않았다. 그리고 733년에 아들 志廉도 불러갔다(『삼국사기』 성덕왕 조 참고). 그는 四川省 成都로 '안사의 난'을 피하여 온 당 玄宗의 배려로 성도의 淨衆寺에 駐錫하여 정중종을 창시하였다. 762년 79세에 앉은 채로 입적하였다. 500 나한 중 455번째 나한이 바로 이 無相禪師 신문왕의 넷째 아들 적통 원자 김사종이다.

(15)로 요약되는 이 기록을 잘 읽으면 당연히 성덕왕의 즉위가, 정통성이 결여된, 태자로 책봉된 적이 없는, 혼전, 혼외 출생 왕자의 불법적 왕위 계

승이라는 것을 알 수 있다. 그러면 이런 무리한 왕위 계승을 추진한 실세[국인]이 누구일까? 그리고 이 부당한 왕위 계승으로 왕위를 빼앗긴 정통성을 갖춘 왕자들은 어떻게 되었을까?[9] 이제 그 궁금증은 모두 풀렸다.

이리하여 혼전, 혼외의 셋째 아들로 5형제 가운데 정통성 면에서 가장 떨어지는 효명이 漁夫之利로 왕이 되었다. 그는 693년 8월에 이미 오대산으로 출가하여 승려가 되어 있었지만 702년에 외할머니 요석공주 덕분에 부처님의 진리를 버리고 환속하여 國[식벌]으로 돌아와서 왕이 된 것이다. 느닷없는 福은 이렇게 엉뚱하게 엉뚱한 방향으로 흘러가게 된다. 그러니 '우물가에서 숭늉 찾는 짓은 말아야 한다.'는 말이 있지. 그가 705년에 자신이 수도하던 효명암에 진여원[상원사는 진여원 위에 지은 절이다.]를 세운 것이다.

이로써 신문왕의 다섯 아들들에 대한 역사적 진실이 어느 정도 밝혀졌다. 아직 보기에 따라서는 분명하지 않은 점도 있겠지만, 『삼국유사』를 중심으로 하여 『삼국사기』의 해당 시기의 관련 사항을 간추리고, 『宋高僧傳』의 기록들을 고려하면, 그 시대 왕자들의 사정이 현재로서는 의문이 생기지 않을 정도로 간명하게 정리되었다.

그러므로 효소왕이 687년 2월생 신문왕의 원자라거나, 6세에 즉위하였다거나, 혼인하지 않았다거나, 16세에 승하하였다거나, 어려서 어머니 신목왕후가 섭정하였을 것이라는 신라 중대 정치사 기술은 전부 틀린 것이다.

그리고 『삼국유사』를 불신하는 태도도 다 그른 것이다. 아직 필자의 공부

---

9) 학문은 지적 호기심에서 출발한다. 호기심은 궁금증의 다른 말이다. 이렇게 수수께끼 투성이의 기록에 궁금증을 가지지 않고 어떻게 호기심이 생길 수 있겠는가? 필자는 읽고 가르치면서 갖게 된 궁금증을 풀기 위한 호기심으로 이 일에 매달렸을 뿐이다. 누구를 비난하거나 어느 것이 잘못되었다는 것을 논의하는 것이 주된 목표가 아니다. 다만 학문하는 기본 자세를 바로 잡는 것이 목표이고 그것은 문헌의 원문을 校勘하여 올바른 정본을 확정하고, 그것을 올바로 번역한 후에 그에 토대를 두고 역사적 사실에 대하여 논의하라는 것이다. 물론 과거의 문헌에 손을 대서는 안 된다. 지금은 확실히 옳을 것 같은 교감 결과가 다른 문헌의 발견으로 수정될 수도 있으므로, 후손들이 계속하여 보완해 나갈 수 있도록 그대로 남겨 두어야 한다.

가 일천하여 그동안 얼마나 많은 논저들이 『삼국유사』의 중요 역사 기록들을 믿을 수 없는 지어낸 이야기라고 폄하하였는지 모른다. 다만 다음의 두 가지는 분명히 틀린 것임을 지적해 둔다.

682년 5월 2일 신문왕이 만파식적과 흑옥대를 얻었다. 그것을 축하하러 5월 16일 6세 정도의 태자 理恭(=洪)[효소왕]이 月城으로부터 祇林寺 뒷산 含月山 龍淵 瀑布에 말을 타고 왔다. 효소왕 理恭이 존재한 것 자체는 사실이다. 왜냐하면 그는 677년생이기 때문이다. 만파식적이나 흑옥대 자체는 문무왕과 김유신을 빙자하여 681년 8월의 '김흠돌의 모반'으로 이반된 민심을 수습하기 위한 상징 조작일 수 있다. 그러나 지금까지 통용된, 태자 이홍이 687년 2월생이기 때문에 이 682년의 「만파식적」 기사의 이공 출현은 믿을 수 없고, 따라서 그 「만파식적」 기사 자체도 믿을 수 없다고 한 주장은 틀린 것이다. 나아가 「만파식적」을, 효소왕 때의 夫禮郎이 狄賊에게 피랍된 사건과 관련지어 효소왕대의 일인데 신문왕대로 소급하여 적었다는 한국사학계의 주장은, 전혀 기록에 토대를 두지 않은 것이고, '원자'와 '왕자 이홍'을 동일시한 부주의한 문헌 읽기에서 나온 것으로 명백하게 틀린 것이다.

또 효소왕이 687년생이기 때문에 692년 신문왕 장례 때의 일을 적은 「혜통항룡」 조의 효소왕의 '王女'가 '王母'의 오식이라는 것도 틀린 것이다. 효소왕은 이때 16세이므로 갓난 딸이 있을 수 있다.

효소왕이 677년생이라는 것을 확정하면 이 두 기록을 비롯하여 『삼국유사』의 신문왕, 효소왕 때의 일은 거의 다 사실에 가깝다 할 수 있다. 그런데 아직도 이렇게 하는 연구자가 없으니 문헌을 면밀하게 읽는다는 것이 얼마나 중요한 일인지 알 수 있다. 문헌 비평(Textual Criticism)의 가장 저급한 수준은 고쳐야 할 것은 못 고치고 안 고쳐야 할 것은 고치는 것이다. 그리고 가장 나쁜 것은 멀쩡한 『삼국유사』의 기사들을 오독, 오역, 오해하여 믿을 수 없다고 하고 역사 연구 자료로 쓰지 말라고 하는 것이다.

〈4〉 정리

이것이 『삼국유사』의 이 기록과 『삼국사기』의 해당 연도의 기록, 그리고 『송고승전』, 『구당서』, 『신당서』, 『자치통감』의 기록에 토대를 두고 필자가 문헌 비평을 거쳐 현재까지 도달한 역사적 사실이다. 물론 필자는 현대에 출간된 『측천무후 평전』과 소설 『측천무후』 등도 모두 참고하였다.

그 이면에는 당 나라로 간 신문왕의 넷째 아들 사종과 다섯째 아들 흠질, 그리고 효소왕의 아들 수충의 번뇌가 들어 있다. 그들은 신문왕과 신목왕후가 저지른 혼전, 혼외 정사로 태어난 첫째 형[사종의 경우] 효소왕, 그리고 아버지[수충의 경우] 효소왕으로 말미암아 왕위 계승 후보자가 되었다가 마음만 상하고 속세의 왕위 쟁탈전에 환멸을 느껴 이 땅을 등졌다. 흠질의 경우는 스스로 왕위를 형에게 양보한 흔적이 보이지만, 사종과 수충은 그런 흔적도 없이 거의 왕위를 빼앗긴 것으로 보인다. 흔히 불교학에서는 진리 탐구를 위하여 왕위도 헌신짝 같이 버리고 불법에 귀의하여 고귀한 삶을 산 것처럼 호도하지만 그것은 진실과는 거리가 멀다. 그들은 속세의 왕위 쟁탈전에 휘말려들어 번뇌하다가 패배하여 이 땅에 살지 못하고 다른 세상으로 간 것이다. 그러지 않았으면 이 속세에서 왕자로서 누릴 쾌락을 버릴 리가 없다.

『삼국유사』는 『삼국사기』의 왕의 통치 행위 중심 기사에는 나타나지 않는, 그 기사의 이면에 들어 있는 역사의 진실을 적고 있다. 즉, 『삼국유사』에는 『삼국사기』가 미처 적지 못하거나 일부러 누락시킨 중요한 정치적 사건들을 적고 있는 기사가 많다. 이 기사들을 면밀하게 읽어 잘 해석하면 현재 통용되고 있는 것과는 상당히 다른 신라 중대 정치사의 진실을 밝혀낼 수 있을 것이다.

[4] 혜명왕비의 아버지 진종

그런 의미에서 꼭 고쳐야 할 것을 못 고치고 있는 사례 하나를 들어 둔다. 『삼국유사』의 기사는 멀쩡한 것도 고치려 들면서, 왜 『삼국사기』의 기사 가운데 분명히 틀린 것은 손도 못 대는지 의아스럽기 짝이 없다. 이하의 내용은 서정목(2016b, d)를 요약한 것이다.

(16b)는 참으로 이상한 기록이다. 효성왕은 성덕왕과 엄정왕후의 셋째 아들 승경이다. 그가 즉위할 때 당 나라는 박 씨 왕비를 책봉하였다. 그런데 그 박 씨 왕비에 대하여 아무런 기록 없이 신충이 중시가 된 739년 정월 후 석 달 만에 '혜명'이 왕비가 되었다. 그런데 이 기록은 이 혜명이 '이찬 순원의 딸'이라고 잘못 적고 있다. 혜명은 순원의 딸이 아니라 손녀이다.

이 기록을 그대로 믿고 '효성왕이 이모와 혼인하여 아버지와 同壻[아내의 姉妹의 夫]가 되었다.'는 이상한 학설이 한국사학계의 정설이 되어 있다. 왜냐하면 (16a)에서 보듯이 효성왕의 아버지 성덕왕도 '이찬 순원의 딸' 소덕왕후와 혼인하였기 때문이다.

(16) a. 720년[성덕왕 19년] 三月納伊湌順元之女爲王妃[3월 이찬 순원의 딸을 들여 왕비로 삼았다]. <『삼국사기』 권 제8「신라본기 제8」「성덕왕」>

b. 739년[효성왕 3년] 三月納伊湌順元女惠明爲妃[3월 이찬 순원의 딸 혜명을 들여 왕비로 삼았다]. <『삼국사기』 권 제9「신라본기 제9」「효성왕」>

이렇게 되려면 효성왕이 소덕왕후의 친아들이어야 하고 혜명이 순원의 친딸이어야 한다. 그러나 효성왕 승경은 선비 엄정왕후의 친아들이지 후비 소덕왕후의 친아들이 아니다. 소덕왕후는 4년 10개월 동안 왕비로 있었다.

그동안에 경덕왕 헌영, 743년 2월 당 나라에 사신으로 간 경덕왕의 아우, 사소부인 등 아이 셋을 낳았다. 소덕왕후가 절대로 경덕왕의 형 승경을 낳을 수 없다.

승경의 형은 중경이다. 중경은 소덕왕후가 혼인하기 전인 717년에 사망하였으니 선비 엄정왕후의 아들임에 틀림없다. 중경을 이은 경사라는 이름의 승경도 엄정왕후의 아들이다. '효성왕의 모 소덕왕후'라는 기록은 법적인 모를 적은 것이지 생모를 적은 것이 아니다. 지금까지 법적인 모, 생모가 신라사 논의에 등장한 적이 없다. 그러나 정치 세력의 형성은 생모를 따라 이루어진다. 先妃의 아들과 後妃의 아들은 政敵이 되는 것이 기본 원리이다.

그런데 더 심각한 것은 혜명왕비가 김순원의 딸이 아니라는 사실이다. 720년에 이찬인 김순원이 739년에도 이찬이라는 것은 이상하다. 보통 10년이면 이찬에서 각간으로 관등이 오른다. 왕비의 아버지가 19년이나 관등이 그대로 있었다는 것은 상식을 벗어난다. 김순원은 700년 '경영의 모반'으로 중시에서 파면되었다. 그때 55세였다고 치면 720년에는 75세쯤 된다. 그리고 739년에는 94세쯤 된다. 혜명이 15세에 혼인하였다면 순원은 그 딸을 몇 살에 낳았어야 하는가? 79세에 낳았어야 한다. 어느 노인이 79세에 딸을 낳아 왕에게 출가시킬 수 있겠는가? 있을 수 없는 일이다.

해결책은 하나다. 혜명은 순원의 딸이 아닌 것이다. 그러면 '女'를 '孫女'로 고치면 될 것인가? 그러나 그렇게 하면 그의 관등이 19년 이상 이찬인 것을 설명할 수 없다.

이에 더하여 더 심각한 문제가 있다. (17)에서 보듯이 『삼국유사』는 혜명왕비의 아버지를 '진종 각간'으로 적고 있다. 이에 비하여 소덕왕후의 아버지는 (18)에서 보듯이 '순원 각간'으로 적고 있다.

(17) 第34 효성왕[第三十四 孝成王]. 김 씨이다[金氏]. 이름은 승경이다[名承慶]. 아버지는 성덕왕이다[父聖德王]. 어머니는 소덕태후이다[母炤德太后]. 왕비는 혜명왕후이다[妃惠明王后]. 진종 각간의 딸이다[眞宗角干之女也]. <『삼국유사』 권 제1 「왕력」 「효성왕」>

(18) 第33 성덕왕, 이름은 흥광이다[第三十三 聖德王 名興光]. 본명은 융기이다[本名 隆基]. 효소왕의 동모제이다[孝昭之母弟也]. 선비는 배소왕후이다[先妃陪昭王后]. 시호는 엄정이다[謚嚴貞]. 원태 아간의 딸이다[元大阿干之女也]. 후비는 점물왕후이다[後妃占勿王后]. 시호는 소덕이다[謚炤德]. 순원 각간의 딸이다[順元角干之女]. <『삼국유사』 권 제1 「왕력」 「성덕왕」>

더 이상 말이 필요 없다. 『삼국사기』의 (16b)의 '순원'이 오류인 것이다. 그것을 '진종'으로 고쳐야 한다. 그러면 순원과 진종은 부자지간이다. 둘 다 딸을 왕비로 들일 때는 이찬이었으나 나중에 각간으로 관등이 올랐다. 그러니 소덕왕후와 혜명왕비는 姉妹之間이 아니다. 소덕왕후는 혜명왕비에게 姑母[아버지의 姉妹]이고, 혜명왕비는 소덕왕후에게 親庭 조카딸[아버지 쪽의 姪女]이다.[10] 따라서 효성왕은 姨母[어머니의 姉妹]와 혼인한 것이 아니고,

10) 炤德王后의 아버지 順元은 慈儀王后의 남동생이다. 慈儀王后의 언니는 雲明이다. 雲明의 남편은 金吳起이다. 金吳起의 아들이 金大問이다. 順元의 아들 眞宗, 딸 炤德王后와 慈儀王后의 아들 神文王, 그리고 金吳起의 아들 金大問이 4촌 사이이다. 神文王과 金大問은 姨從四寸[母親의 姉妹의 子]이다. 眞宗, 炤德王后에게 金大問은 姑從四寸[父의 姉妹의 子]이다. 眞宗, 炤德王后에게 神文王은 姑從四寸[父의 姉妹의 子]이다. 그 다음 대 신문왕의 아들들은 효소왕, 봇내, 성덕왕, 사종, 흠질이다. 진종의 아들들은 충신, 효신이고 딸은 혜명으로 보인다. 대문의 아들들은 신충, 의충으로 보인다. 사종의 아들이 지렴이다. 이 지렴을 『삼국사기』는 성덕왕의 王姪이라 적었다. 이 성덕왕의 조카를 충신이 당 현종에게 '從姪[7촌 조카]'이라고 지칭한다. 이런 계촌 정도는 언어 예절에서는 상식이다. 그리고 경덕왕은 즉위하자말자 이미 죽은 의충의 딸을 왕비로 들인다. 그때 중시가 신충이다. 정확하게 왕실을 둘러 싸고 있는 신문왕의 외척, 자의왕후의 친정 세력이 본모습을 드러내었다. 이로부터 새로 연구되어야 할 신라 중대의 정치적 사건들이 얼마나 많을지 필자는 가늠하기 어렵다. 그래도 누구든 문헌을 면밀하게 읽으라고 충고한다. 원전의 글자를 잘 보고 그 글자의 그 시대 뜻에 맞게 풀이하여 한문 문법, 우리말 문법에 따라 직역하라고 당부한다. 한자 하나가 1000년이 지나면 뜻이나 자체가 얼마나 많이 변했던가? 그 한자의 뜻은 당나라 한자의 뜻도 아니고, 신라 때의 우리 선조들이 인식했던 뜻도 있고, 고려 때의 선조들이 인식했던 뜻도 있다. 엉터리 번역서 대충 읽고 연구하면 백이면 백 틀리게 되어 있다.

아버지와 同壻[아내의 姉妹의 남편]이 된 것이 아니다. 그런데 모든 신라 중대사 연구물들이 효성왕이 姨母와 혼인했다고 틀린 사실을 적고 있다. 외국 학자들이 보기 전에 빨리 고쳐야 한다.

[5] 문헌 비평은 국어학의 일

『삼국유사』를 믿지 않고, 『삼국사기』의 틀린 글자까지도 고치지 못하고 있는 것이 현대 한국 학계의 현실이다. 이 일들, 어떤 글자가 틀렸고, 어떤 기록이 사리에 어긋나니 사리에 맞게 고치는 이 일들을 누가 할 것인가? 저 엉망진창인 번역서들을 일일이 문법적으로 따져서 옳고 그름을 가리고 나서 올바른 번역을 누가 할 것인가? 역사 문헌 비평을 누가 할 것인가?

선생님은 국어사와 관련된 문헌의 문헌 비평을 머리카락에 홈파듯이 하셨다. 이것을 배운 우리들은 그 영역을 확대하여 선생님께서 국어사 문헌을 문헌 비평할 때 지니셨던 엄정한 자세로 우리 선조들이 남긴 문헌 전체를 대상으로 문헌 비평을 해야 한다.

문법을 모르면 문장을 분석할 수 없고, 문장을 분석하지 못하면 올바른 번역을 할 수 없다. 그리고 元子, 長子, 태종문무왕 등의 단어의 뜻을 정확하게 모르면 그 단어가 누구를, 무엇을 가리키는지 알 수 없다. 그리고 문헌에 사용된 말을 모르면 문헌 기록의 정오를 객관적 증거에 바탕을 두고 교정하여 올바로 고칠 수 없다.

증거에 의하여 문헌 기록을 교감하고 올바로 번역하는 일, 그 고증학은 인문학의 꽃이다. 문헌을 면밀하게 읽어야 할 수 있는 이 일은 국어학이 해야 하는 일이다. 언어학이 洋의 東西를 막론하고 文獻學(Philology)에서 출발하였다는 사실을 잊어서는 안 된다.

필자는 『삼국유사』의 향가가 나오는 기사들과 그 관련 역사를 30번쯤 가르쳤다. 가르치기 위하여 읽기는 100번도 더 읽었을 것이다. 처음에는 대충 읽고 번역서 보고 가르쳤다. 그런데 뭐가 뭔지 앞뒤가 안 맞는 것이 너무 많았다. 세월이 흐르면서 원전을 읽고 직접 번역하여 가르치기 시작하였다. 그리고 지난 날 가르친 것이 다 엉터리였음을 알았다. 그때까지는 그런 학설이 주류로 통용되고 있었는데 알고 보니 그것이 다 틀린 것이었다. 소름이 끼쳤다. 향가를 가르쳐 본 사람이면 다 그 소름의 의미를 알 것이다.

지금 한국 학계는 통일 신라 역사와 향가 문학의 내용에 대하여 범죄를 저지르고 있다. 연구자가 진실을 말하지 못하고 가짜 역사를 가르치고 가짜 문학 작품 해설을 하면, 그것은 범죄 행위이다. 그 범죄 행위를 여기서 멈추게 하고, 조금이라도 더 진실한 방향으로 연구를 이끌어 갈 지침을 줄 책임이 국어학계에 있다.

필자는 이제 다시 대학원생들과 함께 『삼국유사』 100회 읽기를 목표로 삼는다. 이렇게 문헌을 면밀하게 읽으라는 가르침을 주신 것, 그리고 그럴 수 있는 능력을 길러 주신 것, 그것이 안병희 선생님께서 우리 학계에 끼치신 가장 큰 학문적 영향이라 할 것이다.

4. 공적 생활의 영향

이제부터는 공적 생활에서의 엄격함에 대하여 말씀 드리겠다. 정부는 1991년 그동안 임의단체로 있던 국어연구소를 국립국어연구원으로 국가기관화하였다. 국어연구소장이셨던 안병희 선생님은 당시 초대 문화부 장관이셨던 이어령 선생님과 함께 이 국가기관 출범의 산파 역할을 하셨다. 그리고 초대 원장으로 취임하셨다. 그때 막 수교가 이루어져 본모습을 드러낸 구소련, 그리고 중국, 북한 등의 동포들의 우리 말 사용 실태를 조감하면서 언어 정책을 국가 차원에서 조율해 나가기 위한 조치로 보인다. 임홍빈 선생님이 어문규범연구부장을 맡으시고, 필자는 어문실태연구부장으로 일하였다.

1992년 여름 방학의 어느 날이었다. 선생님께서는 미국 동포의 우리 말 사용과 한글학교 지원 방안 수립을 위한 실태 조사를 위하여 출장을 다녀오시는 중이셨다. 임 선생님과 필자는 함께 김포 공항으로 마중을 나갔다. 그런데 공항에서 뵙는 순간 이상하게도 2주일 정도 사이에 갑자기 많이 변하셨다는 느낌을 받았다. 중요 업무 보고를 들으시고 가족들과 댁으로 향하신 후에 임 선생님은 필자를 보고 '아! 큰 일 났다. 선생님이 편찮으신 것이 틀림없다.'고 말했다. 느낌이 같았던 것이다. 그리고 그 직후에 병원에서 검사를 받으셨고 며칠 후 아무 일 없는 듯이 출근하셔서 집무하셨다.

1992년 말 임 선생님은 학교로 복귀하셨고, 필자는 2년 더 일을 한 후 1994년 10월 학교로 복귀하였다. 선생님께서도 빨리 학교에 복귀하여야 한다고 사직서를 제출하시고 후임 원장 선임과 잔여 업무 정리에 여념이 없으셨다. 임 선생님과 필자는 마음속에 돌덩어리 같은 것이 짓누르고 있는 듯한 압박감을 느끼면서 그렇게 각각 국어연구원 근무를 마감하였다. 선생님의 병환을 우리들은 일찍 눈치 채었지만, 그리고 집안에서는 아마도 아셨겠지만, 선생님은 밖으로는 알리지 않으시고 투병 생활을 하셨다.

선생님께서는 필자가 서강대학교에 오기 전부터 오랫동안 서강대에 출강하고 계셨다. 관악의 여러 중책들이 무거워질 무렵부터 서강대 출강을 그치시고 선생님께서 가르치시던 과목들을 필자가 맡아야 하게 되었다. 선생님께서 정년을 맞이하시고 어느 학교 대학원 과목을 맡으셨다고 하시기에 필자도 서강대학교 교육대학원의 중세국어 문법 강의를 의뢰하였다. 각각 서너명씩이었던 수강생을 서강의 강의실에 모아서 가르치시던, 선생님의 강의를 볼 수 있었던 마지막 학기, 가끔 강의 끝날 시간에 배웅을 가서 맡게 되었던 그 진한 약 냄새는 아직도 코에 남은 듯하고, 그 냄새에서 받았던 가슴 저림과 애끊는 듯한 느낌은 지금도 생생하게 남아 있다. 그리고 몇 학기 후에 우리는 입원 소식을 들어야 했다.

어문실태연구부는 국어 순화라는 이름의 각종 생활 언어 다듬기, 해외동포 한국어 보급, 북한어 등을 담당하였다. 그 기간 어문규범연구부는 어문규범 재정비와 '표준국어대사전' 편찬을 담당하였다. 이때 선생님의 가르침 아래 언어 예절, 해외동포 한국어 사용 실태 연구, 『표준국어대사전』 편찬 준비 등의 일을 익힌 것이 그 후 필자의 연구 활동에 큰 자산이 되었다.

갓 출범한 국어연구원에서 가장 역점을 기울인 일은 '화법(언어 예절) 표준화'였다. 이어령 선생님과 선생님이 협의하여 추진한 일로서 일상생활에서 사용되는 말의 표준을 정하는 일이었다. 아이들 말 배우기에서부터 쓰는 말인 가족, 친인척 간의 호칭어, 지칭어, 경조사 때의 인사말, 가정이나 사회, 각종 기관 내에서의 경어법 등에 대하여 기준이 될 만한 표준어형을 정하였다. 사용 실태를 파악하고, 혹시 바람직하지 못한 경향이 있다면 올바른 방향으로 이끌어 갈 여론 주도층을 형성하려는 계획이었다.

가장 큰 문제가 가족들끼리의 호칭, 지칭이 혼란스러워졌다는 것이었다. 그 당시 텔레비전 드라마에서는 남편을 '아빠', '오빠' 심지어 '형'으로 부르고, 시아버지를 '할아버지'로, '시누이의 남편'을 '고모부'라고 부르는 것이 일반적이었다. 『논어』의 정명론에 비추어 보면 사회가 혼란스러워지는 시초라 할 수 있는 것이었다. 이름을 바로 세워야 백성이 손발을 둘 곳을 알 수 있다는 이 정명론을 '언어 예절 표준화'의 이론적 근거로 삼아 호칭, 지칭어가 혼란스러우면 말이 제 구실을 못한다는 논지를 펴면서 이 일을 추진해 나갔다.

조선일보 지면을 통하여 논의 주제를 제시하여 1주일 동안 여론을 수렴하고, 그 결과를 회의 자료로 만들어 위원회에서 결정을 하고, 그 회의 결과를 정리해서 신문에 싣는 일이 2주일을 한 단위로 1년 이상 계속되었다. 이 위원회는 연령층도 폭 넓게, 출신 지역도 균형 있게 이루어져서 비교적 올바르고 많이 쓰이는 말을 표준어형으로 정하였다. '처남의 댁', '시누이 남편'을 어떻게 부르는 것이 옳은가? 이런 질문에 답을 주어야 했다. 위원회의 논의 끝에 '처남의 댁'은 형이나 아우의 부인을 부르듯이 '아주머니'로 부르고, '시누이 남편'은 남편의 형을 부르듯이 '아주버님'으로 부르기로 정하였다. 이 회의 자료와 신문 기사의 글자 하나하나에 이르기까지 선생님의 눈길이 가지 않은 곳이 없었다. 1992년에 이를 책 『우리말의 예절』로 출판할 때에는 최종 교정을 직접 보시었다.

2011년에 표준 화법 제정 20년이 되어 다시 검토하고 손질하는 위원회가 있었다. 그 위원회를 주관하면서 20년 동안의 사용 추이를 보니까 거의 그때 정한 말들로 표준어형이 자리 잡고 있었다. 성공한 언어 정화 운동이라 평가할 수 있다. 이 일을 주도하신 선생님의 시종일관한 실행력이 이룬 성과이다. 20여 분에 가까운 위원으로 이루어진 위원회에서 최종 결정하실 때의 선생님의 신중함과 사려 깊은 논의들은 가히 토의의 모범적 사례라 할 수 있었다.

국어연구원이 당면했던 중요 문제 가운데 다른 하나는 국어 순화였다. 무분별하게 사용하고 있는 외국어, 어려운 한자어, 남아 있는 일본어, 일본식 한자어 등을 대치할 수 있는 정확한 우리말을 제시하여 각 분야에서 올바른 말을 사용할 수 있도록 국어연구원이 권위를 가지고 추진하라는 여론이 빗발치고 있었다.

고속도로의 비상 도로를 가리키는 '갓길'이 대표적인 것이었다. 그때 막 널리 사용되는 단계에 있던 영어의 'shoulder'에 대한 일본식 번역어를 우리

한자 발음대로 읽은 말을 제치고, '갓길'이 자리를 잡는 데에는 선생님의 활동이 큰 역할을 하였다. 국어심의회에서 심의하여 확정한 후에 정부 공식용어로 전 부서가 통일되게 '갓길'을 사용하니 곧 '노견', '길어깨' 같은 말은 사라졌다. 아파트 이름이 한때 '한가람', '상록수', '달빛', '은빛', '별빛'으로 지어진 것이 그때이다. 일반적으로 '00동 00아파트' 하여 회사 이름을 붙이는 것이 관행이었는데, '회사명 안 된다, 어려운 한자 안 된다, 외국어 안 된다.'를 원칙으로 세웠다. 잘 진행되다가, 지금은 이 원칙은 지키지만 이상하게도 '래미안, 자이, 프르지오, 데시앙' 등으로 하여, 국적 불명의 말들과 뜻도 짐작할 수 없는 이름이 도시를 뒤덮고 있다.

'갑상샘'은 '의학용어 순화' 과정에서 나온 말인데 '갑상선'으로 쓰던 것이다. 이 '선(腺)' 자가 문제인데 이것이 일본 사람들이 만든 한자로 '몸[肉]에 있는 샘[泉]'이라는 뜻이어서 '샘'으로 바꾸자는 의견이 많았다. 연구원의 공식 입장도 '임파선(淋巴腺)'을 '림프샘'으로, '한선(汗腺)'을 '땀샘'으로 하는 등, 다른 '00선'을 모두 '00샘'으로 바꾸는 방향을 제시하였다. 지금도 의학계에서는 합의를 보지 못하고 도로 '선(腺)'으로 하자는 의견도 만만찮게 일고 있다.

그 밖에도 건설 용어, 법률 용어, 미술 용어 등 각 분야의 어려운 한자어와 일본어의 흔적 등을 쉬운 우리말로 바꾸는 일을 하나하나 선생님의 지도를 받아가면서 추진한 일은 잊지 못할 기억으로 남았다. 지난 봄부터 여름내내 법무부에서는 법제처에서 다듬어 온 형사소송법 수정안을 놓고 소위원회를 만들어 심의하였다. 거기에 자문위원으로 참가하여 의견을 나누었는데 지금은 쉬운 한자어까지도 너무 많이 손대어 오히려 이해하기 어려운 법률이 되고 있다는 느낌을 받았다. 법제처의 실무진들이 아주 젊은 분들이어서 한자어가 많이 고유어로 바뀌는 경향을 보이고 있다. 그러나 필자는 쉬운 한자어는 억지로 고치지 말고 그대로 두라고 여러 번 제동을 걸었다. 마치 우리의 젊은 연구원들의 순화 의견에 선생님께서 제동을 거시던 것처럼.

그러나 그것이 일본식 한자어라고 하면 제동을 걸기 어려워진다. 그래서 '기차'가 중공에서는 'automobile'이고 우리와 일본은 'train'이다. '수표'가 중공과 북한에서는 'signature'이고 우리와 일본에서는 'cheque, check'이다. 법률 용어 한자어 가운데 일본과 다르고 중공과 같은 것이 있는가? 그것만 왜색 용어가 아니니다. 일본과 같고 중공과 다른 것은 다 왜색이다. 우리, 일본, 중공이 다 같은 것은 왜색이 아니니다. 그런데 실제로 거의 모든 용어가 일본과 같고 중공과 다르다. 여차하면 다 고쳐야 한다. 무리하지 말라. 언중이 어렵게 생각하는 말도 안 되는 조각(阻却: 경미한 범죄 행위를 없었던 것으로 함) 같은 것이나 빨리 고치라고 말한다. 그런데 그것은 못 고친다고 한다. 대안이 없기 때문이다.

해외동포 우리말 보급은 주로 공산권 동포들에게 표준어형을 알려 주는 교육 활동이다. 구소련, 중국의 동포들이 사용하는 말은 옛 함경도 또는 평안도 방언을 기본으로 하고 그 위에 현대 북한말이 덧입혀져 있는 상태이다. 그런데 3-4세들이 우리말을 못한다는 것이 문제이다. 정부나 민간단체가 공산권 동포들을 돕고 싶은데 말이 안 통하니 답답해 하였다. 그래서 각 대학 교수님들과 국어연구원 소속 연구원들이 구소련과 중국의 곳곳에 가서 동포 교사들을 대상으로 표준어, 우리 언어 규범, 문법, 우리말의 역사, 언어 예절 등을 가르치고, 또 현지의 선생님들을 우리나라로 많이 초청하여 가르치기도 하였다.

이 임무를 띠고 중앙아시아에 다녀온 뒤, 그때 수집한 동포들의 이주 과정, 삶의 현실, 언어 사용 실태, 북한과의 관계, 종교적인 문제 등에 관하여 긴 보고서를 쓰고, 그 끝에 가칭 '문화봉사단'을 창설하여 이 지역에 우리말을 가르치고 한국 문화를 알릴 인문학 전공의 젊은이들을 정부 차원에서 파견하는 것이 좋겠다는 제안을 하였다. 우리 중고등학교 때 원어민 영어 선생님들이 평화봉사단으로 많이 와 있었는데 그 생각을 한 것이다. 이 평화봉사단원 가운데 나중에 한국학을 하는 분들이 더러 생겼는데, 그 분들이 가르치던 고등학생들 가운데 국사학을 하는 학자들이 그분들과 평생 교유하며 지내는 것을 본 것이 인상 깊어서 우리도 지역 전문가를 저런 방법으로 길러야 한다는 생각을 한 것이다. 선생님께서는 이 보고서를 토대로 문화부 대표로, 외교부, 국방부, 교육부 등과 협의하였다. 저는 이것이 오늘날의 코이카(KOICA)로 구체화되었다고 생각하는데, 아마 외교부와 국정원 등에서 이미 이런 기구의 필요성을 절감하고 있었고 국방부도 협력하였던 것으로 보인다. 그리하여 대상 지역도 확대하고 전공 분야도 넓혀서 오늘날 국제사회에서 한국이 인류의 삶 향상에 봉사하는 나라로 도약하는 데에 이 기구가 밑바탕이 되고 있음을 본다. 그런데 그 젊은이들이 나중에 그 지역의 전문가가 될 가능성도 큰 것이다. 이런 일도 그때 선생님의 교육부, 문화부, 국방부, 국회 등의 인맥이 아니었으면 더 늦게 추진되었을 것으로 본다.

선생님께서 역점을 두셨던 일 중의 하나는 통일에 대비하여 언어 정책상의 제반 문제를 미리 조율해 두는 일이었다. 그것은 중국 연변자치주의 어문 규범을 파악하고 그것을 통하여 북한의 어문 규범을 미리 정리하여 통일 후에 일어날지도 모르는 어문생활상의 혼란을 미연에 방지하려 하는 방향으로 이루어졌다. 중국에 가서 우리말 학자들을 만나서 간접적으로 저쪽의 사정을 알고, 우리 어문 규범의 문제점을 손질하고 정비하는 일에 심혈을 기울이셨다. 그리하여 구소련과 중국, 일본의 한국어 학자들과의 교류를 추진하고, 그들을 우리나라에 초청하여 사전 편찬 및 한자와 관련된 학술회의 등을 열면서 국내 젊은 학자들과 친분을 쌓도록 배려하셨다.

북한에서 쓰는 말도 정확하게 파악하고 있어야 했다. 가끔씩 언론에 '문건[서류]', '수표[서명]', '얼음 보숭이' 등이 오르면 문화부, 통일부 등에서 무슨 말인지 연구원으로 문의를 해 왔다. 즉각적인 답변을 하기 어려운 경우가 대부분이었다. 아마 선생님께도 고위층에서 자주 이런 문의가 온 것 같다. 필자는 '얼음 보숭이'에 대하여 선생님께 다음과 같은 요지의 서면 보고를 하였다. "'보숭이'는 황해도 방언에서 '콩고물'입니다. 그들은 '크림'이 가루인 줄 알았습니다. 아이스크림을 먹어 보았으면 '얼음 보숭이'라고 하지는 않았을 겁니다. 거기서 말다듬기 하는 학자들이 아이스크림도 먹어 보지 못한 사람들입니다. '노견'을 '길섶'으로 다듬은 그 사람들은 아마도 고속도로의 'shoulder'를 본 적도 없을 것입니다." 그 뒤에 '얼음 보숭이'는 북한에서 새로 편찬한 국어사전에서 사라졌다. 북한어 규범이 우리와 다르고, 외래어가 웽그리아(헝가리) 같은 러시아식 발음이나 뽈스카(폴란드), 체스코(체코), 슬로벤스코(슬로바키아) 등과 같이 원지음 발음으로 되어 있어 특이하였다.

필자는 지금 국어심의회 위원장을 맡아 다시 이 문제들과 씨름을 하고 있다. '블루투스'를 어떻게 할 것인가? 이런 것이 여전히 문제가 된다. 어원은 스칸다나비아 반도를 통일한 덴마크 왕의 별명이 '푸른 이빨'이었다는 데서 온 것이다. '주변기기 통합운용 기능'인데 좁은 데서만 통한다고 '쌈지 통신'으로 하자는 의견도 있었다. 그러나 여러 가지를 고려하면 '블루투스'라 할 수밖에 없다. 국어연구원에서 일하던 그 때는 선생님께 보고 드리면 거의 정답이 나왔는데, 지금은 어디에 의논해 볼 데도 없다.

이렇게 국어연구원에서 필자가 관여한 일은 모두 선생님의 면밀한 검토와 정확한 방향 제시, 그리고 결정된 일에 대해서는 단호한 실행력에 의한 실천으로 일관되어 있었다. 그리고 이 일들의 결과 보고서는 모두 선생님의 결재 과정을 거치면서 섬세하게 다듬어졌다. 이런 일을 배우는 은혜가, 군대 생활을 제외하고는 내내 선생으로서만 살아온 필자에게 주어질 기회가 달리 있었을 리 만무하다. 그뿐만 아니라 공문서와 기안 서류는 조금의 빈틈만 있어도 결재가 되지 않았다. 모든 예산의 집행은 엄격하게 통제되고 공금 지출은 합리적 근거 위에 최대한 절약하여 이루어졌다. 이런 일을 통하여 저희들은 공무의 엄격함, 국고 사용의 엄중함 등을 익혔던 것이다.

선생님의 문장은 간결, 명료하기로 정평이 나 있다. 논문만 그런 것이 아니다. 실용문도 다 그렇다. 선생님께 문장 훈련을 받은 기억의 시작은 1985년으로 거슬러 올라간다. 일본 동경에서 학술진흥재단의 지원으로 국제 코리아학회가 열렸다. 어문학 분야 동양 3국 학자들의 학술 토론회였다. 한국 측에서 8분이 참가하였다. 필자도 가서 의문문에 대하여 발표를 하였다. 그런데 귀국하여 학진에 보고서를 내어야 했다. 보고서 초안을 작성하라는 지시가 그 중 제일 나이 어렸던 필자에게 떨어졌다. 열흘 동안의 일을 최대한 자세하게 쓰는 것이었다. 그때는 타자기가 일반화되지 않았을 때였다. 볼펜으로 써서 가든 호텔로 가서 선생님께 보여 드렸다. 선생님은 아예 빨간 볼펜을 들고 계셨다. 그리고는 필자가 쓴 보고서를 고치시는 것이었다. 그때는 기분이 이상하였다. 그러나 몇 군데밖에 손질하지 않으셨지만 훨씬 간결하고 명료해졌다. 그리고는 왜 고치시는지 아무 말씀도 않으셨다. 읽어 보면 다 알 수 있으니까.

그래도 그것은 약과였다. 1991년부터 1994년까지 국어연구원에서 부장 이하 모든 연구원들이 쓴 공식, 비공식 문건들은 원장님의 빨간 수정 지시를 받는 것이 일상화되었다. 서무과 직원들은 참 힘들었을 것이다. 그러나 국어학을 전공한 연구원들은 하루하루 붉은 글자가 줄어들었다. 그리고 모두 왜 원장님께서 그곳을 손질하셨는지 알게 되었다. 혹독한 문장 수업이고 훈련이었다. 지금도 문장이 길어질 때마다 '그때 선생님께서 어디를 어떻게 끊으셨더라?' 하는 생각을 한다. 그리고 쓴 글을 또 읽어 보고 또 고쳐 보고 하는 습성이 생겼다. 큰 은혜이다.

1978년 1학기 동안 관악에서 학과장이신 선생님을 모실 때는 조금도 소홀할 수가 없는 긴장의 나날이었다. 학과 공금의 사용은 한 푼의 착오도 없이 정확해야 했고, 학생 운동과 관련된 학생 지도에서는 엄정하고 세심하게 말조심을 해야 했다. 학과 교수회의는 꼭 필요하지 않으면 열지 않으셨고, 부득이 열어야 하면 일주일 전에 소집하고 회의 자료는 미리 배포해야 했으며 회의는 짧게 끝내는 것이 원칙이었다. 이런 것이 학과 운영이나 대학 운영의 기본이 된다는 것을 체득하는 시간이었다.

2학기에는 선생님께서 규장각 실장을 맡으셔서 학과장으로는 1학기만 모셨지만, 그때 선생님과 이어서 학과장을 맡으신 白影 鄭炳昱 선생님께서 보여 주신 신중하고도 세밀한 학과장 직무 수행 모습은, 그 뒤에 필자가 대학에서 근무하면서 여러 일에 맞닥뜨렸을 때에 늘 선생님들이시라면 어떻게 하셨을까 하는 생각을 하게 하였다. 대학에서 연구하고 가르치는 분들, 특히 국문학과 선생님들은 항상 예민하게 긴장하여 글을 쓰는 삶을 살기 때문에 그 글쓰기에 조금이라도 방해가 되어서는 안 되게 학과를 운영해야 한다는 것이 아마도 그 가르침의 밑바탕에 있지 않았을까 생각한다. 이러한 학과 운영 방식은 조교 직을 거친 여러 선후배들이 후에 각 대학으로 진출하여 교수직을 수행하고 학과를 운영하는 데에 거울이 되었을 것이다.

선생님은 당신의 선생님과 선배들에 대하여 참으로 정성을 다하셨다. 우리가 본 것은 일석, 심악 선생님께 보이신 恭敬과 이기문, 강신항, 김완진, 정연찬, 이승욱, 김열규 선생님께 보이신 友愛와 義理이다. 이 駱山 七友 世代의 실무적인 일은 거의 선생님이 하셨다. 서강에 출강 오셔서 휴게실에서 영문학과나 사학과의 선배 교수들을 만나면 마치 50년대에 동숭동에서 함께 공부하던 시대로 돌아가신 것처럼 깍듯이 모시고 담화를 하셨다. 그 바쁘신 속에서도 동기생들의 모임도 손수 챙기신 것으로 안다. 선생님은 참으로 윗사람께 대한 恭敬과 매사에 精誠을 다하시는 至誠의 선비이셨다.

5. 맺는 말

주어진 주제가 선생님의 학문과 삶에 대하여 공적, 사적으로 겪은 것을 자유롭게 회고하는 것이었습니다. 개인적으로 더 가까우신 분도 많고 더 오래 모신 분도 있습니다. 그래서 필자는 제가 배운 공부와 겪은 공직 생활만 돌아보기로 하였습니다. 어차피 좁은 소견으로 선생님의 큰 학문을 다 말할 수는 없습니다. 저는 특히 이두, 구결에 대하여 공부를 못했기 때문에 거기에 대하여 할 말이 없습니다. 뒤에 있는 그 분야 글들에 미룹니다. 혹시 진실과 달리 왜곡된 내용이 있으면, 알려 주시면 고치겠습니다. 벌써 10년이 지나서 이런 모임을 갖고 있는 것이 황망하여 눈앞이 흐려짐을 어쩔 수 없어 합니다. 삼가 선생님의 명복을 빕니다.

참고문헌

국사편찬위원회(1998), 『한국사 9』「통일신라」, 탐구당.

권중달 옮김(2009), 『자치통감』 22, 도서출판 삼화.

김성규(2016), 「향가의 구성 형식에 대한 새로운 해석」, 『국어국문학』 176호, 국어국문학회, 177-208.

김열규(1957), 「원가의 수목(栢) 상징」, 『국어국문학』 18호, 국어국문학회.

김열규, 정연찬, 이재선(1972), 『향가의 어문학적 연구』, 서강대 인문과학연구소.

김완진(1977), 「삼구육명에 대한 한 가설」, 『심악 이숭녕 선생 고희기념 국어국문학 논총』, 탑출판사.

김완진(1980), 『향가 해독법 연구』, 서울대 출판부.

김완진(2000), 『향가와 고려 가요』, 서울대 출판부.

김원중 옮김(2002), 『삼국유사』, 을유문화사.

김재식(블로그), http://blog.naver.com/kjschina

김종우(1971), 『향가문학론』, 연학사.

김종권 역(1975), 『삼국사기』, 대양서적.

김준영(1979), 『향가문학』 개정판, 형설출판사.

김태식(2011), 「'모왕'으로서의 신라 신목태후」, 『신라사학보』 22호, 신라사학회.

김희만(2015), 「신라의 관등명 '잡간(찬)'에 대한 검토」, 『한국고대사탐구』 19집, 한국고대사탐구학회.

노덕현(2014), 정혜(正慧)의 세상 사는 이야기, 7. 무상선사: 사천 땅에서 동북아 불교 법맥을 지키다, 현대 불교 2014. 3. 28.

박노준(1982), 『신라 가요의 연구』, 열화당.

백두현(1988), 「영남 동부 지역의 속지명고-향가의 해독과 관련하여-」, 『어문학』 49집, 한국어문학회.

박정진(2011), 「박정진의 차맥, 23. 불교의 길, 차의 길 1. 한국 문화 영웅 해외수출 1호, 정중무상선사」, 세계일보 2011. 10. 24.

박해현(2003), 『신라 중대 정치사 연구』, 국학자료원.

서재극(1975), 『신라 향가의 어휘 연구』, 계명대 출판부.

서정목(1987), 『국어 의문문 연구』, 탑출판사.

서정목(2013), 「모죽지랑가의 시대적 배경 재론」, 『한국고대사탐구』 15, 한국고대사탐구학회.
서정목(2014a), 『향가 모죽지랑가 연구』, 서강학술총서 062, 서강대 출판부.
서정목(2014b), 「문말앞 형태소의 통사적 지위에 대하여」, 『서정목 선생 정년기념논총』, 역락, 23-62.
서정목(2014c), 「찬기파랑가의 단락 구성과 해독」, 『시학과 언어학』 27, 시학과언어학회.
서정목(2014d), 「찬기파랑가 해독의 검토」, 『서강인문논총』 40, 서강대 인문과학연구소. 327-377.
서정목(2014e), 「효소왕의 출생 시기 관련 기록 검토」, 『진단학보』 122, 진단학회,
서정목(2014f), 「그 분을 그리며, 내 기억 속 안병희 선생님」, 『새국어생활』 24-4, 국립국어원,
서정목(2015a), 「『삼국유사』의 '정신왕', '정신태자'에 대한 재해석」, 『한국고대사탐구』 19, 한국고대사탐구학회.
서정목(2015b), 「「원가」의 창작 배경과 효성왕의 정치적 처지」, 『시학과언어학』 30, 시학과언어학회, 29-67.
서정목(2015c), 「『삼국사기』의 '원자'의 용법과 신라 중대 왕자들」, 『한국고대사탐구』 21, 한국고대사탐구학회, 121-238.
서정목(2016a), 『요석』-「원가」에 대한 새로운 생각, 글누림, 698면.
서정목(2016b), 「신라 제34대 효성왕의 계비 혜명왕비의 아버지에 관하여」, 『진단학보』 126, 진단학회, 41-68.
서정목(2016c), 「신라 제34대 효성왕의 생모에 관하여」, 『한국고대사탐구』 23, 한국고대사탐구학회.
서정목(2016d), 「국어학 연구의 현재와 미래」, 『어문학』 134, 한국어문학회, 285~344.
서정목(2016e), 「입당 구법승 교각[地藏], 무상, 무루의 정체와 출가계기」, 『서강인문논총』 47, 서강대 인문과학연구소.
성호경(2008), 『신라 향가 연구』, 태학사.
신동하(1997), 「신라 오대산 신앙의 구조」, 『인문과학연구』 제5집, 동덕여대 인문과학연구소.
신종원(1987), 「신라 오대산 사적과 성덕왕의 즉위 배경」, 『최영희선생 화갑기념 한국사학논총』, 탐구당.
안병희(1959a), 「15세기 국어의 활용어간에 대한 형태론적 연구」, 『국어연구』 7, 국어연구회.
안병희(1959b), 「중기어의 부정어 '아니'에 대하여」, 『국어국문학』 20, 국어국문학회.

안병희(1961), 「주체겸양법의 접미사 '-숩-'에 대하여」, 『진단학보』 22, 진단학회.
안병희(1965a) 「후기중세국어의 의문법에 대하여」, 『학술지』 6, 건국대 학술연구원.
안병희(1965b), 「15세기 국어 공손법의 한 연구」, 『국어국문학』 28, 국어국문학회.
안병희(1965c), 『국어학개론』(공저), 수도출판사.
안병희(1968a), 「중세국어의 속격어미 '-ㅅ'에 대하여」, 『이숭녕박사 송수기념논총』, 을유문화사.
안병희(1968b), 「국어 문장의 현대화에 대한 연구」, 『연구보고서』.
안병희(1982), 「중세국어 겸양법 연구에 대한 반성」, 『국어학』 11, 국어학회.
안병희(1987), 「국어사 자료로서의 '삼국유사'」, 『'삼국유사'의 종합적 검토』, 한국정신문화연구원.
안병희(1992), 『국어사 자료 연구』, 문학과지성사.
양주동(1942/1981), 『증정 고가연구』, 일조각.
양희철(1997), 『삼국유사 향가 연구』, 태학사.
여성구(1998), 「입당 구법승 무루의 생애와 사상」, 『선사와 고대』 제10호, 한국고대학회.
유창균(1994), 『향가비해』, 형설출판사.
이기동(1998), 「신라 성덕왕대의 정치와 사회-'군자국'의 내부 사정」, 『역사학보』 160. 역사학회.
이기문(1961), 『국어사 개설』, 민중서관.
이기문(1970), 「신라어의 「福」(童)에 대하여」, 『국어국문학』 49-50 합병호, 국어국문학회.
이기문(1971), 「어원 수제」, 『해암 김형규 박사 송수기념 논총』, 일조각.
이기문(1972), 『개정 국어사 개설』, 민중서관.
이기문(1991), 『국어 어휘사 연구』, 동아출판사.
이기문(1998), 『신정판 국어사 개설』, 태학사.
이기백(1974), 「경덕왕과 단속사, 원가」, 『신라 정치사회사 연구』, 일조각.
이기백(1986), 「신라 골품체제하의 유교적 정치이념」, 『신라 사상사 연구』, 일조각.
이기백(1987), 「삼국유사 탑상편의 의의」, 『두계 이병도 선생 구순기념 사학논총』, 지식산업사.
이병도 역(1975), 『삼국유사』, 대양서적.
이병도, 김재원(1959/1977), 『한국사, 고대편』, 진단학회, 을유문화사.
이숭녕(1955/1978), 「신라시대의 표기법체계에 관한 시론」, 『서울대 논문집』 2. 『국어학연구선서』 1, 탑출판사.
이숭녕(1961/1981), 『중세국어 문법』, 을유문화사.

이숭녕(1976), 「15세기 국어의 쌍형어 '잇다', '시다'의 발달에 대하여」, 『국어학』 4, 국어학회.

이영호(2003), 「신라의 왕권과 귀족사회」, 『신라문화』 22, 동국대 신라문화연구소.

이영호(2011), 「통일신라시대의 왕과 왕비」, 『신라사학보』 22, 신라사학회.

이임수(1992), 「'찬기파랑가'에 대한 새로운 접근」, 『동국논집』 11, 동국대 경주캠퍼스.

이임수(1998), 「찬기파랑가」, 『새로 읽는 향가문학』, 아시아문화사.

이재선 편저(1979), 『향가의 이해』, 삼성미술문화재단.

이재호 역(1993), 『삼국유사』, 광신출판사.

이종욱(1999), 『역주해, 화랑세기』, 소나무.

임홍빈(1976), 「존대, 겸양의 통사 절차에 대하여」, 『문법연구』 3호, 문법연구회.

임홍빈(1985), 「현대의 {-삽-}과 예사높임의 '-오'에 대하여」, 『국어학논총』(선오당 김형기 선생 필질 기념), 창학사.

정 운(2009), 「무상, 마조 선사의 발자취를 찾아서, 2. 사천성 성도 정중사지와 문수원」, 『법보 신문』 2009. 11. 09.

조범환(2010), 「신목태후」, 『서강인문논총』 제29집, 서강대 인문과학연구소.

조범환(2011a), 「신라 중대 성덕왕대의 정치적 동향과 왕비의 교체」, 『신라사학보』 22집, 신라사학회.

조범환(2011b), 「왕비의 교체를 통해 본 효성왕대의 정치적 동향」, 『한국사연구』 154집, 한국사연구회.

조범환(2015), 「신라 중대 성덕왕의 왕위 계승 재고」, 『서강인문논총』 제43집, 서강대 인문과학연구소.

최명옥(1976), 「현대국어의 의문법 연구」, 『학술원논문집(인문사회과학편)』 제15집, 대한민국 학술원.

小倉進平(1929), 『鄕歌及吏讀의 硏究』, 京城帝國大學.

안병희 선생의 國語學 旅程*

한 재 영(한신대)

학문적인 면으로나 인간적인 면으로나 사람을 평가한다는 것은 어려운 일이다. 더욱이 故人이 된 분들에 대한 언사에 缺禮의 자욱을 남기지 않을까 하는 염려가 항시 붓끝을 떠나지 않는다. (중략) 이런 글을 쓰는 궁극적인 목표는 오늘의 우리들 자신과 우리의 후배들을 위한 교훈을 얻는 데에 있다 할 것이다. 그 분들에게서 무엇을 배우고 우리에게 무엇을 훈계할 것인가. 어떻게 살고 어떻게 공부할 것인가. 우리의 마음을 깨우치게 하기 위하여 故人들과의 대화의 길을 여는 것이야 말로 우리가 이 評傳을 쓰는 이유가 된다.

– 국어연구의 발자취(I)의 '책 머리에'에서 –

1. 들어가며

안병희 선생께서 2006년 10월 24일 0시 6분 宿患으로 우리 곁을 떠나신 지 벌써 10년이라는 시간이 흘렀다. 선생께서는 1933년 경남 진주에서 태어나 서울대 문리대 국어국문학과를 졸업한 뒤, 건국대 교수를 거쳐 1968년부터 서울대학교에서 30여 년간 재직하시며 국어학 연구와 後學 양성에 평생을 바치셨다.

---

* 본고의 대강은 2016년 9월 24일 서울대학교에서 개최된 韓國語文敎育硏究會의 第208回 全國學術大會에서 구두발표한 바 있다.

일석 이희승, 일사 방종현, 심악 이숭녕으로 대표되는 국어학 1세대 학자들에게 師事한 선생께서는 문법사와 국어사 자료 연구, 훈민정음 연구 등의 분야에서 발표하시는 논문마다 획기적인 논문을 발표함으로써 학계에 큰 足跡을 남기셨다.

본고는 선생의 업적 전반을 살펴 선생의 국어학 연구의 여정을 정리하는 데에 일차적인 목적을 두기로 한다. 그를 통하여 선생의 學問世界를 이해하고, 선생의 학문적인 업적을 繼承하기 위한 土臺를 마련할 수 있기를 기대한다. 그를 위하여 여기서는 선생께서 남기신 업적 모두에 주목하기로 하되, 선생의 履歷과 관련지어 시기 흐름에 따른 연구 주제의 변화 양상을 다섯 단계로 나누어 살피기로 한다. 좀 더 구체적으로는 1957년부터 2006년까지의 업적이 대상이 된다. 물론 선생의 공부에 관하여 이야기하기로 한다면 서울대학교 문리과대학 국어국문학과에 입학한 1952년부터 이야기하는 것이 온당한 것일 수도 있겠다. 전설처럼 전하는 학부에서의 선생과 관련한 에피소드는 모두 선생의 탁월하셨던 학문적 소양을 내용으로 하고 있기 때문이다. 하지만 여기서 1957년을 출발점으로 삼은 것은 선생의 공식적인 첫 논문의 발표연대가 1957년의 '重刊杜詩諺解에 나타난 t口蓋音化에 對하여'이기 때문이다.

이제 선생의 업적을 살펴 그들의 시기를 크게 다섯으로 나누되, 제1기는 1957년부터 1968년까지로 하고, 제2기는 1968년부터 1975년까지로 하며, 제3기는 1975년부터 1990년까지의 시기로 삼기로 한다. 이어 제4기는 1990년부터 1994년에 이르는 시기로 삼으며, 끝으로 제5기는 1995년부터 2006년까지의 시기로 삼아 살피기로 한다.

2. 제1기(1957-1968): 국어연구의 시작, 중세국어문법 연구로부터

제1기는 대학원 석사과정으로부터 건국대학교 국어국문학과 교수를 歷任하셨던 시기로, 선생의 학문 여정으로 보면 시작하는 시기였다고 할 것이나, 그 시작부터 예사롭지 않았다고 할 수 있다.

1959년의 '中期語의 否定語 '아니'에 대하여'를 통하여 중세국어에서의 '아니'의 활용이 '體言의 活用'을 보인다는 사실을 밝히고, 1959에 발표한 석사논문 '十五世紀 國語의 活用語幹에 對한 形態論的 硏究'에서는 豐富한 자료와 緻密한 분석을 통하여 전통문법에서 보조어간으로 처리되던 피사동・강세 접사는 어간부에 소속시키고, 존경・시제의 접사들은 어미부에 귀속시키는 작업을 진행하였으며, 1961년의 '主體謙讓法의 接尾辭 '-습-'에 對하여'에서는 '주체보다는 물론이고 화자보다도 존귀한 인물에 관계되는 卑者(곧 주체)의 동작표현'이라는 주장을 펼치기도 하였다. 1962년에 발표한 "中世國語 動詞 'ᄒᆞ-'의 語幹交替에 對하여"에서는 복합구성을 보이는 'ᄒᆞ-'가 선행요소의 음절말 자음에 따라 생략된다는 사실을 밝히고, 1963년의 "'ᄌᆞ갸'語攷"에서는 'ᄌᆞ갸'가 현대국어에서의 재귀대명사 '당신'에 해당한다는 사실을 밝히면서 중세국어 화자들의 경어법에 대한 인식을 보다 충실하게 이해하여야 한다는 점을 지적하였다. 아울러 "十五世紀國語의 敬語法 接尾辭 '-님'에 對하여"에서는 경어법 접미사 '-님'의 중세적 용법을 밝히고 있으며, 1965년의 '國語學概論(講座): 文法論'에서는 後置詞 설정의 當爲性을 說破하였고, 說明疑問과 判定疑問의 구분으로 의문법의 체계 수립한 1965년의 '後期中世國語의 疑問法에 대하여'와 2인칭 대명사와 관련하여 공손법의 삼분법(ᄒᆞ라, ᄒᆞ야쎠, 하쇼셔) 체계를 제시한 '十五世紀國語 恭遜法의 한 硏究: 二人稱代名詞 '그듸'와 關聯하여' 그리고 속격조사 'ㅅ'을 정립하여 일반유정체언에는 '익/의', 존칭체언과 무정체언에는 'ㅅ'. 여격조사 '이/의 그에'와 'ㅅ그에'의 대립 체계 확인한 1968년의 "中世國語의 屬格語尾 '-ㅅ'에 대하여" 등은 발표 당시부터 그 이론적 참신함과 記述의 치밀함으로 학계에 큰 反響을 불러 일으켰음은 물론 5,60년이 지난 오늘날에는 상식화되어 있는 사실이 되었다. 또한 1966년에 발표한 '不定格(Casus Indefinitus)의 定立을 위하여'는 아주 짤막한 글이지만 체언과 후치사와의 통합관계를 효과적으로 설명할 수 있는 가능성을 열어놓은 업적이었다.

문법사 분야에 주된 관심을 가지고 발표하신 제1기의 업적들은 여전히 모두 그대로 국어사 분야의 定說이 되어 중세국어문법을 연구하고자 하는 이들에게는 반드시 읽어야 할 업적이 되었다. 다음의 (1)은 제1기에 발표된 선생의 업적을 정리한 것이다.1)

(1) 1957. 4. 重刊杜詩諺解에 나타난 t口蓋音化에 對하여, 일석이희승선생 송수기념논총, 일조각, pp.329-341.
1957. 6. (번역) 韓國語의 位置에 對하여, 국어연구 1, 서울대 대학원 국어연구회, pp.69-81. (G.J. Ramstedt, Über die Stellung des Koreanischen, JSFO 55, 1951).
1959. 2. 中期語의 否定語 '아니'에 대하여, 국어국문학 20, 국어국문학회, pp.72-78.
1959. 10. 十五世紀 國語의 活用語幹에 對한 形態論的 硏究, 국어연구 7, 서울대 대학원 국어연구회, pp.1-83.
1960. 3. 美國 言語學의 系譜, 文湖 창간호, 건국대 국어국문학회, pp.12-16.
1960. 10. 여요二제, 한글 127, 한글학회, pp.84-86.
1961. 10. 主體謙讓法의 接尾辭 '-습-'에 對하여, 진단학보 22, 진단학회, pp.103-126.

1) 본고에서 제시하는 안병희 선생의 연구업적 목록은 선생께서 돌아가신 후 한국방송통신대학교의 이호권 교수가 꼼꼼히 작성한 것이다. 이 자리를 빌려 감사하는 마음을 전한다.

1961. 10. 12. 民族의 古典 訓民正音, 건대신문, p.2.

1962. 2. 中世國語 動詞 'ᄒᆞ-'의 語幹交替에 對하여, 文湖 2, 건국대 국어국문학회, pp. 18-24.

1963. 形態論의 基本的 理論, 건대학보 14, 건국대학교, pp.52-58.

1963. 6. 'ᄌᆞ갸'語攷, 국어국문학 26, 국어국문학회, pp.201-209.

1963. 12. 十五世紀國語의 敬語法 接尾辭 '-님'에 對하여, 문리대학보 1, 건국대, pp.23-33.

1963. 5. 20. 위대한 학자 「세종」: 제567회 탄신일을 보내며, 건대신문, p.4.

1965. 3. 國語學槪論(講座): 文法論, 어문학연구회 편, 수도출판사, pp. 108-146.

1965. 4. 後期中世國語의 疑問法에 대하여, 학술지 6, 건국대, pp.59-82.

1965. 5. 十五世紀國語 恭遜法의 한 研究: 二人稱代名詞 '그듸'와 關聯하여, 국어국문학 28, 국어국문학회, pp.117-126.

1966. 2. 不定格(Casus Indefinitus)의 定立을 위하여, 東亞文化 6(부록: 제5회 동양학심포지움 개요), 서울대 동아문화연구소, pp. 222-223.

1967. 1. 우리나라의 方言과 國文學, 성대문학 13, 성균관대학교 국어국문학회, pp.19-23.

1967. 1. 中世 國語의 修飾語에 對하여(제9회 전국국어국문학 연구발표대회 발표요지), 국어국문학 34·35, 국어국문학회, p.201.

1967. 5. 韓國語發達史(中): 文法史, 한국문화사대계Ⅴ, 고려대 민족문화연구소. pp.165-261.

1968. 國語의 文章構造의 現代化에 對한 研究, 문교부 학술연구보고서(어문학계) 15, pp.1-26.

1968. 6. 中世國語의 屬格語尾 '-ㅅ'에 대하여, 이숭녕박사송수기념논총, 을유문화사, pp.335-345.

3. 제2기(1968-1975): 중세국어연구 자료에의 관심

제2기는 1968년부터 1975년까지로 서울대학교 교양과정부 교수로 在職하셨던 시기이다. 국어사 연구를 위해서는 무엇보다도 문헌 자료의 연구가 선행되어야 함을 깊이 인식하고, 국어사 자료에 대한 문헌학적 연구에 힘을 기울이기 시작하였던 시기로, 자료의 서지적 정보가 분명해야 튼튼한 국어사 연구를 확립할 수 있다는 신념을 가지고 15,6세기 국어 문헌 자료들을 섭렵하여 그들의 연대 파악과 자료적 가치를 究明하는 데에 주된 관심을 가졌던 시기라 할 수 있다. 역사를 이야기하는 이들이라면 누구라도 應當 문헌 자료가 가지는 의의와 가치를 정확하게 판단할 수 있는 능력을 갖추고 싶어 하나, 아무나 그 길을 갈 수 있었던 것은 아니었다. 선생은 옛 한글 자료에 대한 서지적 연구도 수행하여, 학계에서도 문헌자료를 정확하고 깊이 있게 다루는 국어학자로 定評이 나 있는 것이다.

선생이 취하였던 문헌 자료를 대하는 태도의 一端은 1971년의 '改刊 法華經諺解에 대하여'에서 잘 보여준다고 하겠다. 다음의 (2)에 일부를 소개한다.

> (2) 改刊本은 體裁와 內容 등 결코 原刊本과 同一하게 다루어질 資料가 아니다. 刊行된 當時의 國語 資料로서 다루어져야 한다. 15世紀와 16世紀 交替期 資料로서의 位置를 改刊本은 가지고 있는 것이다.
> 여기에 덧붙여 말하고 싶은 것은 國語史 資料 하나하나에 대한 書誌學的인 綿密한 點檢이 要請된다는 점이다. 이 要請은 아무리 强調되어도 지나치지 않는다. (안병희 1971:245)

이후 1972년의 '壬辰亂直前 國語史資料에 관한 二三 問題에 대하여'와 '新增類合 解題', 1973년의 '中世國語 硏究資料의 性格에 대한 硏究: 飜譯樣式을 중심으로 하여'와 1974년의 '釋譜詳節의 校正에 대하여'와 '內閣文庫所藏 石

峰千字文에 대하여' 그리고 1975년의 '呂氏鄕約諺解의 原刊本에 대하여' 등이 제2기에 발표된 서지 관련 업적이다. 국어사 자료의 서지적인 정보에 관한 관심은 이후에도 꾸준히 이어져 서지학은 선생의 주된 관심사가 되었다. 그러한 관심의 결과는 1992년에 그간 발표하였던 국어사 자료 관련 업적 30여 편을 정리하여 "國語史 資料 硏究"라는 제목으로 간행하였고, 돌아가신 후 3년째 되는 2009년에는 1992년에 실리지 않았던 25편의 문헌 관련 업적이 "國語史 文獻 硏究"라는 제목으로 묶여 간행되기도 하였다. 앞선 제1기의 선생의 업적에서도 그러하였지만, 제2기의 논저에서도 논리의 정연함과 문체의 간결성은 여전하였으며, 제2기의 업적들 역시 발표되는 대로 곧바로 학계의 정설이 되었다. 다음의 (3)은 선생의 제2기 업적을 정리한 것이다.[2)]

(3) 1970. 9. 21. 너나두레, 대학신문, 서울대학교 대학신문사, p.8.
1970. 11. 肅宗의 訓民正音後序, 낙산어문 2, 서울대 문리대 국어국문학회, pp.10-12.
1970. 12. 國語敬語法의 歷史的 硏究, 업적보고서(1965-1966), 동아문화연구위원회, pp.33-36.
1971. 3. 改刊 法華經諺解에 대하여, 동방학지 12, 연세대 동방학연구소, pp.235-246.
1971. 9. 해제: 訓民正音·月印釋譜·杜詩諺解·六祖壇經·內訓, 국어학자료선집Ⅱ, 국어학회편, 일조각, pp.343-352. [1972년판부터는 pp.309-318].
1971. 11. 十五世紀의 漢字音 한글表記에 대하여, 김형규박사 송수기념논총, 일조각, pp.371-380.
1972. 6. 壬辰亂直前 國語史資料에 관한 二三 問題에 대하여, 진단학보 33, 진단학회, pp.81-102.
1972. 11. 新增類合 解題, 동양학총서 2, 단국대 동양학연구소, pp.215-236.

2) 서지학 관련 업적이라고 하더라도 1975년 이후의 업적은 해당 시기에 제시하기로 한다.

1972. 12. 國語史硏究의 발자취(제15회 전국국어국문학 연구발표대회 발표요지), 국어국문학 58·59·60, 국어국문학회, pp.383-386.

1973. 6. 中世國語 硏究資料의 性格에 대한 硏究: 飜譯樣式을 중심으로 하여, 어학연구 9-1, 서울대 어학연구소, pp.75-86.

1974. 6. 釋譜詳節의 校正에 대하여, 국어학 2, 국어학회, pp.17-29.

1974. 12. 內閣文庫所藏 石峰千字文에 대하여, 서지학 6, 한국서지학회, pp.29-42.

1975. 10. 呂氏鄕約諺解의 原刊本에 대하여, 학술원논문집(인문·사회과학편) 14, 대한민국학술원, pp.393-412.

4. 제3기(1975-1990): 구결과 이두에로의 관심 영역 확대

제3기는 1975년 이후 서울대학교 인문대학 국어국문학과 교수로 재직하면서 시작된다. 선생의 관심이 중세국어의 문법으로부터 시작하여 훈민정음으로 기록된 중세자료의 서지학적인 정보를 넘어 口訣과 吏讀 등의 借字資料에 미친 것이다. 물론 이 시기에도 자료의 서지학적인 분야라든가 중세국어의 문법 분야의 업적을 발표하기도 하였으나, 주된 관심은 이두와 구결에 있었던 것으로 보인다.

차자표기에 대한 선생의 관심은 1976년에 발표한 '口訣과 漢文訓讀에 대하여'로부터 비롯하는 것이라 할 수 있다. '口訣과 漢文訓讀에 대하여'는 당시 처음 소개되었던 구역인왕경의 訓讀을 보여주는 墨書와 音讀하는 구결의 개념에 대한 이해를 도모하기 위하여 쓰여 졌던 글이다. 이후 발표된 '中世語의 口訣記寫 資料에 대하여'에서는 口訣記寫 자료인 心經附註와 誡初心學人文을 통하여 儒佛書의 구결 표기의 차이를 소개하여 구결에 관한 연구의 깊이를 더하고 있다. 선생의 구결에 관한 연구는, 구결로써 고대국어와 중세국어의 형태론을 다룬 1977년의 '中世國語 口訣의 硏究'로 정리가 되었다고 할 수 있다. 이는 吏讀로써 고대국어와 중세국어의 형태론을 다룬 1977년의 '養蠶經驗撮要와 牛疫方의 吏讀의 硏究'와 對照를 이루는 것이다. 이후에도 구결과 이두에 대한 관심은 꾸준하여 1983년의 '吏讀文獻 吏文大師에 대하여', '世祖의 經書口訣에 대하여'와 1984년의 '典律通補와 그 吏文에 대하여', 1985년의 '孝經諺解와 孝經口訣'과 '大明律直解 吏讀의 硏究', 1986년의 '吏讀의 學習書에 대하여'와 '이두 문헌 <吏文>에 대하여', 1987년의 '吏文과 吏文大師' 그리고 1988년의 '崔世珍의 吏文諸書輯覽에 대하여' 등으로 이어진다. 이두와 구결에서 더 나아가 1987년의 '國語史資料로서의 三國遺事: 鄕歌의 解讀과 관련하여'에서는 선생만이 할 수 있었던 이두와 구결에 대한 깊이 있는 이해를 바탕으로 한 향가 해독의 새로운 가능성을 제시하기도 하였다. 제3기의 연구업적 목록은 다음의 (4)와 같다.

(4) 1975. 9. 古書의 紙背文書에 대하여: 排字禮部韻略에 보이는 牒呈을 중심으로, 도서관보 11, 서울대 도서관, pp.2-10.
1975. 12. 臺灣公藏의 韓國本에 대하여, 한국학보 1, 일지사, pp.88-124.
1976. 4. 口訣과 漢文訓讀에 대하여, 진단학보 41, 진단학회, pp.143-162.
1976. 8. 童蒙先習과 그 口訣, 김형규교수 정년퇴임기념논문집, 서울대 사대 국어교육과, pp.269-277.
1976. 8. 訓民正音의 異本, 진단학보 42(제4회 한국고전연구 심포지움), 진단학회, pp.191-195.
1976. 9. 口訣의 硏究를 위하여: 口訣表記 漢字의 表音字를 中心으로, 성균관 근대교육 80주년 기념 동양학학술회의 논문집(1975), 성균관대학교, pp.133-142.
1976. 9. 呂氏鄕約諺解 解題, 동양학총서 5, 단국대 동양학연구소, pp. 283-302.
1976. 11. 中世語의 口訣記寫 資料에 대하여, 규장각 1, 서울대 도서관, pp.51-65.

1977. 3. 中世國語口訣의 研究, 일지사,

1977. 4. 初期 한글表記의 固有語 人名에 대하여, 언어학 2, 한국언어학회, pp.65-72.

1977. 7. 中世語資料 '六字神呪'에 대하여, 이숭녕선생고희기념 국어국문학논총, 탑출판사, pp.157-166.

1977. 9. 養蠶經驗撮要와 牛疫方의 吏讀의 研究, 동양학 7, 단국대 동양학연구소, pp.3-22.

1978. 4. 村家救急方의 鄕名에 대하여, 언어학 3, 한국언어학회, pp. 191-199.

1978. 9. 二倫行實圖・警民編 解題, 동양학총서 6, 단국대 동양학연구소, pp.389-407.

1978. 10. 十五世紀 國語의 活用語幹에 對한 形態論的 研究, 국어학연구선서 2, 탑출판사. pp.1-95.

1978. 11. 眞言勸供・三壇施食文諺解 解題, 국학자료총서 2, 명지대학 국어국문학과, pp.1-14.

1978. 12. 16・7 世紀의 國語史 資料에 대하여(제21회 전국 국어국문학회 연구발표대회 발표요지), 국어국문학 78, 국어국문학회, pp. 148-149.

1979. 3. (인문계고등학교) 문법 교사용지도서(이응백 공저), 보진재, pp. 1-138.

1979. 3. (인문계고등학교) 문법(이응백 공저), 보진재, pp.1-180.

1979. 12. 國語學研究의 方向定立을 위한 基礎的 研究(Ⅲ-B. 文法史의 研究), 관악어문연구 4. 서울대 국어국문학과, pp.369-377.

1979. 12. 中世語의 한글資料에 대한 綜合的인 考察, 규장각 3, 서울대 도서관, pp.109-147.

1980. 10. 阿彌陀經諺解 活字本에 대하여, 난정남광우박사 화갑기념논총, 일조각, pp.375-382.

1981. 3. 書評: 鄕歌解讀法研究(金完鎭著), 한국학보 7-1(통권 22), 일지사, pp.121-125.

1982. 4. 千字文의 系統, 정신문화 12, 한국정신문화연구원, pp.145-161.

1982. 5. 中世國語 敬語法의 한두 問題, 백영정병욱선생환갑기념논총, 신구문화사, pp.50-59.

1982. 12. 國語史資料의 書名과 卷冊에 대하여, 관악어문연구 7, 서울대 국어국문학과, pp.269-292.

1982. 12. 中世國語 謙讓法 硏究에 對한 反省, 국어학 11, 국어학회, pp. 1-23.

1983. 10. 吏讀文獻 吏文大師에 대하여, 동방학지 38, 연세대 국학연구원, pp.331-374.

1983. 10. 韓國 語文의 諸問題: Ⅲ.漢字問題에 대한 政策과 諸說, 일지사, pp.78-115.

1983. 11. 世祖의 經書口訣에 대하여, 규장각 7, 서울대 도서관. pp.1-14.

1983. 12. 國語史資料의 整理를 위하여: 基本資料의 選定 및 複製와 관련하여, 한국학문헌연구의 현황과 전망, 아세아문화사, pp.295-310.

1983. 12. 語錄解 解題, 한국문화 4, 서울대 한국문화연구소, pp.153-170.

1984. 6. 韓國語 借字表記法의 形成과 特徵, 제3회 국제학술회의(세계 속의 한국 문화: 율곡 400주기에 즈음하여) 논문집, 한국정신문화연구원, pp.27_3-27_20.

1984. 12. 典律通補와 그 吏文에 대하여, 목천유창균박사 환갑기념논문집, 계명대출판부, pp.347-362.

1985. 5. 국어연구의 발자취(Ⅰ): 崔鉉培, 서울대학교 출판부, pp.79-127.

1985. 6. 訓民正音 使用에 관한 歷史的 硏究: 창제로부터 19세기까지, 동방학지 46·47·48, 연세대학교 국학연구원, pp.793-821.

1985. 9. 放送敎材 '朝鮮語講座'에 대하여, 어문연구 13-2(통권 46·47), 어문연구회, pp.297-302.

1985. 10. 別行錄節要諺解에 대하여, 건국어문학 9·10(김일근박사 화갑기념논총), 건국대 국어국문학 연구회, pp.887-901.

1985. 11. 諺解의 史的 考察, 민족문화 11, 민족문화추진회, pp.7-26.

1985. 11. 孝經諺解와 孝經口訣, 역사언어학(김방한선생회갑기념논문집), 전예원, pp.45-55.

1985. 12. 江華의 金屬活字紀念碑 斷想, 동양학간보 3, 단국대학교 동양학연구소, pp.47-49.

1985. 12. 大明律直解 吏讀의 硏究, 규장각 9, 서울대학교 도서관, pp. 1-22.

1986. 2. 吏讀의 學習書에 대하여, 제1차 KOREA학 국제교류 세미나 논문집(1983), 중국 목단강시: 흑룡강조선민족출판사, pp.126-133.

1986. 7. 국어문법론(Ⅱ)(이광호 공저), 한국방송통신대학출판부, pp.1-252.

1986. 10. 訓民正音解例本의 復元에 대하여, 국어학신연구(약천김민수교수 화갑기념), 탑출판사, pp.927-936.

1986. 12. 이두 문헌 <吏文>에 대하여, 배달말 11, 경상대 배달말학회, pp.1-41(부록포함).

1987. 3. 한글판 <오대진언>에 대하여, 한글 195, 한글학회, pp.141-164.

1987. 6. 月印釋譜 권11・12에 대하여, 국어생활 9, 국어연구소, pp.113-126.

1987. 11. 國語史資料로서의 三國遺事: 鄕歌의 解讀과 관련하여, 삼국유사의 종합적 검토(제4회 국제학술회의논문집), 한국정신문화연구원, pp.533-543.

1987. 12. 均如의 方言本 著述에 대하여, 국어학 16, 국어학회, pp.41-54.

1987. 12. 吏文과 吏文大師, 국어학연구선서 11, 탑출판사, pp.1-144.

1987. 12. 韓國學基礎資料選集-古代篇: 語學篇, 한국학자료대계 87-1, 한국정신문화연구원, pp.991-1079.

1988. 1. 1. 壬辰亂 때의 假名 표기 國語 資料: 陰德記의 「高麗詞之事」에 대하여, 국어교육월보, p.3.

1988. 6. 한글 맞춤법의 歷史, 국어생활 13, 국어연구소, pp.8-16.

1988. 7. 崔世珍의 吏文諸書輯覽에 대하여, 주시경학보 1, 탑출판사, pp. 49-68.

1989. 8. 한글 맞춤법 강의(이희승 공저), 신구문화사, pp.1-396.

1989. 12. 國語史資料의 誤字와 誤讀, 이정정연찬선생 회갑기념논총, 탑출판사, pp.738-751.

1989. 12. 국어학사의 재조명: 李秉岐, 주시경학보 4, 탑출판사, pp.185-198.

5. 제4기(1990-1994): 훈민정음에 대한 깊이 있는 이해를 바탕으로 한 국어정책에의 관심

선생의 국어학 여정에 있어서 제4기는 公的인 時期였다. 1990년 국어연구소 제4대 소장으로 취임한 후, 1991년부터 1994년까지는 국립국어연구원의 초대와 제2대 원장을 역임하시면서 뛰어난 실무처리 능력으로 합리적인 어문정책을 펴는 한편, 국어 유산의 보존·연구로 국어 발전의 토대를 마련한 바 있다. 오늘의 국립국어원의 기반을 구축하고, 표준국어대사전의 편찬을 착수하였으며, 한자문화권에서의 한자자형 통일 사업을 도모하기도 한 것이다.

하지만, 그렇듯 바쁜 공적 시기에도 학문에 대한 관심은 여전하셨다. 제4기는 훈민정음에 대한 깊이 있는 이해와 국어정책에 대한 관심을 특징으로 삼을 수 있을 정도로 훈민정음과 국어정책에 관한 많은 업적들을 발표하셨다. 특히 우리나라에 훈민정음 연구자가 꽤 있지만, 어느 학자에게 물어도 첫 자리에 우뚝 선 연구자는 안병희 선생이라고 대답한다. 그만큼 이 분야에 관한 한, 아직도 우리 학계에 선생의 업적이 끼친 영향이 아주 크다고 인정하고 있는 것이다. 물론 선생의 훈민정음에 대한 관심이 제4기에 국한하는 것은 아니어서 선생의 학문 여정 내내 話頭가 되었던 주제였다고 할 수 있다. 특히 앞선 제3기의 1986년에 발표한 '訓民正音解例本의 復元에 대하여'에서 선생은 校勘 作業을 세 부분으로 분류하였다. 첫째는 세종의 서문 제목을 '훈민정음'에서 '御製 訓民正音'으로 바로잡아야 한다는 것이고, 둘째는 4성 표시를 해야 할 글자들에 관한 것이었으며, 셋째는 句讀點과 行款에 대한 것이었다. 하지만 그러한 작업도 완전한 것이 아닐 수 있음을 이야기하며 앞으로도 활발한 논의가 있어야 할 것이라고 하여 과제를 제시하고 있기도 하다.

훈민정음을 내용으로 하는 선생의 업적들은 돌아가신 후 2007년에 서울대학교 출판부에서 '訓民正音 硏究'라는 제목으로 한 자리에 묶여 정리된 바가 있다. 그 책은 제1부 문헌 '훈민정음'과 제2부 문자 '훈민정음'으로 구성되어 있다. 제1부는 훈민정음의 해례본과 언해본을 둘러싼 여러 문제들을 천착한 내용을 담은 7개의 장으로 구성되어 있고, 제2부는 문자 훈민정음을 둘러싼 여러 문제들을 연구한 내용을 담은 8개의 장으로 구성되어 있다. 선생의 다른 업적들도 역시 그러하나 훈민정음에 관한 선생의 업적에서도 하나같이 한 글자도 더하거나 뺄 것 없는 珠玉같은 연구 성과가 담겨 있다. 한 구절, 한 구절에 숨어 있는 선생의 진지한 고민과 치밀한 사고는 어느 글을 펼쳐서도 쉽게 찾아 읽을 수 있는 것이다.

하지만 이 시기의 훈민정음에 관한 선생의 작업은 1990년의 '訓民正音의 制字原理에 대하여'와 '訓民正音諺解의 두어 문제'를 넘어 1991년의 '훈민정음 창제의 민족 문화사적 의의'라든가 1993년의 '북한의 訓民正音 연구'와 같이 민족의 同質性 回復을 위한 작업의 일환으로 진행이 되었던 것으로 보인다. 그러한 관심의 폭은 다시 국어순화라든가 한글맞춤법 그리고 한글의 과학적 문자로서의 지향과 같은 주제로 확대되어 갔던 것이다. 그 기간 동안 맡았던 공적인 일과 관련지어 본다면 오히려 자연스러운 관심 영역의 확대라고 할 수 있겠다. 다음의 (5)에 보이는 목록은 제4기에 발표된 선생의 업적들이다.

(5) 1990. 3. 中世國語文法論(이광호 공저), 학연사, pp.1-359.
1990. 4. 訓民正音의 制字原理에 대하여, 강신항교수회갑기념 국어학논문집, 태학사, pp.135-145.
1990. 9. 奎章閣所藏 近代國語資料의 書誌學的 檢討, 계간서지학보 2, 한국서지학회, pp.3-21.
1990. 10. 語文政策의 變遷과 課題, 國會報 10월호(통권 288), pp.68-73.

1990. 11. 中世國語 口訣의 硏究(요약), 국어학관계 박사학위논문요약집(난정남광우박사고희기념), 한국어문교육연구회, pp.565-571.

1990. 11. 訓民正音諺解의 두어 문제, 국어국문학논총(벽사이우성선생정년퇴직기념), 여강출판사, pp.21-33.

1991. 2. 古書目錄書의 活用을 위하여, 민족문화회보 24, 민족문화추진회, pp.2-3.

1991. 3. 새국어생활 간행사, 새국어생활 1-1, 국립국어연구원, pp.1-2.

1991. 9. 神仙太乙紫金丹 解題, 계간서지학보 6, 한국서지학회, pp.155-160.

1991. 10. '주시경 추념문 모음' 발간 후기, 주시경 추념문 모음, 문화부.

1991. 10. 남북 언어 차이의 본질과 그 극복, 한글날 기념 국어국문학학회 연합회 학술회의: 훈민정음 창제의 민족 문화사적 의의, 국어국문학회, pp.1-4.

1991. 12. 月印千江之曲의 校正에 대하여, 석정이승욱선생회갑기념논총, pp.169-177.

1992. 2. (명사칼럼) 국어순화의 길, 현대고 동창회보 3, 현대고등학교 동창회, p.11.

1992. 5. 校正과 校閱, 말과 글 50, 한국교열기자회, pp.43-44.

1992. 5. 남북 맞춤법의 비교와 검토, 말과 글 50, 한국교열기자회, pp. 222-245.

1992. 7. 20. 類合, 한국 教科書 2000年(3), 교원복지신보, p.3.

1992. 9. 國語史 硏究, 문학과 지성사, pp.1-470.

1992. 10. 8. 한글 科學的 文字로 발전 서둘러야, (한글날 546돌 특집: 한국인의 자랑 '한글'을 생각한다), 국정신문. p.3.

1992. 10. 우리나라의 옛 책, 출판문화저널.

1992. 12. '한메 이윤재 선생 기념 문집' 후기, 새국어생활 2-4, 국립국어연구원, pp.198-199.

1992. 12. 國語史 資料 硏究, 문학과 지성사. pp.1-579.

1992. 12. 月印千江之曲解題, 영인본 월인천강지곡, 문화재관리국, pp.1-87.(별책).

1992. 12. 增定于公奏議・駁稿・奏議擇稿輯覽 해제, 계간서지학보 8, 한국서 지학회, pp.131-144.

1992. 12. 初期佛經諺解와 한글, 불교문화연구 3, 영취불교문화연구원, pp.23-41.

1993. 6. <月印釋譜>의 編刊과 異本, 제20회 한국고전연구심포지엄: 월인석보의 종합적 검토, 진단학보 75, 진단학회. pp.183-195.

1993. 10. 23. 북한의 訓民正音 연구, 문화체육부 학술회의: 외국학자가 본 훈민정음과 북한의 훈민정음 연구.

1994. 1. (남북한 이질성 연구) 북한의 훈민정음 창제일은 1월 15일, 통일 1월호(통권 148), 민족통일중앙협의회, pp.33-35.

1994. 2. 4. 국어학의 영원한 큰 기둥, 한국일보, p.15.

1994. 6. 격려의 말씀, 말글생활 여름호(창간호), 말글사.

1994. 6. 書評: 古代國語語彙集成(송기중・남풍현・김영진 편), 정신문화연구 17-2(통권 55), 한국정신문화연구원, pp.180-184.

1994. 7. 李崇寧先生의 文法研究, 어문연구 81・82, 한국어문교육연구회, pp.26-32.

1994. 10. (이 달의 초대석) 국어와 한글에 대한 참사랑, 월간 독립기념관 10월호(통권 80), pp.2-3.

1994. 12. <聖觀自在求修六字禪定> 解題, 계간서지학보 14, 한국서지학회, pp.127-131.

6. 제5기(1995-2006): 국어학사의 인물과 국어정책에 대한 관심으로

국립국어연구원장에서 물러나신 후부터 돌아가실 때까지의 기간, 즉 1995년부터 2006년까지의 제5기 기간 동안에도 선생은 문화재청의 문화재위원(1995, 2005)과 서울대학교 인문학연구소장(1996~1997) 등의 직책을 역임하셨다.

제5기의 업적 가운데 눈에 뜨이는 것은 崔世珍에 대한 관심으로, 1997년의 '金安國의 崔世珍 挽詞', 1999년의 '崔世珍의 生涯와 年譜: 그의 誌石 발견을 계기로 하여'와 '崔世珍의 生涯와 學問' 그리고 2000년의 '文獻資料의 올바른 이용: 崔世珍 관계 자료를 중심으로'와 2001년의 "<經國大典>의 '竝用文官'과 崔世珍의 身分" 등의 논문이 그것이다. 국어학사상의 인물에 대한 선생의 관심은 최세진에 머물지 않는다. 그 이전에도 1985년에 최현배, 1989년에 이병기, 이희승 그리고 1994년에 이숭녕 등의 국어학사상의 인물들에 대한 관심을 가져왔으나, 제5기에 들어서서는 국어학사상의 인물들에 관심이 더욱 깊어지고 있음을 알 수 있다. 제5기에 관심을 가졌던 인물로는 2001년의 김두봉과 설총, 2002년 신숙주, 2003년 설총과 안확 그리고 정인승, 2004년 최항, 2005년 주시경 등이 있다.[3)]

아울러 국어정책에 관한 선생의 생각을 보다 적극적으로 표명하기도 하셨다. 앞선 시기의 남북의 어문 정책이라든가 국어순화 등의 문제와는 다소 성격이 다르다고 할 수 있는 漢字語의 교육 문제와 같은 어문 정책에 대한 견해를 펴신 것이 그것이다. 국어 정책과 관련한 선생의 생각을 펴신 글로는 2000년의 '국어 문제와 국어 정책', 2001년의 '漢字語 教育問題' 그리고 2005년의 '國語基本法 有感'과 '우리나라 漢文教育에 대하여' 등이 있다. 제5기에 발표된 선생의 업적 목록은 다음의 (6)과 같다.[4)]

(6) 1996. 1. <增定吏文・增定吏文續集・比部招議輯覽> 解題, 계간서지학보 17, 한국서지학회. pp.147-157.

---

3) 이들 중 이희승, 정인승, 주시경에 관한 논문은 아직 게재지가 밝혀지지 않은 글이다. 본고에서 이야기하고 있는 발표연도는 선생의 3주기 때에 간행된 '國語硏究와 國語政策, 도서출판 월인'에 기댄 것이다.

4) 선생께서 돌아가신 후에 나온 선생의 업적으로는 다음과 같은 논문과 저서가 추가될 수 있다.

2007. 7. 宋錫夏 선생 透寫의 <訓民正音>, 한국어연구 4, 한국어연구회.
2007. 10. 訓民正音硏究, 서울대학교출판부.
2009. 10. 國語史 文獻 硏究, 신구문화사.
2009. 10. 國語硏究와 國語政策, 도서출판 월인.

1996. 6. 老乞大와 그 諺解書의 異本, 인문논총 35, 서울대 인문학연구소, pp.1-20.

1996. 10. 한글 맞춤법의 연혁과 그 원리, 한글사랑 가을호(통권 2), 한글사, pp.88-100.

1996. 12. 언어, 한국사 27(조선초기의 문화Ⅱ): Ⅲ.3. 언어, 국사편찬위원회, pp.370-383.

1997. 3. 金安國의 崔世珍 挽詞, 동방학지 95, 연세대 국학연구원, pp.131-142.

1997. 6. 杜詩諺解의 書誌的 考察, 한국문화 19, 서울대 한국문화연구소, pp.1-29.

1997. 7. 28. 국어의 數 표현, 한국일보, p.12.

1997. 11. 訓民正音序의 '便於日用'에 대하여, 어문학논총(청범 진태하교수계칠송수기념), 태학사, pp.621-628.

1997. 12. 언어 연구의 회고와 전망(임홍빈・권재일과 공동연구), 인문논총 38, 서울대 인문학연구소, pp.1-86.

1997. 12. 해제: 능엄경언해 권9(장1-26), 겨레문화 11, 한국겨레문화연구원, 권말pp. i - ii.

1997. 12. 活字本 楞嚴經諺解 解題: 권1・10을 中心으로, 영인본 대불정여래밀인수증료의제보살만행수능엄경, 문화재관리국, pp.1-62.(별책).

1997. 12. 訓民正音 解例本과 그 複製에 대하여, 진단학보 84, 진단학회, pp.191-202.1997. The Principles Underlying the Invention of the Korean Alphabet, The Korean Alphabet: It's History and Structure, ed. Young-key Kim-Renaud, Honolulu: Univ. of Hawaii Press. pp.89-105.

1998. 12. 刊經都監의 諺解本에 대한 硏究, 月雲스님 古稀紀念佛教學論叢, 동국역경원, pp.603-627.

1998. 12. 法華經諺解의 書誌, 서지학보 22, 한국서지학회, pp.3-33.

1998. 12. 시(詩)의 올바른 해석을 위하여: '오라비(娚)'를 예증으로, 한글사랑 겨울호(통권 9), 한글사, pp.54-63.

1999. 1. 새로운 '잡탕말', 새국어소식 6, 국립국어연구원, p.0.

1999. 4. 23. 조선시대의 文字생활과 奎章閣 자료: 吏讀 및 한글자료를 중심으로, 규장각 학술강좌.(프린트물)

1999. 5. 세종대왕은 학자의 귀감, 세종성왕육백돌, 세종대왕기념사업회, pp.605-606.

1999. 5. 王室資料의 한글筆寫本에 대한 國語學的 檢討, 장서각 창간호, 한국정신문화연구원, pp.1-20.

1999. 9. (文化書堂 2) 類合, 한글+한자문화 2, 전국한자교육추진총연합회, pp.69-72.

1999. 12. 이문(吏文)과 이문대사(吏文大師)를 다시 논함, 겨레문화 13, 한국겨레문화연구원, pp.3-27.

1999. 12. 崔世珍의 生涯와 年譜: 그의 誌石 발견을 계기로 하여, 규장각 22, 서울대학교 규장각. pp.49-67.

1999. 12. 崔世珍의 生涯와 學問, 어문연구 104, 한국어문교육연구회, pp.192-198.

1999. 12. 活字本 <楞嚴經諺解>의 再論: 그 권10 完本을 중심으로, 서지학보 23, 한국서지학회, pp.5-14.

2000. 4. 理와 事에 두루 능한 선비, 학의 몸짓으로 높이 멀리(청명 임창순 선생 추모집), 한길사, pp.288-291.

2000. 5. 文獻資料의 올바른 이용: 崔世珍 관계 자료를 중심으로, 문헌과 해석 11, 문헌과해석사. pp.106-123.

2000. 6. 나의 책 나의 학문, 새국어생활 10-2, pp.117-125.

2000. 10. 한글의 창제와 보급, 겨레의 글 한글(도록), 국립중앙박물관, pp.165-174.

2000. 12. <通文館志>의 刊行과 그 史料 檢證, 규장각 23, 서울대학교 규장각, pp.47-70.

2000. 12. 國立國語硏究院의 開院 전후, 국립국어연구원 10년사, 국립국어연구원.

2000. 12. 국어 문제와 국어 정책, 21세기의 국어정책(국어정책에 관한 학술회의), 국립국어연구원・한국어문진흥회, pp.1-12.

2001. 2. (교열・감수) 奎章閣所藏語文學資料(어학편 목록・서지, 어학편 해설), 서울대학교 규장각.

2001. 3. 北韓의 맞춤법과 金枓奉의 학설, 정신문화연구 24-1(통권 82), 한국정신문화연구원, pp.97-115.

2001. 4. <上院寺重創勸善文>에 대하여, 韓日語文學論叢(梅田博之教授

古稀記念), 태학사, pp.465-481.

2001. 6. 文字史에서 본 薛聰의 位置, 한국문화와 역사인물 탐구: 원효・설총・일연, 한국정신문화연구원, pp.91-113.

2001. 7. (語文隨想) 漢字語 교육문제, 語文생활 44, 한국어문회, p.3.

2001. 8. 우리 나라의 방언과 국문학, 문학과 방언(이기문・이상규 외 공저), 역락출판사, pp.11-17.

2001. 9. 설총과 국어, 새국어생활 11-3, pp.5-20.

2001. 10. 논평: 古典梵語文法이 借字表記體系에 미친 影響(이준석), 고려대장경의 고전범어문법 연구, 월인, pp.116-118.

2001. 12. <經國大典>의 '竝用文官'과 崔世珍의 身分, 국어학 38, 국어학회, pp.329-346.

2001. 12. <吏讀便覽>에 대하여, 서지학보 25, 한국서지학회, pp.5-34.

2001. 12. <震覽> 解題, 서지학보 25, 한국서지학회, pp.219-222.

2002. 2. 문헌으로 본 서울말의 형성과 발달, 인문과학 9, 서울시립대 인문과학연구소, pp.91-98

2002. 3. 故鄕을 생각하게 하는 사람, 고영근의 국어학세계, 금산회 편, 삼경문화사, pp.346-348.

2002. 5. 한글 制字原理의 背景, 한글 창제 및 반포 기념 학술대회: 한글의 오늘과 내일, 여주문화원, pp.28-41.

2002. 6. <訓民正音>(解例本) 三題, 진단학보 93, 진단학회, pp.173-197.

2002. 7. 중세국어연습(윤용선・이호권 공저), 한국방송통신대학교출판부, pp.1-286.

2002. 9. 신숙주의 생애와 학문, 새국어생활 12-3, pp.5-25.

2002. 10. 10월의 문화 인물 신숙주: 신숙주, 성삼문의 황찬 방문, 새국어소식 10월호(통권51) 부록.

2002. 12. 內賜本의 한 硏究, 장서각 8, 한국정신문화연구원, pp.5-30.

2003. 3. 安廓의 生涯와 한글 연구, 어문연구 117, 한국어문교육연구회, pp.321-344.

2003. 4. 薛聰의 生涯와 慶山地域: 薛聰의 生涯와 業績, 경북 경산시 소재 三聖賢(元曉・薛聰・一然) 기념관 설립을 위한 考證學術大會 論文集, 경산대학교, pp.71-87.

2003. 5. <大明律直解>의 書名, 한국어연구 1, 한국어연구회, pp.117-

140.

2003. 6. 解例本의 八終聲에 대하여, 국어학 41, 국어학회, pp.3-24.

2003. 11. 中國의 簡體字, 語文생활 72, 한국어문회, p.3.

2004. 6. 千字文 解題, 한국정신문화연구원 장서각명품(1) 千字文 영인본, 별책(팜플렛)해제, 한국정신문화연구원.

2004. 9. 최항의 경서 구결에 대하여, 새국어생활 14-3, pp.115-126.

2004. 11. <杜詩諺解> 권17-19 影印 解題, 한국어연구 2, 한국어연구회, pp.99-104.

2004. 11. <洪武正韻譯訓>과 그 卷首의 編次에 대하여, 한국어연구 2, 한국어연구회, pp.5-30.

2004. 12. <童子習口訣>에 대하여: 誠庵本의 解題를 겸하여, 서지학보 28, 한국서지학회, pp.233-247.

2004. 12. 世宗의 訓民正音 創制와 그 協贊者, 국어학 44, 국어학회, pp.3-38.

2005. 2. 國語基本法 有感, 語文생활 87, 한국어문회, p.3.

2005. 6. 우리나라 漢文敎育에 대하여, 한국어문교육연구회 국제학술회의(漢字敎育과 漢字政策에 대한 硏究) 발표논문집(2004), 도서출판 역락, pp.149-177.

2006. 12. 國語史硏究와 한글資料, 국어사 연구 어디까지 와 있는가, 국어사 학술 발표대회 논문집(2005. 4), 연세대학교 국학연구원, 임용기·홍윤표 편, 태학사.

7. 나가며

지금까지 안병희 선생의 연구 업적을 중심으로 하여 선생의 국어학 여정을 간단히 살펴보았다. 선생의 학문 여정을 선생께서 주로 관심을 가졌던 주제에 따라 다섯 시기로 나누어 살핀 것이다. 다음의 (7)이 그것이다.

(7) 제1기(1957-1968): 국어연구의 시작, 중세국어문법 연구로부터
제2기(1968-1975): 중세국어연구 자료에의 관심
제3기(1975-1990): 구결과 이두에로의 관심 영역 확대
제4기(1990-1994): 훈민정음에 대한 깊이있는 이해를 바탕으로 한 국어 정책에의 관심
제5기(1995-2006): 국어학사의 인물과 국어정책에 대한 관심으로

막상 이렇게 정리하고 보니 선생님의 국어학에 대한 關心과 그에 따른 연구의 여정이 물 흐르듯 통하고 있음을 새삼 느끼게 된다. 국어 현상에 대한 꼼꼼한 관찰, 그를 통한 정확한 현상 파악, 현상에 대한 정확한 판단을 위한 자료의 가치 판단, 중세로부터 출발한 연구의 영역이 중세 이전의 구결과 이두 자료에 대한 穿鑿, 그를 바탕으로 한 훈민정음에 대한 깊은 이해와 관련 인물에 대한 관심 그리고 연구의 결과를 바탕으로 한 국어 정책에 대한 제안으로 이어진 一連의 과정은 어찌 보면 당연한 歸結로 이어진 듯이 보이기도 하는 것이다.

그러한 선생의 국어학 여정은 얼핏 보면 2006년 10월에 마무리된 듯이 보일 수도 있을 것이다. 하지만 선생의 국어학 여정을 돌아보면서, 學問的으로 익지 못한 우리를 대하시면서도 바른 길을 일러 주시되 採根하지 않으신 선생께서, 외치지는 않으셨으나 공부하는 이가 지녀야 할 德目을 몸소 보여 주셨던 선생께서, 일의 흐름을 꿰고 脈을 짚어 正確하게 처리하는 本을 보여 주신 선생께서, 말씀을 여쭙기 전에 먼저 아쉬움을 헤아려 주셨던 선생께서, 행여라도 不便할까 些少한 일들까지 챙겨 주신 선생께서, 답답한 문제로 찾아뵈었을 때 그저 뵙는 것만으로도 돌아오는 발걸음을 가볍게 하여 주셨던 선생께서 오늘 우리에게 전하는 분명한 이야기는 다음과 같다고 믿는다.

선생의 국어학 여정은 끝난 것이 아니라 여전히 현재진행 중이며, 비록 이 자리에 함께 하시지는 못하시나 선생의 가르침을 이어 선생과 더불어 가는 우리의 국어학 여정으로 이어져 미래에도 여전히 계속되리라고…….

안병희 선생의 문법사 연구

하 귀 녀(숙명여대 강사)

1. 머리말

이 글은 안병희 선생의 문법사 연구를 정리하고 관련된 연구를 살펴봄으로써 선생의 문법사 연구가 지니는 의미를 되새겨 보는 것을 목적으로 한다. 선생의 문법사 연구는 국어사 연구에서 정설로 받아들여지고 있는 것들이 많고 그 연구들은 후행 연구들의 기초를 형성한다고 할 수 있다. 여기서 선생의 연구를 정리해 봄으로써 선생의 학문 태도나 연구 결과가 후학에게 던지는 시사점을 얻을 수 있을 것이라 생각한다.

'문법사'와 관련된 선생의 연구는 선생의 초기 연구에 집중되어 있으며, 크게 활용 체계와 경어법이 그 중심에 있다고 할 수 있다.[1)] 안병희(1959a, 1959b, 1962)가 전자에 해당하며 안병희(1961, 1963a, 1963b, 1965a, 1968, 1982a, 1982b) 등이 후자에 해당한다. 그 밖에 의문법 체계에 대한 연구(안병희 1965b), 속격조사와 관련된 연구(안병희 1967a, 1968), 문법사의 측면에서 중세

1) <韓國語文教育研究會 제208회 學術大會>에서 발표된 "安秉禧 先生의 國語學 旅程"(한재영 교수)에서는 안병희 선생의 연구를 5기로 나누었는데 제1기(1957~1968) 연구가 여기에 해당한다.

국어를 정리한 연구(안병희 1967b) 등이 있다. 안병희(1966)은 부정격에 대한 연구로 분량은 적지만 격 문제 해석과 관련된 시사점을 제시한 연구로 평가받고 있다.2)

여기서는 별도의 논문에서 다루어지는 것을 제외하고 명사 '아니', '속격조사 ㅅ', '의문법'에 대해 간단히 살펴보고자 한다. 선생의 연구는 국어사 연구의 초창기 업적이므로 해당 업적을 바탕으로 한 후속 연구들이 많이 있지만 이 글에서는 각 주제와 관련된 대표적 연구만을 간단히 다룬다.

2. 몇몇 논의

2.1. 중세국어의 명사 '아니'3)

안병희(1959b)는 15세기 국어의 활용 체계 전반을 다룬 업적인데 체언의 활용 예 중 하나로 '아니어늘'을 제시하고 있다. 안병희(1959b)의 예비 작업에 해당하는 안병희(1959a)에서는 '아니어늘'이 용언 '아니-'의 활용이 아니라 명사 '아니+이-'의 활용임을 밝히고 있다. 그 논의의 흐름을 따라서 간단히 정리하면 다음과 같다.

---

2) 안병희(1966)는 통합만으로써 격이 표시되는 것을 부정격이라고 부르며 주격, 대격, 속격의 격조사가 통합되면 그 격이 강조되고 통합관계는 명확해진다고 보았다. 안병희(1966)에 대해 이남순(1988:182)에서는 "안병희(1966)에 의해 부정격의 개념이 제시된 후에 격 표지의 실현과 비실현에 대한 관심이 높아졌"다고 평가했고 柳東碩(1990:236)에서는 "격표지 비실현형에 대한 초기의 조사생략설은 이 현상에 대한 대한 인식 그 자체에 비중이 놓여진 논의들이었다고 할 수 있다. 그러다가 安秉禧(1966)의 부정격설을 거치면서 이 현상을 어떻게 해석할 것인가 하는 해석의 문제에 더 많은 주의가 돌려"졌다고 보았다.

3) 중세국어에서 '아니'는 명사로도 부사로도 쓰였다. 여기서는 부사로서의 성격을 인정한 가운데 명사의 성격을 밝힌 점에 기대어 '명사'로만 적는다.

(1) ㄱ. -다, -도-; -아/어, -오/우- ; -고, -게, -거-

ㄴ. -라, -로-; -라, -로-; -오, -에, -어-

(2) ㄱ. 사ᄅᆞᆷ 업슬 저글 니수미 아니로소니<두초 23:38>

ㄴ. 네뉫글 아니라도 하ᄂᆞᇗ 뜨들 뉘 모ᄅᆞᅀᆞᄫᆞ리<용가 86>

ㄷ. 空 아니며 色 아니로ᄃᆡ<원각 상 1-1, 59>

ㄹ. 둘흔 得 아니오<원각 상 1-1 23>

ㅁ. ᄃᆞᆰ 그림재 眞實ㅅ ᄃᆞᆯ 아니로미 ᄀᆞᆮᄒᆞ니라<월석2:55>

중세국어에서 용언들 뒤에서는 (1ㄱ)과 같은 어미들이 출현하는 데 비해 계사 '이-' 뒤에서는 (1ㄴ)과 같은 어미들이 나타난다. 즉 중세국어에는 두 가지의 활용 양상이 존재하는 것이다. 그리고 (2)에서 '아니'가 보여주는 활용 양상은 (1ㄴ)과 같다. 이렇게 볼 때 (2)는 '아니+이-'의 활용으로 이해되며 여기서 명사 '아니'를 확인하게 된다.

(3) ㄱ. 物 得홀 곧 아니ᄂᆞᆫ 大法 證호미 어려운 ᄃᆞᆯ 가ᄌᆞᆯ비고(非得物處ᄂᆞᆫ 譬大法難證ᄒᆞ고)<법화2:197b>

ㄱ'. 物 어둟 ᄯᅡ 아니라 호ᄆᆞᆫ 큰 法 證티 어려부믈 가ᄌᆞᆯ비고<월석13:15a>

ㄴ. 둘 아니롤 조차 順ᄒᆞ샤미라<원각 상 1-2:57>

ㄷ. 솑가락과 솑가락 아니예 나ᄆᆞᆫ<능엄 2:54>

ㄹ. 이 實이며 實 아니와<법화 5:30>

'아니' 뒤에 격조사가 결합한 (3)의 예들은 명사 '아니'의 존재를 더욱 분명하게 보여준다. (2), (3)을 통해 중세국어에서 '아니'가 부사로서의 기능뿐만 아니라 명사로서의 기능도 하고 있다는 사실이 규명되었다.4)

4) 중세국어에서는 한자의 품사에 따라 한자의 뜻풀이가 달리되고 있는데, 이현희(1994:133)에서는 뜻풀이 예문을 통해 '아니'가 명사, 부사로 쓰인 사실을 분명히 하였다. 뜻풀이 과정에서 '아니'가 부정과 관련 있는 요소임도 확인된다. 아래 ㄱ은 명사로서의 뜻풀이, ㄴ은 부사로서의 뜻풀이이다.

ㄱ. 非ᄂᆞᆫ 아니라<월석 서21> ㄴ. 不은 아니 ᄒᆞ논 ᄠᅳ디라<석보 서3>

명사 '아니'가 지니는 성격은 '아니' 구문을 다룬 이현희(1994:133~138)에서 구체적으로 밝혀졌다. 명사 '아니'는 대명사 '이'와 대척적인 성격을 가지고 있던 것으로 본래는 부정과 관련된 요소가 아니었다. 명사 '아니'는 선행하는 NP 없이 단독으로 나타나는 단독적 용법의 '아니'와 'NP이 아니'에 나타나는 상관적 용법의 '아니'로 나눌 수 있으며5) 기본적인 의미를 가지는 단독적 용법의 '아니'가 상관적 용법으로 확대되었다. 이현희(1994)는 명사 '아니'가 보여주는 구문의 통사적 특성에 대해서도 설명하고 있다.6)

(4) ㄱ. 업슨 ᄃᆞᆺ호ᄃᆡ 업디 아니호미 스츔 아뇨미 아니라<월석1:36a>
ㄴ. 이 非 아뇸과 不非 아니며(未是不非와 不不非며)<영가 하 26>

그런데 중세국어에서는 (2ㅁ)의 '아니롬' 이외에 (4)의 '아뇸'도 보인다. (4)의 '아뇸'은 '아니-+-옴'으로 분석되므로 용언의 활용이라고 할 수 있다. 이런 예를 바탕으로 하여 류광식(1990:86)에서는 15세기에 '아니-'는 하나의 용언일 가능성을 언급하고 있다. 기원적으로는 '아니+이-'를 인정할 수 있다 하더라도 15세기 국어 공시적으로는 용언의 활용으로 이해해야 한다는 지적이다. (3)의 '아니'도 직역에 따른 축자역으로 명사라고 단정하기 어렵다고 하였다.

안병희(1959a/1992:18)7)에서는 (4)의 양상이 비단 '아니'에 국한된 것이 아님을 밝힘으로써 (2)가 명사 '아니'의 활용임을 명확히 했다.

---

5) 아래의 '아니오'가 단독적 용법의 예이다.
■ 이베 니ᄅᆞ고 ᄆᆞᅀᆞ매 行티 아니호면 곧 아니오 이베 니ᄅᆞ고 ᄆᆞᅀᆞ매 行호면 곧 이며(口說心不行은 卽非오 口說心行은 卽是며)<금강 78>

6) 이현희(1994:135)에서는 "모ᄃᆞᆫ 愛 ᄒᆞ나히 아니로ᄃᆡ(諸愛不一로ᄃᆡ)<능엄 8:69>"에서 보이는 구문은 [[NP_1이 [NP_2이 NP_3]][{이-, 가/고}의 구조에서 세번째 명사구 NP_3이 '아니'로 대체되어 나타난 것이라고 하였다.

7) 여기서 다루는 안병희 선생의 논문들 대부분은 안병희(1992)에 재록되어 있다. 따라서 구체적인 인용을 할 경우의 출처는 모두 안병희(1992)이며, 이를 안병희(원작연도/1992:인용면)으로 표시한다.

(5) ㄱ. 同業ᄋᆞᆫ 忘ᄋᆞᆯ 感호미 ᄒᆞᆫ가죠ᄆᆞᆯ 니ᄅᆞ시니<능엄 2:69>
ㄴ. 스승과 弟子와 ᄒᆞ야 工夫ㅣ ᄒᆞᆫ가지로ᄆᆞᆯ 니ᄅᆞ시니라<몽법 19>

즉 (5)의 'ᄒᆞᆫ가좀과 'ᄒᆞᆫ가지롬'의 공존을 고려한다면 '아뇸'과 '아니롬'의 공존도 '아니'의 문제가 아니라 계사 '이-'와 관련된 문제임을 알 수 있다. (5)의 'ᄒᆞᆫ가지'를 용언이 아니라 체언으로 본다면 당연히 (2)의 '아니'도 체언으로 볼 수밖에 없다. 따라서 '아뇸' 등의 존재만으로 중세국어의 '아니'가 명사가 아니라는 주장은 성립하지 않는 것이다. 이현희(1994)는 '아뇸' 등을 '아니+이-'가 재구조화되어 용언으로 바뀌는 언어 의식 변화의 시초를 보여주고 있는 것으로 처리하고 있다.

(6) ㄱ. 네 돌아보내디 몯ᄒᆞᇙ 거슨 너 아녀 뉘류<능엄2:30b>
ㄴ. 니ᄅᆞ샤ᄃᆡ 見性이 周徧커니 너 아니라 뉘리오 ᄒᆞ시며<능엄2:63a>

(6)은 동일 문헌에서 나온 예들로 '아녀'에서 용언의 활용 양상을, '아니라'에서 '아니+이-'의 활용 양상을 확인할 수 있다. 이렇듯 중세국어에는 명사 '아니'의 활용으로 볼 수 있는 경우와 용언 '아니-'의 활용으로 볼 수 있는 경우가 공존하고 있다.[8]이런 양상은 16세기까지도 계속되는데, 다만 어떤 활용 양상이 우세하게 나타나는가 하는 점은 후행하는 어미의 종류에 따라 다소 다르다.

기원적으로 용언 '아니-'가 명사 '아니+이-'에서 왔다는 점은 부인할 수 없다. 중세국어 이전 시기에 명사에 계사가 연결되어 명사 부정문을 형성하

8) 명사 '아니'에 의문조사가 결합할 때도 비슷한 양상을 보인다. 의문조사 '가'가 결합한 예와 '아'와 결합한 예를 모두 볼 수 있는데 '아니가'가 수적으로 우세하다(안병희 1959a)
ㄱ. 同가 異아 生滅이 아니가 同異 아니가(爲同가 爲異아 爲非生滅아 爲非同異아)<능엄 3:93>
ㄴ. ᄒᆞᆫ 體아 ᄒᆞᆫ 體 아니아<능엄 3:93>

는 양상을 확인할 수 있기도 하다.[9] 문제는 '아니'+'이-'가 하나의 용언 '아니-'로 자리매김하게 되었다고 확실하게 말할 수 있는 시점을 언제로 잡느냐 하는 것이다. 이 문제는 '-다/-라', '-고/오', '-아/라', '-오/로-' 등 어미에서 볼 수 있는 이형태 관계가 어느 시점에 해소되고 단일한 형태 '-다', '-고', '-아', '-오-' 등으로 남게 되었는지 하는 점과 관련하여 살펴볼 필요가 있다.

국어사 연구에서 중요한 요소 중 하나는 현대적 편견을 버리는 작업이라고 한다. 현대국어와 같은 모습을 보이더라도 그것이 정말 동일한 것인지는 고민을 해 봐야 하는 것이다. 이런 의미에서 활용의 양상으로부터 명사 '아니'의 활용의 존재를 드러낸 안병희(1959a)는 정밀한 실증 연구로 현대적 편견을 버린 업적이라고 할 수 있다. 중세국어와 현대국어에서 동일하게 활용하는 '아니'를 볼 수 있지만 두 가지는 전혀 다른 성격의 것임이 분명히 드러난 것이다.

2.2. 속격조사 'ㅅ'[10]

선생은 경어법에 지속적으로 관심을 보였다. 체언의 경어법과 관련된 논문들에서 선생이 직접 경어법의 관심을 언급하기도 했다.[11] 여기서는 재귀대명사 'ᄌᆞ갸'와 이인칭대명사 '그듸', 접미사 '님', 속격조사 'ㅅ'을 다룬 논문

9) 南豊鉉(1976), 박진호(1998) 등에서 중세 국어 이전 자료에서 否定의 명사 '안디'와 계사가 결합된 예를 볼 수 있다.

■ 復ソ1 他方七 量ノ亠 可七ソ1 不矢リ㔾七 衆 有七ナ亇<구인 2:1>

10) 안병희(1968)의 원제목은 '속격어미'로 되어 있다. 선생의 논문에서 오늘날과 다른 용어 사용을 볼 수 있지만 선생의 핵심 주장을 파악하는 데 지장이 없는 한 요즘 학계에서 사용하고 있는 용어로 바꾸어 제시한다.

11) 'ᄌᆞ갸'를 다룬 안병희(1963a)에서는 "필자가 관심과 흥미를 가지는 중세 국어의 경어법과 매우 밀접한 관련이 있"다는 기술을, '님'을 다룬 안병희(1963b)에서는 "국어 경어법의 역사적 연구에 현재의 필자는 관심을 가지고 있"다는 표현을 찾아볼 수 있다.

들의 내용을 관련 예문을 중심으로 간단히 제시한다.

(7) ㄱ. 耶輸ㅣ 니ᄅᆞ샤ᄃᆡ …… 太子ㅣ 道理 일우샤 <u>ᄌᆞ개</u> 慈悲호라 <u>ᄒᆞ시ᄂᆞ니</u> <석보 6:5b>

ㄴ. 부톄 火化ㅅ法 ᄆᆡᇰᄀᆞᄅᆞ샤ᄆᆞᆫ <u>ᄌᆞ걋긔론</u> 三昧力을 <u>나토샤</u> 熏練하샨 功올 <u>펴실ᄊᆡ</u><월석18:39b>

(7') ᄯᅩ 文殊師利여 有情ᄃᆞᆯ히…… <u>제</u> 올호라 <u>ᄒᆞ고</u> ᄂᆞᄆᆞᆯ 외다 ᄒᆞ야<월석 9:31a>

안병희(1963a)는 현대국어의 '자기'에 해당하는 고어로만 인식되어 온 'ᄌᆞ갸'에 대해 사용 문맥 속에서의 의미를 파악하고 선어말어미 '-시-'의 통합 여부에 주목함으로써 'ᄌᆞ갸'를 존칭어로 판단한 연구이다. 존칭 재귀대명사 'ᄌᆞ갸'는 평칭 재귀대명사 '저'와 대립되며(7'), 'ᄌᆞ개'라는 변이형을 가지고 있다. 존경법 선어말어미 '-시-'와 호응하고(7ㄱ) 여격형태 'ᄭᅴ'와 통합하는 양상을 통해(7ㄴ) 'ᄌᆞ갸'의 기능을 확인할 수 있다. 중세국어에서 근대국어로 들어서는 무렵에 폐어화하였다.

(8) ㄱ. 네 아ᄃᆞ리 各各 <u>어마님내</u> 뵈ᅀᆞᆸ고 <u>누의님내</u> 더브러 즉자히 나가니 <월석 2:6b>

ㄴ. 鴛鴦夫人이 놀애ᄅᆞᆯ 블로ᄃᆡ …… <u>님하</u> 오ᄂᆞᆳ나래 넉시라 마로리어다 ᄒᆞ야ᄂᆞᆯ<월석 8:102a>

ㄷ. <u>아ᄃᆞᆯ님</u> 誕生ᄒᆞ시고 닐웨 기틀ᄊᆡ 四月ㅅ 보롬애 天上애 오ᄅᆞ시니 <월인 상12a,기 31>

ㄹ. 죽다가 살언 百姓이 <u>아ᄃᆞ닚긔</u> 衰服 니피ᅀᆞᄫᆞ니<용가 25>

안병희(1963b)는 '李님, 金某님' 등과 같은 조어법이 역사적으로 타당한 것이냐, 화자가 자기 존속에 대한 이야기를 타인에게 할 때 중세국어에서 어느 정도의 대우를 하느냐에 대한 문제의식에서 시작되었다. 중세국어 접미사 '-님'은 명사 '님'으로부터 문법화한 것이며 현대국어와 동일하게 '-님'이 연결된 단어의 뜻을 높인다. 중세국어에서도 고유명사에 직접 결합되지 않았으며 자기 존속에게 사용될 때는 상대가 화자보다 낮은 경우였다. 또한 '-님'에 대한 형태음소적 분석을 하였는데 『월인천강지곡』에서 '아ᄃᆞᆯ님'의 형태를 확인하기도 하였다(8ㄷ). 중세국어에 명사 말음 /ㄹ/이 '-님' 위에서 탈락함이 원칙인 것에 비추어(8ㄹ) 『월인천강지곡』의 표기법이 어원론적인 고려를 받은 점을 지적하였다.

(9) ㄱ. 네 …… 아바닚긔와 아ᄌᆞ마닚긔와 아자바님내ᄭᅴ 다 安否ᄒᆞᅀᆞᆸ고<석보 4:1>
ㄴ. 婆羅門이 [護彌에게] 닐오ᄃᆡ …… 이 나라해 그듸 ᄀᆞᄐᆞ니 …… 그딋 ᄯᆞᄅᆞᆯ ᄆᆞᆽ고져 ᄒᆞ더이다<석보 6:15a>
ㄷ. 淨飯王이 …… 즉재 나랏 어비ᄆᆞᆫ내ᄅᆞᆯ 모도아 니ᄅᆞ샤ᄃᆡ …… 그듸내 各各 ᄒᆞᆫ 아ᄃᆞᆯ옴 내야 내 孫子 조차 가게 ᄒᆞ라<석보 6:9b>
ㄹ. 婆羅門이 보고 깃거 …… 그 ᄯᆞᆯᄃᆞ려 무로ᄃᆡ 그딋 아바니미 잇ᄂᆞ닛가 對答호ᄃᆡ 잇ᄂᆞ이다 婆羅門이 닐오ᄃᆡ 내 보아져 ᄒᆞᄂᆞ다 ᄉᆞᆯᄫᅡ쎠<석보 6:14>

15세기 공손법 등급을 살핀 안병희(1965a)는 공손법 등분과 호응하는 2인칭 대명사의 존비 등급에 착목하였다. 존칭의 복수화 접미사 '내'에 연결되는 '그듸'는 '너'보다 높은 상대를 지시하는 데 쓰인다. 2인칭 대명사 '그듸'와 존칭의 복수화 접미사 '내'의 결합으로부터 '그듸'의 기능을 확인하고, '그듸'가 'ᄒᆞ쇼셔체'(9ㄴ)에도 'ᄒᆞ라체'(9ㄷ)에도 나타나는 점을 발견하였다. '그듸'가 보이는 존비상의 중간적 성격은 'ᄒᆞ쇼셔체'와 'ᄒᆞ라체'의 중간 등급에 해당하는 공손법 등급인 'ᄒᆞ야쎠체'를 세우는 바탕이 되었다(9ㄹ). 안병희(1963a, 1965a)에 밝혀진 재귀대명사 'ᄌᆞ갸', 2인칭대명사 '그듸'에 대한 내용은 김정아(1984),[12] 김미형(2001) 등에 수용되어 관련 연구가 진행되었다.

안병희(1967a)를 거쳐 안병희(1968)에서는 속격조사 'ᄋᆡ/의'와 존비 관계에서 대립되는 'ㅅ'의 기능 및 교체 조건을 분명히 밝혔다. 다른 학자들의 논의에서도 'ㅅ'이 속격조사인 점이 지적되기는 했지만13) 'ᄋᆡ/의'와 'ㅅ'의 대립을 통해 속격조사 'ㅅ'의 존재와 교체 환경을 분명히 드러낸 안병희(1968)에 중세국어 속격 체계를 정비한 공이 있다고 할 수 있다.

(10) ㄱ. 사ᄅᆞᄆᆡ 몸 ᄃᆞ외요미 어렵고<석보 9:28b>
ㄴ. 官監ᄋᆡ 다시언마ᄅᆞᆫ …… 官吏의 다시언마ᄅᆞᆫ<용가 17>

(11) ㄱ. 世尊ㅅ 安否 묻ᄌᆞᆸ고<석보 6:3a>
ㄴ. 나랏 말ᄊᆞ미 中國에 달아<훈언 1>
ㄷ. ᄀᆞᄅᆞᄆᆡᆺ 비ᄂᆞᆫ 바ᄆᆡ 드로미 하도다<두시 3:33ㄱ>
ㄹ. 世尊은 뭇 尊ᄒᆞ시ᄃᆞᆺ ᄠᅳ디라<석보 서 5a>
ㅁ. 디나건 無量劫에 修行이 니그실써 몯 일우ᅀᆞᆸ갓 疑心이 업스시나 <월인 상 19b>
ㅂ. 죠고맛 비 ᄐᆞ고졋 ᄠᅳ들 몯ᄒᆞ리라<두초 15:55>

(12) ㄱ. 衆生ᄋᆡ 欲心 업슳 ᄃᆞᆯ 阿難이ᄃᆞ려 니ᄅᆞ시니<월인 상 40>
ㄴ. 우흔 다 諸佛ㅅ 머리셔 讚嘆ᄒᆞ시ᄂᆞᆫ 마리시니라<법화 6:179a>

(10)은 속격조사 'ᄋᆡ/의'의 예로 유정물의 평칭체언에 결합하였다. (11)은 속격조사 'ㅅ'이 쓰인 예로, 유정물의 존칭체언 뒤(11ㄱ), 무정물 지칭 체언 뒤에 결합하였다(11ㄴ~ㅂ). 안병희(1968/1992:49)는 "체언의 처격형과 구격형은 물론, 간접 인용의 글월도 체언 상당어인 단어 내지 어구"로 "이들 체언 상당어(구)는 무정물 지칭의 성격"을 띤다고 보았다.14) (12)는 주어적 속격에

12) 김정아(1984:63)에서는 '저'와 'ᄌᆞ갸(<自家)'의 대립을 고유어와 한자어가 공존할 때 이들의 차이가 비속어 대 문화어 또는 비칭어 대 존칭어로 정착되던 사실과 관계있다고 보았다.

13) 이희승(1955) 등에서 'ㅅ'이 속격이라는 설명을 볼 수 있는 등 선행 연구들에 'ㅅ'이 속격조사라는 인식이 있었다. 유창돈(1964)에서는 'ㅅ'의 경칭 여부에 대해 산발적으로 기술되어 있다. 그러나 선행연구들에서는 속격조사 'ㅅ'의 기능과 출현 환경에 대한 체계적 기술은 부족하다.

14) 안병희(1968/1992:56)에서는 'ㅅ'이 유정물의 존칭체언 뒤, 무정물 뒤에 나타난다는 설명

쓰인 'ᄋᆡ/의', 'ㅅ'의 예이다. 동명사 구문에서 주어적 속격으로 사용될 경우에도 동일하게 교체된다. 이처럼 속격조사 'ᄋᆡ/의'는 유정물 지칭의 평칭체언에, 속격조사 'ㅅ'은 유정물 지칭의 존칭체언과 무정물 지칭의 체언에 연결되며 소유를 나타낸다는 것이 안병희(1968)에서 밝혀졌다.

(13) ㄱ. 내 ᄒᆞ마 衆生ᄋᆡ그에 즐거본 거슬 布施호ᄃᆡ<석보19:36>
ㄴ. 龍ᄋᆡ그엔 가리라 王ㅅ그엔 가리라<월석 7:26>

(14) ㄱ. 菩薩이 肴饍 飮食과 온 가짓 湯藥ᄋᆞ로 부텨ᄭᅴ와 즁의게 布施ᄒᆞ며 <법화 1:82>
ㄴ. 내 보ᄃᆡ 諸王이 부텻게 나ᅀᅡ가 無上道 묻ᄌᆞᆸ고<법화1:77a>
ㄷ. ᄒᆞᆫ 사ᄅᆞ미게 나ᅀᅡ가 四諦ᄅᆞᆯ 論ᄒᆞᇙ덴<월석11:119b>

'ᄋᆡ/의', 'ㅅ'에 대한 안병희(1968)의 설명은 안병희(1968)에서도 지적되었듯이 (13), (14)의 예에 보이는 중세국어 여격형의 기술을 더욱 간결하게 한다. 즉 중세국어의 여격 형태는 '속격조사+그에(게 또는 긔), 거긔, 손ᄃᆡ' 등으로 이루어진 것으로(안병희 · 이광호 1991) 이런 구성은 '의게', 'ᄭᅴ'의 차이를 간명하게 설명할 수 있다.

(15) ㄱ. 釋迦ᄂᆞᆫ ᄌᆞ걋 ᄆᆞᅀᆞ미 다 닉디 몯ᄒᆞ샤도 弟子ᄃᆞᆯᄒᆡ ᄆᆞᅀᆞᄆᆞᆫ 다 닉고 <월석 1:51b>
ㄴ. 金色 모야히 ᄃᆞᇝ 光이러시다<월석 2:51b>
ㄷ. 이 藥곳 아바ᇝ 病을 됴ᄒᆞ시게 ᄒᆞᇙ딘댄<월석 21:216b>
ㄹ. 婆羅門이 [護彌에게] 닐오ᄃᆡ …… 이 나라해 그듸 ᄀᆞᄐᆞ니 …… 그딋 ᄯᆞᄅᆞᆯ 맛고져 ᄒᆞ더이다<석보6:15a>
ㅁ. 그듸냇 말 ᄀᆞᆮ디 아니호니<월석21:216a>

이 체언과 관련된 경어법 연구에서 중요하다는 점을 밝히고 있다. "존귀한 인물이 무정물과 동일하게 다루어지는 이들 일련의 사실은 국어 경어법의 본질에 유관한 것으로 보"인다고 하였다. 반면 김영욱(1991:95)에서는 유정물의 존칭 체언과 무정물을 동일한 부류로 묶어 처리하는 것이 "국어문법 일반에 벗어난"다고 하였다.

또한 'ㅅ'이 존칭 체언 뒤에 결합하는 속격 조사라는 사실은 안병희(1963a, 1963b, 1965a)에서 다루어진 존칭어들과 'ㅅ'의 결합형(15)도 잘 설명할 수 있다. 존칭의 재귀대명사 'ᄌᆞ갸', 2인칭 대명사 '그듸',[15] 접미사 '-님'에는 'ㅅ'이 연결되고 '弟子ᄃᆞᆯ'에는 'ᄋᆡ'가 연결된 사실은 'ㅅ'의 특성을 분명히 보여준다.[16] 경어법에 민감하던 중세국어 시기에 'ㅅ'이 존칭어들과 함께 나타났다는 사실은 'ㅅ'이 같은 자질을 공유하고 있다는 것을 다시 한번 확인케 한다.

(16) ㄱ. 譬のㄱ 牛ㅋ 二角 [若]丨ソ尓<구인 15:3>
ㄴ. 其 佛七 座前3十 自然ち [而灬] 九百萬億劫花リ 生ノㄱ厶<구인 2:17-18>

차자표기 자료에서도 속격조사 'ㅅ'과 'ᄋᆡ/의'를 확인할 수 있고 그 교체 조건도 중세국어와 동일했다는 사실 역시 안병희(1968)의 논의를 뒷받침한다.[17] (16)에서 평칭 체언 '牛'에는 'ㅋ'가, 존칭체언 '佛'에는 '七'이 결합된 것을 볼 수 있다.

그런데 재귀대명사 'ᄌᆞ갸', 접미사 '-님', 이인칭대명사 '그듸'와 달리 속격조사 'ㅅ'과 관련해서는 여러 이견들이 제기되고 있다. 'ᄋᆡ/의', 'ㅅ'의 교체에 대한 안병희(1968)의 설명만으로는 중세국어의 'ㅅ'의 성격이 말끔히 드러난 것이 아니라고 보는 것이다.[18] 이런 의견들에서는 공통적으로, 안병희(1968)

---

15) '그듸'의 경우 '그딋', '그듸의/그듸ᄋᆡ'가 모두 보이지만 '그딋'이 훨씬 더 많다.

16) 존칭어 어휘들이 후대에 평칭어가 되면서 이런 특색이 없어지지만 적어도 15세기 경에는 이런 결합 양상이 뚜렷한 것을 볼 수 있다.

17) 남풍현(1976), 안병희(1978), 박진호(1998) 등에서 이를 확인할 수 있다.

18) 이광호(1993:132)에 보이는 다음과 같은 설명이 이런 인식을 잘 보여준다고 할 수 있다. "사이시옷을 속격조사로 규정하고, 그것이 또 다른 속격조사 'ᄋᆡ/의'와 다른 기능을 가지고 있다는 안병희(1968)에서의 결론은 부분적으로는 매우 합리적인 해석이었다. 그리하여 현재까지도 대체로 그 결론이 정설로 수용되고 있는 실정이다. 그러나 이 정설에 대한 구체적인 논의가 任洪彬(1981), 李德興(1991)에서 이루어짐에 따라 사이시옷의 문제는 다른 면에서 천착되어야 할 과제로 남게 되었다."

에서 제시된 'ᄋᆡ/의', 'ㅅ'의 교체 조건에 비추어 볼 때 예외가 많다는 점이 지적되고 있다.

여기서는 먼저 예외에 대한 안병희(1968)의 입장을 살펴보기로 한다. 이때 속격조사 'ㅅ'이 일반 속격으로 쓰인 경우와 주어적 속격으로 쓰인 경우를 나누어 다룬다. 일반 속격과 주어적 속격 모두에서 예외가 발견되기는 하지만[19] 주어적 속격에서 무정물 지칭 체언에 'ᄋᆡ/의'가 결합한 부류의 예외가 두드러진다. 중세국어 이전에도 주어적 속격에서 무정물 체언이 쓰일 때 'ᄋᆡ/의'가 결합한 것이 많다는 점이 지적되었다.[20]

(17) ㄱ. 狄人ㅅ 서리예 가샤<용가 4>
　　ㄴ. 내 겨지븨 고ᄫᆞ미 사ᄅᆞᇝ 中에도 ᄧᅡᆨ 업스니<월석 7:11a>
(18) ㄱ. 如來菩薩ᄋᆡ 本來ㅅ 修行이 서르 마ᄌᆞᆫ 일ᄃᆞᆯ 니ᄅᆞ샤미라<월석 8:3b>
　　ㄴ. 命婦ᄂᆞᆫ 곧 公侯의 妻ㅣ 錫命을 受ᄒᆞ니니<능엄 6:20a>
(19) ㄱ. 分ᄋᆞᆫ 제여곲 가니니 목수믜 그지라 段ᄋᆞᆫ 그티니 모ᄆᆡ 얼굴리라<월석 7:70a>
　　ㄴ. 부텨ᅀᅡ 諸法의 實相ᄋᆞᆯ ᄉᆞᄆᆞᆺ 아ᄂᆞ니라<석보 13:40b>
　　ㄷ. 六師ᄂᆞᆫ 外道ᄋᆡ 스승이라<석보 6:26a>

(17)~(19)는 일반 속격에서 보이는 예외이다.[21] (17)은 유정물의 평칭 체언에 결합된 'ㅅ'의 예, (18)은 유정물의 존칭체언에 결합된 'ᄋᆡ/의'의 예, (19)

19) 아래에서 '예외'는 유정물의 평칭 체언 뒤에 'ᄋᆡ/의', 유정물의 존칭 체언 뒤, 무정물의 체언 뒤에 'ㅅ'이 쓰이지 않은 것을 지시한다. '일반 속격'은 '주어적 속격'과 대비하기 위하여 쓰인 잠정적인 표현이다.

20) 박진호(1997:179)에서는 고대국어에서도 "중세 국어와 마찬가지로 무정 체언이 주어적 속격에 쓰일 때에는 대체로 '-ᄋᆡ/의'가 결합"한다고 하였다.

21) 예문 (17)~(19)는 이광호(1993)에서 가져온 것이다. (17)~(19)의 체언들의 경우, '狄人'을 제외하고는 안병희(1968)의 교체 조건에 맞는 형태도 존재한다. "사ᄅᆞ민 무레<석상6:5>, 公侯ㅅ 벼스리<杜詩22:42a>, 제 ᄆᆞᆷ 얼구를 삼고<金三2:34a>, 이 諸法ㅅ 性인 ᄃᆞᆯ 알리니<원각상2-3:10a>, 모ᄃᆞᆫ 外道ㅅ 무릐<楞嚴2:62a>" 등이 그런 예들이다.

는 무정물에 결합된 'ᄋᆡ/의'의 예이다. 안병희(1968)에서는 "'耶輸ㅅ 알ᄑᆡ 셔니 <석보 6:3a>', '王이 耶輸의 ᄠᅳ들 누규리라 ᄒᆞ샤'<석보6:9b>" 등 동일한 인물에 대해 'ㅅ', 'ᄋᆡ/의'가 모두 사용된 경우를 제시하고 이를 존대의 대상일 수는 있지만 절대적인 존대의 대상이 될 수는 없는 인물에 대한 "번역자의 존비 낙차의 파악이 동요하"기 때문으로 해석하고 있다(안병희 1965a/1992:51). 즉 (17),(18)과 같이 유정물 체언 뒤에서 확인되는 예외는 번역자가 존대 관계를 어떻게 파악하느냐에 따라 나타난 것으로 설명하고 있다.[22] 반면 (19)와 같이 무정물 지칭 체언의 속격형에 'ᄋᆡ/의'가 나타나는 것은 의인화로 설명할 가능성을 언급하며 이 경우 이런 예들은 예외가 되지 않는다고 보았다(안병희(1968/1992:48 주 2).[23]

(20) ㄱ. 諸佛如來ᄋᆡ 다ᄆᆞᆫ 菩薩ᄲᅮᆫ 教化ᄒᆞ시논 이ᄅᆞᆯ 모ᄅᆞ면<석보 13:61a>
　　ㄴ. 우흔 다 宿王ᄋᆡ 옮겨 묻ᄌᆞᄫᆞ시논 마리라<월석 18:80b>
(21) ㄱ. 諸佛如來ㅅ 오직 菩薩 教化ᄒᆞ시논 이ᄅᆞᆯ 듣디 몯ᄒᆞ며 아디 몯ᄒᆞ면 <법화 1: 190b>
　　ㄴ. 우흔 다 宿王ㅅ 옮겨 묻ᄌᆞ오시논 마리라<법화 7:22a>

(20)은 주어적 속격에서 보이는 예외로 유정물의 존칭 체언 뒤에 'ᄋᆡ/의'가 결합되었다. (21)은 동일한 명사에 속격조사 'ㅅ'이 결합된 예이다. (20)에 대해서 안병희(1968/1992:51~54)는 "주격형에의 견인력이 존칭, 평칭의 표시력을

---

22) 안병희(1968)은 유정물의 평칭 체언 뒤에 ㅅ만이 나타나는 부류의 예외에 대해서 특별한 언급을 하지 않았다. 안병희(1968/1992:51-52 주5)에서는 'ᄆᆞᆳ頭腦(馬頭腦,)<월석 1:231a>, 마ᄅᆡ향(馬香)<석보24:17b>', 'ᄇᆡ얈神靈<월석 1:15a>, ᄇᆡ야ᄆᆡ몸<월석 10:95b>' 등 동일한 유정물의 평칭 체언 뒤에 'ㅅ', 'ᄋᆡ/의'가 쓰인 예가 제시되어 있고 이들 중 일부는 'syntactic compound'라는 관점에서 생각해 볼 수 있을 가능성을 열어두었다.

23) 안병희(1968)에서는 무정물 지칭 체언 뒤에 'ᄋᆡ/의'가 결합된 예가 극히 적다고 하였는데 이는 논문이 쓰여지던 당시에 이용할 수 있던 문헌의 제약과 관련이 있는 듯하다. 이 논문에서 예외로 제시된 예의 경우 후행 체언이 '양ᄌᆞ', '因緣', '利'로, 예외를 의인화로 설명할 가능성도 있기는 하다. 그렇지만 무정물 뒤에 'ᄋᆡ/의'가 나타난 예외를 모두 이렇게 설명하는 것은 무리가 있다.

누르고서" 속격형을 "제2류 대신 주격어미와 유사한 제1류로써 표시"한 것으로 해석할 가능성을 제시한다. 여기서 제2류는 'ㅅ'을, 제1류는 'ᄋᆡ/의'를 말한다. 이런 판단은 'ᄋᆡ/의'가 주어적 속격형에서 나타내는 "형태상의 특이성"에 기반한 것이다.

(22) ㄱ. 내 아ᄃᆞ리 비록 ᄆᆞ디라도<월석 2:5>
　　ㄴ. 아ᄃᆞ리 아ᄇᆡ 쳔량 믈려 가쥬미 ᄀᆞᆮᄒᆞᆯᄊᆡ<석보 13:18>
(22') ㄱ. 내ᄋᆡ 어미 爲ᄒᆞ야 發ᄒᆞᆫ 廣大誓願ᄋᆞᆯ 드르쇼셔<월석21:57>
　　ㄴ. 諸子ㅣ 아비의 便安히 안ᄌᆞᆫ ᄃᆞᆯ 알오<법화 2:138>
(23) ㄱ. 迦葉이 能히 信受호미 이 稀有호미라<월석 13:57b-58a>
　　ㄴ. 迦葉의 能히 信受호ᄆᆞᆯ 讚嘆ᄒᆞ시니라<월석 13:57b>

일반 속격의 (22)에서는 '내', '아ᄇᆡ'가 쓰였는데 주어적 속격의 (22')에서는 '내ᄋᆡ', '아비의'가 쓰였다.[24] 또한 (23)의 예에서 보듯 "동명사 주어가 속격형과 함께 주격형으로 나타나는 사실도 작용"하여 속격조사 'ㅅ'이 나타날 환경에서 'ᄋᆡ/의'가 쓰이는 예외가 생겼다는 것이, 주어적 속격에서의 예외에 대한 안병희(1968)의 설명이다. 이 설명은 타당한 측면은 있지만 충분히 논증된 것으로 보기는 어렵다.

'ㅅ'을 문법형태소로 보되 'ㅅ'에 대한 안병희(1968)의 해석에 의문을 제기하는 논의들은 크게 두 가지로 나뉜다. 'ㅅ'이 속격조사인 것은 인정하되 교체 조건을 달리 보는 견해와 'ㅅ'을 별도의 기능을 지닌 문법형태소로 보는 견해가 그것이다.

'ㅅ'이 속격조사인 것은 인정하되 교체 조건을 달리 보는 견해로는 'ㅅ'과 'ᄋᆡ/의'에 대한 교체 조건을 [+agent]의 자질로 보는 김영욱(1990)을 들 수 있다. 김영욱(1990:95)에서는 "관형격조사가 붙는 체언이 후행하는 서술어의 동

24) 명사 '아ᄇᆡ'가 주어적 속격으로 나타날 경우 "제 아ᄇᆡ 잇ᄂᆞᆫ 城에 다ᄃᆞᄅᆞ니<법화 2:188>"와 같이 '아ᄇᆡ'가 보이기도 하지만 수적으로는 '아비의'가 월등히 많다.

작주일 때, 즉 [+agent]의 자질을 지닐 때 'ᄋᆡ'가 실현되는" 것으로 보았다. 즉 'ᄋᆡ/의'가 쓰인 경우는 동작주로 쓰이고 'ㅅ'이 쓰인 경우는 그렇지 않다는 것이다.[25] 김영욱(1990)의 주장은 주어적 속격에서 'ᄋᆡ/의'가 많이 나타나는 것을 어느 정도 설명할 수 있어 장점이 있지만 (21)과 같이 주어적 속격에 나타나는 'ㅅ'은 설명할 수 없다. 또한 일반 속격에 나타난 'ᄋᆡ/의'에 대해서도 설명의 한계를 지닌다.

(24) ㄱ. 世尊ᄋᆞᆫ 世界예 ᄆᆞᆺ 尊ᄒᆞ시ᄃᆞᆺ ᄠᅳ디라<석보 서5>
ㄴ. 나ᄅᆞᆯ 죠고맛 거슬 주어시든<석보 6:44>

'ㅅ'을 속격조사로 보지 않는 견해들은 주로 'ㅅ'이 결합하는 선행요소의 특성에 주목한 견해라고 할 수 있다. 'ㅅ'을 통사적 파격을 해소하는 요소로 이해하고 있는 임홍빈(1981)[26]에 의하면 (24ㄱ)은 "완결된 문장 뒤에 다시 명사가 오는 통사적 파격", (24ㄴ)은 "용언의 어간 뒤에 명사가 직접 연결되는 통사적 파격"이 사이시옷으로 극복되고 있는 것이다. 처격조사나 구격조사 뒤에 나타나는 'ㅅ'도 역시 '부사+명사'라는 통사적인 파격에 개입하는 'ㅅ'으로 본다.

한편 이광호(1993)은 중세국어의 'ᄋᆡ/의'와 'ㅅ'이 보이는 분포적 차이에 주목하여 두 가지가 다른 범주에 속하는 것으로 처리하였다. 'ᄋᆡ/의'와 'ㅅ'은 명사 뒤에 결합하는 점에서는 공통적이지만 'ㅅ'만이 그 이외에 문장, 부사 등에서 나타나는데, 이런 점에 의해 'ᄋᆡ/의'를 속격조사, 'ㅅ'을 후치사로 보

25) 'agent'와 관련해서는 "主語的 屬格으로 그 意味를 辨別할 수 있는 中世國語의 屬格語尾들은 蒙古文語에서와 같이 行動主(agent)를 表示해 준다."라고 한 이광호(1976:520)과 통하는 부분이 있다.

26) 임홍빈(1981)은 중세국어와 현대국어의 사이시옷을 함께 처리하고 있다. 임홍빈(1981/1998:337)에 따르면 "통사적인 파격은 가령 '부사+명사, 목적 대상+명사, 어간+명사, 문미어미+문미어미'와 같은 구성에서 발생하는데, 이들 사이에는 거의 언제나 예외없이 사이시옷이 나타"난다.

았다.27)

이런 문제제기는 결국 예외에 대한 더 정밀한 연구의 필요성을 제기한 것이라고 할 수 있다. 예외를 다룰 때 안병희(1968)의 'ㅅ', '이/의'의 교체 조건에 비추어 예외만 존재하는 경우와 예외도 존재하는 경우를 구분할 필요가 있지 않을까 생각한다.28) 또한 일반 속격과 주어적 속격을 구별해서 다루되 'ㅅ'과 '이/의'는 함께 살펴보아야 할 것이다. 예를 들어 명사 '아히'의 속격형은 주로 '아힛'으로 나타나며 '아히이/아히의'로 나타나는 경우는 적다.29) 그런데 '아힛'과 '아히이/아히의'는 분포적 측면에서 차이가 있다. '아힛'은 '時節, 쁴, 적, 날' 등 시간 관련 명사들을 수식하는 구성 즉 일반 속격 구성에 쓰이고 '아히이/아히의'는 "모든 아히이 듀미 드외야<법화2:165b>"와 같이 대체로 주어적 속격에서 보인다. 이런 예들을 보면 예외를 살필 때 일반 속격과 주어적 속격으로 나누어 관찰하되 '이/의'와 'ㅅ'을 함께 고려해야 'ㅅ'에 대한 특성이 잘 드러날 수 있을 것으로 생각된다.

또한 주어적 속격을 살필 때 한문 원문을 좀더 철저히 관찰하고 살필 필요도 있다. 이상욱(2007)에서는 주어적 속격에 보이는 '내이', '네의' 등이 한문 원문을 언해하는 과정에서 나온 산물일 가능성을 논증하고 있다. 그리고 'ㅅ'이 결합하는 선행요소들의 성격도 재음미될 필요가 있다. 'ㅅ'이 보여주는 다양한 분포는 격조사의 그것이라기보다는 보조사의 그것에 가까운 것이다.30) 안병희(1968)에서 조사 결합형, 문장 등을 의미적으로 무정물로 취급

27) 이광호(1993:330)의 설명을 그대로 가져오면 다음과 같다.
(가) 중세 국어의 사이시옷(ㅅ)은 N, NP, S, AD, ADVP에 통합되는 후치사로서 후행 체언을 수식하는 수식어 표지Adnominal Marker이다.
(나) 중세 국어의 속격조사 '이/의'는 N에만 통합되어 후행 체언의 소유주를 나타내는 격조사로서 수식 기능은 이차적인 것이다.

28) 주 21), 22)에서 볼 수 있듯이 일반 속격에서 예외인 경우와 예외가 아닌 경우를 모두 보이는 단어들이 꽤 있다. 이런 단어들을 일반 속격에서 예외만 확인되는 단어들과 비교하여 보면 예외에 대한 다른 해석도 가능하지 않을까 생각된다.

29) 명사 '아히'의 속격형 '아힛'은 이광호(1993)에서 예외로 제시되었다.

30) 현대국어에서 속격조사 '의'가 처격조사 뒤, 구격조사 뒤, 연결어미 뒤에 결합하기는 하지

해서 체언류와 동일하게 처리한 것은 분포가 보이는 특성이 고려되지 않은 설명이라고 할 수 있다.

중세국어의 'ㅅ'과 관련해서 생각해 볼 또 다른 문제는 안병희(1968)에서 배제한 속격조사와 사이시옷의 관계에 대한 연구이다.31) 안병희(1968)은 합성명사에 나타나는 'ㅅ'은 보류하고 속격조사 '이/의'와 대립관계를 보이는 'ㅅ'만을 다루고 있는데,32) 이에는 속격조사와 사이시옷은 다르다는 인식이 깔려 있다고 할 수 있다.33)

'ㅅ'은 체언 뒤, 격조사 뒤, 부사 뒤, 연결어미 뒤, 종결어미 뒤에 결합하는데,34) 속격조사와 사이시옷에 대한 논의는 주로 명사와 명사가 이어지는 환경에서의 'ㅅ'이 논의의 중심에 있다.35) 이 환경에서의 'ㅅ'은 속격조사로 볼 수도 있지만 합성어 형성과 관련된 'ㅅ'으로 볼 가능성도 있기 때문이다. 이 둘의 관계를 어떻게 정리해야 하는가가 'ㅅ'과 관련된 또 하나의 과제이다.

만(예: 서울에서의 만남, 학생으로서의 자각, 젊어서의 고생) 기본적으로 체언 이외에 다양한 요소 뒤에 결합하는 것은 격조사의 특징이라기보다는 보조사의 특징이라고 할 수 있다.

31) 임홍빈(1981), 全哲雄(1990), 이덕흥(1991), 이광호(1993) 등에서 사이시옷에 대한 기존 연구 경향을 볼 수 있다. 全哲雄(1990)은 사잇소리 내지 사이시옷의 기능에 대한 기존 연구를 ㄱ. 음운상 기능(된소리화, 유성음화 방지, 가중조음 현상, 보강, 동화표지, 강세), ㄴ. 문법상 기능(합성명사의 표지, 속격 표지, 관형의 형태소, 통사적 파격을 극복하는 수단), ㄷ. 조사 생략 대신에 사용, ㄹ. 생성음운론의 입장으로 나눠 정리하고 있다.

32) 안병희(1968/1992:47 주1)에서는 "중세어의 '-ㅅ'이 모두 굴절접사로만 처리되는 것은 아니다. '-ㅅ'이 나타나는 단어의 통합을 합성어로 보아야 될 용례도 있다. 이러한 합성어, 이른바 'syntactic compound'와 속격어미로써 통합된 어구와의 구별 기준은 매우 힘든 문제다. 여기서는 그런 구별이 끝난 것으로 보고, 어구 형성에 나타나는 접사에 국한하여" 논의를 하고 있다고 밝혔다.

33) 사이시옷의 연구사를 정리한 全哲雄(1990:193)은 사이시옷과 속격의 기능을 지닌 'ㅅ'을 구별하는 논의가 안병희(1968)에서 시작되었다고 하였다.

34) 'ㅅ'이 출현하는 환경에 대해서는 이덕흥(1991), 권용경(2014)를 참고할 수 있다.

35) 사이시옷은 의미적인 면에서 "종속적 합성어의 경우에만 게재"하고(이현희 1991:321), 선행말음이 유성음 즉 ㅇ, ㄴ, ㅁ, ㅇ인 경우에 실현된다. 사이시옷 대신 'ㄱ, ㄷ, ㅂ, ㆆ, ㅸ, ㅈ'이 나타날 수도 있는데, 가와사키 케이고(2015)에서 'ㅅ'의 이형태들이 나타나는 선후행 환경이 자세히 설명되어 있다.

안병희・이광호(1992:112)의 '복합명사' 부분에서는 "선행체언이 모음으로 끝나거나 자음 'ㄴ,ㄹ,ㅁ'으로 끝나면 屬格助詞 'ㅅ'을 첨가하는 것이 특징"이라고 기술하고 있어 안병희(1968)과는 다른 인식을 보이고 있는데, 이 논의는 어떤 환경에 나타나든 'ㅅ'은 속격조사라는 하나의 기능을 지닌 것으로 파악하는 시각이라고 할 수 있다. 김창섭(1996:58)에서는 "통사・의미론적 분류가 현대국어의 합성명사에서 사이시옷의 출현을 결정하는 조건의 골격이며 그 골격의 성격은 바로 사이시옷의 역사성"이라고 하였는데, 이런 기술은 통시적으로 '속격조사'를 포함한 구 구성에서 '합성명사'의 구성으로 변했다고 보는 견해로 이해된다.

한편 속격조사 'ㅅ'과 사잇소리를 표기하는 사이시옷이 중세국어 단계에서 구분이 사라지게 되었다는 견해도 있다.[36] 박창원(1997:473 각주11)은 "15세기에 이미 사잇소리가 발생한 복합어와 'ㅅ'이 게재된 구 구조는 음운론적으로 구분되지 않"는다고 하였다. 중세국어에서 "형태소 'ㅅ'과 사잇소리가 공시적으로 동일한 음가를 가졌"지만 "통시적으로 이들이 기원이 달랐을 것"이라 보고 있다(박창원 1997:478).[37] 이런 견해에 의하면 중세국어의 명사와 명사들이 연결되는 구성에서 'ㅅ'이 나타나는 경우에 'ㅅ'이 속격조사인 것도 있고 합성어도 존재하는 것이다.[38]

---

36) 여기서 박창원(1997), 남미정(2012) 등의 의견과 안병희・ 이광호(1992:112), 김창섭(1996) 등의 의견이 크게 다른 것처럼 제시된 모양새이지만 사실은 완전히 다른 입장이라고 보기는 어렵다. 전자가 '사잇소리'라는 음운 현상을 더 고려한 것 정도로 이해하는 것이 좋을 듯하다. 박창원(1997:462)에서 제시한 가설이 그런 입장을 반영한다고 할 수 있다. "(1) 사잇소리는 순순히 음운론적인 단위이다. (2) 사이시옷의 기원이 되는 'ㅅ'은 본래 문법적인 단위이다. (3) 통시적인 과정에서 이 둘은 혼합되었다."

37) 남미정(2012)에서도 비슷한 의견을 개진한다. 남미정(2012:86)은 "중세국어에서 사잇소리를 표기한 사이시옷과 속격조사 '-ㅅ'은 형식만 같을 뿐 분포와 기능 면에서는 전혀 다른 차원의 것"이라고 하고 있다. 또한 "현대국어에서 합성명사 사이에 나타나는 'ㅅ'이 중세국어 속격조사 '-ㅅ'의 온전한 계승형이라기보다 속격조사와 사잇소리의 혼동된 표기가 합성명사 구성으로 이어졌을 가능성이 있"다고 보고 있다.

38) 박창원(1997:478)은 중세국어의 '뭇결'는 구 구조이며 여기의 'ㅅ'은 속격조사이고 '믌결'은 복합어이고 이때의 'ㅅ'은 사이시옷으로, 중세국어에서 이 둘이 공존하고 있다고 하였다.

이상에서 안병희 선생의 경어법 요소들에 대한 논의들을 살피고 속격조사 'ㅅ'과 관련된 후행 논의들을 살펴보았다. 속격조사 '익/의'가 유정물의 평칭체언 뒤에 쓰이고 속격조사 'ㅅ'이 유정물의 존칭체언과 무정물 체언 뒤에 쓰인다는 안병희(1968)은 분명히 'ㅅ'과 관련된 경향성을 잘 포착한 논의이다. 그렇지만 이러한 합리적인 해석에도 불구하고 예외도 적지 않은 점, 속격조사와 사이시옷의 관계 등 'ㅅ'의 분포나 해석에 대해서는 여전히 정밀한 연구가 요구된다고 할 수 있다.[39]

2.3. 중세국어의 의문법 체계

안병희(1965b)는 중세국어 의문법 체계와 변천을 다룬 업적으로, 앞선 업적들을 수용하여 체계화하였고 여기에 공손법이라는 새로운 관점을 적용하여 중세국어의 의문법 체계를 설득력 있게 제시하고 있다.[40] (25), (26)은 각각 나진석(1958), 李承旭(1963)에서 직접 인용한 것으로, 이 논의들과 달라진 점을 지적함으로써 안병희(1965b)에 접근하고자 한다.

(25) 나진석(1958)

ㄱ. "고"계는 그 앞에 반드시 의문을 표시하는 말 이를테면 '어듸, 언제, 므슥, 어느, 몇' 같은 것(의문사라고 할 수 있다)이 붙어 쓰인다. …… 이에 반해서 "가"계와 "고"계는 앞에 의문사가 오거나 말거나 상관없이 쓰인다. (22쪽)

39) 중세국어와 근대국어 시기의 속격과 관련된 여러 쟁점에 대해서는 황선엽(2016)을 참고할 수 있다.

40) 이현희(1982:11~12)에서는 "羅鎭錫(1958)은 最初로 15세기의 疑問法에 대한 體系化를 시도했다는 점에서, 李承旭(1963)은 對立의 觀點에서 文法의 體系化를 이룰 목적으로 疑問法에 대한 고찰을 했다는 점에서, 安秉禧(1965b)는 가장 깊이 있고도 가장 綜合的으로 15세기의 疑問法을 體系化하고 그 性格을 究明했다는 점에서 意義를 가지"고 있다고 평가하였다.

ㄴ. 의문표시법에서는 의문어미 "가, (거, 고)"를 쓰는 방법을 정통으로 하고 그밖에 서술어미 "다"를 이용한 방법과, 어미를 생략한 약어를 쓰는 3계통이 있었다. (36쪽)[41]

나진석(1958)에서는 설명의문에 대한 이해를 볼 수 있고(25ㄱ) 의문어미의 여러 양상이 파악되고 있음을 확인할 수 있다(25ㄴ). 이 밖에도 의문어미에서 보이는 '가:아', '고:오'의 대응을 'ㄱ' 탈락의 결과로 설명하였고 ""잇가(잇고)"류가 존칭형이라면 "아(어, 오)"류나 "ㄴ가(ㄹ가, ㄴ고, ㄹ고)"류들이 비존칭형임은 상대적으로 분명"하다고 하였다(나진석 1958:23). 또한 의문어미와 관련하여 시제 관련 선어말어미의 결합 양상도 살피고 있다.

안병희(1965b)는 나진석(1958)의 견해를 수용하되 나진석(1958)이 '-가'가 의문사 없는 의문문에 나타나는 빈도상의 우위를 무시했다는 점을 지적하고 있다. 또한 '-가'가 의문사와 함께 나오는 예들은 『용비어천가』와 『월인천강지곡』에 주로 보이며 반어법을 나타내는 수사의문에 사용된다는 점을 분명히 하였다. 이를 바탕으로 '-가'는 의문사가 없는 문장에 쓰이고 '-고'는 의문사가 있는 문장에 쓰인다는 사실을 명확히 했다. 이로써 의문사의 유무에 따른 설명의문과 판정의문의 대립 체계를 확립해 내고 있다.

(26) 李承旭(1963)

ㄱ. 흔이는 <-nta>로 分析하여 疑問法의 語尾로 다루어지는 듯하나 <-n>과 <ta>가 가지는 統辭論的 機能의 差異를 認定할 때 容認될 수 없는 點이 明確해 진다. 다시 말 할 것도 없이 <-n>은 動名詞接尾辭로서 一般性을 띤것이며 疑問의 職能, 그 自體에는 別影響

41) 나진석(1958)에서 서술어미 '다'를 이용한 의문어미는 '-ㄴ다, -ㄹ다'를 말한다. 나진석(1958)에서는 '-ㄴ다, -ㄹ다'의 '다'를 본질적으로는 서술형어미라고 보고 있으며 이때 'ㄴ, ㄹ'은 선어말어미 '니', '리'의 모음생략형이라고 보고 있다. 이현희(1982:37 각주27)에서는 나진석(1958)에서 '-ㄴ다, -ㄹ다'의 '다'를 설명법어미 '다'에서 "轉化"되었다고 본 것은 그럴듯한 추정이라고 하였다. '-ㄴ다'류 의문은 중세국어 이전 시기에 새로 등장한 의문어미로 생각된다는 것이다.

이 없는 것으로 본다. 오히려 그것은 冠形詞形(Adjectif verbal)의 경우와 같이 時制觀念을 語彙的인 語幹部에 文法化시키는 濃度가 짙다.(188쪽)

ㄴ. 推測컨대 發生的으로 疑問添辭는 單一形態인 <ko>를 가졌을 것으로 믿는다. 그리하여 <ko>가 <ka>,<ta>와 統辭 或은 意味的 對立의 關係에 있다는니 보다는 <ko>를 中心으로 하여 <ka>, <ta>의 對立이 意識된 것으로 看取된다.(194쪽)

ㄷ. <ta>의 添辭로서 機能하는 疑問文은

i) 直接的 疑問표시-<質問>

ii) 一人稱 對 二人稱의 關係

라는 意味論的 Accent가 作用되며 (197쪽)

한편 李承旭(1963)의 경우 (26ㄱ)에서 보듯 '-ㄴ다'류가 동명사어미 '-ㄴ'과 의문조사 '다'의 결합으로 이루어졌다는 것을 분명히 하였다. (26ㄷ)에서는 직접 의문과 간접 의문에 대한 파악, 직접 의문에서 파악된 인칭에 대한 인식이 선명하게 드러나 있다.

안병희(1965b)는 李承旭(1963)에서 보인 '-ㄴ다' 구문의 특성에 대한 이해를 심화하여 2인칭:1·3인칭 대립 체계, 직접의문:간접의문의 대립 체계를 세우고 간접의문에 '-ㄴ고'를 추가하였다. 또한 李承旭(1963)에서 'ᄒᆞ는다, 홇다'와 'ᄒᆞ는가, 홇고'의 관계를 통시적으로만 파악하려 한 점(26ㄴ)에 대한 문제점을 지적하고 이것들이 공시론적으로 대립관계가 성립할 가능성이 있다고 하였다.

더 나아가 안병희(1965b)는 안병희(1965a)에서 확립한 공손법의 등급에 따라 의문법을 설명하고 있다. 안병희(1965b/1992:138)에서 "화자와 상대의 존비상 제약으로 말미암는 공손법은 종결법에서 체계적으로 나타나며, 그것은 의문법과 분리할 수 없을 정도로 결합"되어 있다고 하였는데 이는 종결어미로서의 의문법 어미의 성격을 정확히 파악한 것이다. 중세국어의 'ᄒᆞ쇼셔체',

'ᄒᆞ야쎠체', 'ᄒᆞ라체'에 속하는 의문법 어미를 설명하되 직접의문과 간접의문, 설명의문과 판정의문의 대립 관계 속에서 체계적으로 설명하고 있다.42) 안병희(1965b)에서 정리된 15세기의 의문법 체계를 요약하면 아래와 같다.

(27) ㄱ. ᄒᆞ쇼셔체
공손법 접미사 '-잇-' 뒤에 의문법 어미 '-가'와 '-고'를 연결함으로써 구성된다. 의문사 없이 쓰이는 '-가'는 판정의문을, '-고'는 제시된 의문사에 대한 설명을 요구하는 설명의문을 표시한다. 어미 '-가, -고'의 차이는 다른 경우에도 적용된다.

ㄴ. ᄒᆞ야쎠체
공손법 접미사 '-ᄉ-'에 어미 '-가'의 연결로 구성되는데, '-가'는 판정의문과 설명의문의 구별 없이 두루 쓰인다.

ㄷ. ᄒᆞ라체
i) 조사 '가, 고' - 체언에 직접 연결되어 명사문을 형성한다.
ii) 어미 '-녀, -뇨; -려, -료' - 활용 어간에 연결되는데 '-녀, -려'와 '-뇨, -료'의 대립은 판정 의문이나 설명의문이냐에 의하고, '-녀, -뇨'와 '-려, -료'의 대립은 선어말 접미사 '-니-, -리-'에 의한다.
iii) 어미 '-ㄴ다, -ㅭ다(=ㄹ따) - 상대가 의도를 가지고 대답하기를 요구하는 의문법으로 2인칭 대명사에 호응된다. 이들 어미의 구별은 관형사형 어미에 의한다.
iv) 어미 '-ㄴ가, -ㄴ고; -ㅭ가, -ㅭ고' - 인용된 의문이나 화자의 회의·의구 곧 간접 의문을 표시하는 의문이다. '-ㄴ가, -ㅭ가'의 구별은 관형사형 어미에 의한다.

ㄹ. 선어말 접미사 '-니-, -리-'만으로 이루어지는 의문법이 있다. 설명의문의 표시가 일반적이나, 더러는 의문사 없이 반어법에 쓰이고 있다. '-니', '-리'로 끝나는 의문법은 'ᄒᆞ야쎠체'나 그와 비슷한 등급에 해당하는 것으로 볼 수 있다.

42) 장윤희(2002:19)는 안병희(1965b)에 대해 "중세국어 종결어미에 대한 획기적인 연구"로 중세국어 의문법 어미를 "안병희(1965ㄱ)에서 설정한 공손법등급에 따라 '직접:간접', '설명:판정' 등의 대립적 체계를 이룬 것으로 정연하게 설명"하고 있다고 평가하였다.

(27)에서 보듯 안병희(1965b)에서는 설명의문이냐 판정의문이냐에 따른 대립(가:고, -녀:-뇨, -ㄴ가:-ㄴ고 등), 선어말어미 '-니-, -리-'에 의한 대립(-녀:-려, -니:-리 등), 관형사형어미 '-ㄴ, -ㅭ'에 의한 대립(-ㄴ가: -ㅭ가)이 체계적으로 잘 드러났다. 또한 설명의문, 판정의문 등을 설명하는 과정에서 용어나 개념이 명쾌하게 제시되었다.

위와 같이 15세기의 의문법 체계를 세운 후 16세기에 들어서면서 생긴 변화들 즉, 어미 '-녀, -려'가 '-냐, -랴'로 변화한 이유, '-ㄴ다' 의문법의 상실, '-ㄴ가'의 직접의문으로의 변화 등 변화의 양상에 대해서도 간단히 설명하고 있다. 이상의 논의를 통해 후기 중세국어의 의문법의 체계가 확립되었다고 할 수 있다.

한편 안병희(1965b)에서는 'ᄒᆞ라체'에 속하는 의문어미 '-ㄴ다, -ㅭ다'에 대해서 의문의 양상을 나타내는 것 외에도 '의도법'과 관련된다고 해석하고 있다(27ㄷ iii).

(28) ㄱ. 그 어미 무로ᄃᆡ 네 엇뎨 안다<월석 23:74a>
ㄴ. 네 信ᄒᆞᄂᆞᆫ다 아니ᄒᆞᄂᆞᆫ다<석보 9:26b>

(29) ㄱ. 녯 사ᄅᆞ미 일며 敗호매 네 엇뎨 ᄒᆞ리오<두초 7:28b>
ㄴ. ᄆᆞᄉᆞ그라 그듸 머리 녀가ᄂᆞ뇨<두초23:51b>
ㄷ. 네 알리로소녀<번박 상 14b>

2인칭 대명사 '너', '그듸'가 주어로 나타난 문장 중 (28)에는 의문어미 '-ㄴ다'가 쓰였고 (29)에는 '-리오(료), -뇨, -녀' 등이 쓰였다.[43] '-리오(료), -뇨, -녀' 등이 2인칭 대명사 주어와 함께 나타나는 (29)를 안병희(1965b)는 주어의 인칭만으로는 '-ㄴ다, -ㅭ다'의 성격을 해명할 수 없다는 점을 말해주는 예

43) 박진호(1998:125)에서는 중세국어의 '-ㄴ다', '-ㄹ다'가 고려말의 음독구결 자료에서는 주로 '-ㄴ뎌', '-ㄹ뎌'로 나타남을 지적하고 있다.

로 보았다. 그리고 (28), (29)의 차이를 설명하기 위해 의도법과 관련된 해석을 하였다. 즉 의문어미 '-ㄴ다, -ㅭ다'는 상대의 의도를 요구하는 의문문을, '-녀,-뇨' 등은 의도가 표현되지 않은 의문문을 형성한다고 본 것이다. 즉 2인칭 대명사 주어와 함께 사용되는 '-ㄴ다'계와 '-녀, -뇨'계의 차이는 상대의 의도를 요구하느냐 요구하지 않느냐의 여부에 따른 것으로 설명한다.

'-ㄴ다' 의문에 대해서는 후행연구에서 관련 내용을 찾아볼 수 있다. 의문어미의 통시적 양상을 살핀 李賢熙(1982)에서는 '-ㄴ다, -ㅭ다'가 보이는 서술어 제약이 설명되고 있다. 즉 '-ㄴ다, -ㅭ다'에 동사와 계사는 사용되나 형용사는 쓰인 예가 없다는 것이다.44) 그리고 '-ㄴ다' 의문에 선어말어미 '-오/우-'가 결합된 예가 없으므로 그 자체가 의도법이라는 설명이 가능할 수도 있다고 보았다. 또한 李賢熙(1982)에서는 '-ㄴ다'계 의문이 '-어라'류 명령법과 밀접한 관련이 있을 가능성, '-ㄴ다'계 의문어미가 'ᄒᆞ야쎠체'의 '-닛가'와 유사한 점을 바탕으로 하여 [格式]이라는 자질을 고려해 보는 등 '-ㄴ다'계 의문에 의도법 이외의 다른 성격이 있는지를 조심스럽게 살펴보고 있다.45)

안병희(1965b)에서 확립된 중세국어 의문법 등을 기반으로 통시적 연구가 진행되었다. 이현규(1978), 이현희(1982), 고은숙(2011) 등이 그런 연구인데, 이현희(1982)에서는 중세국어의 의문어미를 '니, 리' 선행어미와 'ㄴ, ㄹ' 선행어미로 나누어 파악하고 있으며,46) '이ᄯᅵ녀'계 의문의 구문적 특성을 설명하기도 하였다. 이 밖에도 새로운 의문어미를 세우거나 개별 의문어미의 변화

44) 李賢熙(1982:25)에서는 "15세기에는 2인칭 주어, 動詞인 敍述語의 直接疑問이 주로 -ㄴ다系 疑問으로 實現되고 2人稱인 主語, 形容詞인 敍述語의 直接疑問이 -니여系 疑問으로 실현"된다고 하였다.

45) '-ㄴ다'계 의문어미와 '-닛가'는 판정의문과 설명의문에 따른 형태론적 차이가 없으며 형용사가 쓰인 예가 없고 주어도 거의 2인칭이 쓰인다는 점에서 공통적이다. 둘은 공손법의 등급, 선어말어미 '-오-'의 개입 여부에서 차이를 보인다. '-ㄴ다'는 선어말어미 '-오-'가 통합되지 않는 데 비해 '-닛가'는 통합되는 것이다. 예문이 많지 않기 때문에 잠정적인 결론으로 둔 것이다.

46) 李賢熙(1982)에서는 의문어미가 기원으로 [직접의문:간접의문]으로 [-니여계:-ㄴ가계]의 이원적 대립이었던 것으로 보고 있다.

양상을 살피고, 의문법에 대해 의미론적으로 접근하는 등 의문법과 관련된 새로운 연구들을 찾아볼 수 있다. 또한 중세국어 이전 시기의 의문법에 대한 연구를 통해 의문법에 대한 이해가 깊어지고 있다.[47] 이상과 같은 중세국어 의문법과 관련된 공시적인 연구와 통시적인 연구의 바탕에는 안병희(1965b)에서 세운 의문법 체계가 있다고 할 수 있다.

안병희(1965b)는 나진석(1958), 李承旭(1963)의 성과를 받아들이고 그를 더 발전시켜 중세국어 의문법의 체계를 확립한 연구로서 평가받고 있다. 그 밑바탕에는 '대립'과 '체계'라는 구조주의 연구 방법론과[48] 선생 자신의 엄밀하고 실증적인 학문 태도가 깔려 있다고 할 수 있다.[49]

4. 맺음말

위에서 명사 '아니'의 활용을 다룬 안병희(1959a), 속격조사 'ㅅ'을 다룬 안병희(1968), 중세국어 의문법 체계를 다룬 안병희(1965b)를 중심으로 선생의 문법사 관련 논문들을 요약하고 그와 관련된 논의들을 살핌으로써 안병희

---

47) 장윤희(2002:141)에서는 (27ㄹ)에 보이는 어미들을 '이'계 어미로 보고 있다. 이승희(1996), 정언학(2005) 등에서 이인칭 의문어미 '-ㄴ다'와 후대에 출현하는 평서형 종결어미 '-ㄴ다/-는다'에 대한 논의를 볼 수 있다. 고은숙(2011)에서는 의미법에 대한 의미적 접근을 하고 있으며 박진호(1998) 등에서 중세 이전 시기의 의문법을 살필 수 있다.

48) 徐禎穆(1990)은 "1950년대 말에 주로 중세국어를 대상으로 하여 구조 기술 언어학의 영향을 입은 연구들이 이루어"졌으며 "구조 기술 언어학적 형태 분석의 완성은 안병희(1965)에서 이루어진" 것으로 보고 있다.

49) 'ᄒᆞ쇼셔체'와 'ᄒᆞ라체의 의문어미가 설명의문이냐 판정의문이냐의 이항 대립에 의해 구성됨에 비해 'ᄒᆞ야쎠체'의 의문어미에서는 그런 대립을 볼 수 없다. 이 논문은 <韓國語文教育研究會 제208회 學術大會>에서 발표되었는데, 토론자였던 양정호 선생(덕성여대 교수)은 'ᄒᆞ야쎠체'의 의문법에 대한 안병희 선생의 기술은 "문증되지 않은 것에 대한 불확실한 추론은 철저히 지양하셨음을 잘 보여"준다고 하면서 안병희 선생이 의문법을 체계의 측면에서만 설명한 것은 아니란 점을 지적했다. 타당한 지적이라 생각하여 여기에 밝혀 둔다.

선생의 문법사 연구가 지닌 의미에 대해 생각해 보았다. 선생의 논의를 요약하는 과정에서도 어느 정도 드러났다고 생각하는데, 어떤 논의라도 논리 전개가 체계적이고 합리적임을 알 수 있었다. 그리고 그 같은 논리 전개는 선생의 엄밀하고 실증적인 학문 태도에 기반하고 있었다. 이러한 학문 태도는 후학들에게 큰 교감이 된다. 한편 속격조사 'ㅅ'과 관련한 논의에서 암시되었듯이 선생을 비롯한 선학들의 뛰어난 업적에도 불구하고 국어사에는 여전히 풀어야 할 숙제들이 남아 있다. 선생이 명사 '아니'의 활용 문제를 분명히 한 후 이현희(1994)에서 명사 '아니'의 활용 과정에서 나타나는 통사적 특성이 밝혀졌던 것처럼, 선학들의 업적에 기반하되 새로운 관점과 새로운 방법론을 통해 국어사의 양상을 더 선명하게 드러내야 하는 임무가 후학들에게 남겨져 있다.

안병희 선생 논저

안병희(1959a), 中期語의 否定語 '아니'에 대하여, 국어국문학 20, 국어국문학회, 72~78.

안병희(1959b), 十五世紀 國語의 活用語幹에 對한 形態論的 연구, 국어연구 7, 서울대 대학원 국어연구회.

안병희(1962) 中世國語 動詞 'ᄒᆞ-'의 語幹交替에 대하여, 文湖 2, 건국대 국어국문학회.

안병희(1963a), 'ᄌᆞ갸'語攷, 국어국문학 26, 국어국문학회.

안병희(1963b), 十五世紀國語의 敬語法 接尾辭 '-님'에 對하여, 문리대학보 1, 건국대.

안병희(1965a), 十五世紀國語의 恭遜法의 한 硏究: 二人稱代名詞 '그듸'와 關聯하여, 국어국문학 28, 국어국문학회.

안병희(1965b), 後期中世國語의 疑問法에 대하여, 학술지 6, 건국대.

안병희(1966), 不定格(Casus Indefinitus)의 定立을 위하여, 동아문화 6, 서울대 동아문화연구소, 222~223.

안병희(1967a), 中世國語의 修飾語에 대하여(제9회 전국국어국문학 연구발표대회 발표요지), 국어국문학 34·35, 국어국문학회.

안병희(1967b), 韓國語發達史(中): 文法史, 한국문화사대계 V, 고려대 민족문화연구소, 165~261.

안병희(1968), 中世國語의 屬格語尾 '-ㅅ'에 대하여, 이숭녕박사송수기념논총, 을유문화사.

안병희(1979), 國語學硏究의 方向定立을 위한 基礎的 硏究(文法史의 硏究), 관악어문연구 4, 서울대 국어국문학과.

안병희(1982a), 中世國語 敬語法의 한두 問題, 백영정병욱선생환갑기념논총, 신구문화사.

안병희(1982b), 中世國語 謙讓法 硏究에 對한 反省, 국어학 11, 국어학회.

안병희·이광호(1991), 中世國語文法, 학연사.

안병희(1992), 國語史 硏究, 文學과知性社.

* 관련 논저

고은숙(2011), 국어 의문법 어미의 역사적 변천, 한국문화사.

권용경(2014), 국어 사이시옷에 대한 통시적 연구, 삼경문화사.

김미형(2001), 국어 대명사의 어휘사, 한국어 의미학 9.

김영욱(1990), 중세국어의 관형격조사 '-ㅣ/ㅅ'의 기술과 관련된 문제 해결을 위하여, 周時經學報 제6집, 93~97쪽.

金貞娥(1984), 十五世紀 國語의 代名詞에 관한 硏究, 國語硏究 제62호.

김창섭(1996), 국어의 단어형성과 단어구조 연구, 태학사.

나진석(1958), 의문형 어미고(疑問形 語尾攷), 한글 123호, 한글학회.

남미정(2012), 중세국어의 사이시옷과 합성명사, 언어와 정보사회 18, 서강대학교 언어정보연구소.

南豊鉉(1976), 國語 不定法의 發達, 문법연구 3, 문법연구회.

류광식(1990), 15세기 국어 부정법의 연구, 건국대학교 대학원 국어국문학과.

박진호(1998), 고대 국어 문법, 국어의 시대별 변천 연구 3-고대국어, 국립국어연구원

박창원(1997), 사잇소리와 사이시옷(I), 이화어문논집 제15집.

徐禎穆(1990), 疑問法, 국어연구 어디까지 왔나-주제별 국어학 연구사-, 동아출판사.

柳東碩(1990), 助詞省略, 국어연구 어디까지 왔나-주제별 국어학 연구사-, 동아출판사, 233~240.

劉昌惇(1964), 李朝國語史硏究, 宣明文化社.

李珖鎬(1976), 中世國語 屬格語尾의 一考察-主語的·目的語的 屬格을 중심으로-, 국어국문학 70, 517~536.

李珖鎬(1993), 중세국어의 '사이시옷' 문제와 그 해석 방안, 國語史 資料와 國語學의 硏究, 311-337.

이남순(1988), 國語의 不定格과 格標識 省略, 탑출판사.

이덕흥(1991), 國語 사이시옷의 文獻的 硏究, 단국대학교 대학원 박사학위논문.

이상욱(2007), 언해문에서 관찰되는 '내익, 네의'형에 대한 관견-15세기 자료를 중심으로-, ≪정신문화연구≫ 제30권 제1호, 203~225.

李承旭(1963), 疑問添辭攷-特히 그 對立意識에 對하여-, 국어국문학 제26호, 국어국문학회.

이승희(1996), 중세국어 의문법 '-ㄴ다'계 어미의 소멸 원인, 관악어문연구 21.

이현규(1978), 국어 물음법의 변천, 한글 제162호.
이현희(1982), 國語의 疑問法에 대한 通時的 硏究, 국어연구 52.
이현희(1991), 中世國語의 合成語와 音韻論的인 情報, 石靜 李承旭先生 回甲紀念論叢 Ⅰ, 원일사.
이현희(1994), 中世國語 構文 硏究, 신구문화사.
이희승(1955), 揷腰語(音)에 對하여-[訓民正音]과 [龍飛御天歌]를 중심으로 하여-, 논문집 2, 서울대. 일석이희승전집간행위원회(2000), 일석이희승전집 1, 서울대출판부에 수록.
임홍빈(1981), 사이시옷 문제의 해결, 국어학 10, 국어학회. (임홍빈(1998), 국어문법의 심층 2- 명사구와 조사구의 문법, 태학사 307~340에 재록)
장윤희(2002), 중세국어종결어미연구, 태학사.
全哲雄(1990), 사이시옷, 국어연구 어디까지 왔나-주제별 국어학 연구사-, 동아출판사, 186-194
정언학(2005), 平敍形 語尾 '-ㄴ다/-는다'의 成立에 대한 통시적 고찰, 어문연구 제33권 제4호.
황선엽(2016), "중세・근대국어 속격조사 연구의 쟁점과 과제", 2016년 여름 국어사학회 전국학술대회 발표문, 국어사학회, 25~33.

15世紀 國語 活用 語幹의 形態論的 交替 樣相

- 安秉禧(1959/1978)를 중심으로 -

박 용 찬(대구대)

Ⅰ. 序論

본고는 15세기 국어의 活用 語幹의 交替 樣相을 공시적으로 살펴본 安秉禧(1959/1978)를 재검토해 보는 것을 목적으로 한다. 安秉禧(1959/1978)는 활용 어간의 活用論과 造語論을 모두 다루고 있다. 그러나 활용 어간의 활용론(특히, 활용 어간의 교체 양상)에 더 큰 관심이 놓여 있다. 15세기 문헌 자료에 나타난 표기형, 즉 文語를 중심으로 기술언어학적 방법에 의해 주요 활용 어간 대부분의 이형태 및 基本形을 식별하고 각 異形態의 분포를 자세히 살펴보았다.

본고에서는 安秉禧(1959/1978)를 바탕으로 15세기 문헌 자료에 나타난 표기형뿐만 아니라 그것의 당시 실제 발음형까지 추정하여 활용 어간의 交替形 및 基本形을 식별해 보고자 한다. 그리고 安秉禧(1959/1978)는 15세기 국어의 활용 어간의 異形態 交替 條件(분포)을 다소 제한적으로 구분하고 있다. 즉, 이형태의 분포가 음운론적으로(또는 형태론적으로) 설명될 수 있느냐 하는 정도를 파악하는 데 그치고 있다. 따라서 이글에서는 이형태 실현과 관련된 지금까지의 형태론 및 음운론 분야의 논의를 충분히 고려하여1) 15세기 국어의 활용 어간의 이형태 교체 조건을 정밀하게 파악해 보도록 하겠다.

II. 形態 交替 類型

한 형태소의 형태 교체는 그 기준에 따라 여러 가지 類型으로 나눌 수 있다. 우선 교체의 조건에 따라 각 이형태가 일정한 環境下에서 體系的으로 일어나는 條件 交替와 같은 조건에서 자유로이 일어나는 無條件 交替(自由 交替)로 나눌 수 있다.

① 교체 조건의 有無: 條件 交替와 無條件 交替(自由 交替)

15세기 국어의 활용 어간에서 무조건 교체가 드물지 않게 나타난다. 그런데 조건 교체와 무조건 교체를 같은 층위에 놓고 함께 다루는 것은 합리적이지 않다. 교체 조건의 정밀화를 위해서는 조건 교체와 무조건 교체를 변별하여 다룰 필요가 있다.2)

조건 교체는 교체의 環境, 動機, 性格이라는 세 가지 기준을 가지고 더 나눌 수 있다.3)

---

1) 宋喆儀(1987)는 15世紀 國語의 表記法을 音韻論的 側面에서, 특히 音韻現象의 性格과 관련시켜 살펴본 논의이다. 본고는 이에 크게 힘입었음을 밝히는 바이다.

2) 배주채(2011)에 따르면 무조건 교체(자유 교체)도 발화 상황이나 화자의 태도, 말투 등의 화용론적 조건(비언어적 조건)에 따른 교체로서 같은 조건에서 자유로이 교체하는 것이 아니라고 할 수 있다. 그러나 무조건 교체는 조건 교체와 같은 체계적 교체로 볼 수 없을뿐더러 그 교체의 조건을 파악하기도 쉽지 않다.

3) 교체의 종류에 대해서는 李翊燮・任洪彬(1983), 임홍빈 외 3인(2001), 배주채(2011), 이진호

② 교체의 環境: 音韻論的 交替와 形態論的 交替(非音韻論的 交替)
③ 교체의 動機: 自動的 交替와 非自動的 交替
④ 교체의 性格: 規則的 交替와 不規則的 交替

①에서 형태 교체의 조건이 音素, 音節 등 음운론적 요소라면 음운론적 교체이고 그렇지 않으면 비음운론적 교체이다. ②에서 음절 구조 제약이나 音節 連結 制約(音素 (配列 制約))에 의한 교체를 자동적 교체라 하고 그렇지 않은 것을 비자동적 교체라 한다. ③에서 같은 방식으로 교체하는 형태소 부류를 음운론적으로나 문법적으로 정의할 수 있으면 규칙적 교체이고 그렇지 않으면 불규칙 교체이다.

그런데 지금까지 ②와 ③에 의한 분류에서 다소 혼선이 있어 왔다.[4] 동일한 형태소의 형태 교체에 대해 서로 다르게 분류한 논의들을 쉽게 찾아볼 수 있는 것이다. 이는 15세기 국어 활용 어간의 교체에 대한 논의에서도 마찬가지이다. 대표적인 예로 15세기 국어 활용 어간의 교체를 다룬 安秉禧(1959/1978), 李基文(1972ㄱ), 고영근(1987/1997) 등을 들 수 있다. 이들 논의에서는 동일한 활용 어간의 교체 유형을 서로 다르게 분류하여 제시하고 있다. 이는 15세기 국어의 음절 구조 제약이나 음절 연결 제약(음소 배열 제약)에 대한 파악이 서로 다른 데서 비롯된 것이다. 15세기 국어의 활용 어간의 교체 양상을 파악하기 위해서는 15세기 국어의 음절 구조 제약이나 음절 연결 제약(음소 배열 제약)에 대한 충분한 이해가 선행되어야 한다.

또한 공시적 형태 교체는 대부분 音韻現象에 말미암는다. 音韻現象에는 그 조건이 충족되면 반드시 일어나는 必須的인 것도 있고 일정한 기준 없이 일어나는 隨意的인 것도 있다. 따라서 형태 교체 또한 그 必須性 與否에 따

(2005) 참조.

4) 이러한 형태 교체 분류 상호 간의 관계 및 그 적용상의 혼선에 대해서는 민현식(1996), 이혁화(2002) 참조.

라 필수적 교체와 수의적 교체로 나누어 살필 필요가 있다.

⑤ 교체의 必須性: 必須的 交替와 隨意的 交替

Ⅲ. 活用 語幹의 形態 交替

이제부터 安秉禧(1959/1978)에서 파악・기술한 활용 어간의 교체형(이형태)과 교체 조건을 대상으로 각각의 교체 양상을 검토해 보도록 하겠다. 安秉禧(1959/1978)에서처럼 '子音으로 끝난 語幹(子音 語幹)', '母音으로 끝난 語幹(母音語幹)', '雙生 語幹(雙形 語幹)' 등으로 나누어 살펴보도록 하자. 먼저 어간 말음에 쓰인 자음의 종류에 따라 활용 어간의 형태 교체를 자세히 살펴보도록 하겠다.

1. 子音 語幹

(1) ㄱ. 'ㄱ' 말음 어간

먹-~멍-(?): 먹고<월석20,88ㄴ>, 머거<월석13,12ㄴ>, 머그니<석상6,32ㄴ>, 먹논<법화6,55ㄱ>

ㄴ. 'ㄴ' 말음 어간

안-: 안고<석상3,37ㄱ>, 아나<월석22,24ㄱ>, 아놀<월석21,75ㄴ>

ㄷ. 'ㄷ' 말음 어간①

받-~반-: 받고<월석7,8ㄱ>, 바다<법화1,120ㄴ>, 바돌<법화3,102ㄴ>, 받논<능엄3,80ㄴ>

ㄹ. 'ㅁ' 말음 어간

삼-: 삼고<법화1,4ㄴ>, 사마<법화1,23ㄱ>, 사모니라<능엄4,29ㄱ>

ㅁ. 'ㅂ' 말음 어간

잡-~잠-(?): 잡고<석상3,2ㄴ>, 자바<금강上,77ㄴ>, 자본<남명上,36ㄴ>, 잠논<법화2,217ㄴ>

ㅂ. 'ㅅ' 말음 어간

밧-~반-(?): 밧고<월석9,36ㄱ>, 바사<월석1,16ㄱ>, 바ᄉᆞ니라<두초21,37ㄴ>, 밧논<용가,92>

15세기 국어에서 'ㄱ', 'ㄴ', 'ㄷ', 'ㅁ', 'ㅂ', 'ㅅ' 末音 語幹은 語尾에 따른 형태 교체가 일어나지 않는다. 그러나 이는 표기형을 기준으로 할 때 그러한 것일 뿐 당시의 실제 발음형을 고려하면 그 사정이 약간 다를 수 있다. 'ㄷ' 말음 어간의 'ㄷ'이 鼻音 'ㄴ' 앞에서 'ㄴ'으로 적히기도 하는 것을 그 대표적인 예로 들 수 있다. '돈ᄂᆞᆫ'[奔], '단놋다'[閉] 등처럼 '돋-', '닫-', '듣-' 등은 비음 'ㄴ' 앞에서 '돈-', '단-', '든-' 등으로 적히기도 한다. 이는 당시의 실제 발음에선 이들 형태 교체가 수의적 교체가 아닌 필수적 교체였을 가능성이 아주 높음을 보여 주는 것이다.[5] 게다가 단언할 수 없긴 하지만 이러한 鼻音化에 의한 형태 교체가 'ㄷ' 말음 어간뿐만 아니라 'ㄱ', 'ㅂ', 'ㅅ' 말음의 어간에서도 두루 일어났을 것으로 추정된다.[6] 그렇다면 形態音韻論적으로 봤을 때, 15세기 국어에서 'ㄱ', 'ㄷ', 'ㅂ', 'ㅅ' 말음의 활용 어간도 형태 교체를 하는 것으로 봐야 한다. 그 교체는 음운론적 조건(鼻音 앞)에 따른 자동적·규칙적인 것으로 볼 수 있다.

(2) 'ㄷ' 말음 어간②

듣-~든-~들-: 듣디<법화1,190ㄴ>, 듣논<월석13,31ㄴ>/든논<두초9,28

---

5) 宋喆儀(1987)는 이러한 형태 교체가 表記上에 잘 나타나지 않는 사실을 근거로, 現代國語에서와 달리 隨意的인 性格을 띠었을 가능성이 높은 것으로 추정하였다.

6) 文獻上의 表記形 그대로 'ㄷ' 말음 어간에 한정해 鼻音化에 의한 형태 교체를 보이는 것으로 볼 수도 있다. 또한 宋喆儀(1987)처럼 'ㄷ'의 비음화를 隨意的 음운현상으로 파악할 수도 있다. 그러나 이는 지극히 부자연스러운 것이 않은가 한다.

ㄱ>; 드러ᅀᅡ<월석2,19ㄱ>, 드르며<금삼5,28ㄱ>

(2)의 'ㄷ' 말음 어간②는 현대국어 'ㄷ' 變則 用言과 완전히 일치하는 형태 교체를 보여 준다. 모음(매개모음 포함) 어미 앞에서 말음 'ㄷ'이 'ㄹ'로 교체되는 것은 15세기 국어에서나 현대국어에서나 동일하게 음절 구조 제약이나 음절 연결 제약(음소 배열 제약)에 따른 것으로 볼 수 없다. 즉, 비자동적인 것이다. 또한 'ㄷ' 말음 어간①인 '받-'을 고려할 때 불규칙적인 교체에 해당한다.

(3) 'ㄹ' 말음 어간
알-~아-: 아라<법화1,129ㄱ>, **아ᄅᆞ시고**<석상3,18ㄱ>, **아ᄅᆞ쇼셔**<법화1,88ㄴ>, 알오(←알고)<월석8,49ㄱ>, **알리로소니**<두초3,67ㄴ>, **알라**<법화1,90ㄱ>; 안<법화2,97ㄱ>, 알<두초3,21ㄴ>, 아니<월석12,44ㄴ>, 아디<법화1,154ㄱ>

15세기 국어에서 모든 'ㄹ' 말음 어간은 'ㄷ', 'ㄴ', 'ㄹ'(음절 말음으로 쓰이는), 'ㅿ' 등으로 시작하는 어미 앞에서 'ㄹ'을 자동적으로 탈락시킨다.[7] 그러나 선어말어미 '-(ᄋᆞ/으)리-', 연결어미 '-(ᄋᆞ/으)락 및 선어말어미 '-(ᄋᆞ/으)시-', 종결어미 '-(ᄋᆞ/으)쇼셔' 등의 앞에서는 'ㄹ'을 탈락시키지 않는다.[8] '-(ᄋᆞ/으)라-'류의 'ㄹ' 어미 앞과 '-(ᄋᆞ/으)시-'류의 'ㅅ' 어미 앞에서 'ㄹ' 어간 말음의 'ㄹ'이 탈락되지 않는 것이다. 이 가운데 '-(ᄋᆞ/으)시-'류의 'ㅅ' 어미 앞에서 'ㄹ' 어간 말음의 'ㄹ'이 탈락되지 않는 것은 'ㄹ' 말음 어간 뒤에서 매개모음 'ᄋᆞ/으'가 탈락되지 않은 데 말미암는다. 이렇듯 'ㄹ' 말음 어간은 음운론적 조건

---

7) '산', '살' 등은 종성 제약에 의해 'ㄹ'이 탈락된 것으로 볼 수 있고, '사니', '사ᄂᆞ니', '사더니' 등은 음절 연결 제약(음소 배열 제약)에 의해 'ㄹ'이 탈락된 것으로 볼 수 있다.

8) '사ᄅᆞ쇼셔'는 '살-ᄋᆞ쇼셔'로 분석하여 명령형 종결어미 '-(ᄋᆞ/으)쇼셔' 앞에서 어간 '살-'의 말음 'ㄹ'이 탈락되지 않은 것으로 볼 수도 있다. 그러나 15세기 문헌 자료에 나타난 '사ᄅᆞ쇼셔'의 모든 용례는 '사ᄅᆞ쇼셔'는 '살-'의 파생어 '사ᄅᆞ-'에 '-쇼셔'가 결합된 것밖에 없다.

이나 형태론적 조건에 따라 형태 교체를 일으키는데, 'ㄹ' 말음 어간이 모두 이러한 교체를 보이므로 규칙적, 자동적, 필수적 교체에 해당한다. 安秉禧(1959/1978)의 "'ㄹ' 末音을 가진 모든 語幹은 語尾의 頭音 如何에 따라서 機械的으로 交替되는 異形態를 가진다"라고 한 지적도 'ㄹ' 말음 어간의 형태 교체를 규칙적, 자동적, 필수적 교체로 본 데 따른 것이다.[9)] 반면 민현식(1996)은 'ㄹ' 말음 어간의 교체가 꼭 그렇게 일어나야만 하는 것은 아니므로 비자동적인 것으로 파악하였다. 그러나 '-(ᄋᆞ/으)시-'류의 매개모음 'ᄋᆞ/으'가 'ㄹ' 말음 어간 뒤에서 탈락되지 않으므로 '알-~아-'의 형태 교체는 15세기 국어의 종성 제약 및 음절 연결 제약(음소 배열 제약)에 따른 것이다. 즉, 자동적 교체이다.[10)]

(4) ㄱ. 'ㅌ' 말음 어간

븥-~븓-~븐-: 브터<능엄1,8ㄴ>, 브트면<법화1,186ㄱ>; 븓고<월석11,120ㄱ>, 븓디<금강下,150ㄱ>, 븓ᄂᆞ니<두초,47ㄴ>/븐ᄂᆞ니<두초20,45ㄱ>

ㄴ. 'ㅍ' 말음 어간

높-~놉-~놈-(?): 노파<법화2,44ㄴ>, 노ᄑᆞ며<법화3,41ㄱ>; 놉고<법화1,85ㄱ>

ㄷ. 'ㅈ' 말음 어간

맞-~맛-~만-(?): 마자<월석20,72ㄴ>, 마ᄌᆞ니라<두초24,21ㄴ>; 맛디<두초3,14ㄴ>, 맛ᄌᆞᄫᅡ<월석1,13ㄴ>/마ᄍᆞᄫᅡ<월석20,43ㄱ>

ㄹ. 'ㅊ' 말음 어간

좇-~좃-~존-(?): 조차<월석2,6ㄴ>, 조출<법화3,34ㄴ>; 좃더니<월석17,87ㄴ>, 좃ᄌᆞᄫᅡ<석상3,11ㄱ>/조ᄍᆞᄫᅡ<석상11,12ㄴ>, 좃ᄂᆞᆫ<두

---

9) 대부분의 논의에서는 비음운론적으로 제약된(또는 형태론적으로 제약된) 교체는 모두 불규칙적인 교체에 해당하는 것으로 보았으나, 이혁화(2002)에 따르면 비음운론적으로 제약된(또는 형태론적으로 제약된) 교체 가운데 규칙적인 교체로 봐야 하는 것도 있다.

10) 安秉禧(1959/1978)를 포함해, 李基文(1972ㄱ), 고영근(1987/1997), 安秉禧・李珖鎬(1990) 등은 'ㄹ' 말음 어간 교체의 동기(자동적 교체냐 비자동적 교체냐)에 대해 따로 언급하지 않았다.

초13,45ㄴ>/조ᇫᄂᆞᆫ<능엄1,58ㄴ>

'ㅌ', 'ㅍ', 'ㅿ', 'ㅈ', 'ㅊ' 등은 15세기 국어에서 음절 구조 제약 가운데 終聲 制約으로 音節 末(자음 앞)에 올 수 없다. 이에 따라 용언 어간의 말음 'ㅌ', 'ㅍ'은 자음 앞에서 각각 'ㄷ', 'ㅂ'으로, 'ㅈ', 'ㅊ'은 모두 'ㅅ'으로 바뀐다. 그런데 'ㅈ', 'ㅊ' 말음 어간은 'ㅈ'으로 시작하는 어미 앞에서 '마ᄍᆞᄫᅡ', '조ᄍᆞᄫᅡ' 등처럼 'ㅈ'이 'ㅈ' 그대로 남거나, 'ㅊ'이 'ㅈ'으로 바뀌기도 한다. 이는 실제 發音上으론 종성 'ㅅ'(←'ㅈ', 'ㅊ')이 어미의 두음 'ㅈ'을 경음화시켜[11] '맛ᄍᆞᄫᅡ', '좃ᄍᆞᄫᅡ' 등으로 소리 나는 것과 긴밀하게 관련되는 것으로 보인다. '맛ᄍᆞᄫᅡ', '좃ᄍᆞᄫᅡ' 등에서 어간 말음의 'ㅅ'이 어미 頭音 'ㅈ'과 調音 位置가 서로 같아 탈락된 것이다.[12] 즉, '마ᄍᆞᄫᅡ', '조ᄍᆞᄫᅡ' 등을 수의적 音韻現象인 重複子音 減縮을 반영한 表記로 볼 수 있다.

한편 'ㅊ' 말음 어간은 '조ᇫᄂᆞᆫ', '조ᇫᄂᆞ니' 등처럼 말음 'ㅊ'이 'ㄴ'으로 시작하는 어미 앞에서 'ㅿ'으로 적히기도 하는데, 이는 실제 發音上으론 '*좇ᄂᆞᆫ', '*좇ᄂᆞ니' 등이 '존ᄂᆞᆫ(←졷ᄂᆞᆫ←좃ᄂᆞᆫ)', '존ᄂᆞ니(←졷ᄂᆞ니←좃ᄂᆞ니)' 등으로 소리 나는 것과 관련되는 것으로 보인다. 실제 발음에서 필수적으로 일어나는 音韻現象인 鼻音化를 반영한 表記이다.

이를 고려하면 'ㅌ', 'ㅍ', 'ㅿ', 'ㅈ', 'ㅊ' 말음 어간의 형태 교체는 음운론적 조건에 따른 자동적 · 규칙적인 것이다. 대부분 필수적 교체에 해당하지만 '좃ᄌᆞᄫᅡ:조ᄍᆞᄫᅡ'처럼 수의적 교체에 해당하는 것도 있다.

---

11) 문제는 'ㅅ'이 뒤에 오는 평장애음 경음화시킬 수 있는가이다. 경음화란 음절 말음인 폐쇄음이 불파하는 데 따른 것인데 'ㅅ'은 폐쇄음이 아닌 마찰음이다. 15세기 국어에서는 음절 말에서 마찰음 'ㅅ'과 폐쇄음 'ㄷ'이 서로 대립 · 변별되었는데, 음절 말의 'ㅅ'의 음가에 대해 李基文(1972ㄴ:80)은 내파적인 [s]로, 고영근(1987/1997)은 끝에 치성(齒性)이 약간 들리는 [s>] 정도로 파악하였다.

12) 이는 'ㅅ' 말음 어간에 평장애음 'ㄱ', 'ㄷ'으로 시작하는 어미가 결합했을 때 'ㄱ', 'ㄷ'의 경음화가 반영된 표기가 전혀 나타나지 않는 것과 얼마간 관련이 있을 것이다.

(5) 'ㆆ' 말음 어간

저ᇹ-~젇-~전-: 저허<두초25,51ㄱ>, 저ᄒᆞ니<용가,59>, 저코<두초6,41ㄴ>; 저쑵고<월석2,59ㄱ>, 젇노라<금삼4,56ㄴ>/전노라<두초3,62ㄴ>

'ㆆ' 말음 어간의 'ㆆ'은 모음 어미 앞에서는 그대로 쓰이지만, 'ㄱ', 'ㄷ'으로 시작하는 어미 앞에서는 그것과 어울려 'ㅋ', 'ㅌ'으로, 'ㅅ' 어미 앞에서는 'ㅅ'으로, 'ㄴ' 어미 앞에서는 'ㄷ' 또는 'ㄴ'으로 나타난다. 이 가운데 '저쑵고'는 어간 '저ᇹ-'에 '-숩고'가 결합한 어형인데, 말음 'ㆆ'이 'ㅅ'으로 교체한 데 따른 것으로 볼 수도 있고, '저ᇹ숩고→젇쑵고→저쑵고'처럼 'ㆆ'이 'ㄷ'으로 교체한 것으로 볼 수도 있다.[13] 어간 말음 'ㆆ'이 'ㄴ' 어미 앞에서 'ㄷ'으로 교체된 것은 'ㆆ→ㄷ'(音節 末 平閉鎖音化)의 반영이라 할 수 있다. '다ᄂᆞ니라', '디ᄂᆞᆫ'의 의 'ㅥ'도 말음 'ㆆ'이 'ㄷ'으로 평쇄음화되고 그것이 비음화된 것을 반영한 것이다. 이를 고려하면 'ㆆ' 말음 어간인 '저ᇹ-'은 '저ᇹ-'과 '젇-'으로 형태 교체하는 것으로 볼 수 있다. 15세기 국어에서 모든 'ㆆ' 말음 어간은 음운론적 조건에 따른 자동적·규칙적인 교체를 보인다고 할 수 있다.[14]

(6) ㄱ. 'ㅸ' 말음 어간

더ᇦ-~덥-~덤-(?): 더ᄫᅥ<월석1,29ㄱ>, 더ᄫᅩᆫ<석상13,8ㄱ>; 덥고<두초10,42ㄱ>, 덥디<월석25,78ㄴ>

ㄴ. 'ㅿ' 말음 어간

지ᇫ-~짓-~진-(?): 지ᅀᅥ<두초13,32ㄱ>, 지ᅀᅳ면<금강上,31ㄱ>; 짓고<육조上,79ㄴ>, 짓는<능엄8,78ㄱ>, 짓더니<석상6,35ㄱ>

---

13) 음절말 'ㆆ'이 'ㄷ'으로 평폐쇄음화되고, 그것이 뒤에 오는 어미의 두음 'ㅅ'을 경음화시킨 것으로 볼 수도 있지만 'ㆆ'이 뒤에 오는 어미의 두음 'ㅅ'과 축약하여 'ㅆ'이 된 것으로 볼 수도 있다. 배주채(2011:145) 참조

14) 현대국어의 'ㅎ' 말음 어간에는 규칙적인 교체를 보이는 것도 있고 불규칙적 교체를 보이는 것도 있다. 이 가운데 후자는 15세기 국어의 '퍼러ᄒᆞ다', '벌거ᄒᆞ다' 등과 같은 'X어ᄒᆞ다'의 형태에 기원한다.

'ㅸ', 'ㅿ' 말음 어간은 모음 어미 앞에서는 'ㅸ', 'ㅿ'이 그대로 쓰이지만 자음 어미 앞에서는 각각 'ㅂ', 'ㅅ'으로 형태 교체를 한다. 安秉禧(1959/1978)는 15세기 국어에서 'ㅸ', 'ㅿ' 말음을 가진 이형태를 기본형으로 설정하고 자음 어미 앞에서 終聲 制約으로 'ㅸ', 'ㅿ'이 각각 'ㅂ', 'ㅅ'으로 바뀌는 것으로 보았다. 李基文(1972ㄱ) 또한 후기 중세국어에서 'ㅸ', 'ㅿ' 말음 어간을 인정하였다. 반면 고영근(1987/1997)은 通時的 觀點 및 總體 敍述의 관점에서 'ㅂ', 'ㅅ' 말음 어간을 기본형으로 설정하고 'ㅂ', 'ㅅ'이 모음 어미 앞에서 각각 'ㅸ', 'ㅿ'으로 불규칙하게 형태 교체를 하는 것으로 보았다. 共時的 觀點에서의 기술을 중시하는 본고의 입장에서는 安秉禧(1959/1978)처럼 어간 말음의 'ㅸ', 'ㅿ'이 각각 'ㅂ', 'ㅅ'으로 형태 교체하는 것으로 본다. 그렇게 볼 경우, 'ㅸ', 'ㅿ' 말음 어간의 형태 교체는 음운론적 조건에 따른 자동적, 규칙적인 것이다.

다만, 'ㅸ' 말음 어간의 설정은 'ㅸ'이 쓰였던 1450년대까지만 유효하다. 1460년대 이후에는 '더ᄫᅥ', '더ᄫᆞᆫ' 등이 각각 '더워', '더운' 등으로 바뀐다. 1460년대 이후부터는 현대국어처럼 'ㅂ' 말음 어간을 설정하고 모음 어미 앞에서 'ㅂ'이 반모음 'w'로 비자동적·불규칙적으로 형태 교체하는 것으로 봐야 한다.

그리고 'ㅿ' 말음 어간의 경우, 'ᄇᆞᇫᄂᆞ니', '니ᇫᄂᆞ니' 등처럼 비음 'ㄴ' 앞에서 'ㅅ'으로 교체되지 않고 'ㅿ' 그대로 남기도 하는데, 이는 'ㅅ'이 비음인 'ㄴ' 앞에서 'ㄴ'으로 비음화되는 것을 얼마간 반영한 것이 아닐까 한다. 실제 발음상으로 'ᄇᆞᆫᄂᆞ니', '닌ᄂᆞ니'처럼 소리 날 뿐만 아니라, 어간 基本形의 말음 'ㅿ'을 無聲音인 'ㅅ'을 적는 데에 얼마간 부자연스러움을 느껴 有聲音 'ㅿ'으로 적었을 것으로 추정된다.15)

15) <월인천강지곡>에서는 '우ᇫᄂᆞ니이다<월천上,167>', '우ᇫ노이다<월천上,167>' 등처럼 'ㅿ' 말음 어간의 'ㅿ'이 비음 'ㄴ' 앞에서 'ㅅ'으로 교체되지 않은 예가 발견되는데, 이는 표의적 표기형으로 봐야 할 듯하다.

(7) ㄱ. 'ㅄ' 말음 어간

없-~업-~엄-(?): 업서<반야,8ㄱ>, 업스니<법화1,95ㄴ>; 업고<아미,6ㄱ>, 업더니<금삼5,5ㄱ>

ㄴ. 'ㅺ' 말음 어간

다ᇧ-~닷-~단-(?): 닷가<법화1,63ㄱ>, 닷ᄀᆞᆯ씨<월석2,1ㄱ>; 닷관ᄃᆡ<석상20,40ㄱ>, 닷논<능엄1,19ㄱ>

ㄷ. 'ㅼ' 말음 어간

마ᇨ-~맛-~만-(?): 맛다<금삼5,10ㄱ>, 맛ᄃᆞ며<능엄1,26ㄴ>; 맛더라<두초20,16ㄴ>

'ㅄ', 'ㅺ', 'ㅼ' 말음 어간은 모음 어미 앞에서는 두 자음이 모두 쓰이지만 자음 어미 앞에서는 뒤의 자음인 'ㅂ', 'ㄱ', 'ㄷ'이 탈락된다. 이는 終聲 制約 또는 모음 사이에 나타날 수 있는 子音 數爻의 制約에 따른 것으로 지극히 조건적 · 자동적 · 규칙적인 교체에 속한다. 또한 이러한 교체는 필수적이다.

(8) ㄱ. 'ㄺ' 말음 어간

ᄆᆞᆰ-~ᄆᆞᆯㅇ[mʌlŋ]-(?): ᄆᆞᆯ가<두초3,65ㄴ>, ᄆᆞᆯᄀᆞ며<두초10,35ㄱ>, ᄆᆞᆰ고<두초14,9ㄱ>, ᄆᆞᆰ디<월석1,35ㄱ>, (ᄆᆞᆯ도다<두초12,1ㄴ>)

ㄴ. 'ㄻ' 말음 어간

ᄋᆞᆱ-: ᄋᆞᆯ마<법화2,191ㄱ>, ᄋᆞᆯᄆᆞ며<아미,15ㄴ>, ᄋᆞᆱ거늘<남명上,36ㄱ>, ᄋᆞᆱ디<법화1,84ㄱ>, (ᄋᆞᆷ도다<두초20,26ㄴ>)

ㄷ. 'ㄹㅸ(lβ)' 말음 어간

ᄉᆞᇕ-~ᄉᆞᆲ-~ᄉᆞᆱ-(?): ᄉᆞᆯᄫᅡᄂᆞᆯ<월천上,23>, ᄉᆞᆯᄫᆞᆫᄃᆡ<석상3,1ㄱ>; ᄉᆞᆲ고<월석18,35ㄴ>, ᄉᆞᆲ논<월석2,69ㄴ>

ㄹ. 'ㅀ' 말음 어간

ᄉᆞᆶ-~ᄉᆞᆴ-~ᄉᆞᇎ-(?): ᄉᆞᆯ허<법화1,122ㄴ>, ᄉᆞᆯᄒᆞ니<금삼3,17ㄱ>, ᄉᆞᆯ코<두초3,6ㄱ>, ᄉᆞᆯ티<월석21,28ㄱ>; ᄉᆞᆯᄊᆞᄫᅡ<석상23,37ㄱ>, ᄉᆞᆯ노니<두초7,16ㄱ>, ᄉᆞᆯ논<두초8,7ㄴ>, ᄉᆞᆯᄂᆞ니<두초13,31ㄱ>/**ᄉᆞᆯᄂᆞᆫ니<능엄2,9ㄴ>**

表記形을 중시하면 流音을 앞세운 'ㄺ', 'ㄻ' 말음 어간은 어떠한 환경에서도 형태 교체하지 않는다. 이는 'ㄺ', 'ㄻ' 子音群과 관련하여 15세기의 종성 제약 또는 모음 사이에 나타날 수 있는 자음 수효의 제약이 현대국어와 아주 달랐음을 보여 주는 것으로 해석된다. 그러나 15세기 국어의 문헌에서 'ᄆᆞᆯ도다', '옴도다' 등의 표기형도 드물지만 발견되는데, 이는 15세기의 종성 제약 또는 모음 사이에 나타날 수 있는 자음 수효의 제약이 현대국어의 제약과 같은 내용으로 점차 바뀌어 가는 것을 반영하는 것으로 봐야 할 듯하다.

'ㄹㅸ[lβ]' 말음 어간의 'ㄹㅸ[lβ]'도 기본적으로 'ㄺ', 'ㄻ'과 유사한 양상을 보여 준다. 종성 제약으로 자음 어미 앞에서 'ㄹㅸ[lβ]'의 'ㅸ'이 'ㅂ'으로 바뀐다는 점에서만 차이가 날 뿐이다.16) 'ㄹㅸ[lβ]' 어간의 형태 교체는 음운론적 조건에 따른 자동적 · 규칙적인 교체에 속한다. 그리고 'ㅸ' 말음 어간처럼 'ㄹㅸ[lβ]' 말음 어간의 설정은 'ㅸ'이 쓰였던 1450년대까지만 유효하다. 1460년대 이후에는 'ᄉᆞᆯᄫᅡᄂᆞᆯ'은 'ᄉᆞᆯ와ᄂᆞᆯ'로 바뀐다. 따라서 1460년 이후부터는 'ㄼ' 말음 어간을 基本形으로 설정하여 모음 어미 앞에서 'ㄼ'의 'ㅂ'이 반모음 'w'로 비자동적 · 불규칙적으로 형태 교체하는 것으로 봐야 한다.

반면 'ㅀ' 말음 어간은 'ㅎ' 말음 어간과 거의 일치하는 형태 교체를 보여 준다. 다만, 표기형상으론 'ㄴ' 어미 앞에서 약간 차이가 난다(말음 'ㅎ' 탈락). 그러나 '슬ᄂᆞ니'를 고려할 때 'ㅀ' 말음 어간도 'ㅎ' 말음 어간처럼 'ㄴ' 어미 앞에서 'ㄷ'으로 교체된 후17), 그것이 비음화된 것으로 봐야 한다. '슬ᄂᆞ니(←*슳ᄂᆞ니)'는 '슬ᄂᆞ니'로도 나타나는데, 이는 어간 말음 'ㅀ'의 'ㅎ'이 'ㄴ' 어미 앞에서 수의적으로 탈락되는 현상을 반영한 것으로 보인다. 'ㅎ' 말음 어간의 'ㅎ'은 절대 'ㄴ' 어미 앞에서 탈락되지 않는다.18) 그럴 경우, 'ㅀ' 말음 어

16) 'ㅸ' 말음 어간이 현대국어에서 'ㅂ' 불규칙 용언으로 바뀐 데 반해, 'ㄹㅸ' 말음 어간은 'ㄼ' 규칙 용언으로 이어지고 있는 점은 특기할 만하다.

17) 어간 'ᄒᆞᆶ-'의 활용형 'ᄒᆞᆶᄂᆞ니<능엄8,5ㄴ>'를 고려하면 'ㅀ'의 'ㅎ'이 종성에서 'ㄷ'으로 평폐쇄음화하는 것으로 볼 수 있다.

18) 이는 'ㅎ' 어간의 말음이 단일 자음인 데 반해 'ㅀ' 어간의 말음이 자음군인 데 따른 것으

간의 형태 교체 또한 음운론적 조건에 따른 자동적·규칙적인 것으로 볼 수 있다. 다만, 'ㄴ' 어미 앞에서의 'ㄶ'의 'ㅎ' 탈락은 수의적인 교체로 보인다.

(9) ㄱ. 'ㄵ' 말음 어간

앉-~아ᇇ-~아ᇆ-(?): 안자<법화1,106ㄴ>, 안ᄌᆞ니<월천上,184>; 안ᄶᅩ<석상11,1ㄴ>, 안ᄶᅵ<석상6,10ㄴ>, 아ᇇᄂᆞᆫ<금강上,6ㄱ>

엱-~여ᇇ-~여ᇆ-(?): 연저<법화4,143ㄱ>, 연ᄌᆞ니<용가,7>; 여ᇇ고<석상3,38ㄱ>, 여ᇇ디<두초22,32ㄱ>; 엱ᄌᆞᆸ고<월석10,10ㄱ>/연ᄍᆞᆸ고<월석2,39ㄱ>[19)]

ㄴ. 'ㅁㅊ[mts]' 말음 어간

움ᆾ-~우ᇝ-~움ᆮ-(?): 움처<능엄2,40ㄱ>, 움츠며<능엄2,41ㄴ>; 우ᇝ디<석상19,7ㄱ>, 우ᇝᄂᆞᆫ가<능엄2,40ㄴ>

'ㄵ' 말음 어간은 'ㄵ'이 자음 어미 앞에서 'ᇇ'으로 교체되는 것을 제외하고는 'ㅈ' 말음 어간의 형태 교체와 완전히 같다. '연ᄍᆞᆸ고'처럼 'ㅈ'으로 시작하는 어미 앞에서 'ㄷ' 또는 'ㅈ'으로 나타나는 것도 마찬가지이다. '움ᆾ-~우ᇝ-'은 'ㅁㅊ[mts]' 말음 어간의 唯一例인데 'ㅊ' 말음 어간의 형태 교체와 완전히 같다. 'ㄵ', 'ㅁㅊ' 말음 어간의 형태 교체는 음운론적 조건에 따른 자동적·규칙적 교체이며 필수적인 교체이다.

2. 母音 語幹

이제부터는 어간 말음에 쓰인 모음의 종류에 따라 활용 어간의 형태 교체

로 추정된다.

19) '여저', '엿ᄂᆞᆫ' 등처럼 '옂-~엿-'으로 형태 교체하는 '옂-'과, '연저', '여ᇇ고' 등처럼 '엱-~여ᇇ-'으로 형태 교체하는 '엱-'은 고형과 신형에 관계에 있는 것으로서 공시적인 형태 교체형으로 볼 수 없다. '앚-'과 '앉-'도 마찬가지이다. 李基文(1972ㄱ:160) 참조.

를 자세히 살펴보도록 하자.

(10) ㄱ. 'ㅏ' 말음 어간

가-: 가아<금삼5,10ㄴ>/가<아미,17ㄴ>, 가ᄃᆡ(←가-오ᄃᆡ)<월석20,21ㄴ>, 가니<법화4,43ㄴ>, 가고<남명上,59ㄱ>, 가디<월석 13,23ㄱ>

ㄴ. 'ㅓ' 말음 어간

셔-: 셔어<월석8,83ㄴ>/셔<월석2,26ㄱ>, 셔ᄃᆡ(←셔-오ᄃᆡ)<원각下3-2,21ㄱ>, 셔며<석상3,27ㄴ>, 셔고<두초8,23ㄱ>

'ㅏ', 'ㅓ' 말음 어간은 각각 그것과 동일한 모음을 가지는 어미와 결합할 때 어간 말음 'ㅏ', 'ㅓ'를 그대로 유지한다. 그러나 '가(←가-아)', '셔(←셔-어)' 등처럼 나타나는 경우도 있는데, 어간의 末音과 어미의 頭音이 合音되거나 어미의 頭音이 脫落된 것으로 볼 수 있다. 반면 '가ᄃᆡ(가-오ᄃᆡ)', '셔ᄃᆡ(셔-오ᄃᆡ)' 등은 聲調 變動('가-'의 聲調가 平聲에서 上聲으로 교체)을 고려할 때 어간의 말음과 어미의 두음이 합음된 것으로 봐야 한다. '가[←가아(가-+-아)]', '셔[←셔어(셔-+-어)]'의 실현은 수의적이고 '가ᄃᆡ(가-+-오ᄃᆡ)', '셔ᄃᆡ(셔-+-오ᄃᆡ)'의 실현은 필수적이다. 전자의 경우, '가아/가', '셔어/셔' 가운데 '가아', '셔어'가 더 일반적이다.

(11) ㄱ. 'ㅗ' 말음 어간

보-: 보아<반야,36ㄴ>, 봄(←보-옴)<법화5,57ㄴ>, 보ᄃᆡ(←보-오ᄃᆡ)<월석9,50ㄱ>, 보니(←보-오-니)<두초3,35ㄴ>, 보고<법화1,14ㄴ>

ㄴ. 'ㅜ' 말음 어간

두-: 두어<금강上,90ㄱ>, 둠(←두-움)<금삼5,31ㄴ>, 두ᄃᆡ(←두-우ᄃᆡ)<법화2,136ㄱ>, 두니(←두-우-니)<법화6,119ㄱ>, 두고<두초15,28ㄱ>

‘ㅗ’, ‘ㅜ’ 말음 어간은 각각 그것과 동일한 모음을 가지는 어미와 결합하면 반드시 ‘봄’, ‘보ᄃᆡ’, ‘보니’ 등과 ‘둠’, ‘두ᄃᆡ’ 등처럼 어미의 頭音과 合音되어 나타난다. 현대국어의 ‘봐’, ‘둬’ 등처럼 ‘ㅏ’, ‘ㅓ’ 모음 어미와 결합할 때, 어간 말음 ‘ㅗ’, ‘ㅜ’가 ‘w’로 半母音化된 예는 거의 나타나지 않고[20] 현대국어와 달리 ‘보와’, ‘두워’ 등처럼 ‘어미 앞에 ‘w’가 添加되는 예가 더 흔하다.

(12) ㄱ. ‘ㆍ’ 말음 어간
ᄎᆞ-～ㅊ-: ᄎᆞ고<월석18,42ㄱ>, ᄎᆞ며<두초17,25ㄱ>; 차<법화2,121ㄱ>
ㄴ. ‘ㅡ’ 말음 어간
크-～ㅋ-: 크고<월석11,98ㄱ>; 커<월천上,28>, 쿠므로<월석1,29ㄴ>

‘ㆍ’, ‘ㅡ’ 말음 어간은 자음 어미 앞에서는 말음 ‘ㆍ’, ‘ㅡ’가 그대로 유지되지만 모음 어미 앞에서는 말음 ‘ㆍ. ㅡ’가 탈락된다. 이 교체는 음운론적 조건에 따른 자동적·규칙적 교체이자 필수적 교체이다.

어간 ‘ᄒᆞ-～ㅎ-’의 교체 또한 기본적으로는 ‘ᄒᆞ고’, ‘ᄒᆞ며’, ‘호미’, ‘혼’, ‘호ᄃᆡ’ 등처럼 ‘ㆍ’ 말음 어간과 완전히 일치하는 교체 양상을 보인다. 그러나 ‘(들게) 커나’와 ‘ᄒᆞ야’, ‘ᄒᆞ요미’, ‘ᄒᆞ욘’, ‘ᄒᆞ요ᄃᆡ’ 등처럼 특이한 활용 양상을 보여 주기도 한다. ‘ᄒᆞ-’로 나타날 어미(‘ㄱ’, ‘ㄷ’ 어미) 앞에서 ‘ㅎ-’이 나타나며, ‘ㅎ-’로 나타날 어미 앞에서 ‘ᄒᆞㅣ(y)-’가 나타나기도 하는 것이다.[21] 이 점을 중시하여 安秉禧(1959/1978)는 어간 ‘ᄒᆞ-/ᄒᆞㅣ(y)’를 雙形 語幹으로 파악하기도 하였다.

그런데 15세기 국어에서 ‘ㄱ’, ‘ㄷ’ 어미 앞에서 일어나는 ‘ᄒᆞ-’와 ‘ㅎ-’의

20) 동사 ‘보다’의 경우, ‘(맛)봐셔<두초15,39ㄱ>’의 단 한 예만 발견된다.
21) 현대국어에서는 모음 어미 앞에 나타나는 ‘ㅣ(y)’를 어간이 아닌 어미의 두음으로 보는 게 일반적이다.

교체는 수의적인 교체이고, 모음 어미 앞에서 일어나는 'ㅎ-'과 'ᄒᆞ ㅣ(y)-'의 교체는 新形과 古形의 관계에 있는 것으로 보인다. 특히, 'ㅎ-'과 'ᄒᆞ ㅣ(y)-'를 共時的 交替形(異形態)으로 파악하는 데는 무리가 따른다.[22)23)] 그러나 'ㅏ' 모음 어미 앞에서는 항상 'ᄒᆞ'가 아닌 'ᄒᆞ야'로 나타나는 사실을 고려할 때, 15세기 국어에서 자음 어미 및 매개모음 어미 앞에서는 'ᄒᆞ-'로, 모음어미 앞에서는 'ᄒᆞ ㅣ(y)-'로 나타나는 것이 원칙이라고 파악해 볼 수 있다. 물론 'ㅏ/ㅓ' 아닌 'ㅗ/ㅜ' 모음 어미 앞에서 일어나는 'ㅎ-'과 'ᄒᆞ ㅣ(y)-'의 형태 교체는 수의적인 것으로 봐야 한다. 그렇게 되면 어간 'ᄒᆞ-'의 형태 교체는 음운론적 조건에 따른 비자동적, 불규칙적인 교체라 할 수 있다.

그런데 'ㆍ', 'ㅡ' 말음 어간 가운데 'ᅀᆞ/ᅀᅳ', 'ᄅᆞ/르', 'ᄆᆞ/므' 어간은 特殊한 교체 양상을 보인다.

(13) 'ᅀᆞ/ᅀᅳ' 말음 어간
ᄇᆞᅀᆞ-~ᄇᆞᇫㅇ-: ᄇᆞᅀᆞ디<월석21,219ㄴ>, ᄇᆞᅀᆞ며<남명下,64ㄴ>, ᄇᆞᇫ아<석상23,51ㄱ>/ᄇᆞᆺ아<월석20,26ㄴ>,ᄇᆞᇫ온<법화6,138ㄴ>/ᄇᆞᆺ온<월석17,29ㄴ>

'ᅀᆞ/ᅀᅳ' 말음 어간은 자음 어미 및 매개모음 어미 앞에서 'ᅀᆞ/ᅀᅳ'로 쓰이지만 모음 어미 앞에서는 말모음이 탈락하고 후두유성마찰음 'ㅇ'이 다음 음절에 얹힌다. 이들 교체는 15세기 국어에서 音節 構造 制約이나 音節 連結 制

22) 명사나 부사에 'ᄒᆞ-'가 합성된 복합 어간의 형태 교체도 기본적으로 단순 어간 'ᄒᆞ-'에 준한다. 그러나 이들은 'ᄒᆞ-'에 선행하는 명사나 부사의 말음에 따라 두 가지 교체 양상을 보여 준다. 'ᄒᆞ-' 선행하는 명사나 부사의 말음이 모음이나 유성 자음이면 복합 어간 '…ᄒᆞ-'의 교체는 단순 어간 'ᄒᆞ-'의 교체와 완전히 일치하고 무성 자음이면 단순 어간 'ᄒᆞ-'의 형태 교체와 거의 일치하나 한 가지 점에서 차이가 난다. 즉, 'ㄱ', 'ㄷ'으로 시작하는 어미 앞에서 단순 어간 'ᄒᆞ-'가 수의적으로 'ᄒᆞ-'와 'ㅎ-'로 교체되는 데 반해, 복합 어간 '～ᄒᆞ-'의 'ᄒᆞ'는 수의적으로 통째로 탈락(탈락형이 더 우세함)된다.

23) 李賢熙(1985)는 'ᄒᆞ야', 'ᄒᆞ요미', 'ᄒᆞ욘', 'ᄒᆞ요ᄃᆡ' 등의 특이한 활용형을 고려하여 'ᄒᆞ-'의 기저형이 '*ᄒᆡ-'이었을 가능성을 제시하였다.

約(音素 配列 制約)에 의한 것이 아니므로 비자동적 교체에 해당한다. 한편 'ㆍ', 'ㅡ'로 끝나는 어간의 형태 교체과 비교하게 되면 불규칙적 교체로 볼 수 있는 여지가 多分하다. 그러나 이러한 교체를 보이는 어간이 2음절로서 末音節의 구조가 有聲子音 'ㅿ'과 모음 'ㆍ', 'ㅡ'로 되어 있고 그 성조가 '平聲·平聲'인 점을 중시한다면 이들 교체를 음운론적 조건에 따른 규칙적 교체로 볼 수도 있다. 한편 'ᅀᆞ/ᅀᅳ' 말음 어간은 모음 어미 앞에서 수의적으로 '부ᇫ아', '붓아' 등으로 나타나기도 하는데, 이는 'ㅿ' 말음 어간의 교체에 유추된 것으로 보인다.

(14) 'ᄅᆞ/르' 말음 어간
 ㄱ. 'ᄅᆞ/르' 말음 어간①
  다ᄅᆞ-~달ㅇ-: 다ᄅᆞ고<월석8,30ㄴ>, 다ᄅᆞ며<월석17,11ㄱ>; 달아<훈언,1ㄴ>, 달옴<능엄6,105ㄱ>
 ㄴ. 'ᄅᆞ/르' 말음 어간②
  모ᄅᆞ-~몰ㄹ-: 모ᄅᆞ고<월석7,18ㄴ>, 모ᄅᆞ며<월석7,18ㄴ>; 몰라<법화1,61ㄱ>, 몰롬<남명上,77ㄴ>

'ᄅᆞ/르' 말음 어간에는 두 가지 부류가 있어 서로 다른 교체 양상을 보인다. 자음 어미 및 매개모음 어미 앞에서는 두 부류 모두 'ᄅᆞ/르'로 나타난다. 그러나 모음 어미 앞에서 첫 번째 부류에서는 末母音이 탈락하고 喉頭有聲摩擦音 'ㅇ'이 다음 음절에 얹히는 반면, 두 번째 부류에서는 末母音이 탈락하고 流音 'ㄹ'이 다음 음절에 얹힌다. 이들 교체는 15세기 국어에서 음절 구조 제약이나 음절 연결 제약(음소 배열 제약)에 의한 것이 아니므로 비자동적 교체로 볼 수 있다. 그리고 이들 어간은 2음절('게으르-'는 例外的으로 3음절)로서 末音節의 構造가 有聲子音 'ㄹ'과 모음 'ㆍ', 'ㅡ'로 되어 있으며 그 聲調가 대체로 '平聲·平聲'이다.[24] 이 점을 중시하면 이들의 형태 교체 또한 음운론적 조건에 따른 규칙적 교체인 것으로 볼 수 있다. 安秉禧(1959/1978), 고영근(1987/1997)는 두 부류를 모두 규칙적 교체로 보고 있다. 그러나 'ᄅᆞ/르' 말음 어간이라는 사실만으론 그것이 첫 번째 부류에 속하는지 아니면 두 번째 부류에 속하는지 전혀 알 수 없다. 따라서 'ᅀᆞ/ᅀᅳ' 말음 어간과 동일한 양상(어간의 末母音이 탈락하고 喉頭有聲摩擦音 'ㅇ'이 다음 음절에 얹힘)을 보이는 첫 번째 부류의 형태 교체만을 규칙적인 것으로, 이에 반하는 두 번째 부류의 형태 교체를 불규칙인 것으로 보는 것이 더 합리적이다.

(15) 'ᄆᆞ/므' 말음 어간
시므-~ᄉᆡᆷ-: 시므고<금삼2,32ㄴ>, 시므며<월석18,84ㄱ>, ᄉᆡᆷ거<월석23,37ㄱ>, ᄉᆡᆷ곤<월석11,92ㄱ>

'ᄆᆞ/므' 말음 어간은 자음 어미 및 매개모음 어미 앞에서 'ᄆᆞ/므'로 쓰이지만 모음 어미 앞에서는 末母音이 탈락하고 'ㄱ'이 다음 음절에 얹힌다.[25] 이들 교체 또한 15세기 국어에서 음절 구조 제약이나 음절 연결 제약(음소 배열 제약)에 의한 것이 아니므로 비자동적 교체로 볼 수 있다. 그리고 이들 어간은 2음절로서 末音節의 構造가 有聲子音 'ㅁ'과 모음 'ㆍ', 'ㅡ'로 되어 있고 그 성조가 대체로 '平聲・平聲'이다. 이 점을 중시하면 이들의 형태 교체 또한 음운론적 조건에 따른 규칙적 교체로 볼 수 있다. 참고로 이들 교체에 대해 安秉禧・李珖鎬(1990)는 규칙적 교체로 본 데 반해, 고영근(1987/1997)은 불규칙적 교체로 보고 있다.

---

24) 예외적으로 '모ᄅᆞ-', '누르-' 등은 그 성조가 '평성・거성'이다.
25) '시므-'가 모음 어미 앞에서 'ᄉᆡᆷ그-'로 형태 교체하는 것으로 볼 수도 있다. 또 다른 'ᄆᆞ/므' 말음 어간인 'ᄌᆞᄆᆞ-'도 모음 어미 앞에서 'ᄌᆞᆷ가'로 실현되고 통시적으로 'ᄌᆞᆷᄀᆞ-〉 ᄌᆞᆷ그->잠그다'로 바뀌는 사실을 참고할 때 더더욱 그러하다. 바로 앞에서 살펴본 'ᄅᆞ/르' 말음 어간 ②도 모음 어미 앞에서 '몰르-'로 형태 교체하는 것으로 볼 수도 있다. 이때에는 현대국어에서 어간 '모르-'가 '몰르고', '몰르며', '몰라' 등으로 활용하여 그 어간이 '몰르-'로 재구조화되어 가고 있는 사실을 참고할 수 있다. 'ᅀᆞ/ᅀᅳ' 어간과 'ᄅᆞ/르' 말음 어간①에 대해서는 중세국어 이후 그 어간이 완전히 사라지거나 바뀌었기 때문에 딱히 뭐라 단정하기 어렵다.

(16) 'ㅣ' 말음 어간

두리-: 두리고<두초24,14ㄴ>, 두리며<영가下,112ㄱ>; 두리여<남명下,56ㄴ>/두려<월석22,72ㄱ>, 두리움<법화3,163ㄱ>/두륨<법화1,15ㄱ>

'ㅣ' 말음 어간은 자음 어미 앞에서는 단모음 'ㅣ'로 나타나지만 모음 어미 앞에서는 어미의 모음과 縮約된 반모음 'y'로 나타나는 것('y' 添加)이 일반적이다.[26] 그러나 'ㅣ' 모음 어간이 모음 어미의 頭音과 縮約되는 현상은 수의적인 것이다. 즉, 이때의 'y' 添加는 수의적인 현상이다. 어간의 말음 'ㅣ'가 모음 어미의 頭音과 縮約된 '두리여', '두리움' 등이, 어간의 말음 'ㅣ'가 'y'로 반모음화된 '두려', '두리움' 등으로 나타나는 것을 통해 이를 확인할 수 있다.

그런데 '가지-', '그리-', '너기-' 등은 모음 어미와 결합할 때 '가져', '그려', '너교더' 등처럼 항상 어간 말음 'ㅣ'가 모음 어미의 頭音과 縮約된다. 용언에 따라 서로 다른 양상을 보이는 것으로 볼 수 있다.

(17) '이시-~잇-'과 '시-'

이시-~잇-~인-(?): 이시며<반야,7ㄴ>, 이셔<석상3,18ㄴ>, 이슈믈<법화2,199ㄱ>, 이쇼더<아미,5ㄴ>; 잇고<두초3,25ㄴ>, 잇는<반야,34ㄴ>

시-: (ᄀ마니) 시며<금삼1,3ㄱ>, 슈믈<능엄8,130ㄴ>, 셔<능엄2,119ㄱ>

그런데 'ㅣ' 말음 어간인 '이시-'는 特異한 교체 양상을 보인다. 모음과 매개모음 어미 앞에서는 '이시-'로, 자음 어미 앞에서는 '잇-'으로 나타나는 것이다. 특히, 모음 어미 앞에 나타나는 '이시-'의 말음 'ㅣ'는 반드시 모음 어

26) 安秉禧(1959/1978)는 '두리-', '디-', '이-', '지-' 등의 경우, 어간 말음인 'ㅣ'가 '두리여', '디여', '이여', '지여' 등처럼 모음 어미의 두음과 축약되지 않는다고 보았으나 '두려', '듀메', '엿ᄂᆞᆫ', '졧는' 등처럼 이들 어간 또한 말음 'ㅣ'가 모음 어미의 두음과 축약될 수 있다.

미의 頭音과 축약된다. '가지-', '그리-', '너기-' 등도 마찬가지이다. '이시-'와 '잇-'의 교체는 음운론적 조건에 따른 비자동적, 불규칙적 교체로 볼 수 있다.

한편 '이시-'는 선행하는 단어가 용언의 부동사형이거나 모음 'ㅣ'로 끝나는 부사일 경우, '이시-'의 첫음절 '이'가 탈락되기도 한다. 이 점을 중시하여 安秉禧(1959/1978)는 '이시-'와 '시-'를 雙形 語幹으로 파악하였다. 그러나 '이시-'와 '시-'는 무조건 교체(자유 교체) 관계에 있거나 新形과 古形의 관계에 있는 것으로서, 이들을 공시적 교체 관계에 있는 것으로 볼 수 없다.

(18) '겨시-~겨샤-~겨-'
겨시고<법화3,154ㄱ>, 겨시다<월석10,5ㄱ>, 겨시니<법화1,5ㄱ>; 겨샤<금강上,58ㄱ>, 겨샤딕<아미,5ㄴ>, 겨샷다<월석2,13ㄱ>; 겨쇼셔<월석7,49ㄱ>

선어말어미 '-시-'의 경우, 자음 어미, 매개모음 앞에서는 '-시-'로, 모음 어미 앞에서 '-샤-'로 나타난다. 어간 '겨시-' 또한 '겨샤', '겨샤딕', '겨샷다' 등으로 나타나는 것을 고려할 때 모음 어미 앞에서 '겨시-'가 '겨샤-'로 형태 교체하는 것으로 볼 수 있다. 이는 음운론적 조건에 따른 비자동적 교체이다. 그리고 命令形 종결어미 '-쇼셔' 앞에서는 '겨-'로 나타나는데[27] 이때의 '겨-'는 형태론적 조건에 따른 비자동적, 불규칙적 교체형으로 봐야 한다.

(19) ㄱ. 'ㅐ' 말음 어간
개-: 갠<두초7,31ㄴ>, 개에(←개게)<월석10,88ㄱ>
ㄴ. 'ㅔ' 말음 어간

27) 李基文(1972ㄱ)은 '겨시-'의 '-시-'가 본래 존경법의 선어말어미이고 명령형 종결어미 '-쇼셔'도 기원적으로 '-시-'와 관련된 데 말미암아 이런 특이한 교체 양상을 보이는 것으로 해석하였다.

ᄢᅦ-: ᄢᅦ여<월천上,4>, ᄢᅦᅀᆞᄫᅡ<월석1,6ㄴ>, ᄢᅦ오(←ᄢᅦ고)<월석1,28ㄱ>

ㄷ. 'ㅚ' 말음 어간

ᄃᆞ외-: ᄃᆞ외야<반야,34ㄴ>, ᄃᆞ외ᅀᆞᄫᅡ<월석10,12ㄱ>, ᄃᆞ외요미<법화4,75ㄱ>, ᄃᆞ외오(←ᄃᆞ외고)<능엄4,22ㄱ>

ㄹ. 'ㅟ' 말음 어간

뮈-: 뮈디<법화1,55ㄱ>, 뮈면<능엄1,64ㄱ>, 뮈여<금강上,42ㄱ>, 뮈윰<금삼2,65ㄴ>

ㅁ. 'ㆎ' 말음 어간

ᄀᆞᆯ히-: ᄀᆞᆯ히에(←ᄀᆞᆯ히게)<월석11,76ㄱ>, ᄀᆞᆯ히여<두초16,19ㄴ>, ᄀᆞᆯ히욤<월석13,45ㄴ>

ㅂ. 'ㅢ' 말음 어간

긔-: 긔ᄂᆞᆫ<월석21,113ㄱ>, 긔여<월석1,15ㄱ>

'ㅐ', 'ㅔ', 'ㅚ', 'ㅟ', 'ㆎ', 'ㅢ' 말음 어간은 자음 어미 및 매개모음 어미와 결합할 때에는 어간 말음 그대로 쓰이지만, 모음 어미와 결합할 때에는 모음 어미 앞에 半母音 'y'가 첨가되는 것이 일반적이다. 그러나 반모음 'y'의 첨가는 수의적인 현상이다. 드물지만 '오요ᄆᆞᆯ(←외오ᄆᆞᆯ)', '무유ᄆᆞᆯ(←뮈우ᄆᆞᆯ)' 등처럼 어간 末音인 'ㅣ'('y')가 모음 어미의 頭音과 縮約되기도 한다.

(20) '녀-~니-'

녀<법화2,245ㄴ>, 녀실<남명下,49ㄱ>, 녀고<월석20,33ㄴ>; 니거든<월석11,30ㄱ>/녀거든<금삼4,5ㄱ>, 니거늘<법화4,43ㄴ>/녀거늘<두초11,52ㄱ>, 니거지라<월석8,101ㄴ>

'녀-'는 선어말어미 '-거-'나 '거'로 시작하는 어미 앞에서 '니-'로 형태 교체한다. '녀거든', '녀거늘' 등처럼 '니-' 대신 '녀-'가 쓰이기도 한다. 그러나 '니-' 대신 '녀-'로 쓰이는 것은 극히 드물다. 이를 고려하면 '녀-'와 '니-'를 무조건 교체(자유 교체)형이나 新形과 古形의 관계에 있는 형태로 보기보다는, 15세기 국어에서 선어말어미 '-거-'나 '거'로 시작하는 어미 앞에서는 '니-'가 쓰이고 그 밖의 어미 앞에서는 '녀-'가 쓰이는 것으로 보는 것이 더 합리적이다. '녀-~니-'는 형태론적 조건에 따른 비자동적, 불규칙적 교체로 볼 수 있다.

3. 雙形 語幹

安秉禧(1959/1978)는 意味上의 同一性 및 語源에 근거를 두어 '니를-'과 '니르-', '누를-'과 '누르-', 'ᄀᆞᅀᆞ멸-'과 'ᄀᆞᅀᆞ며-', '이시-'와 '시-', '구짖-'과 '구짇-', '낟-'과 '낱-', '흗-'과 '흩-', '버믈-'과 '범글-', '져믈-'과 '졈글-', '여믈-'과 '염글-', 'ᄆᆞ니-'와 'ᄆᆞᆫ지-', '두텁-'과 '둗겁-' 등을 雙形 語幹으로 보았다. 이들 가운데에는 이미 앞에서 살펴본 '이시-'와 '시-'처럼 共時的 交替 關係에 있는 것으로 볼 수 없는 것이 몇몇 포함되어 있다. 더구나 意味上의 同一性이 인정되지 않는 것도 있다.

(21) ㄱ. '니를-~니르-'

니를-: 니르러<금삼5,33ㄱ>, 니르롬<원각上1-1,64ㄱ>, 니를오(←니를고)<월석22,21ㄱ>, 니를면<육조下,54ㄱ>, 니를리라<법화4,161ㄴ>

니르-: 니르고<원각下3-2,89ㄱ>, 니르면<금강下,132ㄴ>, 니르리라<원각上1-2,62ㄴ>

ㄴ. '누를-~누르-'

누를-: 누르러<월석11,101ㄴ>, 누르루미<금삼4,43ㄱ>

누르-: 누르고<월석1,43ㄱ>, 누르며<두초22,30ㄴ>

'니르러', '니르롬' 등처럼 모음 어미 앞에서 '니를-'로 나타나는 어간이 자음 어미 및 매개모음 어미 앞에서는 '니를-' 또는 '니르-'로 나타난다. 그런데 자음 어미 및 매개모음 어미 앞에서는 '니를-'과 '니르-'가 隨意的으로 교체한다. 근대국어 이후 모음 어미 앞에서는 '니를-'이, 자음 어미 및 매개모음 어미 앞에서는 '니르-'만 나타나게 되었는데, 현대국어에서는 '러' 變則 用言으로 보고 있다. 현대국어에서는 '러' 변칙 용언에 대해 'X르-'를 기본형으로 설정하여 어간이 아닌 어미가 형태 교체하는 것으로 파악하고 있다. 그러나 15세기 국어에서는 異形態의 分布를 고려할 때, '니를-'을 기본형으로 설정하여 그 어간이 자음 어미 및 매개모음 앞에서 '니르-'로도 교체하는 것으로 봐야 할 듯하다. '니를-~니르-'의 교체는 비자동적 교체이며 음운론적 조건에 따른 불규칙적인 교체이다. 다만, 자음 어미 및 매개모음 어미 앞에서 '니를-'이 '니르-'로 수의적으로 교체하는 것은 'ᄅᆞ/르' 말음 어간(특히, '니르-[至]'의 同音異義語인 '니르-[說]')에 이끌린 것으로 봐야 할 것이다.

'누를-~누르-'도 '누르러', '누르루미' 등처럼 모음 어미 앞에서는 '누를-'로 나타나고, '누르고', '누르며' 등처럼 자음 어미 및 매개모음 어미 앞에서는 '누르-'로 나타난다. '누른<두초3,11ㄱ>, 누를<월석1,22ㄱ>'과 '누르디<월석17,52ㄴ>' 등은 그 어간을 '누를-'로 잡을 수도 있고 '누르-'로 잡을 수도 있다. '누를-~누르-'는 현대국어의 '러' 變則 用言과 그 交替 樣相이 완전히 같다. '니를-~니르-'과 동일하게 15세기 국어에서는 '누를-'을 기본형으로 설정하고 그 어간이 자음 어미 및 매개모음 앞에서 '누르-'로도 교체하는 것으로 봐야 할 듯하다. '누를-~누르-' 교체 또한 비자동적 교체이며 음운론적 조건에 따른 불규칙적 교체이다. 다만, 자음 어미 및 매개모음 어미 앞에서 '누를-'이 '누르-'로 수의적으로 교체하는 것은 'ᄅᆞ/르' 말음 어간(특히, '누르-[黃]'의 동음이의어인 '누르-[壓]')에 이끌린 것으로 봐야 할 것이다.

'푸를-~푸르-'도 이들과 동일한 형태 교체 양상을 보인다. '니를-~니르-', '누를-~누르-', '푸를-~푸르-' 등은 모두 동일한 형태 교체 유형에 속한다.

(22) 'ᄒᆞᇀ-/ᄒᆞᆮ-'

ᄒᆞᇀ-~ᄒᆞᆮ-~ᄒᆞᆫ-: ᄒᆞ터<법화2,189ㄴ>, ᄒᆞ트며<원각上2-2,29ㄴ>

ᄒᆞᆮ-~ᄒᆞᆫ-~ᄒᆞᆯ-: ᄒᆞ러<석상21,31ㄴ>, ᄒᆞ룸<능엄7,54ㄱ>

'ᄒᆞᇀ-'과 'ᄒᆞᆮ-'은 자음 어미 앞에서는 'ᄒᆞᆮ거나<관음,29ㄱ>', 'ᄒᆞᆮ디<월석10,63ㄴ>' 등처럼 'ᄒᆞᆮ-'으로 나타나는데, 모음 어미 및 매개모음 어미 앞에서는 각각 'ᄒᆞᇀ-'과 'ᄒᆞᆮ-'으로 나타난다. 자음 어미 앞의 'ᄒᆞᆮ거나', 'ᄒᆞᆮ디'의 'ᄒᆞᆮ-'은 'ᄒᆞᇀ-'의 교체형으로 볼 수도 있고 'ᄒᆞᆮ-'의 교체형으로 볼 수도 있다. 그런데 'ᄒᆞᇀ-'은 他動詞로, 'ᄒᆞᆮ-'은 自動詞로 쓰이므로[28] 둘 간에는 의미상의 차이가 있고 할 수 있다. 따라서 'ᄒᆞᇀ-'과 'ᄒᆞᆮ-'은 별개 단어로서 共時的 形態 交替形으로 볼 수 없다.

(23) ㄱ. 'ᄂᆞᇀ-/ᄂᆞᆮ-'

ᄂᆞᇀ-~ᄂᆞᆮ-~ᄂᆞᆫ-: 나타<금삼3,55ㄴ>, 나ᄐᆞ며<능엄2,71ㄱ>

ᄂᆞᆮ-~ᄂᆞᆫ-: 나다<법화1,6ㄴ>, 나ᄃᆞ리니<몽법,16ㄱ>

ㄴ. 'ᄆᆞᆫ니-/ᄆᆞᆫ지-'

ᄆᆞᆫ니-: ᄆᆞᆫ녀<월석21,133ㄱ>, ᄆᆞᆫ니시며<석상11,5ㄴ>

ᄆᆞᆫ지-: ᄆᆞᆫ져<월석19,108ㄴ>, ᄆᆞᆫ지시며<월석22,64ㄴ>, ᄆᆞᆫ지거늘<월석1,36ㄴ>

ㄷ. '두터ᇦ-/둗거ᇦ-'

두터ᇦ-~두텁-~두텀-(?): 두텁고<월석2,56ㄱ>, 두터ᄫᅳ니<훈언,15ㄱ>

둗거ᇦ-[둗꺼ᇦ-]~둗겁-[둗껍-]~둗검-[둗껌-](?): 둗겁고<두초9,37ㄴ>, 둗거ᄫᅥ<석상21,39ㄴ>

'ᄂᆞᇀ-'과 'ᄂᆞᆮ-', 'ᄆᆞᆫ니-'와 'ᄆᆞᆫ지-', '두터ᇦ-'과 '둗거ᇦ-' 등도 同義語 또는 類義語 關係에 있는 별개 단어이다. 南星祐(1986)는 이들을 同義 關係에 있는 同義語로

28) 安秉禧・李珖鎬(1990:216) 참조.

파악한 바 있다. 따라서 이들 또한 각각 별개 단어로서 共時的 形態 交替形이 아니다.

(24) ㄱ. '버믈-/범글-'
버믈-~버므-: 버브러<두초3,12ㄱ>, 버믄<능엄9,14ㄱ>
범글-~범그-: 범그러<월석7,64ㄱ>, 범글오(←범글오)<능엄2,29ㄱ>, 범그는<석상13,38ㄴ>
ㄷ. '여믈-/염글-'
여믈-~여므-: 여믈에(←여믈게)<법화3,12ㄴ>, 여므ᄂᆞ니<법화3,11ㄴ>
염글-~염그-: 염글오<구급上,4ㄴ>, 염그러<월석2,41ㄱ>, 염그ᄂᆞ니<월석13,46ㄴ>

安秉禧(1959/1978)는 '버믈-'이 抽象的 概念을 뜻하는 'ᄆᆞᅀᆞᆷ', '시름' 등에, '범글-'은 具體的 概念을 뜻하는 '얼굴', '物'에 연결되는 것이 일반적이고, '여믈-'은 '果物'에, '염글'은 '手足'에 연결되는 것으로 파악하였다. 이를 고려한다면 '버믈-'과 '범글-', '여믈-'과 '염글-' 또한 同義語 또는 類義語 關係에 있는 별개 단어로 봐야 한다. 이들은 각각 별개 단어로서 共時的 形態 交替形이 아니다.

(25) ㄱ. '져믈-/졈글-'
져믈-~져므-: 져므러<월석8,93ㄴ>, 져므ᄃᆞ록<두초25,7ㄴ>
졈글-~졈그-: 졈그ᄃᆞ록<남명上,9ㄴ>
ㄴ. '가ᅀᆞ멸-/가ᅀᆞ며-'
가ᅀᆞ멸-~가ᅀᆞ며-: 가ᅀᆞ며러<월석13,7ㄴ>, 가ᅀᆞ며롬<능엄6,15ㄴ>, 가ᅀᆞ멸오(←가ᅀᆞ멸고)<월석21,150ㄱ>, 가ᅀᆞ멸며<월석13,59ㄴ>
가ᅀᆞ며-: 가ᅀᆞ며(←가ᅀᆞ며어)<원각下3-2,89ㄴ>, 가ᅀᆞ며고<월석1,46ㄱ>, 가ᅀᆞ면<월석13,15ㄱ>

ㄷ. '구짖-/구짇-'

구짓-~구짇-(?): 구지줌<원각下1-1,28ㄱ>, 구지즈며<월석8,74ㄱ>, 구짓고<석상11,26ㄱ>, 구짓ᄂᆞᆫ<석상19,36ㄱ>

구짇-~구짇-: 구지돔<월석4,16ㄱ>, 구지드며<월석17,78ㄱ>, 구지ᄃᆞ니<월석20,5ㄴ>

'져믈-'과 '졈글-', '가ᄉᆞ멸-'과 '가ᄉᆞ며-', '구짓-'과 '구짇-' 간에는 意味上의 차이가 거의 발견되지 않는다. 그러나 '져믈-'과 '졈글-'은 버믈-'과 '버믈-', '여믈-', '염글-'의 活用 樣相이 완전히 같다. 이 고려한다면 '져믈-'과 '졈글-'도 각각 별개의 단어일 가능성이 아주 높다. '가ᄉᆞ멸-'과 '가ᄉᆞ며-', '구짓-'과 '구짇-' 또한 한 단어의 공시적 교체형으로 볼 수 없을 듯하다. 新形과 古形의 관계에 있는 단어일 가능성이 아주 높다.

4. 기타

安秉禧(1959/1978)는 15세기 국어에서 극히 제한된 活用形으로만 쓰이는 不完全 動詞의 예로 'ᄀᆞᆯ-', '달-/도-', '더블-', 'ᄃᆞ리-' 등을 제시하였다.

(26) ㄱ. ᄀᆞᆯ-: ᄀᆞ로ᄃᆡ

ㄴ. 더블-: 더브러<법화2,18ㄴ>, 더브르샤<월석10,8ㄱ>, 더브르시고<석상6,6ㄴ>

ㄷ. ᄃᆞ리-: ᄃᆞ려<월석7,50ㄴ>, ᄃᆞ리고<석상3,42ㄴ>

ㄹ. '달-/도-'

달-: 달라<두초25,18ㄱ>

도-: 도라<월석20,35ㄴ>

이 가운데 활용 어간의 교체에 관련하여 '달-/도-'에 대해서는 짧게나마 언급해 둘 것이 있다. ‘달-’과 ‘도-’는 間接引用 구문에서 命令形 종결어미 ‘-(ᄋᆞ/으)라’와 연결된 활용형으로만 쓰이는 극히 비생산적인 어간으로, 동사 ‘주-’의 補充法的 형태이다. 그런데 ‘달-’과 ‘도-’ 간에는 의미상의 차이가 없다. 둘 다 ‘-(ᄋᆞ/으)라’ 앞에 쓰이므로 無條件 交替形(自由 交替形)으로 볼 수 있다. 新形과 古形의 관계에 있는 형태로 보는 것이 더 적절하지 않을까 한다.

(27) 서술격 조사 ‘-이-~-ㅣ-~-Ø-’
 -이-: 지비러니라<두초15,22ㄴ>, 사ᄋᆞ리로ᄃᆡ<용가,67>, 妄이어니<능엄6,63ㄱ>, 밠둥이오<법화1,55ㄱ>
 -ㅣ-: 젼치니<반야,34ㄱ>, 數ㅣ라<아미,13ㄴ>, 二十五ㅣ라셔<법화5,120ㄴ>
 -Ø-: 어미로니<월석21,55ㄴ>, 조개라<월석2,51ㄴ>

敍述格 助詞(指定接尾辭)는 그 앞에 오는 體言 末音의 음운론적 조건에 따라 ‘-이-~-ㅣ-~-Ø-’로 형태 교체한다. 체언 말음이 자음일 때 ‘-이-’로, 체언 말음이 ‘ㅣ’(單母音이거나 下向 二重母音의 半母音 ‘y’) 이외의 모음일 때 ‘-ㅣ-’로, 체언 말음이 ‘ㅣ’일 때 ‘-Ø-’로 나타난다. 뒤에 오는 어미의 음운론적 조건에 따른 형태 교체는 일어나지 않는다. 한편 ‘어미로니’, ‘사ᄋᆞ리로ᄃᆡ’ 및 ‘二十五ㅣ라셔’ 등처럼 敍述格 助詞가 선어말어미 ‘-오/우-’, ‘ㅗ/ㅜ’ 모음 어미 및 ‘ㅏ/ㅓ’ 모음 어미와 결합할 때 ‘-오/우-’, ‘ㅗ/ㅜ’ 및 ‘ㅏ/ㅓ’가 각각 ‘로’ 및 ‘라’로 바뀌는 현상을 고려하여 서술격 조사의 基本形으로 ‘*-일-’을 설정하기도 하나, 그것을 共時的 교체형의 하나로 설정할 수 없다. 그리고 ‘妄이어니’, ‘밠둥이오’ 등처럼 敍述格 助詞가 선어말어미 ‘-거-’ 및 ‘ㄱ’으로 시작하는 어미와 결합할 때 ‘-거-’ 및 ‘ㄱ’ 어미의 ‘ㄱ’이 ‘ㅇ[ɦ]’으로 바뀌는 현상을 고려하여 서술격 조사의 基本形으로 ‘*-이-[-iy]’를 설정하기도 하나, 이 또한 共時的 交替形의 하나로 설정할 수 없다.

Ⅳ. 結論

이상으로 安秉禧(1959/1978)를 바탕으로 15世紀 國語의 活用 語幹의 共時的인 形態 交替 樣相을 살펴보았다. 우선 15세기 文獻에서 확인할 수 있는 표기형을 통해 그것의 실제 발음형까지 추정하여 活用 語幹의 交替形(異形態)를 파악하고 그 基本形을 설정하였고, 그 다음으로 15世紀 國語의 活用 語幹의 共時的인 形態 交替 條件을 파악하여 그 類型을 구분해 보고자 하였다.

그러나 한 형태소의 共時的 形態 交替 樣相을 명확하게 파악하는 일은 그리 碌碌한 일이 아니다. 특히, 交替 形態인 異形態와 基本形을 어떻게 설정하느냐에 따라 그에 관한 기술 내용이 크게 달라질 수밖에 없다. 본고에서는 活用 語幹의 共時的인 형태 교체 양상을 살펴보는 과정에서 活用 語尾보다 活用 語幹에 초점을 맞추어 活用 語幹의 異形態와 基本形을 설정해 보았다. 그러나 活用 語幹 아닌 活用 語尾에 초점을 맞춘다면 활용 어간의 이형태와 기본형이 전혀 다르게 설정될 수도 있다.

그리고 形態 交替의 條件에 따른 交替의 類型 區分 또한 쉽지 않은 일이다. 형태 교체의 조건과 관련된 用語 및 槪念을 정확하게 적용하여 써야 할 뿐만 아니라 15세기 국어의 音韻現象의 性格을 정확히 파악하고 있어야 한다. 그런 점에서 15세기 국어의 音韻現象의 성격이 다시금 철저히 糾明될 필요가 있다.

또한 基本形이 아닌 基底形의 側面에서 活用 語幹의 形態論的 交替 樣相을 기술하게 되더라도 基底形의 設定 및 그에 관한 形態 交替 記述이 크게 달라질 수 있다. 본고 또한 이러한 難點들로부터 자유롭지 못하다. 이 점 널리 양해해 주길 바라는 바이다.

참고문헌

고영근(1987/1997), 『표준 중세국어 문법론』, 집문당.

南星祐(1986), 『十五世紀 國語의 同義語 硏究』, 탑출판사.

민현식(1996), 「中世國語의 交替 現象 記述에 대한 재검토」, 『李基文 敎授 停年退任 紀念 論叢』, 신구문화사, pp.252~286.

배주채(2011), 『국어 음운론 개설(개정판)』, 신구문화사.

宋喆儀(1987), 「十五世紀 國語의 表記法에 대한 音韻論的 考察」, <국어학> 16, 국어학회, pp.325~360.

安秉禧(1959/1978), 『十五世紀 國語의 活用 語幹에 對한 形態論的 硏究』(國語學 硏究選書 2), 탑출판사.

安秉禧(1967/1978), 「韓國語 發達史 中—文法史—」, 『韓國 文化史 大系 V—言語・文學史(上)—』 고려대학교 민족문화연구소, pp.165~261.

安秉禧・李珖鎬(1990), 『中世國語 文法論』, 학연사.

李基文(1972ㄱ), 『國語史 槪說(개정판)』, 탑출판사.

李基文(1972ㄴ), 『國語 音韻史 硏究』(國語學 叢書 3), 탑출판사.

李翊燮・任洪彬(1983), 『國語 文法論』, 학연사.

이진호(2005), 『국어 음운론 강의』, 삼경문화사.

이혁화(2002), 「교체에 대하여」, <형태론> 4권 1호(통권 7호), 박이정, pp.59~80.

李賢熙(1985), 「'ᄒᆞ다' 語詞의 性格에 대하여-누러ᄒᆞ다類와 엇더ᄒᆞ다類를 中心으로-」, <한신논문집> 2, 한신대학교, pp.221~248.

임홍빈 외 3인(2001), 『바른 국어생활과 문법』, 한국방송통신대학교출판부.

안병희 선생의 국어사 문헌 및 서지 연구

황 선 엽(서울대)

이 글은 안병희 선생님의 논저 중 국어사 문헌 및 서지에 대한 것들을 정리한 것이다. 安秉禧先生一週忌追慕行事準備委員會에서 2007년에 만든 선생의 논저 목록에서 문헌이나 서지에 관련된 글들만을 뽑아 이들을 바탕으로 논의하였다. 여러 차례의 수정을 거쳐 선생의 논저 목록을 만들어 제공해 주신 이호권 교수를 비롯한 여러 분들께 감사의 뜻을 표한다. 이 목록이 없었다면 이 글을 쓰기 위한 기초 작업이 매우 힘들었을 것이다.

필자가 맡은 분야가 선생의 업적 중 문헌 및 서지 연구 분야여서 이에 관한 논문만을 뽑은 것이나 실제로 선생의 업적에서 문헌 및 서지에 대한 것과 국어사 연구에 관한 것이 확연히 구분되지는 않는다. 이 점에 대해서는 1992년에 선생의 업적 중 국어사와 관련된 것들을 선별하여 『國語史 硏究』와 『國語史 資料 硏究』로 묶어 낼 때 머리말에서 선생께서도 직접 다음과 같이 언급하신 바가 있다.

(1) 책에 실린 글들은 모두 국어사 연구와 관련된 것이다. 그것을 文法史, 訓民正音, 借字表記法 등 본격적인 국어사 연구와 문헌 자료에 대한 書誌的인 연구의 두 책으로 나누었다. 그러나 이 分冊은 반드시 엄격하지 않다. 예컨대 훈민정음과 차자 표기법에 관한 글 가운데는 서지적 연구라 할 것이 있고, 서지적 연구라고 한 글에는 오히려 본격적인 국어사 연구라 할 것이 있다. 이것은 저자의 공부하는 태도에 말미암는다. 저자는 국어사 연구가 자료를

> 정확하게 다루는 데서 출발하여야 한다는 신념을 갖고 있다. 우선 문헌 자료의 성격을 분명히하고, 자료에 나오는 글자 하나도 소홀히하지 않아야 그 연구 결과가 믿을 수 있다고 생각한다. 이 생각은 저자가 처음으로 발표한 『重刊杜詩諺解』에 대한 글에서부터 변치 않고 있다. 그러므로 글들을 두 책으로 나눈 일은 책의 분량에 대한 고려가 더 크게 작용한 결과이다.

즉 선생의 학문은 서지적 연구와 국어사 연구가 혼재되어 있어서 어느 한 논문이 꼭 어느 쪽에만 해당한다고 선을 긋기 어려운 것이다. 선생께서도 이 점을 잘 알고 계셨고 또 그것이 선생이 학문을 하는 기본 태도임을 밝히고 있는 것이다. 하지만 필자가 맡은 분야의 소임을 다하기 위해서는 대상 목록을 추려 낸 후 그것을 중심으로 논의를 진행하지 않을 수 없어 다소 자의적인 측면이 있을지라도 필자의 기준에 따라 선생의 업적 중 문헌 및 서지 연구 분야에 속한다고 판단되는 것들을 가려 뽑았다. 이렇게 뽑힌 논문이 대략 80여 편인데 이 목록을 이 글 말미에 부록으로 첨부하였다. 다른 분야를 맡은 분들이 뽑은 목록과 다소 중복되는 것들이 있겠지만 꼭 한 논문을 한 분야의 업적으로만 다루어야 하는 것은 아닐 것이다. 문헌 및 서지 연구에 대한 글들을 연대별로 살펴보면 1970년대 21편, 1980년대 24편, 1990년대 26편, 2000년대(2006년까지) 12편으로 1970년 이후 10년 단위로 큰 기복 없이 20～25편 정도가 된다. 즉 문헌 및 서지에 대한 글들이 평균적으로 1년에 2～3편씩 꾸준히 쓰여진 것인바 40대 이후로는 이 분야가 선생의 연구에 중심으로 자리잡게 되었음을 확인할 수 있다.

선생의 문헌 및 서지에 대한 글들은 다음의 책들에 거의 재수록이 되어 있다.

(2)

1992. 9. 國語史 硏究, 문학과 지성사, 470면.

1992. 12. 國語史 資料 硏究, 문학과 지성사, 579면.

2007. 10. 訓民正音硏究, 서울대학교출판부, 348면.
2009. 10. 國語史 文獻 硏究, 신구문화사, 498면.

부록에 제시된 글들 중『國語史 硏究』에 9편,『國語史 資料 硏究』에 30편,『國語史 文獻 硏究』에 25편,『訓民正音硏究』에 7편이 재수록되어 있는데 <훈민정음>과 관련된 글들은 중복되어 재수록되기도 하였다. 구체적인 재수록 현황은 부록에 모두 정리를 해 두었다. 필자가 뽑은 목록 중 (2)의 책들에 재수록되지 않은 글들은 다음과 같다.

(3)

1971. 9. 해제: 訓民正音・月印釋譜・杜詩諺解・六祖壇經・內訓, 국어학자 료 선집Ⅱ, 국어학회편, 일조각, pp.343-352. [1972년판부터는 pp.309-318].

1975. 12. 臺灣公藏의 韓國本에 대하여, 한국학보 1, 일지사, pp.88-124.

1978. 12. 16・7 世紀의 國語史 資料에 대하여(제21회 전국 국어국문학회 연구발표대회 발표요지), 국어국문학 78, 국어국문학회, pp.148-149.

1983. 10. 吏讀文獻 吏文大師에 대하여, 동방학지 38, 연세대 국학연구원, pp. 331-374.[*吏文과 吏文大師(1987)에 '吏文大師'로 개제 재수록, pp.21-74.]

1985. 12. 江華의 金屬活字紀念碑 斷想, 동양학간보 3, 단국대학교 동양학연구소, pp.47-49.

1991. 2. 古書目錄書의 活用을 위하여, 민족문화회보 24, 민족문화추진회, pp. 2-3.

1992. "On Kyunyŏ's Books in Korean," *BRUNO LEWIN ZU EHREN: Festschrift aus Anlaß seines 65. Geburtstages*, Band Ⅲ KOREA, Koreanistische und andere asienwissenschaftriche Beiträge, pp.25-32.

1992. 10. 우리나라의 옛 책, 출판문화저널.

1994. 12. <聖觀自在求修六字禪定> 解題, 계간서지학보 14, 한국서지학회, pp. 127-131.

1996. 1. <增定吏文・增定吏文續集・比部招議輯覽> 解題, 계간서지학보 17,

한국서지학회, pp.147-157.[*崔世珍硏究(2007)에 재수록, pp.161-176]

1997. 12. 해제: 능엄경언해 권9(장1-26), 겨레문화 11, 한국겨레문화연구원, 권말 pp.-ii.

1999. 9. (文化書堂 2) 類合, 한글+한자문화 9월호(통권 2), 전국한자교육추진총연합회, pp.69-72.

2004. 6. 千字文 解題, 한국정신문화연구원 장서각명품(1) 千字文 영인본, 별책(팜플렛)해제, 한국정신문화연구원.

2004. 11. <杜詩諺解> 권17-19 影印 解題, 한국어연구 2, 한국어연구회, pp. 99-104.

이 중 「吏讀文獻 吏文大師에 대하여」(1983)는 『吏文과 吏文大師』(1987)에 재수록되었고 「<增定吏文・增定吏文續集・比部招議輯覽> 解題」(1996)은 『崔世珍硏究』(2007)에 재수록되었다. 나머지 글들은 대개 영인을 위한 해제의 성격을 지닌 것들로 매우 단편적인 글들이다. 따라서 이들은 단행본으로 묶을 만한 성격의 글들이 아니다. 이 글에서는 (2)의 책들에 실린 글들을 주로 참고하였다. 이 책들을 이용하면 선생의 국어사 문헌 관련 논문들을 일일이 여러 학술지에서 번거롭게 찾지 않아도 쉽게 찾아볼 수 있다. 또한 이 책들은 원 출처의 논문에 있던 오류와 오자가 상당히 수정되어 있다는 점에서도 유용하다. 이호권 교수에 따르면 예전의 열악한 출판 상황으로 인해 선생의 논문에 오탈자가 많이 있었는데 선생께서는 잘못된 글자들을 낱낱이 찾아서 별쇄본에 일일이 교정을 한 후 표지에 '校正本'이라 써 놓으셨다고 한다. 선생께서 돌아가신 후 유고집을 간행할 때 이 교정본의 도움을 많이 받아서 논문의 오류를 수정할 수 있었다고 하니 대체적으로는 원 논문 대신 재수록된 글을 참조하는 것이 학술적으로 더 도움이 되리라 생각한다. 선생의 업적을 단행본으로 묶어 내는 데에도 여러 선배 학자들의 많은 수고가 있었음을 알기에 다시 한번 감사를 드린다.

선생께서 문헌 및 서지 연구에 대해 가지고 있던 생각과 학문에 대한 기본 태도는 "국어사를 전공하였으나 그 중에서도 그 기초가 되는 국어사 자료의 조사와 연구가 주류를 이룬 것이 바로 그러한 태도에 말미암는다. 그 조사와 연구는 자료를 철저하게 검증하고 정확하게 해석하여 자료의 이용이 과장되거나 허황되게 하지 않으려 하였다. <나의 책 나의 학문(2000), 새국어생활 10-2>"라는 말에 잘 나타나 있다. 국어사 연구를 위한 기초로 문헌 및 서지에 대한 이해가 필수적이며 이를 바탕으로 자료를 철저히 검증하고 정확히 해석해야 한다는 것이 선생의 평생 지론이셨고 이를 후학들에게 언행으로 직접 지도하셨기에 선생의 제자들은 그런 태도를 본받고자 노력하였다. 이것이 하나의 학풍을 이루었고 지금까지도 문헌자료에 접근하는 기본 입장이 되고 있음은 오로지 선생의 영향이라 하겠다.

선생께서 국어사 연구에 있어 문헌 및 서지에 대한 검토가 중요함을 느끼고 관심을 가지게 된 계기에 대해서는 다음의 내용을 참조할 수 있다.

(4)

ㄱ. 내 학문을 말할 때에 빠뜨려서 안 될 것은 국문과 합동 연구실이다. (중략) 환도 직후에 도서관 서고에서 선배가 뽑아 놓은 양장본과 한적을 옮겨 와 서가에 꽂았는데, 한적은 奎章閣도서를 제외한 일반 고도서에서 국어사 자료가 거의 망라되었다. 『楞嚴經諺解』, 『法華經諺解』, 『圓覺經諺解』 등 刊經都監의 언해본 등이 그 속에 포함되었음은 물론이다. 오늘날에는 영인본으로 이들을 손쉽게 이용할 수 있었지만, 원전으로만 이용할 수밖에 없었던 때에 마음 내키는 대로 수시로 열람할 수 있은 것은 지금 생각해도 꿈같은 일로 여겨진다. 뒤에 도서관에서 회수하여 갈 때까지 나는 이들 책들을 읽고 자료를 수집하였다. 그때 수집된 자료는 지금까지 내가 활용하고 있으니 그 도서의 고마움은 이루 말할 수 없이 크다.

ㄴ. 환도 직후에 유족이 기증한 선생의 수많은 옛 전적을 정리하는 일에 참여하게 되었고, 뒤에 자세히 읽은 선생의 논문을 통하여 서지학의 식견을 조금이나마 갖게 된 것은 오로지 선생의 學恩이 아닐 수 없다.

ㄷ. 학계에 처음으로 발표한 논문은 一石선생의 회갑기념논문집에 실은 『重

刊杜詩諺解』에 나타난 t구개음화에 대한 것이다. 1957년의 일이니 대학을 졸업한 이듬해가 된다. 내용은 어떤 음운변화의 연대를 그 변화가 확인되는 문헌 자료의 연대만으로 추정하여서는 변화의 연대가 정확하지 않다는 주장을 담은 것이다. 배경이 된 방언이 다르면 변화가 나타나는 문헌 자료의 연대가 일치하지 않을 수 있음을 구개음화의 예증으로 논한 것이다. 그리하여 국어사 연구에 문헌 자료의 연대뿐 아니라 간행 지역 등도 고려되어야 한다고 한 것이다. 지금 생각하면 이 글은 내 국어학 연구의 첫 성과면서 그 이후의 연구가 조금씩 이와 관련된 점으로 그 방향을 결정하여 준 것이 아닌가 한다.

<나의 책 나의 학문(2000), 새국어생활 10-2>

(4ㄱ)과 같이 중요한 15세기의 문헌 자료를 직접 접할 수 있는 환경이 마련되어 있었고 (4ㄴ)과 같이 방종현 선생의 자료를 조사하고 정리하는 것을 계기로 서지학에 대한 식견을 갖출 기회를 일찍이 얻게 되었으며 이 과정에서 (4ㄷ)과 같이 국어사 연구에서는 문헌의 특징에 대한 고려가 반드시 필요하다는 태도가 매우 초기부터 확립이 되었던 것이다. 따라서 문헌이나 서지를 본격적으로 다룬 것이 아닌 선생의 다른 논저에서도 문헌이나 서지에 대한 기초적 검토가 중요하다는 태도는 항상 반영되어 있었다고 할 것이다.

그러나 1960년대까지는 선생은 문헌 자료 자체나 서지적 사항에만 초점을 둔 연구는 발표하지 않으셨다. 본격적인 문헌 및 서지 연구는 선생이 40대로 접어들 무렵인 1971년에 동방학지에 발표한 "改刊 法華經諺解에 대하여"가 처음이다. 그리고 이후로 지속적으로 문헌 및 서지적인 연구가 나오게 된다. 이에 대해서 선생은 다음과 같이 말씀한 바 있다.

(5) 1970년대에 들면서 나는 중세어 문법과 전혀 무관하지 않으나 결코 그 본령이 아닌 국어사 자료에 대한 조사와 연구로 방향을 바꾸게 되었다. 어쩌면 최초의 논문인 『重刊杜詩諺解』에 대한 글에서 제기한 국어사 자료인 문헌 하나하나에 대한 철저한 검토를 하기 시작한 셈이다. 그 검토는 一蓑 선생이

돌아가신 뒤로 국어학계에서 돌보지 않던 서지학적인 데에 초점을 맞추면서 문헌이 갖는 국어사 자료로서의 의의를 구명하는 작업이었다. 널리 이용되던 자료의 성격도 새로이 밝힌 것이 있으나, 새로운 중세어 자료도 발굴하여 학계에 소개하였다. 발표 순서대로 들어보면 『改刊法華經諺解』, 『新增類合』, 『呂氏鄕約諺解(원간본)』, 『六字神呪』, 『重刊警民編』, 『阿彌陀經諺解(활자본)』, 『法集別行錄諺解』, 『月印釋譜』 권11, 12, 『五大眞言(한글판)』, 『于公奏議輯覽, 擇稿輯覽, 奏議駁稿輯覽』, 『神仙太乙紫金丹』 등 10여 종이나 된다.

한편으로 1979년에 [중세어의 한글자료에 대한 종합적인 고찰]이란 논문으로 그때까지 내가 조사한 중세어의 한글 문헌을 모두 소개하였다. 그 뒤로 발굴된 자료로서 보완되어야 할 부분이 꽤 있지만, 중세어 자료에 관한 한은 종래의 연구를 일신한 것으로 감히 생각하고 있다. 이 밖에 국어사 자료를 다루는 기본적인 문제를 논의하는 글 2편이 있다. 최초의 논문에서 이미 말한 바와 같이 문헌 자료의 성격은 간행의 연대뿐 아니라 지역이 고려되어야 하지만, 중세어 자료를 다루면서 그 밖에 편찬 태도도 참작되어야 함을 알게 되었다. 편찬 태도는 비슷한 연대의 언해본에서 의역과 직역이라는 번역 양식에 따라 같은 원전이 사뭇 다른 성격의 자료를 보인다. 이를 다룬 것이 하나이고, 다른 하나는 자료의 검증과 해석 문제를 다룬 것이다. 문헌 자료에 나타나는 오자와 탈자를 바로잡지 않고 그대로 이용하여 일어난 잘못된 서술이 국어사에 있는가 하면, 올바로 된 자료를 잘못 읽고 해석한 결과로 생긴 엉뚱한 서술이 있음을 예증으로 하여 국어사 자료를 올바르게 이용하였으면 하는 의도로 쓴 글이다. 이들은 위의 새로 발굴한 자료의 소개와 함께 모두 1992년의 『國語史資料硏究』에 수록되어 있다.

<나의 책 나의 학문(2000), 새국어생활 10-2>

1970년대에 들어오면서 선생의 연구 방향이 문헌 중심으로 바뀌게 되었음을 밝히고 이후에 지속된 연구들을 간결하게 정리한 것이다. 또한 문헌 자체에 대한 서지적인 연구 외에 나아가 언해의 번역 양식, 문헌 자료의 오자와 탈자에 대한 문제 등도 논의하였다.

선생께서는 오자와 탈자 문제 나아가 자료 오독의 문제에 대해서는 매우 엄밀한 태도를 유지하셨다. 필자 역시 국어사 논문들을 심사할 때 자료의 오독이나 인용시의 오류 등에 대해 매우 민감한 태도를 견지하고 있는데 이는 전적으로 선생의 자료를 다루는 엄격한 태도에 가르침을 받은 결과라 생각한다. 선생의 표현을 빌리자면 "국어사 자료에 대한 서지학의 검토가 먼저 있어야 한다. 그 검토에는 올바른 띄어 읽기와 엄격한 교감이 포함된다. <『國語史 資料 硏究』 제2장 「국어사 자료의 誤字와 誤讀」 42쪽>"라고 밝힌 바와 같이 자료의 형태서지적 측면이나 간행 시기, 간행지와 같은 자료의 외적인 요소 외에 내용서지적인 측면에 대한 깊이 있는 통찰이 반드시 필요하다 할 것이다.

선생의 문헌 및 서지 연구에서 빼놓을 수 없는 업적으로 부록에 제시한 80여 편의 글 외에 『민족문화대백과사전』의 여러 문헌에 대한 기술 항목과 『규장각소장어문학자료 어학편』의 감수가 있다. 『민족문화대백과사전』의 집필 항목에 대해서는 이호권 교수 등이 작성한 선생의 논저 목록에 언급이 되어 있지만 『규장각소장어문학자료 어학편』에 대해서는 선생의 업적을 논할 때 자칫 누락하기가 쉽다. 『규장각소장어문학자료 어학편』은 수년 간에 걸친 사업 끝에 2001년 2월에 <해설>편과 <목록 · 서지>편의 2책으로 간행이 된 것인데 이에 대해 선생은 다음과 같이 특기하신 바 있다.

> (6) 국어사 자료의 연구로서 최종 보고서가 아직 나오지 않았으나 만몽어의 역학서를 제외한 규장각의 국어사 자료에 대한 해제와 서지를 교열한 일을 덧붙이고자 한다. 李相澤 교수가 규장각 관장으로 있을 때에 기획하여 착수한 [규장각소장 어문학자료의 문헌학적 정리]란 연구 사업(1998-2000)에서 국어사 자료에 관한 것은 거의 모든 원고를 혼자서 교열하였다. 자랑처럼 되어 쑥스럽지만 교열은 흔한 교열처럼 형식적이 아니라 실질적으로 행하였다. 제출된 대학원생들과 그 출신의 원고에 잘못이나 미흡함이 있으면 철저하게 수정하고 보완하였다. 연구 사업의 결과보다는 그러한 교열로써 강의로는 할 수 없는 서지학 내지 국어사 자료 연구의 연습을 한 점으로 나는 큰 보람을 느낀다.
> <나의 책 나의 학문(2000), 새국어생활 10-2>

필자 역시 이 사업에 참여한 덕으로 문헌 자료를 대하는 기본적인 방법과 태도를 배웠고 이것이 그 후로의 학습이나 연구에 큰 도움이 되었었다. 필자가 작성한 초고에 대해 선생께서 치밀하고 정밀한 교열을 해 주신 원고를 수도 없이 받아 보았으나 당시에는 선생 당신이 이 사업에 대해 그렇게까지 의미를 부여하고 계신 줄은 알지 못했다. 선생은 이 사업을 통해 후학들에게 강의에서는 다할 수 없는 자료에 대한 서지적인 접근과 그 내용 분석에 대한 훌륭한 가르침을 주셨던 것이다.

선생의 문헌에 대한 관심은 국외로까지 이어졌다. 이에 대해 선생은 다음과 같이 언급하였다.

> (7) 1973년 가을부터 1975년 봄까지 하버드 옌칭학사의 장학금으로 일본과 대만의 국어사 자료를 조사할 기회를 갖게 되었다. 주요한 도서관의 한국본, 특히 국어사 자료는 꽤 조사하여 앞에 새로 발굴한 자료로 든 몇은 그때 찾아낸 것이다.
>
> <나의 책 나의 학문(2000), 새국어생활 10-2>

일본과 대만에 있는 한국본 및 국어사 문헌들을 조사하여 새로운 자료를 찾아내기도 했던 것이다. (3)에 제시된 단행본으로 묶이지 않은 글 중 '1975. 12. 臺灣公藏의 韓國本에 대하여, 한국학보 1, 일지사, pp.88-124.'가 그러한 연구 결과로 나온 것인데 이 글은 분량도 상당하고 선생께서도 상당히 의의를 두어 기술한 역작이다. 다만 이 글에서 다루어진 문헌의 대부분이 국어사와는 관련이 없어서 1992년에 『國語史 研究』와 『國語史 資料 研究』를 간행할 때 선생의 뜻에 따라 단행본에 이 글을 수록하지 않았다고 한다. 이는 선생께서 서지학에 무척 조예가 깊으셨고 실제로 그러한 결과를 남기기도 하셨지만 선생의 연구는 서지학 자체를 위한 것이 아니라 오로지 국어사 연구를 위한 자료로서의 문헌 연구에 기반하고 있는 것임을 명확히 보여준다.

이러한 선생의 뜻을 살려 선생님께서 돌아가신 3주기 되는 해인 2009년에 후학들이 편집하여 간행한 『國語史 文獻 硏究』에도 이 글을 수록하지 않았다고 한다.[1)]

문헌 및 서지에 대한 연구와는 약간 거리가 있다고 할 수 있을지 모르지만 선생이 중점을 두어 연구하신 분야의 하나로 이두나 구결과 같은 차자표기 자료에 대한 것도 고려의 대상이 될 필요가 있다. (7)에 이어서 선생은 다음과 같이 밝히셨다.

> (8) 그런데 나에게는 구결 자료를 조사하는 계획도 있었다. 구결을 인쇄한 16세기의 『書傳大文(乙亥字本)』, 『周易大文』과 함께 붓으로 써 넣은 『心經附註』, 『初發心自警文』 등을 조사하였는데, 특히 후자는 큰 의미가 있다. 당시는 구결의 연구가 인쇄 자료를 대상으로 행해지고 필사 자료는 외면되고 있었다. 구결을 언제 써 넣었다는 기록이 없어서 자료의 연대가 확인되지 않기 때문이다. 그러나 임진란에 일본에 간 것이 분명한 문헌에 쓰여진 구결은 연대의 하한이 분명하다. 다행히 위에 말한 두 책을 조사하게 되어 그곳의 구결을 기준으로 하여 붓으로 써 넣은 중세국어 구결도 연구할 수 있게 된 것이다. 그 결과와 인쇄된 구결에 대한 연구가 학위논문인데, 색인을 붙이고, 제목을 좀 일반적인 것으로 바꾸어 출간한 1977년의 『中世國語 口訣의 硏究』가 바로 그것이다.
>
> 이와 비슷한 시기부터 이두에 대한 논문을 발표하였다. 1977년의 『養蠶經驗撮要』, 『牛馬羊猪染疫治療方』에 나타난 이두를 비롯하여 『大明律直解』의 이두와 이두의 학습서에 대한 글들이다. 그 학습서로서 『吏文大師』와 『吏文』을 처음으로 학계에 소개하였다. 먼저 관아의 이두 문서에서 요긴한 한자성어와 이두를 가려내어 『吏文』이 편찬되었고 이것을 약간 보완하여 『吏文大師』가 이루어진 사실, 『吏文』의 한 異本 간기가 1658년(효종 9)인 점으로 거기의 이두 독법이 적어도 17세기 중엽까지 소급되는 사실 등을 밝히게 된 것이다. 이들 학습서에 대한 논문이 1987년 國語學硏究選書의 하나로 출간된 『吏文과

1) 이러한 사실은 한국어문교육연구회의 제208회 전국학술대회에서 토론을 맡아 주신 이호권 교수가 토론문을 통해 알려 주셨다. 이 외에도 이 글을 수정하는 데 있어 이호권 교수의 토론문에 의지한 바가 많다.

吏文大師』에 수록되었다. 그 뒤에 다시 『吏文』 3종, 『吏文大師』 4종의 異本을 조사하였는데, 『吏文大師』의 한 책에는 1679년(숙종 5)의 간기가 있다. 17세기 이후로 이들 학습서가 널리 보급된 사실을 다시 확인하였으므로 최근에 논문으로 학술지에 기고하였다.

(8)에 언급된 글 중에는 구결이나 이두 자체에 대한 국어사적 내용만을 다룬 것도 있으나 대개는 해당 자료에 대한 기초적인 소개와 서지적 검토가 포함되어 있으므로 선생의 문헌 및 서지 연구에서 이 분야도 포함하여 다룰 필요가 있다고 생각한다.

이 외에 선생의 문헌 및 서지 연구의 특징들로는 다음과 같은 것을 들 수 있다. 첫째 선생은 새로운 자료가 출현하거나 발굴됨에 따라 연속적으로 논의를 보완하고 수정하였다. <훈민정음> 해례 관련 논의, 이두 및 이문 관련 논의, 『능엄경언해』에 관한 논의 등이 그러한 예이다. 특히 <훈민정음> 해례 관련 논의는 지속적으로 이루어져 한 권의 책을 엮을 정도가 되었다. 대개 한번 정리된 논의에 대해서는 부분적으로 새로운 내용이 밝혀졌다 하더라도 다시 쓰기가 쉽지 않으며 설사 고쳐 쓴다 하더라도 이를 지속적으로 하기는 어렵다. 그러나 선생은 많은 업적을 남기시는 가운데에서도 지난날의 잘못을 바로 잡아 수정하거나 새롭게 알려진 내용을 보완하기 위해서 이전에 썼던 내용들을 바탕으로 지속적인 작업을 하셨던 것이다. 둘째 선생의 관심은 국어사 전반에 걸치는 것이기는 하였지만 후기 중세국어 자료에 대한 집중적인 고찰을 그 특징으로 한다. 근대국어 시기 문헌이나 고려 시대 자료에 관한 일부 논의가 있지만 대다수의 논문은 후기 중세국어 자료에 집중되어 있다. 이는 아마도 선생께서 주로 관심을 가지셨던 15세기 문법에 대한 고찰과 관련되어 있는 것이기도 하겠으나 살피고 검토해야 할 자료는 많고 시간은 제약되어 있었기에 15세기와 16세기 자료부터 정리하려 하셨던 것 때문이 아닐까 감히 추측하여 본다. 셋째 선생의 주요 관심은 후기 중세국어 자료였으나 앞서 언급하였듯이 고대 및 전기 중세국어 자료는 물론 근대국어 자료에 대해서도 업적을 남기고 계실 만큼 국어사 모든 시기의 자료들을 두루 포괄하여 그 연구의 대상으로 하였다. 이러한 경향은 한글 자료를 넘어서 차자표기 자료, 간본을 넘어서 필사본 자료에 대한 연구로 선생의 연구가 나아갔음을 통해 확인할 수 있다.

문헌 및 서지 연구에 대한 선생의 업적을 정리하는 것은 필자의 천학과 능력 부족으로 매우 어려운 일이기에 소략하게나마 선생께서 남기신 업적의 목록을 정리하고 그 내용을 간략히 살피는 것으로 대신하였다. 선생의 학덕을 기리는 자리에 참여하게 된 것을 행운으로 생각한다.

안병희 선생 문헌 및 서지 연구 목록

1970. 11. 肅宗의 訓民正音後序, 낙산어문 2, 서울대 문리대 국어국문학회, pp. 10-12.
[*국어사연구(1992)에 재수록, pp.208-214.]
[*훈민정음연구(2007)에 재수록, pp.107-115.]

1971. 3. 改刊 法華經諺解에 대하여, 동방학지 12, 연세대 동방학연구소, pp. 235-246.
[*국어사자료연구(1992)에 '改刊 法華經諺解'로 개제 재수록, pp.278-290.]

1971. 9. 해제: 訓民正音 · 月印釋譜 · 杜詩諺解 · 六祖壇經 · 內訓, 국어학자료 선집Ⅱ, 국어학회편, 일조각, pp.343-352. [1972년판부터는 pp.309-318].

1972. 6. 壬辰亂直前 國語史資料에 관한 二三 問題에 대하여, 진단학보 33, 진단학회, pp.81-102.
[*국어사자료연구(1992)에 '임진란 직전의 국어사 자료'로 개제 재수록, pp.88-115.]

1972. 11. 新增類合 解題, 동양학총서 2, 단국대 동양학연구소, pp.215-236.
[*국어사자료연구(1992)에 재수록, pp.415-437.]

1973. 6. 中世國語 硏究資料의 性格에 대한 硏究: 飜譯樣式을 중심으로 하여, 어학연구 9-1, 서울대 어학연구소, pp.75-86.
[*국어사자료연구(1992)에 '중세국어 연구 자료의 성격'으로 개제 재수록, pp.11-27.]

1974. 6. 釋譜詳節의 校正에 대하여, 국어학 2, 국어학회, pp.17-29.
[*석보상절 제3 주해(천병식, 아세아문화사, 1985)에 재수록, pp. 217-230.]
[*국어사자료연구(1992)에 '釋譜詳節의 校正'으로 개제 재수록, pp. 43-56.]

1974. 12. 內閣文庫所藏 石峰千字文에 대하여, 서지학 6, 한국서지학회, pp.29-42.
[*국어사자료연구(1992)에 '內閣文庫 소장 石峰千字文'으로 개제 재수록, pp.448-461.]

1975. 9. 古書의 紙背文書에 대하여: 排字禮部韻略에 보이는 牒呈을 중심으로, 도서관보 11, 서울대 도서관, pp.2-10.
[*국어사자료연구(1992)에 '古書의 紙背文書'로 개제 재수록, pp.197-211.]

1975. 10. 呂氏鄕約諺解의 原刊本에 대하여, 학술원논문집(인문・사회과학편) 14, 대한민국학술원, pp.393-412.
[*국어사자료연구(1992)에 '呂氏鄕約諺解의 原刊本'으로 개제 재수록, pp.310-334.]

1975. 12. 臺灣公藏의 韓國本에 대하여, 한국학보 1, 일지사, pp.88-124.

1976. 8. 訓民正音의 異本, 진단학보 42(제4회 한국고전연구 심포지움), 진단학회, pp.191-195.
[*국어사연구(1992)에 재수록, pp.179-185.]
[*훈민정음연구(2007)에 재수록, pp.3-10.]

1976. 8. 童蒙先習과 그 口訣, 김형규교수 정년퇴임기념논문집, 서울대 사대 국어교육과, pp.269-277.
[*국어사자료연구(1992)에 '童蒙先習'으로 개제 재수록, pp.438-447.]

1976. 9. 呂氏鄕約諺解 解題, 동양학총서 5, 단국대 동양학연구소, pp.283-302.
[*국어사자료연구(1992)에 '呂氏鄕約諺解'로 재수록, pp.335-353.]

1976. 11. 中世語의 口訣記寫 資料에 대하여, 규장각 1, 서울대 도서관, pp.51-65.
[*서울대학교 박사학위논문: 中世國語의 口訣表記借字에 관한 研究]
[*국어사문헌연구(2009)에 '중세어의 口訣記寫 資料'로 개제 재수록, pp.113-131.]

1977. 7. 中世語資料 '六字神呪'에 대하여, 이숭녕선생고희기념 국어국문학논총, 탑출판사, pp.157-166.

[*국어사자료연구(1992)에 '六字神呪'로 개제 재수록, pp.396-406.]

1977. 9. 養蠶經驗撮要와 牛疫方의 吏讀의 硏究, 동양학 7, 단국대 동양학연구소, pp.3-22.
[*국어사연구(1992)에 '養蠶經驗撮要와 牛疫方의 이두'로 개제 재수록, pp.328-362.]

1978. 9. 二倫行實圖・警民編 解題, 동양학총서 6, 단국대 동양학연구소, pp.389-407.
[*국어사자료연구(1992)에 '二倫行實圖와 警民編'으로 개제 재수록, pp.291-309.]

1978. 11. 眞言勸供・三壇施食文諺解 解題, 국학자료총서 2, 명지대학 국어국문학과, pp.1-14.
[*국어사자료연구(1992)에 재수록, pp.261-271.]

1978. 12. 16・7 世紀의 國語史 資料에 대하여(제21회 전국 국어국문학회 연구발표대회 발표요지), 국어국문학 78, 국어국문학회, pp.148-149.

1979. 12. 中世語의 한글資料에 대한 綜合的인 考察, 규장각 3, 서울대 도서관, pp.109-147.
[*국어사자료연구(1992)에 '중세국어의 한글 자료'로 개제 재수록(서영 추가), pp.497-556.]

1980. 10. 阿彌陀經諺解 活字本에 대하여, 난정남광우박사 화갑기념논총, 일조각, pp.375-382.
[*국어사자료연구(1992)에 '활자본 阿彌陀經諺解'로 개제 재수록, pp.229-237.]

1982. 4. 千字文의 系統, 정신문화 12, 한국정신문화연구원, pp.145-161.
[*국어사자료연구(1992)에 재수록, pp.179-196.]

1982. 12. 國語史資料의 書名과 卷冊에 대하여, 관악어문연구 7, 서울대 국어국문학과, pp.269-292.
[*국어사자료연구(1992)에 '국어사 자료의 書名과 卷冊'으로 개제 재수록, pp.66-87.]

1983. 10. 吏讀文獻 吏文大師에 대하여, 동방학지 38, 연세대 국학연구원, pp.

331-374.
[*吏文과 吏文大師(1987)에 '吏文大師'로 개제 재수록, pp.21-74.]

1983. 11. 世祖의 經書口訣에 대하여, 규장각 7, 서울대 도서관. pp.1-14.
[*국어사자료연구(1992)에 '世祖의 經書 口訣'로 개제 재수록, pp.147-165.]

1983. 12. 國語史資料의 整理를 위하여: 基本資料의 選定 및 複製와 관련하여, 한국학문헌연구의 현황과 전망, 아세아문화사, pp.295-310.
[*국어사문헌연구(2009)에 '국어사 자료의 정리'로 개제 재수록, pp.216-235.]

1983. 12. 語錄解 解題, 한국문화 4, 서울대 한국문화연구소, pp.153-170.
[*국어사자료연구(1992)에 재수록, pp.474-494.]

1984. 12. 典律通補와 그 吏文에 대하여, 목천유창균박사 환갑기념논문집, 계명대출판부, pp.347-362.
[*국어사연구(1992)에 '典律通補와 그 吏文'으로 개제 재수록, pp.408-423.]

1985. 10. 別行錄節要諺解에 대하여, 건국어문학 9·10(김일근박사 화갑기념논총), 건국대 국어국문학 연구회, pp.887-901.
[*국어사자료연구(1992)에 '別行錄節要諺解'로 개제 재수록, pp.354-370.]

1985. 11. 孝經諺解와 孝經口訣, 역사언어학(김방한선생회갑기념논문집), 전예원, pp.45-55.
[*국어사자료연구(1992)에 재수록, pp.462-473.]

1985. 11. 諺解의 史的 考察, 민족문화 11, 민족문화추진회, pp.7-26.
[*국어사문헌연구(2009)에 '언해의 역사'로 개제 재수록, pp.24-49.]

1985. 12. 大明律直解 吏讀의 硏究, 규장각 9, 서울대학교 도서관, pp.1-22.
[*국어사연구(1992)에 '大明律直解의 이두'로 개제 재수록, pp.363-396.]

1985. 12. 江華의 金屬活字紀念碑 斷想, 동양학간보 3, 단국대학교 동양학연구소, pp.47-49.

1986. 2. 吏讀의 學習書에 대하여, 제1차 KOREA학 국제교류 세미나 논문집 (1983), 중국 목단강시: 흑룡강조선민족출판사, pp.126-133.
[*이문과 이문대사(1987)에 '吏讀의 學習書'로 개제 재수록, pp.7-20.]
[*국어사연구(1992)에 '이두의 학습서'로 개제 재수록, pp.397-407.]

1986. 10. 訓民正音解例本의 復元에 대하여, 국어학신연구(약천김민수교수 화갑기념), 탑출판사, pp.927-936.
[*국어사연구(1992)에 '훈민정음 해례본의 복원'으로 개제 재수록, pp.186-195.]
[*훈민정음연구(2007)에 재수록, pp.11-24.]

1986. 12. 이두 문헌 <吏文>에 대하여, 배달말 11, 경상대 배달말학회, pp.1-41(부록포함).
[*이문과 이문대사(1987)에 '吏文'으로 개제 재수록, pp.75-91.]
[*국어사연구(1992)에 '이두 문헌 「이문」'으로 개제 재수록, pp.424-437.]

1987. 3. 한글판 <오대진언>에 대하여, 한글 195, 한글학회, pp.141-164.
[*국어국문학 95(국어국문학회, 제29회 전국국어국문학연구발표대회 발표요지, 1986. 5.), pp.747-749.]
[*국어사자료연구(1992)에 '한글판 五大眞言'으로 개제 재수록, pp. 238-260.]

1987. 6. 月印釋譜 권11・12에 대하여, 국어생활 9, 국어연구소, pp.113-126.
[*국어사자료연구(1992)에 '月印釋譜 권11, 12'로 개제 재수록, pp. 215-228.]

1987. 11. 國語史資料로서의 三國遺事: 鄕歌의 解讀과 관련하여, 삼국유사의 종합적 검토(제4회 국제학술회의논문집), 한국정신문화연구원, pp.533-543.
[*국어사자료연구(1992)에 재수록, pp.166-178.]

1987. 12. 均如의 方言本 著述에 대하여, 국어학 16, 국어학회, pp.41-54.
[*국어사연구(1992)에 '均如의 方言本 저술'로 개제 재수록, pp.314-327.]

1987. 12. 吏文과 吏文大師, 국어학연구선서 11, 탑출판사, pp.1-144.
[*Ⅰ.이두의학습서에 대하여(1986), Ⅱ.이두문헌 이문대사에 대하여(1983), Ⅲ.이두문헌 이문에 대하여(1986)를 합편 간행.]

1988.1.1. 壬辰亂 때의 假名 표기 國語 資料: 陰德記의 「高麗詞之事」에 대하여, 국어교육월보, p.3.
[*국어사문헌연구(2009)에 '『陰德記』의 「高麗詞之事」'로 개제 재수록, pp.415-417.]

1988. 7. 崔世珍의 吏文諸書輯覽에 대하여, 주시경학보 1, 탑출판사, pp.49-68.
[*국어사자료연구(1992)에 '吏文諸書輯覽'으로 개제 재수록, pp.371-395.]
[*서지학보 8(한국서지학회, 1992)에 '增定于公奏議·駁稿·奏議擇稿輯覽 해제'로 부분 수정 재수록, pp.131-144.]

1989. 12. 國語史資料의 誤字와 誤讀, 이정정연찬선생 회갑기념논총, 탑출판사, pp.738-751.
[*국어사자료연구(1992)에 재수록, pp.28-42.]

1990. 9. 奎章閣所藏 近代國語資料의 書誌學的 檢討, 계간서지학보 2, 한국서지학회, pp.3-21.
[*국어사자료연구(1992)에 '규장각 소장 근대국어 자료'로 개제 재수록, pp.116-134.]

1990. 11. 訓民正音諺解의 두어 문제, 국어국문학논총(벽사이우성선생 정년퇴직기념), 여강출판사, pp.21-33.
[*국어사연구(1992)에 재수록, pp.196-207.]
[*훈민정음연구(2007)에 재수록, pp.91-105.]

1991. 2. 古書目錄書의 活用을 위하여, 민족문화회보 24, 민족문화추진회, pp.2-3.

1991. 9. 神仙太乙紫金丹 解題, 계간서지학보 6, 한국서지학회, pp.155-160.
[*국어사자료연구(1992)에 재수록, pp.272-277.]

1991. 12. 月印千江之曲의 校正에 대하여, 석정이승욱선생회갑기념논총, pp.169-177.

[*국어사자료연구(1992)에 '月印千江之曲의 校正'으로 개제 재수록, pp.57-65.]

1992. "On Kyunyŏ's Books in Korean," BRUNO LEWIN ZU EHREN: Festschrift aus Anlaß seines 65. Geburtstages, Band Ⅲ KOREA, Koreanistische und andere asienwissenschaftriche Beiträge, pp. 25-32.

1992.7.20. 類合, 한국 教科書 2000年(3), 교원복지신보, p.3.
[*국어사자료연구(1992)에 재수록, pp.407-414.]

1992. 9. 國語史 研究, 문학과 지성사, pp.1-470.

1992. 10. 우리나라의 옛 책, 출판문화저널.

1992. 12. 國語史 資料 研究, 문학과 지성사. pp.1-579.

1992. 12. 增定于公奏議・駁稿・奏議擇稿輯覽 해제, 계간서지학보 8, 한국서지학회, pp.131-144. [*崔世珍의 吏文諸書輯覽에 대하여(주시경학보 1, 탑출판사, 1988)을 부분 수정 재수록.]

1992. 12. 月印千江之曲解題, 영인본 월인천강지곡, 문화재관리국, pp.1-87.(별책).
[*국어사문헌연구(2009)에 '『月印千江之曲』'으로 개제 재수록, pp. 239-254.]

1992. 12. 初期佛經諺解와 한글, 불교문화연구 3, 영취불교문화연구원, pp.23-41.
[*국어사문헌연구(2009)에 재수록, pp.50-65.]

1993. 6. <月印釋譜>의 編刊과 異本, 제20회 한국고전연구심포지엄: 월인석보의 종합적 검토, 진단학보 75, 진단학회. pp.183-195.
[*국어사문헌연구(2009)에 재수록, pp.255-270.]

1994. 12. <聖觀自在求修六字禪定> 解題, 계간서지학보 14, 한국서지학회, pp. 127-131.

1996. 1. <增定吏文・增定吏文續集・比部招議輯覽> 解題, 계간서지학보 17, 한국서지학회. pp.147-157.
[*崔世珍研究(2007)에 재수록, pp.161-176]

1996. 6. 老乞大와 그 諺解書의 異本, 인문논총 35, 서울대 인문학연구소, pp.1-

20.
[*국어사문헌연구(2009)에 재수록, pp.378-401.]

1997. 6. 杜詩諺解의 書誌的 考察, 한국문화 19, 서울대 한국문화연구소, pp.1-29.
[*杜詩와 杜詩諺解 研究(한국정신문화연구원 인문연구실 편, 태학사, 1998)에 재수록, pp.109-139.]
[*국어사문헌연구(2009)에 '『杜詩諺解』의 서지'로 개제 재수록, pp. 356-377.]

1997. 11. 訓民正音序의 '便於日用'에 대하여, 어문학논총(청범 진태하교수계칠 송수기념), 태학사, pp.621-628.
[*훈민정음연구(2007)에 재수록, pp.81-90.]

1997. 12. 해제: 능엄경언해 권9(장1-26), 겨레문화 11, 한국겨레문화연구원, 권말pp. i - ii.

1997. 12. 活字本 楞嚴經諺解 解題: 권1 · 10을 中心으로, 영인본 대불정여래밀인수증료의제보살만행수능엄경, 문화재관리국, pp.1-62.(별책).
[*국어사문헌연구(2009)에 재수록, pp.271-301.]

1997. 12. 訓民正音 解例本과 그 複製에 대하여, 진단학보 84, 진단학회, pp. 191-202.

1998. 12. 刊經都監의 諺解本에 대한 研究, 月雲스님 古稀紀念佛教學論叢, 동국역경원, pp.603-627.
[*국어사문헌연구(2009)에 재수록, pp.66-93.]

1998. 12. 法華經諺解의 書誌, 서지학보 22, 한국서지학회, pp.3-33.
[*국어사문헌연구(2009)에 '刊經都監의 언해본'으로 재수록, pp.312-341.]

1999. 5. 王室資料의 한글筆寫本에 대한 國語學的 檢討, 장서각 창간호, 한국정신문화연구원, pp.1-20.
[*국어사문헌연구(2009)에 '왕실 자료의 한글 필사본'으로 개제 재수록, pp94.-112.]

1999. 9. (文化書堂 2) 類合, 한글+한자문화 9월호(통권 2), 전국한자교육추진

총연합회, pp.69-72.

1999. 12. 이문(吏文)과 이문대사(吏文大師)를 다시 논함, 겨레문화 13, 한국겨레문화연구원, pp.3-27.
[*국어사문헌연구(2009)에 재수록, pp.425-449.]

1999. 12. 活字本 <楞嚴經諺解>의 再論: 그 권10 完本을 중심으로, 서지학보 23, 한국서지학회, pp.5-14.
[*국어사문헌연구(2009)에 재수록, pp.302-311.]

2000. 12. <通文館志>의 刊行과 그 史料 檢證, 규장각 23, 서울대학교 규장각, pp.47-70.
[*국어사문헌연구(2009)에 재수록, pp.154-178.]

2001. 4. <上院寺重創勸善文>에 대하여, 韓日語文學論叢(梅田博之敎授古稀記念), 태학사, pp.465-481.
[*국어사문헌연구(2009)에 재수록, pp.342-355.]

2001. 12. <吏讀便覽>에 대하여, 서지학보 25, 한국서지학회, pp.5-34.
[*국어사문헌연구(2009)에 '『吏讀便覽』'으로 개제 재수록, pp.450-476.]

2001. 12. <震覽> 解題, 서지학보 25, 한국서지학회, pp.219-222.
[*국어사문헌연구(2009)에 '『震覽』'으로 개제 재수록, pp.477-480.]

2002. 6. <訓民正音>(解例本) 三題, 진단학보 93, 진단학회, pp.173-197.
[*훈민정음연구(2007)에 재수록, pp.45-80.]

2002. 12. 內賜本의 한 硏究, 장서각 8, 한국정신문화연구원, pp.5-30.
[*국어사문헌연구(2009)에 '內賜本'으로 개제 재수록, pp.132-153.]

2003. 5. <大明律直解>의 書名, 한국어연구 1, 한국어연구회, pp.117-140.
[*국어사문헌연구(2009)에 재수록, pp.179-196.]

2004. 6. 千字文 解題, 한국정신문화연구원 장서각명품(1) 千字文 영인본, 별책(팜플렛)해제, 한국정신문화연구원.

2004. 11. <杜詩諺解> 권17-19 影印 解題, 한국어연구 2, 한국어연구회, pp.99-104.

2004. 11. <洪武正韻譯訓>과 그 卷首의 編次에 대하여, 한국어연구 2, 한국어

연구회, pp.5-30.

[*국어사문헌연구(2009)에 '<洪武正韻譯訓>과 그 卷首의 編次'로 개제 재수록pp.197-215.]

2004. 12. <童子習口訣>에 대하여: 誠庵本의 解題를 겸하여, 서지학보 28, 한국서지학회, pp.233-247.

[*국어사문헌연구(2009)에 '『童子習口訣』-성암본을 중심으로-'로 개제 재수록, pp.402-414.]

2006. 12. 國語史研究와 한글資料, 국어사 연구 어디까지 와 있는가, 국어사 학술 발표대회 논문집(2005. 4), 연세대학교 국학연구원, 임용기・홍윤표 편, 태학사, pp.71-85.

[*국어사문헌연구(2009)에 재수록, pp.11-23.]

2009. 10. 國語史 文獻 研究, 신구문화사, pp.1-498.

원고본 원본 청구영언 해제 - 이겸로 소장본 영인본 해설(서울대 국어국문학과 원고지 30매)

[*국어사문헌연구(2009)에 '원본 『青丘永言』'으로 개제 재수록, pp.418-424.]

안병희 선생의 敬語法 研究

이 승 희(상명대)

1. 서론

안병희 선생의 書誌學, 語文 政策, 訓民正音 研究에 비하면 敬語法 研究 論文의 수는 그리 많다 할 수 없지만, 國語史 研究에서 그 중요성과 영향력은 가히 지대하다 말할 수 있다. 현재 국어사 연구에서 중세국어 경어법과 관련하여 당연한 지식으로 받아들이는 많은 사실이 안병희 선생의 연구에서 처음 밝혀지고 자리 잡게 되었음을 확인할 수 있다. 또한 연구 방법에 있어서도 철저한 자료 분석과 비교, 호응 관계 검토 등 사실을 규명하는 체계적이고 엄정한 과정을 제시하였다는 점에서 이후의 국어사 연구에 큰 영향을 미쳤다고 생각된다.

본고에서는 안병희 선생의 경어법 연구, 그 중에서도 恭遜法과 謙讓法 연구의 내용과 의미를 살펴보고자 한다.[1] 대명사 '그듸'나 'ᄌᆞ갸', 조사 'ㅅ', 접미사 '-님'과 '-내' 등 [+높임]의 자질을 지닌 단어나 문법형태소의 경우도

1) '경어법'과 관련해서는 학자들마다 견해가 엇갈리는 만큼 용어 역시 통일되지 않고 있다. 본고에서는 안병희 선생의 논저에 사용된 존경법, 겸양법, 공손법이란 용어를 사용하되, 필요에 따라 학교 문법에서 사용하는 주체높임법, 객체높임법, 상대높임법이란 용어도 사용할 것이다.

'경어법' 연구에 속하지만 이 부분은 다른 논문에서 다루기로 하고, 여기에서는 語尾로 실현된 공손법과 겸양법의 경우에 초점을 맞추기로 한다.

2. 안병희 선생의 공손법 연구

현재 국어사 연구에서는 15세기 상대높임법(공손법) 체계를 'ᄒᆞ쇼셔체, ᄒᆞ야쎠체, ᄒᆞ라체'로 실현되는 3등급 체계로 보는 것이 일반적이다.[2] ᄒᆞ쇼셔체와 ᄒᆞ라체의 경우는 근대국어 시기까지 지속되었을 뿐만 아니라 현대국어에도 흔적이 남아 있는 만큼 그 의미 기능을 파악하는 것이 어렵지 않았을 것이나, ᄒᆞ야쎠체의 경우는 15세기에도 예가 많지 않고 16세기에 소멸하였기 때문에 초창기 국어사 연구에서 논란이 있었을 법하다. 예를 들어 이숭녕(1961/1981)에서는 恭遜法을 설명하면서 'ᄒᆞᄂᆞᆼ다'는 '上稱', 'ᄒᆞᇰ다'는 '中稱', 'ᄒᆞᄂᆞᆺ가'는 '中稱', 'ᄒᆞᆺ가'는 '中稱上' 등으로 그 등급을 각기 달리 제시하였다. 그런데 안병희(1965: 1992에 재수록[3])에서는 'ᄒᆞᄂᆞᆼ다, ᄒᆞᇰ다, ᄒᆞᄂᆞᆺ가, ᄒᆞ야쎠' 등이 하나의 공손법 등급에 속한다는 것, 그리고 이들이 ᄒᆞ쇼셔체와 ᄒᆞ라체 사이에 위치하는 '중간' 등급이라는 점을 규명함으로써 15세기 국어 공손법 체계를 ᄒᆞ쇼셔체, ᄒᆞ야쎠체, ᄒᆞ라체의 3등급 체계로 확정하였다는 점에서 큰 의의가 있다.[4]

그런데 이 논문은 ᄒᆞ야쎠체의 형태를 확인하고 중간 등급으로 확정하였

---

2) 종결형태 '-니, -리' 등을 포함한 이른바 '반말' 혹은 '반말체'도 존재하는데, 이를 15세기 상대높임법 체계에 어떻게 포함시킬 것인지는 여전히 논의가 필요한 문제이다.

3) 안병희(1961, 1965, 1982가, 1982나)는 모두 안병희(1992)에 재수록된 것을 참고하였으므로 본고에서는 출전을 표시할 때 안병희(1961/1992:면 수)와 같이 한다.

4) 안병희(1967)에서는 "現代語의 '하오'체에 맞먹는 것에, 語尾 '-ᅌ(說明法), ᆺ(疑問法)'과 '-야쎠(命令法)'이 있다. … 이들은 'ᄒᆞ야쎠'體라 한다."라고 설명하였다.

다는 사실뿐만 아니라 공손법 등급을 확인하기 위한 방법론의 측면에서도 그 의의를 찾아볼 수 있다. 상대높임법 연구에서 높임 등급을 확인할 때 가장 먼저 고려해야 할 기준은 물론 화자와 청자의 上下 關係(혹은 尊卑 關係)이다. 화자와 청자 사이에는 나이, 친족 관계, 계급, 사회적 신분 등에 따른 상하 관계가 성립하고 이것이 언어적으로 표현되는 것이 상대높임법이기 때문이다. 그러나 그와 동시에 이러한 장면상의 근거만으로 상대높임법 등급을 파악할 수 없다는 것 역시 명백한 사실이다. 화자와 청자의 상하 관계(혹은 존비 관계)란 부모-자식, 왕-신하, 스승-제자 등과 같이 고정된, 불변하는 경우도 있지만 또 다른 한편으로는 화자의 주관적 판단에 따라, 화자와 청자를 둘러싼 환경에 따라 매우 유동적인 것이기도 하기 때문이다. 더구나 국어사 연구에서는 현대국어의 경우와 달리 문헌에 등장한 대화를 통해 상대높임법을 파악해야 하므로 화자의 의도라든가 청자와의 관계를 파악하기가 더 어렵다. 따라서 중세국어의 상대높임법 등급을 파악함에 있어서 화자와 청자의 신분 관계라는 장면상의 근거뿐만 아니라 그 외의 문법적 근거가 필요하다.

안병희(1965/1992)에서는 ᄒᆞ야쎠체가 '중간' 등급이라는 사실을 입증하는 주요 근거로 'ᄒᆞᄂᆡᆼ다, ᄒᆞᄂᆡᆺ가, ᄒᆞ야쎠' 등이 '너'보다 존칭인 '그듸'와 호응한다는 사실을 제시하였다.5) 실제로 15세기 문헌에서 ᄒᆞ야쎠체가 '그듸'와 함께 나타난 예를 들어보면 다음과 같다.

5) 15세기에 '그듸/그디/그ᄃᆡ'는 ᄒᆞ쇼셔체, ᄒᆞ야쎠체, ᄒᆞ라체 모두와 호응할 수 있었는데, 2인칭 대명사 '너'는 ᄒᆞ쇼셔체, ᄒᆞ야쎠체와 호응한 예가 없다는 사실을 통해 '그듸'가 '너'보다는 존칭임을 알 수 있다. 안병희(1965/1992)에서도 2인칭 대명사 '그듸'의 경어법상 기능을 규명하기 위해 일반 복수접미사 '-ᄃᆞᆶ'이 아닌 높임의 자질을 지닌 복수접미사 '-내'와만 결합한다는 사실, '그듸'가 ᄒᆞ쇼셔체, ᄒᆞ라체와도 호응한 예가 존재하므로 '중간적 성격'을 지님을 알 수 있다는 점 등을 제시하였다.

(1) 가. 그 ᄯᆞᆯ ᄃᆞ려 무로ᄃᆡ 그ᄃᆡᆺ 아바니미 잇ᄂᆞ닛가 … 보아져 ᄒᆞᄂᆞ다 ᄉᆞᆯᄫᅡ ᄡᅧ <석상 6:14b>
나. 對答호ᄃᆡ 그듸ᄂᆞᆫ 아니 듣ᄌᆞᄫᆡᆺ더시닛가 <석상 6:17a>
다. 帝 … 后ᄭᅴ ᄉᆞᆯ오샤ᄃᆡ 어제 그ᄃᆡᆺ 마ᄅᆞᆯ 드로니 ᄆᆞᅀᆞ매 來往ᄒᆞ야 닛디 몯ᄒᆞ리로쇵다 <내훈2:88b>

또한 ᄒᆞ야쎠체 문장에서 청자가 주체일 때 높임의 선어말어미 '-시-'가 결합하기도 하고, 결합하지 않기도 하였다는 사실도 ᄒᆞ야쎠체가 '중간' 등급을 알 수 있는 근거로 삼았다. 15세기 ᄒᆞ야쎠체의 예가 많지 않고 청자가 주체인 예는 더욱 적지만, 그래도 선어말어미 '-시-'의 결합 양상이 갈린 사례를 다음과 같이 확인할 수 있다.

(2) 가. 主人이 므슴 차바ᄂᆞᆯ 손ᅀᅩ ᄃᆞᆫ녀 ᄆᆡᇰᄀᆞ노닛가 太子ᄅᆞᆯ 請ᄒᆞᅀᆞᄫᅡ 이받ᄌᆞᄫᆞ려 ᄒᆞ노닛가 大臣ᄋᆞᆯ 請ᄒᆞ야 이바도려 ᄒᆞ노닛가 <석상 6:16a>
나. 그듸ᄂᆞᆫ 아니 듣ᄌᆞᄫᆡᆺ더시닛가 <석상 6:17a>

이처럼 화자와 청자의 신분 관계라는 장면상의 근거뿐 아니라 2인칭 대명사와의 호응이나, 청자가 주체일 때 선어말어미 '-시-'의 결합 여부 등 문법적 근거를 중시한 방법론을 제시한 것은 경어법 연구의 역사에서 중요한 의미를 지닌다고 생각된다.

한편, 안병희(1965/1992)의 각주 7에서는 ≪釋譜詳節≫, ≪月印釋譜≫에 등장하는 종결형 '-니, -리'도 '그듸'와 호응하며, 상대가 주체인 동작에 선어말어미 '-시-'를 연결한다는 점을 들어 "ᄒᆞ야쎠체에 준하는 등급"이라 언급한 바 있어 주목된다. 같은 시기 연구인 이숭녕(1961/1981)에서는 ≪龍飛御天歌≫와 ≪月印千江之曲≫ 같은 詩歌에 등장하는 '-니, -리'는 "명확히 글 끝을 맺지 않고 여운을 남기는 특이한 終結形"이고, ≪月印釋譜≫ 등에서 일반 회화에 등장하는 '-니, -리'는 敬語法의 中稱으로 '반말투'라고 설명한 바 있다.

그리고 이후의 연구에서 고영근(1987/2010:326)에서는 15세기 존비법(상대높임법) 체계에 ᄒᆞ쇼셔체, ᄒᆞ야쎠체, ᄒᆞ라체와 별도로 '-니, -리, -고라'가 포함된 '반말'을 설정하고 "중세국어의 반말은 ᄒᆞ라체와 ᄒᆞ야쎠체 사이를 왕래하는 것"으로 규정하였다. 15세기 문헌에 등장하는 '-니, -리'는 몇몇 문헌에만 제한적으로 보이고 빈도도 높지 않다 보니[6] 중세국어 상대높임법 등급을 설명할 때 간혹 제외되기도 한다. 그러나 이들의 존재는 상대높임법의 발달 및 변천 과정, 특히 중간 등급의 변화와 ᄒᆞ소체의 등장 등을 설명함에 있어서 매우 중요한 역할을 한다고 생각되며, 이에 대한 논의가 보다 확대될 필요가 있다고 본다.

또 한 가지 주목할 만한 부분은, 안병희(1982나/1992)에서 공손법과 존경법, 겸양법의 상호 관계, 변화와 관련하여 "공손법을 사용하는 문 안에 청자 지칭의 명사구가 등장하면, 그 명사구에 대한 존경법과 겸양법은 제3자를 상대한 문에서보다 두드러지게 사용된다."고 지적한 것, 그리고 근대국어에서 '-숩-'이 공손법으로 기능이 변화하기 이전, 이미 중세국어 이두 자료에서 '白'이 겸양법 외에 공손법으로 사용된 예가 있다고 지적한 것이다.[7] 간략한 언급이기는 하지만 이는 근대국어 이후 '-숩-'이 공손법으로 기능이 변화하게 된 원인과 과정을 밝히는 데 시사하는 바 크다.

6) 중세국어 문헌에 등장하는 모든 '-니, -리' 종결 형태를 동일하게 보아야 하는지에 대해서는 의견이 엇갈린다. ≪석보상절≫이나 ≪월인석보≫의 대화에 등장하는 종결 형태 '-니, -리'는 이인칭 대명사 '그듸'와 호응하고, 청자가 주체인 경우에 '-시-'가 결합하기도 하는 등 'ᄒᆞ야쎠체'와 유사한 양상을 보여준다. 다만 이들은 대개 의문문으로 쓰였다. 그에 비해 ≪용비어천가≫와 ≪월인천강지곡≫에 등장하는 종결어미 '-니, -리'('숣뇌, 안기숩뇌'의 예도 존재)는 의문문뿐만 아니라 평서문으로도 쓰였다는 점에서 차이를 보인다. 그리고 동일 문헌에 나타난 다른 종결 형태가 'ᄒᆞ쇼셔체'라는 점에서 이들이 '중간 등급'을 표시하는 것인지 확신하기 어렵다.

7) ≪救荒撮要≫에 실린 1567년 <李澤啓文> 등에서 이러한 용법이 보인다고 한다(안병희 1982나/1992: 134).

3. 안병희 선생의 겸양법 연구

선어말어미 '-숩-'의 의미 기능과 그 변화에 대한 연구는 국어사 연구에서 가장 논의가 활발했던 주제 중의 하나이다. 후기 중세국어에서 '-숩-'의 의미 기능을 어떻게 파악할 것인가 하는 문제부터 근대국어 이후 청자에 대한 높임 표시로 변화하게 된 원인, 그리고 전기 중세국어 시기 차자 표기 자료에 등장하는 '白'의 기능과 관련한 문제까지 논란은 여전히 진행 중이다. 안병희(1961, 1982가)에서는 후기 중세국어의 선어말어미 '-숩-'의 기능에 대한 여러 견해를 비판적으로 검토하고 새로운 견해를 제기한 바 있는데, 이를 요약, 정리하면 다음과 같다.

가. 청자에 대한 화자의 겸양을 표시한다고 보는 견해. 화자 자신 또는 제3자의 동작을 상위자인 청자에게 말할 때 동작을 낮추어 표현함으로써 청자에 대한 존경이 표시된다고 보았다. 小倉進平(1929), 김형규(1947) 등.

나. 객체에 대한 화자의 높임을 표시한다고 보는 견해. 허웅(1954: 1961에서 改稿)에서는 '-숩-'을 客語-넓은 의미에서 목적어, 여격어, 처소격어 포함-를 높이는 경어법으로 파악하였다.

다. 尊者에 대한 卑者의 동작을 표시한다고 보는 견해.[8] 전재관(1958)에서는 尊者인 객어와 卑者인 주어의 대립 관계를 화자가 파악하여 卑者의 동작을 '-숩-'으로 표시한다고 보았다.[9]

라. 주체와 화자의 겸양을 표시한다고 보는 견해. 안병희(1961)에서는 어떤 동작·상태 또는 판단에 관계하는 인물이 동작·상태 또는 판단의 주

8) 이숭녕(1962) 등에서도 같은 견해가 제시되었고, 객체를 주체와 대비시켜 존대하는 경어법으로 본 이익섭(1974)도 "객체와 주체(화자 아닌) 간의 존비 관계만이 경어법을 결정 짓는 주요 요인"이라 하여 '-숩-'의 사용과 화자의 관계를 배제하였다. 다만 인물의 존비관계를 판정하는 것이 화자이므로 화자가 달라지면 동일한 주체 객체 사이도 존비관계가 달리 파악된다고 보았다.

9) 이러한 설명은 일본 학자인 時枝誠記의 경어론과 흡사한 면이 있다고 한다(안병희1961/1992: 60).

체와, 동시에 그것을 진술하는 화자보다 존귀할 때 '-숩-'이 쓰인다고 보았다.

(가~라) 중에서 (가)의 경우는 주로 근대국어 이후에 확인되는 것으로, 15세기 '-숩-'의 의미 기능으로 보기는 어렵다. 따라서 후기 중세국어 '-숩-'의 의미 기능에 대한 설명으로는 (나~라)가 유효한데, 이후의 연구들도 대체로 이들 견해와 일치하거나 이를 전제로 한 설명을 제시하고 있다.[10)]

이들 견해는, 첫째, 객체 또는 객어를 어떻게 볼 것인가 하는 점에서 차이를 보인다. (나)와 (다)에서는 '-숩-' 사용의 기본 전제가 '존귀한 객체(또는 객어)'의 존재인데, 이는 주체 또는 주어에 대비되는 용어로 동작의 대상이 되는 인물이고, 문장성분으로는 목적어나 부사어로 실현된다. 그에 비해 (라)에서는 존귀한 인물이 목적어나 부사어로 나타나지 않고, 생략되었다고 보기도 어려운 상황에서 '-숩-'이 쓰인 예도 있다는 점을 들어 '객체'나 '객어' 대신 "어떤 동작·상태 또는 판단에 관계하는 인물"이라고 기술한다.

둘째, 이들은 '-숩-'의 사용과 관계된 상하 관계(또는 존비 관계)의 당사자를 파악하는 데 있어서, 다시 말해 존대 또는 겸양의 주체를 누구로 보는가 하는 점에서도 차이를 보인다. (나)에서는 화자가 자신과 객체를 비교하여 '화자보다 객체가 존귀할 때' '-숩-'이 사용된다고 본다.[11)] 그에 비해 (다)에서는 '尊者인 객어와 卑者인 주어의 대립 관계'가 성립할 때, 즉 (화자가 판단하기에) 주어보다 객어가 존귀할 때 '-숩-'이 사용된다고 본다. 이들과 달리 (라)

---

10) 현재 학교 문법에서 '객체높임법'에 대한 설명은 허웅(1954/1961)의 견해를 계승하고 있다. 다른 한편 고영근(2010)에서 '겸손법'에 대해, 화자 또는 서술자가 인식하기에 주어 명사구가 목적어 명사구나 부사어 명사구가 가리키는 인물보다 지위가 낮을 때 선어말어미 '-숩-'이 쓰이는 것으로 설명한 것은 (다)의 견해와 통한다.

11) 안병희(1961)에서는 허웅(1954)에서 객체를 존대하는 것이 누구인지 명시되지는 않았으나 사례 설명 등을 통해 객체를 존대하는 것은 '화자'로 파악된다 설명하였다. 그런데 허웅(1954)의 改稿인 허웅(1961)의 객체존대설에서는, 비록 명시되지는 않았지만, 객체가 (화자뿐 아니라) 주체보다 높아야 한다는 조건이 완전히 배제되지는 않았다.

에서는 존귀한 인물이나 그 인물과 관련된 것에 대비되는 것이 동작이나 상태의 주체와 화자 둘 다라고 본다.

후기 중세국어 선어말어미 '-ᅀᆞᆸ-'의 의미 기능에 대한 안병희 선생의 견해는 (라)에서 보인 '주체겸양법'으로 대표되는데, 이후 다소 변화를 보인다. 안병희(1961/1992)에서는 당시 선어말어미 '-ᅀᆞᆸ-'의 의미 기능과 관련된 여러 견해를 비교, 비판하고 '주체겸양법'이라는 새로운 견해를 제시하였다. '주체겸양법'이 그 이전의 견해와 차별화된 것은, 앞서도 설명하였듯이 '-ᅀᆞᆸ-'의 사용에 목적어 또는 부사어 등으로 나타나는 '존귀한 객체 또는 객어'의 존재가 필수적이라 보지 않고, 객어 대신 '어떤 동작, 상태 등과 관련된 존귀한 인물'을 든 점과, ('주체겸양법'이라는 용어를 사용하기는 하였지만) 존귀한 인물과 대비되는 상대가 '-ᅀᆞᆸ-'이 결합하는 용언의 '주체'뿐만 아니라 화자도 포함된다고 본 점이다.[12)]

허웅(1954/1961)이나 전재관(1958)에서는 문장에서 목적어나 부사어로 실현되는 客語가 화자보다 높은 인물이거나 卑者인 주어에 비해 尊者일 때 '-ᅀᆞᆸ-'이 쓰인다고 설명하였다. 실제로 후기 중세국어 문헌에서 '-ᅀᆞᆸ-'이 쓰인 예들을 살펴보면 대부분 목적어나 부사어로 나타난 인물이 화자보다 혹은 주어보다 상위자로 나타남을 확인할 수 있는데, 전형적인 예를 들어보면 다음과 같다.

(3) 가. 耶輸ㅣ 니ᄅᆞ샤ᄃᆡ … 내 太子ᄅᆞᆯ 셤기ᅀᆞᄫᆞᄃᆡ 하ᄂᆞᆯ 셤기ᅀᆞᆸ돗 ᄒᆞ야 ᄒᆞᆫ 번도 디만ᄒᆞᆫ 일 업수니 <석상 6:4a>

나. 부톄 目連이ᄃᆞ려 니ᄅᆞ샤ᄃᆡ 네 迦毗羅國에 가아 아바ᇝ긔와 아ᄌᆞ마

12) 안병희(1961/1992)의 끝에 제시한 補註에서는 "이 접미사는 동작의 주체뿐 아니라 화자 자신의 겸양(동작에 관계있는 인물에 대한)도 간접적으로 표현된다. 따라서 이 명칭도 적절한 것이 못 된다. … 현재로는 이 전제가 성립되지 못하므로 스스로 불만이지만, '주체겸양법'이라고 불러두는 바이다."라고 하여 명칭이 주장의 내용을 다 담지 못하는 문제점을 언급한 바 있다.

님ᄭᅴ와 아자바님내ᄭᅴ 다 <u>安否ᄒᆞᅀᆞᆸ고</u> <석상 6:1a-b>

(3가)에서는 話者이자 주어인 耶輸에 비해 목적어인 '太子, 하ᄂᆞᆯ'이 존귀한 대상, 즉 尊者이며 그에 따라 동사 '셤기-'에 '-ᅀᆞᆸ-'이 결합한 것이고, (3나) 역시 話者인 부처, 그리고 주어인 목련보다 부사어인 '(부처의) 아바님, 아ᄌᆞ마님, 아자바님'이 상위자이므로 동사 '安否ᄒᆞ-'에 '-ᅀᆞᆸ-'이 결합한 것으로 볼 수 있다.

그런데 안병희(1961/1992)에서는 '-ᅀᆞᆸ-'이 결합된 용언의 대상이 되는 客語가 없거나, 생략되었다고 보기도 어려운 예들이 존재함을 들어 높임 혹은 겸양의 대상을 '객체, 객어'로 명시하는 것의 문제점을 지적하였다. 그러한 예 중 몇 개를 들어 보면 다음과 같다.

(4) 가. 고지 프고 여름 <u>여ᅀᆞᄫᆞ니</u> <월석 21:2b>
나. 優曇鉢羅ㅣ 부텨 나샤ᄆᆞᆯ 나토아 金고지 <u>퍼디ᅀᆞᄫᆞ니</u> <월석 2:44b>
다. 이제 ᄯᅩ 내 아ᄃᆞᄅᆞᆯ ᄃᆞ려가려 ᄒᆞ시ᄂᆞ니 眷屬 <u>ᄃᆞ외ᅀᆞᄫᅡ셔</u> 셤굔 일도 이러홀쎠 <석상 6:5b>
라. 四天王이 [⋯] 부텨ᄭᅴ 솔ᄫᆞᄃᆡ 우리ᄃᆞᆯ히 부텻 弟子ㅣ <u>ᄃᆞ외ᅀᆞᄫᅡ</u> 부텨ᄭᅴ 法을 듣ᄌᆞᄫᅡ 須陁洹ᄋᆞᆯ 일우ᅀᆞᄫᆞ니 <월석 10:12a>
마. 七寶 바리예 供養ᄋᆞᆯ 담ᄋᆞ샤미 四天王ᄋᆡ <u>請이ᅀᆞᄫᆞ니</u> <월곡 32a>
바. 羅睺羅ᄂᆞᆫ 이 부텻 <u>아ᄃᆞ리ᅀᆞ오니</u> <법화 4:48b>

예 (4가, 나)에서 자동사인 '열-', '퍼디-'의 경우는 목적어나 부사어가 상정될 수 없다. (4다, 라)의 경우는 보어를 넓은 의미에서 부사어와 같은 客語에 포함시킨다 하더라도 '眷屬'이나 '부텻 弟子'가 화자이자 주어인 耶輸와 四天王 자신이기 때문에 이들을 높이거나 혹은 이들에 대해 겸양을 표시한다는 것이 마땅하지 않다. (4마, 바)와 같이 서술격조사에 '-ᅀᆞᆸ-'이 결합된 경우도 목적어나 부사어 등의 객어 상정이 어렵다.[13] 그러나 여기에서 '-ᅀᆞᆸ-'이 결합된 용언과 서술격조사 모두 '부처'라고 하는 존귀한 인물과 관련된 사건의 영향을 받고 있음은 분명하다. 이 때문에 안병희(1961/1992)에서는 '-숩-'의 사용을 문장상의 객어와 관련짓기보다는 "전후 문맥에서 看取되는 존귀한 인물과 관련지어 해석함이 타당"하다고 설명하였으며, 그 결과 객체나 객어 대신 '동작, 상태, 판단에 직접 또는 간접적으로 관계하는 인물'로 범위를 더 확장하였다.

또한 안병희(1961/1992)에서는 동일한 동작이라도 화자와 청자, 동작의 주체, 동작과 관련된 인물이 달라질 때 '-숩-'의 쓰임이 어떠한 양상을 보이는지를 검토함으로써 '-숩-'의 쓰임과 관련된 인물의 '존귀함'이 무엇을 기준으로 성립되는지 밝히고자 하였다. 그리고 화자와 청자의 관계는 '-숩-'의 쓰임 여부를 결정하는 데 별로 관계가 없고, 동작의 주체를 기준으로 그보다 동작과 관련된 인물이 존귀한 경우, 그리고 동작에 관계하는 인물이 동작 주체뿐 아니라 이것을 진술하는 화자보다도 존귀할 때 '-숩-'이 쓰인다고 결론 내렸다. 존귀한 인물과 대비되는 것이 주체와 화자 둘 다라는 사실을 입증하기 위해 제시한 예의 일부를 들어보면 다음과 같다.

(5) 가. 부톄 阿難이와 韋提希ᄃᆞ려 니ᄅᆞ샤ᄃᆡ 無量壽佛을 分明히 보숩고 버거는 觀世音菩薩ᄋᆞᆯ 볼띠니 <월석 13:33>
　나. 열두힛마내 第一夫人이 太子ᄅᆞᆯ 나ᄊᆞᄫᆞ시니 大臣이 모다라 德을 새오ᅀᆞᄫᅡ 업스시긔 ᄭᅬᄅᆞᆯ ᄒᆞ더니 <월석 21:211>
　나′. 第一夫人이 아ᄃᆞᄅᆞᆯ 나ᄒᆞ시니 [⋯] 여슷 大臣이 힝뎌기 왼 돌 제 아라 太子ᄅᆞᆯ 새와 믜여ᄒᆞ더라 <월석 21:214>

(5가)에서 '無量壽佛을 分明히 보숩고'의 주체와 '觀世音菩薩을 볼띠니'의 주체는 똑같이 '衆生'이며, 동작과 관련된 인물인 無量壽佛과 觀世音菩薩은

13) 고영근(2010: 342-343)에서는 (4가, 마)의 경우 부처와 관련한 부사어 명사구를 설정할 수 있고, (4다)는 '眷屬'이 부처에 소속되었기 때문에 일종의 '간접존경'이라 설명한 바 있다.

주체인 衆生보다 존귀하지만 '-숩-'은 전자에만 결합하였다. 이때 변수는 화자인 부처와의 관계인데, 觀世音菩薩의 경우는 화자보다 낮기 때문에 '-숩-'이 결합하지 않았다는 보는 것이다. 동일한 내용을 서술한 (5나)와 (5나′)에서도, (5나)에는 釋迦의 前身인 太子와 관련한 第一夫人과 大臣의 동작에 대해 '-숩-'이 결합한 반면, (5나′)에서는 같은 상황에서 '-숩-'이 결합하지 않았다. 이에 대해서도 그 차이가 (5나)는 ≪月印千江之曲≫ 부분으로 화자가 세종인 데 비해 (5나′)은 화자가 太子의 後身인 석가 자신이라는 점에서 기인하는 것으로 보았다. 즉 (5나)에서는 태자가 화자보다 존귀한 인물이 되지만, (5나′)의 경우 화자가 太子의 후신이기 때문에 자기 자신을 존귀하게 파악할 수 없었다고 본 것이다.[14)]

그런데 안병희(1982가/1992)에 와서 종래의 '주체겸양법'을 수정하였는데, 구체적인 변화는 다음의 세 가지로 요약된다.

첫째, '주체겸양법'이란 용어를 '겸양법'으로 바꾼 것
둘째, 주어와 주체에 대립하는 '객어'와 '객체' 용어를 사용하기로 한 것
셋째, 尊卑 관계가 아닌 上下 관계(상위자와 비상위자의 대립)로 보기로 한 것

'주체겸양법'을 '겸양법'으로 바꾼 것은 '존경법, 공손법'이란 용어에 맞추기 위함으로, 존귀한 인물에 대비되는 것이 '화자와 주체'라는 주장에는 변화가 없다. 종래의 '주체겸양법'과 큰 차이를 보이는 부분은 '객어'라는 용어를 사용하게 된 점이다.[15)] '객체존대법'과 "尊者에 대한 卑者의 겸양"으로 보

14) 이 예들에 대해 이익섭(1974)에서는 화자와 객어의 존비 관계가 아니라 화자가 판단한 '주체와 객체의 존비 관계'에 따라 '-숩-'의 사용이 결정된 것으로 파악하였다. 즉 '-숩-'의 사용은 주체보다 객체가 상위자로 판정한 결과라 해석한 것이다. 이에 대해 안병희(1982가/1992:100-110)에서는 화자가 상위자로 대우하는 객어는 동일 화자가 말하는 문에서 주어로 쓰이면 존경법이 사용되는 만큼, '-숩-'의 사용은 객어가 주어뿐만 아니라 화자 자신보다 상위자라 판단될 때 나타난다고 반박하였다.

는 두 견해는 각각 화자와, 혹은 주체, 주어와 대립되는 대상을 '객체' 또는 '객어'로 규정한 점에서 공통되었는데, '주체겸양법'의 경우는 이 용어를 사용하지 않은 것이 (화자와 주체 둘 다의 겸양으로 보는 것과 함께) 두드러진 차이점이었다. 그런데 '객체, 객어'란 용어와 개념을 사용함으로써 견해 간의 차이점이 하나 줄었다. 새로운 '겸양법'에서는 '객어'를 문에 직접적으로 지배되는 주어 명사구를 제외한 명사구, 문에 간접적으로 지배되는 명사구로 규정하였는데, 이는 기존의 '객체존대법'의 '객체'보다 넓은 범위를 포괄한다. '주체겸양법'이 **'어떤 동작·상태 또는 판단에 관계하는 인물**이 주체와 화자보다 존귀함을 표시'한다고 한 정의와 비교할 때, '객체, 객어'라는 용어를 도입함으로써 '겸양법'의 정의는 "주체와 화자보다 상위자인 **객체**에 대한 동작을 표현"하는 것으로 매우 명확하고 간결해졌다. 다만 이러한 변화 과정에서 앞서 예 (4)에서 보았던, '객체, 객어'라는 개념을 가지고는 설명할 수 없다고 했던 사례들에 대한 추가 설명이 없는 것은 아쉬운 부분이다. '-숩-'이 사용된 전체 예 중에서 (4)와 같은 예가 많은 것은 아니지만 애초에 '객체, 객어' 개념 도입을 반대하는 데 주요한 근거로 삼았던 만큼 '겸양법'에서 이들에 대한 설명이 필요하다고 생각된다.[16)]

또 다른 변화로, '상하 관계'에 대한 인식을 새로이 한 것은 겸양법뿐만 아니라 경어법 체계의 문제와도 연결된다. 안병희(1982가)에서 기존에 인물들 간의 '尊卑 關係'라 한 것을 '上下 關係'로 바꾼다고 했을 때 이는 단순히 용어의 변화가 아니라 근본적인 관점의 변화인데, '높이느냐 낮추느냐'의 문제를 이제는 '상위자로 대우하느냐, 안 하느냐'의 문제로 보아야 한다는 것이다. 상위자로 대우하지 않는다고 해서 곧 낮추는 것을 의미하지는 않으며

15) '객체, 객어'란 용어를 도입하게 된 이유에 대해서는 허웅(1963), ≪중세국어연구≫에서 대격, 여격, 공동격으로 나타나는 文成分을 객어, 그 지시물을 객체라 하여 그 개념이 허웅(1954)에 비해 더 명확해졌기 때문이라 설명하였다(안병희 1982가/1992: 90).

16) 안병희(1961)에서는 (4)의 예들을 어떠한 명사구가 생략된 것으로 보지 않았기 때문에, 새로운 '겸양법'에서 이 예들을 어떻게 설명할 수 있을지 분명하지 않다.

'중립적인 대우'라 보는 것이 변화의 핵심이다. 이렇게 상하 관계를 바라보는 시각이 변화함에 따라 얻게 된 결과는, 첫째, "경어법은, 화자가 청자와 어떤 명사구를 스스로, 또는 다른 명사구와의 관계에서 상위자로 대우할 때 사용되는 문법 범주"라 정의하게 되어, 겸양법, 존경법, 공손법이 어간에 통합되는 서열이 다름에도 불구하고 '경어법'이란 하나의 문법범주로 묶을 수 있게 되었다는 것이다. 둘째로 겸양법의 측면에서는, 동일한 화자가 'A:주어-B:객어-서술어'와 'B:주어-A:객어-서술어' 양쪽에 모두 겸양법을 사용한, A가 B보다 상위자인 동시에 하위자라 보아야 하는 모순적인 상황을 주어와 객어가 서로 상위자로 대우하는 관계로 봄으로써 설명할 수 있게 되었다.[17)]

중세국어의 선어말어미 '-숩-'에 대해서는 이상에서 논의된 것 외에도 또 다른 문제들이 존재한다. 그 중 하나는 15세기에는 극히 예외적으로 나타나는 '-숩시-'에서 '-숩-'의 기능을 어떻게 설명할 것인가의 문제이다. ≪훈민정음≫ 예의본에 "予는 내 ᄒᆞᄉᆞᆸ시논 ᄠᅳ디시니라"의 예가 보이는데, 이 부분은 世宗이 쓴 서문에 아랫사람인 신하가 단 주석으로서 해석하자면 "'내가'라고 하시는 뜻이시다" 정도가 된다. "'내가'라고 하시는" 주체가 世宗이기 때문에 이때 '-숩-'은 '객체높임'으로도 '겸양'으로도 볼 수 없다. 안병희(1982가/1992:105)의 각주 9에서는 '-숩시-'를 '존경법 접미사'이며 '-시-'로 대체될 수 있다 하였고, 안병희(1967)에서는 단순히 겸양법과 존경법이 통합된 '-ᅀᆞᄫᆞ시-'와 달리 '-숩시-'는 "존경의 뜻이 더 한층 나타나는 것"이라고 설명한 바 있다. 朴진호(1997), 홍고(2002)에서는 전기 중세국어 차자 표기 자료에 '白'이 주체 높임을 표시한 예도 등장한다고 지적하였는데[18)] '-숩시-'의 예는 비록

17) 한편 안병희(1967:206)에서는 '-숩-'이 "尊貴한 人物에 關聯된 卑者의 動作이나 狀態를 表示하는 것"이라고 기술하였다. 이는 안병희(1961)에서 비판한 전재관(1958)의 견해와 같은데, 안병희(1961)의 '주체겸양법'이나 안병희(1982가)의 '겸양법'과 달리 이러한 설명이 제시된 배경은 무엇인지 의문이다.

18) 박진호(1997:133)에서는 '-숩시-'에 대해, 전기 중세국어에서 주체 높임의 기능을 지닌 '-숩-'이 그 기능을 상실하면서 주체 높임의 의미를 강화하기 위해 '-시-'가 결합한 것으로 설

극히 드물지만 '-숩-'의 의미 기능과 변화 과정을 이해하는 데 중요한 사례로 생각된다.[19)]

근대국어 시기에 선어말어미 '-숩'이 '객체'와 관련하여 사용되는 겸양법 기능은 점점 축소되었다. 이는 '-숩-'이 15세기 보편적인 '겸양법'의 기능 외에 주체에 대한 화자의 겸양(또는 주체에 대한 높임), 그리고 청자에 대한 화자의 겸양(또는 청자에 대한 높임)을 표시하는 것으로 기능이 확대된 데 따른 현상이다.[20)] 문제는 '-숩-'이 이 여러 기능 중 왜 하필 '청자에 대한 높임'으로 귀결되었는가 하는 점이다. 이와 관련하여 안병희(1961/1992:73)에서 '-숩-'의 쓰임에 청자는 별 관련이 없으나, 다만 "동작 주체가 화자 자신이고 동작에 관계하는 존귀한 인물이 청자일 경우 … '-숩-'이 다른 경우보다 잘 나타난다."라고 지적한 것은 시사하는 바 크다. 경어법 중에서도 화자가 가장 예민하게 주의를 기울이게 되는 것은 아마도 직접 대면하고 있는 청자에 대한 높임일 것이다.[21)] 따라서 청자가 화자보다 상위자이고 문장의 주어=화자, 객어=청자인 상황에서 겸양법의 '-숩-'이 가장 빈번하게 사용될 수 있었으리라 짐작할 수 있는데, 위의 지적은 실제 문헌상으로 이러한 현상이 관찰됨을 지적하였다. 이러한 현상을 바탕으로 근대국어 시기에 선어말어미 '--'

명하였다.

19) 근대국어에서는 '-숩시-'에서 변한 '-ᄋᆞᆸ시-'와 '-ᄉᆞᄫᆞ시-'에서 변한 '-ᄋᆞ오시->-오시-'가 주체 높임을 표시한 예가 빈번히 등장한다. 김정수(1984), 이승희(2005) 등에서 관련된 사례를 찾아볼 수 있다.

[예] 가. 그러면 엇디 브듸 ᄂᆡ일 ᄒᆞ실 양으로 니르ᄋᆞᆸ시던고 <첩해 1:28b>

나. 문안 엿즙고 야간 셩후 안녕ᄒᆞᄋᆞ오신 문안 아ᄋᆞᆸ고져 ᄇᆞ라오며 <숙명신한첩>

다. 웃뎐으로 겨오셔야 더 즉히 ᄉᆡᆼ각ᄒᆞ오시랴 (중략) ᄒᆞᆫ업시 셥〃ᄒᆞ야 ᄒᆞᆸᄂᆞᆫ 정셩과 ᄠᅳ들 아오시긔 ᄒᆞ야라 <숙명신한첩>

20) 중세국어와 근대국어 시기 '-숩-'의 다양한 의미 기능을 보여주는 예들은 이승희(2005)를 참고할 수 있다.

21) 화자가 청자에 대한 높임을 의식하여 경어법 사용의 일반적인 규범에 어긋나게 된 사례는 현재도 관찰된다. 최근 많이 언급되는 주체높임법 '-시-'의 오용 사례(예: 주문하신 음료가 아메리카노 한 잔 맞으십니까?) 역시 화자가 청자에 대한 높임을 의식한 나머지 '간접 높임'을 과도하게 적용한 결과이다.

이 겸양법에서 공손법으로 변화하게 된 것이라 생각된다.

4. 그 외 경어법의 문제들

안병희(1982나/1992)에서는 중세국어 경어법과 관련하여 두 가지 문제를 다루었다. 하나는 경어법 체계의 문제로, 겸양법, 존경법, 공손법의 형태소들이 서로 서열이 다른데도 경어법이란 하나의 문법 범주로 묶을 수 있는가 하는 것이다. 이에 대해서는 화자가 문에 직접 지배되는 주어 명사구나 그 밖의 명사구인 객어 명사구, 또는 청자를 상위자로 대우한다는 점에서 공통되고, 그 대우가 일관되게 행해지므로[22] 이들이 하나의 문법 범주로 묶일 수 있다는 결론을 내렸다. 또 다른 하나는 문장 내에 2개의 명사구가 주어나 객어로 나타날 경우의 경어법 문제인데, 한 명사구는 상위자이고 다른 명사구는 아닌 경우에 이들의 복합은 상위자로 대우하는 것이 일반적이나,[23] 화자 '나'가 포함된 복합명사구는 상위자로 대우하지 않는다는 사실을 밝혔다.

이 밖에도 안병희(1981)에서는 고대부터 현대에 이르기까지 한국어와 일본어의 경어법 체계가 어떻게 변화하여 왔는지, 사회의 변화에 따라 경어 사용이 어떻게 변하였는지를 전반적인 특징을 기술하였다. 경어법 체계의

---

22) 화자 X가 청자 Y를 상대로 발화를 할 때 상위자로 대우하여 공손법을 사용하였다면, Y가 주어로 나타날 때에는 존경법을, 객어로 나타나되 주어보다 상위자라면 겸양법을 사용한다는 것이다.

23) 그 예로 "護彌 對答호ᄃᆡ … 三世옛 이ᄅᆞᆯ 아ᄅᆞ실ᄊᆡ 부톄시다 ᄒᆞᄂᆞ닝다 … 衆生ᄋᆡ 福田이 ᄃᆞ욀ᄊᆡ 즁이라 ᄒᆞᄂᆞ닝다"에서 화자 護彌가 '부텨'는 존경법을 사용하여 상위자로 대우하고 '즁'은 비상위자로 대우하고 있으나, 그 뒤에 이어진 "護彌 닐오ᄃᆡ 그리 아니라 부텨와 즁과ᄅᆞᆯ 請ᄒᆞᅀᆞᄫᆞ려 ᄒᆞᄫᅵᆼ다"에서 복합된 명사구인 '부텨와 즁'은 상위자로 대우하여 겸양법을 사용한 사실을 들었다.

변화와 관련해서는 한일 양국 언어 모두 '절대 경어'에서 '상대 경어'로 변화하였다는 것, 그리고 대상 자체를 중시하는 '소재 경어'로부터 상대방에 대한 존대를 중시하는 '對者 경어'로 발전하였다는 점에서 공통된다고 보았다. 다만 구체적인 변화 과정에서는 두 언어의 차이가 존재한다.

고대 일본어는 화자 자신이 왕이나 왕족일 때 스스로를 높이는 自敬 표현이 존재하고, 청자가 화자나 화제의 인물보다 상위자일지라도 화제의 인물이 화자보다 상위자이면 경어를 사용하는 등 장면과 무관한 '절대 경어'의 성격이 강하였다가 현대 일본어에 와서 自敬 표현이 사라지고 장면에 따른 경어 사용이 우세한 '상대 경어'로 변화하였다. 그리고 고대 일본어에는 존경어, 겸양어는 존재하였지만 청자에 대한 정중어는 발달하지 않다가, 근세에 'マス'가 등장한 후 현대에 와서 비로소 본격적으로 상대방을 직접 존대하는 데 쓰이게 되었다고 한다.

이와는 달리 한국어는 중세국어 이래로 自敬 표현을 찾아볼 수 없고, (주종 관계에서는 절대 경어를 사용하지만) 화자 자신의 부모에 대해서는 청자가 '부처'와 같이 매우 높은 상대라면 존경법을 사용하지 않는 등 일본어에 비해 상대적으로 '상대 경어'의 성격이 좀 더 강하였다는 점에서 차이를 보인다. 또한 고대부터 청자에 대한 정중어(즉 공손법)가 존재하였고,[24] 현대로 올수록 1인칭 대명사의 겸양어가 등장하거나, 공손법 등급이 세분화하고, 본래 겸양법을 표시하던 '-숩-'이 청자에 대한 존대를 표시하게 되는 등 점점 더 청자 중심의 경어로 발달하게 되었다고 설명하였다.

또한 사회 변화에 따라 경어의 사용이 변화하는 양상에 있어서도 한일 양국 언어 간에 공통점이 있다고 설명하였다. 구체적으로는 양국 모두 현대에 와서 신분 제도가 붕괴함에 따라 경어 사용의 기준으로 '계급'이 더 이상 유효하지 못하게 된 점, 또한 '내외' 관습의 폐기와 여성의 지위 향상, 가족 관

24) 고대 한국어 공손법의 형태소로는 鄕歌에 등장하는 '音'의 예를 들었다.

계의 변화 등 사회적 관습의 변화에 따라 경어 사용이 변화한 점 등이 공통됨을 지적하였다.

5. 결론

오늘날 우리 연구의 토대가 앞선 세대의 깊은 고민과 치열한 논쟁의 결과임은 의심할 바 없는 사실이나, 세대의 격차가 커질수록 후대의 연구자들은 그 결과를 당연한 사실로 받아들이게 되어 우리의 지식이 어떠한 과정을 거쳐 형성되었는지 인식하지 못하는 경우가 많다. 안병희 선생의 경어법 연구와 동시대 학자들의 연구를 살펴보면서 지금은 교과서에 실릴 만큼 '상식'이 되었으나 이에 이르기까지 얼마나 많은 논쟁과 반성, 그리고 절충의 과정을 겪어야 했는지 확인하고 새삼 놀라웠다. 또한 이미 내용을 알고 있다고 생각했던 논문을 다시 읽으면서 전에는 미처 주목하지 않았던 부분들에서, 본문 한 줄, 각주 하나에서 전에는 미처 보지 못했던 단서를 뒤늦게 발견하기도 하였다. 연구사 정리가 새로운 연구의 시작인 동시에 끊임없이 되돌아보아야 할 거울임을 새삼 깨닫게 된다.

참고문헌

1. 안병희 선생 논저

안병희(1961), '주체겸양법의 접미사 '-숣-'에 대하여', 진단학보 22.
_____(1965), '중세국어의 공손법', 국어국문학 28.
_____(1967), 한국어 발달사(中)-문법사, 한국문화사대계V, 고려대학교 민족문화연구소.
_____(1981), 敬語の對照言語學的 考察.
_____(1982가), '중세국어의 겸양법 연구에 대한 반성', 국어학 11.
_____(1982나), '중세국어 경어법의 한두 문제', 백영 정병욱 선생 화갑기념논총.
_____(1992), 國語史 硏究, 문학과지성사.
안병희・이광호(1990), 中世國語文法論, 학연사.

2. 관련 논저

고영근(1987/2010), (제3판)표준중세국어문법론, 집문당.
김정수(1984), 17세기 한국말의 높임법과 그 15세기로부터의 변천, 정음사.
김형규(1947), '겸양의 연구(1), (2)', 한글 102.
박진호(1997), '차자표기 자료에 대한 통사론적 검토', 새국어생활 7-4, 국립국어연구원.
이기문(1972), (改訂版) 국어사 개설, 탑출판사.
이숭녕(1961/1981), (개정판) 중세국어문법, 을유문화사.
이승희(2005), '선어말어미 '-숣-'의 의미 변화에 대한 통시적 고찰', 우리말 연구 서른아홉 마당, 태학사.
이익섭(1974), '국어 경어법의 체계화 문제', 국어학 2.
허웅(1961), '서기 15세기 국어의 '존대법'과 그 변천', 한글 128. (허웅 1954 改稿)
홍고 테루오(2002), 이두자료의 경어법에 관한 통시적 연구, 고려대학교 박사학위논문.

안병희 선생의 訓民正音 연구

이 병 기(한림대)

1. 서론

이 글은 안병희 선생의 훈민정음에 대한 연구 업적을 고찰함으로써 안병희 선생이 훈민정음 연구에 기여한 바를 가늠해 보는 한편, 이후 훈민정음 연구의 방향 및 과제에 대하여 생각해 보기 위한 것이다.

먼저 안병희 선생의 훈민정음 관련 연구 논문을 발표 순서대로 보이면 다음과 같다.1)

1970. 11. 肅宗의 訓民正音後序, 낙산어문 2, 서울대 문리대 국어국문학회, pp. 10-12. [*국어사연구(1992)에 재수록, pp.208-214.], [훈민정음연구(2007) 7장. 숙종의 『訓民正音後序』]

1972. 「해제: 세종어제훈민정음」, 『국어학자료선집[II]』, 국어학회 편, 일조각, 309~311.

1976. 8. 訓民正音의 異本, 진단학보 42(제4회 한국고전연구 심포지움), 진단학

1) 학술 논문 외에도 "民族의 古典 訓民正音(건대신문, 1961.10.12. 2면)"과 같이 신문의 기고글이나 문헌의 해제 등에도 훈민정음에 관한 글이 많이 있는데 이들은 제외하였다. 그리고 이 논문들은 대부분 『국어사연구』(1992)와 『훈민정음연구』(2007)에 재수록되었다.

회, pp.191-195. [*국어사연구(1992)에 재수록, pp.179-185.], [훈민정음연구(2007) 1장. 『훈민정음』 이본]

1985. 6. 訓民正音 使用에 관한 歷史的 硏究: 창제로부터 19세기까지, 동방학지 46·47·48, 연세대학교 국학연구원, pp.793-821. [*국어사연구(1992)에 '훈민정음 사용의 역사'로 개제 재수록, pp.227-255.], [훈민정음연구(2007) 11장. 훈민정음 사용의 역사]

1986. 10. 訓民正音 解例本의 復元에 대하여, 국어학신연구(약천김민수교수 화갑기념), 탑출판사, pp.927-936. [*국어사연구(1992)에 '훈민정음 해례본의 복원'으로 개제 재수록, pp.186-195.], [훈민정음연구(2007) 2장. 『훈민정음』 해례본의 복원]

1990. 11. 訓民正音諺解의 두어 문제, 국어국문학논총(벽사이우성선생 정년퇴직기념), 여강출판사, pp.21-33. [*국어사연구(1992)에 재수록, pp.196-207.], [훈민정음연구(2007) 6장. 『훈민정음언해』의 두어 문제]

1990. 4. 訓民正音의 制字原理에 대하여, 강신항교수회갑기념 국어학논문집, 태학사, pp.135-145. [*국어사연구(1992)에 '훈민정음의 제자원리'로 개제 재수록, pp.215-226.], [훈민정음연구(2007) 9장. 훈민정음의 제자 원리]

1993. 10. 북한의 訓民正音 연구, 문화체육부·국어학회 국제학술회의: 외국학자가 본 훈민정음과 북한의 훈민정음 연구, pp.103-115. [훈민정음연구(2007) 15장. 북한의 훈민정음 연구]

1997 "The Principles Underlying the Invention of the Korean Alphabet," *The Korean Alphabet: It's History and Structure*, ed. by Young-key Kim-Renaud, Honolulu: Univ. of Hawaii Press.2)

1997. 11. 訓民正音序의 '便於日用'에 대하여, 어문학논총(청범 진태하교수계칠송수기념), 태학사, pp.621-628. [훈민정음연구(2007) 5장. 『훈민정음』 서문의 '便於日用']

1997. 12. 訓民正音 解例本과 그 複製에 대하여, 진단학보 84, 진단학회, pp.191-202. [훈민정음연구(2007) 3장. 『훈민정음』 해례본과 그 복제]

2000. 00. 한글의 창제와 보급, 『겨레의 글 한글(도록)』, 국립중앙박물관. [훈민정음연구(2007) 12장. 한글의 창제와 보급]

2002. 5. 한글 制字原理의 背景, 한글 창제 및 반포 기념 학술대회: 한글의 오

---

2) 안병희(1990/2007, 9장)의 내용과 같이 한자의 六書에 기반하여 제자 원리 설명.

늘과 내일, 여주문화원, pp.28-41.

2002. 6. <訓民正音>(解例本) 三題, 진단학보 93, 진단학회, pp.173-197. [훈민정음연구(2007) 4장.『훈민정음』 해례본 3제]

2002. 9,「신숙주의 생애와 학문」,『새국어생활』 12-3, 국립국어원.

2003. 6. 解例本의 八終聲에 대하여, 국어학 41, 국어학회, pp.3-24. [훈민정음연구(2007) 10장. 해례본의 8종성]

2004. 12. 世宗의 訓民正音 創制와 그 協贊者, 국어학 44, 국어학회, pp.3-38. [훈민정음연구(2007) 8장. 세종의 훈민정음 창제와 그 협찬자]

이들 훈민정음 관련 연구 논문들은『訓民正音硏究』라는 단행본으로 묶어 출판할 수 있을 정도로 방대하며 일부는 안병희 선생이 정년퇴임 후에도 계속 열정을 쏟았던 결과물이다. 안병희 선생은 국어사 자료의 여러 문헌에 대하여 철저한 실증과 분석을 강조하였다. 훈민정음에 대한 연구 역시 문헌에 대한 고찰과 검증에 대한 연구에서 큰 족적을 남겼으며 이를 기반으로『훈민정음』 체제 및 내용에 대하여 정밀한 분석을 보여준 한편 우리 문자사의 측면에서「훈민정음」의 창제 주체, 창제 원리, 창제 배경, 사용 역사 등 여러 가지 방면에서 고찰하였다.[3] 이 글에서는 이들 업적을 ①『훈민정음』 異本과 復元, ② 훈민정음과 한자, ③ 훈민정음 창제자 및 편찬자, 이 세 개의 주제로 나누어 살펴보고자 한다.[4]

---

3) 훈민정음은 여러 지시 대상을 가지므로 이 글에서는 다음과 같이 구분하기로 한다.
①『훈민정음』: 문헌을 가리킨다. 일반적으로는 해례본(간송본)을 가리키나 필 요한 경우 '해례본'이나 '국역본(언해본)'을 부기하여 구분하기로 한다.
②「훈민정음」: 문자 체계를 가리킨다.
③ 훈민정음: 문헌과 문자 체계 모두를 아우르거나 구분의 필요가 없을 때, 또는 구분하기 어려울 때는 부호 없이 지칭한다. 제목의 訓民正音도 이 경우이다.

4) 훈민정음 관련 모든 연구 업적을 망라하기보다는 대표적인 논의를 정리하고자 하였다. 그리고 이 글의 성격상 이후 기술되는 내용은 대부분 안병희 선생의 글인데 이에 대하여 일일이 인용 및 출전 표시를 하는 것이 번잡하여 꼭 필요한 경우를 제외하고는 이를 생략하기로 한다.

2. 『훈민정음』 異本과 復元

『훈민정음』 해례본은 1940년 발견 당시에 앞 2장이 落張인 상태였기 때문에 이를 복원하려는 시도가 여러 차례 있었고 최근까지도 진행 중에 있다. 원본 복원을 위해서는 이본들을 검토하여 원간본의 훼손된 부분이 원래 어떠한 모습이었는지를 확인하는 것이 필요하다. 하지만 이본의 수가 많지 않고 후대본이며 역시 훼손되어 있는 부분이 있어 이본의 대조로는 원본의 모습을 확인하고 복원하는 데 한계가 있다. 그렇기 때문에 문헌 내적인 분석을 통하여 복원을 시도하려는 노력이 일찍부터 있어 왔다. 안병희 선생의 연구는 이 부분에 있어 선도적이었는데 이 장에서는 『훈민정음』 이본과 원간본의 복원에 대한 논의를 살펴보고자 한다.

2.1. 『훈민정음』 이본

안병희(1976/2007, 1장)에서는 다음과 같이 당시 알려진 이본들을 정리하고 『禮部韻略』 권두본을 새로 소개하였다.

- ○ 해례본: 해례까지 갖춘 책. 세종 28년(1446)의 원간본으로 추정되며 간송문고 소장.
- ○ 실록본: 해례본의 본문(어제서, 예의)과 정인지 서를 『세종실록』에서 轉載한 것. '欲使人人易習'이 '欲使人易習'으로 되어 있다.
- ○ 『禮部韻略』 권두본: 숙종 4년(1678)의 『排字禮部韻略』 권두에 실록본에서 본문(예의)만을 轉載한 것인데 행간의 배치를 달리 하였다.
- ○ 『月印釋譜』 권두본: 해례본의 본문(어제서, 예의)에 치두·정치음 규정을 추가하여 국역한 것이다. 세종 29년의 『석보상절』 권두에도 실렸을 것이나, 현존하는 것은 세조 5년의 『월인석보』 원간본(서강대학, 육당

문고 소장)과 선조 1년(1568)의 희방사 복각본이다. 권두의 內題가 「世宗御製訓民正音」인데 제목의 변개 이전에 만들어진 국역본이 있었을 것으로 추정된다. 일본의 宮內廳 書陵部와 金澤庄三郎의 소장 필사본이 알려져 있는데 전자는 보사까지 동일한 육당문고 소장본의 필사이고 후자는 『월인석보』 권두본의 필사로 보인다.

이들 이본 고찰에서 안병희(1976/2007, 1장)이 주목하는 부분은 숙종 때의 『禮部韻略』 권두본의 존재와 숙종 때에도 해례본을 보지 못하고 실록본을 참조하였다는 사실이다. 이와 관련하여 崔錫鼎의 『經世訓民正音圖說』(1678) 권두의 훈민정음 기사와 肅宗의 「訓民正音後序」[5] 역시 해례본을 참조하지 못하고 실록본을 바탕으로 하였다는 설명을 하였다. 이를 더 확장하여 생각해보면 「훈민정음」에 대하여 언급한 조선 후기 실학자들이 훈민정음의 우수성과도 해례본이 아닌 실록본만을 참조하였을 가능성이 크다고 할 수 있다.[6]

2.2. 『훈민정음』 復元 및 複製

『훈민정음』의 복원 및 복제에 대한 그간의 이력과 방향에 대하여는 안병희(1986/2007, 2장), 안병희(1997/2007, 3장)에서 상세하게 고찰되었고 다른 논저에도 관련 내용이 거론되고 있다. 최근에 정우영(2015)에서 이에 대한 종합

5) 안병희(1970/2007, 7장)에서도 1691년 11월 21일 숙종(17)이 쓴 「訓民正音後序」에 대하여 구체적으로 고찰하였는데 이 시기 실록본을 참조한 중간본이 간행되었을 가능성과 실록본을 보고 지은 단순 序記일 가능성을 제시하였다.

6) 실학자들이 매번 실록을 직접 열람하지는 못했겠지만 어떤 계기에 의해 세종실록의 훈민정음 관련 기사를 접하고 이를 따로 베껴두고 하는 일이 불가능하지는 않았을 것이다. 그리고 면밀한 고찰이 필요한 부분이겠지만 18세기 이후 훈민정음과 관련한 기록이 중심 생각이나 기본 내용에 있어서는 『훈민정음』과 궤를 같이하지만 『훈민정음』 해례의 설명과 구체적으로 일치하지는 않는다는 점이 참조된다.

적인 고찰이 이루어졌는데[7] 의견의 차이가 있기는 하지만 안병희(1986, 1997)의 논의와 많이 대칭을 이루고 있어 이와 비교하며 안병희 선생의 연구 성과를 이해하고자 한다.

현재 논의되는 『훈민정음』 복원의 이력은 1940년 발견된 해례본의 補寫·補修에서 시작된다. 2장의 낙장을 전래되던 집안에서 정밀하게 보사하였지만[8] 잘못이 많이 있고 이후 여러 차례 행해진 영인과 複製에서도 바로 잡지 못했거나 잘못을 답습하였다. 안병희(1997/2007: 31-35)에 따르면 영인은 1946년 10월에 한글학회 전신인 조선어학회에서 한 것과 1957년 7월에 통문관에서 『註解 訓民正音』과 『한글의 起源』의 부록으로 이루어진 것이 있다. 이들 영인은 이후 다른 영인의 저본이 되었는데 전자는 판심을 없애고 반엽이 각기 사주쌍변으로 하는 형태상의 오류와 圈聲, 句讀點, 傍點이 삭제되거나 잘못 들어간 오류 등이 있으며 후자는 사진 그대로여서 조선어학회 영인본에서 보이는 오류는 보이지 않으나 잘못 보사된 것이 그대로이고 장차를 밝히지 않은 것이 흠이다. 그뒤 刻字工 吳玉鎭 씨에 의해 1979년 復刻되었고 1997년 여름에 복간본이 인출되었는데 오류를 바로잡으려는 상당한 노력이 있었음에도 내용과 형식에 있어 오류가 많이 남아 있다.

안병희(1986/2007, 2장)은 『훈민정음』 해례본의 이 보사된 부분에 대한 교감으로 첫째, 권두 서명에 관한 것, 둘째, 破音字[9]의 圈聲에 관한 것, 셋째, 句讀點과 行款에 관한 것 등에 대하여 논의하였고[10] 안병희(1997/2007, 3장)은

---

7) 정우영(2015: 17)는 안병희(1986)에 의해 본격적으로 해례본 낙장의 복원 문제가 공론화하였다고 평가하고 있다.

8) 안병희(1986)에서는 '人人易習'이라 한 점에서 언해본을 참고하였을 것이라 추정하였는데 안병희(1997/2007: 27)에서는 『훈민정음』이 전래된 李漢杰 씨 댁 3남 李容準 씨가 『월인석보』 권두의 『훈민정음언해』와 『세종실록』을 참고하고 行款을 맞추어 베껴 간송에게 전했다고 밝히고 있다. 그런데 정철(1954)에서는 실록본을 참조하여 당시 이용준씨의 스승이자 經學院의 조교수인 金某가 재구하고 이용준 씨가 안평대군의 글씨체로 모사했다고 전하고 있는데 정우영(2001: 129)에서는 '金某'를 '金台俊(1905-1949.11)'으로 이름을 밝히고 있다.

9) 漢字가 본래의 뜻 이외의 딴 뜻으로 쓰이는 경우가 많으며 이 경우 한자음이 달라지기도 하는데, 이 한자를 破音字라 한다.

책 전체의 복제를 염두에 두고 보사된 앞 2장의 보수에 대한 논의를 더 보강하고 다른 마모된 부분과 판식, 그리고 장정법 등에 대하여도 포괄적으로 다루고 있다. 이들 논의에서 밝힌 내용은 현재 상당 부분 받아들여지고 있는데 의견의 일치를 보지 못한 부분도 있다. 정우영(2015)에서 소개한 『훈민정음』 해례본 복원에서의 현재 쟁점은 다음 7가지인데 여기에 포함되지 않은 裝幀法(四針眼訂法 → 五針眼訂法)', '板式(판심, 어미, 판심제, 장차 등이 예의와 해례 부분에서 구분됨)' 등은 안병희 선생의 논의를 대부분 수용하고 있다.

① 오자: 矣 → 耳
② 구두점: 半舌。音 → 半舌音。
③ 권성(圈聲, 사성점) 표시: 爲, 易(1ㄱ) → 거성점(右上)[11]
④ 권두서명(권수제): 訓民正音 vs 御製訓民正音
⑤ 병서 행의 안배: 별행 vs 바로 앞줄 끝에 이어서 씀.
⑥ 구점과 두점의 구분과 분철 위치
⑦ 본문의 서체: 易(1ㄱ). 행서체 →해서체

이들 쟁점은 안병희(1986, 1997, 2002)의 논의에서 언급되었던 것인데 안병의 선생의 설명과 의견을 달리하는 부분을 중심으로 몇 가지 살펴하고자 한다.[12]

---

10) '矣/耳'의 잘못과 '半舌音'의 구두점 위치는 논의에서 당시 잘 알려진 것이어서 논의에서 제외한다고 하였다.

11) 정우영(2015: 36)는 "안병희(1986)에서 제기된 사성점(권성) 문제는 '爲(1ㄱ:5)・易(1ㄱ:6)' 둘 다 '평성 점 없음⇒거성점'으로 수정하는 것을 받아들이되, '便(1ㄱ:6)'만은 최세화(1997: 22-23)에 기대어 사성점 표시를 하지 않는다."고 하여 '便'을 제외하고는 안병희(1986)의 설명을 따른다고 하였다. '便於日用'의 '便'에 대하여 안병희(1997/2007, 5장)은 本音이 아닌 別音이고 평성의 권표를 해야한다는 주장을 상세하게 펼치고 있다.

12) 이들 쟁점은 정우영(2015)에서 견해차가 크고 핵심적인 부분으로 상론한 바이기도 하다. 그리고 의견차는 안병희(1986, 1997)과 정우영(2001, 2015) 외에도 다른 논저에서도 발견되는데 이들에 대하여는 정우영(2015)에 수렴되어 있으므로 필요한 경우가 아니면 따로 거론하지 않기로 한다.

	안병희(1986, 1997, 2002)	정우영(2000가, 2001, 2015)
卷頭書名	御製訓民正音	訓民正音
竝書 行의 안배	앞에 이어서 배치	행을 달리하여 배치
구두점	구점 5군데	구점 3군데

첫째, 卷頭書名(卷首題)의 경우 안병희(1986/2007: 12-15)에 따르면 과거 왕이 친제한 책이나 글에 御製가 들어가므로 신하의 저작물인 해례와 같이 실린 『훈민정음』 예의의 경우 冠稱 '御製'가 붙은 '御製訓民正音'이어야 한다고 밝혔다. 이에 반해 정우영(2001, 2015: 20, 22)는 조선 전기에 御製가 붙어 임금의 저작임을 나타나는 경우가 드물었고 『月印千江之曲』과 『列聖御製』에 포함된 세종의 20건의 문건에 '御製'가 붙지 않았으므로 반드시 '어제훈민정음'이라고 할 수는 없으며 임금과 신하의 상하관계를 표시하는 다른 방법이 사용되었으므로 '御製'가 붙을 필요가 없다고 하였다. 즉 "예의편은 1면 7행, 大字 11자 체재임에 대해, 해례편은 1면 8행, 중자 13자 체재이고 정인지서는 1면 8행, 13자 체재이되 위에서 한 칸씩 가지런히 내려써서 글쓴이의 상하관계가 분명히 드러나도록 구성되었기 때문에 따로 관칭을 붙일 필요가 없었을 것이라는 것이다.

이에 대해 안병희(2002/2007: 46-53)에서는 '冠稱'이 붙지 않은 『월인천강지곡』은 당시 佛事에 대한 儒臣들의 잦은 반대와 같은 특별한 이유가 있었기 때문이며 임금의 글에 관칭이 붙는 것이 일반적이었음을 재차 주장하고 있다. 이러한 주장을 위하여 세조가 계유정난으로 言路를 차단하고 유신의 눈치를 보지 않을 때에는 『월인석보』 간행의 불가함을 아뢴 정인지를 벌하고 '御製月印釋譜序', '世宗御製月印千江之曲' 등과 같이 기록하였다는 정황을 들었다. 그리고 『佛說阿彌陀經(언해)』과 같이 '佛說'이라는 관칭이 있는 문헌도 관칭이 없는 『능엄경(언해)』, 『법화경(언해)』 등과 같은 行款을 보이므로 古書

의 행관에서 글자 크기와 수효가 다른 것은 正文과 그에 대한 주석에 따른 차이이며 御製나 佛說의 관칭과는 별개라고 설명하고 있다. 그렇기 때문에 『훈민정음』 언해본의 경우도 안병희(1972)에서는 『석보상절』에 수록되었을 때에는 '세종'만 빠지고 '어제훈민정음'이었을 것이라 하였다. 그런데 안병희(2002/2007: 49- 50)에서는 1행에 16자가 들어가는 행관이 지켜지지 않은 『월인석보』 권두본 4행까지를 '1행 16자'로 되돌리기 위해서는 '어제'가 들어갈 수 없다는 정우영(2001)의 견해를 받아들였다. 다만 齒頭音, 正齒音의 규정과 한글 자모는 중국 한자음에도 통용된다는 규정은 신숙주 등에 의해 추가되었을 것이기 때문에 엄밀한 의미의 '御製'는 아니어서 빠진 것으로 보았다. 안병희(2002/2007)의 견해를 따른다면 해례본 예의 부분 권두서명은 '御製訓民正音', 『석보상절』에서는 '訓民正音', 『월인석보』에서는 '世宗御製訓民正音'이 되는 것이어서 더 고찰이 필요한 부분이다.13)

둘째, '竝書 行의 안배'의 경우, 안병희(1986/2007: 21-23)에서는 "並書---初發聲"을 바로 앞줄 끝에 이어 써야 한다고 주장한다. 그 이유는 언해본에서 별행으로 하지 않았고 『列聖御製』(1776) 권2(25b-27b)의 訓民正音에도 '竝書' 조항이 改行되지 않고 기록되었기 때문이다. 이에 반해 정우영(2001, 2015: 26-7)에서는 해례의 설명과 같이 竝書字는 全濁字로서 23자모 체계에서 동등한 자격을 가지는 것이고 그렇다면 행을 바꾸어 적는 것이 타당하다는 견해를 피력하였다. 즉 전청, 차청, 불청불탁과 동등하게 병서자인 전탁 역시 별도의 행을 안배해야 하고 그렇게 했을 경우에 보기에도 전체 행의 균형이 맞는다는 것이다.14) 그러나 御製序에서 「훈민정음」을 '28자'로 분명히 규정하

13) 1997년 한글학회에서 발간하고 2014년에 국립박물관문화재단에서 다시 발간한 '원형복원 영인본'의 권두서명은 '訓民正音'이다. 그리고 2008년 발견된 상주본 『훈민정음』도 앞부분 4장과 뒷부분 1장이 낙장이어서 이에 대하여 아직 확정적으로 단정지을 수 없는 상태이다.

14) 정우영(2015: 29)의 다음과 같은 설명은 전청, 차청, 전탁, 불청불탁의 계열을 최우선으로 하고 다른 문제는 부차적인 것으로 보고 있음을 단적으로 보여준다. "문제가 있다면 청탁

고 있고 여기에 병서자는 포함되지 않으므로 이에 대한 고려가 더 있어야 할 듯하다. 특히 문자 체계와 음운 체계가 구별된다는 점을 고려하면 정우영(2001, 2015)의 주장과 국립박물관 '원형복원 영인본'의 병서 별행은 아직 재론의 여지가 크다. 그리고 예의와 자모 배열 순서를 같이 한 용자례에서도 'ㄱ, ㅋ, ㆁ; ㄷ, ㅌ, ㄴ, ㅂ…, ㅿ'과 같이 전탁자를 제외한 것도 고려해야 할 것이다.

셋째 '句讀點'은 최현배(1961)에서 이미 간송본(1940)이 句點과 讀點(두점)을 구별하지 않고 모두 '구점(。)'으로 표시하였다는 사실이 지적되었다. 안병희(1986/2007)에서는 본격적으로 이러한 오류를 바로잡고자 하였는데 해례본의 구두점을 복원할 때 해례본의 다른 곳에 적용된 원리와 한문 문법을 따라야 한다는 것을 강조하고 이에 따라 구두점을 재구하였다. 이러한 시각은 최세화(1997)에서 더욱 정밀해졌으며 정우영(2000, 2001, 2015: 36)에서도 따르고 있지만 실제에 있어서는 조금 차이를 보인다. 안병희(1986/2007: 21)에서는 어제서 부분에서 구점이 5군데이다. 정우영(2000, 2001, 2015)에서는 해석에서 문장을 끝맺게 되는 곳만 구점을 찍어 안병희(1986/2007: 21)에서 제시한 복원안에서 첫째, 넷째 구점을 두점으로 재구하였다. 어느 견해가 옳은가는 단언하기 어렵지만 문헌 내적인 준거에 따라 구두점을 재구하는 방법이 안병희(1986)에서 강조되었고 이 방법이 여전히 유효하다는 것을 확인할 수 있다. 그리고 문장을 끝맺게 되는 지점에 대한 직관이 현대와 중세는 차이가 있으

의 순서가 원론과 달라진다는 점인데, 청·탁의 네 가지 분류는 성음의 필수적 구비 조건이지만 배열순서는 수의적이므로, 논리적인 전개에는 다소 흠이 되지만 實利를 택해 불가피 아·설·순·치음을 전청·전탁·차청·불청불탁 순서로 변경하였을 것으로 추정된다.", "자형 삭제로 인해 생긴 '병서' 앞의 '공백(빈칸)'은 현상으로는 비어 있으나 독자에게는 심리적인 실재(ㄲ…ㆅ)를 인식시키는 필수적인 공간이다. 이것은 무의미하거나 존대방식의 空格 또는 대두법으로 오해될 소지도 있지만 '본문' 작성 과정을 재구성해보면 결코 무의미한 공간이 아님을 이해할 수 있다. 즉 '신제28자' 중에서 "初聲凡十七字"에 들지 않는 자형은 제시하지 않는다는 대원칙에 따라 처음 23자모에 부여되었던 자형 중 전탁 6자가 삭제된, 말하자면 총론의 관점에서 문자론적으로 제약된 공백이다."

므로 문헌 내적인 준거에 따라 더 객관적인 분석이 필요하다고 하겠다.

전술한 바와 같이 위 세 가지 사항 외에도 破音字의 圈聲 표시, 壯丁法, 판식 등 『훈민정음』 복원에 필요한 등 여러 사항에 대하여 설명하였는데 안병희(1997/2007)에서는 특히 해례본 전체에 대하여 교감을 실시하였다. 다음은 안병희(1986/2007: 21)에서 제시한 복원안이다.[15]

御製訓民正音	
國之語音。異乎中國。與文字	
不相流通。故愚民有所欲言。	
而終不得伸其情者多矣。予	
爲此憫然新制二十八字。欲	爲(거)
使人人易習便於日用耳	易(거)便(평)
ㄱ。牙音。如君子初發聲。並書。	
如虯字初發聲	

3. 훈민정음과 한자

「訓民正音」은 우리 문자 생활에서 '漢字'와 대립 관계에 있는 것으로 이해하여 왔다.[16] 이러한 인식은 근대 이전 眞文과 諺文의 대립, 근대 이후 國文과 漢文의 대립 구도에서 일차적으로 파악되는 것이다. 그런데 안병희 선생

15) 가로쓰기를 하였기 때문에 구점은 아래쪽에 두었고 권성은 註記로서 뒤에 표시하였다는 설명이 있다. 구두점은 아래한글 프로그램에서 제공하는 특수문자를 이용하여 의도치 않게 띄어쓰기한 것처럼 보이는데 안병희(1986)에서는 모두 붙어 있다.

16) 1444년 최만리 상소문을 참조하면 한자, 한문은 별도로 상위에 있고 훈민정음(언문)의 반대편에는 이두가 놓여 있다고 할 수 있는데 이에 대한 상론은 이 글의 논지와 벗어나는 것으므로 크게 한글과 한자의 대립 위에서 이해하기로 한다.

은 이에 대하여 직접적으로 논술하지는 않았지만 훈민정음과 한자의 연관성 및 병행 사용에 대하여 곳곳에서 암시하고 있다. 이 장에서는 『훈민정음』 예의의 23개 한자자모의 선정에서 보이는 『동국정운』과의 관련성과 제자 원리에서 보이는 한자 六書의 원리에 대한 논의를 함께 살펴보기로 한다.

3.1. 『훈민정음』과 『동국정운』

안병희(2002/2007: 54-64, 2004/2007: 121-129)은 「예의」에서 한글의 초성을 설명하는 데에 선정된 23개의 漢字字母가 『동국정운』의 초성을 설명하는 자모와 동일하다는 것을 주목하고 이와 관련된 여러 가지 사항을 설명한다. 이는 홍기문(1946: 上, 12-13), 전몽수(1949)에서도 언급된 바인데 안병희(2002, 2004)에서는 이에 더하여 이 23자모가 초성 체계뿐 아니라 중성과 종성까지 '체계적으로' 설명할 수 있도록 한 치밀함과 『동국정운』 및 해례본 용자례와의 관련성을 더하여 다음과 같이 설명하였다.

훈민정음의 23자모(훈민정음의 초성17자, 각자병서 6자) 중 '快'를 제외한 22자모에는 각기 중성 11자가 두 번씩 나타나고, 종성 'ㄱ, ㆁ, ㄷ(현재의 ㄹ), ㄴ, ㅂ, ㅁ'도[17] 두 번씩 나타나도록 선정되었다. 먼저 중성의 경우를 보이면 다음과 같다.

11모음	ㆍ	ㅡ	ㅣ	ㅗ	ㅏ	ㅜ	ㅓ	ㅛ	ㅑ	ㅠ	ㅕ
	呑	**卽**	彌	步	**覃**	**君**	**業**	漂	邪	叫	**彆**
	慈	**挹**	**侵**	**洪**	那	斗	虛	**欲**	**穰**	**戌**	閭

17) 실제로 표기상으로는 'ㆁ, ㅱ'도 '虯(뀨ᇢ), 快(쾌ᇰ)' 등과 같이 각각 9회, 3회 나타나는데 이들은 뚜렷한 음가를 가지지 않은 것으로 2회 출현의 체계와 관계가 없는 것으로 보았다. 더욱이 이들은 해례본의 한자음 표기에서는 注音이 '뀨, 쾌'와 같이 종성이 안 나타난다. (快字 初聲是ㅋ ㅋ與ㅙ而爲쾌 虯字 初聲是ㄲ ㄲ與ㅠ而爲뀨 <초성해>)

중성 11자가 2자모씩 고루 나타나는데 'ㅡ'를 제외하면 모두 종성이 있는 한자와 없는 한자가 짝을 이루고 있다. 이중 실제 중성의 설명에 이용된 한자는 위 표에서 밑줄 그은 글자로서 받침을 가진 한자이다. 'ㅡ'의 짝은 모두 종성을 가진 자모가 선정되어 예외를 보이는데 이는 중성 'ㅡ'로만 끝나는 한자가 없기 때문이다. 그런데 이 예외도 종성의 짝을 고려한 선정이다. 곧 한자의 6종성 ㄱ, ㆁ, ㄷ(ㄹ), ㄴ, ㅂ, ㅁ도 중성과 같이 초성의 자모가 다음과 같이 둘씩 짝을 이루어 나타내며 중성에서의 예외인 '挹'이 '業'과 함께 'ㅂ'의 짝으로 이용되었다.

6종성	ㄱ	ㆁ	ㄷ(ㄹ)	ㄴ	ㅂ	ㅁ
	卽	洪	彆	君	業	覃
	欲	穰	戌	呑	挹	侵

요컨대 예의의 초성 23자모 중 '快'를 제외한 22자모가 중성 11자의 짝을 이루고 이 짝 중에 초・중・종성을 모두 갖춘 자모가 중성의 설명에 사용되었다. 이러한 짝에서 예외가 '挹'인데 이 자모의 선정은 8종성 중 한자음에 없는 'ㄹ, ㅅ'을 제외한 6종성의 짝을 고려한 것이다. 초성의 23자모를 위한 한자가 단순히 초성만을 위한 것이 아니라 중성과 종성을 설명하기 위한 배려 아래에서 선정된 것임을 확인하게 된다.[18]

한편 23자모의 이러한 유기적 짜임은 「용자례」의 중성과도 대칭되어 일관된 맥락을 가진다. 「용자례」에서는 초성 17자와 종성 8자에 대한 용례가 2개씩 제시되어 있는데 중성 11자의 용례는 다음과 같이 4개씩 제시하였다.

18) 「예의」의 절묘함을 보여주는 것으로 음절문자로의 운용을 규정했다는 것인데 필순을 고려하면 모아쓰기 하면서도 표음 문자의 문자열이 나타내는 음성 연속의 순서를 나타내고 있다는 것을 강조하였다.

中聲ㆍ如ᄐᆞᆨ爲頤 ᄑᆞᆺ爲小豆 ᄃᆞ리爲橋 ᄀᆞ래爲楸 ㅡ如믈爲水 발측爲跟 그력爲雁 드레爲汲器 ㅣ如깃爲巢 밀爲蠟 피爲稷 키爲箕

이를 보면 앞의 두 용례(ᄐᆞᆨ, ᄑᆞᆺ 등)는 종성이 있으나 뒤의 두 용례(ᄃᆞ리, ᄀᆞ래)는 종성이 없다. 한자 자모와 같이 「용자례」에서도 종성이 있는 경우를 앞세웠는데 안병희(1997/2007)은 이를 통해 공히 초성, 중성, 종성을 갖춘 음절을 온전한 것으로 본 인식과 새 글자인 한글의 자모와 그 모아쓰기를 이해하도록 한 의도를 파악할 수 있다고 하였다.

그리고 훈민정음과 『동국정운』에서 23자모가 일치하는 것을 통하여 창제 및 편찬에서 시기 차이를 보이지만, 훈민정음 예의 기술, 『훈민정음』 간행, 『동국정운』 간행이 동시에 진행되어 많은 방안이 제기되어 수정되고 다듬어지는 과정이 있었던 것으로 보았다.[19] 다만 해례에서는 음가 없는 'ㅇ, ㅱ'을 한자음 받침에 표기하지 않고 받침 'ㄹ'을 입성운미 'ㄷ'으로 적은 반면 『동국정운』에서는 종성을 모두 갖춰 표기하고 입성운미 'ㄷ'은 '俗習'을 고려하여 'ㅭ'으로 표기하는 절충이 이루어진 점이 다른데 이에 대하여 "해례본의 편찬 때에 완성된 초·중성과 대부분의 종성 표기를 종합하여 편찬된 『동국정운』에 이르러 세종이 의도한 국어의 한자음 校正이 비로소 완성되기에 이른 것"으로 설명하고 있다.

3.2. 「훈민정음」의 제자 원리

「훈민정음」의 제자 원리에 대하여는 안병희(1990/2007, 9장)과 안병희(2002/

19) 이는 후술할 「훈민정음」 창제 주체에 대한 설명과 연관하여 의미 있는 부분이다.

2007: 65-75)에서 설명하고 있다. 이들 논문은 『훈민정음』 해례에 잘 설명되어 있는 「훈민정음」의 제자 원리를 敷衍하거나 否認하고자 하는 것이 아니라 해례의 설명을 받아들이되 문면 뒤에 감추어진 사실로서 어떻게 이와 같은 제자 원리가 이루어졌는가를 따져보고자 한 것이다. 해례의 문면만 살피면 "기본자를 만든 다음에 가획이나 합성으로 나머지 글자를 만든 방법이나, 초·중·종성을 합성하여 方塊 문자 곧 네모 글자를 만드는 방법이 어디서 온 것인지 모르고 만다."(안병희 2002/2007: 78) 그렇기 때문에 문면에 나타나지 않는 숨겨진 사실에 대하여 더 궁구할 필요가 있다. 「훈민정음」 창제 원리 및 기원에 대한 연구사는 이현희(2003)의 논의에 기대고 이곳에는 안병희 선생의 논의에 집중하기로 한다.

안병희(1990, 2002)에서 제시하는 '숨겨진' 제자 원리는 한자의 造字 즉 한자의 구성 원리에서 본 '文(單體字)'과 '字(合體字)'의 관계로서 '六書'가 바탕에 있다는 것이다. 이러한 시각은 홍기문(1946), 공재석(1967/1968), 유창균(1966), 김완진(1972, 1983), 김영만(1987), 강신항(1987/1990) 등에도 보인다. 특히 강신항(1987/1990: 38, 137)에서는 해례본의 「정인지 서」에 "盖外國之語 有其聲而無其字 假中國之字 以其通用 [……] 要皆各隨所處而安 不可强之使同也"라 한 구절의 후반이 鄭樵의 『通志二十略』의 「六書略」(제5)의 '殊文總論'에 나오는 '觀諸國殊文 則知三代之時 諸國之書 有同有異 各隨所習而安 不可彊之使同'이라 한 구절과 같다는 것을 설명하였는데 안병희(1990, 2002)에서는 이를 적극적인 논거로 하여 '六書'가 「훈민정음」 제자 원리의 바탕이 되었을 것이라고 설명하였다. 그리고 「六書略」의 첫머리에 있는 '起一成文圖'에서 한글 자형이 왔다고 설명한 이전 논의들에 더하여 그 영향 관계를 '成文圖'의 '文'과 '기본자'만을[20] 대응시켜 그 영향 관계를 더욱 결정적인 것으로 보았다. 이

20) 'ㄷ'의 모양도 '窮一再折爲冂(五犯折) … 反匚爲コ(音播)'에서와 같이 보이지만 안병희(199./2007: 170)에서는 "여기의 匚은 一을 두 번 직각으로 꺾은 형태이지만, 한글 ㄷ은 ㄴ 위에 획 一이 약간 밖으로 나간 채로 얹혀 있는 형태"라고 하여 제외시켰다.

를 통해 한글 창제에 참여한 학자들은 육서에 대한 이해와 지식을 가졌음은 말할 것도 없고, 한글의 기본자를 창제함에 있어서는 육서에 관한 전문서인 「육서략」의 '起一成文圖'를 參酌하였을 것으로 추정하고 있다.[21]

다음은 안병희(1990/2007: 168)에서 훈민정음 28자와 한자의 六書 중 '상형, 지사, 형성, 회의'를 대응시킨 것이다. 이에 대하여 크든 작든 이견이 있을 수 있는데 이에 대한 천착보다는 이 장에서 주목하고자 한 훈민정음과 한자와의 상호 관계에 대하여 논의를 이어나가기로 한다.

<table>
<tr><td rowspan="5">훈민정음</td><td rowspan="2">기본자</td><td>초성</td><td>ㄱㄴㅁㅅㅇ</td><td>상형</td><td rowspan="2">文</td><td rowspan="5">한자</td></tr>
<tr><td>중성</td><td>·ㅡㅣ</td><td>지사</td></tr>
<tr><td>가획자
(초성)</td><td></td><td>ㅋㄷㅌㅂㅍ 등(ㆁ, ㄹ, ㅿ)</td><td>형성</td><td rowspan="3">字</td></tr>
<tr><td rowspan="2">합성자
(중성)</td><td>초출자</td><td>ㅗ ㅏ ㅜ ㅓ</td><td rowspan="2">회의</td></tr>
<tr><td>재출자</td><td>ㅛ ㅑ ㅠ ㅕ</td></tr>
</table>

안병희(2002/2007:68-76)은 한글의 制字가 단번에 체계적으로 이루어지지는 않았을 것이라는 전제 아래 음소 문자이면서 음절 문자로 운용하는 결론에 이르기까지는 많은 우여곡절이 있었을 것이라고 설명한다. 그리고 주변의 여러 문자에 대한 탐구도 있었을 것이지만 무엇보다도 한자와의 상관성을 가장 크게 보고 있다. 한자의 '文'을 모아써서 '字'를 만드는 결합의 방식과 아울러 그 필순과 자형의 변화가 한글의 附書 즉 모아쓰기 양상과 동일하다.[22] 그리고 이러한 모아쓰기는 또한 한자와 병용하기 위한 복안으로 이해하였다. 즉 文과 字의 결합 방식에 의한 制字와 合字法으로 한글은 단어 문자

---

21) 안병희(2002/2007:68)에서는 篆書를 본떴다고 한 한글 字體도 홍기문(1946)의 설명과 같이 篆書인 起一成文圖의 한자자체와 연관있다고 보고 있다.

22) 차이로 언급한 것은 한글의 경우 표기의 결과가 音聲連續의 순서와 일치한다는 것이다.

인 한자와 본질적으로 다른 음소 문자이면서도 한자와 공존하여 사용될 수 있는 성격을 가지게 된 것으로 본 것이다. 이를 바탕으로 안병희(2002/2007: 76)에서는 「훈민정음」의 창제가 한자를 중심으로 한 오랜 문자 생활의 전통을 단절하려 한 것이 아니라 창조적으로 계승하고 보완하고자 한 것이라고 보았다. 그리고 문자 생활에서의 이러한 연속성에 대하여 안병희(1977: 129, 1990/2007: 173-4)에서는 구결의 전통과도 관련된다고 설명한다. 구결 표기에 나타나는 차자가 한글 28자의 제자와는 무관하지만, 문자의 운용에서는 한글과 맥을 같이 한다는 것인데 '叱月女(ᄯᆞᆯ녀), 月叱(ᄃᆞᆳ)'의 '叱(ㅅ)'이 초성과 종성에서 같이 쓰이는 것은 『훈민정음』의 '終聲復用初聲' 규정과 이어지고 한자와 국어를 혼용할 경우 한자음에 따라 '孔子ㅣ 魯ㅅ 사ᄅᆞᆷ'과 같이 국어의 중성과 종성을 보완한다는 해례본 「합자해」의 예시는 주격조사를 표기한 '是, 伊'와 속격조사를 표기한 '叱'에서 그대로 귀납될 수 있다. 이러한 차자 체계와 한글 체계의 연속성, 한글의 제자와 한자의 육서와의 연관성은 우리 문자 생활이 단절되지 않고 창조적으로 계승되어왔다고 말할 수 있는 근거로 본 것이다.

4. 훈민정음 창제 및 편찬자

「훈민정음」이 창제인지 아니면 기존 문자체계의 모방인지, 창제라면 그 원리는 무엇인지 등의 논란과 맞물려 편찬 주체에 대한 논의도 계속되어 왔다. 흔히 「훈민정음」 창제는 세종이 직접 한 일이고 『훈민정음』 해례본은 집현전 학사들이 지었다고 하는데[23] 안병희(2004/2007, 8장)에서는 세종이 신

---

23) 이를 단적으로 보여주는 것이 1999년 방영된 KBS 역사스페셜 '한글은 집현전에서 만들지 않았다'이다. 이 프로에서는 최만리 등은 ① 원로 학자들은 1444년 2월의 상소문을 볼 때

하들 모르게 비밀리에 창제한 것이 아니라 공개적으로 집현전 학사들의 협찬에 의한 것임을 밝히고 있다. 이에 대한 논거는 다음과 같다.

① 「훈민정음」 28자의 정밀한 체계

「훈민정음」의 정밀함에 대하여는 이 글의 3.1에서 상론하였다. 이러한 「예의」의 치밀함과 『동국정운』과의 합치는 친제협찬설에 더 무게를 두게 하는 일이다. 즉 「훈민정음」의 정밀함과 『동국정운』과의 연관까지를 고려하면 세종 혼자 '乙夜之覽'을 통해 창제할 수준이 아니라고 본 것이다. 그리고 다음과 같은 사료의 재검토를 통해 이러한 주장을 보강하였다.

② 사료의 새로운 해석과 실록 기사의 성격에 대한 분석

이숭녕(1958: 47-52, 1974: 3-38)에서는 '記錄의 不透明性'을 들어 한글 창제가 유신들에게 비공개적인 작업이었다고 하였는데 안병희(2004/2007, 8장)에서는 다음과 같은 사료에 대한 분석을 통하여 적어도 최만리를 비롯한 집현전 학사들에게는 공개되었고 도움을 받았다는 주장을 펴고 있다.

- 權近의 三經 구결 현토, 卞季良의 사서 번역, 신숙주와 성삼문의 黃瓚 방문 등 다른 역사적 사실도 실록의 기사는 구체적이지 않고 불투명하다

훈민정음 창제에 대하여 모르고 있었고 ② 성삼문, 신숙주 등이 참여한 작업은 훈민정음 창제가 아닌 운서의 편찬이라는 점에서, 그리고 ③ 세종은 당대 최고의 학자였고 왕자와 옹주의 비밀스러운 조력이 있었다는 점에서 한글은 집현전 학사들이 만들지 않고 세종이 직접 만들었다고 하였다. 안병희(2004/2007, 8장)에서는 이러한 친제설을 주장하는 논의로 홍기문(1946), 전몽수・홍기문(1949), 이기문(1992) 등을 협찬설을 주장하는 논의로 이숭녕(1958), 염종률,김 영황(1982), 河野六郎(1989), 강신항(2003) 등을 소개하였다.

- 1423년 6월 24일 실록 기사에 따르면 史官의 업무가 과중한데 집현전 관원이 항상 궐내에 근무하니 記事할 수 있다고 하여 申檣, 鄭麟趾 등 5명에게 春秋를 겸직시켰다는 기록이 있고 1436년 6월 11일 기사에는 집현전 관리의 수를 20명을 정원으로 하여 원래 업무 외에 10명씩 나누어 經筵과 書筵을 兼帶하도록 하였다. 이러한 정황을 고려하면 집현전 학사들 몰래 세종이 동궁들과 함께 훈민정음을 창제하는 작업을 하기는 어렵다.

- 최만리 상소 내용 중 '…이제 널리 여러 의논을 듣지 않고(今不博採群議)…'를 보면 최만리 등이 한글 창제에 대하여 모르고 있었다고 볼 수도 있는데 실제 '의논을 듣지 않은' 것은 앞뒤 문맥을 확인하면 '한글 창제'가 아니고 '胥吏輩에게 한글을 가르치고 운서를 고쳐서 한글로 注音하는 등 널리 펴는 시행'에 대하여이다. 안병희(2004/2007, 8장)에서는 이를 강조하여 최만리 등도 훈민정음 창제와 그 원리 등에 대하여 잘 알고 있었을 가능성이 크다고 설명한다. 즉 최만리는 훈민정음이 篆文을 모방하였다고 하나 소리를 쓰고 합자나 병서하는 방식은 한자나 이두와는 다르다고 하였는데 이는 훈민정음의 특징과 원리에 대하여 잘 알고 있었다는 것을 보여준다. 그리고 1446년 정인지 서문 내용과 짝이 되는 논박은 한글 창제 과정에서 여러 문신들이 사이에 찬반 논쟁의 결과라고 할 수 있다.[24] 이를 결정적으로 보여주는 것은 최만리 상소에 대한 세종의 책망 중에 '金汶이 전에는 언문을 제작하는 것이 불가하지 않다고 했다가 이제는 불가하다 한다'고 김문을 나무

24) 홍기문(1946)에서는 이러한 한글 창제의 功效에 대한 논박이 창제 후에 있었다고 보고 강신항(2003)은 창제 전으로 보아 차이가 있는데 안병희(2004/2007: 137)은 강신항(2003)의 견해에 동조하고 논의를 진행하고 있다. 이와 관련하여 한글 창제 동기로 다른 나라와 같이 우리나라도 국어의 소리를 기록하기 위하여 언문을 창제하였다는 기록(列國皆有國音之文 以記國語 獨我國無之 御製諺文二十八字)이 신숙주의 行狀(강희맹 작), 碑銘, 墓誌.(이상 『保閑齋集』) 등에 나타나고 이 기록이 후대 『東閣雜記』, 『증보문헌비고』에도 등장하는데 오랑캐에게나 있는 일이라 하는 비판이 상소에 나타난다는 것 역시 집현전 내에서의 논박이 있었다는 것을 보여준다고 하였다.

라는 것이다. 김문이 2개월 사이에 말을 바꿨다고 할 수는 없으므로 그 이전부터 훈민정음 창제에 대하여 그 구체적인 내용을 알고 있었다고 보는 것이 합리적이다.

③ 貞懿公主 참여 기록에 대한 신빙성

- 이가원(1994)에서 『夢遊野談』이란 古寫本의 「刱造文字」 항목의 기록과 『죽산안씨대동보』의 「공주유사」를 논거로 하여 한글 창제 협찬 인물로 貞毅公主를 부각하였다. 이에 대하여 안병희(2004/2007: 143-153)은 편찬자, 기록 내용과 역사적 사실의 합치 여부, 變音吐着의 의미 등에 대하여 검토하여 그 신빙성이 약함을 설명하였다. 그리고 『韻會』의 번역을 관장한 바 있는 둘째, 셋째 왕자인 晉陽大君과 安平大君이 훈민정음 창제에 관여했을 가능성이 있기는 하나 당시 훈민정음과 전혀 관계가 없는 여러 국가사업도 관장하고 1441년 이후 집현전에서 빠듯한 일정으로 경서 講讀을 하였다는 점에서 훈민정음 창제에 큰 역할을 하기는 어려웠을 것이라는 점을 설명하였다.

안병희(2004/2007)은 이상 세 가지 사실을 토대로 하여 구체적인 역사 기록이 나타나지는 않지만 집현전 8학사의 협찬을 의심할 수 없고 「훈민정음」 창제가 결코 비밀스러운 작업은 아니었다는 것을 주장하고 있다. 『東國正韻』(1448) 역시 세종과 집현전 학자들이 함께 참여하여 편찬한 것인데 최만리 상소의 '諺文27字' 언급, 해례와 『동국정운』의 한자음 차이를 고려하면 「훈민정음」 창제 전후와 『훈민정음』, 『동국정운』 간행에 이르기까지 훈민정음 창제와 동국정운 한자음 규정에 대하여 끊임없는 토론과 수정이 이루어졌음을 여러 논의에서 강조하고 있다.

「훈민정음」 창제가 공동 작업이었다는 것을 주장하고는 있지만 세종이 중심이 되었다는 점에서 세종의 「훈민정음」 창제에 대한 의의를 확실히 하였다. 그리고 『東國正韻』 역시 세종과 집현전 학사들의 공동 작업이었지만 세종이 이 문헌의 간행에서는 중심이 아니었다는 점에서 차원이 다르다고 하여[25) 「훈민정음」 창제에 대한 세종의 역할을 크게 보고 있는 것이다. 그렇다면 「훈민정음」 친제의 판가름 여부는 집현전 학자들의 참여 정도와 참여 시기에 대한 시각차에 의한 것일수도 있는데 이에 대하여 명확하게 선을 긋는 논의도 앞으로 이루어져야 할 것이다.

5. 마무리

이상의 논의를 통하여 훈민정음과 관련한 연구에서 안병희 선생의 업적과 학계에 기여한 바를 확인하였다. 『훈민정음』의 이본과 복원에 관한 고증, 훈민정음과 한자와의 연관성 속에서 파악한 우리 문자 생활의 연속성, 훈민정음 창제 및 편찬자에 대한 고증을 중심으로 살펴보았는데 이들 연구 모두 정밀한 서지학적 이해를 바탕으로 한 실증적 연구의 면모를 보여주고 있다.[26) 이러한 점에서 안병희 선생의 논의에서 다루어진 많은 사실들은 그 자체로 의의를 가지며 추후 연구에 활용할 수 있는 직접적인 자료를 제시한

25) 이러한 이유로 『訓民正音例義幷序』는 御製書이고 『東國正韻』은 御定書로 구분된다고 설명하고 있다. 이러한 구분에 대한 전거는 안병희(2002/2007: 52)에서 『增補文獻備考』의 "親選曰御選 命選왈御定"이라는 기사를 들고 있다.

26) 이 글의 토론을 맡은 장윤희 교수는 치밀한 고증의 예로 "그동안 언해의 "왼 녀긔 ᄒᆞᆫ 點을 더으면 ᄆᆞᆺ 노ᄑᆞᆫ 소리오"의 "ᄆᆞᆺ 노ᄑᆞᆫ 소리"가 나머지 부분과 언해에서와 마찬가지로 '去聲'이 되었어야 하는 '잘못'이라는 주장에 대해서 해례본 <合字解>의 진술과 관련지어 이는 한자음의 입성이 거성으로 혼동되는 일을 막기 위한 것이라는 해석도 높이 평가되어야 한다고 하였다. 그리고 해례본에서 한글표기 대상인 한자어는 '文', 고유어는 '諺'으로 구별한 사실에 착안하여 <終聲解>의 "且ㅇ聲淡而虛 不必用於終"이 고유어 표기에만 적용되는 것이 아니라 한자음 표기에도 적용되는 것임을 밝힌 것은 치밀한 원문 읽기를 통한 연구의 백미"라고 평가하였다.

다는 점에서 훈민정음 연구에 기여한 바가 크다고 생각한다.

안병희 선생은 앞에서 다룬 주제들 외에도 「훈민정음」 사용의 역사, 반절표의 유래, 훈민정음 표기 규정과 한글 맞춤법의 역사, 북한의 훈민정음 연구 등 훈민정음과 관련하여 의미 있는 많은 연구를 하였지만 범위가 워낙 방대하여 이 글에서 전부 다루지 못하였다. 훈민정음과 관련하여 이미 고찰된 주제는 물론 연관된 주제가 수없이 확장될 수 있을 것이다. 연구의 외연을 확장하는 한편 기존에 고찰되었던 주제들에 대하여도 더욱 심층적인 고찰이 필요하며 안병희 선생의 연구는 앞으로의 이러한 연구에서 계속 참고하고 곱씹어야 할 가치를 지닌다.

참고문헌

姜信沆(1963), 「『訓民正音』解例理論과 『性理大全』 聯關性」, 『국어국문학』26, 177-185.

강신항(1987/1990/1999/2003), 『훈민정음연구』(증보판), 성균관대출판부.

공재석(1968), 「한글 古篆起源說의 근거가 되는 起一成文圖」, 『우리문화』2, 우리문화연구회, 81-92.

김완진(1972), 「세종의 어문정책에 대한 연구, 훈민정음을 위요한 수삼의 문제」, 『성곡논총』3, 185-215.

김완진(1983), 「훈민정음 제자 경위에 대한 새 고찰」, 『김철준박사 화갑기념 사학논총』, 지식산업사.

김완진(1984), 「훈민정음 창제에 관한 연구」, 『한국문화』5, 서울대, 1-19.

김주원(2005), 「훈민정음 해례본의 뒷면 글 내용과 그에 관련된 몇 문제」, 『국어학』 45, 국어학회, 177-212.

김주원 · 이현희 · 이호권 · 정상훈 · 정우영 · 조규태(2007), 「훈민정음 언해본의 정본 제작에 관한 연구」, 『국어사연구』 7, 국어사학회, 7-40.

李賢熙(2003), 「訓民正音 研究史」, 『한국의 문자와 문자연구』, 집문당, 593-626.

박종국(1984). 『세종대왕과 훈민정음』, 세종대왕기념사업회.

송철의(2008), 「반절표의 전통과 전통시대 한글교육」, 홍종선 외 『세계 속의 한글』, 박이정.

안병희(1977), 『중세국어 구결의 연구』, 일지사.

염종률, 김영황(1982), 『훈민정음에 대하여』, 김일성대학출판사.

이가원(1994), 「훈민정음의 창제」, 『열상고전연구』 7.

이기문(1992), 「훈민정음 親制論」, 『한국문화』13.

이기문(2007), 「훈민정음 연구의 회고와 전망」, 『훈민정음 연구의 이론과 실제』, 사단법인 훈민정음학회 창립 기념 학술대회 발표논문집, 1-7.

이동림(1975), 「훈민정음의 창제경위에 대하여」, 『국어국문학논문집』 9 · 10, 동국대학교 국어국문학과, 7-22.

이동림(1993), 「동국정운 초성 자모 '23자'의 책정과 그 해석」, 『국어학』 23, 국어학회, 1-39.

이상혁(2000), 훈민정음해례 <용자례> 분석, 『21세기 국어학의 관제』, 월인.

이숭녕(1958), 「세종의 언어정책에 관한 연구」, 『아세아연구』 1-2.

이숭녕(1974), 「세종의 언어정책사업과 그 은밀주의적 태도에 대하여」, 『한국학논총』(이선근박사 고희기념논문집). [이숭녕(1981), 『세종대왕의 학문과 사상』 재수록].

이현희(1990), 훈민정음, 『국어연구 어디까지 왔나』. 동아출판사, 615-631.

이현희(1991), 「훈민정음의 이본과 관련된 몇 문제」, 『어학교육』 21, 전남대학교 어학연구소, 59-74.

이현희(1997), 「훈민정음」, 『새국어생활』 7.4(겨울) 국립국어연구원, 237-254.

이현희(2003), 「훈민정음연구사」, 『한국의 문자와 문자연구』, 집문당, 593-626.

임용기(1991), 「훈민정음의 이본과 언해본의 간행 시기에 관하여」, 『국어의 이해와 인식』(갈음 김석득 교수 회갑기념논문집), 한국문화사, 673-696.

전몽수(1949), 「훈민정음의 음운조직」, 『조선어연구』1-1(1949년 3월호). 평양.

정 철(1954), 「원본 훈민정음의 본존 경위에 대하여」, 『국어국문학』 9, 15.

정우영(2000가), 「『훈민정음』 한문본의 원본 복원에 대한 연구」, 『동악어문논집』 36, 동악어문학회, 107-135.

정우영(2000나), 「훈민정음언해의 이본과 원본 재구에 관한 연구」, 『불교어문논집』 5, 한국불교어문학회, 25-58.

정우영(2001), 「훈민정음 한문본의 낙장 복원에 대한 재론」, 『국어국문학』 129, 국어국문학회, 1-227.

정우영(2005), 「훈민정음 언해본의 성립과 원본 재구」, 『국어국문학』 139, 국어국문학회, 75-113.

정우영(2014), 「≪訓民正音≫해례본의 '例義篇' 구조와 '解例篇'과의 상관관계」, 『國語學』72, 103-153.

정우영(2015), 훈민정음 해례본과 언해본의 서지·판본·복원 연구의 회고와 전망, 『훈민정음 연구의 성과와 전망(2015년 제2차 문자 연구 학술대회: 한글과 동아시아의 문자)』, 국립한글박물관, 15

정우영(2016), 「訓民正音과 佛教經典의 相關關係 研究」, 『語文研究』168, 33-60.

조규태 외(2007), 『훈민정음 언해본 이본 조사 및 정본 제작 연구』, 문화재청.

최세화(1997), 「훈민정음 낙장의 복원에 대하여」, 『국어학』 29, 국어학회, 1-32.

홍기문(1946), 『정음발달사(상·하)』, 서울신문사출판국.

안병희 선생의 표기법 연구

이 지 영(서강대)

Ⅰ. 서론

안병희 선생의 연구는 국어학의 다양한 분야에 걸쳐 있으나 여기서는 표기법을 중심으로 살펴볼 것이다. 선생의 표기법 연구는 크게 둘로 나누어 볼 수 있다. 첫째는 차자표기와 관련한 연구이고 둘째는 현대의 한글 맞춤법과 관련한 연구이다. 차자표기와 관련한 연구는 "借字-鄕札-吏讀-口訣"의 용어에 대한 논의, 즉 이들의 정의와 용법에 대한 연구와 차자표기가 나타나는 자료를 대상으로 차자표기에 대해 고찰한 연구가 중심을 이룬다. 한글 맞춤법과 관련한 연구는 현재 사용되는 한글 맞춤법의 규정과 그에 대한 해설을 제시한 『한글 맞춤법 강의』가 대표적이지만 그 외에도 여러 편의 연구가 있다.

안병희 선생은 국어 정책 및 한자 교육에 대해서도 관심을 두어 왔다. 이 주제는 선생의 표기법 연구를 다루면서 함께 다루기에는 주저되는 면이 있다. 그러나 선생의 표기법에 대한 연구로부터 이들에 대한 연구가 자연스럽게 파생되었으리라 생각된다. 따라서 본격적인 표기법 관련 논의가 아니라

하여도 본고에서는 다루기로 한다.

본고에서 다루려는 선생의 연구 목록을 연도순으로 정리하면 다음과 같은데[1], 저서가 11편, 논문이 35편, 서평 및 논평이 3편이다.

- 1971. 「十五世紀의 漢字音 한글表記에 대하여」, 『金亨奎博士 頌壽紀念論叢』, 일조각, pp. 371-380.[2]
- 1976a. 「口訣과 漢文訓讀에 대하여」, <진단학보> 41, 진단학회, pp. 143-162.[3]
- 1976b. 「口訣의 研究를 위하여: 口訣表記 漢字의 表音字를 中心으로」, <성균관 근대교육 80주년 기념 동양학학술회의 논문집>, 성균관대학교, pp. 133-142.
- 1977a. 『中世國語口訣의 研究』, 一志社.
- 1977b. 「養蠶經驗撮要와 牛疫方의 吏讀의 研究」, <동양학> 7, 단국대 동양학연구소, pp. 3-22.[4]
- 1978. 「村家救急方의 鄕名에 대하여」, <언어학> 3, 한국언어학회, pp. 191-199.[5]
- 1981. 「書評: 鄕歌解讀法研究(金完鎭著)」, <한국학보> 7-1(통권 22), 일지사, pp. 121-125.
- 1983a. 「漢字問題에 대한 政策과 諸說」, 『韓國 語文의 諸問題』, 一志社, pp.

---

1) 아래에 제시된 연구 목록은 안병희선생1주기추모행사준비위원회(2007)에 정리된 주요 업적 중에서 표기법 관련 연구와 국어 정책 및 한자 교육에 대한 연구를 선별하고 여기에 약간의 보충만 한 것이다. 그러나 본고에서 제시한 목록에는 서두에 밝힌 것과 성격이 다른 경우도 포함되어 있다. 해당 연구의 전체적 성격으로 보면 (다른 글에서 다루어지게 될) 문헌 및 서지 연구나 (차자표기가 아닌 자료를 대상으로 한) 문법사 연구에 해당될 수 있는 것이라도, 본고의 논의 과정에서 필요한 경우는 포함시켰기 때문이다. 이에 대한 오해가 없기를 바란다.

2) 이 논문은 원래 「改刊 『法華經諺解』에 대하여」(<동방학지> 12, 연세대학교 국학연구원, 1971, pp. 235-246.)의 pp. 241-242에 걸쳐 간략하게 언급했던 현실 한자음 문제를 좀 더 상세하게 다룬 것이다. 이러한 내용은 [安1971, p. 313, 각주 (1)]에 언급되어 있다. <동방학지> 12에 실린 논문은 [安1992c]에 「改刊 『法華經諺解』」(pp. 278-290.)로 재수록 되었다.

3) 이기문 편(1976)에 「문자」(7장, pp. 111-136.) 및 [安1992b]에 「구결과 한문 훈독」(pp. 287-313.)으로 재수록.

4) [安1992b]에 「養蠶經驗撮要와 牛疫方의 이두」(pp. 328-362.)로 재수록.

5) [安1992b]에 「村家救急方의 鄕名」(pp. 438-449.)으로 재수록.

78-115.[6)]

- 1983b. 「吏讀文獻 吏文大師에 대하여」, <동방학지> 38, 연세대 국학연구원, pp. 331-374.[7)]
- 1983c. 「世祖의 經書口訣에 대하여」, <규장각> 7, 서울대 도서관. pp. 1-14.[8)]
- 1984a. 「韓國語 借字表記法의 形成과 特徵」, <제3회 국제학술회의(세계 속의 한국 문화: 율곡 400주기에 즈음하여) 논문집>, 한국정신문화연구원, pp. 27-3～27-20.[9)]
- 1984b. 「典律通補와 그 吏文에 대하여」, 『목천유창균박사 환갑기념논문집』, 계명대출판부, 347-362쪽.[10)]
- 1985a. 「孝經諺解와 孝經口訣」, 『역사언어학(김방한선생회갑기념논문집)』, 전예원, pp. 45-55.[11)]
- 1985b. 「大明律直解 吏讀의 硏究」, <규장각> 9, 서울대학교 도서관, pp. 1-22.[12)]
- 1986a. 「吏讀의 學習書에 대하여」, <제1차 KOREA학 국제교류 세미나 논문집>(1983), 중국 목단강시: 흑룡강조선민족출판사, pp. 126-133.[13)]
- 1986b. 「이두 문헌 <吏文>에 대하여」, <배달말> 11, 배달말학회, pp. 1-41.[14)]
- 1987a. 「國語史資料로서의 三國遺事: 鄕歌의 解讀과 관련하여」, <삼국유사의 종합적 검토(제4회 국제학술회의논문집)>, 한국정신문화연구원, pp. 533-543.[15)]
- 1987b. 「韓國學基礎資料選集-古代篇: 語學篇」, 『韓國學資料大系』 87-1, 한국정신문화연구원, pp. 991-1079쪽.
- 1987c. 「均如의 方言本 著述에 대하여」, <국어학> 16, 국어학회, pp. 41-54.[16)]

---

6) [安2009]에 「漢字問題에 대한 政策과 諸說」(pp. 235-274.)로 재수록.
7) [安1987d]에 「吏文大師」(pp. 21-74.)로 재수록.
8) [安1992c]에 「世祖의 經書 口訣」(pp. 147-165.)로 재수록.
9) 盧堂 李東林 博士 停年退任紀念論叢 刊行委員會 編(1988) 및 [安1992b]에 「차자표기법의 형성과 특징」(pp. 269-286.)으로 재수록.
10) [安1992b]에 「典律通補와 그 吏文」(pp. 408-423.)으로 재수록.
11) [安1992c]에 「『孝經諺解』와 『孝經口訣』」(pp. 462-473.)로 재수록.
12) [安1992b]에 「大明律直解의 이두」(pp. 363-396.)로 재수록.
13) [安1987d]에 「吏讀의 學習書」(pp. 7-20.) 및 [安1992b]에 「이두의 학습서」(pp. 397-407.)로 재수록.
14) [安1987d]에 「吏文」(pp. 75-91.) 및 [安1992b]에 「이두 문헌 「이문」」(pp. 424-437.)으로 재수록.
15) [安1992c]에 「국어사 자료로서의 『三國遺事』 -향가의 해독과 관련하여」(pp. 166-178.)로 재수록.

- 1987d. 『吏文과 吏文大師』(國語學硏究選書 11), 탑출판사.
- 1988a. 「한글 맞춤법의 歷史」, <국어생활> 13, 국어연구소, pp. 8-16.[17]
- 1988b. 「崔世珍의 吏文諸書輯覽에 대하여」, <주시경학보> 1, 탑출판사, pp. 49-68.[18]
- 1989. 『한글 맞춤법 강의』(이희승 공저), 신구문화사.
- 1990a. 『中世國語文法論』(이광호 공저), 학연사.
- 1990b. 「語文政策의 變遷과 課題」, <國會報> 10월호(통권 288), 국회사무처, pp. 68-73.
- 1990c. 「中世國語 口訣의 硏究(요약)」, 『국어학관계 박사학위논문요약집(난정 남광우박사고희기념)』(한국어문교육연구회 편), 한샘출판사, pp. 565-571.
- 1991. 「남북 언어 차이의 본질과 그 극복」, <한글날 기념 국어국문학 학회 연합회 학술회의: 훈민정음 창제의 민족 문화사적 의의>, 국어국문학회, pp. 1-4.[19]
- 1992a. 「남북 맞춤법의 비교와 검토」, <말과 글> 50, 한국교열기자회, pp. 222-245.
- 1992b. 『國語史硏究』, 문학과지성사.
- 1992c. 『國語史資料硏究』, 문학과지성사.
- 1994a. 『고친판 한글 맞춤법 강의』(이희승 공저), 신구문화사.
- 1994b. 「書評: 古代國語語彙集成(송기중 · 남풍현 · 김영진 편)」, 『정신문화연구』 17-2, 한국정신문화연구원, pp. 180-184.
- 1996a. 「한글 맞춤법의 연혁과 그 원리」, <한글사랑> 가을호(통권 2), 한글사, pp. 88-100.
- 1996b. 「언어」(Ⅲ.3), 『한국사』 27(조선초기의 문화Ⅱ), 국사편찬위원회, pp. 370-383.
- 1999. 「≪이문(吏文)≫과 ≪이문대사(吏文大師)≫를 다시 논함」, <겨레문화> 13, 한국겨레문화연구원, pp. 3-27.
- 2000. 「국어 문제와 국어 정책」, <21세기의 국어정책(국어정책에 관한 학술

---

16) [安1992b]에 「均如의 方言本 저술」(pp. 314-327.)로 재수록.
17) [安1992b]에 「한글 맞춤법의 역사」(pp. 256-265.)로 재수록.
18) [安1992c]에 「吏文諸書輯覽」(pp. 371-395.)로 재수록. 이후 <書誌學報> 8(한국서지학회, 1992)에 「增定于公奏議 · 駁稿 · 奏議擇稿輯覽 解題」(pp. 131-144.)로 부분 수정하여 재수록.
19) [安2009]에 「남북 언어 차이의 본질과 그 극복」(pp. 208-213.)으로 재수록.

회의)>, 국립국어연구원 · 한국어문진흥회, pp. 1-12.[20]
‣ 2001a. 『새로 고친판 한글 맞춤법 강의』(이희승 공저), 신구문화사.
‣ 2001b. 「北韓의 맞춤법과 金枓奉의 학설」, <정신문화연구> 24-1, 한국정신문화연구원, pp. 97-115.[21]
‣ 2001c. 「文字史에서 본 薛聰의 位置」, 『한국문화와 역사인물 탐구: 원효 · 설총 · 일연』, 한국정신문화연구원, pp. 91-113.[22]
‣ 2001d. 「설총과 국어」, <새국어생활> 11-3, 국립국어연구원, pp. 5-20.[23]
‣ 2001e. 「논평: 古典梵語文法이 借字表記體系에 미친 影響(이준석)」, 『고려대장경의 고전범어문법 연구』, 월인, pp. 116-118.
‣ 2001f. 「<吏讀便覽>에 대하여」, <書誌學報> 25, 한국서지학회, pp. 5-34.
‣ 2004. 「최항의 경서 구결에 대하여」, <새국어생활> 14-3, 국립국어연구원, pp. 115-126.[24]
2005. 「우리나라 漢文敎育에 대하여」, 『漢字敎育과 漢字政策에 대한 硏究』(한국어문교육연구회 국제학술회의), 도서출판 역락, pp. 149-177.[25]
‣ 2009. 『國語硏究와 國語政策』, 도서출판 월인.
‣ 2010. 『증보판 한글 맞춤법 강의』(이희승 · 한재영 공저), 신구문화사.
‣ 2015. 『개정 한글 맞춤법 강의』(이희승 · 한재영 공저), 신구문화사.

위에 열거한 안병희 선생의 연구를 대상으로 II장에서는 차자표기에 대한 연구를, III장에서는 한글 맞춤법에 대한 연구를, IV장에서는 국어 정책과 한자 교육에 대한 연구를 순서대로 살펴보기로 한다.

---

20) [安2009]에 「國語問題와 國語政策」(pp. 191-207.)으로 재수록.
21) [安2009]에 「北韓의 맞춤법과 金枓奉의 학설」(pp. 214-234.)로 재수록.
22) [安2009]에 「文字史에서 본 薛聰」(pp. 29-50.)으로 재수록.
23) [安2009]에 「薛聰과 국어」(pp. 13-28.)로 재수록.
24) [安2009]에 「崔恒의 經書 口訣」(pp. 51-61.)로 재수록.
25) [安2009]에 「우리나라의 漢文敎育」(pp. 275-301.)으로 재수록.

II. 차자표기에 대한 연구

안병희 선생의 차자표기에 대한 연구는 선생의 표기법 연구에서 가장 핵심적인 부분이라고 할 수 있을 것이다. 선생의 차자표기 연구는 박사논문인 「中世國語의 口訣表記 借字에 관한 硏究」(1977)을 단행본으로 출간한 [安1977a]를 비롯하여 전후로 발표된 몇몇 연구로부터 살펴볼 수 있다. 여기서는 선생의 연구를 개념과 체계에 대한 연구, 이두에 대한 연구, 그 외의 연구로 나누어 살펴보기로 한다.

1. 개념과 체계에 대한 연구

[安1990c]는 선생 스스로 박사논문의 주제에 관심을 두게 된 계기를 밝히고 박사논문의 내용을 요약하여 제시한 것이다. 이에 따르면 "1973년 가을부터 약 2년간 日本과 臺灣에서 國語史資料를 조사할 기회가 있었는데, 그때 日本에서 壬辰亂 때에 건너간 문헌에서 붓으로 쓴 口訣을 보게 되었다. … (중략) … 한편으로 국내에서는 이미 없어진 中世國語 口訣의 刊本資料도 더러 볼 수 있었다. 이것이 필자가 借字로 표기된 中世國語의 口訣을 연구하게 된 직접적인 계기였다."라고 밝히고 있다.

국외에서의 자료 조사를 마치고 귀국한 先生은 1975년 9월 22일 <成均館 近代敎育80周年紀念 東洋學 學術會議>에서 그간의 조사 결과를 바탕으로 15, 16세기 문헌의 구결 표기에 나타난 차용 한자(借用 漢字) 중 표음자(表音字)만을 정리하여 발표하게 된다.[26] 그 다음 날인 23일에 열린 어문 분과

26) 이 발표는 [安1976b]로 간행되었다. [安1976a]와 [安1990c]에는 구체적인 날짜까지 언급하며 이 학술회의에서의 정황에 대해 언급하고 있다.

토론회 석상에서 심재기 선생의 ≪舊譯仁王經≫에 대한 구두 소개가 있었는데[27], 그 자리에서 "그 책(필자 주: ≪舊譯仁王經≫)의 墨書를 '원래의 口訣'이라 하고 필자(필자 주: 안병희 선생)가 다룬 전통적인 口訣을 '퇴화된, 또는 간소화된 口訣'이라는 견해"[安1990c]가 나타났다고 회고하였다. 이에 대한 반론은 [安1976a]에서 이루어지며, 이런 일련의 상황 속에서 선생의 견해를 더욱 발전시킨 연구가 바로 박사논문 및 [安1977a]이다.

[安1976a]에서는 구결이란 용어의 쓰임을 살펴보면서 "口訣이 입겿, 또는 입겿을 借字하여 表記한 것"[28]이며, "口訣의 同義語로 吐가 있었다"고 하였다. 이를 바탕으로 ≪舊譯仁王經≫과 같이 "漢文을 飜譯하여 읽는 方式"은 "音讀과 對立시켜 訓讀"이라고 하였다. 또한 "音讀과 訓讀으로 달리 쓰인 墨書를 같은 口訣이란 用語로 부른다면, 用語의 混亂만 일으킬 것"이라면서 ≪舊譯仁王經≫을 "略字吏讀에 의한 訓讀資料"라고 하였다. 따라서 이 논의에서는 구결이라는 용어는 표기 수단에 따라 구분한 한글口訣(=한글吐)과 吏讀口訣(=吏讀吐, 이것은 正字吏讀吐와 略字吏讀吐로 구분됨)에만 쓰인다고 결론을 내렸다.[29]

구결의 용법에 대한 선생의 생각은 차자표기법의 형성과 특징을 다룬 [安1984a]에서도 이어진다. 여기에서는 차자표기와 관련된 용어인 향찰, 이두, 구결을 살펴보고 있다. 이에 따르면 향찰이라는 용어는 10세기의 ≪均如傳≫에 처음 나타나는 것으로 중국어를 표기한 한문인 '唐文'에 대하여 국어를 표기한 것을 가리킨다. 향찰을 향가의 표기에 국한된 차자표기의 의미로 축소시켜 쓰는 것은 근래의 일이라는 지적도 잊지 않았다. 이두는 차자표기 전반을 지칭하는 넓은 뜻으로 쓰이기도 하였으나 이두 고유의 개념은 좁은

27) [安1976a]에서 ≪舊譯仁王經≫에 대한 심재기 선생의 정식 소개는 심재기(1975a, b, c)로 이어진다고 하였다.

28) 이러한 의미로 쓰이는 '口訣'은 '口授傳訣'의 의미와는 구분되어야 한다고 지적하였다.

29) [安1976a]의 내용은 약간 보완되어 [安1977]의 2장에 수록되었다.

뜻인 외교문서와 국내문서를 가리키는 이문(吏文)의 토(吐)라고 하였다. 구결에 대해서는 [安1976a]의 입장을 고수하고 있어서 세 용어 중 가장 늦은 15세기의 문헌에 나타난다고 보았다. "현재까지 알려진 口訣 資料는 借字와 한글을 막론하고 15세기 중엽부터의 것"이라거나[安1983c] "借字로 된 口訣이 있기 때문에" ≪孝經口訣≫로 서명(書名)을 정하였다고 한 설명[安1985a]에서도 선생의 기존 입장이 여전히 고수되고 있음을 볼 수 있다.30)

이러한 선생의 생각이 달라지기 시작한 것은 [安1987c]에서 엿보인다.31) 이 논의는 균여(均如)의 방언본(方言本)에 대해 검토한 것인데, ≪釋敎分記≫를 "전통적인 口訣 곧 音讀 口訣이 아니라 訓讀 口訣을 표기한" 자료이며 ≪舊譯仁王經≫의 것과 같다고 보았다. 이에 대해 선생은 다음과 같이 밝혔다. 다소 길지만 전문을 인용하기로 한다.32)

> "우리는 舊譯仁王經의 行間에 붓으로 써 넣은 夾註에 대하여 전통적인 口訣이란 用語의 사용을 적절하지 못한 것으로 생각하여 왔다. 그러나, 音讀口訣과 訓讀口訣과 같이 개념을 엄격히 구별한다면, 漢文의 行間에 보조적으로 사용되어 漢文을 읽고 이해하는 데 기여하는 공통성이 있으므로 舊譯仁王經의 夾註 표기에 대하여도 口訣의 用語를 사용하는 것이 무방한 것으로 보인다. 여기에서 訓讀口訣이라 한 것은 그러한 의도에 의한 것이다."[安1987c, p. 46, 각주(7)]

---

30) 강신항 외(1980)은 차자표기법에 대한 공동토론회 회의록인데, 여기서도 선생은 "釋讀口訣이다, 順讀口訣이다 해서 다 같은 이름으로 부르는 것이 좋지만, 제 생각은 저러한 보조부호를 가지는 것을 그냥 訓讀이라 하는 것이 좋지 않는가. 그리고 吐를 그대로 口訣이라고 하는 것이 어떻겠느냐 그런 생각을 가지고 있습니다."(p. 175.)라고 하였다.

31) [安1987c]와 같은 시기(1978. 12.)에 차자표기의 원문 자료에 대한 주석(注釋)의 성격을 지니는 [安1987b]도 발표되었다. 여기에서는 구결이라는 용어는 쓰이지 않고 차자표기, 이두, 향찰이라는 용어만이 보인다. 다만 이 논문에서 [安1984a]를 언급하고 있으므로, 선생의 입장 변화는 [安1987c]라고 한 것이다.

32) 이후 발표된 [安1990a], [安1990c]에서도 선생은 음독구결(音讀口訣)과 훈독구결(訓讀口訣)을 구분하는 입장을 유지한다.

다시 [安1984a]의 논의로 돌아가 보자. 여기에는 앞서 언급한 내용 외에도 두 가지가 더 있다. 첫째는 차자표기법의 발달 단계에 대한 것이다. 이 논문에서는 우선 어휘의 차자표기 전통은 한자의 가차(假借) 방식을 운용한 것이며, 우리나라의 독자적인 차자표기는 문장을 표기하게 되면서 시작되었다고 보았다. 따라서 제1단계는 한문의 문장구조를 국어의 문장구조로, 즉 어순을 국어의 것으로 바꾸어서 표기하는 것이고, 제2단계는 제1단계의 방식에 더하여 국어의 형태부(形態部)가 조자(助字)와 함께 음차(音借) 또는 훈차(訓借)의 실자(實字)에 의한 표기까지 행해지는 것으로 파악하였다.

둘째는 설총(薛聰)의 이두 창시(創始)와 관련된 언급이다. 이에 대한 선생의 연구는 [安1984a] 이후 [安1987b], [安2001c], [安2001d]까지 계속된다. 선생은 설총과 관련된 여러 기록을 엄밀하게 검토하면서 설총이 넓은 뜻의 이두, 즉 차자표기를 완성시킨 인물로 보고 있다. 이와 관련하여 덧붙여 둘 것은 차자표기가 구결, 이두, 향찰을 포괄하는 용어로 적절한 것인가에 대한 선생의 고민이다. 이 점은 [安2001d]에서 구체화된다. 이 논의에서는 차자표기의 문자 체계를 가리키는 넓은 뜻의 이두와 종래에 법조문이나 공문서에 사용된 좁은 뜻의 이두를 구별한다. 덧붙여 전자를 이두(吏讀)로, 후자를 이찰(吏札)로 구분하여 사용하는 것도 무방하다고 제안한다.[33] 이러한 제안을 받아들였을 때, 설총이 이두를 창시한 것으로 본 선생의 견해와 이두라는 용어가 가지는 의미가 일치된다고 파악한 듯하다.

2. 이두에 대한 연구

안병희 선생의 이두 연구는 이두 자료들을 검토하는 과정에서 구체화된

33) 좁은 뜻의 이두와 넓은 뜻의 이두를 구분하여 사용하자는 선생의 제안은 [安2004]에서도 반복된다. 선생은 [安2004]에서 이런 제안이 홍기문(1957)과 일치하는 것이라고 하였다.

다.[34] 일련의 연구에서 선생은 이문(吏文)과 이두(吏讀)를 구분하고 있다. 이문에 대해서는 '한자어구(漢字語句)와 이두(吏讀)를 포함한 문체 전부'[安1983b], '외교문서와 국내 문서의 독특한 문체'[安1986a] 등으로 설명하였으며, 이두(吏讀)에 대해서는 '차자(借字)로 표기된 고유어로서 이문(吏文)의 문맥을 밝혀주는 어구(語句)'[安1983b], '이문(吏文)에 대한 구결(口訣)/토(吐)'[安1986a] 등으로 설명하였다.[35]

이두 연구에서 선생이 중점을 두었던 부분은 다양한 자료를 정밀하게 검토함으로써 이두의 정교한 목록을 작성하고 더 나아가 이들의 독음(讀音)을 통해 시대를 추정함으로써 이두가 국어사 연구에 기여할 수 있는 바를 찾으려고 했던 것이 아닌가 한다. 선생의 이러한 의도는 [安1985b]와 [安1977b]에서 구체적으로 드러난다. [安1985b]는 ≪大明律直解≫의 이두를 고찰한 논문이다. 여기에서 선생은 자료를 교감(校勘)할 때 비슷한 차자(借字)를 잘못 사용한 경우와 탈자(脫字) 때문에 나타난 경우만을 대상으로 교감을 하여야 하며, 이러한 교감을 바탕으로 해야 해당 자료의 이두를 정확히 파악할 수 있음을 지적하고 있다. [安1977b]는 ≪養蠶經驗撮要≫와 ≪牛疫方≫의 이두를 고찰한 논문인데, 여기에서 선생은 기존 이두 연구가 18-19세기의 ≪儒胥必知≫ 등의 이두 자료를 좇아서 해독하고 해설하였기에 이두 표기의 시기에 대한 고민이 부족했다고 지적하였다. 이에 선생의 이두 연구는 서지적(書誌的) 성격이 강한 것이라고 하더라도 반드시 해당 자료에 나타난 이두에 대한 국어학적 고찰을 철저히 하였다.[36]

---

34) 선생의 이두 연구는 대부분 서지적 검토와 함께 이루어지는 경우가 많으므로, 본고에서는 몇몇 연구만을 살펴보기로 한다.

35) 각 연구마다 표현은 조금씩 다르지만 이들을 관통하는 견해는 마찬가지라고 생각된다. [安1986a]는 이두 자료를 이두문(吏讀文)의 문례집(文例集), 이두의 자류집람(字類集覽), 한자성어(漢字成語)와 이두의 용례집(用例集)으로 나누어 소개를 한 것이다. [安1983b]는 ≪吏文大師≫에 대한 서지적 검토와 더불어 이 문헌의 이두를 국어학적 측면에서 검토한 것이다.

36) 예를 들면 [安1988b]과 같은 연구가 그에 해당된다.

마지막으로 안병희 선생의 이두 연구와 관련하여 '仕官出干'에 대한 것을 언급하고자 한다. '仕官出干'은 ≪吏文大師≫의 이두로, [安1983b, p. 75.]에서 다음과 같이 설명되었다.37)

300. 仕官出干: 出干은 나아가 관여한다는 것, 전체의 뜻은 官職에 있으면서 관여한다는 것이다.

즉 '仕官出干'의 '干'을 같은 자료의 '不干之人乙', '不干與否'에 보이는 '干'과 마찬가지로 "관여하다"의 의미로 해석한 것이다.38)

그러나 이 설명은 [安1999, p. 20.]에서 수정된다. 이 논의에서는 ① 동국대본 등 ≪이문≫에 따르면 '不干之人乙, 不干與否'의 '干'은 音이 '간'이고 '仕官出干'의 '干'은 '궐'로 되어 있는 점, ② ≪吏讀便覽≫에 있는 "吏文闕額謂之干 音闕 <行用吏文>", 즉 "이문에 사용되는 '干'은 일정한 액수에 차지 않는 것으로 '궐'이라 읽는다"로 풀이가 되어 있는 점을 근거로 들어, '仕官出干'의 '干'은 '궐'로 읽고 전체의 뜻은 "관직에 있으면서 관아의 물건에 손실을 낸다"로 해석해야 한다고 하였다.39)

'仕官出干'에 대한 선생의 수정 과정은 안병희 선생의 연구 태도를 적확하게 보여주는 것이라고 생각된다. 의도하지는 않았지만 발생한 잘못에 대해 근거를 제시하며 수정하고 그 과정을 이후의 연구에서 스스로 자세하게 밝히는 태도는 많은 후학들에게 귀감이 되는 모습이라고 생각된다.40)

---

37) 동일한 내용이 [安1987d, p. 61.]에도 반복된다.

38) '不干之人乙'과 '不干與否'에 대해서는 [安1983b, p. 70]에 설명되어 있으며, [安1987d, pp. 54-55.]에도 반복된다.

39) [安1999]의 이 같은 수정은 [安2001f]에서도 동일하게 언급된다.

40) 이러한 태도는 자신이 이전에 연구한 것이라고 하더라도 끊임없이 되새기면서 확인하는 자세 속에서 나오는 것이라고 생각된다. 앞에서 언급한 '口訣'과 관련한 선생의 입장 변화도 역시 이와 같은 맥락일 것이다.

3. 그 외의 연구

여기에서 다루는 안병희 선생의 연구를 '그 외의 연구'로 묶어 살피는 것은 문제가 없지 않다. 함께 묶어서 살피기에는 그 성격이 상당히 이질적이기 때문이다. 그럼에도 불구하고 본고에서는 이들 논의를 함께 다루기로 한다.

먼저 안병희 선생의 향가 해독에 관한 연구가 있다. 대표적인 것은 [安1987b]인데, 이 연구는 기본적으로 고대국어의 주요 자료에 대한 상세한 주석(注釋)이다. 여기에서는 기존 연구들에서 단편적으로 혹은 필요한 부분만 인용되어 왔던 자료들을 문맥을 통해 이해할 수 있도록 제시하고 그에 대한 상세한 주석을 덧붙이고 있기 때문에 다른 연구자들에게 많은 도움이 되는 연구이다. 이 연구의 뒷부분에는 향가 14수에 대한 주석을 제시하며 양주동(1965)와 김완진(1980)의 해독을 비판적으로 검토하는 부분이 있다. 이중 일부 내용은 [安1981][41)]과 [安1987a][42)]에도 언급된 바 있다.

다음은 ≪村家救急方≫의 향명(鄕名)에 대해 살펴본 [安1978]과 ≪典律通補≫의 공장명(工匠名)을 소개한 [安1984b]이다. 두 연구 모두 해당 자료에 대한 서지적 검토가 이루어졌는데, 특히 [安1984b]는 기본적으로 서지학적 관점에서 쓰인 것이다. 그러나 이 연구들에서 소개된 어휘 자료는 어휘사의 관점에서 논의될 수 있다.

---

41) [安1981]은 김완진(1980)에 대한 서평인데, 여기에서 두 가지 문제점을 지적하고 있다. ① 훈독자(訓讀字) 중에 지나칠 정도로 희귀한 훈(訓)이 이용된 차자(借字)가 있다는 점(예: <慕竹旨郎歌>의 '阿冬音' 해석), ② 전사(轉寫)의 결과가 국어사의 관점에서 설명하기 힘든 사실을 보이는 점(예: <禱千手大悲歌>의 '遣知' 해석)

42) [安1987a]는 ≪三國遺事≫에 대한 검토, 특히 향가의 해독 문제를 중점적으로 다루었다. 이 논의에서는 구절(句節)이나 글자가 전도(轉倒)된 예, 분절(分節) 또는 결자(缺字)에 의한 행간(行間)의 공백에 관한 문제, 의자(義字)와 가자(假字)의 독법 문제 등에 대해 언급하였다.

Ⅲ. 한글 맞춤법에 대한 연구

안병희 선생의 한글 맞춤법 연구에서 가장 대표적인 것은『한글 맞춤법 강의』이다. 이 저서는 이희승 선생과의 공저(共著)로 1989년[安1989]에 출간된 이래 1994년에 <고친판>[安1994a]이 나오고, 2001년에 <새로 고친판>[安2001a]이 나왔다. 선생이 가신 후 한재영 선생이 공저자로 더하여 2010년에 <증보판>[安2010], 2015년에 <개정판>[安2015]이 나왔다. 한글 맞춤법에 관한 이들 연구는 우리나라 표기법 규정의 변화에 따라 꾸준히 보완되면서 연구자들뿐만 아니라 일반인들에게까지 널리 읽히고 있다.

선생의 한글 맞춤법에 대한 연구는 이에 그치지 않는다. [安1988a]는 한글 맞춤법의 원리인 표음적 표기(表音的 表記)와 형태음소적 표기(形態音素的 表記)에 대해 설명하고, 15세기 중엽 훈민정음 창제 이래 현재에 이르기까지 우리나라 맞춤법의 흐름에 대해 설명한 것이다. [安1991]은 남북한의 어문 규정(-맞춤법과 표준어)을 검토하면서 언어 차이를 확인하고 이를 극복하는 데 초점을 둔 연구이다. [安1992a]는 남북한의 맞춤법을 비교하고 검토한 연구이다.[43] 규범의 체제 및 문법 용어를 비교하였으며, 모두 16개 항목에 걸쳐 남북한의 규정을 제시하고 차이점에 대한 합리적 검토를 하고 있다. [安1996a]는 남북 어문 규범 문제를 중심으로 중국 장춘(長春)에서 열린 <96 한국 언어학자 국제학술토론회의>(1996. 8. 5.~8.7.)에서 발표한 논문을 수정한 것이다. <통일안>이 나오기까지의 과정, <통일안>이 <한글 맞춤법>으로 계승・발전되어 온 과정, 그리고 <한글 맞춤법>의 기본 원리에 대해 설명되어 있다. [安2001b]는 북한의 초기 맞춤법 제정에 역할이 크다고 거론되어 온 김두봉의 역할을 검토한 것이다. 주요 내용은 북한 맞춤법의 연혁

---

43) [安1992a]는 [安1991]의 표준어 부분이 빠졌지만 전체적 취지는 대동소이하다. 그러나 그 내용은 훨씬 더 구체적이다.

을 소개하고 그것의 바탕이 된 김두봉의 학설을 김두봉(1916), 김두봉(1922)를 바탕으로 살펴보는 것이지만, 이 논의에서 주목되는 것은 최초의 국어사전 원고라고 알려진 『말모이』를 김두봉이 집필했다고 추정한 점이다.[44]

Ⅳ. 국어 정책과 한자 교육에 대한 연구

안병희 선생은 국어 정책과 한자 교육에 대해서도 다수의 연구를 남겼다. [安1983a]는 한자 문제에 관한 정책과 논의를 검토한 것이다.[45] 이를 바탕으로 선생은 빠르게 변화하는 언어 현실을 직시하고 그에 맞는 합리적인 정책 추진을 요구하고 있다. [安2000]은 국립국어연구원과 한국어문진흥회가 공동 주최한 <21세기의 국어 정책(국어 정책에 관한 학술회의)>(2000. 12. 13.)의 기조연설문이다. 여기에서 선생은 맞춤법과 표준어, 한자 문제, 외래어 표기와 로마자 표기, 국어 순화, 문자 생활의 기계화, 북한어 문제에 걸친 7개 항을 국어 정책의 과제로 제시하고, 국어 정책의 올바른 추진을 당부하고 있다. [安2005]는 우리나라 한문 교육의 문제점을 지적하고[46] 개선책을 논의한 연구이다.

---

44) 『말모이』가 김두봉의 것이라는 증거로, ① 자모(字母)의 이름과 설명이 김두봉(1916)과 매우 흡사하며, ② 범례(凡例)를 "알기"라고 한 것은 김두봉의 저술에서 처음 나타났으며, ③ 경남 동래군 기장 출신인 김두봉만이 쓸 수 있는 성조와 ㅎ구개음화에 대한 내용, 즉 동남방언의 특징이 드러나며, ④ 『말모이』의 글씨가 김두봉의 것으로 추정(-김두종 교수의 증언과 김민수 편(1992: 331)의 추정이 증거로 제시됨)된다는 점을 제시하였다.

45) 한자 정책에 대해서는 1945년의 조선교육심의회 결의안부터 1976년 8월의 한자 교육에 대한 문교부의 결정에 이르기까지의 과정을 살펴보고, 한자 문제에 대한 논의 12편을 검토하였다.

46) 여기에서 지적된 문제점은 ① 기초 한자 1800자의 선정이 실용적인 한자가 아니라 한문 고전과 관련되어 이루어진 점, ② 자음(字音)에 자석(字釋)을 관형어로 한 전통적인 한자의 이름(예를 들면, '하늘 텬(天)', '출 한(寒)' 등)이 무시되고 있는 점, ③ 한자와 한자어의 학습이 국한문혼용의 문장으로 되지 못한 점이다.

본격적인 연구라고 보기는 어렵지만 국어 정책과 한자 교육에 대한 선생의 생각을 엿볼 수 있는 글도 있어 함께 소개해 둔다.

- 2001. 「漢字語 교육문제」, <語文生活> 44, 한국어문회, p. 3.
- 2003. 「中國의 簡體字」, <語文生活> 72, 한국어문회, p. 3.[47]
- 2004. 「漢字의 올바른 認識을 위하여」, <한글+漢字문화> 2월호(통권 55), 전국한자교육추진총연합회, pp. 12-13.
- 2005. 「國語基本法 有感」, <語文生活> 87, 한국어문회, p. 3.

Ⅴ. 결론

본고는 안병희 선생의 표기법에 대한 연구를 되짚어 보면서 선생이 관심을 두었던 연구 주제와 그러한 연구를 통해 선생이 강조하고자 하는 바가 무엇이었는지 살펴보고자 했다. 각각의 연구를 세세하게 다루지 않고 표기법 연구라는 큰 흐름 안에서 따라가려고 했기에, 부족한 부분이 없지 않을 것이다. 그저 선생의 표기법 관련 연구를 차자표기법, 한글 맞춤법, 국어 정책 및 한자 교육으로 나누어 살펴봄으로써 선생의 연구가 현재의 국어학 연구에 끼친 영향을 다시 한번 생각하게 하는 계기가 되었으면 하는 바람이다.

글을 마치면서 한 가지 덧붙일 것이 있다. 필자가 미진한 탓에 본문에서 다루지 못한 선생의 연구 1편이 있는데, [安1971]이 바로 그것이다. 이 연구는 15세기 한자음의 한글 표기에 대한 것인데, 동국정운식 한자음 표기에서

47) 이 글은 중국의 간체자(簡體字) 제정과 관련된 단상(斷想)이다. 선생은 이 글에서 "외국인인 우리가 簡體字 폐기를 주장하는 일은 하나의 暴言(한 교수의 글에서 필자를 그 장본인으로 추정한 것은 큰 착각이다.)"이라고 한 언급이 있다. 선생의 연구를 살펴보건대, 이는 [安2000]에서 동양 삼국의 한자 자형(字形) 표준화 사업이 필요함을 역설하고 국내에서 사용될 한자의 자형이라도 우선적으로 정리하고 통일할 필요가 있음을 말한 것과 관련 되는 듯하다.

현실 한자음 표기로 바뀌게 되는 과정을 고찰한 것이다.[48] 여기에서 선생은 한자음의 현실화 시기를 살피는 데 있어서 한글 전용 문헌인지 국한문혼용 문헌인지를 구별하는 것이 중요하다고 하면서[49] 전자의 문헌에서 한자음의 현실화가 더 일찍 완수되었다고 하였다. 그 시초가 되는 문헌을 ≪千手千眼觀自在菩薩大悲心陀羅尼經≫(1476)으로 보고 이후 ≪改刊 法華經諺解≫에서도 현실 한자음으로 표기되었다고 하였다.

48) 이 논문과 「改刊 『法華經諺解』에 대하여」(<동방학지> 12, 연세대학교 국학연구원, 1971, pp. 235-246.), [安1992c]의 「改刊 『法華經諺解』」(pp. 278-290.)의 관계는 본고의 각주 (2)에서 언급하였다.

49) [安1971]에 따르면, 현실 한자음 표기의 시기에 대해 이기문(1959)은 (국한문혼용의 문헌인) 1496년의 ≪六祖法寶壇經諺解≫와 ≪施食勸供諺解≫를, 남광우(1966)는 (한글 전용의 문헌인) 1489년의 ≪救急簡易方諺解≫라고 하였다고 한다. 이에 대해 선생은 한글 전용 문헌의 경우 1489년보다 빠른 1476년의 ≪千手千眼觀自在菩薩大悲心陀羅尼經≫에서 현실 한자음 표기가 나타난다고 하였다.

참고문헌

강신항 외(1980), 「借字表記法에 대한 綜合的 檢討」, 『국어학』 9, 국어학회, pp. 163-175.

김두봉(1916), 『조선말본』, 신문관.

김두봉(1922), 『깁더 조선말본』, 새글집.

김민수 편(1992), 『周時經全書』 4, 탑출판사.

김완진(1980), 『鄕歌解讀法硏究』, 서울대학교출판부.

남광우(1966), 『東國正韻式 漢字音 硏究』, 한국연구원.

대장경 파니니 연구회 편(2001), 『고려대장경의 고전범어문법 연구』, 월인.

심재기(1975a), 「口訣의 生成 및 變遷에 대하여: 生成背景 및 釋讀機能을 중심으로」, 『韓國學報』 1, 일지사, pp. 2-22.

심재기(1975b), 「구결의 생성과 변천: 고려 시대 자료 발견에 대해」, 『경향신문』(1975. 9. 25.)

심재기(1975c), 「인왕경 구결에 대하여: 구결의 생성 배경 및 그 석독 기능을 중심으로」, 『서강타임스』(1975. 10. 21.)

양주동(1965), 『增訂 古歌硏究』, 일조각.

이기문(1959), 「十六世紀國語의 硏究」, <文理論集> IV, 고려대학교 문리과대학.

이기문 외(1983), 『韓國 語文의 諸問題』, 일지사.

이기문 편(1976), 『국어학논문선』, 민중서관.

虛堂 李東林 博士 停年退任紀念論叢 刊行委員會 編(1988), 『國語學硏叢』, 集文堂.

홍기문(1957), 『이두 연구』, 과학원출판사.

제 2 부

선생님을 그리며

15세기 한국어 활용어간의 구조형태론과 생성형태론*

- 안병희(1959/1978)를 중심으로

최 명 옥(서울대 명예교수)

1. 서론

안병희(1959)는 구조주의 언어학의 형태론(앞으로 '구조형태론'이라 칭함)의 표본이라 할 수 있는 Nida(1949)의 이론을 15세기 한국어에 가장 잘 적용한 한국어 형태론 연구 논문이다. 이 논문의 우수성은 그 뒤에 간행된 한국어사 개설, 중세 한국어 문법론, 중세 한국어 형태론의 저서나 논문들이 그 연구 결과를 거의 그대로 수용되고 있다는 점에서 입증된다.

그리고 이 논문이 발표된 후로부터 지금까지 15세기 한국어 활용어간의 형태론은 허웅(1975: 444-475)에서 다루어진 바 있지만, 그 내용은 대부분의 어간말 형태음소의 교체에 대한 것이지 활용어간의 형태소 설정에 대한 것은 아니다. 이 점에서 허웅(1975: 444-475)는 안병희(1959)의 연구 내용과 연구 방안을 수용하고 있다고 하겠다. 그러므로 안병희(1959)는 여전히 아무런 반

* 이 글을 쓰는 데 이진호・최영선・이수진・선한빛(2015)가 큰 도움이 되었음을 밝히며 이 자리를 빌려 저자들에게 감사드린다.

론의 대상이 되지 않았다. 그리고 20년이 지난 후에 안병희(1978)로 출간되었다. 그리고 다시 40년이란 세월이 지났다. 그 기간에 단 하나 박용찬(2016)이 안병희(1959/1978)을 중심으로 15세기 국어 활용 어간의 형태론적 교체 양상에 대해 논의한 것이 있을 뿐이다. 그런데 그 내용은 15세기 국어 활용 어간의 형태론적인 문제에 대한 논의가 아니라 음운론적인 문제에 대한 논의이다. 이 점에서 안병희(1959/1978)에 대한 반론은 없었다고 하겠다.

이렇게 세월이 지나가는 동안, 언어학계에는 변형·생성문법론(앞으로 '변형문법론'이라 칭함)이 등장하여 언어 연구의 판도를 바꾸었고 변형문법론도 그 자체의 변화를 거듭했다. 그러다가 초기에 그 틀에 없었던 생성형태론이 등장했다. 그러나 생성형태론의 영역은 거의 단어형성(word formation)에 한정되므로 생성형태론을 수용한 한국어 연구자들은 한국어의 공시형태론의 영역에 해당하는 활용과 곡용의 어간과 어미의 형태론에는 관심을 가지지 못했으며 아직도 못하고 있다.

한국어에서 활용이나 곡용에서 발생하는 현상들은 모두 공시적 현상이다. 이들 현상에 대한 연구는 형태론에 한정되는 것이 아니다. 어간 형태소와 어미 형태소의 통합에서 발생하는 형태음소의 교체를 연구하는 것은 음운론의 소관이며, 곡용어미 형태소와 활용어미의 형태소의 문법적 기능이나 의미특성을 밝히는 것은 통사·의미론의 소관이다. 그러므로 한국어의 음운론이나 통사·의미론을 위해서는 형태론에서 형태론의 고유 소관인 활용어간과 곡용어간, 그리고 활용어미와 곡용어미의 형태소를 설정해 주어야 한다.

필자는 앞에서 안병희(1959/1978)(앞으로는 안병희(1978)이라고 칭함)이 구조형태론을 가장 잘 적용한 것이라고 했다. 그러나 변형문법론적 관점에서 보면, 거기에는 몇 가지 문제가 있다. 공시현상과 통시현상의 구별이 명확하지 않다는 것, 형태소의 설정에 대한 논의가 없다는 것, 어휘화한 이형태를 가지는 형태소의 표시가 제대로 되지 않았다는 것이 그에 해당한다. 이 글의 목적은 안병희(1978)이 가진 이들 문제를 변형문법론적 관점에서 논의함으로써 구조형태론과 생성형태론과의 관계를 밝히고 한국어 형태론을 계승·발전시키는 것이다.

이 점에 유념하면서, 이 글에서는 먼저 2에서 안병희(1978)이 가진 공시현상과 통시현상의 문제에 대해 논의한다. 다음으로 3에서 안병희(1978)의 II.2.(단순어간)과 III(체언의 활용어간)에서 발견되는 문제에 대해 논의하며, 생성문법론의 관점에서 15세기 한국어 활용어간의 형태소 설정과 어휘화한 이형태를 가지는 형태소 표시 즉, 복합형태소에 대해 논의한다. 끝으로 4에서는 2와 3에서 논의한 중요한 결과를 정리함으로써 결론을 맺기로 한다.

2. 공시현상과 통시현상의 구별 문제

안병희(1978)은 15세기 한국어 활용어간에 대한 공시적 형태론이지만, 그 속에는 공시적인 것과 통시적인 것이 섞여 있다. 다시 말하면, II의 2(단순어간), 3(파생어간), 4(복합어간)와 III(체언의 활용어간)에서, II의 2와 III은 공시적인 것이지만, II의 3과 4는 공시적인 것이 아니다. 그러므로 II의 3과 4를 공시적인 것으로 다룬 것은 합당하지 않다. 그렇지만 그것은 연구자의 잘못이 아니다. 왜냐하면, 구조형태론이 그렇게 하고 있기 때문이다.

그러나 구조형태론이 파생어나 합성어를 대상으로 형태를 분석하고 이형태를 찾아 형태소를 설정하는 것을 그 영역으로 하고 있다고 하더라도 한국어의 파생어나 합성어의 형태분석은 한국어의 활용형이나 곡용형에 대한 형태분석과 같은 공시적인 언어 사실에 대한 것이 아니라는 것은 분명하다.

한국어의 경우에 활용형이나 곡용형에 대한 형태론을 공시형태론이라고 한다면, 파생어나 합성어를 대상으로 하는 형태론은 공시형태론이 아닌 통시형태론이라고 해야 할 것이다. 그 점에서 한국어의 공시형태론에 구조형태론을 비판적으로 수용하지 못한 것은 연구자의 책임이며 그 연구 결과에 대해 지금까지 아무런 비판적인 검토가 없었다는 것은 후학들의 책임이라고 할 것이다.

그러면 안병희(1978)에서 II의 3과 4가 어째서 공시적인 것이 아닌가를 알아 보기로 한다. 먼저 파생어에 대해 논의하는 II의 3을 보기로 한다. 여기서 논의 대상이 되는 파생어는 활용어간에 (1) 사동의 파생접미사,[1] (2) 피동의 파생접미사, (3) 상태를 표시하는 파생접미사, 그리고 (4) 기타의 접미사가 통합하여 형성된 것이다.

그중 (1)의 논의 내용을 정리하면 다음과 같다. 사동의 파생접미사에는 ① "-이-"와 ② "-오-"가 있는데, 이들 파생접미사는, 명시하고 있지는 않지만, 각각 이형태 '-이-, -기-, -히-, -ㅣ-'와 이형태 '-오-~-우-, -호-'의 형태소이다. 논의를 "-이-"의 이형태로써 파생된 사동의 파생어간으로 한정하면, 형태소 "-이-"의 이형태 중에서 "어간말음이 'ㅁ, ㄻ, ㅅ'이면 '-기-', 'ㄷ, ㅂ, ㅈ(일부의 'ㅈ'임), ㄵ'이면 '-히-', 그 이외의 자음이면 '-이-'가 연결된다. 그리고 '이'를 제외한 모음으로 끝난 어간에는 '-ㅣ-'(단 'ᄅᆞ, 르' 말음절이면 '-이-')가 연결된다." 고 한다. 이것은 어간과 사동 파생 형태소 "-이-"의 이형태와의 연결조건이다. 그리고는 서술어 어간과 "-이-"의 이형태가 통합한 파생어간 각각에 대해 활용형을 제시하는 것으로 논의는 끝난다. 몇 개의 예를 보이면 다음과 같다.

---

1) 허웅(1964: 152-156)는 '사동 파생접미사'와 '사동형'을 '타동 파생접미사'와 '타동형'으로 고쳐 부를 것을 제의한다. '[[ᄇᆞᆰ]이]-> ᄇᆞᆯ기-'나 '[ᄆᆞᆰ]이]-> ᄆᆞᆯ기-'에서 보듯이, 파생접미사 '-이-'는 형용사 어간과 통합하여 타동사를 형성하기 때문이다. 필자도 그 제의가 합당하다고 생각하지만, 혼란을 피하기 위해 종래의 용어를 그대로 사용하기로 한다.

- "주기-"(<죽-死): 주기거나, 주기디, 주길씨니, 주기ᅀᆞᄫᆞ니라, 주귬, 주규려커늘.
- "더러ᄫᅵ-"(<더러ᇦ-穢): 더러ᄫᅵ거나, 더러ᄫᅵᄂᆞ다, 더러ᄫᅵᆯ씨, 더러ᄫᅲ믈, etc.

위의 논의를 변형문법론적 관점에서 검토하면 다음과 같다. 먼저 사동 파생접미사 "-이-"가 이형태 '-이-, -기-, -히-, -ㅣ-'를 가진다고 했다. 이 중에서 '-ㅣ-'를 이형태로 본 것은 옳지 않다. '-ㅣ-'는 'ᄒᆡ-(<ᄒᆞ-爲), 내-(<나-出), 뵈-(<보-見)' 등과 같은 표기형에서 분석된 것일 뿐, 형태로서는 '-이-'와 동일한 것이기 때문이다. 그렇게 되면, 사동 파생접미사 "-이-"의 이형태는 '-이-, -기-, -히-'가 된다. 그렇다면 이형태 '-이-, -기-, -히-'가 형태소 //-이-//에서 도출되는 것을 어떻게 설명할 수 있는가? 이 물음에 대한 답을 쉽게 이해하기 위해 이형태들을 공통부분을 기준으로 묶으면 '-{∅,ㄱ,ㅎ}ㅣ-'가 된다. 여기서 { } 속의 것은 형태소 //-이-//의 형태음소 //∅//에서 실현된 교체음소들이 된다. 그러면 //∅//가 /ㄱ/나 /ㅎ/로 교체되는 것을 어떻게 설명할 수 있는가? 설명이 불가능하다. //∅//가 /ㄱ/나 /ㅎ/로 될 수는 없기 때문이다. 그리고 또 다른 중요한 문제는, 앞에서 서술한 바와 같이, 형태소를 설정하는 것이 구조형태론의 영역이기는 하지만, 이 연구에는 형태소 설정에 대한 논의가 없다는 점이다.

이 점을 고려하면서 안병희(1978) II의 3 (1)의 내용을 변형문법론의 관점에서 보기로 한다. 앞에서 서술한 바와 같이, 사동사는 능동사의 어간에 사동 파생접미사가 통합하여 형성된다. 그러므로 사동사의 형태분석에서 능동사의 어간 형태소를 밝힌다면, 그 사동사가 공시적인 어형성 과정을 거치는 것인가의 여부를 알 수 있다. 그러기 위해서는 최소한의 활용형을 분석하여 형태소를 설정할 필요가 있다. 형태소 설정에 필요한 최소의 활용형은 //ㄷ// 나 //ㄱ//로 시작하는 어미와 통합하는 것과 //어//로 시작하는 어미(이 어미가 없을 경우에는 //으//로 시작하는 어미)와 통합하는 것이다. 이러한 조건을 전제하면서 먼저 (1)을 보자.

(1) ㄱ. 더러ᄫᅵ-(<더러ᇦ-穢): 더러ᄫᅵ디<월석18: 69ㄱ>, 더러ᄫᅵ거나<월석21: 39ㄴ>, 더러ᄫᅧ<월석15: 14ㄴ>, 더러ᄫᅵ며<월석15; 79ㄱ>(g-1)

ㄴ. 더러이-(穢): 더러이디<법화7: 9ㄱ>, 더러이고져<능업1: 37ㄱ>, 더러여<법화4: 18ㄴ>, 더러이며<월석11: 112ㄱ>[2)]

(1ㄱ)의 활용형은 통합관계와 계열관계를 기준(앞으로 활용형의 형태분석은 이 기준을 적용한다)으로 하면, 각각 '더러ᄫᅵ-디, 더러ᄫᅵ-거나, 더러ᄫᅵ-어, 더러ᄫᅵ-며'로 분석되며, 그 결과 어간형 '더러ᄫᅵ-'가 추출된다. 이 어간형은 교체형을 가지지 않으므로, (1ㄱ)의 어간 형태소가 //더러ᄫᅵ-//라는 것을 알게 된다. 이 어간은 다시 '더러ᇦ-이-'로 분석되는데, 그것은 다음에 제시된 능동형의 활용형에서 '더러ᄫᅵ-'의 능동사 어간 형태소가 //더러ᇦ-//이라는 것을 알 수 있기 때문이다. 즉, 능동사의 활용형은 '더럽고<월석9: 24ㄱ>, 더럽디<월석2: 55ㄴ>, 더러ᄫᅥ<석상24: 50ㄴ>, 더러ᄫᅳ며<월석7: 18ㄱ>'인데, 이들 활용형을 분석하면, 각각 '더럽-고, 더럽-디, 더러ᇦ-어, 더러ᇦ-으며'으로 분석된다. 따라서 (1ㄱ)의 어간 형태소 //더러ᄫᅵ-//가 공시적 어형성 과정에 의해 형성된 것이라고 한다면 그 과정은 다음과 같다: $[[$더러ᇦ$]_{[-동]}$이$]_{[+사동]}$- ⇒ 더러ᄫᅵ-.

그런데 같은 시기에 (1ㄱ)과 동일한 의미를 가지는 (1ㄴ)이 공존하고 있다. (1ㄴ)의 활용형 '더러이디, 더러이고져, 더러여, 더러이며'는 각각 '더러이-디, 더러이-고져, 더러이-어, 더러이-며'로 분석된다. 그 결과 어간 '더러이-'는 교체를 보이지 않으므로 그 자체가 형태소 //더러이-//가 된다. 이 형태소는 (1ㄱ)과 동일하게 능동사 '더러-'에 파생접미사 '-이-'가 통합하여 형성되었다고 할 수 있다. 그런데 이 시기의 한국어에는 위에 제시된 바와 같이,

2) 이 시기에는 (1ㄴ)의 어간과 동일한 것으로 볼 수 있는 '더레이-'(穢)도 있다. 이 시기에 '에'는 j로 끝나는 이중모음소이므로 '더레이-'는 '더러이이-'로서 '더러이-'와 크게 다르지 않았을 것으로 보인다. 예 더레여<두초3: 7ㄴ>, 더레이리라<두초17: 13ㄴ>.

능동사 '더럽-'은 존재하지만, '더러-'는 존재하지 않는다. 그렇다면 사동사 //더러이-//의 형성을 능동사 //더러-//에 파생접미사 '-이-'가 통합하여 형성된 것이라는 설명은 인정될 수 없다. 가능한 설명은 '[[더럽]$_{[-동]}$이]$_{[+사동]}$-'의 과정을 거쳐 '더러ᄫᅵ-'가 형성된 뒤에 'ㅸ>w'의 변화를 거쳐서 '더러이-'가 되었다고 하는 것이다. 이 설명이 합당하다면, 사동사 //더러이-//의 형성은 공시적인 것이 아니다. 역으로 능동사 //더러-//가 존재하지 않으므로 //더러이-//를 '더러-'와 '-이-'로 분석하는 것은 합당하지 않다.

사동사의 파생이 공시적인 어형성 과정에 의한 것이 아니라는 것을 입증할 수 있는 또 다른 증거들이 있다. 일반적으로 사동 파생접미사 '-이-'가 통합하여 파생하는 경우는 어간말의 자음소나 유음소가 파생접미사 '이'의 첫음소로 이동한다. '다ᄉᆞ리-(<다ᄉᆞᆯ-理), 드리-(<들-入), 머기-(<먹-食), 브티-(<븥-附), 저히-(<젛-畏)' 등이 그에 속한다. 그런데 소위 'ㄷ' 변칙 어간이나 '르' 변칙 어간, 그리고 'ㄹ'로 끝나는 일부의 어간 등은 어간말 음소가 파생접미사 '-이-'의 첫음소로 이동하지 않는다. (2)에서 그러한 사실을 알 수 있다.

(2) ㄱ. 들이-(<듣-聞): 들이고<원각 하2-1: 49ㄱ>, 들이디<월석19: 99ㄴ>, 들여<석상13: 4ㄴ>, 들이면<월석11: 21ㄴ>
ㄴ. 올이-(<오ᄅᆞ-登): 올이고<월석25: 38ㄴ>, 올이ᄂᆞ니<삼강,효: 32ㄴ>, 올여<법화1: 10ㄱ>, 올이니<두초10: 38ㄱ>
ㄷ. 빌이-(<빌-借): 빌이건마ᄅᆞᆫ<두초25: 41ㄱ>, 빌이ᄂᆞ다<두초23: 19ㄱ>, 빌여<두초7: 20ㄱ>, 빌이샤<월석19: 24ㄴ>

(2ㄱ-ㄷ)의 활용형을 분석하면 각각 (2ㄱ)은 '들이-고, 들이-디, 들이-어, 들이-면'이 되고 (2ㄴ)은 '올이-고, 올이-ᄂᆞ니, 올이-어, 올이-니'가 되며 (2ㄷ)은 '빌이-건마ᄅᆞᆫ, 빌이-ᄂᆞ다, 빌이-어, 빌이-샤'가 된다. 분석된 어간 '들이-,

올이-, 빌이-'는 교체형이 없으므로 그 자체가 형태소 //들이-//(2ㄱ), //올이-//(2ㄴ), //빌이-//(2ㄷ)가 된다. (2ㄱ)의 활용 유형에 속하는 동사로는 //길이-//(<긷-汲), //물이-//(<묻-問)가 있고 (2ㄴ)의 활용 유형에 속하는 동사로는 //눌이-//(<누르-壓), //얼이-//(어르-嫁), //걸이-//(<거르-滯,濾)가 있다. 그리고 (2ㄷ)의 활용 유형에 속하는 동사로는 //ᄀᆞᆯ이-//(<ᄀᆞᆯ-磨), //놀이-//(<놀-遊), //ᄂᆞᆯ이-//(<ᄂᆞᆯ-飛), //덜이-//(<덜-減), //들이-//(<들-擧), //말이-//(<말-勿), //몰이-//(몰-驅) 등이 있다.

그런데 이 시기에 (2ㄴ)과 (2ㄷ)의 사동사 유형에 속하는 것으로서 사동 파생접미사 '이'가 '리'로 된 것이 있다. //눌리-//, //흘리-//(<흐르-流), //믈리-//(<므르-退)' 등과 //물리-//(<물-報) 등이 그에 속한다. 이들 사동사는 앞 시기에 각각 //블이-//, //흘이-//, //믈이-//와 //물이-//였을 것임은 위에 제시된 (2ㄴ)과 (2ㄷ)의 활용 유형에 속하는 동사들과의 대조에서 쉽게 알 수 있다. 다시 말하면 이들 사동사의 어간 //Xㄹ리-//는, //Xㄹ이-//에서 보듯이, 설측음소 //ㄹ// 뒤에서 //이//를 독자적으로 발음하려는 데서 오는 어려움을 피하기 위한 방안으로 //ㄹ//를 삽입시킨 것이다. 그것은 (2ㄱ)의 유형에 속하는 '//물이-//(<묻-問)'를 제외한 모든 어간이, //들리-//(<듣-聞), //올리-//(<오ᄅᆞ-登), //눌리-//(<누르-壓), //빌리-//(빌-借), //놀리-//(<놀-遊), //ᄂᆞᆯ리-//(<ᄂᆞᆯ-飛), //말리-//(<말-勿)에서 보듯이, //Xㄹ리-//의 구조로 변한 사실에서 알 수 있다.[3)]

(1)의 예들을 포함하여, 이러한 변화가 알려주는 중요한 사실은 파생접미사에 의해 새로운 어간이 형성될 때, 그 파생접미사는 어간의 일부가 뒤어 파생접미사로서의 독자성을 상실한다는 것이다. (1ㄴ)의 //더러이-//는 원래 //더러ᄫᅵ-//에서 'ㅸ'가 'w'로 변화함으로써 형성된 것이다. 이러한 변화는 파생접미사 '-이-'가 파생접미사로서의 독자성을 잃고 어간의 일부가 되었기

3) 활용어간에 피동접미사 '-이-'가 통합하여 형성된 피동사 //눌이-//(<누르-壓), //ᄣᅵᆯ이-//(<ᄣᅵ르-刺), //걸이-//(걸-掛) 등도 공시적 어형성 과정에 의해 형성되지 않은 것임은 그것들이 각각 //눌리-//, //찔리-// 또는 //ᄣᅵᆯ리-//, //걸리-//로 변한 사실에서 이해할 수 있다.

때문에 가능할 수 있었다. 그렇지 않고 '-이-'가 공시적인 어형성의 기능을 가지고 있었다면 그러한 변화는 결코 일어날 수 없었을 것이다. '//흘이-//(<흐르-流)'와 '//물이-//(<물-報)'가 '//흘리-//'와 '//물리-//'로 변한 것도 어간의 말음절 //이//가 어간의 일부로 되었기 때문이다.

그러므로 (2ㄱ-ㄷ)의 사동사나 각 유형에 속하는 모든 사동사도 공시적 어형성 규칙에 의해서 형성된 것이 아니다. 따라서 그들 사동사에 대해서도 그 내부구조를 분석하는 일은 공시적인 현상에 대한 것으로 볼 수 없다.

상태표시 파생접미사에 의한 파생도(pp. 65-75) 공시적 어형성 과정에 의한 것이 아님을 (3)의 예에서 알 수 있다.

(3) ㄱ. ① 그리ᇦ-(<그리-慕): 그립거나<월석22: 37ㄴ>, 그리ᄫᅳᆫ<월석17: 15ㄱ>, 그리우믈<법화5: 161ㄴ>
② 두리ᇦ-(<두리-畏): 두립더니<월석7: 5ㄴ>, 두리ᄫᅥ<월석14: 76ㄱ>, 두리ᄫᅳ며<월석12: 35ㄴ>, 두리워<법화3: 174ㄱ>, 두리우며<법화2: 81ㄱ>

ㄴ. ① 잇브-(<잊-困): 잇브게<능엄3: 9ㄱ>, 잇브다<능엄5: 23ㄴ>, 잇버도<두초18: 21ㄴ>, 잇브면<능엄3: 14ㄱ>
② 골ᄑᆞ-(<곯-飢): 골ᄑᆞ고<월석22: 50ㄴ>, 골파<월석20: 43ㄱ>, 골ᄑᆞ며<월석22: 31ㄴ>

먼저 (3ㄱ)과 (3ㄴ)을 보기로 한다. 안병희(1978: 66-68)은 (3ㄱ)의 어간들은 파생접미사 '-ㅸ-'에 의해 형성된 것이고 (3ㄴ)의 어간들은 파생접미사 '-ᄫᅳ-'에 의해 형성된 것이라고 한다. 이러한 설명은 구조형태론의 관점에서 보면 문제될 것이 없다. 그들 접미사는 표면형의 분석에서 추출된 것이기 때문이다. 그러나 표면형태는 심층구조의 형태소에서 도출되는 것이라는 변형문법론의 관점에서 보면 자음소만으로 된 'ㅸ'를 형태나 형태소라고 하는 것은 합당하지 않다. 한국어에서 형태나 형태소는 최소한 한 음절 이상으로 구성되어야 하는데, 음절을 구성하려면 반드시 모음소가 있어야 한다. 그 점에서 자음소만으로 된 것을 형태나 형태소로 보는 것은 옳지 않다. 예를 들어, '커도'(大)나 '(편지를) 쓴 (사람)'(書)를 형태분석하면, 'ㅋ-어도'나 '쓰-ㄴ'으로 되어 어간 'ㅋ-'나 어미 '-ㄴ'이 추출된다. 그러나 'ㅋ-'나 '-ㄴ'를 어간이나 어미의 형태나 형태소라고 할 수 없다. 이와는 달리, 변형문법론의 관점에서 보면, 그것들의 심층구조 즉 형태소는 각각 '크-'나 '-은'이다.

'-ᄫ-'와 '-ᄫᅳ-'에 대해서도 변형문법론의 관점에서 보면 그 둘은 구별되는 것이 아니다. 접미사 '-ᄫ-'와 '-ᄫᅳ-'는 각각 모음소로 끝나는 동사 어간과 자음소로 끝나는 동사 어간과 통합한다. 그 점에서 두 개의 접미사의 분포는 상보적이다. 이 말은 두 접미사가 동일한 형태소에서 분화되어 나온 것이라는 것을 의미한다. 구체적으로 말하면, (3ㄱ)과 (3ㄴ)의 어간은 각각 (4ㄱ)과 (4ㄴ)과 같은 어형성 과정을 거쳐서 만들어진 것이다.

(4) ㄱ. [[XV]$_{[+동]}$ᄫᅳ]$_{[-동]}$-
  ㄴ. [[XC]$_{[+동]}$ᄫᅳ]$_{[-동]}$-

이렇게 형성된 어간들은 그 자체의 형태 구조와 음운 환경에 맞게 변화된 것으로 보인다. 즉 (4ㄱ)의 경우, 접미사 //ᄫᅳ//의 //으//는 동사의 어간 뒤에서 탈락하여 'XVᄫ-'로 변한다. 그리고 (4ㄴ)의 경우, 접미사 //ᄫᅳ//의 //ᄫ//와 //으//는 각각 동사의 어간말 자음소가 [+무성성](無聲性)을 가지면 그 뒤에서 //ㅂ/로 변하고 어간말 음절의 모음소가 [+양성성](陽性性)을 가지면 //ᄋᆞ//로 변한다.

그리하여 동사 //믜-//(憎)는 '[[믜]$_{[+동]}$ᄫᅳ]$_{[-동]}$-'의 과정을 거쳐서 상태동사 '믜ᄫᅳ-'로 형성된 뒤에, '파라ᄒᆞ-'가 '파ᄅᆞᇂ-'으로 변하듯이, 어간 말모음소 //으//의 탈락을 거쳐서 //믜ᇦ-//으로 변하였다. 그리고 동사 //우ᇫ-//(笑)는 '[[우ᇫ]$_{[+동]}$ᄫᅳ]$_{[-동]}$-'

의 과정을 거쳐서 상태동사 '우ᇫᄫᆞ-'로 형성된 뒤에 아무 변화를 거치지 않았다. 그러나 동사 //믿-//(信)은 '[[믿]$_{[+동]}$ᄫᆞ]$_{[-동]}$-'의 과정을 거쳐서 상태동사 '믿ᄫᆞ-'로 형성된 뒤에 //ㅸ//가 그 앞의 //ㄷ//가 가진 [+무성성](無聲性)에 동화함으로써 //믿브-//로 변하였다. 한편 동사 //곯-//(飢)은 '[[곯]$_{[+동]}$ᄫᆞ]$_{[-동]}$-'의 과정을 거쳐서 상태동사 '곯ᄫᆞ-'로 형성된 뒤에 접미사의 //ㅸ//와 //ᄋᆞ//가 각각 그 앞의 //ㅎ//가 가진 [+무성성]과 //오//가 가진 [+양성성]에 동화함으로써 '곯ᄇᆞ-'가 변하고 다시 //ㅎ//와 //ㅂ//가 //ㅍ//로 축약함으로써 //골ᄑᆞ-//로 변하였다.

여기서 또 주목해야 할 사실은, (3ㄱ)의 활용형에서 보듯이, 접미사의 //ㅸ//가 파생 과정을 거친 뒤에 그대로 있는 어간에서는 같은 15세기에 'ㅸ'와 그것의 변화인 'w'가 공존하기도 하며, (3ㄴ)의 활용형에서 보듯이, 접미사 //ㅸ//가 //ㅂ//로 된 어간에서는 'ㅸ'도 그것의 변화인 'w'도 보이지 않는다는 것이다.

이상의 논의에서 얻은 결론은 접미사 '-ᄫᆞ-'에 의한 파생과 그렇게 형성된 파생어에 일어난 변화가 15세기 문헌이 간행되기 이전에 일어났다는 것이다. 이 사실은 이들 접미사에 의한 파생어가 15세기 한국어가 가진 공시적 조어 과정에 의한 것이 아니라는 것이다. 그러므로 이러한 파생어를 어간과 접미사로 분석하는 일은 공시적 현상에 대한 것이 아니다.

'4. 복합(=합성)어간(pp. 75-85)'의 형성도 공시적인 어형성 과정에 의한 것이 아니다. 다음 (5)를 보기로 한다.

(5) ㄱ. 섯얽-(<셖混·얽-縛): 섯얽고<월석12: 30ㄱ>, 섯얼거<법화2: 12ㄱ>
ㄴ. ① ᄃᆞᆮ니-(<ᄃᆞᆮ走·니-行): ᄃᆞᆮ니고<월석20: 32ㄱ>, ᄃᆞᆮ녀도<남명 상: 50ㄱ>
② ᄃᆞᆫ니-(<ᄃᆞᆮ走·니-行): ᄃᆞᆫ니고<두초7: 24ㄱ>, ᄃᆞᆫ녀셔<두초11: 1ㄱ>

먼저 (5ㄱ)의 경우, //섯얽-//은 동사 어간 //섞-//(混)과 //얽-//(構)의 어간이 통합한 합성어로서 구조와 의미에서 이미 변화를 거친 것이다. 구조에서 //섯얽-//의 첫음절의 '섯'은 원래의 어간 //섞-//의 어간말 자음소군 중 //ㄱ//가 탈락된 것이며 기능에서 부사의 역할을 한다. 그러므로 //섯얽-//은 '섞어서 얽-'의 의미를 가진다. 활용형에서 보듯이, //섯얽-//은 교체형을 가지지 않는다. 그러므로 그 자체가 형태소가 된다. 다시 말하면, //섯얽-//은 공시적으로는 하나의 형태소이며 통시적으로는 두 개의 형태소 //섞-//과 //얽-//이 통합한 것으로 설명할 수 있다. 따라서 //섯얽-//은 공시적으로 어형성 과정을 거쳐서 형성되는 것이 아니며 그것을 //섞-//과 //얽-//으로 분리하면 그것이 가진 의미가 상실된다. 그러므로 합성어의 내부구조를 분석하는 것은 활용형을 분석하는 것과는 다르다는 점에서 공시적인 것이 아니다.

다음으로 (5ㄴ)의 경우, 이 시기에 두 개의 어간 ① //ᄃᆞᆮ니-//와 ② //ᄃᆞᆫ니-//가 발견된다. 어간 ①과 ②는 동일하게 동사 어간 //ᄃᆞᆮ-//(走)과 //니-//(行)가 통합하여 형성된 합성어이다. 어간 ①과 ②는 동일하게 '다니-'(步行)의 의미를 가지며, 활용형에서 보듯이, 어떤 환경에서도 교체를 보이지 않는다. 그러므로 그 자체가 형태소가 된다. 그것이 단일한 형태소이기 때문에, 그것은 //ᄃᆞᆮ-//(走)과 //니-//(行)로 분석하면 어간 ①과 ②가 가지고 있는 '다니-'(步行)의 의미는 상실된다. 그리고 ②의 어간 //ᄃᆞᆫ니-//는 ①의 어간 //ᄃᆞᆮ니-//에서 첫째 음절말의 //ㄷ//가 둘째 음절초의 //ㄴ//가 가진 [+비음성]에 동화된 것이다. 이렇게 어간형이 변했으므로 ②의 어간 //ᄃᆞᆫ니-//는 더 이상 분리할 수 없다. 이 사실은 ②의 어간이 당시의 실제 어간이고 ①의 어간은 독자의 이해를 돕기 위한 표기법에 따른 어간이라는 것을 알려준다. 그러므로 (5ㄴ)의 합성어는 공시적인 어형성 과정에 의해 형성된 것이 아니다. 따라서 합성어의 내부구조를 기술하는 것은 공시적 현상에 대한 것이 아니다.

지금까지의 논의를 종합하면 다음과 같다. 15세기 한국어에서 파생어간이나 합성어간은 공시적 어형성 과정에 의해 형성되는 것이 아니다. 그러므로 15세기 한국어의 활용어간에 대한 공시 형태론에서 그들 파생어간이나 합성어간은 그 자체를 하나의 단일어간과 동일하게 인정해야 한다. 다시 말하면, 사동사나 피동사 파생접미사 '-{이, 기, 히}-'에 의해 형성된 '머기-(<먹-食), 자피-(<잡-執)' 등은 '이기-'(勝)와 같이 '이'로 끝나는 어간으로, 사동사 파생접미사 '-{우, 구, 후}-'에 의해 형성된 '일우-(<일-成), 머추-(<멎-停)' 등은 '주-'(與)와 같이 '우'로 끝나는 어간으로 보아야 한다. 그리고 상태동사 파생접미사에 의해 형성된 '그립-(<그리-慕)'이나 '믿브-(<믿-信)' 등은 각각 '밉-'(憎)이나 '크-'(大)와 같이, 'ㅂ'나 'ㅡ'로 끝나는 어간으로 보아야 한다. 또 '섯읅-(<섥混·읅-縛)'과 '조심ᄒᆞ-(<조심操心·ᄒᆞ-爲)'와 같은 합성어간은 각각 '긁-'(搔)과 'ᄒᆞ-'(爲)와 같이, 'ㄺ'이나 'ㆍ'로 끝나는 어간으로 보아야 한다.

이 점에서 안병희(1978)에서 15세기 한국어의 활용어간을 단순어간이거나 파생어간이거나 복합어간으로 구별하여 논의한 것은 합당하지 않다.[4)]

3. 15세기 한국어 활용어간의 형태론

2에서 안병희(1978) 중 II의 3(파생어간)과 4(복합어간)는 공시적 사실에 대한 논의가 아니라는 것을 밝혔다. 그러므로 이 장의 논의대상은 안병희(1978) 중 2(단순어간)와 III(체언의 활용어간)이 된다.

---

4) 이러한 사실을 고려하면, 한국어사나 중세 한국어, 근대 한국어 등 각 시대별의 공시적 한국어 문법을 논의하는 데에 '조어론'을 논의하는 것도 합당하지 않다. 그리고 한국어의 많은 단어들은 파생과 합생에 의해 형성된 것이 많은데, 미국의 '생성형태론'을 수용하여, 그러한 단어들을 공시적 어형성 과정으로 설명하려는 한국어에 대한 미국식의 생성형태론의 논의도 합당하지 않다.

이 부분에서 안병희(1978)이 가진 문제점은, 활용어간의 형태론인데도, 활용어간의 형태소 설정에 대한 논의는 없이 형태소를 제시하고 각 형태소의 이형태에 대한 논의만 하고 있다는 것이다.

형태론의 본령은 형태소를 설정하는 것이다. 그러므로 활용어간의 형태론은 활용어간의 형태소 설정이 중심이 되어야 한다. 한국어의 경우, 필자가 고안한 활용어간의 형태소의 설정 순서는 다음과 같다. 먼저 어간과 어미가 통합한 활용형들을 수집한다. 이때 수집되는 활용형은 하나의 어간에 최소한 {ㄷ,ㄱ,어,으}로 시작하는 어미가 통합한 것들이어야 한다. 다음으로 그들 활용형의 형태를 분석한다. 끝으로 분석된 어간의 이형태들을 대상으로 형태소를 설정한다.

이러한 형태소 설정 과정은 구조형태론이나 변형문법론에서 동일하지만, 형태소 설정과 형태소 표시에는 두 이론 간에 큰 차이가 있다. 구조형태론은 표면형의 분석과 분류에만 관심이 있으므로, 분석된 이형태들의 수평적 관계만을 고려하여 형태소를 정하고 표시한다. 그러므로 '먹꼬, 멍는다, 머거서'(食)에서 분석된 어간의 이형태 '먹-'과 '멍-'은 '먹-'을 형태소로 하여 '먹-'이 '멍-'으로 되는 것은 자음소 동화로써 설명할 있으므로, 형태소를 '먹-'으로 하고 /먹-/으로 표시한다. 그러나 '살고, 사니'(生)나 '곱꼬, 고우니, 고와서'(麗)의 경우, 분석된 어간의 이형태 ⓐ '살-'과 '사-'나 ⓑ '곱-'과 '고우-'에서 ⓐ의 이형태는 '살-'을 형태소로 하여 이형태 '사-'의 도출을 설명할 수 있다. 그러나 ⓑ의 이형태는 어느 하나를 형태소라고 하여도 다른 이형태의 도출을 공시적 음운규칙으로써 합당하게 설명할 수 없다. 이러한 차이에도 불구하고 그들 이형태의 분포가 음운론적으로 결정되기 때문에 둘 다 형태소는 /살-∽사/와 /곱-∽고우-/로 표시한다.

이와는 달리, 명령형 종결어미의 이형태 '-어라, -아라, -너라, -거라'의 경우, 이형태 '-어라'와 '-아라'는 음운론적으로 결정되고 '-너라'와 '-거라'는 형태론적으로 결정되므로 명령형 종결어미의 형태소는 /(-어라∽-아라)∞-너라∞-거라/로 표시하거나 그중 대표가 된다고 할 수 있는 '-어라'를 { } 속에 넣은 {-어라}를 기본형(basic allomorph)이라 하여 형태소를 대표한다.

그러나 변형문법론은 말이 심층구조에서 표면구조를 거쳐서 실현되는 것으로 보기 때문에 이형태 '먹-'과 '멍-'은 음운부의 기저형 //먹 ‖ 고//와 //먹 ‖ 는다//와 //먹 ‖ 어서//에서, 제시된 순서대로 각각 경음소화 규칙과 자음소동화규칙의 적용을 받아서 /먹꼬/와 /멍는다/가 되고 나머지 것은 규칙 적용을 받지 않고 /먹어서/가 된 것으로 설명된다. 이 경우에 /먹-/과 /멍-/는 단일형태소 //먹-//으로 표시된다. 그리고 이형태 '살-'과 '사-'는 음운부의 기저형 //살 ‖ 고//와 //살 ‖ 으니//에서, 앞의 것은 음운규칙의 적용을 받지 않고 /살고/로 되고 뒤의 것은 어간말의 유음소 뒤에서 어미초 '으'의 탈락규칙을 적용 받아 /살니/가 된 다음 다시 어미초의 'ㄴ' 앞에서 어간말 'ㄹ'의 탈락규칙을 적용 받아 /사니/가 된 것으로 설명된다. 그러므로 이 경우의 /살-/과 /사-/는 단일형태소 //살-//로 표시된다.

이와는 달리 이형태 '곱-'과 '고우-'는 음운부의 기저형에서 교체된 것이 아니다. 두 이형태를 공통부분을 기준으로 묶으면 '고{ㅂ,우}-'가 되는데 { } 속의 교체음소가 도출될 수 있는 형태음소가 존재하지 않으므로 두 이형태는 어휘화한 것으로 보아야 한다. 그러므로 그들 이형태를 포괄하는 형태소는 복합형태소 //고{ㅂ-우}-//로 표시된다. 이 형태소를 구성하는 어휘화한 이형태 //곱-//과 //고우-//는 어휘부에 저장되어 있기 때문에 구절구조규칙에 의해 만들어진 기본문의 '동사, 명사' 등의 각 위치에 어휘가 삽입될 때에 어휘선택 규칙에 의해 선택되고 그것이 음운부의 기저형이 된다. 다시 말하면, '-고, -더라' 등 자음소로 시작하는 어미와는 '곱-'이 선택되어 '눕-고, 눕-더라'로 되고, '-으니, -어도' 등 모음소로 시작하는 어미와는 '고우-'가 선택되어 '고우-으니, 고우-어도'된 다음 이것이 음운부의 기저형 //눕 ‖ 고//,

//곱 ‖ 더라//, //고우 ‖ 으니//, //고우 ‖ 어도//가 되는 것이다.

구조형태론에서는 단일형태소와 복합형태소의 설정과 그 표시를 제대로 할 수 없었다. 그러나 변형문법론에 의하여 비로소 그러한 형태소 설정과 표시가 가능하게 되었다. 그리고 단일형태소는 그 자체가 음운부의 기저형이 되는데 반하여 복합형태소는 어휘부에 저장되어 통사・의미부에서 어휘화한 이형태가 선택된 다음 그것이 음운부의 기저형이 된다는 것도 알게 되었다.

3.1. 형태분석과 형태소 설정

여기서는 생성형태론을 바탕으로 15세기 활용어간의 활용형을 분석하고 형태소를 설정하기로 한다.

그런데 이 글은 구조형태론과 생성형태론의 관계를 밝혀 한국어 형태론을 계승・발전시키는 데에 기여함을 목적으로 하므로, 안병희(1978)의 전반에 대한 논의는 하지 않고 해당 부분에서 일부분만을 대상으로 논의하기로 한다.

형태소 설정을 위해 필요한 최소의 활용형은, 2에 제시한 바와 같이, 파열음소 //ㄷ//나 //ㄱ//로 시작하는 어미와 통합하는 것과 //어//로 시작하는 어미(이 어미가 없을 경우에는 //으//로 시작하는 어미)와 통합하는 것이다. 이러한 조건을 바탕으로 활용형의 형태를 분석하고 분석된 교체형을 대상으로 활용어간의 형태소를 설정하기로 한다. 활용어간의 형태소는 개별 활용어간의 활용형을 분석하여 설정할 수 있다. 그러나 그렇게 하여서는 수많은 활용어간의 형태소를 하나하나 모두 설정해야 한다. 그런데 한국어의 활용어간이 단일형태소인 경우에는, 형태소에서 도출된 이형태들은 어간말의 음소만 다르고 그 나머지 부분은 모두 동일하다.

그러므로 이형태들을 공통부분을 기준으로 묶으면 서로 다른 어간말의 음소들만 남게 된다. 그들 음소들은 어간말의 형태음소에서 도출된 교체음소이다. 그러므로 그들 교체음소로부터 형태음소를 설정하면 설정된 형태음소를 교체음소들과 대체하면 그것이 형태소가 된다. 예를 들면, 활용어간에서 교체를 보이는 어간말 음소를 제외한 나머지 부분을 X라 하고 어간말 음소의 교체음소에서 설정한 형태음소를 //ㄱ//라 하면, 그 활용어간의 형태소는 //Xㄱ-//가 된다. 이와 같이 형태소의 유형을 설정하고, 그 유형에 속하는 어간들의 형태소를 제시하면 개별 활용어간의 형태소를 하나하나 설정하지 않아도 된다.

이러한 방법으로 형태소를 설정하기 전에 적용되는 일반 원칙은 다음과 같다.

가 어떤 환경에서도 교체를 보이지 않는 어간은 그 자체가 형태소가 된다.
나 어간이 자음소나 자음소군으로 끝나면, 그 어간의 잠정 형태소는 활용형의 어미초 모음소 앞에서 분석된 어간과 동일하다.
다 어간이 모음소로 끝나면, 그 어간의 잠정 형태소는 활용형의 어미초 자음소 앞에서 분석된 어간과 동일하다.
라 어미초 자음소 앞에서 분석된 어간이 모음소로 끝나는데, 어미초 //어// 앞에서 분석된 어간이 자음소나 유음소로 끝나면, 그 어간은 어미초 자음소 앞에서 분석된 어간과 동일한 어간말 모음소를 가진다.
마 원칙 나와 다에 의한 잠정 형태소가 적격 형태소로 되지 못할 때는 그 두 잠정 형태소를 바탕으로 형태소를 설정하되, 그 경우에 단일형태소를 설정할 수 없으면, 그들 잠정 형태소를 어휘화한 이형태로 인정해야 한다. 그 경우의 형태소는 그들 이형태를 다 포괄하는 복합형태소가 된다.

15세기 한국어 활용어간의 형태소는 크게 단일형태소와 복합형태소로 나누어진다. 단일형태소는 다시 어간의 말음소가 자음소(유음소 포함, 이하 동일)이냐 모음소이냐에 따라, 자음소로 끝나는 어간 형태소와 모음소로 끝나는 어간 형태소로 나누어진다.

3.2. 단일형태소

3.2.1. 자음소로 끝나는 어간의 형태소

자음소로 끝나는 어간의 형태소는 다시 단일 자음소로 끝나는 어간 형태소와 자음소군(유음소 포함)으로 끝나는 어간 형태소로 나누어진다.

3.2.1.1. 단일 자음소로 끝나는 어간 형태소

15세기 한국어의 자음소 목록을 구성하는 자음소로는 //ㅂ, ㄷ, ㄱ, ㅈ, ㅅ, ㆆ, ㅍ, ㅌ, ㅋ, ㅊ, ㅲ, ㅳ, ㅺ, ㅆ, ㆅ, ㅸ, ㅿ, ㅇ, ㄴ, ㅁ, ㆁ, ㄹ//가 있다. 이 중에서 활용어간의 말 자음소로 사용되는 것을 안병희(1978)에서 논의한 순서대로 제시하면, //ㄱ, ㄴ, ㄷ, ㅁ, ㅂ, ㅅ, ㄹ, ㅌ, ㅍ, ㅸ, ㅿ, ㅈ, ㅊ, ㅎ//와 같다. 이들 자음소로 끝나는 어간들은 활용에서 이형태를 보이지 않는 것과 하나의 이형태를 보이는 것, 둘 이상의 이형태를 보이는 것이 있다. 예를 들어 안병희(1978: 10)에서 //Xㄱ-//류에 속하는 '먹-'(食)이나 '죽-'(死)는 활용형에서 어간의 이형태를 보이지 않는다. 그러므로 그 자체가 형태소가 된다.

그리고 //Xㄹ-//류에 속하는 '알-'(知)나 '살-'(生)은 각각 두 개의 이형태 '알-~아-'나 '살-~사-'를 보인다. '아라, 아로미, 아ᄅᆞ시고, 알리로소이다; 아니, 아ᄂᆞ니라, 아논, 아디, 아ᅀᆞᄫᅡ'나 '사라, 사로ᄆᆞᆫ, 사ᄅᆞ시고, 살면; 산, 사니, 사더니' 등에서 그러한 사실이 확인된다. 그중에서 어간말의 //ㄹ//가 탈락되지 않는 경우는 "어미의 첫소리가 모음이거나 음절 두음으로서의 'ㄹ'와 'ㅁ' 또는 'ㄱ'일 때"이고 "어미가 '-ㄴ, -니, -ᄂᆞ-, -ㄹ, -다, -디, -더-, -ᄉᆞᇦ-, etc." 앞에서는 어간말의 //ㄹ//가 탈락된다고 하면서 그런 유형의 어간을 열거하고 있다(pp. 13-14).

이와는 달리, //Xㅎ-//류에 속하는 어간의 경우, 어간 '젛-'(怖), '낳-'(産), '짛-'(作)의 이형태 '젛-~젓-~젇-', '낳-~낟-', '짛-~짇-'를 보이고 그들 이형태를 실현하는 활용형을 제시한다. 그리고 어간말 교체음소 /ㅎ/, /ㅅ/, /ㄷ/가 실현되는 조건을 제시한 다음 그런 유형의 어간을 제시한다(pp.19-20).

그러나 그 어떤 경우에도 활용어간의 형태소 설정에 대한 논의는 없다. 활용형의 분석에서 얻게 되는 이형태들을 집합으로 나타내거나 그중 일반적인 이형태 하나를 { }에 넣어 기본형(basic allomorph)으로 제시하는 것이 구조형태론에서의 형태소이며 형태소 표시이다.

그러나 위의 경우를 변형문법론의 관점에서의 논의한다면 다음과 같다.

1 //Xㄱ-//류

다음 (1)에 제시된 것은 '먹-'(食)의 활용형이다.

(1) 먹더라<월석22: 53ㄴ>, 먹고<석상9: 22ㄴ>,
머거도<월석1: 26ㄴ>, 머그며<법화2: 189ㄴ>

이들 활용형을 분석하면 '먹-더라, 먹-어도, 먹-으며'가 되며, 그 결과 어간의 형태 '먹-'이 추출된다. 이 어간은 교체형을 보이지 않으므로, 그 자체가 형태소가 된다. 그러므로 (1)의 활용을 보이는 어간의 형태소는 //먹-//이 된다. 15세기 한국어에서 //Xㄱ-//류에 속하는 활용어간의 형태소는 (2)와 같다.

(2) //Xㄱ-//류: //귀먹-//(聾), //녹-//(融), //닉-//(熟), //닉숙-//(熟), //막-//(防), //먹-//(食), //빌먹-//(乞), //석-//(朽), //쟉-//(小), //젹-//(少), //죽-//(死) 등 //ㄱ//로 끝나는 모든 어간.

2 //Xㄹ-//류

다음 (3)은 '살-'(生)의 활용형이다.

(3) 사더라<삼강 효: 25ㄱ>, 살오져<능엄9: 74ㄴ>, 사ᄂᆞ니<석상13: 10ㄱ>, 사ᅀᆞᆸ다가<내훈2하: 46ㄴ>, 사라도<월석4: 18ㄱ>, 살며<석상6: 37ㄱ>, 살리라<월석7: 12ㄱ>, 살씨니<석상9: 1ㄴ>, 사ᄅᆞ시고<법화1: 193ㄴ>, 사로ᄃᆡ<석상6: 5ㄱ>

이들 활용형을 분석하면, '사-더라, 살-오져, 사-ᄂᆞ니, 사-ᅀᆞᆸ-다가, 살-아도, 살-며, 살-리라, 사-ㄹ-씨-니, 살-ᄋᆞ시-고, 살-오ᄃᆡ'가 되며, 그 결과 활용어간의 교체형 '살-'과 '사-'가 추출된다. 형태소 설정의 일반 원칙 나를 적용하면, 어간의 잠정 형태소는 //살-//이 된다. 안병희(1978: 14)은 어간말의 //ㄹ//가 탈락되지 않는 조건을 "어미의 첫소리가 모음(-아, -오-, -ᄋᆞ시-, etc.)이거나 음절 두음으로서 'ㄹ'와(←과) 'ㅁ'(-라, -락, -리-; -며, -면, etc.) 또는 'ㄱ'(-거-, -게, -고, etc.)로서 물론 이 때의 'ㄱ'는(←은) 탈락된다"로, 어간말의 //ㄹ//가 탈락되는 조건을 "-ㄴ, -니, -ᄂᆞ-, -ㄹ(음절말음), -다, -디, -더-, -ᅀᆞᆸ-, etc.)"으로 보았다.

그러나 변형문법론의 관점에서 보면, 그러한 조건에는 재고되어야 할 것이 있다. 어간말의 //ㄹ//가 탈락되지 않는 조건 중 음절 두음이 'ㄹ'와 'ㅁ'라고 한 것은 맞지 않다. 어미 '-라, -락, -리-; -며, -면'은 자음소로 끝나는 어간과 통합하면, 각각 '머그라(食)<월석10: 25ㄱ>, 주그락(死)<석상30: 19ㄱ>, 머그리라(食)<월석2: 16ㄱ>, 머그며<법화2: 189ㄴ>, 머그면<월석25: 124ㄱ>'에서 보듯이, 그 앞에 '으'가 있다. 이것을 '매개모음' 또는 '삽입

모음'이라고 하여 어미의 일부로 인정하지 않고 있는데, '으'가 삽입될 조건을 찾을 수 없다. 어간이 자음소로 끝나고 어미가 자음소로 시작될 때, 자음 충돌을 막기 위해 그 사이에 '으'가 들어간다고 하여 그런 술어가 사용된 것으로 보인다. 그런데 김완진(1972: 275-276)에서 지적한 바와 같이, '잡-고, 잡-지' 등의 경우에는 '으'가 삽입되지 않는다. 그러므로 그때의 '으'는 어미의 일부로 인정해야 한다. 그리고 어간말의 //ㄹ//가 탈락되는 조건 중 '-ㄹ(음절말음)'이라고 한 것도 관형절 형성어미 '-{을/읋, 은}'이라고 해야 한다. 이 경우에 어간말의 //ㄹ//가 탈락되는 것은 음운론적 조건에 의한 것이 아니라 자음소군 단순화에 의한 것으로, 탈락의 기제가 다르다.

따라서 변형문법론적 관점에서 어간말의 //ㄹ//가 탈락되는 조건은 '—{[C,+전방성,+설정성]Y, {은, 을(또는 읋)}]] $_{[+관]}$'이 된다. '-[C,+전방성,+설정성]Y'에 속하는 어미의 첫 자음소는 //ㄴ, ㄷ, △//이다.[5] 이 조건을 적용하면, (3)의 활용을 보이는 어간의 형태소는 //살-//이 된다. 15세기 한국어에서 //Xㄹ-//류에 속하는 활용어간의 형태소는 (4)와 같다.

(4) //Xㄹ-//류: //살-//(生), //ᄀᆞᆯ-//(磨,換), //놀-//(遊), //닐-//(起), //ᄂᆞᆯ-//(飛), //ᄃᆞᆯ-//(熱), //덜-//(減), //돌-//(廻), //들-//(擧,入), //ᄃᆞᆯ-//(甘,秤), //멀-//(遠), //알-//(知), //얼-//(凍), //열-//(開,實), //ᄲᅥᆯ-//(洗,吸), //염글-//(實), //궁글-//(空), //졈글-//(暮), //ᄆᆡᆼᄀᆞᆯ-//(造), //갓ᄀᆞᆯ-//(倒), //ᄀᆞᄂᆞᆯ-//(細), //ᄀᆞᆹ돌-//(廻) 등 //ㄹ//로 끝나는 모든 어간.

5) 여기에는 //ㅅ//와 //ㅈ//가 제외되어 있는데, 그것은 이 시기에 그들 음소로 시작하는 어미가 존재하지 않았기 때문이다. 일반적으로 어간말의 //ㄹ// 뒤에서 어미초의 //으//는 탈락한다. 그렇게 되면 선어말어미 '-으시-'의 경우에, 어미초의 '으' 탈락 뒤에 다시 //ㅅ// 앞에서 어간말의 //ㄹ//가 탈락될 수 있다. 그러나 이 시기에 존칭의 선어말어미 '-으시-'의 '으'만은 어간말의 //ㄹ// 뒤에서 탈락되지 않는다. 그리고 '살씨니'의 경우 'ㅆ' 앞에서 'ㄹ'가 삭제되지 않는데, 이 때의 'ㄹ'는, 형태분석에서 보듯이, 어간말의 //ㄹ//가 아니라 관형형어미 '-을'의 'ㄹ'이다. 이 경우에 'ㄹ'가 탈락하지 않는 것은 한국어에서 //ㄹ// 탈락이 일반적으로 형태소 경계에 한정 때문이다. 단어 경계에서 선행 단어말의 //ㄹ//가 다음 단어초의 //ㅅ// 앞에서 탈락되는 '부손(<[[불][손]] ⇒ 부손)'과 같은 예가 있지만, 이러한 예는 예외적이라 할 수 있다.

③ //Xㅎ-//류

다음 (5)에 제시된 것은 '낳-'(産)의 활용형이다.

(5) 나타가<구방 상: 25ㄱ>, 나코<월석10: 23ㄴ>, 난ᄂᆞ니<능엄4: 23ㄱ>, 낟노라<월석10: 25ㄱ>, 낫ᄉᆞ온대<내훈 2상: 42ㄱ>, 나하도<내훈 2상: 8ㄱ>, 나ᄒᆞ며<월석2: 33ㄴ>

이들 활용형을 분석하면, '낳-다가, 낳-고, 난-ᄂᆞ니, 낟-노라, 낫-ᄉᆞ오-ㄴ대, 낳-아도, 낳-ᄋᆞ며'가 된다. 그 결과 어간의 교체형 '낳-, 난-, 낟-, 낫-'이 추출된다. 이들 교체형을 공통부분을 기준으로 묶으면, '나{ㅎ,ㄴ,ㄷ,ㅅ}-'가 된다. 어간이 자음소로 끝나므로, 형태소 설정 원칙을 적용하면, 모음소로 시작하는 어미에서 분석된 '낳-'이 잠정 형태소가 된다.

그러면 어간말 형태음소 //ㅎ//가 교체음소 /ㄷ,ㅅ,ㄴ/로 되는 것은 다음과 같이 설명할 수 있다. 먼저 교체음소 /ㄷ/는 //ㅎ//가 어미초의 자음소 앞에서 평파열음소화한 것이다.[6] 다음으로 교체음소 /ㅅ/는 어미초의 자음소 앞에서 평파열음소화한 /ㄷ/가 [+전방성, +치찰성]을 가진 어미초의 //ㅅ//에 동화된 것이다. 끝으로 교체음소 /ㄴ/는 평파열음소화에 의한 교체음소 /ㄷ/가 [+비음성]을 가진 어미초의 //ㄴ//에 동화된 것이다. 그러나 교체음소 /ㄷ,ㅅ,ㄴ/ 중 어느 하나를 형태음소라고 할 때에는 그것이 각각의 교체음소로 되는 것을 합당하게 설명할 수 없다. 따라서 (5)의 활용을 보이는 어간의 형태소는 //낳-//이 된다. 15세기 한국어에서 //Xㅎ-//류에 속하는 활용어간의 형태소는 (6)과 같다.

(6) //Xㅎ-//류: //낳-//(産), //{넣,녛}-//(入), //놓-//(放), //닿-//(接), //{딯,ᄯᅵᇂ-//(搗),

6) 이 사실을 고려하면 활용형에서 어미초의 자음소 앞에 있는 'ㅎ'는 실제로 평파열음화한 'ㄷ'로 표시되어야 할 것이다.

//빟-//(播), //쌓-//(積), //좋-//(淨), //짛-//(作), //즛딯-//(搗), //답샇-//(積), //한숨딯-//(嘆) 등 //ㅎ//로 끝나는 모든 어간.

여기서 'III(체언의 활용어간)'에 대해서 논의할 필요가 있다. 안병희(1978: 86)은 이 어간이 세 개의 이형태를 가지는 것으로 보고 형태소를 '-이-∽-ㅣ-∽-∅-'로 표시하고 있다.

(7) ㄱ. 조가기시다<월석1: 서: 16ㄴ>, 사ᄅᆞ미라<훈언 3ㄱ>, 고디니<석상3: 35ㄴ>

ㄴ. 긔라<석상13: 36ㄴ>, 젼ᄎᆡ니<월석1: 11ㄴ>, 아뫼어나<석상21: 8ㄴ>

ㄷ. 불휘라<월석 서: 21ㄱ>, 술위오<월석1: 25ㄴ>, 어미로니<월석21: 55ㄴ>, 아니어늘<석상3: 31ㄴ>

(7)에 제시된 활용형은 다음과 같이 분석된다. (7ㄱ)은 각각 '조각-이-시-다, 사ᄅᆞᆷ-이-라, 곧-이-니'로 분석되고 (7ㄴ)은 각각 '그-ㅣ-라, 젼ᄎᆞ-ㅣ-니, 아모-ㅣ-어나'로 분석된다. 그리고 (7ㄷ)은 각각 '불휘-∅-라, 술위-∅-오, 어미-∅-로니, 아니-∅-어늘'로 분석된다. 그 결과 계사 어간의 교체형 '(N)이-'와 '(N)ㅣ-'와 '(N)∅-'가 추출된다. 여기서 이형태 '(N)이-'는 자음소나 유음소로 끝나는 명사 뒤에 분포하고 이형태 '(N)ㅣ-'는 '이'나 'j' 이외의 모음소로 끝나는 명사 뒤에 분포하며 이형태 '(N)∅-'는 '이'나 'j'로 끝나는 명사 뒤에 분포한다. 그런데 이형태 '(N)이-'와 '(N)ㅣ-'는 표기상의 문제이며 로마자로 나타내면 모두 '(N)i-'로서 구별되지 않는다. 그러므로 형태소는 //(N)이-//가 된다. 그러면 이형태 '(N)∅-'는 //(N)이-//가 '이'나 'j'로 끝나는 명사 뒤에서 탈락하는 것으로 설명할 수 있다.

3.2.1.2. 자음소군(유음소 포함)으로 끝나는 어간의 형태소

15세기 한국어의 활용어간에 존재하는 어간말 자음소군으로는 //ㄵ,ㄺ,ㄻ, ㄹㅸ,ㅀ,ㅁㅊ,ㅄ,ㅅㄱ,ㅅㄷ//가 있다. 이 중에서 //Xㄹㅸ-//류 어간의 형태소를 제외하면, 나머지 어간말 자음소군을 가진 어간의 형태소 설정은 단일 자음소로 끝나는 어간 형태소의 설정과 동일하다. 여기서는 //Xㅀ-//류와 //Xㅁㅊ-//류의 어간에 한정하여 형태소 설정을 행하기로 한다.

④ //Xㅀ-//류

다음 (8)에 제시된 것은 '슳-'(哀)의 활용형이다.

(8) 슬터라<두초19: 25ㄴ>, 슬코<두초10: 11ㄴ>, 슬허도<금삼2: 5ㄴ>, 슬흐며<월석10: 24ㄱ>, 슬ᄂᆞ니<능엄2: 9ㄴ>, 슬ᅀᆞᄫᅡ<용가9: 44ㄱ>

이들 활용형을 분석하면, '슳-더라, 슳-고, 슳-어도, 슳-으며, 스ᇍ-ᄂᆞ니, 슰-ᅀᆞᄫ-아'가 된다. 그 결과 어간의 교체형 '슳-, 스ᇍ-, 슰-'이 추출된다. 이들 교체형을 공통부분을 기준으로 묶으면 '슬{ㅎ,ㄴ,ㅅ}-'가 된다. { } 속의 교체음소는 '3.2.1.1. ③ //Xㅎ-//류'에서 (5)의 활용을 보이는 어간 //낳-//(産)의 어간말 형태음소의 교체음소와 동일하다. 그러므로 어간말 형태음소 //ㅎ//가 교체음소 /ㄴ/와 /ㅅ/로 되는 것은 //낳-//의 형태음소 //ㅎ//가 교체음소 /ㄴ/와 /ㅅ/로 되는 것과 동일하므로 그에 대한 설명은 형태소 //낳-//의 설정에서 행한 설명으로 미룬다. 그러면 (8)의 활용을 보이는 어간의 형태소는 //슳-//이 된다. 15세기 한국어에서 //Xㅀ-//류에 속하는 활용어간의 형태소는 (9)와 같다.

(9) //Xㅀ-//류: //슳-//(哀), //곯-//(餓), //긇-//(沸), //잃-//(失), //앓-//(痛), //ᄒᆞᆶ-//(舐), //서긇-//(嗔), //솟긇-//(沸), //봇ᄃᆞᆶ-//(煎), //글ᄐᆞᆶ-//(沸煎) 등 //ㅀ//로 끝나는

모든 어간.

5 //Xㅁㅊ-//류

다음 (10)에 제시된 것은 '우ᇠ-'(縮)의 활용형이다.

(10) 우ᇝ디<석보19: 7ㄱ>, 우ᇝ는가<능엄2: 40ㄴ>,
움처<능엄2: 40ㄱ>, 움츠며<능엄2: 41ㄴ>

이들 활용형을 분석하면, '우ᇝ-디, 우ᇝ-는가, 우ᇠ-어, 우ᇠ-으며'가 된다. 그 결과 어간의 교체형 '우ᇝ-'과 '우ᇠ-'이 추출된다. 이들 교체형을 공통부분을 기준으로 묶으면, '움{ㅅ,ㅊ}-'가 된다. 앞에 제시한 형태소 설정의 일반 원칙 나를 적용하면, 어간이 자음소로 끝나므로, 잠정 형태소는 어미초의 모음소 앞에서 분석된 어간 즉 '우ᇠ-'이 된다. 그러므로 //ㅊ//가 다른 교체형에서 교체음소 /ㅅ/로 실현되는 것은 어간말의 형태음소 //ㅊ//가 어미초의 자음소 앞에서 평마찰음소화한 것으로 설명할 수 있다. 따라서 (9)의 활용을 보이는 어간의 형태소는 //우ᇠ-//이 된다. 15세기 한국어에서 //Xㅁㅊ-//류에 속하는 활용어간은 문헌에서 더 이상 발견되지 않는다.

3.2.2. 모음소로 끝나는 어간의 형태소

이 시기에 어간말로 끝나는 모음소로는 //이, 오, ᄋᆞ, 아, 우, 으, 어, 여, 애, 에, 예, 외, 왜, 웨, 위, 의, ᄋᆡ//가 있다. 형태소 설정의 일반 원칙 다를 적용하면, 모음소로 끝나는 어간은 어미초의 자음소 앞에서 분석된 어간을 잠정 형태소로 하고 그 잠정 형태소에서 다른 교체형의 실현이 합당하게 설명될 수 있다면 그것이 형태소가 된다.

위에 제시된 어간말 모음소로 끝나는 형태소 중에서 어간말 형태음소 //

ᄋ//와 //으//는 변동을 보이는 것이 다수 있지만, 나머지 어간말의 형태음소는 거의 변동을 보이지 않는다. 예를 들어 (10)에 제시된 어간의 형태소를 보기로 한다.

(10) ㄱ. //X이-//: 소기디, 소기ᄂᆞ니, 소겨, 소기며(詐)
ㄴ. //X오-//: 싸호더니, 싸호게, 싸화, 싸호며(鬪)
ㄷ. //X우-//: 기들우디, 기들우고, 기들워도, 기들우니(待)
ㄹ. //X애-//: 보내더라, 보내ᄂᆞ니, 보내야, 보내며(送)

(10ㄱ-ㄹ)의 활용형을 형태분석하면, (11)과 같다.

(11) ㄱ. //X이-//: 소기-디, 소기-ᄂᆞ니, 소기-어, 소기-며(詐)
ㄴ. //X오-//: 싸호-더니, 싸호-게, 싸호-아, 싸호-며(鬪)
ㄷ. //X우-//: 기들우-디, 기들우-고, 기들우-어도, 기들우-니(待)
ㄹ. //X애-//: 보내-더라, 보내-ᄂᆞ니, 보내-야, 보내-며(送)

(11)의 분석 결과, (11ㄱ-ㄹ)에서 각각 어간 '소기-', '싸호-', '기들우-'와 '보내-'가 추출된다. 이들 어간은 교체형을 가지지 않는다. 따라서 그 자체가 형태소가 된다. 다시 말하면, (10ㄱ-ㄹ)의 활용을 보이는 어간의 형태소는 각각 //소기-//, //싸호-//, //기들우-//와 //보내-//가 된다.

3.3. 복합형태소

3.2에서는 15세기 한국어 활용어간의 단일형태소 설정에 대해서 논의하였다. 3.2에서 논의된 형태소들은 대개 두 개에서 세 개의 교체형을 실현하는 것들이었다. 그리고 그 교체형들의 실현이 공시적인 음운규칙으로 설명

될 수 있는 것들이었다. 그러므로 형태소의 설정이 특별히 문제되지 않았다.

그러나 활용어간의 단일형태소 설정과는 달리, 복합형태소의 설정은 간단하지 않다. 복합형태소를 구성하는 이형태들은 단일형태소에서 도출되는 것이 아니기 때문이다.

그러면 여기서 복합형태소로 인정해야 할 것 몇 개를 골라 구조형태론과 생성형태론을 대비해서 논의하기로 한다. 논의의 대상이 되는 것을 제시하면 (12)와 같다.

(12) ㄱ. ① ᄇᆞᅀᆞ디<월석21: 219ㄴ>, ᄇᆞᇫ아<법화3: 89ㄴ>,
ᄇᆞᆺ아<법화3: 86ㄴ>,[7] ᄇᆞᅀᆞ며<법화1: 223ㄱ>(碎)
② ᄆᆞᄅᆞ디<석상13: 4ㄱ>, ᄆᆞᄅᆞ고<법화4: 87ㄱ>,
ᄆᆞᄅᆞ며<월석17: 11ㄱ>, ᄆᆞᆯ러도<법화2: 216ㄱ>(退)
ㄴ. ① 시므디<월석17: 13ㄴ>, 시므고<석상19: 33ㄴ>,
시므며<월석18: 82ㄱ>, 시므샤<월석11: 20ㄴ>(植)
② 심거도<월석21: 144ㄴ>, 심고미<법화7: 129ㄴ>,
심고ᄃᆡ<월석21: 180ㄴ>, 심곤<석상13: 36ㄱ>(植)
ㄷ. ① 니를오<법화4: 71ㄴ>, 니를에<월석 서: 19ㄴ>,
니를며<월석15: 42ㄱ>, 니를리라<법화4: 161ㄴ>,
니르르샤<월석17: 30ㄴ>(至)
② 니르디<법화2: 184ㄱ>, 니르게<석보19: 38ㄴ>,
니르며<월석14: 46ㄱ>(至)

(12)의 예에 대한 안병희(1978: 31-42)의 논의는 다음과 같다. 먼저 (12ㄱ①)에 대하여, 'ᄇᆞᅀᆞ-'는 자음으로 시작되는 어미 앞에 나타나며 모음으로 시작되는 어미 즉 '-아, -오' 앞에서는 말모음이 탈락되어 'ᄇᆞᇫ-'으로 교체된다고

7) 형태소 //ᄇᆞᅀᆞ-//와 어미 //-어//가 통합하면, 어간말의 //ᆞ//가 탈락하면 그 결과는 /ᄇᆞᅀᅡ/가 된다. 그런데 어간과 어미를 분리한 것은 어간이 //ᅀ//으로 끝난 것이 아니라는 것, 다시 말하면, 음운과정에 의해 어간말 모음소가 탈락한 것임을 독자에게 알려 문맥을 쉽게 이해하도록 하기 위한 표기상의 문제라고 생각한다.

하였다. 그리고 (12ㄱ②)에 대하여, 모음으로 시작되는 어미 앞에서의 어간 교체가 (12ㄱ①)의 예와 같지만 'ㄹ'가 하나 더 첨가되는 이형태를 가지는 것이라 하고 그러한 교체가 음운론적으로 설명된다고 했다. 한편 (12ㄴ)에 대하여, '시므-'는 자음으로 시작되는 어미 앞에, '싦-'은 모음으로 시작되는 어미 앞에 나타난다고 했다.

안병희(1978)에 의하면, 3.2.에서 여기까지가 음운론적으로 제약된(=결정되는) 이형태에 대한 기술이다. 이와는 달리, 형태론적으로 제약된(=결정되는) 이형태에 대한 기술이 있을 수 있지만, 15세기 한국어에는 그런 이형태는 일반적인 어미와 통합하는 '녀-'에 대하여 '-거-'와만 통합하는 '니-'(行)가 유일한데, 녀-'도, '녀거든'에서 보듯이, '-거-'와 통합하므로, 형태론적으로 제약된 이형태를 가진 형태소는 없다고 보았다.

(12ㄷ)은 어간쌍형의 예이다. (12ㄷ①)과 (12ㄷ②)의 이형태 /니를-/과 /니르-/는 자음으로 시작되는 어미 앞에서는 비슷한 비율로 나타나지만 모음으로 시작되는 어미 //-어//나 //-오// 앞에서는 /니를-/만이 나타난다. 그리고 매개모음을 가진 어미인 '-시-' 앞에서는 /니르-/와 /니를-/이 다 나타나지만, /니를-/이 우세하다고 했다. 이들 이형태는 동일한 의미를 가지므로 어간 '니를-'과 '니르-'가 공존하는 것으로 본다고 했다.

여기서도 이형태의 교체와 음운환경에 대한 논의만 할 뿐, 그들 이형태에 대한 형태소 설정에 대해서는 아무런 논의가 없다.

이러한 구조형태론과는 달리, (12)의 자료를 생성형태론의 관점에서 논의하면 다음과 같다. 먼저 (12ㄱ①)의 활용형을 보기로 한다. 제시된 활용형을 분석하면, 'ㅂㅿ-디, ᄇᆺ-아, 붓-아, ㅂㅿ-며'가 된다. 여기서 어간의 교체형 /ㅂㅿ-/와 /ᄇᆺ-/, /붓-/이 추출된다. 어미초의 '아' 앞에서 분석된 /ᄇᆺ-/과 /붓-/은 표기의 차일 뿐 동일하다고 할 수 있으므로, 그중에서 /ᄇᆺ-/을 택하여 교체형 /ㅂㅿ-/와 /ᄇᆺ-/을 공통부분을 기준으로 묶으면 'ᄇᆺ{ㆍ,∅}-'가 된다. { }

속의 교체음소의 실현을 설명할 수 있는 형태음소가 있다면 두 교체형의 도출을 설명할 수 있는 형태소를 설정할 수 있다. 두 교체음소 중에서 'ᄋᆞ'를 형태음소라고 한다면 어미초의 '아' 앞에서 'ᄋᆞ'가 탈락되는 것은 이 시기의 공시적 음운규칙으로써 설명할 수 있다. '//골ᄑᆞ ‖ 아// → /골파/<월석20: 43ㄱ>, //골ᄑᆞ ‖ 옴// → /골폼/<남명 하: 2ㄴ>'이나 '//ᄐᆞ ‖ 아셔// → /타셔/<금삼5: 38ㄴ>, //ᄐᆞ ‖ 오ᄃᆡ// → /토ᄃᆡ/<두초19: 31ㄴ>'에서 그런 사실을 알 수 있다. 이와는 달리, 형태음소를 '∅'라고 한다면, 어미초의 자음소나 '으' 앞에서 'ᄋᆞ'가 삽입되는 사실을 이 시기의 공시적 음운규칙으로써 설명할 수 없다. 그러므로 (12ㄱ①)의 활용을 보이는 어간의 형태소는 //ᄇᆞᅀᆞ-//가 된다.

다음으로 (12ㄱ②)의 활용형을 보기로 한다. 제시된 활용형을 분석하면, 'ᄆᆞᄅᆞ-디, ᄆᆞᄅᆞ-고, ᄆᆞᄅᆞ-며, ᄆᆞᆯㄹ-어도'가 된다. 여기서 어간의 교체형 'ᄆᆞᄅᆞ-'와 'ᄆᆞᆯㄹ-'이 추출된다. 그중에서 'ᄆᆞᄅᆞ-'는 어미초의 자음소나 '으' 앞에서 분석된 것이고 'ᄆᆞᆯㄹ-'은 어미초의 '어' 앞에서 분석된 것이다. 이러한 분석 결과는 앞에 제시한 형태소 설정 원칙 [라]의 적용 대상이 된다. 그러므로 교체형 'ᄆᆞᆯㄹ-'는 어미초의 자음소 앞에서 분석된 어간의 말모음소와 동일한 모음소를 가져야 하므로 어간은 'ᄆᆞᆯᄅᆞ-'가 되어야 한다.

따라서 두 개의 교체형 'ᄆᆞᄅᆞ-'와 'ᄆᆞᆯᄅᆞ-'를 공통부분을 기준으로 묶으면 'ᄆᆞᆯ{∅,ㄹ}ᄋᆞ-'가 된다. 그런데 { } 속의 교체음소 중 '∅'를 형태음소라고 하면, 어미초의 '어' 앞에서 'ㄹ'가 되는 것을 공시적 음운규칙으로써 설명할 수 없으며 'ㄹ'를 형태음소라고 하면, 어미초의 자음소 앞에서 'ㄹ'가 삭제되는 것을 공시적 음운규칙으로써 설명할 수 없다. 이것은 두 개의 교체형이 어휘화한 이형태라는 것을 말해준다. 따라서 (12ㄱ②)의 활용을 보이는 어간의 형태소는 //ᄆᆞᆯ{∅-ㄹ}ᄋᆞ-//가 된다.

형태소 //ᄆᆞᆯ{∅-ㄹ}ᄋᆞ-//는 어휘화한 이형태 //ᄆᆞᄅᆞ-//와 //ᄆᆞᆯᄅᆞ-//를 포괄하

는 복합형태소인데, 이들 이형태는 음운부의 기저형 //X-//에 음운규칙이 적용되어 도출되는 것이 아니라 어휘부에 저장되어 통사·의미부에서 구절구조 규칙의 적용 결과로 기본문의 형식이 정해진 다음에 어휘삽입 규칙이 적용될 때에 어휘선택 규칙에 의해서 선택되는 것이다. 다시 말하면, 어미가 '으'나 자음소로 시작되는 경우에는 그 앞에 //므르-//가 선택되고 어미가 '어'나 '오'로 시작되는 경우에는 그 앞에 //믈르-//가 선택되는 것이다. 그리하여 그 결과가 음운부로 와서 기저형 //므르〗(으)CY//나 //믈르〗{어,오}Y//가 되는 것이다.

이제 (12ㄴ)을 보기로 한다. 그중에서 (12ㄴ①)의 활용형은 '시므-디, 시므-고, 시므-며, 시므-샤'로 분석되고 (12ㄴ②)의 활용형은 '시ᇝ-어도, 시ᇝ-옴-이, 시ᇝ-오ᄃᆡ, 시ᇝ-온'으로 분석된다. 그 결과 교체형 '시므-'와 '시ᇝ-'이 추출된다. 문법 형태 '-며'과 '-샤'는 '머그며<법화2: 189ㄴ>, 노ᄀᆞ며<월석8: 16ㄱ>'나 '머그샤<법화7: 67ㄱ>, 노ᄀᆞ샤<법화7: 61ㄱ>'를 분석한 '먹-으며'와 '먹-으샤'에서 보듯이, '으'로 시작하는 것이다. 그러므로 교체형 '시므-'는 어미초의 자음소나 '으' 앞에서 실현되고 교체형 '시ᇝ-'은 어미초의 '어'나 '오' 앞에서 실현되다. 이들 교체형을 공통부분을 기준으로 묶으면, '심{ㄱ,으}-'가 된다. 그런데 { } 속의 교체형 중 어느 하나를 형태소로 할 경우, 다른 하나의 교체음소의 도출을 합당하게 설명할 수 있는 공시적 음운규칙이 이 시기에는 존재하지 않는다. 이 사실은 두 개의 교체형이 모두 어휘화한 이형태라는 것을 말해준다. 그러므로 (12ㄴ)의 활용을 보이는 어간의 형태소는 //심{ㄱ-으}-//로 표시된다. 이 복합형태소를 구성하는 어휘화한 이형태도 통사·의미부에서 어휘선택 규칙에 의해 선택된 다음 그것들이 음운부의 기저형이 된다.

끝으로 (12ㄷ)을 보기로 한다. 그중에서 (12ㄷ①)의 활용형은 '니를-오, 니를-에, 니를-며, 니를-리라, 니를-으샤'로 분석되고 (12ㄷ②)의 활용형은 '니르-디, 니르-게, 니르-며'로 분석된다. 그 결과 어간 '니를-'과 '니르-'가 추출된다. 그런데 (12ㄷ①)의 활용형 '니를-오'와 '니를-에'의 어미 '-오'와 '-에'는 어간말의 //ㄹ// 뒤에서 '-고'와 '-게'의 //ㄱ//가 탈락된 것이므로 그들 활용형은 어간과 자음소로 시작하는 어미와 통합한 것이다. 따라서 어간 '니를-'과 '니르-'는 어미 '-(으)CY' 앞에서 대립하여 분포한다. 종래에 이러한 어간을 '어간쌍형' 또는 '쌍형어간'이라고 불렀다.

여기서 '어간쌍형'이란 명칭에 대해서도 재고할 필요가 있다. 이 명칭는 단순히 표면형의 분석과 분류를 목적으로 하는 구조언어학의 관점과 15세기 문헌어가 동질적이란 관점에서 붙여진 것으로 생각한다. 그러나 말[語]이 심층구조에서 표면구조를 거쳐서 실현된다고 보는 변형문법론의 관점에서는 다음 두 가지로 설명할 수 있다. 하나는 그들 어간을 동일한 화자가 사용된다면, 그것은 어간으로서는 '복수어간'이라고 해야하며 형태소로서는 '복수형태소'라고 해야 한다. 다시 말하면, 현대 한국어에서 동일한 화자가 공식적인 발화에서 사용하는 '마끼-'(<맡기-使任)와 비공식적인 발화에서 사용하는 '매끼-'와 같은 것으로, 동일한 화자의 어휘부에 그 두 어간 형태소가 공존하는 것이다. 다른 하나는 그들 어간을 동일 사회에 속하는 다른 화자가 사용한다면, '방언어간' 또는 '방언형태소'가 된다. 다시 말하면, 현대 서울에서 서울 중심의 중부방언 화자가 사용하는 '끓-'(沸)와 경북의 동해안 지역에서 서울로 이주한 화자가 사용하는 '끍-'(沸)과 같은 것이다. 앞의 어간 형태소는 '끌른다, 끌{코,쿠}, 끄러도'와 같이 활용하고 뒤의 어간 형태소는 '끌른다, 끌꼬, 끌거도'와 같이 활용한다. 그러므로 어간 '니를-'과 '니르-'가 복수형태소라면, 그 두 형태소가 동일 화자의 어휘부에 //니르{ㄹ,Ø}-// 와 같이 들어있는 것으로 보아야 하며, 그 두 어간이 다른 방언의 화자가 사용하는 것이라면, 그 두 어간은 서로 다른 화자의 어휘부에 //니를-//이나 //니르-//로 따로 들어있는 것으로 보아야 한다.

4. 결론

지금까지 필자는 15세기 한국어의 활용어간에 대하여, 구조형태론을 바탕으로 논의한 안병희(1959/1978)을 생성형태론의 관점에서 검토하고 거기서 나타나는 문제점을 생성형태론의 관점에서 논의함으로써, 한국어 형태론의 계승과 발전에 기여하고자 하였다. 논의된 내용을 정리하면 다음과 같다.

안병희(1959/1978)에 대하여, 첫번째 지적은 15세기 활용어간의 공시 형태론에, 그 시기의 공시적인 형태론이라고 할 수 없는 파생어간이나 복합어간에 대한 논의를 하고 있다는 것이다. '파생'이나 '복합'은 그들 어간이 형성되는 방법에 대한 명칭이며 공시적으로는 하나의 어간이다. 그런데 그것들을 '파생'이나 '복합' 이전의 상태로 분석하여 논의하는 것은 공시적 사실에 대한 것은 아니다. 그러나 '파생어간'과 '복합어간'을 분석하여 논의하는 것을 공시적 형태론으로 보는 것은 연구자의 잘못이 아니라 구조형태론이 가진 문제이다.

안병희(1959/1978)에 대한 두 번째 지적은 활용어간에 대한 형태론인데도 활용어간의 형태소 설정에 대한 논의가 없다는 것이었다. 어간에 따라서는 "알-∽아-"(知)(p.13), "젛-∽젓-∽저-"(怖)(p.19)과 같이, 이형태들을 나열하고 두 이형태 사이에 '∽'를 넣어 이형태들이 음운론적으로 결정된다는 것을 알리는 형태소를 제시하고 있기는 하지만, 그러한 형태소의 설정에 대한 논의는 없다. 물론 구조형태론에서는 형태분석에서 추출된 이형태들이 음운론적으로 결정되는 경우에는 두 이형태 사이에 '∽'를 넣고 형태론적으로 결정되는 경우에는 두 이형태 사이에 '∞'를 넣어 형태소를 /(a∽b∽c)∞d∞e/로 표시하거나 그 중에 대표가 되는 이형태 하나를 선택하여 { } 속에 넣어 기본형 {a}를 형태소로 표시한다.

이러한 구조형태론에서와는 달리, 현상으로서의 언어가 통사·의미부에서 음운부를 거쳐서 실현된다는 변형문법론의 관점을 수용하는 생성형태론에서는, 교체형들이나 이형태들이 그 전 단계의 형태소에서 도출되는 것으로 본다. 그러므로 구조형태론에서 설정되는 형태소로는 교체형들이나 이형태들이 도출되는 과정을 설명할 수 없다. 따라서 생성형태론은 교체형들이나 이형태들의 도출과정을 합당하게 설명할 수 있는 형태소를 설정하는 것이다.

안병희(1959/1978)에 대한 세 번째 지적은 어휘화한 이형태들의 성격을 이해하지 못하였을 뿐 아니라 그것들에 대한 형태소 설정이나 형태소 표시를 하지 못한다는 것이다. 예를 들어, '므르디, 므르며, 믈러도'(退)의 활용을 보이는 어간 형태소는 "므르-∽믈ㄹ-"로 표시하고 이들 이형태가 실현되는 활용형만 제시한다거나 '시므디, 시므며, 심거도, 심고미'(植)의 활용을 보이는 어간 형태소는 "시므-∽싦-"으로 표시하고 이형태 '시므-'와 '싦-'은 각각 자음소와 모음소로 시작하는 어미 앞에 나타난다는 서술로 끝난다. 이러한 구조형태론은 그들 이형태가 어떤 성격의 것이며 그것들이 어떤 과정을 거쳐서 도출되는가를 설명하지 못한다. 또 어간 '니를-'(至)과 '니르-'(至)는 어미 '-(으)CY' 앞에서 대립하여 분포한다고 하여 '쌍형어간'이라고만 하고 그에 대한 설명을 하지 않고 있다.

이와는 달리, 생성형태론은 앞의 두 형태소를 구성하는 이형태들은 단일 형태소에서는 도출될 수 없으므로 어휘화한 이형태로 인정하고 그것들은 어휘부에 저장되어야 한다고 본다. 그리고 그러한 이형태가 도출되는 형태소를 복합형태소 //믈{∅-ㄹ}으-//와 //심{ㄱ-으}-//로 표시하며 어휘화한 이형태는 통사·의미부에서 어휘선택 규칙에 의해 선택된 다음 그것들이 음운부의 기저형이 된다고 설명한다. 그리고 '니를-'(至)과 '니르-'(至)을 '쌍형어간'이라고 하는 것에 대해서도 그 두 어간을 동일한 화자가 사용한다면 그것은 어간으로서는 '복수어간'이고 형태소로서는 '복수형태소'라 하여 동일 화자의 어휘부에 저장되어 있는 것으로 보아야 하며 각각 다른 화자가 사용한다면 그들 어간은 서로 다른 '방언어간' 또는 '방언형태소'라고 해야 할 것이며 서로 다른 화자의 어휘부에 저장되어 있는 것으로 보아야 한다.

참고문헌

고영근(2010), 『표준 중세국어문법 (3판)』, 서울: 집문당

김완진(1972), "형태론적 현안의 음운론적 극복을 위하여", 『동아문화(서울대)』11. pp. 273-299.

박용찬(2016), 「15세기 국어 활용 어간의 형태론적 교체 양상: 안병희(1959/1978)를 중심으로」, <한국어문교육연구회 제208회 전국학술대회> 발표 논문.

송철의(1992), 『국어의 파생어형성 연구』, 서울: 태학사.

안병희(1959), "15세기 국어의 활용어간에 대한 형태론적 연구"(서울대 대학원 석사논문).

안병희(1965), "제3장 문법론", 『국어학개론(강좌)』, 어문학연구회 편, 서울: 수도출판사. pp. 108-146.

안병희(1967), "한국어발달사 중: 문법사", 『한국문화사대계 V(언어・문학사)』, 고려대 민족문화연구소. pp. 167-261.

안병희(1978), 『15세기 국어의 활용어간에 대한 형태론적 연구』, 서울: 탑출판사.

안병희・이광호(1990), 『중세국어문법론』, 서울: 학연사.

이기문(1961), 『국어사개설』, 서울: 민중서관.

이기문(1972), 『개정 국어사개설』, 서울: 민중서관.

이진호・최영선・이진숙・선한빛(2015), 『15세기 국어 활용형 사전』, 서울: (주)박이정.

전상범(1995), 『형태론』, 서울: 한신문화사.

최명옥(2009), 『현대 한국어의 공시 형태론(2쇄)』, 서울: 서울대학교 출판문화원.

최명옥(2015), 「16세기 한국어의 동사어간에 대한 공시형태론」, 『언어와 정보사회』 26. pp.1-38.

허웅(1964), 「서기 15세기 국어의 사역・피동의 접사」, 『동아문화(서울대)』2. PP. 127-166.

허웅(1975), 『우리 옛말본-15세기 국어 형태론』, 서울: 샘 문화사.

Aronoff(1976), *Word Formation in Generative Grammar*, Cambridge, MA: MIT Press.

Aronoff and Anshen(1998), "Morphology and Lexicon: Lexicalization and Productivity", In A. Spencer and A. M. Zwicky (eds)(1998). pp.237-271.

Aronoff, Mark and Kirsten Fudeman(2005), *What is Morphology?*, Blackwell Publishing.

Bauer, L.(1994), "morphology", In R. E. Asher and J. M. Y. Simpson (eds), *The*

Encyclopedia of Language and Linguistic Vol. 5, Oxford · New York · Seoul · Tokyo: Pergamon Press. pp.2543-2553.

Beard, Robert(1998), "Derivation", In Andrew Spencer and Arnold M. Zwicky.(eds)(1998). pp.45-65.

Bloomfield, L.(1933/66), *Language*, New York: Holt, Rinehart and Winston.

Bybee(1985), *Morphology*, Amsterdam: John Benjamins Publishing Company. 이성하 · 구현정(역)(2000), 『생성형태론』, 서울: 한국문화사.

Chet, C. & R. Hudson. (2004), "Inflection Morphology in Word Grammar", In F. Katamba (ed.), *Morphology vol. 1*. London & New York: Routledge. pp.441-467.

Halle(1973), "Prolegomena to a theory of word-formation", *Linguistic Inquiry* 4, pp.3-16.

Joseph, Brian D.(1998), "Diachronic Morphology", In A. Spencer and A. M. Zwicky (eds)(1998), pp. 351-373.

Matthews(1991), *Morphology*, Cambridge Univ. Press.

Nida, E. A.(1946/49), *Morphology: The Descriptive Analysis of Words*, The University of Michigan. 김진형(역)(2000), 『형태론: 단어의 기술적 분석』, 대우학술총서 481, 서울: 아카넷.

Scalise, Sergio(1984), *Generative Morphology*, Foris Publications. 전상범(역)(1987), 『생성형태론』, 서울: 한신문화사.

Spencer, Andrew(1991), *Morphological Theory: An Introduction to Word Structure in Generative Grammar*, Blackwell. 전상범 · 김영석 · 김진형(역), 『형태론』, 서울: 한신문화사.

Spencer, Andrew and Arnold M. Zwicky.(eds)(1998), *The Handbook of Morphology*, Blackwell.

Stump, G. T. (1998), "Inflection", In A. Spencer and A. H. Zwicky(eds)(1998). pp.13-43.

'界面'의 뜻과 유래에 대하여

성 호 경(서강대 명예교수)

1. 머리말

이 글은 고려 후기의 시가 작품 <處容歌>(작자 미상)와 전통음악의 樂調名('界面調') 그리고 巫俗('界面굿' 등)에서 쓰인 '界面'의 뜻과 유래를 一元的으로 파악할 수 있을 가능성을 모색해 보는 것이다.

1493년(조선 成宗 23)에 成俔 등이 왕명에 따라 편찬한 樂書『樂學軌範』권 5의「鶴 蓮花臺 處容舞 合設」에 <처용가>(전 44~45행)가 실렸는데, 그 속에 '界面'이라는 말이 나온다.

[前腔] 新羅盛代(신라셩ᄃᆡ) 昭盛代(쇼셩ᄃᆡ)/ 天下大平(텬하대평) 羅'候'[侯]德(라후덕) 處容(쳐용)아바/ 以是人生(이시인ᄉᆡᆼ)애 '相'[常]不語(샹블어)ᄒᆞ시란ᄃᆡ/ 以是人生(이시인ᄉᆡᆼ)애 '相'[常]不語(샹블어)ᄒᆞ시란ᄃᆡ

[附葉] 三災八難(삼ᄌᆡ팔란)이 一時消滅(일시쇼멸)ᄒᆞ샷다

[中葉] 어와 아븨 즈'ᅀᅵ'[이]여 處容(쳐용)아븨 즈'ᅀᅵ'[이]여

[附葉] 滿頭揷花(만두삽화) 계'오'[우]샤 기울어신 머리예

[小葉] 아으 壽命長'願'[遠](슈명댱원)ᄒᆞ샤 넙거신 니마해

…… [後腔]~[小葉]의 6행 ……

[大葉] 白玉琉璃(빅옥류리) ᄀᆞ티 희'여'[어]신 닛바래/ 人讚福盛(인찬복셩)ᄒᆞ샤 미나거신 '톡애'[ᄐᆞ개]/ 七寶(칠보) 계우샤 숙거신 엇게예/ 吉慶(길경) 계우샤 늘의어신 ᄉᆞ맷길헤

[附葉] 설'믜'[믜] 모도와 有德(유덕)ᄒᆞ신 가ᄉᆞ매

[中葉] 福智俱足(복디구족)ᄒᆞ샤 브르거신 비예/ 紅鞓(홍뎡) 계우샤 굽거신 허리예

[附葉] 同樂大平(동락대평)ᄒᆞ샤 길어신 허튀예

[小葉] 아으 **界面(계면)** 도ᄅᆞ샤 넙거신 바래

…… 이하 22행 ……

※ ' ' 표시 뒤의 [ ] 속은 편찬자와 편찬 연대가 미상인 『樂章歌詞』에서의 異表記이고, ( ) 속의 한자음도 『악장가사』에 표기된 것임.

熱病神을 예방하거나 퇴치하는 神的인 인물인 處容의 비범한 모습을 말하는 대목의 끝에서 "界面 도ᄅᆞ샤 넙거신 바래"(계면 도셔서 넓으신 발에)라고 한 것이다.

이 말을 '음악의 界面調'로써 풀이하기도 했는데('계면조에 의한 춤'[1] 등), '계면조'는 처량하고 슬픈 악조(어느 악곡의 음 조직의 특징을 나타내는 旋法[mode] 또는 어느 선법에 나오는 중심음의 높낮이를 표시하는 調[key])[2]라는 점 말고는 뜻과 유래가 알려지지 않았다. 그리고 동해안 지역 別神굿 중의 '界面굿'('제면굿'·'제민굿'이라고도 하며, 巫祖神인 계면할머니의 내력 등을 밝힘) 및 서울·경기 지역 굿에서의 '계면거리'와 관련하여, 무당이 당골네(특정한 무당과 신도관계를 맺고 있는 사람들) 집으로 乞粒[동냥]다니는 것을 '계면돌다'라 하고, 계면굿이 끝난 뒤 굿

1) 梁柱東, 『麗謠箋註』(을유문화사, 1947), 171면에서는 '界面'은 樂調名이며 借字로서 原義 미상인데, <처용가>에서는 '계면조에 의한 춤'을 의미한다고 보았다.
   이에 대해 李惠求, 「現行歌曲의 界面調」(1957), 재수록: 이혜구, 『韓國音樂序說』(서울대학교출판부, 1982), 375~376면에서는 '계면'이 曲名이 아닌 旋法名이므로 그러한 뜻이 통하지 않는다고 하였다(<처용가>의 '界面 도ᄅᆞ샤'는 '諸國을 널리 돌아다니는 것'이 아닐까 한다고 했다).

2) 金壽長, 『海東歌謠』(周氏本), 「各調體格」에서의 "界面調 王昭君 辭漢入胡時 雪飛風寒 聲律嗚咽悽愴"·"界面調 淸而遠 哀寃悽愴" 등.

당에 모인 사람들에게 나누어 주는 떡을 '계면떡'이라 부른다고 한다(그 '계면'이라는 말은 '여자 무당의 조상이거나 祖靈'을 뜻한다고 보았음).[3)]

이처럼 시가와 음악 그리고 무속에서 함께 쓰인 '계면'의 뜻이나 유래에 관한 설명들은 불분명하기도 하며, 다른 분야들에서는 통용되기 어렵기도 하다. 그 "界面 도릭샤"와 '계면조'에서의 '계면'이 같은 뜻의 말인지도 불분명하고, 또 그것이 '계면굿' 및 '계면떡' · '계면돌다' 등에서의 '계면'과 어떠한 관계를 지니는가 하는 점도 밝혀지지 않았다.

이러한 '계면'의 뜻과 유래를 일원적으로 밝혀낼 수 있다면, 이는 한국의 고전시가 연구에는 물론이고, 전통음악 연구와 무속 연구에도 도움 될 수 있을 것이다.

이를 위하여, 필자는 고전시가 연구자로서 어학에 문외한이면서도 어학적인 면을 중심으로 하여 그 한 가능성을 모색해 보고자 한다.

2. 〈처용가〉에서의 '界面'과 몽골어 '*gem-iyen*'

'界面調'를 조선시대에 '啓眠調'(趙慶男, 『亂中雜錄』, 「戊子」)[4)] 또는 '戒面調'(朴汝樑, 『感樹齋集』 권6, 「頭流山日錄」)[5)]라고도 하였으니, 그 '界面'은 한자어가 아닌 말의 借字表記라고 할 것이다(諸橋轍次, 『大漢和辭典』, 東京: 大修館書店, 1968과 『辭海』, 臺北: 臺灣中華書局, 1979 등에도 '界面'이란 단어가 실리지 않았다).[6)] 또 중국 口語

3) 최성진, 「계면」, 『한국민속신앙사전 무속신앙1』(국립민속박물관, 2009), 60~62면 등 참고.

4) "戊子(萬曆十六年 宣祖二十一年; 1588년) 春正月 … 時歌曲 又有樂時調 其聲流連悽楚 其狀搖頭遊項 動身無恥. 又有啓眠調 其聲悲憐哀慘 …."

5) "庚戌(1610년) 八月中旬之後 … 五日丙午晴 … 笛手淪乞能奏戒面調 · 後庭花 · 靈山會相 · 步虛詞等各樸調."

6) 李瀷, 『星湖僿說』 권13, '人事門' 「國朝樂章」에서의 "계면이란 것은 듣는 이의 눈물이 흘러내려 얼굴[面]에 경계[界]를 이룬다는 것이다(界面者 聞者涙下 成界於面云耳)."는 견강부회라

(白話)에서도 이 말을 찾기 어렵다. 그리고 『악학궤범』의 시가 기록들에서는 대체로 한국 고유어를 한자로 차자표기하지 않았으므로, 이 말을 고유어로 보기도 어렵다.

한자어도 중국 구어(백화)도 아니고 한국 고유어로 보기도 어려운 이 말은 고려 및 조선에서 외국어를 차용하여 音借표기한 것일 가능성이 크다.

'界'와 '面'의 음은 反切法으로 '居拜切'(諸橋轍次, 앞의 책, 권7, 1086면) 또는 '皆隘切'(『辭海』, 1968면) 등과 '彌箭切'(諸橋轍次, 앞의 책, 권12, 140면) 또는 '密彦切'(『辭海』, 3157면) 등이다. 한국에서는 1527년 崔世珍 저 『訓蒙字會』에서의 "界 :갛 :계"(叡山本 上3b, 東中本 上6a), "面 낯 :면"(叡山本 上13a, 東中本 上24b) 이래 '계'와 '면'이지만, 1449년 世宗 작 <月印千江之曲>에는 "·개"(其12, 21, 48 등)와 "·면"(其159, 164)으로 표기되었다. 그리고 14세기 초엽의 중국에서는 '界'가 'kiai'에 가까운 음('擬音'), '面'이 'miɛn'에 가까운 음이었다고 한다.[7] 이로 보아, 고려 후기에 '界面'의 음은 '개면'에 가까웠을 것으로 추정된다.

이 '界面'이 어떠한 성격을 지닌 말인지에 대하여 추론해 보기로 한다.

<처용가>에서 '계면'은 처용을 찬양하는 여러 표현들 중의 하나 속에 나타난다. 그러므로 그 말을 포함하는 구절 "界面 도르샤 넙거신 바래"는 찬양받을 만한 긍정적인 내용일 가능성이 크다. '발이 넓은 점'이 찬양받을 만하거나 또는 '발이 넓은 이유'가 찬양받을 만할 터인데, 대체로 '발이 넓은 점'은 동작 등에서 안정감을 지닐 수는 있겠지만 찬양의 대상이 되지는 않는다(오히려 발이 크면 '도둑놈 발 같다'는 부정적인 속담이 있음). 그러므로 찬양받을 만한 것은 '발이 넓은 이유'라고 할 것이다.

'발이 넓다(너르다)'는 '알아서 사귀는 사람이 많아 다니는 곳의 범위가 넓

고 할 것이다.

한편 현대의 化學과 컴퓨터 분야 등에서 쓰이는 '界面'('界面活性劑', '用戶界面' 등)은 대체로 20세기 이후에 생긴 말들('surface active agent', 'user interface' 등)의 번역어로서 나타났다.

7) 李珍華 · 周長楫, 『漢字古今音表』(修訂本, 北京: 中華書局, 1999), 152면, 241면에서의 '近代音'(1324년에 완성된 周德淸 저 『中原音韻』 등에 의거하였음).

다'[8])는 뜻의 관용구로서 널리 쓰인다. 그러니 "넙거신 발"은 처용의 넓은 발을 '널리 다녔기 때문에 넓어졌다'고 말한 것으로 봄이 온당하다. 동사 '돌다'는 여러 가지 뜻들을 지니는데, 주요한 것으로 '① 물체가 일정한 축을 중심하여 둥글게 움직이다. ② 소문이나 돌림병 따위가 퍼지다. ③ 일정한 범위 안에서 차례로 거쳐 가며 轉轉하다(여기저기로 돌아다니거나 옮겨 다니다).' 등이 있다. 그중에서 '발이 넓다'의 뜻과 잘 호응하는 뜻은 ③으로서, '[…을/…으로] 돌아다니다'와 마찬가지일 것이다. 그러므로 존경의 선어말어미 '-시-'가 쓰인 점으로 보아 '돌다'와 '넓다'의 주체가 모두 '처용 또는 그의 발'로 판단되는 가운데, '계면 도셔서 넙으신 발'은 '계면을(또는 계면으로) 돌아다니셔서 넓어지신 발'일 가능성이 크다고 할 수 있다.

이에서 '계면'은 어떤 장소(또는 방향)를 가리킨 말('도셔서'의 목적어 또는 부사어가 됨)일 가능성이 크다. 어떠한 장소(또는 방향)였을까?

처용은 신라 憲康王 때(875~886년) 이후 조선시대까지 疫神・열병신을 미리 막거나 물리쳐 없애는 신적인 인물이었다(『三國遺事』 권2, 「處容郎 望海寺」에서의 "이때 역신이 모습을 나타내어서 앞에 무릎 꿇고 말하기를, '내가 공의 아내를 탐내어 이제 범하였습니다. 공이 노여움을 보이지 않으시니 감동하고 아름답게 여깁니다. 맹세코 이제 이후로 공의 형용을 그린 것만 보아도 그 문에 들어가지 않겠습니다.'라고 하였다. 이로 인해, 나라 사람이 문에 처용의 형상을 붙여서 邪鬼를 피하고 경사를 맞아들이려 하였다."[9]) 참고). 그러한 역신・열병신 예방자 또는 퇴치자가 돌아다닌 주된 공간은 역신・열병신이 있거나 나타날 장소(또는 방향)였을 것이다. 역신과 열병신은 疫病(全身的인 증세를 나타내고 집단적으로 발생하는 급성 전염병)과 열병(열이 심한 병으로, 주로 장티푸스 또는 染病을 이름)을 일으키는 존재를 神格化한 말이다. 그러므로 처용이 돌아다닌 주된 장소(또는 방향)는 역병・열병이 발생한 곳이

8) 신기철・신용철 편저, 『새 우리말 큰사전』(제3차 수정증보 제1판, 삼성출판사, 1983), 1347면.

9) "時神現形 跪於前曰 '吾羨公之妻 今犯之矣. 公不見怒 感而美之. 誓今已後 見畵公之形容 不入其門矣.' 因此國人門帖處容之形 以僻邪進慶."

거나 그 조짐이 있는 곳이었을 것이다.

이로써 보면, '계면'은 역병 · 열병과 긴밀한 관계를 지닌 말이었을 가능성이 적지 않다.

<처용가>가 지어졌을 것으로 추정되는 13세기 후반 또는 14세기에는 몽골인 지배 하의 중국 등에서 몽골어 어휘가 적지 않게 쓰였고, 고려가 몽골과 약 30년간 항쟁하다가 1259년(高宗 46)에 항복하여 그 속국이 되고 몽골[元]과의 문물교류가 활발해진 13세기 후반부터 고려에도 몽골어 어휘들이 상당수 유입되어서 쓰였다.10)

당시의 몽골 文語(13세기부터 20세기까지 Uighur系 몽골문자로 표기된 문서들에서만 사용된 東몽골인들의 문어로서, 고대 몽골어의 하나이며 音韻 발달에서 12세기까지의 고대 몽골어 단계에 머무름)11)와 중세 몽골어(13~16세기 동안의 몽골語群의 口語)에 역병 · 열병과 긴밀한 관계를 지닌 '계면'과 소리 및 뜻이 모두 가까운 말로서, '*gem*'에 格助詞(格語尾) '*-iyen*'이 붙은 형태인 '*gem-iyen*'이 있다.

> *boɣda sayi-d* öber-ün <u>*gem-iyen*</u> üje-yü *maɣu-i* kümün *busu-d-un gem-i eri-yü*
> holy good-PL self-GEN <u>fault-REFL</u> see-GN bad-PL person other-PL-GEN fault-ACC seek-GN
> 성스러운 사람들은 자신의 잘못을 보고, 악한 사람들은 남들의 잘못을 찾는다. [*Erdeni-yin Sang*: §109]12)

10) 고려 후기의 시가 작품들에서도 몽골어 차용이 얼마간 있었다. <鄭石歌> 제4연에서의 "텰릭"은 몽골어 '*terelig*'('*terlig*'; 솜으로 속을 채운 긴 웃옷)의 차용어이고, <滿殿春> '別詞' 제4연에서의 "아련"도 몽골어 '*eriyen*'(얼룩덜룩한, 줄무늬가 있는)의 차용일 가능성이 크다(성호경, 『한국 고전시가 총론』, 태학사, 2016, 412면 등 참고). 그리고 <雙花店> 제3연에서의 "드레"도 몽골어 '*torbo*'(중국에서 '帖落'으로 음역되었고, 뜻은 '水桶, 煙突; 맞부딪치다, 걸리다' 등)의 차용으로 보인다고 한다(정광 · 남권희 · 양오진, 「元代 漢語 『老乞大』」, 『국어학』 33집, 국어학회, 1999, 54~55면).

11) Nicholas Poppe, *Grammar of Written Mongolian*(Wiesbaden, Germany: Otto Harrassowitz, 1964), pp.1~4 참고.

12) Tibet의 불교 고승 Sa-skya Paṇḍi-ta Kun-dga'-rgyal-mtshan(1182~1251) 저 *Sa skya Legs bshad* (Sanskrit어로는 *Subhāṣitaratnanidhi*; 중국에서는 '薩迦格言'으로 번역됨)를 大몽골국의 qaɣan 이자 元의 황제였던 Khubilai Khan의 후원으로 13세기 말엽 무렵에 Sonom Gara가 몽골어로 번역한 *Erdeni-yin Sang*(Phags-pa 문자로 표기되어서 출판되었고, 중국에서는 '善說寶藏'으

이에서 '*gem*'(음은 '겜'에 가까움)은 '결함; 병, (가볍거나 만성적인) 질병; 잘못; 해로움; 죄악' 등의 뜻을 가진 명사다.13) 이 말은 쿠빌라이 칸 때(1260~1294)부터 몽골(원) 상층인들의 주요 사상이 되어 간 티베트 불교의 저술을 번역한 데서는 주로 '잘못, 해로움'의 뜻으로 쓰였지만, '병, 심각하지 않은 질병'의 뜻으로도 쓰였으며(일반적인 질병을 뜻하는 말로는 '*ebedčin*' 등이 많이 쓰였음)14) 공통 투르크어군(Common Turkic)의 '**kem*'(병)과 관계있음이 분명하다고 한다.15)

그 뒤의 '*-iyan/-iyen*'(그 앞 체언과의 모음조화에 따름)은 체언의 格變化(曲用)에서 자음으로 끝나는 체언 뒤에 쓰이는 까다로운 용법의 再歸-所有格 助詞(the reflexive-possessive suffix)로서, 모음으로 끝나는 체언 뒤에 쓰이는 '*-ban/-ben*'과 마찬가지로, 몽골 문어에서 대상과 다른 대상들(혹은 행위들)과의 관계를 표시할 뿐만 아니라 그 대상이 행위자(사람)에게 속한다는 점도 표시한다(격 표시 외에도 '제, 自己의'의 뜻을 나타냄). 主格(nominative)은 없고 주로 對格(accusative)이나 屬格(genitive)으로 쓰이며(대격으로 쓰이면 '*-ban/-ben*'과는 달리 대격 조사 '*-i*'나 '*-yi*'와 결합하지 않지만, 속격으로 쓰이는 경우에는 통상적인 속격 조사 '*-un/-ün*'이나 '*-yin*'과 결합하여

로 번역됨)에 실린 격언들 중의 하나인데, 그 韓譯은 Benjamin Brosig, "Aspect, tense and evidentiality in Middle Mongol," 'http://www.academia.edu/10629543/Aspect_tense_and_evidentiality_in_Middle_Mongol', p.11에 실린 英譯을 따랐다.

13) "GEM / гэм(키릴문자 표기) n. Defect; disease, ailment; fault, mistake; wrong, harm; crime; sin, vice." Ferdinand D. Lessing, *Mongolian-English Dictionary*(London and New York: Routledge, 2015/1960), p.375.

그리고 중국의 李鋐이 편찬한 『蒙文總彙』(1891)에서는 '*gem*'을 '弊, 情弊'로 해석하였다(栗林 均 편, 『蒙文總彙: モンゴル語ローマ字轉寫配列』, 仙臺, 日本: 東北大學 東北アヅア研究センター, 2010, 'http://www.cneas.tohoku.ac.jp/staff/hkuri/articles/A51Sosho37.pdf', 203면).

14) 특히 몽골족의 일족인 Buryat족의 말에서 '*gem*'은 '비밀의 병'으로 알려진 '생식기질환'을 나타내며, '性病 치료'를 맡는 shaman은 '*Alia khatun*, *Gemi-ezhin*' 등으로 불린다고 한다. Marina Sodnompilova and Vsevolod Bashkuev, "Diseases and their origins in the traditional worldview of Buryats: folk medicine methods," *Études Mongoles et Sibériennes, Centrasiatiques et Tibétaines*, vol.46(Paris: Centre d'Études Mongoles et Sibériennes, 2015), 'https://emscat.revues.org/2510.pdf', pp.3~4, p.12.

15) "***gem** 'defect, damage; disease; fault; trouble'. In spite of the unusual **g-* apparently related to CT **kem* 'illness' (cf. EDPT 720b)." Hans Nugteren, *Mongolic Phonology and the Qinghai-Gansu Languages*(Rotterdam, Netherlands: LOT, 2011), 'http://www.lotpublications.nl/Documents/289_fulltext.pdf', p.340 참고.

'-ün-iyen' 등이 되기도 함), 與-處格(dative-locative)·奪格(ablative)·도구격(instrumental)·공동격(comitative)의 격조사들과 결합하기도 한다.16) 또한 장소부사들까지도 이 격조사를 취할 수 있는데, 이 경우에 그 부사들은 행위자가 있는 장소나 그가 이동하여 향하는 곳을 가리킨다고 한다.17)

그리고 한국에서 18세기에 저술된 몽골어 회화 교본 『蒙語老乞大』18)에서 '*gem*'은 나타나지 않았지만, 재귀-소유격 조사 '*-iyan/-iyen*'은 '-ㅣ연'으로 諺文(한글) 표기되었고 '*-ban/-ben*'과 마찬가지로 주로 대격으로 쓰였으며 속격으로 쓰인 예도 하나 있다(口語形은 '*-an/-en*'으로서 주로 속격으로 쓰였음).

qaɣas-iyan '하갓-ㅣ연' 半을(노7-22a)
ed-iyen '얻-ㅣ연' 텬량을(노7-17b), 物貨룰(노8-14b, 8-15a)
eme-e keüked-iyen '어-머 커컨-ㅣ연' 妻子息을(노7-22a)
ger-iyen '걸-ㅣ연' 집을(노7-22b)

kergem-iyen odun '컬검-ㅣ연 오돈' 官星이(노8-20a)

doturan '도토란' 속이(노7-18b)
öberen '워버런' 제(노3-5b), 손조(노4-8b), 몸소(노4-17a), 自己(노7-11b)19)

이러한 '*gem-iyen*'의 뜻과 기능은 앞에서 추론한 <처용가>에서의 "界面

16) N. Poppe, op. cit., pp.78~81, §304, §307, §310, §318 등 참고..
한편 Shigeo Ozawa, "A Study of Some Reflexive-Accusative Suffixes in Middle Mongolian," 『言語研究』 47호(東京: 日本言語學會, 1965), 'https://www.jstage.jst.go.jp/article/gengo1939/1965/47/1965_36/_pdf', 36~46면에서는 이를 '재귀-대격 조사(the reflexive-accusative suffix)'라고 했으며, 17세기까지의 先古典 몽골 문어(pre-classical Written Mongolian)에서는 속격(소유격)으로도 자주 쓰였지만 중세 몽골어에서는 속격으로 덜 쓰였다고 했다.

17) N. Poppe, op. cit., p.108, §395.

18) 李喜大와 玄文恒이 『漢語老乞大』(『老乞大』)를 몽골어로 번역하여 1741년에 간행한 것을 1766년과 1790년에 수정하였다. 이성규, 『蒙學三書의 蒙古語 연구』(단국대학교출판부, 2002), 33면 참고.

19) 같은 책, 88~89면.

도릭샤 넙거신 바래"의 문맥 속에서 '계면이 어떤 장소(또는 방향)를 가리킨 말(목적어 또는 부사어가 됨)일 가능성이 크며, 역병 · 열병과 긴밀한 관계를 지닌 말이었을 가능성이 적지 않다'는 점과 거의 일치한다. 그러므로 <처용가>에서의 '界面'은 몽골 문어 또는 중세 몽골어 '*gem-iyen*'의 음차표기일 가능성이 적지 않다고 할 것이다.

그런데 몽골 문어에서 많은 부사들이 명사들(그리고 대명사들과 수사들)에서 기원했지만,[20] '*gem*'이나 '*gem-iyen*'이 장소부사로도 쓰였는지는 확인하기 어렵다. 게다가 관련되는 대상이 행위자에게 속하지 않거나 행위자와 무관한 경우에는 그 재귀-소유격 조사를 쓸 수 없다고 한다(그 대상의 소유자를 명사나 인칭대명사의 속격으로 표시함).[21] 이 때문에, '*gem-iyen*'을 '*gem*이 있는 곳을'이나 '*gem*이 이동하는 방향으로'라고 뚜렷이 판단하기가 쉽지 않다.

몽골 문어 문법에서의 재귀-소유격 조사 '*-iyen*'의 정확한 용법으로 보자면, '*gem-iyen*'을 차자표기한 말로서의 '界面'은 <처용가>에서 '도릭샤'의 행위자(주체)인 처용에 속하는 대상이어야 할 것이다. 그렇지만 '계면 도릭샤'를 이에 맞추어서 '처용 자신의 잘못을 돌이켜서(반성해서)'로 보는 것은 그 뒤의 '발이 넓음(넓어짐)'의 이유로서 부적합하여 앞뒤가 잘 호응하지 않는 데다, 찬양하기 위한 표현으로서도 손색이 있다. 그리고 '병이 돌아서(퍼져서)'로 보는 것은 '*-iyen*'이 주격으로는 쓰이지 않으며 그 병이 처용의 것(처용이 걸린 병 또는 처용이 일으키거나 퍼뜨린 병)이 아닌 데다, '발이 넓은 이유'가 뚜렷이 제시되지 않아서 그 뒤의 말과의 논리적 긴밀성이 부족하게도 된다(존경의 선어말 어미 '-시-'의 용법에서도 문제 될 수 있다).

한국에서는 18세기까지 한국어의 통사구조에 이끌려서 몽골어 격조사(격

20) N. Poppe, op. cit., p.56, §205.
21) 그런 경우들에는 3인칭 대명사의 속격 '*-inu*'(단수) 또는 '*-anu*'(복수)가 장소부사들과 함께 사용되는데, 이는 행위자와 일치하지 않는 어떤 것의 장소를 표시한다고 한다. Ibid., p.108, §396.

어미)의 誤用이 많았다고 한다.[22] 그러니 13세기 후반 또는 14세기에 지어진 <처용가>에서 재귀-소유격 조사 '*-iyen*'의 까다로운 용법에 대한 정확한 지식의 부족이나 한국어 통사구조의 영향 등으로 인해, 몽골어 '*gem-iyen*'을 한국어 구문 속에서 부정확하게 사용하였을 수 있다고 하겠다(혹은 몽골에서조차 중세 몽골어시대인 13~16세기의 구어에서는 몽골 문어에서의 그러한 까다로운 용법이 준수되지 않았을 가능성도 배제할 수 없을 것이다).

이 말은 元代(1271~1368)에 대몽골국 창건자 칭기즈칸에 버금가는 매우 큰 권위를 지녔던 쿠빌라이 칸(元 帝國 창건자. 고려 忠烈王의 장인, 忠宣王의 외조부. 고려의 國體와 土風을 유지할 수 있게 하여 고려 상층인들의 정치적 支柱가 되었음)의 후원으로 이루어진 티베트 불교 격언집(도덕 지침서)의 몽골어 번역에서 주요 어휘로 쓰였기에('*gem*'이 격변화한 말들 중 가장 많이 쓰였음[23]), 원의 궁중과 그 주변의 상층인들(고려의 국왕들과 상층인들의 일부도 포함됨)에게 중요한 어휘로서 잘 알려졌을 수 있다. 이에 따라, 고려의 궁중과 상층인 사회에서 몽골 문어 문법상의 까다로운 용법에 정확히 맞추지 않으면서도 이 말이 활용되었을 수 있는 것이다.

이러한 점들을 모두 고려하면, <처용가>에서의 '界面'은, 그 재귀-소유격 조사 '*-iyen*'이 몽골 문어 문법에서의 용법에 꼭 맞지는 않지만, 몽골 문어나

---

22) '蒙語三書'(『蒙語老乞大』, 『蒙語類解』, 『捷解蒙語』)에서 격어미(격조사)의 誤用은 매우 광범위하게 나타나는데, 일부 後置詞에서만 격어미의 지배 용법이 지켜지고 대부분은 한국어의 통사구조에 의한 격어미들이 나타난다고 한다. 이성규, 앞의 책, 312면 참조.

23) *Erdeni-yin Sang*에서는 '*gem*'이 주어로 쓰인 사례가 12회였고, 그 격변화형에서는 재귀-소유격형 '*gem-iyen*'이 6회로 가장 많았으며, 대격형 '*gem-i*' 4회, 속격형 '*gem-*ün' 2회, 여-처격형 '*gem-d*ür(*t*ür)' 1회였다(그 밖에, 복수형 '*gem-*ü*d*' 2회, 그 격변화형 '*gem-*ü*d-i*' 1회, '*gem-*ü*d-*ün' 1회, 형용사형 '*gem-t*ü/*d*ü' 3회였음). György Kara, *Dictionary of Sonom Gara's Erdeni-yin Sang: A Middle Mongol Version of the Tibetan Sa Skya Legs Bshad: Mongol-English-Tibetan*(Leiden, Netherlands: Koninklijke Brill, 2009), p.116('https://books.google.co.kr/books?id=WNRM-xULWYsC&pg=PA116&lpg=PA116&dq=%22Dictionary+of+Sonom+Gara's+Erdeni-yin+Sang%22+%22gem%22&source=bl&ots=ERbSqWMBkq&sig=JwIWxQGASeP_lA82YhOoJThIQi0&hl=ko&sa=X&ved=0ahUKEwiF29a0lvHaAhVFnJQKHb_HCP4Q6AEIJTAA#v=onepage&q=%22Dictionary%20of%20Sonom%20Gara's%20Erdeni-yin%20Sang%22%20%22gem%22&f=false') 참고.

중세 몽골어의 '*gem-iyen*'을 차자표기한 것일 가능성이 크며 그 뜻은 '병이 있는 곳을'(목적어)이 적합하다고 판단된다. 처용은 열병을 예방하거나 퇴치하기 위해서 '병이 있는 곳을' 널리 돌아다녔기 때문에 발이 넓다(넓어졌다)고 했을 것이다.

한편 '界面'은 '*gem-iyen*'을 '*ge*'와 '*miyen*'으로 구분하여 차자표기한 셈이 되는데, 이는 '*gem*'을 표기할 만한 한자가 뚜렷하지 않기 때문이었을 수 있다.

<처용가>에서 처용은 열병을 예방하거나 퇴치하기 위하여 열병신을 찾아서 발이 넓어지도록 돌아다니지만, 열병신은 그를 피해 다닌다("'山이여 미히여 千里外예/ 處容아비롤 어여 '려[녀]거져'/ 아으 熱病大神의 發願이샷다"에서의 '熱病大神'은 처용을 피해 다니는 열병신을 비꼬는 反語的 표현일 것임). 이 때문에, 열병신을 잡기만 하면 '膾ㅅ갓'(횟감)처럼 날로 잘게 썰어서 맛있게 먹어 없앨 처용에게 서술자(narrator)가 '무엇을 줄까요?'하고 묻자, 그는 "千金 七寶도 말오/ 熱病神을 날 자바 주쇼셔"('열병신을 내게 데려와 달라')라고 대답하는 것이다.

그런데 열병신이 처용을 피해 다녀서, 처용은 그를 찾아내기(잡기)가 어렵다. 그래서 처용은 열병신의 徵表(stigma, mark)로서 열병의 病斑을 비유한 '멋・오얏・綠李'[24]를 향하여 빨리 나와서 굴복하지('신코를 맴'은 굴복에서의 대표적인 행동들인 '머리 숙임'과 '무릎 꿇음'이 전제됨) 않으면 '머즌(멎은) 말'을 내리겠다고 위협한다. 그 '멎은(궂거나 흉한) 말'이란 신라 헌강왕 때 <처용가>의 대부분(전 8행에서 처용 자신의 나약함을 드러내는 체념・포기의 "本矣吾下是如馬於隱/ 奪叱良乙何如爲理古" 부분은 제외됨)으로서, 역신(열병신)이 당시에 처용에게 저질렀던 큰 잘못('처용의 아내를 범하였음')과 그의 앞에 무릎 꿇고 했던 서약('처용의

---

24) 이 세 과일은 동북방언(함경도 방언)에서 모두 '자두(오얏)'의 異種들로서, 크기가 다르고 녹색이다가 익으면 각각 자주[紫], 빨강[赤], 노랑[黃] 빛깔을 띤다고 한다. 곽충구, 「육진방언 어휘의 잔재적 성격」, 『진단학보』 125호(진단학회, 2015), 201면.

그리고 서대석, 「고려 <처용가>의 巫歌的 검토」, 백영정병욱선생 10주기추모논문집 간행위원회 편, 『한국고전시가작품론 1』(신구문화사, 1992), 355면에서는 '버찌・오얏'이 '열병(마마병)을 앓을 때 얼굴 등에 나타나는 반점'일 것으로 추측하였다.

형용을 그린 것만 보아도 그 문에 들어가지 않겠다')을 상기시키거나 공개하여 역신(열병신)을 매우 수치스럽게 할 수 있는 내용이다.

그리고 첫 부분에서의 "以是人生에 相不語ᄒᆞ시란ᄃᆡ/ 三災八難이 一時消滅ᄒᆞ샷다"는, 앞 구절의 뜻을 정확히 알기 어렵지만, '처용이 이러한 말(들)을 하시지 않게 된다면(곧 열병이 예방되거나 퇴치된다면) 모든 재난들('三災': 刀兵災, 疫癘災, 飢饉災; '八難': 飢, 渴, 寒, 暑, 水, 火, 刀, 兵)이 일시에 소멸하게 될 것이다'라는 뜻일 것이다. 이후의 내용들을 포괄하는 주제의 핵심을 미리 제시하는 것이라고 하겠다.

이러한 시상으로 이루어진 작품 속에서, 열병신은 자기를 예방하거나 퇴치하기 위해서 찾아 돌아다니는 처용의 매우 큰 위력을 당하지 않으려고 계속 피해 다니고, 처용은 그를 찾아서 널리 돌아다니다가 발이 넓어졌다고 했을 것이다.

3. 樂調名과 巫俗에서의 '界面'

'界面調'라는 악조명이 한국에서 쓰인 것은 15세기 초엽 이전부터였다.[25)]

> (世宗 11년: 1429) 9월에 세종께서 世祖에게 명하여 安平大君 瑢·臨瀛大君 璆과 더불어 음악을 배우라고 하셨다. …… 일찍이 달밤에 세조께서 伶人 許吾에게 피리를 界面調(註: 羽調를 민간에서는 계면조라 이른다)로 불게 하셨더니, 듣는 자가 슬퍼하지 않음이 없었다. 용이 세조께 이르기를, "무릇 음악은 슬프면서도 마음을 상하게 하지 않음을 귀히 여기는데, 형은 어찌 계면조를

25) 16세기 중엽 이전에 편찬된 『時用鄉樂譜』에 실린 고려속요 <思母曲>과 <鄭石歌>의 악보들 등에도 '계면조'라고 기록되어 있지만, 그 악조와 악조명이 언제 생겼는지는 정확히 알 수 없다.

씁니까?" 하였다.[26]

계면조는 위 기록 속의 夾註와 같이 15세기에 '羽調(旋法 이름)의 俗稱'이던 것이, 1610년에 梁德壽가 편찬한 『梁琴新譜』 등에 쓰인 4조인 '平調, 羽調, 平調界面調, 羽調界面調'에서는 우조와 구별되는 것으로 나타났다(그중에서 '평조계면조'는 '평조 key의 계면조 선법'이라고 함). 그리고 판소리 음악에서는 우조와 함께 선법적 개념이 아니라 唱法的 개념('聲音')으로 쓰였다고 보기도 하고, 선법으로 보기도 한다.[27] 이러한 개념의 변천과 혼란에도 불구하고, 계면조가 '구슬픈(처량하고 슬픈) 악조'라는 점은 변하지 않았다.

그러나 '계면'의 原語의 語根으로 추정되는 몽골어 '*gem*'에는 '구슬픔'의 뜻이 없다.

그런데 앞에서 살펴본 대로 몽골어 '*gem*'이 지닌 주요한 뜻들 중에 '잘못, 해로움'이 있다. 이러한 뜻의 '*gem*'에다 재귀-소유격 조사를 붙인 '*gem-iyen*'은 '*-iyen*'이 지닌 속격으로서의 기능에 따라 '(제, 자기의) 잘못(또는 해로움)의'와 같은 관형어가 되고, 이는 '잘못된(또는 해로운)'의 뜻으로 해석될 수 있다(이 또한 '*-iyen*'이 부정확하게 사용된 것일 가능성도 배제할 수 없음). '*gem-iyen*'이 고려와 조선에서 '界面'으로 음차표기되었을 가능성이 크니, 고려 후기 및 조선시대 음악에서의 '계면조'는 이러한 '*gem-iyen*'의 뜻에 따른 '잘못된(또는 해로운) 악조'를 뜻하였을 가능성이 적지 않다고 하겠다.[28]

---

26) "九月 世宗命世祖與安平大君瑢・臨瀛大君璆學樂. … 嘗於月夜 世祖敎伶人許吾笛界面調 羽調俗謂之界面調 聞者莫不哀傷. 瑢謂世祖曰 '夫樂者 貴哀而不傷 兄何用界面調也?'" 『世祖實錄』 권1, 「總序」 '己酉 9월'조.

27) 이혜구, 앞의 글, 359~381면; 이혜구・임미선, 『한국음악이론』(민속원, 2005), 117~120면, 123~136면 등 참고.

28) 李得胤(1553~1630)이 1620년에 편찬한 『玄琴東文類記』 속의 「答鄭評事書」(1620)에서 당시에 성행했으며 慢大葉 비슷하지만 음란함과 마음을 상하게 함이 있는 '低昻回互 多有變風之態'의 別樣調를 '北殿 <u>斜調</u>'라고 한 것("近年所尙 非慢大葉 乃是別樣調也 似慢而不慢 慢中有淫 似和而不和 和中有傷 低昻回互 多有變風之態 今之北殿斜調是也")과 그 책에 실린 악보들에서 '羽調 數大葉' 뒤의 곡 이름 '<u>斜調</u> 數大葉(羽調界面調也)'에 쓰인 '斜調'도 이와 관

앞 인용문에서의 안평대군 이용의 말처럼, 거의 모두가 儒學徒들이었던 조선시대의 사대부들은 구슬픈 음악은 마음을 상하게 하므로 "즐거우면서도 음란하지 않고, 슬프면서도 마음을 상하게 하지 않는다(樂而不淫 哀而不傷)."(『論語』, 「八佾」)고 한 孔子의 예술관에 배치되는 잘못된 음악(또는 바르지 않거나 해로운 음악)이라는 관념을 뚜렷이 가지고 있었다. 이 때문에 그 '잘못된(또는 해로운) 악조'라는 뜻을 지닌 '계면조'가, 언젠가부터 그 본래의 뜻은 알려지지 못한 채 '구슬픈 악조'로서만 인식되었을 가능성이 있다.

'界面굿'도 본래는 '*gem*'·'*gem-iyen*'이 뜻하는 '병'과 관련된 굿('질병 예방굿' 또는 '질병 퇴치굿')이었을 가능성이 있다고 여겨진다. 근년까지의 계면굿에서도 질병[疫癘 또는 疾疫]의 예방이나 퇴치의 성격이 적지 않게 들어 있었던 것이다(그 주요 목적에 '三災를 없앰'이 있음).[29] 그러나 그 굿의 양상과 내력 등을 잘 알지 못하는 처지에서는 이에 대해 더 이상 논급하기가 어렵다.

4. 맺는말

앞에서 필자는 고려 후기의 시가 작품 <처용가>와 전통음악의 악조명('계면조') 그리고 무속('계면굿' 등)에서 쓰인 '界面'의 뜻과 유래를 일원적으로 파악

련하여 살펴볼 여지가 있다.

그 말은 특정한 조(key) 이름('빗가락[橫指]' 등)을 말한 것일 수도 있지만(장휘주, 「許嗣宗數大葉考」, 『한국음악연구』 26집, 한국국악학회, 1997, 189면 등에서는 『악학궤범』의 羽調에 6맙 외에 4맙 宮인 '斜調'가 있었다고 하였음), '斜'(비끼다, 비스듬하다, 기울다, 굽다 등)가 '歪'(기울다, 비뚤다, 바르지 아니하다)처럼 '正'에 대조되는 '바르지 않음(不正)'을 뜻하기도 하며('斜視'·'斜眼' 등) '북전 사조'가 부정적인 조로 여겨졌다는 점 등으로 보아, '界面調'와 거의 마찬가지로 '正調'와 비교하여 '바르지 않은 조' 곧 '잘못된 조'라는 뜻으로 쓰였을 가능성도 없지 않을 것이다.

29) 2007년에 경북 영덕군 구계리에서 행한 별신굿 과정 가운데의 제면굿에서 있었듯이, 동해안 지역에서의 제면굿(계면굿) 뒤에 '제면떡'을 나누어 주는 것은 三災를 없애고 豊漁와 자식들을 위함이라고 한다. 김상보, 「계면떡」, 『한국민속신앙사전 무속신앙1』, 63면 참고.

할 수 있을 가능성을 모색해 보았는데, 그 결과는 다음과 같이 요약된다.

그 '界面'들은 모두 몽골어의 차용어로서, '결함, 병, 잘못, 해로움, 죄악' 등의 뜻을 가진 몽골 문어 또는 중세 몽골어의 명사 '*gem*'에 재귀-소유격 조사 '*-iyen*'이 붙은 '*gem-iyen*'을 차자표기한 것일 가능성이 적지 않다. 그러한 가운데 <처용가>에서의 '계면'의 뜻은 '병이 있는 곳을'(목적어)이 적합하며, '계면조'에서의 '계면'의 뜻은 '잘못된(또는 해로운)'(관형어)일 가능성이 적지 않다. 그리고 '계면굿'도 본래는 '병'과 관련된 굿이었을 가능성이 있다.

그런데 <처용가>에서의 '계면'은 그 원어로 추정되는 말의 어근 '*gem*'에 붙은 재귀-소유격 조사 '*-iyen*'이 몽골 문어 문법에서의 정확한 용법을 벗어난 것으로 판단되어서, 언어학적 지식이 얕은 데다 몽골어를 알지 못하는 필자로서는 그 추정의 타당성을 온전하게 입증하기가 어렵다.

앞으로 중세 한국어 및 몽골어에 밝은 이들과 한국 전통음악의 이론 및 악곡 분석 등에 능한 이들 그리고 무속을 잘 아는 이들이 이 문제에 관심을 기울여서, 이 글에서의 문제점을 바로잡고 불충분한 점들을 보완하여 더 나은 해답을 찾아주기를 기대한다.

참고문헌

○ 자료

一然,『三國遺事』, 영인본: 민족문화추진회, 1973.

世宗,『월인쳔강지곡(月印千江之曲) 상(上)』, 영인본:『국어학』 제1집, 국어학회, 1962.

『世祖實錄』, 영인본:『朝鮮王朝實錄 8』, 국사편찬위원회, 1980.

成俔・柳子光・申末平・朴棍・金福根 등,『樂學軌範』, 영인본: 대제각, 1973.

崔世珍,『訓蒙字會』(叡山文庫本, 東京大學中央圖書館本), 영인본: 단국대학교출판부, 1971.

『時用鄕樂譜』, 영인본: 대제각, 1973.

『樂章歌詞』, 영인본: 대제각, 1973.

趙慶男,『亂中雜錄』, 한국고전종합DB 'http://db.itkc.or.kr/'.

梁德壽 편,『梁琴新譜』, 영인본: 통문관, 1959.

朴汝樑,『感樹齋集』, 한국고전종합DB 'http://db.itkc.or.kr/'.

李得胤 편,『玄琴東文類記』, 영인본: 한국국악학회, 1976.

李瀷,『星湖僿說』,『국역 성호사설 1～12』, 민족문화추진회, 1977～1979.

金壽長,『海東歌謠』, 金三不 교주본, 정음사, 1950.

李喜大・玄文恒,『蒙語老乞大』, 영인본: 서강대학교 인문과학연구소, 1983.

李鉉,『蒙文總彙』(1891), 栗林 均 편,『蒙文總彙: モンゴル語ローマ字轉寫配列』, 仙臺, 日本: 東北大學 東北アヅア研究センター, 2010, 'http://www.cneas.tohoku.ac.jp/staff/hkuri/articles/A51Sosho37.pdf'.

○ 사전, 논저

곽충구,「육진방언 어휘의 잔재적 성격」,『진단학보』 제125호, 진단학회, 2015, 183～211면.

김상보,「계면떡」,『한국민속신앙사전 무속신앙1』, 국립민속박물관, 2009, 62～63면.

서대석,「고려 <처용가>의 巫歌的 검토」, 백영정병욱선생 10주기추모논문집 간행위원회 편,『한국고전시가작품론 1』, 신구문화사, 1992, 347～358면.

성호경,『한국 고전시가 총론』, 태학사, 2016.

신기철・신용철 편저, 『새 우리말 큰사전』, 제3차 수정증보 제1판, 삼성출판사, 1983.
양주동, 『麗謠箋註』, 을유문화사, 1947.
이성규, 『蒙學三書의 蒙古語 연구』, 단국대학교출판부, 2002.
이혜구, 『韓國音樂序說』, 서울대학교출판부, 1982.
이혜구・임미선, 『한국음악이론』, 민속원, 2005.
장휘주, 「許嗣宗 數大葉考」, 『한국음악연구』 제26집, 한국국악학회, 1997, 179~198면.
정광・남권희・양오진, 「元代 漢語 『老乞大』: 신발굴 譯學書 자료 『舊本老乞大』의 漢語를 중심으로」, 『국어학』 제33집, 국어학회, 1999, 3~68면.
최성진, 「계면」, 『한국민속신앙사전 무속신앙1』, 국립민속박물관, 2009, 60~62면.

諸橋轍次, 『大漢和辭典』, 縮寫版, 東京: 大修館書店, 1968.
『辭海』, 臺北: 臺灣中華書局, 1979.
李珍華・周長楫, 『漢字古今音表』, 修訂本, 北京: 中華書局, 1999.
Brosig, Benjamin, "Aspect, tense and evidentiality in Middle Mongol." 'http://www.academia.edu/10629543/Aspect_tense_and_evidentiality_in_Middle_Mongol'.
Kara, György, *Dictionary of Sonom Gara's Erdeni-yin Sang: A Middle Mongol Version of the Tibetan Sa Skya Legs Bshad: Mongol-English-Tibetan*, Leiden, Netherlands: Koninklijke Brill, 2009.
Lessing, Ferdinand D, *Mongolian-English Dictionary*, London and New York: Routledge, 2015/1960.
Nugteren, Hans, *Mongolic Phonology and the Qinghai-Gansu Languages*, Rotterdam, Netherlands: LOT, 2011, 'http://www.lotpublications.nl/Documents/289_fulltext.pdf'.
Ozawa, Shigeo, "A Study of Some Reflexive-Accusative Suffixes in Middle Mongolian." 『言語研究』 제47호, 東京: 日本言語學會, 1965, 'https://www.jstage.jst.go.jp/article/gengo1939/1965/47/1965_36/_pdf', 36~46면.
Poppe, Nicholas, *Grammar of Written Mongolian*, Wiesbaden, Germany: Otto Harrassowitz Verlag, 1964.
Poppe, Nicholas 저, 유원수 역, 『몽골문어문법』, 민음사, 1992.
Sodnompilova, Marina and Bashkuev, Vsevolod, "Diseases and their origins in the traditional worldview of Buryats: folk medicine methods." *Études Mongoles et Sibériennes, Centrasiatiques et Tibétaines*, vol.46. Paris: Centre d'Études Mongoles et Sibériennes, 2015, 'https://journals.openedition.org/emscat/2510'.

부사의 통사론적 수식과 감탄사의 담화 수식

서 태 룡(동국대)

1. 서론

교착어미가 통합할 수 없는 단어 가운데 부사와 감탄사를 분류할 수 있는 기준을 찾아보는 것이 이 글의 목적이다. 통사론적 수식[1] 기능이 있는 부사와 달리 감탄사는 독립어 기능이 있는 것으로 기술되어 왔다.

먼저 부사와 관련된 문제이다. 부사는 통사론적 수식 대상과 범위를 분명히 할 필요가 있다. 첫째, 이어지는 표현에 수식 대상이 없는 경우이고 둘째, 어미구를 수식하는 경우이다.

통사론적 수식 기능을 보이는 부사 '솔직히'는 이어지는 표현에 대한 화자의 거짓이나 숨김이 없음을 나타내는 경우에 직접 수식하는 대상을 찾기 어렵다.

(1) 가. [솔직히] 나는 선생님이 그립다.
　　나. 나는 선생님께 사실을 [솔직히 고백하]였다.
　　다. 너도 선생님께 사실을 [솔직히 밝히]어라.

1) 품사 분류 기준으로 '통사론적 수식'에 대해서는 徐泰龍(2016: 7-9, 20-28) 참조.

라. 아내는 남편에게 사실을 [솔직히 인정해]더라.

(1가)는 '솔직히'의 수식 대상을 이어지는 표현에서 찾기 어렵지만 (1나, 다, 라)는 이어지는 표현의 동사구가 수식 대상이다. (1가)는 이어지는 표현에 대한 화자의 거짓이나 숨김이 없음을 나타내는 경우로 '말해서'나 '말하면' 정도를 표현하지 않은 것이고 (1나)는 화자의 거짓이나 숨김이 없음을 나타내지만 이어지는 표현에 수식 대상인 '고백하-'가 있다. (1다, 라)처럼 청자나 제삼자가 주체인 경우에는 '솔직히'가 동사구를 수식하는 것을 분명히 알 수 있다. (1가)만 '솔직히'가 이어지는 표현에 없는 화자의 거짓이나 숨김이 없음을 나타내지만 다른 의미를 나타내는 것은 아니므로 (1나, 다, 라)와 같은 부사이다. '솔직히'와 유사한 예로 '다행히', '불행히'가 있다.

부사 가운데 어미와 관계를 보이는 (2)의 '아무리', '제발'과 같은 예들을 '호응 부사'라고[2] 부르는 경우가 있다.

(2) 가. [[아무리], [선생님을 찾]아도] 찾을 수 없었다.
나. [[제발], [책 좀 읽]어라.]

(2)는 부사와 어미가 관계를 보이는 예들인데 (2가)는 연결어미가, (2나)는 종결어미가 부사와 관계를 보인다. (2)의 '아무리', '제발'을 호응 부사라고 했을 때 이어지는 표현의 어미나 어미구와 관계는 무엇인가?

(2)와 관련하여 어미나 어미구는 수식 대상이 될 수 없는가? 일반적으로

2) 金京勳(1996: 48-59)에서 '부사어'의 수식 범위로 "선어말어미구", "어말어미구"가 제시되었는데 이들은 어미가 핵인 徐泰龍(2000: 273-282)의 어미구(EP)이다. 金京勳(1996: 60-72)과 김경훈(1997: 159-178)에서는 부사와 어미는 직접 자매 관계에 있지 않으므로 '수식'이 아니라 '삼투'라는 과정을 통한 '호응'이라는 주장을 하였다. 임유종(1999: 72-98)의 "접속소 호응 부사", 채희락(2004: 184-200)의 "호응 부사어"도 부사가 동사구의 범위를 벗어나 주로 연결어미와 관계를 보이는 것들이다. 신서인(2011: 217-218)의 문장부사 목록에도 '만약', '설령', '아무리', '비록' 등 어미와 관계를 보이는 것이 들어 있다.

부사는 통사론적 수식 기능을 보이는데 (2)의 '아무리'나 '제발'은 통사론적 수식 기능을 가지는 것으로 기술할 수 없는 것인가? 호응과 통사론적 수식의 관계는 무엇인가?

다음은 감탄사와 관련된 문제이다. 첫째, 감탄사 가운데 종결어미가 통합되어 형성된 감탄사나 대답에 쓰이는 감탄사는 이어지는 표현에 청자존대법의 어미를 갖추어 사용되는 경우가 많다.

(3) 가. [여보세요], [조용히 해]세요.
　나. [네], [곧 떠나]겠습니다.

(3)의 감탄사 '여보세요', '네'는 이어지는 표현의 종결어미 '-세요', '-습니다'와 관계를 보인다. (2)의 부사보다 (3)의 감탄사가 어미와 보이는 관계가 더 구체적이고 직접적이다. 이 경우 통사론적 수식이라고 하기는 어렵고 감탄사에 어휘화된 종결어미와 이어지는 표현의 종결어미가 '일치'한다고 할 수 있는가?

(2)는 부사와 어미의 '호응', (3)은 감탄사와 어미의 '일치'라는 주장이 가능한 것인가? '호응', '일치', '수식'의 관계는 무엇인가?

둘째, 감탄사가 '독립어 기능'을 가진다는 주장은 무엇으로부터 '독립'이라는 것인가? (3)의 감탄사는 모든 것으로부터 '독립'되었다고 할 수 없다.

(4) 가. [어머], 붕어가 팔뚝보다도 크네.
　나. [자], 이제 출발한다.

(4)의 감탄사 '어머', '자'는 이어지는 표현과 통사론적 관계를 보이지 않는다. 이른바 '독립어' 기능이란 통사론적 '독립'인 것으로 보이기는 하는데 (3)과 (4)에서 감탄사가 공통적으로 보이는 특징은 찾기 어렵다.

감탄사를 담화를 위한 단어라고 하였는데(徐泰龍 1999: 23-42) 담화의 무엇을 위한 단어인가?

2. 부사의 수식 대상과 범위

2.1. 부사는 여러 가지 성분을 수식한다

명사나 명사구만 수식하는 관형사와 달리 부사는 수식 대상과 범위가 다양하다.

(5)의 '아주'나 '뎅그렁'처럼 동일한 단어가 동사구뿐만 아니라 명사구를 수식하는 경우에도 관형사로 분류하지 않고 부사로 분류한 다음에 '체언 수식 부사' 등으로 부르는 것도 부사는 여러 가지 성분을 수식할 수 있기 때문이다. 그러나 부사가 수식할 수 있는 대상과 범위를 분명히 하지 않으면 감탄사와 구별하기 어렵게 된다.

(5) 가. 아주 + /가-/살-/좋-/크-/새/빌어먹을/많이/슬피/부자/
　　나. 뎅그렁 + /울리-/풍경 소리/

부사가 수식하는 대상으로 성분부사와 문장부사에 대한 논의가 최근까지도 반복되고 있지만 '문장'은 정확한 수식 대상을 명시하지 못한다. 문장부사에서 '문장'은 '종결어미구(김선효 2005: 46-49, 신서인 2011: 209-218)'이므로 문장부사란 어미구를 수식하는 부사이다. 어미구도 성분의 하나이다.

부사는 위치에 따라서 수식 대상이나 수식 범위를 달리 할 수 있다. 부사가 동사구나 어미구 안에 있는 여러 가지 성분을 수식하므로 부사는 통사론적 수식을 하는 요소인데, 그 범위가 문제이다. 동사와 동사구, 관형사나 부사와 이들이 핵인 수식사구, 명사와 명사구 등은 부사에 이어지는 표현에 있는 성분 곧 문장 안의 성분이다. 부사는 그 수식 대상에 따라서 하위 범주를 나누기도 하는데 명사구 수식 부사, 수식사구 수식 부사, 동사구 수식 부사는 수식 대상이 분명하지만 '호응 부사'는 수식 대상이 모호하다.

동일한 부사가 (5)처럼 여러 가지 성분을 수식할 수 있다. 명사구 수식 부사가 명사구만 수식한다면 이들은 관형사이지 부사라고 할 이유가 없다. 명사구 외에도 다른 성분을 수식하기 때문에 부사로 인정하는 것이다. 관형사나 부사 곧 수식사구만 수식하는 부사도 찾기 어렵다. 수식사구를 수식하는 부사는 동사구도 수식한다. 동사구 수식 부사는 수식 대상이 '동사', '수식사+동사', '명사구+동사', '어미구+동사' 등으로 다양하다. '문장'이란 모호한 명칭을 버린다면 '문장부사'란, 이어지는 표현의 어미구를 수식하는 부사이다. 동사구 수식 부사까지는 문장 안의 성분을 수식하는 것이므로 통사론적 수식 기능을 보이는 것이 분명하다. 문장 안의 성분을 수식하는 단어는 통사론적 수식을 하는 것이므로 부사일 가능성이 높다. 문제는 어미구를 수식하는 경우와 담화를 수식하는 경우이다.

부사 가운데 통사론적 수식 기능과 담화 수식 기능을 함께 보이는 예가 있다. 위치에 따라서 담화 수식 기능을 보이는 경우가 있어도 통사론적 수식 기능을 보이면 부사이다. '솔직히', '다행히'[3], '불행히'처럼 문두 위치에서 화자의 심리나 평가를 나타내는 경우에 의미가 다른 동음어가 되지 않고 수식 대상과 범위만 다르게 되면 그대로 부사이다. 의미가 다른 동음어가 되면 감탄사를 별도로 인정해야 한다.

---

3) '다행히'는 문장 전체 곧 어미구를 수식하는 문장부사이고 위치에 따라서 '다행히' 앞으로 이동한 요소는 주제화된 것이면(신서인 2011: 215-225, 229-237) 결국 '다행히'는 통사론적 수식을 하는 요소로 수식 대상인 어미구의 범위는 달라질 수 있다.

(6) 가. [다행히] 비가 많이 내린다.
나. 담배를 끊으니 나도 [[다행히] 기침이 멈추는구나].
다. 너는 이번 시험에 [[다행히] 합격하였구나].
라. 큰 수술에도 영희는 [[다행히] 살아나겠다].

(7) 가. [불행히] 친구는 새 사업에 실패하였다.
나. 그녀는 아편으로 늘그막을 [[불행히] 보내]고 말았다.
다. 이 영화는 [[불행히] 살]았던 여인의 삶을 다루고 있다.

(6-7가)는 '다행히', '불행히'의 수식 대상을 이어지는 표현에서 찾기 어렵지만 (6나, 다, 라)는 이어지는 표현의 어미구, (7나, 다)는 이어지는 표현의 동사구가 수식 대상이다. (6-7가)는 이어지는 표현에 대한 화자의 평가를 나타내는 경우이다. 문두에 위치하지 않으면 (6나)처럼 화자가 주체인 경우나 (6다, 라)처럼 청자나 제삼자가 주체인 경우에 '다행히'가 어미구를 수식하고, (7나, 다)처럼 '불행히'가 동사구를 수식하는 것을 알 수 있다. (6-7가)는 '다행히', '불행히'가 이어지는 표현에 없는 화자의 평가를 나타내지만 다른 의미를 나타내는 것은 아니므로 (6나, 다, 라), (7나, 다)와 같은 부사이다.

신서인(2014: 104-113)에는 화자 중심 '솔직히', 청자 중심 '부디', '제발', '아무쪼록' 등과 사건 평가 '다행히', '불행히' 등이 동사구의 범위를 벗어나 담화와 관련이 있는 것으로 논의되었다. '솔직히', '다행히', '불행히'는 문두 위치에서 수식 대상이 동사구나 어미구를 벗어나 화자의 심리나 평가를 나타내는 경우가 있지만 기본적으로는 통사론적 수식을 하는 기능을 담당한다.

부사 가운데 '솔직히', '다행히', '불행히'는 위치에 따라서 담화를 위한 기능을 보이는 경우가 있어도 화자의 심리나 평가를 벗어나기 어렵고 통사론적 수식을 하는 경우의 의미를 벗어나지는 않는다.

2.2. 부사는 어미구를 수식한다

2.2.1. 어미구는 어미를 수식하는 구조이다

통사론적으로 교착어미가 핵이라는 논의는(徐泰龍 2006: 67-71) 있지만 의미론적으로 교착어미가 핵이 될 수 있는지 분명히 할 필요가 있다. 우선 교착어미는 통사론적으로 핵일 뿐만 아니라 의미론적으로도 핵이다. 곧 교착어미가 수식 대상이 될 수 있다. 교착어미는 앞에 아무것도 없으면 통사론적 구성을 이루지 못하지만 앞에 어떤 요소가 있으면 그 요소와 통사론적으로 수식 관계를 맺게 된다. 이 수식 관계는 의미로도 뒷받침되어야 한다.

(8) 가. [[[[높]은] 하늘]에]
　　나. [[[[하늘]이] 맑]다].

(8가)에서 '높은'이 '하늘'을 통사론적으로나 의미론적으로 수식한다. 그러면 '높-'과 '-은'의 관계에서 '높-'은 '-은'을 수식할 수 없는 것인가? '-은'이 나타낼 수 있는 의미 가운데 직접 구성요소로 앞에 있는 '높-'이 '-은'의 의미 범위를 좁히고 한정한다. (8가)의 '-에'는 '하늘에'가 되면 '-에'가 한정하는 범위가 '하늘'로 좁아진다. '높은 하늘에'가 되면 '-에'가 한정하는 범위는 '높은 하늘'로 좁아지게 된다.

(8나)의 '-다'는 '맑다'가 되면 '-다'로 완결할 수 있는 많은 진술 가운데 '맑-'을 완결하게 되어 '-다'가 완결하는 의미는 '맑-'으로 범위가 좁아지고 한정된다. '하늘이 맑다'가 되면 '-다'가 완결하는 의미는 '하늘이 맑-'으로 범위가 좁아지고 한정된다.

(9) 가. [[[[아버지]가] 오]시]지].
　　나. [[[많이] + 만/도/야/는] 주]시겠지.

(9가)의 구조에서도 '아버지'와 '가'의 관계, '아버지가 오-'와 '-으시-'의 관계, '아버지가 오시-'와 '-지'의 관계도 통사론적으로 수식 관계이다. 통사론적으로 직접 구성요소를 이루는 두 성분에서 앞에 오는 요소가 뒤에 오는 요소를 수식하는 것은 자연스러운 구조이다.

위와 같은 관계를 인정하면 당연히 어미 '-으시-', '-지'는 앞에 있는 직접 구성요소의 수식을 받는다고 할 수 있다. 비교적 의미가 분명한 (9가)의 '-으시-'를 예로 살펴보자.

앞에 다른 표현이 없이 '오시-'가 되면 '-으시-'가 높일 수 있는 진술 가운데 '오-'를 높이게 되어 '-으시-'가 높이는 의미는 '오-'로 범위가 좁아지고 한정된다. '아버지가 오시-'가 되면 '-으시-'가 높이는 의미는 '아버지가 오-'로 범위가 좁아지고 한정된다. (9가)에서 '가'로 인하여 '아버지'와 '-으시-'는 직접 구성요소 관계에 있지 않으므로 통사론적으로 수식 관계를 이루지 못한다. (9가)에서 통사론적으로 '아버지'는 성분으로 '-으시-' 어미구의 지배를 받는다. '아버지'와 '-으시-'의 관계를 일치나 호응으로 기술하는 것은 통사론적 수식과는 직접 관련이 없는 문제이다. (9나)는 일부 부사도 일부 교착어미를 직접 수식할 수 있다는 것을 보여준다.

(8-9)처럼 국어에서 교착어미는 통사론적으로는 물론 의미론적으로도 수식을 받을 수 있는 핵이다. 부사와 어미가 관계를 보이면 '호응', (9가)처럼 '아버지'와 '-으시-'가 관계를 보이면 '일치'라고 하게 된 이유를 잠시 살펴보자. 이 '호응'은 그 배경이 언어학의 '일치'로 보이는데 '호응(concord)'이나 '일치(agreement)'라고 하기 어려운 이유는 다음 (10)과 같다.

(10) 국어에서 일치 논의의 문제점

가. 핵이 앞에 오는 인구어에서는 핵이자 필수 성분인 주어에 맞추어 나타나는 동사 활용형의 관계를 인칭, 성, 수의 일치라고 하였다. 그 후 통사론적으로 일치소와 그것이 지배하는 명사구가 의미 자질을 공유하면 일치라고 하는데 반대로 핵이 뒤에 오는 국어에서 핵인 어미와 공유하는 의미 자질을 명사구에서 찾아야 한다.

나. 중세국어나 경상도 방언에서 미정사에 초점이 놓인 의문사의 [+WH] 자질과 설명의문 어미 '-고', '-노'의 [+WH] 자질의 일치 현상과 판정의문문의 [-WH] 자질과 판정의문 어미 '-가', '-나'의 [-WH] 자질의 일치 현상을 기술한 일이 있는데(서정목 1987: 302-376) 의문사에 조건이 붙어 있다. '-노', '-나'는 더 분석될 가능성이 있고, 의문문 외에도 다양한 분포를 보이는 어미 '-고'의 의미에서는 오히려 '미정'과 관련된 자질이 확인된다.

다. 중세국어의 주어 일치소로 [+높임, -일인칭]의 '-으시-'와 [-높임, +일인칭]의 '-오-', 목적어 일치소로 [+높임]의 '-숩-'을 기술한 일이 있는데(유동석 1994: 229-245) '-숩-'은 [+겸양] 자질을 가지는 요소일 가능성이 높다. 국어에서 '일인칭'은 어미 기술에서 '화자'이고 [화자]와 [높임]을 일치 자질로 인정하면 일치 논의는 감탄사에도 적용될 수 있다. '-으시-', '-오-', '-숩-'은 국어 통사론적 구성에서 필수적인 어말어미가 아니다. 국어에서 통사론적으로 필수적인 어말어미와 명사구에서 의미 자질의 공유 현상을 먼저 확인하여 기술하지 못하면 국어에서 통사론적 일치에 대한 논의는 부분적인 것이 되고 만다.

라. 위의 논의가 가능하다고 하더라도 통사론적으로 국어 대부분의 부사는 수의적인 성분으로 핵이 아닌 반면에 표현의 끝에 오는 어미는 필수 성분이고 핵이다. 일부의 부사를 위한 호응이나 일치 대신에 모든 부사는 일반적인 수식 기능을 가지는 것으로 기술할 수 있다.

2.2.2. 부사는 어미구를 수식할 수 있다

교착어미나 어미구가 수식 대상이 될 수 있다고 인식하면 부사와 어미의 호응으로 기술했던 예들은 단순하게 통사론적 수식으로 기술할 수 있다.

선어말어미 '-으시-', '-었-'과 관련을 보이는 '몸소'나 '친히', '아까'나 '이미'는 (11)처럼 동사구를 수식하거나 (12)처럼 어미구를 수식한다.

(11) 가. 작은 일부터 [[몸소] 실천하]는 자세가 중요하다.
나. 황제는 [[친히] 군대를 거느리]고 동생과 오랑캐 정벌에 나섰다.
다. 동생이 [[아까] 밥을 먹]고 지금 또 먹네.
라. [[이미] 동생은 밥을 먹고 있]어./ [[이미] 동생은 밥을 먹기 시작하]ㄴ다.

(12) 가. [[몸소] 선생님께서 발표를 하시]겠습니까?
나. [할머니는 [[친히] 손녀딸의 머리를 땋아 주시]]었다.
다. [[아까] 동생은 밥을 먹었]다.
라. [[이미] 동생은 밥을 먹었]다.

(11)에서 [ ] 안의 부사는 동사구를 수식하는 부사이고 (12)에서 [ ] 안의 부사는 '호응 부사'라고 하는 것은 일관성이 없다. (11)은 수식 대상이 동사구이고 (12)는 수식 대상이 어미구이다.

다음 (13)처럼 연결어미와 관계를 보이는 '설령', '비록', '아무리' 등이 포함된 어미구는 통사론적으로 이어지는 표현에 대하여 부사의 특성을 보이게 마련이므로 이들 부사가 어미구를 수식하는 것은 통사론적 수식이다.

(13) 가. [[설령] 비가 와도/오더라도] 여행은 내일 떠나자.
나. [[비록] 하느님이 와도/오더라도] 살리지 못한다.
다. [[아무리] 의사가 수술을 열심히 해도/하더라도] 말기 암 환자를 살리기는 어렵다.

(13)은 [ ] 안의 부사가 이어지는 표현의 연결어미와 관계를 보이는 예들이다. 이 가운데 감탄사와 통용된다는 '아무리'를 자세히 살펴보자.

(14) 「부사」① 정도가 매우 심함을 나타내는 말. ② 비록 그렇다 하더라도.
(15) 가. 공부를 [[아무리] 열심히 해도] 성적이 오르지 않는다.
 나. 그는 [[아무리] 돈이 많아도] 쓸 줄을 모른다.
(16) 가. [[아무리] 내가 이런 장사를 하고 있어도] 양심을 판 일은 없었다.
 나. 그가 [[아무리] 집을 팔아먹었다 하더라도] 그렇게 박대할 일은 아니었다.

'아무리'는 ≪표준≫에 부사와 통용된다는 감탄사 목록에 들어 있는 것으로 (14)가 부사의 뜻풀이이고 (15-16)이 그 예문이다. (15)는 이어지는 동사구에 정도 표현이 있는 경우이고 (16)은 정도 표현이 없는 경우이다. ① '정도가 심함을 나타내는 말.'이라는 뜻풀이는 '온갖 수단과 방법으로'나 '아주 극단적으로'를 나타내는 것으로 정도 표현과 관계를 맺고 어미와도 관계를 나타낸다. ② '비록 그렇다 하더라도.'라는 뜻풀이는 '그렇다'가 뒤의 표현을 대용한 것이라면 동어 반복이므로 잘못된 것이다. '비록'이 오히려 예문에 대치될 가능성이 높은데 예문의 동사구에는 정도를 나타내는 표현을 찾기 어렵다. 다만 '-아도', '-더라도'와 관계가 인식될 뿐이다.

'아무리'가 정도를 나타내는 표현을 수식한다는 기술은(김경훈 1997: 169-170, 채희락 2004: 192-193) 부사의 수식 대상이 동사구 안의 성분이라는 선입견이 작용한 것으로 보인다. '아무리' 다음에 '열심히 한다.', '많고', '적어', '높고', '낮아' 등의 단순한 정도 표현이 불가능하고 (15-16)처럼 '아무리'에 이어지는 표현에 '-아도', '-더라도' 등의 양보를 나타내는 어미가 반드시 나타나야 하는 현상을 보면 '아무리'는 정도 표현을 수식하는 것이 아니라 '-아도', '-더라도' 등의 양보를 나타내는 어미구를 수식하는 것이다.

부사로 설정한 '아무리'는 양보를 나타내는 어미가 뒤에 있어야 하므로 이들 어미로 끝난 어미구를 수식하는 것이다. '아무리'는 수식 대상이 동사구가 아니라는 점이 특이하지만 이어지는 표현의 어미구를 수식하는 것은 분명하다.

(17) 가. 「감탄사」어떤 형편이 결코 그럴 리가 없다는 뜻으로 쓰는 말. ≪금성≫
나. 「감탄사」결코 그럴 리가 없다는 뜻으로 하는 말. ≪표준≫
다. 「감탄사」어떤 일에 대해 결코 그럴 리가 없다는 뜻으로 부정할 때 하는 말. ≪고려≫
(18) 가. [아무리], 그가 그런 말을 했을까. ≪금성≫
나. [아무리], 죽은 사람이 다시 살아날까. ≪표준≫
다. [아무리], 부모가 자식에게 그랬겠어요? ≪고려≫
(19) 가. [아무리=그가 그런 말을 했을 리가 없다.], 그가 그런 말을 했을까? ≪금성≫
나. [아무리=죽은 사람이 다시 살아날 리가 없다.], 죽은 사람이 다시 살아날까. ≪표준≫

(18)의 '아무리'는 이어지는 표현에서 수식 대상을 찾기 어렵다. 통사론적 수식 대상을 찾기 어렵고 뜻풀이도 (17)처럼 다르게 하여 국어사전에 감탄사로 인정하고 부사와 감탄사 통용이라는 예이다. 그러나 (17)의 사전들이 반복하는 이상한 뜻풀이조차도 통사론적 관계를 보여주는 것이다. '그럴'은 뒤의 말을 나타내는 것으로 (18가)는 (19가)처럼 "그가 그런 말을 했을 리가 없다."라는 뜻이고 (18나)는 (19나)처럼 "죽은 사람이 다시 살아날 리가 없다."라는 뜻이라는 것이다. 곧 "뒤의 말이 이루어질 리가 없다."가 '아무리'의 뜻이라는 것인데 이상하다. (19)와 같이 먼저 단정하고 뒤에 의문을 연결하는 결과가 되기 때문이다. 예문은 다르지만 ≪고려≫도 마찬가지로 이상하다.

(20) 국어사전의 '아무리' 품사[4]

	≪표준≫	≪조선≫	≪한글≫	≪금성≫	≪연세≫	≪고려≫
아무리	부사 감탄사 통용	부사	부사	부사 감탄사 통용	부사	부사 감탄사 통용
					감탄사	

(17가)의 ≪금성≫에서 감탄사로 인정한 이후에 ≪표준≫, ≪고려≫도 감탄사로 인정하고 있는 '아무리'는 그대로 복사하듯이 베낀 감탄사의 뜻풀이가 이상하고 예문도 이상하다. ≪금성≫의 감탄사 예문에는 '아무리 바빠도 바늘허리 매어 쓰지는 못한다.', '아무리 쫓겨도 신발 벗고 가랴.'라는 예문이 더 있는데 이들은 '-아도'로 끝난 어미구를 수식하는 것이다. 감탄사를 별도의 표제어로 수록한 ≪연세≫도 뜻풀이와 예문이 이상한 것은 크게 다름이 없다.

'아무리'를 살펴본 결과 이어지는 표현에 수식하거나 관계를 나타내는 성분이 있는 경우는 부사로 분류하고, 이어지는 표현에 수식하거나 관계를 나타내는 성분을 찾을 수 없는 경우는 감탄사로 분류한 것이다. 그러나 독립어 기능을 보이는 예도 없고, 문장 뒤에 쓰이는 예도 없는 '아무리'를 감탄사로 인정하기는 어렵다.

부사 가운데 (11-13)과 함께 다음 (21-22)도 부사와 어미가 관계를 보이는 것으로 논의되었던 예들이다. 종결어미 가운데 주로 명령문 어미와 관계를

---

4) 이 글에 인용하는 사전은 다음과 같이 줄여서 표시한다. 품사 명칭이 다른 ≪조선≫, ≪한글≫의 경우도 규범문법대로 모두 통일하여 제시한다.

국립국어원(1999/2016) ⇒ ≪표준≫
사회과학원 언어연구소 편(1992/2007) ⇒ ≪조선≫
한글학회 지음(1992) ⇒ ≪한글≫
운평연구소 편(1991/1996) ⇒ ≪금성≫
연세대학교 언어정보개발연구원 편(1998/2000) ⇒ ≪연세≫
고려대 민족문화연구원(2009) ⇒ ≪고려≫

보이는 '부디', '제발', '아무쪼록'은 청자나 상황에 대한 화자의 기대를 나타낸다. 이들은 (21)처럼 '바라-', '기원하-', '-고 싶-'이라는 동사구를 수식하는 경우가 있고 (22)처럼 명령문어미와도 관계를 나타낸다.

(21) 가. [[[부디] 성공하기 바라] + ㄴ다./네./오./ㅂ니다.]
나. [[[제발] 무사하기를 기원하] + ㄴ다./네./오./ㅂ니다.]
다. [[[아무쪼록] 빨리 그 자리를 벗어나고 싶] + 다./네./소./습니다.]
(22) 가. [[부디] 책을 많이 읽어라./읽으십시오].
나. [[제발] 건강하고 즐겁게 지내라./지내십시오].
다. [[아무쪼록] 몸조심하고 잘 다녀오너라./다녀오십시오].

동일한 부사가 (21)에서는 동사구를 수식하고 (22)에서는 어미와 '호응'한다는 기술은 일관성이 없다. (21)이 동사구를 수식하는 통사론적 수식 기능을 보이는 것이라면 (22)는 어미구를 수식하는 통사론적 수식 기능을 보이는 것이다. 동일한 부사가 동사구를 수식하고 어미구를 수식하는 것이다. 굳이 '호응 부사'라고 해야 할 이유가 없다. 이들은 어미와 호응하는 부사가 아니라 어미구를 통사론적으로 수식하는 부사이다.

부사는 통사론적으로 필수 성분이 아니다. (11-13)과 (21-22)에서 [ ] 안의 부사는 문두 위치에 있지만 필수 성분은 아니다. [ ] 안의 부사는 필수적이 아니므로 실현되지 않아도 이어지는 어미구는 하나의 통사론적인 구성을 이룬다. [ ] 안의 부사와 그 구성 끝에 있는 어미가 맺는 관계는 필수적인 것이 아니다. 곧 [ ] 안의 부사가 끝에 있는 어미를 필수적으로 요구하는 것도 아니고, 끝에 있는 어미가 [ ] 안의 부사를 필수적으로 요구하는 것도 아니다.

일부 부사와 어미의 관계를 '호응'으로[5] 기술하면 부사의 일반적인 수식

5) ≪표준≫의 "『언어』 앞에 어떤 말이 오면 거기에 응하는 말이 따라옴. 또는 그런 일." 이라는 정도의 '호응'이라고 할 수는 있다.

기능과는 차이를 보이게 되고 예외적인 것이 되고 만다. 金京勳(1996: 60-72)과 김경훈(1997: 159-178), 임유종(1999: 136-210)에서 이미 제시한 대로 부사가 어미구 전체를 수식하는 것으로 기술할 수 있다. (8-9)에서 확인하였듯이 어미가 수식 대상이 될 수 있는데 어미구가 수식 대상이 되지 못할 이유가 없다.

수식 관계를 나타낼 때 피수식어는 핵이 되는 성분이다. 수식어는 피수식어의 의미 범위를 좁히고 한정한다. 피수식어가 어휘가 아닐 경우라도 수식은 가능하다. 어휘 가운데 의존적인 의존명사가 피수식어가 될 수 있듯이 국어의 어미는 핵이므로 피수식어가 될 수 있고 어미를 포함한 어미구도 피수식어가 될 수 있다.

(11-13)과 (21-22)에서 [ ] 안의 부사가 있으면 이어지는 어미구의 의미 범위를 좁히거나 한정하게 된다. 일반적인 수식의 경우와 같다. (11-13)과 (21-22)의 부사가 어미구를 수식한다는 것은 국어에서 어미 앞에 오는 요소들은 계층적으로 어미를 핵으로 하는 통사론적인 수식 관계를 나타낸다는 것을 뜻한다. 결국 이들 부사는 그 수식 범위가 아무리 커도 동사구를 포함한 어미구까지를 수식한다고 할 수 있다. 통사론적 구성인 어미구를 수식한다는 점에서는 통사론적 수식이다.

어미와 관계를 맺는 부사라도 필수 성분이 아니므로 부사의 일반적인 특성을 그대로 가지고 있다. 수식 대상이 어미구로, 동사구의 범위를 벗어난 경우일 뿐이다. 수식 대상인 어미구가 수식어인 부사로 인하여 그 의미 범위가 좁아지고 한정된다.

3. 감탄사의 담화 수식

3.1. 감탄사와 어미의 일치 가능성

일부 감탄사는 어미와 관계를 보인다. 다양한 어휘화 과정으로 형성된 감탄사에는 청자존대법의 어미를 갖춘 예들이 있다. '맙소사'의 경우는 청자존대법의 어미가 기능을 완전히 상실하여 이어지는 표현의 청자존대법과는 관련이 없이 쓰인다. 그러나 ≪표준≫에 청자존대법과 관련이 있는 감탄사로 수록된 다음 (23)의 예들은 이어지는 표현의 어미와 관련이 없이 쓰이기는 어렵다. 다만 어미구를 수식하는 부사처럼 어미구를 수식하는 감탄사를 인정할 수 있는지는 의문이다. 이들은 독립어 기능을 보이고 위치에 제약이 없기 때문이다.

(23) 가. 여봐라, 여보게, 여보게나, 여보시게, 여보, 여보시오, 여봐, 여봐요, 여보세요.
나. 오냐, 응, 으응, 네.
다. 아니, 아니야, 아니요.
라. 옜다, 옜네, 옜소, 옜습니다.
마. 글쎄, 글쎄다, 글쎄올시다, 글쎄요.
바. 아서, 아서라.

가까이 있는 사람을 부르는 (23가)는 명령문 어미만 통합하여 어휘화를 인정할 수밖에 없지만 규칙적인 동사 '여보-'만 어휘화된 것이라고 해야 할 정도로 모든 명령문 어미는 물론 '-으시-'로 청자에 대한 존대를 조절하는 형식을 고루 갖추고 있다. (23)은 대부분 청자존대법이 허용하는 범위가 제한을 받는다. 특히 (23가)는 이어지는 표현의 종결어미가 동일한 등급이거나 허용 가능한 등급의 어미가 쓰인다. (23가)의 감탄사는 이어지는 표현의 종결어미와 어미의 '일치'를 이룰 수 있을 정도로 어미를 고루 갖추고 있다.

(23가)처럼 '여'에서 형성되어 가까이 있는 사람에게 무엇을 주면서 사용하는 (23라), 요구에 대한 망설임이나 분명하지 않은 태도를 나타내는 (23마)도 청자존대법의 어미를 고루 갖추고 있어 '일치'라는 주장이 가능할 정도이다. (23가)의 일부만 예문으로 살펴보자.

(24) 가. [여봐], 조용히 하고 [ ][6] 가만히 앉아 [ ].
나. [여보게], 목소리가 [ ] 너무 크네 [ ]!
다. [여보세요], 도청장치가 [ ] 있으니 [ ] 일부러 [ ] 크게 [ ] 말합시다 [ ].

(24)처럼 [ ]의 감탄사로 청자를 부르면 그 청자에 대하여 이어지는 표현이 사용된 것이 분명해지지만 그 청자와 수식 관계를 나타내지는 않는다. (24)와 같은 예들만으로 '독립어'와 종결어미의 일치를 주장하는 것은[7] 일부의 감탄사를 대상으로 한 것이다.

다음 (25-26)은 (23나, 다)의 긍정하거나 부정하는 대답으로 감탄사가 쓰인 예문이다.

6) [ ] 표시는 예문의 감탄사가 쓰일 수 있는 위치를 표시한 것이다. 徐泰龍(1999: 31-43)에서 부사와 감탄사의 위치에 따른 차이를 논의하지 않고 위치의 제약이 없는 예들을 제시하였는데 위치에 따라서 수식 대상과 범위의 차이를 보이는 것은 부사이고 차이를 보이지 않는 것은 감탄사이다.

7) 김태엽(1996: 91-94)에서 독립어 가운데 일부 호칭어로 쓰이는 감탄사와 청자존대법에 따른 종결어미를 '일치관계'로 기술하였는데 독립어 전부나 감탄사 전부에 적용한 논의가 아니고 청자존대법에 따른 종결어미는 담화의 청자를 위한 것이므로 통사론적인 '일치관계'라고 하기는 어렵다. 담화 자료를 대상으로 호칭어와 지칭어가 청자존대법의 어미와 반드시 호응하지 않고 화자의 의도에 따라 조절할 수 있는 독립성이 있다는 논의가 있지만(유송영 1998: 193-199) '조절'을 해야 할 정도의 영향은 있는 것이고 청자존대법의 어미가 붙어서 형성된 감탄사를 호칭어와 같은 것으로 보기는 어렵다.

(25) 가. 올해도 추석에 고향에 일찍 가십니까?
나. 오냐!/ 응!/ 네!/ 아니요!/ 아니!
다. [네], 갑니다./ *간다.
라. [오냐], 간다./ *갑니다.
(26) 가. 올해도 추석에 고향에 일찍 가십니까?
나. [아니요], 고향에 [안/못 가]ㅂ니다./ [안/못] *간다.
다. [아니], 고향에 [안/못 가]ㄴ다./ [안/못] *갑니다.

(25나)에서 '오냐', '응', '네', '아니요', '아니'는 표현을 끝맺는 부호가 있고, 이어지는 표현이 없으므로 수식 대상을 이어지는 표현에서 찾을 수 없다. 질문에 대한 긍정이나 부정인 대답의 내용을 문장의 범위를 벗어난 (25가)의 질문, 곧 담화에서 찾아야 한다. (25나)처럼 제시한 예는 감탄사가 독립어로 쓰인 경우이다. "!" 부호로 인하여 독립된 표현이다.

문제는 (25다, 라)에서 '네', '오냐'의 범주이다. 쉼표가 있으니 표현이 끝난 것은 아니다. 이어지는 표현이 있고 '네', '오냐'가 뒤에 '가-'를 수식하는 것으로도 보인다. 동사구를 수식하는 것이라면 부사라고 할 수도 있는데 '네', '오냐'는 다른 품사와 통용되는 것이 아니고 고유한 감탄사로만 분류된다.

(26나)의 '아니요'는 형용사 '아니-'에 어미 '-오'가 통합한 형태와 유사하지만 주어가 보이지 않고 또 주어를 가정하기도 쉽지 않아 서술어라고 할 수도 없다. (26나, 다)의 '아니요', '아니'가 뒤에 '안/못 가-'를 수식하는 것으로도 보이는데 수식 대상이 이처럼 동사구라면 부사라고 할 수도 있다. (25-26)의 '네', '오냐', '아니요', '아니'는 이들이 긍정하거나 부정하는 내용이 담화에서 (25-26가)의 질문인데, 문제는 뒤에 관계를 맺는 대상이 있는지, 있다면 동사구인지 동사구에 통합한 어미인지 모호하다.

(25다)에서 '네'와 합쇼체 '-ㅂ니다'는 자연스럽지만 해라체 '-ㄴ다'는 이상하고 (25라)에서 '오냐'와 해라체 '-ㄴ다'는 자연스럽지만 합쇼체 '-ㅂ니다'는 이상하다. 이들이 어미구까지 관계를 맺는다면 이 어미구에서 어미는 담화

의 청자를 위한 것이므로 담화와 관계를 맺는다고 할 수도 있다. (25다, 라)의 '네', '오냐'는 대답 가운데 긍정을 나타내는 것으로 명사, 동사, 부사와는 직접 관련을 보이지 않으면서도 청자존대법에 따라 선택된다. '네', '오냐'와 어미의 관계는 일치인가 수식인가?

(26나, 다)의 '아니요', '아니'와 '안/못'의 관계는 수식인가 호응인가? (26나, 다)의 '*간다.'와 '*갑니다.'가 이상한 이유는 무엇인가?

(25-26)에서 '네', '오냐', '아니요', '아니'는 뒤에 이어지는 표현이 없으면 질문인 담화에서 긍정하거나 부정하는 내용을 확인해야 하므로 담화를 위한 단어이다. 그러나 뒤에 이어지는 표현이 있으면 질문에 대한 대답을 구체화하면서 통사론적인 제약이 나타나고 동사구나 어미구까지 수식하는 것으로 보이기도 하므로 부사라는 판단을 할 수도 있다. 왜 (25-26)의 '네', '오냐', '아니요'는 감탄사로만 분류하고 부사로는 분류하지 않는가?

(24-26)처럼 일부 부르는 말과 대답에 쓰이는 감탄사는 '-습-'이나 '-으이-'와 관계를 나타내는데 '통사론적 수식'이 아니라 일치 현상일 가능성을 보인다. (24-26)은 어미와 감탄사가 공유하는 의미 자질이 쉽게 발견된다는 것을 보여 준다. 특히 '옜-', '여보-' 등에 어미가 통합하여 어휘화된 감탄사는 이어지는 표현의 종결어미와 형식의 '일치'까지 보이지만 통사론적 관계를 맺지는 않는다. 감탄사 '아서', '아서라'를 형성한 어미도 이어지는 표현의 어미와 '일치'를 보인다. 徐泰龍(1999: 23-42)에서 담화와 '호응'하는 것으로 모호하게 기술한 감탄사가 '일치'로 기술될 가능성이 있다.

(27) 가. [네], 올해도 [ ] 추석에 [ ] 일찍 갑니다 [ ].
나. [아니요], 고향에 [ ] [안/못 가ㅂ니다 [ ].

(27)은 질문에 대한 대답으로 쓰이는 의지 감탄사로 (25-27)에서 '네', '아

니요'가 가능한 위치를 확인하여 본 것인데 앞이나 뒤의 표현에 쓰인 어미와도 관계를 맺고 있다. 감탄사는 통사론적인 제약을 받지 않고 (25ㄴ)처럼 독립어 기능을 보이고 앞의 (24)나 (27)처럼 위치에 제약이 없이 담화를 위한 기능을 보일 수 있다.

국어에서 '일치'는 직접 수식 대상을 수식하지 않는 경우에 사용되어 왔다. 곧 통사론적 수식 관계에 있지 않은 두 요소가 의미 자질을 공유하는 경우이다. 통사론적 수식 관계가 분명한 경우에 굳이 '호응'이나 '일치'로 기술할 필요가 없다.

다만, 어미와 감탄사의 '일치'를[8] 기술하기 위해서 쉽게 확인되는 [화자], [청자], [화자 겸양], [청자 존대] 등을 공유하는 의미 자질로 인정할 수 있는지, 더 구체적인 의미 자질을 찾아야 하는지, 어미의 통합으로 형성된 감탄사를 대상으로 어미의 일치를 논의하는 것은 동어 반복일 가능성이 높다. 담화 차원의 '일치' 논의가 가능하고 필요한 것이지 등의 문제가 남아 있어 감탄사와 관련된 구체적인 일치 논의는 뒷날로 미룬다.

감탄사는 독립어 기능을 보이고 어미와 관련이 없는 감탄사의 사용도 가능하므로 감탄사 전부의 공통점을 확인할 필요가 있다. 감탄사는 공통적으로 담화 차원의 수식 기능을 가지는 것으로 보인다. '통사론적 수식'과는 다른 차원의 구체적인 기술 방안을 모색해야 하겠지만 감탄사는 그것과 관련이 있는 앞이나 뒤의 담화 내용과 범위를 좁히고 한정한다.

3.2. 감탄사의 담화 수식

부사와 감탄사의 차이를 분명히 하기 위하여 부사로 인정되는 일이 없고

8) 인구어에서는 통사론을 위한 일치이지만 국어에서는 담화를 위한 일치가 필요한 것일 가능성이 높다. 국어의 '-으시-'에 대한 일치는 담화의 주제를 위한 것일 가능성이 높기 때문이다. 그렇다면 담화를 위한 단어, 곧 감탄사 전부를 대상으로 일치를 검토할 필요가 있다.

감탄사로만 분류되는 예를 감정 감탄사, 의지 감탄사, 형식 감탄사로 나누어 살펴보자.

(28) 가. [아야], 발을 [ ] 다쳐서 [ ] 못 걷겠어/걷겠어요 [ ].
나. [어머], 붕어가 [ ] 정말 [ ] 큰데 [ ] 발보다 크겠어/크겠어요 [ ].
다. [[얼씨구], [날씨가 아주 좋]구나] [ ].
라. [아, [비가 오]는구나].
(29) 가. [쉬], 조용히 하고 [ ] 가만히 앉아 [ ].
나. [쉿], 목소리가 [ ] 너무 크네 [ ]!
다. [쉬/쉿], 도청장치가 [ ] 있으니 [ ] 일부러 [ ] 크게 [ ] 말합시다 [ ].

(28)은 화자의 아픔이나 놀라움, 기쁨 등을 나타내는 감정 감탄사가 쓰인 예이다. (28라)는 최웅환(2015: 243-244)에서 감탄사가 어미구를 수식하는 구조로 제시한 것이다. 감탄사가 어미구를 수식하는 구조인 셈인데 부사가 어미구를 수식하는 경우와 다름이 없다. 그러나 (28라)의 구조는 감탄사의 위치가 문두에 고정되어 있다면 가능하지만 감탄사의 위치는 문두에 고정되어 있는 것이 아니고 (28가, 나, 다)처럼 [ ] 위치가 모두 가능하다. 부사와 달리 위치가 다르다고 해서 수식 범위가 다르게 바뀌지 않는다.

(29)는 청자에게 '소리를 내지 말라는' 의지 감탄사가 쓰인 예이다. 이들은 다른 품사에서 어휘화된 것이 아니므로 고유의 감탄사로 분류하지만 독립어 기능만을 보이지는 않는다. 사람 입에서 나는 소리이기는 하지만 '카', '커', '쯧쯧'처럼 '쉬', '쉿'은 분절음과는 상당히 다른 소리를 낼 경우도 있다는 점에서 왜 이들은 부사로 인정하지 않는지 살펴볼 필요가 있다. (29가)의 '쉬'는 '조용히 하-'를 수식하는 것처럼 보이기는 하지만 '조용히 하-'가 없어도 그 의미를 충분히 나타낸다. (29다)가 어색하지만 가능한 이유를 확인할 필요가 있다. '쉬', '쉿'이 조용히 할 것을 요구하지만 상황에 따라서 뒤에 그

반대의 표현도 가능할 정도로 이어지는 표현과 통사론적인 관계를 맺지 않는다.

(28-29)에서 감탄사의 위치가 표현 앞에 고정되어 있는 것이라면 일부 감탄사는 뒤에 있는 어미구를 수식하는 것으로 기술하는 것이 가능하다. 감탄사의 위치는 표현 앞에 고정되어 있는 것이 아니다. 감탄사의 위치가 표현 뒤인 경우에는 어미구를 수식하는 구조로 기술할 수 없어진다. 더구나 (30)처럼 어미와 직접 관계가 없는 형식 감탄사 '저', '에'를 통사구조에 표시할 수는 없다.

(30) 가. [저], 혹시 [ ] 아침에 [ ] 전화하셨던 분 [ ] 아니세요 [ ]? ≪표준≫
나. [ ] 사실은 [에], 자네에게 [ ] 좀 미안한 부탁이 [ ] 있어서 왔네 [ ]. ≪표준≫

감탄사로 분류되는 예들은 (27-30)처럼 문장 뒤까지 다양하게 [ ] 위치에 쓰일 수 있지만 위치에 따라서 뒤에 있는 특정 성분을 수식하지는 않는다.

(31) 가. [[[아버지 오]시]어도] *아무리.
나. [[[아버지 오]시]더라도] *설령.
(32) 가. [[[아버지 오]시]어요.] 여보세요.
나. [[책 좀 읽]자.] 쉿.

부사의 위치는 (31)처럼 어미구 뒤에 오면 불가능하거나 어색하게 되지만 감탄사의 위치는 (32)처럼 어미구 뒤에 와도 자연스럽다. 감탄사는 위치에 제약이 없이 담화의 앞, 중간, 뒤에 모두 쓰일 수 있다. 부사는 수식하는 말 앞에 놓인다.

(23-30)에서 감탄사의 세 종류를 예시한 것은 감탄사가 담화 차원에서 일치 관계를 보일 가능성이 있을 정도로 앞이나 뒤의 표현에서 독립된 존재가

아니라는 것을 보이기 위한 것이다. 감탄사는 '담화를 위한 단어'(徐泰龍 1999: 23-42)를 구체화하기 위하여 이제 감탄사와 담화의 관계를 살펴보자. 감탄사는 담화에서 독립된 요소일 수는 없다. 감탄사는 담화 내용을 풍부하게 확장하는 한편 감탄사가 사용되면 담화 내용은 그 의미 범위가 축소된다. 감탄사는 담화를 수식하는 것이다. 감탄사의 수식 기능은 그 대상이 담화이므로 통사론적 수식과는 범위와 차원이 다르다. 통사론적 수식이나 담화 수식이나 모두 수식 대상의 내포를 확장하고 외연을 축소하는 의미 기능을 보인다.

다음은 감탄사의 종류에 따른 담화 수식 기능을 정리한 것이다.

(33) 감정 감탄사의 담화 수식 기능

가. 화자의 놀라움, 기쁨, 분노, 슬픔, 즐거움 등의 감정을 평범한 문장보다 감탄사는 단어 하나로 직접 나타낼 수 있다. 감탄사와 함께 평범한 표현이 앞이나 뒤의 담화에 있으면 화자의 감정은 더 확실하고 효과적으로 표현된다.

나. 감탄사가 나타내는 의미에 따라서 앞이나 뒤의 담화 표현은 놀라움, 기쁨, 분노, 슬픔, 즐거움 등의 감정 가운데 하나의 감정을 나타내는 것으로 그 의미 범위가 축소된다.

(34) 의지 감탄사의 담화 수식 기능

가. ① '여보' 등이나 '옜다' 등의 감탄사는 담화의 청자를 세분하여 사용되기 때문에 화자가 청자를 청자존대법 등급 가운데 어느 정도 높이는지 알 수 있다.

② '네', '아니요', '글쎄요' 등의 대답에 쓰이는 감탄사는 평범한 문장 대신 긍정, 부정, 망설임 등을 하나의 단어로 직접 나타낼 수 있다. 앞이나 뒤의 담화 표현으로 질문에 대한 대답 내용을 반복하면 더욱 확실하게 대답 내용을 전달할 수 있다.

③ '쉬', '쉿', '자', '아서' 등의 감탄사는 평범한 문장 대신 요구하는 청자의 행동이나 관심을 하나의 단어로 직접 나타낼 수 있다. 앞이나 뒤의 담화 표현으로 청자에게 요구하는 내용을 반복하면 더

욱 확실하게 요구하는 내용을 전달할 수 있다.

나. ① 앞이나 뒤의 담화 표현의 종결어미와 청자에 대한 높임 정도에서 '일치'를 보여야 할 정도로 감탄사에 따라서 이어지는 표현의 범위는 제한된다.

② 앞이나 뒤의 담화 표현은 감탄사의 의미와 관련이 있는 내용으로 그 의미 범위가 축소된다.

(35) 형식 감탄사의 담화 수식 기능

가. 앞이나 뒤의 담화 표현에 대한 화자의 망설임, 시간 끌기 등을 나타낸다.

나. 이것이 들어 있는 표현은 화자의 망설임, 시간 끌기와 청자의 기다림을 요구하는 경우로 그 의미 범위가 축소된다.

(36) 가. 쌍, 네미, 제미, 젠장, 넨장

나. 에이끼, 예기, 예끼

(37) 가. 이제 가을이 간다. [아아], 단풍이 곱다./ [아아], 낙엽이 슬프다./

나. 이제 가을이 간다. [아이고], 단풍이 곱다./ [아이고], 낙엽이 슬프다./

담화를 위한 단어인 감탄사가 (33-35가)는 담화의 내포를 확장하는 내용이고 (33-35나)는 담화의 외연을 축소하는 내용이다. (36가)는 욕으로 쓰이는 감탄사이고 (36나)는 나무라거나 화가 났을 때 아랫사람에게 쓰이는 감탄사이다. (36)은 감정 감탄사와 의지 감탄사의 성격을 함께 보이는 것이다. (36)이 쓰인 담화는 이들로 인하여 화자의 태도를 분명히 알 수 있고 제약을 받을 수밖에 없다. (37)은 여러 가지 감정을 나타낼 수 있는 감정 감탄사가 쓰인 경우인데 그 감정은 더 확장되지만 담화는 감정 표현과 관련이 있는 내용으로 그 범위가 축소된다.

부사는 위치에 따라서 수식 대상이나 범위를 달리 할 수 있지만 그 기본적인 기능은 '통사론적 수식'이다. 부사의 '통사론적 수식'은 그 대상이 이어지는 동사구나 어미구 안에 있어 수식어와 수식 대상의 관계를 분명히 파악할 수 있다. 그러나 감탄사는 관계를 맺는 대상이 이어지는 동사구나 어미구 안에 있지 않으므로 통사론적인 관계를 나타내지 않고 담화와 관계를 맺는다.

감탄사로 인하여 담화의 범위가 좁아지고 한정되므로 감탄사의 기본적인 기능은 '담화 수식'이다. 부사는 말로 표현된 명사구, 동사구, 수식사구, 어미구 등의 의미 범위를 좁히고 한정하는 '통사론적 수식'을 하는 품사이다. 감탄사는 독립어로 쓰일 수 있어 하나의 단어로 화자의 심리와 감정을 나타내고, 청자의 행동과 관심을 요구할 수 있다. 감탄사는 일부가 어미와 관계를 보이기는 하지만 앞이나 뒤 담화 표현의 범위를 좁히고 한정하므로 '담화 수식'을 하는 품사로 구별할 수 있다.

4. 결론

1. 부사는 수식하는 어휘로 수식 대상은 동사가 핵인 동사구, 관형사나 부사가 핵인 수식사구, 명사가 핵인 명사구, 어미가 핵인 어미구이다. '아무리', '부디', '제발' 등의 부사는 동사구를 벗어난 어미구와도 관계를 맺는데 어미와 일치한다거나 호응한다는 기술보다는 어미구를 수식한다는 기술이 부사를 일관성 있게 기술하는 방법이다. 부사는 이어지는 표현에 수식 대상이 명시되지 않으면 독립어 기능을 보이기는 하지만 잠재적인 수식 대상이 있는 어휘이다. 일반적으로 수식 대상 앞에 위치하며 위치에 따라서 수식 대상이나 수식 범위를 달리 할 수 있다. 통사론적 구성에서 피수식어의 의미 범위를 좁히고 한정하는 '통사론적 수식'의 기능을 나타낸다.

2. 감탄사는 담화를 수식하는 어휘로 수식 대상은 이어지는 동사구나 어미구의 범위를 벗어난다. 수식 대상은 동사구나 어미구를 벗어난 담화, 곧

화자나 청자, 화행, 앞이나 뒤의 다른 표현에서 찾을 수 있다. 담화를 위하여 이어지는 표현과 통사론적 관계를 맺기도 하지만 기본적으로 이어지는 표현과 통사론적 관계가 없다. 감탄사는 그것이 들어 있는 표현의 다른 성분과 통사론적 관계를 맺지 않으므로 위치에 제약이 없다. 담화 요소의 범위를 좁히고 한정하는 '담화 수식'의 기능을 나타낸다.

3. 부사와 감탄사는 어미와 관계를 보이는 경우가 있다. '아무리', '부디', '제발' 등의 부사와 어미의 관계를 살펴보면 부사가 어미구의 의미 범위를 좁히거나 한정하는 수식 기능을 보인다. 부사가 뒤에 이어지는 표현의 어미구와 통사론적 관계를 나타내므로 부사와 어미구의 관계는 '통사론적 수식'이다. 부사는 피수식어에 대하여 '통사론적 수식' 기능을 나타내는 것으로 일관성 있게 기술할 수 있다. 부사의 의미 기능은 기본적으로 수식 대상인 동사구나 어미구 등의 내포를 구체화하고 확장하며, 동사구나 어미구 등의 외연을 좁히고 한정하는 '통사론적 수식'이다.

'여보', '예', '아니요' 등의 감탄사는 앞이나 뒤의 담화 표현의 어미와 '일치'로 기술될 가능성이 있지만, '아야', '어머', '얼씨구' 등의 감정 감탄사나 '쉬', '쉿' 등의 의지 감탄사는 '일치'로 기술하기 어렵다. 감탄사로만 분류되는 예들은 통사론적 구성을 수식하는 기능을 함께 보이기도 하지만 담화를 분명하게 하기 위한 것이다. 감탄사의 의미 기능은 기본적으로 담화 표현의 내포를 구체화하고 확장하며, 담화 표현의 외연을 좁히고 한정하는 '담화 수식'이다.

부사와 감탄사를 구별할 만한 차이는 그 위치에 차이를 보인다는 것이다. 부사는 위치에 따라서 수식 대상이나 범위가 달라지지만 감탄사는 독립어로 쓰일 수 있고, 수식 대상의 앞, 중간, 뒤 등 그 위치에 제약이 없고 위치에 따라서 수식 대상이나 범위가 달라지지 않는다.

교착어미가 통합할 수 없어 위치에 따른 수식 대상과 수식 범위의 차이만으로 구별해 온 관형사, 부사, 감탄사를 구별하지 말고 모두 수식사로 설정하는 것이 문장이나 담화를 넘어서 국어 문법의 기술을 쉽고 간결하게 하는 방안이 될 것이다. 통사 구조에서 수의적인 요소로 그것이 들어 있는 표현의 문법성에 영향을 미치지 않고 삭제될 수 있다는 공통점을 보인다. 徐泰龍(2000: 269)에서 관형사, 부사, 감탄사를 묶어서 기본범주 수식사(Adjunct)를 설정했던 이유이다.

이 글에서는 부사와 감탄사의 상호 수식 가능성을 검토하지 못하였다. 부사가 감탄사를 수식하기 어렵고 감탄사가 부사를 수식하기 어려운 것으로 보인다. 부사의 통사론적 수식 기능과 감탄사의 담화 수식 기능 때문일 것이다. 상호 수식 가능성 여부는 두 품사의 차이를 더욱 분명히 확인할 수 있는 기준이 될 수도 있다.

이 글이 국어의 현상에 바탕을 둔 호응, 일치, 수식에 대한 논의를 위한 디딤돌이 되기를 기대한다.

참고문헌

金京勳(1996), 現代國語 副詞語 硏究, 서울大學校 大學院 博士學位論文.

김경훈(1997), 修飾과 呼應 - 副詞語의 呼應 現象을 중심으로-, ≪국어교육≫ 93권, 한국어교육학회, 157-184.

김선효(2005), 문장부사 설정에 대한 재고, ≪언어와 정보사회≫ 6, 36-54.

김태엽(1996), 국어 독립어의 문법성, ≪언어학≫ 제18호, 한국언어학회, 77-100.

서정목(1987), ≪국어 의문문 연구≫, 탑출판사. 1-437.

徐泰龍(1999), 국어 감탄사의 담화 기능과 범주, ≪東岳語文論集≫ 第三十五輯, 東岳語文學會, 21-49.

徐泰龍(2000), 국어 형태론에 기초한 통사론을 위하여, ≪國語學≫ 35, 國語學會, 252-285.

徐泰龍(2006), 국어 조사와 어미의 관련성, ≪國語學≫ 47, 國語學會, 65-89.

徐泰龍(2016), 품사 분류 기준의 우선순위와 감탄사 통용, ≪國語學≫ 80, 國語學會, 3-34.

신서인(2011), 문장부사의 위치에 대한 고찰, ≪國語學≫ 61, 國語學會, 207-238.

신서인(2014), 담화 구성 요소를 고려한 문장부사 하위분류, ≪한국어 의미학≫ 44, 한국어의미학회, 89-118.

유동석(1994), 한국어의 일치, ≪생성문법연구≫ 제4권 제2호, 한국언어학회 생성문법연구회, 211-247.

유송영(1998), 국어 호칭·지칭어와 청자 대우 어미의 독립성, -'담화 상황'과 관련된 내용을 중심으로-, ≪國語學≫ 32, 國語學會, 171-200.

임유종(1999), ≪한국어 부사 연구≫, 한국문화사.

채희락(2004), 호응 부사어 구문 분석 -하향 무한 이접성과 인덱스 구구조문법, ≪언어학≫ 제38호, 한국언어학회, 183-225.

최웅환(2015), 국어 감탄사와 품사분류 준거. ≪국어교육연구≫ 57, 국어교육학회, 223-250.

〈사전류〉

고려대 민족문화연구원(2009), ≪한국어대사전≫, 고려대학교 민족문화연구원 국어사전편찬실.

국립국어원(1999/2016), ≪표준국어대사전≫, 웹사전.

사회과학원 언어연구소 편(1992/2007), ≪조선말대사전(증보판)≫, 사회과학원출판사.

연세대학교 언어정보개발연구원 편(1998/2000), ≪연세한국어사전≫, 두산동아.

운평연구소 편(1991/1996), ≪국어대사전(제2판)≫, 금성출판사.

한글학회 지음(1992), ≪우리말큰사전≫, 어문각.

古代 漢字音의 音韻對立 연구 방법론*

— 고구려어, 백제어, 중국 전기 중고어를 중심으로

이 승 재(서울대)

1. 머리말

이 글은 古代 시기의 漢字音을 연구할 때에[1] 음운론적 단위인 音素를 어떻게 설정하는지를 자세히 풀어서 설명하는 데에 목적을 둔다.

제목에서 古代라고 지칭한 것을 정확히 한정하면 중국 魏晉南北朝에서 北宋까지의 시기를 가리킨다. 우리는 중국 漢代까지의 漢語를 上古語라고 하고, 위진남북조에서 북송까지의 한어를 中古語라고 지칭한다.[2] 한어 中古音을 연구할 때에는 601년에 편찬된 『切韻』과 1007년에 편찬된 『廣韻』 등의 切韻系 韻書가 대표적인 자료가 된다. 이 운서를 연구함으로써 한어 중고음에 어떤 자음과 모음이 있었는지 알 수 있다. 중국 주변국에서 수용한 한자

---

* 이 글은 한국언어학회 창립 40주년 기념 학술대회(서울대, 2016년 1월 15일)에서 '고대 한자음의 음운대립 연구'라는 제목으로 발표한 원고를 대폭적으로 수정・보완한 것이다.

1) 여기서 '古代 漢字音'이라 지칭한 것은 중국 주변국에서 수용한 한자음뿐만 아니라 중국의 고대 시기의 한자음도 포괄한다. 중국에서는 '漢字音'이라는 용어 대신에 '字音'을 사용한다.

2) 漢語史의 시대구분은 학자마다 다르다. 王力(1957: 43)에서는 五胡十六國 시대까지를 上古期, 南宋 전반까지를 中古期라 하였다.

음을 연구할 때에 이것이 항상 기준이 되는데, 우리도 이것을 기반으로 고구려어, 백제어, 중국 前期 中古語 등의 한자음을 분석해 보기로 한다. 朴炳采(1971)과 姜信沆(2011가, 2011나)도 한국 고대 한자음이 남북조 시기에 들어온 것이라고 한 바 있다.

백제와 고구려는 7세기 중엽에 멸망했다. 이들이 남긴 언어 자료는 아주 적고 매우 단편적이다. 인명, 지명, 관명 등의 고유명사가 한자로 기록되어 전할 뿐이다. 이 중에서 우리말 훈을 표기한 表訓字를 제외하고 表音字로[3] 사용한 것만 망라하여 모으면 백제어 표음자 694(707)자와[4] 고구려어 표음자 690(727)자를 확보할 수 있다. 멸망 이전에 기록된 표음자로 한정하면 각각 340자 정도에 불과하다. 아주 부족한 양이지만 이들을 효과적으로 분석하면 백제어와 고구려어의 음운체계를 재구할 수 있다.

한어의 음운론 연구 자료도 실상은 많지 않다. 한자는 기본적으로 표의문자이기 때문에 그 뜻을 중심으로 사용하게 되고, 상대적으로 그 음가를 염두에 둔 표기가 많지 않다. 음가를 의식한 표기로 詩歌의 押韻이나 元代의 曲詞 등이 있지만 이것만으로는 부족하다. 그리하여 『金瓶梅』, 『紅樓夢』 등의 소설에서 대화문에 사용된 한자를 보충하여 연구한다. 대화문에 사용된 한자는 기록 당시의 口語에서 실제로 사용했다는 의미를 가지므로 음운체계 연구의 대상이 된다.

이 글에서는 『世說新語』에 반영된 언어를 5세기 전반기의 前期 中古語라 지칭하고, 그 대화문에 나오는 用字를 대상으로 삼아 자음체계를 재구해 보기로 한다.[5] 『세설신어』는 『世說新書』라고도 하는데, 중국 南北朝의 宋人인

3) 漢字는 뜻(즉 字意)과 소리(즉 字音)를 가지는데, 뜻을 버리고 소리만을 취한 글자를 표음자라고 한다. 반대로, 뜻만을 취하고 소리를 버린 글자를 表訓字(또는 表意字)라고 한다.

4) 표음자를 낱개로 세면 694자이다. 그런데 하나의 한자가 여러 개의 음가를 가질 때가 있고 이 중에서 성모가 多音인 것을 별도로 추가하여 계산하면 707개 음가가 된다. 이것을 694(707)자라고 표기한다. 고구려어나 전기 중고어도 이와 같다.

5) 이에 대한 전반적인 연구는 후일을 기약하고, 여기에서 자음체계에 대한 논의로 한정한다.

劉義慶(403~444)이 魏晉 시기의 이야기를 모은 일화집이다. 따라서 5세기 전반기의 전기 중고어를 반영한 것으로 간주한다. 여기에 나오는 대화문은 한어의 역사언어학 자료가 되므로 이것을 자료로 삼아 한어의 통시통사론을 전개한 논문이 아주 많다. 그러나 이 대화문에 나오는 用字를 음운론적으로 분석한 연구는 아직 보지 못했다. 이 용자를 모두 모으면 2,212(2,486)자에 달하므로 자료의 양은 충분하다.

이 2,212(2,486)자를 기존의 연구자들이 음운론 연구의 대상으로 삼지 않은 까닭은 무엇일까? 그 답은 아마도 方法論의 不在에 있을 것이다. 우리는 프라그 학파의 음운대립 이론을 적용하여 이것을 극복해 보기로 한다. 이 이론에서는 相補的 分布를 보이는 두 음성은 하나의 단위로 합치고, 의미 분화를 불러일으키는 最小對立 雙이 있으면 대립 항의 음성을 각각 독자적인 音素로 등록한다. 미지의 언어를 대상으로 음소 목록을 정할 때에 이 방법을 보편적으로 사용한다.

이 음운대립 이론을 활용하여 이승재(2013)에서는 백제어의 자음체계를 재구한 바 있고, 나아가서 고구려어의 자음체계나 모음체계도 재구할 수 있다. 이 연구 방법이 백제어나 고구려어에만 적용된다면 별로 새로울 것이 없다. 그러나 한어 중고음의 음운체계를 연구할 때에도 이 방법이 유효하다면 사정이 달라진다. 우리의 연구 방법이 한국은 물론이요 中國이나 日本의 고대 한자음 연구에도 두루 적용되는 보편적 방법임이 논증되기 때문이다.

2. 한자음의 음운대립

古代 漢字音을 연구할 때에 音聲과 音素를 구별하지 않을 때가 적지 않다.

신라어에 대한 연구도 후일로 미룬다.

그리하여 奉母가 음성 [v]인지, 음소 /v/인지 구별하지 않고 그냥 v(또는 *v)이라고 표기한다. 이것은 역설적으로 고대 한자음 연구에서는 음운대립 이론을 적용하지 않았거나 적용할 수 없다는 것을 의미한다. 예컨대, 『절운』계 운서를 분석하여 한어 중고음에 36字母가 있다고 할 때에, 이 36개의 자음이 음성 차원의 자음인지 음소 차원의 자음인지 밝히지 않는다. 음소의 자격을 가지는 자음이 36개나 되는 언어는 아주 드물다. 이 중에서 일부의 자음은 변이음에 불과하므로 이들을 음운체계에서 덜어낼 필요가 있다.6) 이때에 우리는 프라그 학파의 음운대립 이론을 적용한다.

그런데 한자음 연구에 음운대립 이론을 어떻게 적용하느냐 하고 되묻는 이들이 적지 않다. 한자음을 분석할 때에 Karlgren 이래로 음소적 기술보다는 음성적 기술을 중시해 왔기 때문에7) 관습적으로 회의적 반응을 보이는 것이다. 그러나 우리는 한자음도 프라그 학파의 상보적 분포와 최소대립 쌍을 중심으로 기술할 수 있다고 본다. 이해의 편의를 위하여 현대 한국 한자음을 예로 들어 본다.

(1) 현대 한국 한자음의 음절 분포표

성모 / 운모	순음			아음			치음	
	ㅂ	ㅃ	ㅍ	ㄱ	ㄲ	ㅋ	ㅅ	ㅆ
ㅣ	比비	삐	皮피	基기	끼	키	時시	氏씨
ㅢ	빅	삑	픽	긱	喫끽	킥	式식	씩
ㆁ	氷빙	삥	핑	깅	낑	킹	싱	씽
ㅏ	바	빠	波파	加가	까	카	事사	싸
ㄹ	發발	빨	八팔	葛갈	깔	칼	殺살	쌀
ㅇ	方방	빵	팡	江강	깡	캉	上상	雙쌍

6) 前期 중고음의 脣輕音과 舌上音이 대표적인 예가 된다.
7) 이와는 달리 Martin (1953)이 음소 단위로 한자음을 연구해야 한다고 주장했지만, 아쉽게도 큰 호응을 얻지는 못했다.

ᅩ	普보	뽀	布포	古고	꼬	코	小소	쏘
ᅫ	봬	뽸	퐤	卦괘	꽤	快쾌	刷쇄	쐐
ᅡᆷ	밤	빰	팜	甘감	깜	캄	三삼	쌈
ᅩᆷ	봄	뽐	폼	곰	꼼	콤	솜	쏨
ᅮᆷ	붐	뿜	품	굼	꿈	쿰	숨	쑴
⋮	⋮	⋮	⋮	⋮	⋮	⋮	⋮	⋮

현대 한국어에는 수천 개의 음절이 있지만, 한자음으로 범위를 좁히면 그 음절 수가 500여 개로 줄어든다. 한자는 모두 1음절 단어이므로, 그 분포를 분석할 때에는 (1)에서처럼 行에는 韻(즉 영어의 rhyme)을 배열하고 列에는 聲母(즉 자음)를 배열할 수 있다. 현대 한국어의 자음은 19개이므로 이것을 19열로 나누어 넣게 되고, 韻에 대응하는 것은 수백 개이므로 (1)의 'ᅩᆷ, ᅮᆷ' 행의 아래로 수없이 이어진다. 한자음 연구에서는 韻에 해당하는 'ㅣ, ㅓ, ᅌ, … ᅩᆷ, ᅮᆷ, … ' 등이 성모(즉 초성)의 음운론적 환경이 된다. (1)에서는 번거로움을 피하여 성모 열에 脣音의 'ㅂ, ㅃ, ㅍ', 牙音의 'ㄱ, ㄲ, ㅋ', 齒音의[8] 'ㅅ, ㅆ' 자음만을 배열하고 운모 행에 11개의 예만을 배열했다. 해당하는 한자를 이 行列 칸에 집어넣되, 해당하는 음절로 읽히는 한자가 없을 때에는 ' 빅'처럼 공백으로 남겨 두었다.

(1)의 음절 분포표를 잘 살펴보면 체계적인 공백과 우연한 공백의 두 가지가 있음을 알 수 있다. 첫째로, 현대 한국 한자음에서 성모(즉 초성)가 'ㅃ'인 한자음 음절이 전혀 없다. 이것은 'ㅃ'이 한국 한자음에서는 자음 음소가 아니라는 것을 뜻한다. 예가 없기 때문이다. 'ㄸ, ㅉ' 등도 마찬가지이다. 둘째로, 운이 'ᅩᆷ, ᅮᆷ'인 한자음 음절이 전혀 없다. 이것은 "원순모음 뒤에 양순자음이 오지 못한다"는 漢語의 음절구조제약에 기원을 두고 있다. 이 제약이 한국 한자음에도 그대로 유입되었다. 음절 분포표 (1)로 한정한다면, 위

8) 현대 언어학의 용어로는 치조음이다.

의 두 가지를 제외한 나머지 공백은 모두 우연한 공백이다. 예컨대, ‘ㅂ’ 열에서 ‘빅, 바, 봬’ 음절에 대응하는 한자가 없는 것은 우연한 공백이다.

(1)의 예를 기준으로 삼아, 이제 순음 ‘ㅂ, ㅃ, ㅍ’ 상호간의 음운대립을 기술해 보자. 한국 한자음에서는 성모 ‘ㅂ’과 ‘ㅃ’의 음운대립 쌍이 없으므로 ‘ㅂ’과 ‘ㅃ’을 하나로 묶어서 음소 /p/로 간주한다. 반면에, ‘ㅂ’과 ‘ㅍ’의 음운대립 쌍에는 ‘比 : 皮’, ‘發 : 八’, ‘普 : 布’의 세 쌍이 있다. 이들은 모두 성모에서만 음가가 다르고 나머지 음운론적 요소(즉 운)에서는 음가가 같다. 따라서 이들은 성모의 최소대립 쌍이 된다. 프라그 학파의 음운대립 이론에서는 최소대립이 성립하면 대립 항을 각각 독자적인 음소로 등록한다. 이에 따라 ‘比・發・普’의 성모 ‘ㅂ’과 ‘皮・八・布’의 성모 ‘ㅍ’을 각각 독자적인 음소 /p/와 /pʰ/로 등록한다. 요약하면, 한국 한자음의 순음에서는 /p/와 /pʰ/의 두 가지 자음이 음소의 자격을 갖는다.

동일한 방법으로, 아음(즉 연구개음) ‘ㄱ, ㄲ, ㅋ’의 분포를 기술해 보자. 성모 ‘ㄱ’과 성모 ‘ㄲ’의 분포를 대비해 보면, 성모 ‘ㄲ’을 가지는 한자로는 ‘喫끽’이 유일하다. 그런데 이 ‘喫끽’은 대립적 가치를 가지지 못한다. 성모 ‘ㄱ’을 가지면서 ‘긱’으로 읽히는 대립 항이 한국 한자음에는 마침 없기 때문이다. 이 공백을 활용하면 성모 ‘ㄱ’과 성모 ‘ㄲ’의 분포가 상보적이라 할 수 있다. 따라서 현대 한국 한자음의 아음에서는 ‘ㄱ’과 ‘ㄲ’을 하나로 묶어서 음소 /k/만을 등록한다.9) 다음으로, 성모 ‘ㄱ’과 성모 ‘ㅋ’을 대비해 본다. 이때에는 상보적 분포가 아니다. 운모 ‘ㅙ’ 앞에 성모 ‘ㄱ’이 온 ‘卦괘’뿐만 아니라 성모 ‘ㅋ’이 온 ‘快쾌’도 있기 때문이다. 이 ‘卦괘’와 ‘快쾌’는 동일한 음운론적 환경인 ‘ㅙ’ 앞에 각각 ‘ㄱ’과 ‘ㅋ’이 온 것이므로 이 쌍은 실질적으로 성모의 최소대립 쌍이다. 이 쌍을 논거로 삼아 현대 한국 한자음에서 /k/와

9) 이 방법과 달리, ‘ㄱ’과 ‘ㄲ’을 각각 독자적인 음소로 설정해야 한다고 주장할지 모른다. 그러나 그것은 한국어 고유어에서의 음운대립을 참고한 것이지 한국 한자음을 기준으로 한 것이 아니다. 우리는 한자음 연구에 목표를 두므로 고유어의 음운대립은 참고하지 않는다.

/kʰ/를 각각 독자적인 음소로 설정한다.

마지막으로, (1)의 치음에서 성모 'ㅅ'과 성모 'ㅆ'의 대립 관계를 살펴보자. 동일한 음운론적 환경인 'ㅣ'의 앞에, 성모 'ㅅ'이 온 한자로 '時시'가 있을 뿐더러 성모 'ㅆ'이 온 한자로 '氏씨'가 있다. 또한, '上상'과 '雙쌍'은 동일한 운모인 'ㅇ'의 앞에 각각 성모 'ㅅ'과 성모 'ㅆ'이 왔다. 따라서 이 두 쌍은 성모의 최소대립 쌍이다. 최소대립이 성립하므로 'ㅅ'과 'ㅆ'을 각각 독자적 음소 /s/와 /s'/로 보아 이들을 음소 목록에 넣는다.

위의 세 가지 예를 통하여, 한자음 연구에도 프라그 학파의 음운대립 이론을 적용할 수 있음을 알 수 있다. 그런데 한자음에서는 상보적 분포와 최소대립 쌍의 관계가 아주 독특하다. 첫째로, 상보적 분포를 이룬다는 것은 최소대립 쌍이 없음을 의미한다. 둘째로, 최소대립 쌍이 있다는 것은 대비되는 두 항이 상보적 분포가 아님을 뜻한다. 위의 (1)에서 이것을 확인할 수 있다. 이 배타적 특징 덕택에, 프라그 학파의 음운대립 이론이 가장 잘 적용되는 대상이 바로 한자음이라고 말할 수 있다.

앞에서 예시한 상보적 분포와 최소대립 쌍을 적용하여, 이제 『세설신어』의 대화문에 사용된 2,212(2,486)자를 분석해 보기로 한다. 이 분석에는 한어 중고음의 음운체계를 적용한다. 『세설신어』가 5세기 전반기에 저술되었으므로, 한어 중고음의 분류체계를 이용하여 분석해야 한다. 만약 元代의 曲詞가 연구 대상이라면 14세기에 편찬된 『中原音韻』의 음운체계로 분석해야 한다.

여기에서는 편의상 『세설신어』의 脣音 중에서 明母字·微母字, 舌音의 泥母字, 齒音의 日母字만을 분석의 대상으로 삼는다. 전체 2,212(2,486)자 중에서 明母字는 91자, 微母字는 27자, 泥母字는 29자, 日母字는 37자이다. 이들을 분포 분석표 안에 집어넣으면 아래의 (2)와 같다. 이 분석표에서는 行에 韻을 배열하고 列에 聲母를 배열한다.

(2) 『세설신어』 2,212(2,486)자의 明母 · 微母, 泥母 · 日母의 분포 분석표

운 \ 성모		순음		설음	
		明母 m 91자	微母 ɱ 27자	泥母 n 29자	日母 ɲ 37자
果攝	歌韻			那 奈	
	戈韻			懦	
假攝	麻韻	馬 罵			若
遇攝	模韻	莫 慕 暮 姥 謨 莽		奴 駑 怒 弩	
	魚韻				如 汝
	虞韻		無 亡 武 務 霧 誣 蕪 舞		乳 襦 濡 儒
效攝	豪韻	毛 髦 冒 旄			
	肴韻	貌			
	宵韻	妙 廟 苗			饒 擾
	幽韻	謬			
	蕭韻			嬲	
流攝	侯韻	母 茂 畝 某			
	尤韻	謀 矛 侔			柔
止攝	支韻	彌 糜 靡			爾 兒 邇
	脂韻	美 眉			二
	微韻		味 未 微 吻		
	之韻				而 耳
蟹攝	泰韻			奈	
	咍韻			乃 迺	
	灰韻	每 梅 昧		內	
	皆韻	埋			
	佳韻	買 賣			
	夬韻	邁			
	齊韻	米 迷		泥 禰	
咸攝	覃韻			南 男 納	
	鹽韻				髯
	添韻			念 捻	

深攝	侵韻				入 任
山攝	寒韻			難	
	桓韻	末 滿 漫		煗	
	刪韻	蠻 慢			
	元韻		萬 晩		
	仙韻	面 免 滅 緜 冕 綿			然 熱 燃
	先韻	眠		年	
臻攝	魂韻	門 沒 亹 歿		訥	
	諄韻				潤
	文韻		勿 聞 文 物 問		
	眞韻	民 愍 密 閔 敏			人 日 仁 忍 仞 刃
宕攝	唐韻	莫 鳴 茫 幕 莽 寞		囊	
	陽韻		亡 望 忘 網 芒 妄 罔		若 讓 弱 壤
梗攝	庚韻	明 命 孟 盲 猛 陌			
	耕韻	麥 脈			
	淸韻	名			
	靑韻	冥 茗 覓 溟		寧 佞	
曾攝	登韻	默 冒		能	
通攝	東韻	目 木 夢 蒙 穆 牧			戎 肉
	鍾韻				辱
江攝	江韻	邈			

위의 분포 분석표를 검토해 보면 明母字가 오는 행에는 微母字가 오지 않는다. 거꾸로, 微母字가 오는 행에는 明母字가 오지 않는다. 이것은 5세기 전반기의 전기 중고어에서 明母와 微母가 상보적 분포임을 증명해 준다. 따라서 이 전기 중고어에서는 明母 [m]와 微母 [ɱ]를 하나로 합쳐서 明母・微

母 /m/이라 할 수 있다. 이것은 5세기 전반기의 한어 중고음에서는 아직 脣重音과 脣輕音이 분화되지 않았다는 것을 의미한다.

다음으로, 설음의 泥母와 치음의 日母를 대비해 본다. 여기에서도, 泥母와 어울려 사용되는 운모는 절대로 日母와 어울려 사용되지 않는다. 거꾸로, 日母와 어울려 사용되는 운모는 절대로 泥母와 어울리지 않는다. 이것은 泥母와 日母의 분포가 상보적(배타적)임을 뜻한다. 따라서 이 전기 중고어에서는 泥母와 日母를 하나의 단위로 묶을 수 있고, 이것을 음소 泥母・日母 /n/이라 할 수 있다.

日母는 韻圖 중심의 중국 음운학에서는 설음이 아니라 치음으로 분류하는 것이 일반적이지만, 前期 중고음에서는 그렇지 않다. 전기 중고음에서는 日母가 泥母와 상보적 분포를 이루므로 泥母와 더불어 설음에 넣어야 옳다. (2)의 日母 열에 넣은 37자에서 두루 확인할 수 있듯이, 日母는 운복 /i/의 앞이나 介音(활음) /j/를 가지는 운모 앞에 분포한다. 이 음운론적 환경에서는 구개음화가 일어나는 것이 보편적이므로[10] 日母의 음가는 [ɲ]이 된다. 반면에 泥母는 구개음화가 일어나지 않는 환경에 나타나므로 그 음가가 [n]이다. 음성 [ɲ]과 음성 [n]이 상보적 분포를 이루므로, 전기 중고음에서 음소의 자격을 가지는 것은 泥母・日母 /n/ 하나였다고 말할 수 있다.

중국 음운학에서는 구개음화한 鼻子音에 다시 脫鼻音化(denasalization)가 일어났고, 그 결과로 唐代 이후의 後期 중고음 단계에서 日母가 독자적인 음소 /ʑ/로[11] 분화되었다고 기술한다. 이처럼 분화가 일어난 뒤에는 日母를 치음으로 분류할 수 있지만, 분화가 일어나지 않은 전기 중고음 단계에서는 설음으로 분류하는 것이 맞다.

위의 구개음화와 탈비음화는 순음에 속하는 明母와 微母에서도 확인된다.

---

10) 여기에 한어 병음의 'yu' 즉 전설 원순 활음 /ɥ/를 포함할 수 있다. 이 /ɥ/도 전설성을 가지므로 구개음화의 동화주가 된다.

11) 이 분화 과정에서 중간 단계의 음가인 [ɲʑ]를 거쳤다고 해도 무방하다.

구개음화 환경 앞에는 微母 [ɱ]가 오고, 나머지 환경 앞에는 明母 [m]이 온다. 이 둘이 상보적 분포이므로 이 둘을 하나로 묶어서 明母・微母 /m/이라 할 수 있다.12)

위와 같이 상보적 분포와 최소대립 쌍을 활용하면, 고대 한자음에서 어느 것이 변이음이었고 어느 것이 음소였는지를 확정할 수 있다. 『세설신어』 대화문의 용자를 분석하면 微母 [ɱ]와 日母 [ɲ]는 각각 明母・微母 /m/와 泥母・日母 /n/의 변이음이었다. 이와 같은 방법으로 백제어・고구려어・전기 중고어의 자음 목록을 확정할 수 있고, 나아가서 이 음소 상호간의 대립관계를 논의하여 음운체계를 재구할 수 있다.

본격적인 논의에 들어가기 전에, 한자음을 구성하는 음운론적 요소를 간단히 설명해 두기로 한다. 우리는 한어 중고음 음가로 이토 지유키(이진호 역)(2011)를 택하므로 음운론적 요소를 기술할 때에도 이를 따른다.13) 대부분의 한자는 하나의 단어이고, 한자음은 항상 하나의 음절로 이루어진다. 한자음 음절을 구성하는 기본 요소에는 聲母, 韻, 聲調의 세 가지가 있다. 성모는 한국어의 초성에 해당하는 것으로서 대개는 자음이다. 韻은 영어의 rhyme에 해당하는데, 開合・等・韻腹(또는 主母音, 핵모음)・韻尾를 아우르는 요소이다. 韻尾도 韻에 포함되지만 이토 지유키(이진호 역)(2011)에서는 운미를 따로 분리하지 않았다. 韻에 운미가 포함되는 唐韻, 寒韻, 侵韻 등뿐만 아니라 운미가 없는 歌韻, 模韻, 支韻 등이 있기 때문이요, 入聲韻尾 /-p, -t, -k/나 陽聲韻尾 /-m, -n, -ŋ/ 등이 성조와 관련되어 있기 때문에 운미를 독립적 요

12) 후기 중고음에서는 구개음화한 鼻子音에 다시 탈비음화가 일어나는데, 일본의 吳音과 漢音이 대표적인 증거가 된다. (2)의 微母 열에 온 대부분의 한자를 일본 吳音에서는 /m/으로 수용했지만 漢音에서는 /b/로 수용했다. 이것을 강조하면 탈비음화가 전기 중고음에서는 일어나지 않았고, 후기 중고음에서 일어났다고 보아야 한다. 일본의 吳音은 전기 중고음을 수용한 것이고 漢音은 후기 중고음을 수용한 것이기 때문이다.

13) 이 음가를 이토 지유키(이진호 역)(2011)이 현대적 감각에 맞게 정리한 바 있으므로 우리는 이에 의지하였다.

소로 분리하지 않은 듯하다. 聲調는 현대 음운론의 tone에 해당하고, 한어 중고음에는 평성(L), 상성(R), 거성(D), 입성(E)의[14] 네 가지 성조가 있다.

韻은 開合・等・韻腹을 아우르는데, 이 중에서 開合은 開口와 合口에서 각각 '開'와 '合'을 딴 것이다. 開口는 활음 /w/가 없음을 뜻하고 合口는 활음 /w/(또는 /ɥ/)가 있음을 뜻한다. 等이 무엇인지에 대해서는 아직 의견이 통일되지 않았지만, 현대 음운론의 개구도를 뜻한다고 보는 견해가 많다. 1~4등의 네 가지로 구별하되, 수치가 커질수록 개구도가 좁아진다. 무엇보다도 3등이 항상 介音을 가진다는 사실이 중요하다.[15] 韻腹은 主母音 또는 핵모음이라고도 부르듯이 현대 음운론의 모음에 해당한다.

위에서 언급한 것을 요약하면 한자음 음절은 [聲母, 開合, 等, 聲調, 韻]의 다섯 가지 음운론적 요소로 이루어진다. 운미는 성조와 운에 연동되어 결정된다. (1)에서 예로 들었던 성모의 최소대립 쌍은 성모만 서로 다르고 나머지 네 가지 요소는 동일한 쌍이다. 고대 한자음에 어떤 子音이 있었는지를 논의할 때에는 성모 최소대립 쌍의 유무를 중심으로 논의한다. 母音에 어떤 것들이 있었는지를 논의할 때에는 운복의 최소대립 쌍을 찾으면 된다. 韻의 최소대립 쌍에는 開合의 최소대립 쌍, 等의 최소대립 쌍, 韻腹의 최소대립 쌍 등이 있는데, 이 중에서도 운복의 최소대립 쌍이 핵심적인 논거가 된다. 물론 이들 최소대립 쌍을 거론할 때에는 운미가 서로 동일해야 한다.

이 글에서는 개별 한자의 음가를 위의 다섯 가지 음운론적 요소로 표시한다. 논의의 편의를 위하여, 그 표시 방법을 제시하면 다음과 같다.

---

14) 한어 중고음에서는 성조의 소리값 즉 調値를 알 수 없다. 따라서 平・上・去・入은 영어 번역인 Level・Rising・Departing・Entering의 두음을 따서 각각 (L)・(R)・(D)・(E)로 표기한다.

15) 칼그렌(崔玲愛 譯)(1985: 30~1)의 이 학설은 흔들리지 않는다. 3등을 다시 A, B, AB, C 등으로 세분하지만, 이 글에서는 이와 관련되는 내용이 없으므로 3등을 세분하지 않기로 한다.

(3) 한자음 음가의 표시 방법 예시

1. 諸[章中3平魚] = 諸[章母, 中立, 3等, 平聲, 魚韻]
   沮[淸中3平魚] = 沮[淸母, 中立, 3等, 平聲, 魚韻]
2. 家[見開2平麻] = 家[見母, 開口, 2等, 平聲, 麻韻]
   佳[見開2平佳] = 佳[見母, 開口, 2等, 平聲, 佳韻]
3. 戴[端開1去咍] = 戴[端母 開口 1等 去聲 咍韻]
   帝[端開4去齊] = 帝[端母 開口 4等 去聲 齊韻]
4. 諸[章中3平魚] = ${}^{\text{章}}_{3}\text{諸}_{\text{魚}}^{L}$, ${}_{3}\text{諸}_{\text{魚}}^{L}$
   沮[淸中3平魚] = ${}^{\text{淸}}_{3}\text{沮}_{\text{魚}}^{L}$, ${}_{3}\text{沮}_{\text{魚}}^{L}$
5. 衡[匣開2平庚] = ${}^{\text{匣}}_{3}\text{衡}_{\text{庚}}^{L}$, ${}^{\text{開}}_{3}\text{衡}_{\text{庚}}^{L}$
   形[匣開4平靑] = ${}^{\text{匣}}_{4}\text{形}_{\text{靑}}^{L}$, ${}^{\text{開}}_{4}\text{形}_{\text{靑}}^{L}$
6. 設[書開3入仙] = ${}^{\text{書}}_{3}\text{設}_{\text{仙}}^{E}$, ${}^{\text{開}}_{3}\text{設}_{\text{仙}}^{E}$
   失[書開3入眞] = ${}^{\text{書}}_{3}\text{失}_{\text{眞}}^{E}$, ${}^{\text{開}}_{3}\text{失}_{\text{眞}}^{E}$

(3.1)의 諸[章中3平魚]는 '諸'의 음가를 다섯 가지 음운론적 요소로 분석하여 표시한 것이다. 이 음가는 『切韻』系 운서를 대표하는 『廣韻』의 음가이므로 한어 중고음의 음가이다. 다섯 가지 중에서 첫째 위치에 둔 '章'은 성모가 章母임을, 둘째의 '中'은 開合에서 中立임을, 셋째의 '3'은 等이 3등임을, 넷째의 '平'은 성조가 평성임을, 다섯째의 '魚'는 韻이 魚韻임을 가리킨다. (3.1)의 '諸'와 '沮'는 성모에서만 차이가 나고 나머지는 동일하므로 성모의 최소대립 쌍이다.

(3.2)의 家[見開2平麻]가 한어 중고음에서는 佳[見開2平佳]와 음운론적으로 대립한다. 이 쌍은 韻母에서만 차이가 나고 나머지 음운론적 요소는 서로 같으므로 운모의 최소대립 쌍이다. 4장에서 논의하겠지만 한어 중고음에서는 이 최소대립이 성립하므로 麻韻과 佳韻의 운복에 서로 다른 모음을 배당해야 한다.[16] 이에 따라 麻韻의 운복은 전설 저모음 /ɛ/이지만 佳韻의 운복은 중설 저모음 /a/라고 기술하게 된다. 반면에, 고구려어에서는 麻韻과 佳韻

16) 이 두 운의 음가가 운미의 유무에서 차이가 난다고 보는 견해도 있다(후술).

의 최소대립 쌍이 없다. 이것은 이 두 운모의 운복이 변별되지 않았음을 의미하므로 이 두 운모의 운복에 동일한 모음 /a/를 배당한다.

(3.3)에서는 戴[端開1去咍]와 帝[端開4去齊]가 운모의 음운대립 쌍이다. 이때에는 '戴'가 1등인 데에 비하여 '帝'가 4등이므로 운모의 최소대립 쌍이 아닌 것처럼 보인다. 운모뿐만 아니라 등에서도 차이가 나기 때문이다. 그러나 咍韻은 항상 1등이고 齊韻은 항상 4등이라는 점을[17] 고려하면, 실질적으로는 운모의 최소대립 쌍이라 할 수 있다. 이 실질적 최소대립을 이용하여 咍韻과 齊韻의 운복에 각각 /ə/와 /e/ 모음을 배당하여 음가를 구별한다.

(3.4~6)은 한어 중고음의 음가를 위첨자와 아래첨자를 활용하여 다르게 표시한 것이다. 이때에는 첫째 자리에 성모를 두기도 하고 개합을 두기도 한다. 開合이 중립인 것은 '$_{3}$諸$_{魚}^{L}$'과 같이 표시하지 않고 생략한다.

고대 한자의 음가를 위와 같이 표시하여, 여기에 프라그 학파의 음운대립 이론을 적용하기로 한다. 적용에 앞서서 먼저 강조해 둘 것이 있다. 고대어의 음운체계를 재구할 때에는 표음자 전체를 연구 대상으로 삼아야 한다는 점이다. 이른바 全數調査가 전제되지 않으면, 다수의 음운대립이 확인된다 하더라도 일부의 음운대립이 누락될 가능성이 크다.

한어 상고음을 재구할 때에 흔히 『詩經』의 押韻字를 활용하거나 諧聲字의 聲符를 활용한다. 그런데 이 방법이 가지고 있는 최대의 단점은 전수 조사가 전제되지 않는다는 점이다. 예컨대, 압운자로 사용된 적이 없는 한자나 성부가 없는 한자에 대해서는 연구가 전혀 불가능하다. 그리하여 일부의 음운대립이 기술 대상에서 제외되는 결과를 가져온다. 이런 상황에서는 음운체계를 전반적이고도 체계적으로 재구할 수 없다.

우리가 논의하게 될 백제어, 고구려어, 전기 중고어 자료는 전수 조사를

---

17) 이처럼 등이 운모에 종속될 때가 많다. 개합도 운모에 연동되어 자동적으로 결정될 때가 있다.

통하여 모은 것이므로, 기존의 논의보다 훨씬 전반적이고도 체계적으로 음운체계를 재구할 수 있다. 백제어나 고구려어를 기록한 항목을 망라하여 모으고, 여기에서 표음자로 사용된 것을 골라내면 각각 694(707)자와 690(727)자에 이른다. 5세기 전반기의 전기 중고어를 반영하는 『世說新語』의 대화문에서는 2,212(2,486)자를 추출하였다.

『세설신어』의 2,212(2,486)자에 비하여 백제어와 고구려어의 표음자가 아주 적다는 인상을 준다. 그러나 700자가 채 되지 않는다 하더라도 이들이 엄격히 선별된 표음자라는 점이 중요하다. 백제와 고구려에서 自國語를 적기 위해 사용한 것이므로 이 표음자는 事前 언어조사를 거쳐 엄선한 한자의 집합에 비유할 수 있다. 즉 구조주의에서 강조하는 자료의 전형성을 갖춘 것이다. 반면에 『세설신어』의 2,212(2,486)자는 대화문에서 무작위로 모은 것이므로 실제로는 자연발화에 사용된 한자의 집합과 같다. 따라서 백제어·고구려어의 690여 자는 『세설신어』의 2,212(2,486)자에 비해 양적으로는 아주 적지만 질적으로는 거의 차이가 나지 않는다.[18)]

3. 子音의 음운대립

이제 고대 한자음을 어떻게 연구하는지 본격적으로 논의하기로 한다. 먼저 子音을 중심으로 음운대립 이론을 적용해 보자.

백제어의 표음자 694(707)자 중에서 성모가 순음인 것을 모두 골라 보면 다음의 105자가 나온다.

18) 잘 조직되고 훈련된 정예군 700명이 농사를 짓다가 갑자기 차출된 농민군 2,212명을 당해 낼 수 있는 것에 비유할 수 있다.

(4) 백제어 표음자의 순음 (105자)

		全淸	次淸	全濁	不淸不濁
脣音	幫組	幫 p 20	滂 p^h 3	並 b 16	明 m 32
	非組	非 f 12	敷 f^h 2	奉 v 10	微 ɱ 10

이 105자를 아래의 (5)와 같이 분포 분석표에 집어넣는다. (5)에서 行으로 배열한 것은 韻이고, 列에 배열한 것은 聲母이다. 운의 종류가 너무 많아서 비슷한 음가를 가지는 운을 하나의 동아리로 묶게 되는데, 이것을 攝이라 한다. 순음에는 위의 (4)에서 보인 것처럼 8개의 성모(즉 자음)가 있다. 이 성모 상호간에 음운대립이 성립했는지가 우리의 관심사이다.

위의 (4)에 보인 幫組는 脣重音 계열인데, 현대 음운론의 양순 폐쇄음에 해당한다. 非組는 脣輕音 계열이라 부르고, 脣齒 마찰음에 해당한다. 이 순치 마찰음이 독자적인 음소였는지 양순 폐쇄음의 변이음이었는지가 주요 연구 대상이다. 또한 전청(즉 무성무기음)과 차청(즉 무성유기음)이 음운론적으로 대립했는지, 전청과 전탁(즉 유성무기음)이 대립했는지 등도 아주 중요한 연구 대상이다.

아래의 분포 분석표에서 불청불탁(또는 次濁, 공명음)은 번거로움을 피하여 운모만 아래첨자로 표시했다. 불청불탁의 明母 [m]과 微母 [ɱ]의 최소대립쌍이 있는지 검토해 보면 이 둘이 상보적 분포를 이룬다. 遇攝 행을 예로 들면 明母는 模韻 앞에 오는 데에 비하여 微母는 虞韻 앞에 온다.

(5) 백제어 순음의 분포 분석표

성모 / 攝	全淸		次淸	全濁		不淸不濁	
	幫p 20	非f 12	滂p^h 5 敷f^h 2	並b 16	奉v 10	明m 32	微ɱ 10
果攝 $_{歌\ 戈}$	$_1$波$_戈^L$					磨$_戈$ 摩$_戈$	
假攝 $_{麻}$	$_2$巴$_麻^L$					馬$_麻$ 麻$_麻$	

遇攝 模 魚 虞		$_{3}$父$_{\text{虞}}^{R}$ $_{3}$夫$_{\text{虞}}^{L}$	$^{\text{滂}}{}_{1}$浦$_{\text{模}}^{R}$	$_{1}$菩$_{\text{模}}^{L}$ $_{1}$蒲$_{\text{模}}^{L}$	$_{3}$父$_{\text{虞}}^{R}$ $_{3}$輔$_{\text{虞}}^{R}$ $_{3}$扶$_{\text{虞}}^{L}$	慕$_{\text{模}}$ 謨$_{\text{模}}$	亡$_{\text{虞}}$ 毋$_{\text{虞}}$ 武$_{\text{虞}}$
效攝 豪 肴 宵 蕭	$_{1}$保$_{\text{豪}}^{R}$					毛$_{\text{豪}}$ 妙$_{\text{宵}}$ 苗$_{\text{宵}}$	
流攝 侯 尤		$_{3}$富$_{\text{尤}}^{D}$ $_{3}$不$_{\text{尤}}^{L/R}$		$_{1}$部$_{\text{侯}}^{R}$ $_{1}$簿$_{\text{侯}}^{R}$	$_{3}$負$_{\text{尤}}^{R}$	母$_{\text{侯}}$ 茂$_{\text{侯}}$ 牟$_{\text{尤}}$	
止攝 支 之 微 脂	$_{3}$比$_{\text{脂}}^{D}$ $_{3}$卑$_{\text{支}}^{L}$ $_{3}$沘$_{\text{脂}}^{R}$	$_{3}$非$_{\text{微}}^{L}$ $_{3}$沸$_{\text{微}}^{D}$		$_{3}$鼻$_{\text{脂}}^{D}$ $_{3}$毗$_{\text{脂}}^{L}$ $_{3}$皮$_{\text{支}}^{L}$		彌$_{\text{支}}$ 縻$_{\text{支}}$	未$_{\text{微}}$ 味$_{\text{微}}$ 尾$_{\text{微}}$
蟹攝 咍 灰 泰 齊 祭 夬 佳	$_{1}$背$_{\text{灰}}^{D}$ $_{1}$浿$_{\text{泰}}^{D}$			$_{1}$背$_{\text{灰}}^{D}$		邁$_{\text{夬}}$ 昧$_{\text{灰}}$ 買$_{\text{佳}}$	
梗攝 庚 清 青	$_{2}$伯$_{\text{庚}}^{E}$ $_{3}$碧$_{\text{庚}}^{E}$ $_{3}$兵$_{\text{庚}}^{L}$ $_{3}$辟$_{\text{清}}^{E}$			$_{2}$白$_{\text{庚}}^{E}$ $_{3}$苩$_{\text{庚}}^{E}$ $_{3}$平$_{\text{庚}}^{L}$		冥$_{\text{青}}$ 明$_{\text{庚}}$ 鳴$_{\text{庚}}$ 命$_{\text{庚}}$ 名$_{\text{清}}$	
咸攝 談 覃 鹽 嚴 凡 咸 銜 添		$_{3}$法$_{\text{凡}}^{E}$			$_{3}$範$_{\text{凡}}^{R}$		
山攝 寒 桓 先 仙 元 山	$_{1}$半$_{\text{桓}}^{D}$ $_{2}$八$_{\text{山}}^{E}$ $_{3}$別$_{\text{仙}}^{E}$	$_{3}$發元^{E}	$^{\text{滂}}{}_{3}$沜$_{\text{桓}}^{D}$ $^{\text{滂}}{}_{3}$潘$_{\text{桓}}^{L}$	$_{3}$卞仙^{D} $_{3}$辨仙^{R} $_{3}$辯仙^{R} $_{3}$別仙^{E}	$_{3}$伐$_{\text{元}}^{E}$	滿$_{\text{桓}}$ 末$_{\text{桓}}$ 免$_{\text{仙}}$ 面$_{\text{仙}}$ 眠$_{\text{先}}$	萬$_{\text{元}}$
宕攝 唐 陽	$_{1}$博$_{\text{唐}}^{E}$	$_{3}$方$_{\text{陽}}^{L}$	$^{\text{敷}}{}_{3}$芳$_{\text{陽}}^{L}$	$_{1}$薄$_{\text{唐}}^{E}$		莫$_{\text{唐}}$	亡$_{\text{陽}}$
江攝 江							
深攝 侵							
臻攝 魂 欣 眞 文 痕 諄	$_{1}$本$_{\text{魂}}^{R}$ $_{1}$体$_{\text{魂}}^{R}$ $_{3}$賓$_{\text{眞}}^{L}$	$_{3}$分$_{\text{文}}^{L}$ $_{3}$不$_{\text{文}}^{E}$ $_{3}$弗$_{\text{文}}^{E}$			$_{3}$濆$_{\text{文}}^{L}$ $_{3}$汾$_{\text{文}}^{L}$	門$_{\text{魂}}$	文$_{\text{文}}$ 汶$_{\text{文}}$ 勿$_{\text{文}}$
曾攝 登 蒸 職	$_{1}$北$_{\text{登}}^{E}$						
通攝 東 鍾 冬		$_{3}$福$_{\text{東}}^{E}$	$^{\text{敷}}{}_{3}$豊$_{\text{東}}^{L}$		$_{3}$服$_{\text{東}}^{E}$ $_{3}$伏$_{\text{東}}^{E}$	木$_{\text{東}}$ 目$_{\text{東}}$ 沐$_{\text{東}}$	

遇攝 행의 明母字 '慕'와 微母字 '亡' 음가를 모두 기술하면 각각 '$^{\text{明}}{}_{1}$慕$_{\text{模}}^{D}$'

와 ‘$^{微}{}_{3}$亡$_{虞}^{L}$’가 된다. 이 쌍은 성모에서도 차이가 나고 운모에서도 차이가 나므로 최소대립 쌍이 아니다. 우리는 한자음의 다섯 가지 음운론적 요소 중에서 단 한 군데에서만 차이가 날 때에 최소대립이라는 용어를 사용한다.

최소대립의 성립 여부를 더 알기 쉽도록, (5)의 분석표에서 遇攝만을 따로 떼어내어 2장의 (2)처럼 나타내면 아래의 (6)과 같다.

(6) 백제어 明母와 微母의 분포 분석표 - 遇攝

성모 / 攝		全淸		次淸	全濁		不淸不濁	
		幫p 20	非f 12	滂p^h 5 敷f^h 2	並b 16	奉v 10	明m 32	微ɱ 10
遇攝	模韻			$^{滂}{}_{1}$浦$_{模}^{R}$	$_{1}$菩$_{模}^{L}$ $_{1}$蒲$_{模}^{L}$		慕$_{模}$ 謨$_{模}$	
	虞韻		$_{3}$父$_{虞}^{R}$ $_{3}$夫$_{虞}^{L}$			$_{3}$父$_{虞}^{R}$ $_{3}$輔$_{虞}^{R}$ $_{3}$扶$_{虞}^{L}$		亡$_{虞}$ 毋$_{虞}$ 武$_{虞}$

(6)에서는 遇攝에서 模韻 행과 虞韻 행을 서로 나누었다. 이처럼 운모를 분리하여 서로 다른 行에 배열하면 ‘慕$_{模}$, 謨$_{模}$’와 ‘亡$_{虞}$, 毋$_{虞}$, 武$_{虞}$’가 서로 다른 행에 온다. 이처럼 서로 다른 행에 온 것은 최소대립을 이루지 못한다. 明母는 模韻 앞에만 오고 虞韻 앞에는 오지 않는다. 반대로, 微母는 模韻 앞에는 오지 않고 虞韻 앞에만 온다. 이것은 달리 말하면, 明母와 微母가 상보적 분포임을 뜻한다. 이처럼 상보적 분포인 것은 하나의 음소로 합치므로 明母·微母로 묶고 그 음가를 /m/이라 추정한다.

이번에는 분포 분석표 (5)에서 차청(무성유기음) 열에 온 滂母 [p^h]와 敷母 [f^h]가 음운론적으로 대립하는지 먼저 검토해 본다.19) 이 열의 山攝 행에는 ‘$^{滂}{}_{1}$泮$_{桓}^{D}$’과 ‘$^{滂}{}_{1}$潘$_{桓}^{L}$’이 동일 칸에 왔다. 그런데 이 쌍은 성모의 최소대립 쌍

19) 이 분석표에서는 지면을 절약하기 위해서 동일 열에 배열했지만, 사실은 이 둘을 나누어서 배열해야 한다.

이 아니라 성조의 최소대립 쌍이다. 성모가 滂母로 동일한 데에 반하여, 성조에서 '泮'은 거성이고 '潘'은 평성이다. 이 쌍을 제외하면 滂母 [pʰ]와 敷母 [fʰ]가 동일 칸에 오지 않는다. 이것은 滂母 [pʰ]와 敷母 [fʰ]의 성모 최소대립 쌍이 없다는 뜻이다.

이와 같은 방법으로, 분포 분석표 (5)에서 전청(즉 무성무기음)인 幫母 [p]와 非母 [f]의 최소대립 쌍이 있는지 찾아보자. 여기에서도 항상 성모뿐만 아니라 운모에서도 차이가 난다. 즉, 幫母와 非母의 최소대립 쌍이 없다. 그렇다면 幫母와 非母를 하나로 묶어서 幫母・非母 /p/라고 할 수 있다.

전탁(즉 유성무기음)에서도 이것을 확인해 보자. 분포 분석표 (5)에서 並母 [b]와 奉母 [v]가 동일 행에 오는 것을 찾아 그 운모가 동일한지 대비해 보면 항상 운모가 서로 다르다. 이것은 並母와 奉母의 최소대립 쌍이 없음을 뜻하므로, 이 둘을 하나의 음소 並母・奉母 /b/로 합친다.

지금까지의 논의를 종합하면, 백제어에서는 순중음(양순 폐쇄음)과 순경음(순치 마찰음)의 음운론적 대립이 없었다는 결론이 나온다. 이 점에서는 백제어, 고구려어, 전기 중고어가 서로 일치한다.

그런데 여기에서 논의가 끝나는 것이 아니다. 앞에서는 幫母・非母 /p/, 並母・奉母 /b/, 明母・微母 /m/ 등이 마치 음소의 자격을 가지는 것처럼 기술했지만 아직 거쳐야 할 단계가 남아 있다. 이들 상호간에 음운대립이 성립하는지 다시 확인하는 일이다. 더불어서 차청(무성유기음) 滂母・敷母 [pʰ]가 음소의 자격을 갖는지도 논의해야 한다. 따라서 이들 상호간의 최소대립 쌍이 존재하는지를 반드시 검토해야 한다.

먼저, 幫母・非母가 滂母・敷母와 동일 열에 오고 韻・聲調・開合・等의 네 요소가 모두 일치하는 표음자가 있는지를 분포 분석표 (5)에서 찾아보면, 아래의 두 쌍이 나온다. (7.1)의 표음자 '半'과 '泮'은 성모에서만 차이가 나는 최소대립 쌍임이 분명하다. 마찬가지로, (7.2)의 '方'과 '芳'도 성모의 최소대립 쌍이다.

(7) 幫母·非母와 滂母·敷母의 최소대립 쌍
  1. 山攝의 桓韻 - $^{\text{幫}}{}_{1}\text{半}_{\text{桓}}^{D}$: $^{\text{滂}}{}_{1}\text{泮}_{\text{桓}}^{D}$
  2. 宕攝의 陽韻 - $^{\text{非}}{}_{3}\text{方}_{\text{陽}}^{L}$: $^{\text{敷}}{}_{3}\text{芳}_{\text{陽}}^{L}$

그런데 백제어의 대립 항 '泮'과 '芳'에 문제가 있다. '泮'은 '沙泮(王)'에 딱 한 번 사용되었는데, 이것이 『삼국사기』와 『삼국유사』에 나온다. 이 왕명은 원래는 "仇首王在位二十一年薨, 長子沙伴嗣位"(『삼국사기』 고이왕 즉위 조)의[20] '沙伴'으로 표기되었던 것인데 통일신라 이후에 '沙泮(王)'으로 바뀐 것이다. 즉 좌변 '亻'의 행서체를 후대에 '氵'로 잘못 판독한 것이다. 일본의 『新撰姓氏錄』에서는 이 왕명을 '沙半王'으로 표기했다(장세경 2007: 530). 따라서 이 왕명의 '泮'을 '伴' 또는 '半'으로 수정할 필요가 있다. 이 수정에 따르면 (7.1)의 최소대립 쌍이 없어진다. (7.2)의 대립 항인 '芳'도 『삼국사기』와 『삼국유사』의 '阿芳'에만 사용되었다. '阿芳'은 '阿莘(王)'의 다른 표기이므로 오자일 가능성이 있다. 『삼국사기』에서 이미 "阿莘王[或云阿芳]枕流王之元子"(『삼국사기』 백제본기 제3)라 하여 '阿芳'을 버리고 '阿莘'을 취한 바 있다. 이에 따라 '芳'을 백제어 표음자에서 제외하면 (7.2)의 최소대립 쌍이 없어진다.

이처럼 (7)의 대립 항인 '泮'과 '芳'은 오자일 가능성이 크다. 오자일 가능성이 큰 것은 표음자에서 제외하는 것이 안전하다. 이 태도에 따르면, 백제어에서 幫母·非母와 滂母·敷母가 음운론적으로 대립했다는 증거가 없어진다. 최소대립 쌍이 없으므로 이 둘을 하나의 음소 幫母·非母·滂母·敷母 /p/로 묶는다.

다음으로, 幫母·非母·滂母·敷母가 並母·奉母와 음운론적으로 대립했

20) '沙伴王'은 234년에 즉위했으나 곧 폐위된 것으로 전한다. '沙泮'으로 표기되기도 한다. 아버지는 구수왕이다. 『삼국사기』 고이왕 즉위 조에서 구수왕이 사망하자 그의 맏아들인 사반왕이 왕위를 계승했다(『한국민족문화대백과사전』의 '沙伴王' 항목에서 인용).

는지를 검토해 보자. 이를 위해, 분포 분석표 (5)에서 동일 행에 온 것 중에서 성모만 차이가 나는 최소대립 쌍을 찾아보면 다음과 같다.

(8) 幫母・非母・滂母・敷母와 並母・奉母의 최소대립 쌍과 출전[21)]

1. 遇攝의 虞韻 - $^{非}_{C}$夫$^{L}_{虞}$: $^{奉}_{C}$扶$^{L}_{虞}$ {목, 중, 일, 지, 사} : {중, 당, 사, 유}
2. 止攝의 脂韻 - $^{幫}_{A}$比$^{D}_{脂}$: $^{並}_{A}$鼻$^{D}_{脂}$ {목, 일, 지, 사, 유} : {일}
3. 梗攝의 庚韻 - $^{幫}_{2}$伯$^{E}_{庚}$: $^{並}_{2}$白$^{E}_{庚}$ {마, 지, 사, 유} : {목, 일}
4. 梗攝의 庚韻 - $^{幫}_{B}$兵$^{L}_{庚}$: $^{並}_{B}$平$^{L}_{庚}$ {당, 사} : {중, 일, 지, 당, 사, 유}
5. 臻攝의 文韻 - $^{非}_{C}$分$^{L}_{文}$: $^{奉}_{C}$濆$^{L}_{文}$ {목, 일, 지} : {마}
6. 臻攝의 文韻 - $^{非}_{C}$分$^{L}_{文}$: $^{奉}_{C}$汾$^{L}_{文}$ {목, 일, 지} : {사, 유}
7. 通攝의 東韻 - $^{非}_{C}$福$^{E}_{東}$: $^{奉}_{C}$服$^{E}_{東}$ {일, 당, 사, 유} : {일, 사}
8. 通攝의 東韻 - $^{非}_{C}$福$^{E}_{東}$: $^{奉}_{C}$伏$^{E}_{東}$ {일, 당, 사, 유} : {지}

위의 8쌍 중에서 백제가 멸망하기 이전의 텍스트에 이미 기록되어 신뢰도가 높은 것은 (8.1), (8.3), (8.5)의 세 쌍이다. (8.1)의 대립 항 '夫'는 백제 木簡과 멸망 이전의 중국 史書에서 사용되었고, 대립 항 '扶'는 중국 史書에서 사용되었다. (8.3)의 '伯'과 '白'은 각각 『三國志』 위서동이전의 馬韓 국명과 백제 목간에 사용되었고, (8.5)의 '分'과 '濆'은 각각 백제 목간과 마한 국명에 사용되었다. 이 세 쌍은 백제가 멸망하기 이전의 텍스트에서 幫母・非母・滂母・敷母와 並母・奉母가 음운론적으로 대립했음을 보여준다. 이 최소대립 쌍을 논거로 삼아, 백제어에서 幫母・非母・滂母・敷母와 並母・奉母가 각각 음소 /p/와 음소 /b/였다고 말할 수 있다.

결론적으로, 백제어의 순음에는 전청・차청인 幫母・非母・滂母・敷母

---

21) 출전은 다음과 같이 줄여서 적는다.
마=『삼국지』에 기록된 馬韓 국명, 중=백제 멸망 이전에 편찬된 중국 史書, 목=백제 목간, 경=憬興의 반절자, 일=8~9세기에 편찬된 일본 사서, 지=『삼국사기』 지리지, 당=백제 멸망 이후에 편찬된 중국 사서, 사=『삼국사기』, 유=『삼국유사』

/p/, 전탁인 並母・奉母 /b/, 불청불탁인 明母・微母 /m/의 세 자음이 있었다.[22] 현대 음운론의 용어로 돌려 말하면, 백제어 순음에는 무성무기음 /p/, 유성무기음 /b/, 비음 /m/의 세 자음이 있었다. 이것은 고구려에서도 마찬가지이다.

이제, 백제어 분석 방법과 동일한 방법으로『세설신어』대화문 용자의 순음을 분석해 보기로 한다. 불청불탁인 明母와 微母가 상보적 분포를 이룬다는 것은 2장의 분포 분석표 (2)를 통하여 이미 논의했으므로, 여기에서는 全淸字・次淸字・全濁字의 분포 분석표만 제시하기로 한다. 여기에서는 순중음과 순경음이 음운론적으로 대립했는지, 전탁과 전청이 대립했는지 등이 관심사이다.

(9)『세설신어』(2,212/2,486자) 순음의 全淸字・次淸字・全濁字의 분포

脣音 / 攝	全淸		次淸		全濁	
	幫 p 86	非 f 33	滂 p^h 25	敷 f^h 21	並 b 65	奉 v 46
果攝 歌1 戈1	${}_{1}$波${}_{\text{戈}}^{L}$ ${}_{1}$播${}_{\text{戈}}^{D}$ ${}_{1}$簸${}_{\text{戈}}^{D}$ ${}_{1}$番${}_{\text{戈}}^{L/D}$		${}_{1}$頗${}_{\text{戈}}^{L/R}$ ${}_{1}$破${}_{\text{戈}}^{D}$		${}_{1}$婆${}_{\text{戈}}^{L}$	
假攝 麻2,3	${}_{2}$把${}_{\text{麻}}^{R}$				${}_{2}$琶${}_{\text{麻}}^{L}$	
遇攝 模1 魚3 虞3	${}_{1}$哺${}_{\text{模}}^{L}$ ${}_{1}$補${}_{\text{模}}^{R}$ ${}_{1}$布${}_{\text{模}}^{D}$	${}_{3}$膚${}_{\text{虞}}^{L}$ ${}_{3}$夫${}_{\text{虞}}^{L}$ ${}_{3}$府${}_{\text{虞}}^{R}$ ${}_{3}$父${}_{\text{虞}}^{R}$ ${}_{3}$甫${}_{\text{虞}}^{R}$ ${}_{3}$賦${}_{\text{虞}}^{D}$ ${}_{3}$富${}_{\text{虞}}^{D}$ 3傅${}_{\text{虞}}^{D}$	${}_{1}$普${}_{\text{模}}^{R}$	${}_{3}$敷${}_{\text{虞}}^{L}$ ${}_{3}$孚${}_{\text{虞}}^{L}$ 3撫${}_{\text{虞}}^{R}$ ${}_{3}$赴${}_{\text{虞}}^{D}$	${}_{1}$蒲${}_{\text{模}}$L ${}_{1}$捕${}_{\text{模}}^{L}$ ${}_{1}$簿${}_{\text{模}}^{R}$ ${}_{1}$步${}_{\text{模}}^{D}$ ${}_{1}$哺${}_{\text{模}}^{D}$	${}_{3}$符${}_{\text{虞}}^{L}$ ${}_{3}$扶${}_{\text{虞}}^{L}$ ${}_{3}$瓿${}_{\text{虞}}^{L}$ ${}_{3}$凫${}_{\text{虞}}^{L}$ ${}_{3}$輔${}_{\text{虞}}^{R}$ ${}_{3}$父${}_{\text{虞}}^{R}$ ${}_{3}$腐${}_{\text{虞}}^{R}$ 3釜${}_{\text{虞}}^{R}$ 3附${}_{\text{虞}}^{D}$

22) 明母・微母 /m/이 幫母・非母・滂母・敷母 /p/나 並母・奉母 /b/와 음운론적으로 대립하는 것도 제시할 수 있어야 한다. 여기에서는 번거로움을 피하여 이 논의를 생략했다.

效攝 豪1 肴2 宵3	$_{1}$保$_{豪}^{R}$ $_{1}$寶$_{豪}^{R}$ $_{1}$報$_{豪}^{D}$ $_{2}$苞$_{肴}^{L}$ $_{2}$飽$_{肴}^{R}$ $_{2}$豹$_{肴}^{D}$ $_{3}$標$_{宵}^{R}$ $_{3}$表$_{宵}^{R}$		$_{3}$飄$_{宵}^{L}$		$_{1}$抱$_{豪}^{R}$ $_{1}$暴$_{豪}^{D}$ $_{3}$驃$_{宵}^{D}$	
流攝 侯1 尤3	$_{3}$彪$_{尤}^{L}$	$_{3}$不$_{尤}^{L/R}$ $_{3}$否$_{尤}^{R}$		$_{3}$副$_{尤}^{D}$ $_{3}$覆$_{尤}^{D}$	$_{1}$裒$_{侯}^{L}$ $_{1}$部$_{侯}^{R}$ $_{1}$瓿$_{侯}^{R}$	$_{3}$浮$_{尤}^{L}$ $_{3}$負$_{尤}^{R}$ $_{3}$婦$_{尤}^{R}$ $_{3}$阜$_{尤}^{R}$ $_{3}$復$_{尤}^{D}$ $_{3}$複$_{尤}^{D}$
止攝 之3 微3 支3 脂3	$_{3}$彼$_{支}^{R}$ $_{3}$陂$_{支}^{L}$ $_{3}$卑$_{支}^{L}$ $_{3}$箄$_{支}^{R}$ $_{3}$臂$_{支}^{D}$ $_{3}$鄙$_{脂}^{R}$ $_{3}$比$_{脂}^{D}$ $_{3}$秕$_{脂}^{R}$ $_{3}$庇$_{脂}^{D}$	$_{3}$非$_{微}^{L}$ $_{3}$飛$_{微}^{L}$ $_{3}$篚$_{微}^{R}$	$_{3}$披$_{支}^{L}$ $_{3}$辟$_{支}^{D}$ $_{3}$譬$_{支}^{D}$	$_{3}$霏$_{微}^{L}$ $_{3}$費$_{微}^{D}$	$_{3}$皮$_{支}^{L}$ $_{3}$疲$_{支}^{L}$ $_{3}$被$_{支}^{R/D}$ $_{3}$避$_{支}^{D}$ $_{3}$辟$_{支}^{D}$ $_{3}$婢$_{支}^{R}$ $_{3}$備$_{脂}^{D}$ $_{3}$琵$_{脂}^{L}$ $_{3}$鼻$_{脂}^{D}$	$_{3}$肥$_{微}^{L}$
蟹攝 咍1 灰1 泰1 皆2 佳2 夬2 齊4 祭3	$_{1}$背$_{灰}^{D}$ $_{1}$輩$_{灰}^{D}$ $_{1}$梧$_{灰}^{D}$ $_{1}$狽$_{泰}^{D}$ $_{2}$拜$_{皆}^{D}$ $_{3}$蔽$_{祭}^{D}$ $_{2}$擺$_{佳}^{R}$	$_{3}$廢$_{廢}^{D}$	$_{1}$培$_{灰}^{L}$ $_{1}$裴$_{灰}^{L}$ $_{1}$配$_{灰}^{D}$		$_{1}$背$_{灰}^{D}$ $_{1}$悖$_{灰}^{D}$ $_{1}$佩$_{灰}^{D}$ 1倍$_{灰}^{R/D}$ $_{2}$敗$_{夬}^{D}$ $_{2}$罷$_{佳}^{R}$ $_{2}$排$_{皆}^{L}$ $_{A}$弊$_{祭}^{D}$ $_{4}$陛$_{齊}^{R}$	
梗攝 庚2,3 清3 青4	$_{2}$伯$_{庚}^{E}$ $_{2}$百$_{庚}^{E}$ $_{2}$迫$_{庚}^{E}$ $_{3}$兵$_{庚}^{L}$ $_{3}$秉$_{庚}^{R}$ $_{3}$柄$_{庚}^{D}$ $_{2}$柏$_{庚}^{E}$ $_{3}$餅$_{清}^{R}$ $_{3}$屏$_{清}^{R}$ $_{3}$辟$_{清}^{E}$ $_{3}$璧$_{清}^{E}$ $_{4}$壁$_{青}^{E}$ $_{3}$并$_{清}^{L/D}$		$_{2}$烹$_{庚}^{L}$ $_{2}$泊$_{庚}^{E}$ $_{2}$魄$_{庚}^{E}$ $_{2}$拍$_{庚}^{E}$ $_{3}$聘$_{清}^{D}$		$_{2}$白$_{庚}^{E}$ $_{3}$平$_{庚}^{L}$ $_{3}$評$_{庚}^{L}$ $_{3}$病$_{庚}^{D}$ $_{3}$辟$_{清}^{E}$ $_{4}$蓱$_{青}^{L}$ $_{4}$屏$_{青}^{L}$ $_{4}$竝$_{青}^{R}$	
咸攝 談1 覃1 鹽3 嚴3 凡3 咸3 銜 添	$_{3}$貶$_{鹽}^{R}$	$_{3}$法$_{凡}^{E}$		$_{3}$汎$_{凡}^{D}$		$_{3}$凡$_{凡}^{L}$ $_{3}$犯$_{凡}^{R}$ $_{3}$范$_{凡}^{R}$ $_{3}$範$_{凡}^{R}$ $_{3}$乏$_{凡}^{E}$ $_{3}$颿$_{咸}^{L}$ $_{3}$颿$_{凡}^{D}$

山攝 寒1 桓1 先4 仙3 元3 山2	$_1$半$_{桓}^{D}$ 1撥$_{桓}^{E}$ $_1$鉢$_{桓}^{E}$ $_2$八$_{山}^{E}$ $_2$班$_{刪}^{L}$ $_2$斑$_{刪}^{L}$ $_2$頒$_{刪}^{L}$ $_2$攀$_{刪}^{L}$ $_2$版$_{刪}^{R}$ $_3$蕃$_{元}^{L}$ $_3$鞭$_{仙}^{L}$ $_3$變$_{仙}^{D}$ $_3$別$_{仙}^{E}$ $_4$邊$_{先}^{L}$ $_4$遍$_{先}^{D}$	$_3$反$_{元}^{R}$ $_3$返$_{元}^{R}$ $_3$發$_{元}^{E}$ $_3$髮$_{元}^{E}$	$_1$判$_{桓}^{D}$ $_1$潘$_{桓}^{L}$ $_1$番$_{桓}$L $_3$番$_{元}^{L}$ $_3$偏$_{仙}^{L}$ $_4$瞥$_{先}^{E}$	$_3$反$_{元}^{L}$	$_1$盤$_{桓}^{L}$ 1瓶$_{桓}^{D}$ $_2$辦$_{山}^{D}$ 2拔$_{刪}^{E}$ $_3$卞$_{仙}^{D}$ 3辨$_{仙}^{R}$ $_3$辯$_{仙}^{R}$ 3別$_{仙}^{E}$ $_3$便$_{仙}^{L/D}$ $_4$胼$_{先}^{L}$	$_3$煩$_{元}^{L}$ $_3$樊$_{元}$L $_3$繁$_{元}^{L}$ $_3$番$_{元}^{L}$ $_3$蕃$_{元}^{L}$ $_3$飯$_{元}^{R/D}$ $_3$伐$_{元}^{E}$
宕攝 唐1 陽3	$_1$榜$_{唐}^{R}$ $_1$謗$_{唐}^{D}$ $_1$博$_{唐}^{E}$	$_3$方$_{陽}^{L}$ $_3$放$_{陽}^{D}$		$_3$芳$_{陽}$L $_3$妨$_{陽}^{L/D}$ $_3$仿$_{陽}^{R}$	$_1$傍$_{唐}^{L}$ 1薄$_{唐}^{E}$ $_1$簿$_{唐}^{E}$	$_3$房$_{陽}^{L}$ $_3$防$_{陽}$L $_3$縛$_{陽}^{E}$
江攝 江2	$_2$邦$_{江}^{L}$		$_2$璞$_{江}^{E}$			
深攝 侵AB	$_3$稟$_{侵}^{R}$		$_3$品$_{侵}^{R}$			
臻攝 魂1 痕1 欣3 文3 眞3 諄3	$_1$本$_{魂}^{R}$ $_1$奔$_{魂}$L $_1$賁$_{魂}^{L}$ $_3$筆$_{眞}^{E}$ $_3$賓$_{眞}$L $_3$殯$_{眞}^{D}$ $_3$鬢$_{眞}^{D}$ $_3$必$_{眞}^{E}$ $_3$畢$_{眞}^{E}$ $_3$彪$_{眞}^{平}$	$_3$分$_{文}^{L}$ $_3$奮$_{文}^{D}$ $_3$糞$_{文}^{D}$ $_3$不$_{文}^{E}$	$_3$匹$_{眞}^{E}$	$_3$紛$_{文}$L $_3$拂$_{文}^{E}$	$_1$勃$_{魂}^{E}$ $_3$貧$_{眞}^{L}$ $_3$佛$_{眞}^{E}$ $_3$弼$_{眞}^{E}$	$_3$焚$_{文}^{L}$ $_3$墳$_{文}^{L}$ $_3$分$_{文}^{D}$ $_3$佛$_{文}^{E}$
曾攝 登1 蒸3 職	$_1$崩$_{登}^{L}$ $_1$北$_{登}^{E}$ $_3$逼$_{蒸}^{E}$ $_3$氷$_{蒸}^{平}$				$_1$朋$_{登}^{L}$ $_3$憑蒸^{L} $_3$愎$_{蒸}^{E}$	
通攝 東1,3 鍾3 冬	$_1$卜$_{東}^{E}$	$_3$風$_{東}^{L/D}$ $_3$楓$_{東}^{L}$ $_3$諷$_{東}^{D}$ $_3$腹$_{東}^{E}$ $_3$福$_{東}^{E}$ $_3$封$_{鍾}^{L}$		$_3$豊$_{東}^{L}$ $_3$覆$_{東}^{E}$ $_3$鋒$_{鍾}^{L}$ $_3$蜂$_{鍾}^{L}$ $_3$峯$_{鍾}^{L}$	$_1$蓬$_{東}^{L}$ $_1$僕$_{東}^{E}$ $_1$暴$_{東}^{E}$	$_3$馮$_{東}^{L}$ $_3$汎$_{東}^{L}$ $_3$鳳$_{東}^{D}$ $_3$伏$_{東}^{E}$ $_3$復$_{東}^{E}$ $_3$服$_{東}^{E}$ $_3$馥$_{東}^{E}$ $_3$逢$_{鍾}^{L}$ $_3$奉$_{鍾}^{R}$

이 분석표에서 전청인 幇母 [p]와 非母 [f]의 분포를 검토해 보면, 幇母의 뒤에 오는 운모와 非母의 뒤에 오는 운모가 대부분 서로 다르다. 通攝의 東

韻에서 幫母뿐만 아니라 非母의 뒤에 東韻이 온 것만 예외적이다. 그런데 幫母 뒤에 온 東韻은 1등인 데에 비하여, 非母의 뒤에 온 東韻은 모두 3등이다. '$^{幫}_{1}$卜$_{東}^{E}$'와 '$^{非}_{3}$腹$_{東}^{E}$'는 성모뿐만 아니라 등에서도 차이가 나므로, 이것은 최소대립 쌍이 아니다. 요컨대, 幫母와 非母의 최소대립 쌍이 없다. 따라서 5세기 전반기의 한어에서도 幫母 [p]와 非母 [f]를 하나로 묶어서 幫母・非母 /p/라고 할 수 있다.

다음으로, 차청인 滂母 [p^h]와 敷母 [f^h]의 분포를 대비해 본다. 위의 분포 분석표에서 바로 드러나듯이, 敷母字는 항상 3등이다. 반면에, 滂母字 중에는 3등인 것이 山攝의 '$^{滂}_{3}$番$_{元}^{L}$' 하나밖에 없다. 이 '$^{滂}_{3}$番$_{元}^{L}$'과 동일 행에 온 非母의 '$^{非}_{3}$反$_{元}^{L}$'이 성모의 최소대립 쌍인 듯하여 눈길을 끌지만 이것은 최소대립 쌍이 아니다. '番'은 多音字(또는 破音字)에 속하여 '$^{滂}_{3}$番$_{元}^{L}$'과 '$^{滂}_{1}$番$_{桓}^{L}$'의 두 가지 음가이다. 이 둘은 위의 분석표에서 동일 칸에 오는데, '$^{滂}_{1}$番$_{桓}^{L}$'이 기원적인 음가이고 '$^{滂}_{3}$番$_{元}^{L}$'은 후대에 분화되어 나온 음가라고 할 수 있다. '$^{滂}_{1}$番$_{桓}^{L}$'의 桓韻은 일찍부터 자리 잡은 운이지만, '$^{滂}_{3}$番$_{元}^{L}$'의 元韻은 후대에 일어난 음운변화를 반영하는 운이다. 따라서 5세기 전반기에는 '番'의 음가가 '$^{滂}_{1}$番$_{桓}^{L}$'이었을 가능성이 크다. 이 음가를 택하면 滂母 [p^h]와 敷母 [f^h]의 최소대립 쌍이 없어진다. 이 두 성모가 상보적 분포를 이루므로 이 둘을 하나로 합쳐서 滂母・敷母 /p^h/라고 할 수 있다.

이번에는, 전탁인 並母 [b]와 奉母 [v]의 분포를 대비해 본다. 분포 분석표 (9)에서 並母와 奉母가 상보적 분포를 보인다. 따라서 이 둘을 하나의 음소 並母・奉母 /b/로 묶을 수 있다.

지금까지, 순음의 폐쇄음에 전청인 幫母・非母 /p/, 차청인 滂母・敷母 /p^h/, 전탁인 並母・奉母 /b/의 세 자음이 있음을 논의하였다. 그런데 이들 상호간에 최소대립 쌍이 있다는 것이 다시 확인되어야만 이들을 각각 독자적인 음소로 등록할 수 있다.

분포 분석표 (9)에서 먼저 幫母・非母 /p/와 滂母・敷母 /p^h/의 최소대립 쌍을 찾아보면 다음과 같다. 다음자(또는 破音字)가 대립 항인 것을 모두 제외하더라도, 최소대립 쌍이 무려 40쌍에 이른다. 번거로움을 피하여 몇 개의 예만 보인다(이하 같다).

(10) 幫母・非母 /p/와 滂母・敷母 /ph/의 최소대립 쌍 (40쌍)

1. 果攝의 戈韻 - $^{幫}_{1}$播$^{D}_{戈}$, $^{幫}_{1}$簸$^{D}_{戈}$: $^{滂}_{1}$破$^{D}_{戈}$ (2쌍)
2. 遇攝의 模韻 - $^{幫}_{1}$補$^{R}_{模}$: $^{滂}_{1}$普$^{R}_{模}$ (1쌍)
3. 止攝의 微韻 - $^{非}_{3}$非$^{L}_{微}$, $^{非}_{3}$飛$^{L}_{微}$: $^{敷}_{3}$霏$^{L}_{微}$ (2쌍)
4. 蟹攝의 灰韻 - $^{幫}_{1}$背$^{D}_{灰}$, $^{幫}_{1}$輩$^{D}_{灰}$: $^{滂}_{1}$配$^{D}_{灰}$ (2쌍)
5. 梗攝의 庚韻 - $^{幫}_{2}$伯$^{E}_{庚}$, $^{幫}_{2}$百$^{E}_{庚}$, $^{幫}_{2}$迫$^{E}_{庚}$: $^{滂}_{2}$泊$^{E}_{庚}$, $^{滂}_{2}$魄$^{E}_{庚}$, $^{滂}_{2}$拍$^{E}_{庚}$ (9쌍)
6. 山攝의 桓韻 - ^{幫}1半$^{D}_{桓}$: $^{滂}_{1}$判$^{D}_{桓}$ (1쌍)
7. 宕攝의 陽韻 - ^{非}3方$^{L}_{陽}$: $^{敷}_{3}$芳$^{L}_{陽}$ (1쌍)
8. 深攝의 侵韻 - ^{幫}3稟$^{R}_{侵}$: $^{滂}_{3}$品$^{R}_{侵}$ (1쌍)
9. 臻攝의 文韻 - ^{非}3分$^{L}_{文}$: $^{敷}_{3}$紛$^{L}_{文}$ (1쌍)
10. 通攝의 東韻 - ^{非}3楓$^{L}_{東}$: $^{敷}_{3}$豊$^{L}_{東}$ (1쌍)
11. 通攝의 鍾韻 - ^{非}3封$^{L}_{鍾}$: $^{敷}_{3}$鋒$^{L}_{鍾}$, $^{敷}_{3}$蜂$^{L}_{鍾}$, $^{敷}_{3}$峯$^{L}_{鍾}$ (3쌍)

이처럼 많은 양의 최소대립 쌍을 찾을 수 있으므로, 5세기 전반기의 한어에서는 幫母・非母 /p/와 滂母・敷母 /p^h/가 음운론적으로 대립했음이 분명하다. 앞에서 이미 논의한 것처럼, 백제어와 고구려어에서는 이 음운대립이 없었다.

다음으로, 분포 분석표 (9)에서 전청인 幫母・非母 /p/와 전탁인 並母・奉母 /b/의 최소대립 쌍을 찾아보자. 적게 잡더라도 84쌍의 최소대립 쌍을 찾을 수 있다.

(11) 幫母・非母 /p/와 並母・奉母 /b/의 최소대립 쌍 (84쌍)

1. 果攝의 戈韻 - $^{幫}_{1}$波$^{L}_{戈}$: $^{並}_{1}$婆$^{L}_{戈}$ (1쌍)

2. 遇攝의 模韻 - ${}^{幫}_{1}$哺${}_{模}^{L}$: ${}^{並}_{1}$蒲${}_{模}^{L}$, ${}^{並}_{1}$蒱${}_{模}^{L}$ (2쌍)
3. 效攝의 豪韻 - ${}^{幫}_{1}$保${}_{豪}^{R}$, ${}^{幫}_{1}$寶${}_{豪}^{R}$: ${}^{並}_{1}$抱${}_{豪}^{R}$ (2쌍)
4. 流攝의 尤韻 - ${}^{非}_{3}$否${}_{尤}^{R}$: ${}^{奉}_{3}$負${}_{尤}^{R}$, ${}^{奉}_{3}$婦${}_{尤}^{R}$, ${}^{奉}_{3}$阜${}_{尤}^{R}$ (3쌍)
5. 止攝의 微韻 - ${}^{非}_{3}$非${}_{微}^{L}$, ${}^{非}_{3}$飛${}_{微}^{L}$: ${}^{奉}_{3}$肥${}_{微}^{L}$ (2쌍)
6. 蟹攝의 祭韻 - ${}^{幫}_{3}$蔽${}_{祭}^{D}$: ${}^{並}_{3}$弊${}_{祭}^{D}$ (1쌍)
7. 梗攝의 庚韻 - ${}^{幫}_{2}$伯${}_{庚}^{E}$, ${}^{幫}_{2}$百${}_{庚}^{E}$, ${}^{幫}_{2}$迫${}_{庚}^{E}$: ${}^{並}_{2}$白${}_{庚}^{E}$, ${}^{並}_{2}$帛${}_{庚}^{E}$ (6쌍)
8. 咸攝의 凡韻 - ${}^{非}_{3}$法${}_{凡}^{E}$: ${}^{奉}_{3}$乏${}_{凡}^{E}$ (1쌍)
9. 山攝의 元韻 - ${}^{非}_{3}$發${}_{元}^{E}$, ${}^{非}_{3}$髮${}_{元}^{E}$: ${}^{奉}_{3}$伐${}_{元}^{E}$ (2쌍)
10. 宕攝의 唐韻 - ${}^{幫}_{1}$博${}_{唐}^{E}$: ${}^{並}_{1}$薄${}_{唐}^{E}$, ${}^{並}_{1}$簿${}_{唐}^{E}$ (2쌍)
11. 深攝의 侵韻 - ${}^{幫}_{3}$稟${}_{侵}^{R}$: ${}^{並}_{3}$品${}_{侵}^{R}$ (1쌍)
12. 臻攝의 眞韻 - ${}^{幫}_{3}$筆${}_{眞}^{E}$: ${}^{並}_{3}$佛${}_{眞}^{E}$, ${}^{並}_{3}$弼${}_{眞}^{E}$ (2쌍)
13. 曾攝의 蒸韻 - ${}^{幫}_{3}$逼${}_{蒸}^{E}$: ${}^{並}_{3}$愎${}_{蒸}^{E}$ (1쌍)
14. 通攝의 東韻 - ${}^{非}_{3}$腹${}_{東}^{E}$, ${}^{非}_{3}$福${}_{東}^{E}$: ${}^{奉}_{3}$伏${}_{東}^{E}$, ${}^{奉}_{3}$復${}_{東}^{E}$, ${}^{奉}_{3}$服${}_{東}^{E}$, ${}^{奉}_{3}$馥${}_{東}^{E}$ (8쌍)

그렇다면 5세기 전반기의 한어에서 幫母·非母 /p/와 並母·奉母 /b/가 음운론적으로 대립하는 음소였다고 할 수 있다. 이 음운대립은 백제어와 고구려어에도 있었다.

프라그 학파의 음운대립 이론에서는 /p/가 /pʰ/와 음운론적으로 대립하고 다시 /p/가 /b/와 대립하면 /p/·/pʰ/·/b/의 세 음소가 三肢的 相關을 이룬다고 하고 세 음소 상호간의 관계를 아래의 (12.1)과 같이 표시한다. 음운대립이 성립하는 음소를 직선으로 연결하는데, /pʰ/와 /b/의 음운대립이 성립하는지는 확인하지 않는다. 이 둘은 多面對立 관계이기 때문이다.

(12) 三肢的 相關

```
1.       /p/              2.       /p/
        /   \                     /   \
    /pʰ/     /b/              /pʰ/ — /b/
```

그러나 우리는 (12.2)처럼 /pʰ/와 /b/의 음운대립까지 확인되어야만 삼지적

상관이 성립한다고 본다(이승재 2013: 193~4). 이 태도에 따라 滂母・敷母 /p^h/와 並母・奉母 /b/의 최소대립 쌍이 있는지 검토해 보기로 한다.23) 아래에서 볼 수 있는 것처럼, 적어도 58쌍에서 滂母・敷母 /p^h/와 並母・奉母 /b/가 최소대립을 이룬다. 따라서 滂母・敷母 /p^h/와 並母・奉母 /b/가 각각 독자적인 음소였음이 분명하다.

(13) 滂母・敷母 /p^h/와 並母・奉母 /b/의 최소대립 쌍 (58쌍)

1. 果攝의 戈韻 - ${}^{\text{滂}}_{1}$頗$_{\text{戈}}^{L/R}$: ${}^{\text{並}}_{1}$婆$_{\text{戈}}^{L}$ (1쌍)
2. 遇攝의 虞韻 - ${}^{\text{敷}}_{3}$敷$_{\text{虞}}^{L}$, ${}^{\text{敷}}_{3}$孚$_{\text{虞}}^{L}$: ${}^{\text{奉}}_{3}$扶$_{\text{虞}}^{L}$, ${}^{\text{奉}}_{3}$符$_{\text{虞}}^{L}$, ${}^{\text{奉}}_{3}$鳧$_{\text{虞}}^{L}$, ${}^{\text{奉}}_{3}$瓿$_{\text{虞}}^{L}$ (8쌍)
3. 流攝의 尤韻 - ${}^{\text{敷}}_{3}$副$_{\text{尤}}^{D}$, ${}^{\text{敷}}_{3}$覆$_{\text{尤}}^{D}$: ${}^{\text{奉}}_{3}$復$_{\text{尤}}^{D}$, ${}^{\text{奉}}_{3}$複$_{\text{尤}}^{D}$ (4쌍)
4. 止攝의 支韻 - ${}^{\text{滂}}_{3}$辟$_{\text{支}}^{D}$, ${}^{\text{滂}}_{3}$譬$_{\text{支}}^{D}$: ${}^{\text{並}}_{3}$避$_{\text{支}}^{D}$, ${}^{\text{並}}_{3}$辟$_{\text{支}}^{D}$ (4쌍)
5. 梗攝의 庚韻 - ${}^{\text{滂}}_{2}$泊$_{\text{庚}}^{E}$, ${}^{\text{滂}}_{2}$魄$_{\text{庚}}^{E}$, ${}^{\text{滂}}_{2}$拍$_{\text{庚}}^{E}$: ${}^{\text{並}}_{2}$白$_{\text{庚}}^{E}$, ${}^{\text{並}}_{2}$帛$_{\text{庚}}^{E}$ (6쌍)
6. 咸攝의 凡韻 - ${}^{\text{敷}}_{3}$汎$_{\text{凡}}^{D}$: ${}^{\text{奉}}_{3}$颿$_{\text{凡}}^{D}$ (1쌍)
7. 山攝의 元韻 - ${}^{\text{敷}}_{3}$反$_{\text{元}}^{L}$: ${}^{\text{奉}}_{3}$煩$_{\text{元}}^{L}$, ${}^{\text{奉}}_{3}$樊$_{\text{元}}^{L}$, ${}^{\text{奉}}_{3}$繁$_{\text{元}}^{L}$, ${}^{\text{奉}}_{3}$番$_{\text{元}}^{L}$, ${}^{\text{奉}}_{3}$蕃$_{\text{元}}^{L}$ (5쌍)
8. 宕攝의 陽韻 - ${}^{\text{敷}}_{3}$芳$_{\text{陽}}^{L}$: ${}^{\text{奉}}_{3}$房$_{\text{陽}}^{L}$, ${}^{\text{奉}}_{3}$防$_{\text{陽}}^{L}$ (2쌍)
9. 臻攝의 文韻 - ${}^{\text{敷}}_{3}$紛$_{\text{文}}^{L}$: ${}^{\text{奉}}_{3}$焚$_{\text{文}}^{L}$, ${}^{\text{奉}}_{3}$墳$_{\text{文}}^{L}$ (2쌍)
10. 通攝의 東韻 - ${}^{\text{敷}}_{3}$覆$_{\text{東}}^{E}$: ${}^{\text{奉}}_{3}$伏$_{\text{東}}^{E}$, ${}^{\text{奉}}_{3}$復$_{\text{東}}^{E}$, ${}^{\text{奉}}_{3}$服$_{\text{東}}^{E}$, ${}^{\text{奉}}_{3}$馥$_{\text{東}}^{E}$ (4쌍)

그렇다면, 『세설신어』가 반영하고 있는 5세기 전반기의 한어에서는 幫母・非母 /p/, 滂母・敷母 /p^h/, 並母・奉母 /b/의 세 가지가 모두 음소였다고 확신할 수 있다. 여기에 불청불탁의 明母・微母 /m/을 더하면 순음은 모두 네 개이다. 이 넷은 상호간의 음운대립 관계를 논증한 것이므로 음소임이 틀림없다.

우리는 지금까지 동일한 음운체계를 적용하여 백제어와 전기 중고어를 분석하였다. 즉 한어 중고음의 음운체계를 이용하여 백제어와 전기 중고어의 순음을 분석했는데, 분석 결과는 서로 다르게 나타난다. 전기 중고어는

23) 백제어에서는 滂母・敷母가 음소 /p^h/가 아니라 변이음 [p^h]이기 때문에 이 검토가 필요 없다.

양순 자음이 /p/, /pʰ/, /b/, /m/의 4개인 데에 반하여, 백제어는 /p/, /b/, /m/의 3개이다. 이것은 동일 음운체계인 한어 중고음으로 분석한다고 하여 동일한 자음 목록이 도출되는 것이 아님을 말해 준다. 달리 말하면, 동일한 음운체계를 적용한다 하더라도, 분석 대상인 한자의 집합이 서로 다르면 서로 다른 음소 목록이 도출된다. 위에서는 脣音을 분석 대상으로 삼았지만 舌音, 齒音, 牙音, 喉音 등을 분석해 보아도 결론은 동일하다. 분석 대상인 모집단이 서로 다르면, 도출되는 음소 목록도 역시 달라진다.

우리의 분석 방법이 기존의 고대 한자음 연구 방법과 다른 점은 세 가지로 요약할 수 있다.

첫째, 우리는 분포 분석표를 활용하여 상보적 분포인지 아닌지를 명시적으로 아주 간단하게 드러내 보일 수 있다. 백제어 대상의 (5)나 한어 대상의 (9)처럼 종합적이고도 효과적인 분포 분석표가 기존의 연구 방법에서는 제시된 적이 없다.[24)]

둘째, 기존의 연구에서는 성모의 최소대립 쌍을 제시하지 않은 채, 논의를 진행할 때가 많았다. 그리하여 幫母・非母, 滂母・敷母, 並母・奉母의 음가를 각각 p, pʰ, b라 하면서도 이것에 음소의 자격을 부여할 수가 없었다. 반면에 우리는 분포 분석표를 활용하여 이들 셋 상호간에 최소대립 쌍이 있는지를 바로 확인할 수 있다. 전기 중고어에서는 幫母・非母 /p/・滂母・敷母 /pʰ/・並母・奉母 /b/의 세 음소가 음운론적으로 대립했다. 그러나 백제어에서는 滂母・敷母 [pʰ]가 독자적 음소가 아니라 幫母・非母・滂母・敷母 /p/의 변이음에 불과하였다. 요컨대, 기존의 연구에서는 음소와 변이음을 구별하지 않았지만 우리는 이 둘을 엄격히 구별할 수 있다.

셋째, 우리는 음소를 빠짐없이 검증할 수 있다. 동일 押韻이나 동일 聲符

24) 이 분포 분석표 대신에 韻圖를 활용하여 성모의 분포를 확인할 수도 있다. 그러나 韻圖만으로는 최소대립 쌍의 유무를 확인하기가 아주 어렵다. 이 점에서 어차피 분포 분석표를 작성할 필요가 있다.

를 활용하여 한자음의 음운을 연구할 때에는 일부의 음소가 목록에서 누락될 가능성이 크다. 押韻字로 사용된 적이 없거나 聲符가 아예 없는 한자를 기술 대상에서 제외할 수밖에 없기 때문이다. 이와는 달리 우리의 음운대립 이론에서는 누락되는 음소가 없다. 全數調査를 통하여 用字를 모두 확보한 다음에 음운론적 대립을 확인하여 음소를 등록하기 때문이다.

Karlgren은 프라그 학파의 음운대립 이론을 알고 있었지만 이것을 극단적으로 비판했다. "音素的 언어 묘사는 종종 일면적이며 지나치게 단순화된다. 이런 방법은 이제 곧 사향 길로 들어설 것이라"고 확신했다(칼그렌(崔玲愛 譯) 1985: 233).[25] 그가 음소적 묘사를 저버리고 음성적 묘사에 지나치게 몰두한 것은 韻圖의 기술에 중점을 두었기 때문이다. 운도에 136개 운모가 있다면 이들의 음가가 서로 달라야 한다는 일종의 강박관념 같은 것이 있었던 듯하다. 상보적 분포를 보이는 대립 항을 찾아내어 부분적으로 한자음 연구에 활용하면서도, 그는 끝내 최소대립 쌍을 거론하지 않았다. 韻圖 대상의 연구에서는 최소대립 쌍을 찾아낼 필요도 없고 찾아내기가 실제로 쉽지 않다.

그러나 자연언어의 분석에 목표를 둔다면 사정이 달라진다. 이때에는 상보적 분포는 물론이요 최소대립 쌍의 유무를 논의하여 음소를 설정할 수 있다. 이것이 가장 빠른 지름길이다. 우리는 운도를 연구하는 데에 목표를 두지 않고 고구려어, 백제어, 전기 중고어 등의 자연언어를 분석하는 데에 목표를 두었으므로 당연히 이 길을 택한다. 그리하여 (5)나 (9)와 같은 분포 분석표를 작성하고, 이것을 바탕으로 상보적 분포와 최소대립 쌍을 체계적이고도 효과적으로 찾아낸다. 그 방법을 제시했다는 점에서 우리의 연구 방법은 기존의 연구와 크게 다르다.

25) 1954년의 이 예측은 완전히 빗나갔다. 그 이후로 현대 음운론에서는 변별적 자질 이론이 맹위를 떨쳤기 때문이다.

4. 母音의 음운대립

한자음의 母音을 연구하는 방법도 子音 연구 방법과 다를 것이 없다. 상보적 분포와 최소대립 쌍을 중심으로 한자음의 모음 음소도 찾아낼 수 있다. 모음 음소를 등록할 때에는 韻의 음운대립 쌍 중에서 韻腹의 최소대립 쌍을 찾아내면 된다.

韻 분석에 들어가기 전에 미리 말해 둘 것이 있다. 운을 분석할 때에는 성모와 성조가 음운론적 환경이 된다는 점이다. 한어 중고음의 성조는 平・上・去・入의 四聲이므로 이것을 분석표의 列에 배열하기로 한다. 반면에, 성모는 분석표의 行에 배열하게 되는데, 이때에는 변이음을 포함하는 36~42字母를 모두 음운론적 환경으로 활용할 것인가 그렇지 않으면 음소의 자격을 가지는 자음만을 음운론적 환경이라 할 것인가 하는 문제가 제기된다. 우리는 음운론적 대립 가치를 중시하므로 당연히 음소의 자격을 가지는 자음만을 환경으로 활용한다. 따라서 우리의 연구 방법에서는 韻 분석이 항상 聲母 분석에 후행한다. 성모 분석의 결과를 운 분석에 바로 활용하기 때문이다.

韻 분석에 앞서서 음소로 등록되는 성모를 확정해야 하는데, 여기에서는 편의상 그 결과만 제시하기로 한다. 『세설신어』의 자료를 분석한 결과, 5세기 전반기의 한어에는 28개의 자음과 한 개의 활음 즉 羊母 /j/가 있었다. 모두 29개 음소인데, 이것을 운모 분석의 환경으로 활용한다. 분포 분석표의 行에는 이 음소를 배열한다.

(14) 『세설신어』 자음 음소의 약칭

1. 幇母・非母 → 幇母 /p/
2. 滂母・敷母 → 滂母 /pʰ/
3. 並母・奉母 → 並母 /b/
4. 明母・微母 → 明母 /m/
5. 端母・知母 → 端母 /t/
6. 透母・徹母 → 透母 /tʰ/

7. 定母・澄母 → 定母 /d/
8. 泥母・娘母・日母 → 泥母 /n/
9. 來母 /l/
10. 心母 /s/
11. 邪母 /z/
12. 生母 /ʂ/
13. 書母 /ɕ/
14. 常母 /ʑ/
15. 羊母 /j/
16. 精母 /ʦ/
17. 清母・初母 → 清母 /ʦ^h/
18. 從母 /dz/
19. 莊母 /tʂ/
20. 章母 /ʨ/
21. 昌母 /ʦh/
22. 船母・崇母 → 船母 /dʑ/
23. 見母 /k/
24. 溪母 /kh/
25. 群母 /g/
26. 疑母 /ŋ/
27. 影母 /ʔ/
28. 曉母 /h/
29. 匣母・云母 → 匣母 /ɦ/

우리의 운모 분석 방법을 제시하기 위하여, 果攝과 假攝을 예로 삼았다. 이 두 섭은 현대 음운론으로 돌려 말하면 운복이 [-high]인 모음이고 韻尾가 없다는 공통점을 가지므로 한꺼번에 기술하기로 한다. 『세설신어』의 2,212(2,486)자를 대상으로 果攝과 假攝에 속하는 용자를 모두 추출하면 歌韻 23자, 戈韻 21자, 麻韻 61자가 나온다. 이들을 분포 분석표에 넣어 보면 다음과 같다.

(15) 『세설신어』(2,212/2,486자) 果攝字와 假攝字의 분포 분석표

성모 \ 성조		평성^L	상성^R	거성^D	입성
순음	幫母 /p/	$_1$波$_{戈}$ $_1$番$_{戈}$	$_2$把$_{麻}$	$_1$播$_{戈}$ 1簸$_{戈}$ $_1$番$_{戈}$	
	滂母 /p^h/	$_1$頗$_{戈}$	$_1$頗$_{戈}$	$_1$破$_{戈}$	
	並母 /b/	$_1$婆$_{戈}$ $_2$琶$_{麻}$			
	明母 /m/		$_2$馬$_{麻}$	$_2$罵$_{麻}$	
설음	端母 /t/	$^{開}{}_1$多$_{歌}$	$^{開}{}_2$打$_{麻}$		
	透母 /t^h/	$^{開}{}_1$他$_{歌}$			
	定母 /d/	$^{開}{}_1$跎$_{歌}$ ^{開}2茶$_{麻}$	$^{合}{}_1$墮$_{戈}$		

	泥母 /n/	開1那歌	開3若麻	開1奈歌 合1懦戈	
	來母 /l/	開1羅歌	開1砢歌		
치음마찰	心母 /s/	開1娑歌 合1撒戈	開3寫麻	開3瀉麻	
	邪母 /z/	開3邪麻		開3謝麻	
	生母 /ʂ/	開2沙麻 開2娑麻			
	書母 /ɕ/		開3捨麻	開3舍麻	
	常母 /ʑ/	開3闍麻	開3社麻		
	羊母 /j/	開3邪麻 開3耶麻	開3也麻 開3冶麻 開3野麻	開3射麻 開3夜麻	
치음파찰	精母 /ʦ/		開1左歌	開1佐歌 開3借麻	
	淸母 /ʦʰ/	開1瑳歌 開2差麻	開3且麻		
	從母 /dz/		合1坐戈	合1坐戈 開3藉麻	
	莊母 /tʂ/	開2樝麻			
	章母 /ʨ/		開3者麻		
	昌母 /ʨh/	開3車麻			
	船母 /dʑ/	開3蛇麻 開2苴麻		開3射麻	
아음	見母 /k/	開1歌歌 開1柯歌 開2加麻 開2嘉麻 開2家麻 合2瓜麻	合1果戈 開2假麻 合2寡麻	合1過戈 開2假麻 開2架麻 開2價麻 開2賈麻 開2嫁麻	
	溪母 /kh/		開1可歌		
	群母 /g/				
	疑母 /ŋ/	開1俄歌 開1峨歌 開2牙麻	開1我歌 開2雅麻 合2瓦麻	合1臥戈	
후음	影母 /ʔ/	開1阿歌 合2譁麻	開2啞麻	開2啞麻	
	曉母 /h/		合1火戈	合2化麻	
	匣母 /ɦ/	開1何歌 開1河歌 開1荷歌 合1和戈 開2蝦麻 開2霞麻 合2華麻	開1荷歌 合1禍戈 開2下麻 開2夏麻 開2廈麻	開1賀歌 合1和戈 開2暇麻 開2下麻 開2夏麻 合2華麻	

이 분포 분석표에서 동일 칸에 왔다는 것은 성모도 서로 같고 성조도 서로 같다는 것을 뜻한다. 동일 칸에 온 두 用字는 同音同義, 同音異義, 異音同義, 異音異義의 네 가지 중에서 어느 하나의 관계에 속한다. 同音同義字는

흔히 同字 또는 異體字라고 부르고, 異音同義字는 多音字(또는 破音字)라고 부른다. 이들과 同音異義字는 음운대립을 연구할 때에는 제외하는 것이 안전하다. 따라서 異音異義字 관계인 용자가 음운대립 연구에서 핵심적인 자료가 된다.

동일 칸에 온 用字에서 韻이 서로 같은지 다른지를 먼저 대비하고, 두 용자의 운모가 서로 다르다면 이 쌍이 운모의 음운대립 쌍이 된다. 예컨대, 아음 見母 /k/의 행에서 평성 열에 온 ‘$^{\text{開}}_{1}$歌$_{\text{歌}}$’와 ‘$^{\text{開}}_{2}$加$_{\text{麻}}$’는 운모의 음운대립 쌍인데, 이 둘은 개합이 서로 같고 등과 운모에서만 차이가 난다. 그런데 등은 운모에 연동될 때가 많다. 즉, 歌韻은 항상 1등이고 麻韻은 기본적으로 2등이다. 麻韻에는 3등도 있으나 이것은 麻韻에 介音(활음)이 들어간 것이다. 달리 말하면 麻韻 2등의 운복과 麻韻 3등의 운복은 동일하다. 따라서 ‘$^{\text{開}}_{1}$歌$_{\text{歌}}$’와 ‘$^{\text{開}}_{2}$加$_{\text{麻}}$’의 음운대립 쌍은 사실은 운복에서만 음가 차이가 나는 운복 최소대립 쌍이다. 이 예를 통하여 歌韻과 麻韻의 운복이 서로 다른 모음이어야 함을 알 수 있다. 대립 항인 ‘歌’와 ‘加’는 의미가 서로 다른 단어인데, 운복의 차이가 의미 분화의 기능을 담당하기 때문이다.

성모를 논의할 때에는 ‘음운대립’이라는 용어와 ‘최소대립’이라는 용어를 구별할 필요가 없었다. 그러나 韻을 논의할 때에는 이 둘을 엄격하게 구별할 필요가 있다. 운을 구성하는 음운론적 요소인 開合・等・韻腹의 셋 중에서 어느 하나만 차이가 날 때에 최소대립이라는 용어를 사용한다. 반면에 음운대립이라는 용어는 둘 이상의 요소에서 차이가 날 때에 사용한다. 예컨대, 분포 분석표 (15)에서 후음 影母 /ʔ/의 평성 열에 온 ‘$^{\text{開}}_{1}$阿$_{\text{歌}}$’와 ‘$^{\text{合}}_{2}$譁$_{\text{麻}}$’는 최소대립 쌍이 아니라 음운대립 쌍이다.

이제, 분포 분석표 (15)에서 歌韻과 戈韻의 음운론적 대립관계를 알아보기로 하자. 이 두 운이 동일 칸에 온 것을 열거하면 다음과 같다.

(16) 歌韻과 戈韻의 음운대립 쌍 (7쌍)

1. 泥母 /n/의 거성 - ${}^{開}_{1}$奈$_{歌}$: ${}^{合}_{1}$懦$_{戈}$ (1쌍)
2. 心母 /s/의 평성 - ${}^{開}_{1}$娑$_{歌}$: ${}^{合}_{1}$撒$_{戈}$ (1쌍)
3. 群母 /g/의 평성 - ${}^{開}_{1}$何$_{歌}$, ${}^{開}_{1}$河$_{歌}$, ${}^{開}_{1}$荷$_{歌}$: ${}^{合}_{1}$和$_{戈}$ (3쌍)
4. 匣母 /ɦ/의 상성 - ${}^{開}_{1}$荷$_{歌}$: ${}^{合}_{1}$禍$_{戈}$ (1쌍)
5. 匣母 /ɦ/의 거성 - ${}^{開}_{1}$賀$_{歌}$: ${}^{合}_{1}$和$_{戈}$ (1쌍)

歌韻과 戈韻의 음운대립 쌍은 모두 7쌍이다. 그런데 이 7쌍에서 歌韻은 항상 開口이고 戈韻은 항상 合口이다. 개구는 현대 음운론의 활음이 없거나 활음이 /j/인 것을 지칭하고, 합구는 현대 음운론의 후설 원순 활음 /w/(또는 전설 원순 활음 /ɥ/)를 지칭한다. 따라서 이 대립 쌍의 음가 차이는 다음의 둘 중 하나라고 기술할 수 있다. 첫째, 활음의 유무나 /j/와 /w/의 음가 차이로 용자의 의미가 구별된다. 둘째, 歌韻과 戈韻의 운복이 서로 달라서 의미가 달라진다. 이처럼 두 가지 기술이 가능하므로 (16)의 대립 쌍은 최소대립 쌍이 아니라 음운대립 쌍이다.

이럴 때에 우리는 '介音 차이 우선의 원칙'을 세운다. 이것은 개음의 음가 차이가 운복의 음가 차이보다 음운론적으로 더 근본적이고도 중요한 차이라는 뜻이다. 이 원칙에 따르면 歌韻과 戈韻의 운복은 음가 차이가 없다고 해도 무방하다. 운복에서 음가 차이가 난다 하더라도 이 차이는 비변별적이다. 실제로 고대 한자음 연구자 대부분이 歌韻과 戈韻의 운복을 동일하게 후설 저모음 /ɑ/로 추정한다. 여기에 개음 차이 우선의 원칙을 적용하면 歌韻과 戈韻의 음가는 각각 /ɑ/와 /wɑ/가 된다.

다음으로, 歌韻과 麻韻의 음운대립에 대한 논의로 넘어간다. 歌韻은 항상 1등이지만, 麻韻에는 2등과 3등의 두 가지가 있다. 따라서 麻韻 2등과 3등이 음운론적으로 대립했는지를 먼저 알아볼 필요가 있다. 위의 분포 분석표 (15)에서 麻韻 2등과 3등이 동일 칸에 온 것을 찾아보았더니, 딱 한 쌍이 나온다.

(17) 麻韻 2등과 3등의 음운대립 쌍
　　船母 /ʣ/의 평성 - ${}^{開}_{2}$苴$_{麻}$: ${}^{開}_{3}$蛇$_{麻}$

음운대립 쌍이 단 하나밖에 없으므로 麻韻 2등과 麻韻 3등의 음운대립을 의심할 수 있다. 대립 항 '苴'의 음가를 반추해 보았더니 아니나 다를까 '苴'가 多音字이다. 『廣韻』에서는 '苴'의 음가를 '七余切, 子魚切, 鉏加切'의 세 가지로 기술해 놓았다. 反切下字인 '余'와 '魚'는 魚韻이고 '加'는 麻韻이다. 여기에서 麻韻을 버리고 魚韻을 취하면 (17)의 음운대립 쌍이 없어진다. 우리는 이 방법을 택하여 麻韻 2등과 麻韻 3등의 음운대립을 부정한다.[26)]

분포 분석표 (15)에서 歌韻과 麻韻이 동일 칸에 온 것을 찾아보면 다음의 32쌍이 나온다. 歌韻 1등과 麻韻 2등이 음운론적으로 대립함을 여기에서 금방 알 수 있다.

(18) 歌韻 1등과 麻韻 2등의 음운대립 쌍 (32쌍)
1. 定母 /d/의 평성 - ${}^{開}_{1}$跎$_{歌}$: ${}^{開}_{2}$茶$_{麻}$ (1쌍)
2. 淸母 /ʦh/의 평성 - ${}^{開}_{1}$蹉$_{歌}$: ${}^{開}_{2}$差$_{麻}$ (1쌍)
3. 見母 /k/의 평성 - ${}^{開}_{1}$柯$_{歌}$, ${}^{開}_{1}$歌$_{歌}$: ${}^{開}_{2}$加$_{麻}$, ${}^{開}_{2}$嘉$_{麻}$, ${}^{開}_{2}$家$_{麻}$, ${}^{合}_{2}$瓜$_{麻}$ (8쌍)
4. 群母 /g/ 거성 - ${}^{開}_{1}$賀$_{歌}$: ${}^{開}_{2}$暇$_{麻}$, ${}^{開}_{2}$下$_{麻}$, ${}^{開}_{2}$夏$_{麻}$, ${}^{合}_{2}$華$_{麻}$ (4쌍)
5. 疑母 /ŋ/의 상성 - ${}^{開}_{1}$我$_{歌}$: ${}^{開}_{2}$雅$_{麻}$, ${}^{合}_{2}$瓦$_{麻}$ (2쌍)
6. 影母 /ʔ/의 평성 - ${}^{開}_{1}$阿$_{歌}$: ${}^{合}_{2}$譁$_{麻}$ (1쌍)
7. 精母 /ʦ/의 거성 - ${}^{開}_{1}$佐$_{歌}$: ${}^{開}_{3}$借$_{麻}$ (1쌍)

위의 대립 쌍에서 歌韻은 항상 1등 개구이다. 반면에 麻韻에서는 (18.7)의

26) '苴'의 운모를 麻韻이라 하더라도 麻韻 운복의 음가에 대한 논의가 달라지지 않는다. 3등은 2등과 달리 개음을 가지는 것이 일반적이므로 (16)의 대립 항은 개음의 유무나 종류에서 이미 음가가 서로 다르기 때문이다.

'開$_3$借$_{麻}$'가 3등이지만 나머지는 모두 2등이고, 개구가 아니라 합구인 것이 다섯 자나 된다. 麻韻 3등과 麻韻 합구는 歌韻 1등과 최소대립을 이루지 못하므로 이들을 음운대립의 논의 대상에서 제외하는 것이 좋다. 그리하여 歌韻 1등 개구인 용자와 麻韻 2등 개구인 용자로 한정하면, 음운대립 쌍이 32쌍에서 23쌍으로 줄어든다. 이 23쌍은 운복의 최소대립 쌍이라 할 수 있다. 이들의 歌韻과 麻韻에서는 등이 운모에 연동되기 때문이다.

실질적 최소대립이 성립하므로 歌韻과 麻韻의 운복은 음가가 서로 달라야 한다.[27] 앞에서 歌韻 운복의 음가를 후설 저모음 /ɑ/라고 추정했으므로, 麻韻의 운복은 전설 저모음 /ɛ/라고 추정할 수 있다. 이때에 歌韻의 음가에 중설 저모음 /a/를 배당하는 대신에 麻韻의 음가에 /ɛ/를 배당해도 된다. 중요한 것은 果攝과 假攝의 운모에서 운복이 二元對立을 이룬다는 사실이다. 이 둘의 음가가 무엇이냐 하는 문제는 그리 중요하지 않다. 모음체계 전반을 고려하여 (19)의 둘 중에서 하나를 택하면 된다.

(19) 歌韻, 麻韻 운복의 2원 대립
  1. 麻韻 /ɛ/ — /ɑ/ 歌韻
  2. 麻韻 /ɛ/ — /a/ 歌韻

운복의 최소대립을 통하여 대립 항에 음가를 배정할 때에 우리는 기본모음 /a(ɑ), i, u, e, o/를 우선적으로 배당한다. 이 5개 모음은 여러 언어에서 두루 사용되는 보편적인 모음이기 때문이다. 기본모음만으로 부족하다면 그때에는 2차 모음인 /ɛ, ɔ, ʌ, ə, ɨ/ 등의 모음을 추가한다. 이 방법에 따르면,

27) 한어 상고음의 개음에 /*j/와 /*w/뿐만 아니라 /*r/도 있었다는 최근의 연구에 따르면 2等韻은 대개 개음 /*r/을 가진다. 이 新學說에 따라, 1등인 歌韻에 후설 저모음 /*ɑ/을 배당하고 2등인 麻韻에 /*rɑ/를 배당하여 歌韻과 麻韻의 운복이 동일했다고 할 수 있다. 즉 歌韻과 麻韻의 음가 차이는 개음 /*r/의 유무의 차이이지, 운복의 차이가 아니라는 해석이 가능하다. 그러나 이 해석을 취한 학설이 아직 제기된 바 없으므로, 歌韻과 麻韻는 운복의 음가가 서로 달랐다고 본다.

(19.1)과 (19.2)는 음가 배정에서 차이가 나지 않는다.

위의 2원 대립에서 무슨 근거로 歌韻 운복의 음가를 후설 저모음이라 추정하는지를 질문할 수 있다. 이때에는 한어의 각종 방언, 한국 한자음, 일본 한자음, 베트남 한자음 음가나 韻圖에 나오는 等의 차이를 활용하여 답할 수 있다. 歌韻과 戈韻은 항상 1등이므로 반드시 후설 또는 중설 모음을 배당해야 하고, 2등인 麻韻에는 중설 또는 전설 모음을 배당하게 된다. 麻韻은 2등을 기본으로 하되 3등도 가진다. 3등을 가진다는 점에서 麻韻은 상대적으로 歌韻보다 전설 모음 쪽에 더 가깝다. 3등은 항상 개음을 가지는데, 이 개음이 운복 모음을 위로 끌어올릴 수 있기 때문이다.[28] 이 점을 감안하여 麻韻의 운복을 전설 저모음 /ɛ/, 歌韻의 운복을 후설 저모음 /ɑ/라 추정한다.

그런데 蟹攝의 佳韻 2등을 果攝과 假攝에 포함하는 견해가 있다. 이것은 佳韻이 운미가 없는 麻韻과 혼동되는 현상을 중시한 것이다.[29] 이 견해에 따라 『세설신어』의 佳韻 2등을 분석 대상에 포함하여 歌韻 1등이나 麻韻 2등과 대비해 보았다. 그랬더니 歌韻, 麻韻, 佳韻의 운복이 3원 대립을 이루었다. 이것은 이 세 운의 운복이 서로 달랐다는 것을 의미한다. 따라서 이때에는 歌韻, 麻韻, 佳韻의 운복에 각각 후설 저모음 /ɑ/, 전설 저모음 /ɛ/, 중설 저모음 /a/를 배당하게 된다.

그러나 佳韻 2등에 운미 /-i/가 있었다고 보는 견해에서는 구태여 제3의 중설 저모음 /a/를 따로 설정할 필요가 없다. 佳韻과 麻韻이 둘 다 2등이므로 이들의 운복에 공통적으로 전설 저모음 /ɛ/를 배당하되, 佳韻은 운미 /-i/가 있는 /ɛi/이고 麻韻은 운미가 없는 /ɛ/라고 기술하면 된다. 이 기술에서는 佳韻과 麻韻의 음가가 운미 /-i/의 유무에서 이미 차이가 난다. 따라서 구태

28) 이 高母音化는 후기 중고음에서 실제로 일어났다.

29) 魏國峰(2014: 140~1)에서는 黃笑山(1995)를 좇아 佳韻에 운미가 없는 것으로 보았다. 반면에, 이토 지유키(이진호 역)(2007: 187)에서는 平山久雄(1967)을 좇아 佳韻에 운미 /-ɯ/가 있다고 했다.

여 중설 저모음 /a/를 음소로 설정하지 않아도 된다.

지금까지 『세설신어』에 반영된 전기 중고어를 대상으로 삼아, 후설 저모음과 전설 저모음의 음운대립을 기술했지만, 이밖에도 분포 분석표 (15)에는 많은 음운사적 정보가 담겨 있다. 첫째, 麻韻 2등과 麻韻 3등이 상보적 분포를 이룬다. 5세기 전반기의 한어에서 이미 麻韻 2등과 麻韻 3등의 분화가 일어났다 하더라도 이 분화가 새로운 음운대립 관계로 발전한 상태는 아니었다. 둘째, 戈韻에는 1등만 있고 3등은 없었다. 이것은 5세기 전반기까지는 戈韻 3등이 아직 분화하지 않은 상태였음을 말해 준다.

고구려어 표음자 690(727)자를 대상으로 위와 동일한 방법을 적용하여 果攝과 假攝을 분석해 보았더니, 歌韻의 운복과 麻韻의 운복이 최소대립을 이루지 않는다. 이것은 후설 저모음과 전설 저모음의 음운대립이 고구려어에 없었음을 의미한다. 따라서 고구려어에는 저모음이 하나밖에 없었고, 이 저모음에 당연히 /a/를 배당한다.

이제, 다른 예를 들어 모음의 음운대립을 논의하기로 한다. 이번에는 고구려어 표음자 중에서 山攝과 臻攝에 속하는 韻을 논의 대상으로 삼는다. 이들 攝은 운미 /-n/이나 /-t/를[30] 가진다는 점에서 공통된다. 이 운미 앞에 온 모음 중에서 음운론적으로 대립하는 모음이 몇 개였는지를 밝히면 고구려어의 모음체계에 쉽게 다가갈 수 있다.

山攝에 속하는 것은 寒韻 1등(16/18자), 桓韻 1등(12/13자), 先韻 4등(15/16자), 仙韻 3등 A, AB, B(25/28자), 元韻 3등 C(9/10자), 山韻 2등(4자), 刪韻 2등(2자) 등이 있다. 臻攝에는 眞韻 3등 A, AB, B(24자), 魂韻 1등(21/24자), 文韻 3등 C(17/18자), 諄韻 3등 A, AB(9자), 欣韻 3등 C(4/5자), 痕韻 1등(3자), 臻韻 3등 AB(1자) 등이 있다. 이 중에서 고구려 멸망 이전에 사용된 적이 있는 표음자

30) 이승재(2016가)에서는 /-ŋ, -k/ 운미를 가지는 운모를 논의 대상으로 삼았으나, 그 사이에 큰 수정이 있었으므로 여기에서는 /-n, -t/ 운미를 가지는 운모로 대체한다. /-n/은 성조가 평성 · 상성 · 거성일 때의 운미이고, /-t/는 입성일 때의 운미이다.

340자로 한정하여 분포 분석표를 작성해 보면 다음과 같다.

(20) 山攝字와 臻攝字의 분포 분석표 (340자 기준)

성모 \ 성조		평성[L]	상성[R]	거성[D]	입성[E]
순음	幫母 /p/	$_{3}$芬$_{文}$			$_{2}$八$_{山}$ $_{3}$弗$_{文}$ $_{3}$不$_{文}$
	並母 /b/			$_{3}$卞$_{仙}$	$_{3}$伐$_{元}$ $_{2}$拔$_{刪}$ $_{1}$渤$_{魂}$
	明母 /m/	$_{1}$蔓$_{桓}$ $_{3}$文$_{文}$			$_{1}$末$_{桓}$ $_{3}$密$_{眞}$ $_{3}$物$_{文}$
설음	端母 /t/	$^{合}_{1}$敦$_{魂}$	$^{開}_{4}$典$_{先}$	$^{開}_{1}$旦$_{寒}$ $^{開}_{3}$鎭$_{眞}$	
	透母 /th/	$^{開}_{4}$天$_{先}$			
	定母 /d/			$^{合}_{3}$瑑$_{仙}$	$^{開}_{1}$達$_{寒}$
	泥母 /n/	$^{開}_{3}$然$_{仙}$ $^{開}_{3}$人$_{眞}$		$^{合}_{3}$閏$_{諄}$	
	來母 /l/	$^{開}_{4}$零$_{先}$ $^{開}_{3}$連$_{仙}$	$^{開}_{3}$璉$_{仙}$		$^{開}_{3}$列$_{仙}$ $^{開}_{3}$栗$_{眞}$
치음	精母 /ʦ/	$^{開}_{3}$眞$_{眞}$ $^{開}_{4}$千$_{先}$ $^{開}_{1}$殘$_{寒}$ $^{開}_{4}$前$_{先}$			$^{開}_{3}$折$_{仙}$ $^{開}_{3}$拙$_{仙}$ $^{開}_{4}$切$_{先}$ $^{合}_{3}$絶$_{仙}$ $^{合}_{1}$捽$_{魂}$ $^{合}_{3}$述$_{諄}$
	心母 /s/	$^{開}_{4}$先$_{先}$ $^{開}_{3}$鮮$_{仙}$ $^{開}_{3}$仙$_{仙}$ $^{合}_{1}$孫$_{魂}$ $^{開}_{2}$山$_{山}$	$^{開}_{1}$散$_{寒}$ $^{開}_{3}$鮮$_{仙}$ $^{開}_{2}$産$_{山}$	$^{開}_{1}$散$_{寒}$ $^{開}_{4}$先$_{先}$ $^{合}_{1}$孫$_{魂}$	$^{開}_{1}$薩$_{寒}$ $^{開}_{3}$悉$_{眞}$
	書母 /sj/	$^{開}_{3}$蟬$_{仙}$		$^{合}_{3}$順$_{諄}$ $^{開}_{3}$愼$_{眞}$	
	羊母 /j/	$^{開}_{3}$延$_{仙}$			
아음	見母 /k/	$^{合}_{4}$涓$_{先}$ $^{合}_{3}$軍$_{文}$		$^{開}_{1}$幹$_{寒}$ $^{合}_{1}$貫$_{桓}$ $^{合}_{1}$灌$_{桓}$ $^{開}_{3}$建$_{元}$	$^{開}_{1}$葛$_{寒}$ $^{合}_{1}$骨$_{魂}$
	群母 /g/	$^{合}_{3}$群$_{文}$ $^{合}_{3}$元$_{元}$ $^{合}_{3}$原$_{元}$	$^{開}_{3}$近$_{欣}$	$^{開}_{3}$近$_{欣}$	
후음	曉母 /h/	$^{開}_{1}$韓$_{寒}$ $^{合}_{1}$桓$_{桓}$ $^{合}_{1}$丸$_{桓}$ $^{開}_{4}$賢$_{先}$ $^{合}_{1}$渾$_{魂}$	$^{合}_{1}$渾$_{魂}$	$^{開}_{1}$漢$_{寒}$ $^{開}_{3}$獻$_{元}$	$^{合}_{1}$活$_{桓}$ $^{合}_{1}$忽$_{魂}$ $^{開}_{1}$紇$_{痕}$
	影母 /ʔ/	$^{開}_{1}$安$_{寒}$ $^{合}_{3}$雲$_{文}$			$^{開}_{3}$謁$_{元}$ $^{開}_{3}$乙$_{眞}$ $^{開}_{3}$壹$_{眞}$ $^{合}_{3}$鬱$_{文}$

이 분포 분석표에서 동일 칸에 옴으로써 운모가 음운론적으로 대립하는 것을 논의 대상으로 삼는다. 번거로움을 피하여 여기에서는 음운대립 쌍의 구체적인 용례를 생략한다.[31)]

山攝의 1등에는 寒韻 1등과 桓韻 1등이 있다.

(21) 寒韻과 桓韻의 음운대립 쌍

1. 見母 /*k/의 거성 - ${}^{開}_{1}$幹$_{寒}$: ${}^{合}_{1}$灌$_{桓}$, ${}^{合}_{1}$貫$_{桓}$
2. 曉母 /*h/의 평성 - ${}^{開}_{1}$韓$_{寒}$: ${}^{合}_{1}$丸$_{桓}$, ${}^{合}_{1}$桓$_{桓}$

위의 예에서 寒韻 1등과 桓韻 1등은 음운론적으로 대립한다. 그런데 이 대립 쌍에서는 開口와 合口의 대립이 운모의 대립보다 우선한다. 개음 차이 우선의 원칙에 따라 寒韻1등과 桓韻 1등의 운복은 같아도 된다. 기존의 한어 중고음 연구 결과를 좇아 이들 寒韻 1등의 운복에 중설 저모음 /a/를 배당한다. 桓韻 1등은 寒韻 1등의 合口韻이므로 /wa/의 음가를 갖는다.

山攝의 2등에는 山韻과 刪韻이 있다. 山韻 2등은 幫母 /p/와 心母 /s/의 뒤에 분포하고 刪韻 2등은 並母 /b/의 뒤에 분포하므로, 이 두 운모는 음운론적으로 변별되지 않는다. 이에 따라 이 둘을 하나로 묶어서 山韻 2등・刪韻 2등이라 할 수 있다.

(22) 寒韻 1등과 山韻 2등・刪韻 2등의 음운대립 쌍

心母 /s/의 상성 - ${}^{開}_{1}$散$_{寒}$: ${}^{開}_{2}$産$_{山}$

위에서 볼 수 있듯이, 山韻 2등・刪韻 2등이 寒韻 1등과 동일 칸에 옴으로써 음운론적으로 대립한다. 寒韻은 항상 1등이고 山韻・刪韻은 항상 2등이므로, 이 둘의 등은 운복에 연동되어 있다. 따라서 山韻 2등・刪韻 2등과

31) 구체적인 용례는 이승재(2016나)를 참고하기를 바란다.

寒韻 1등의 운복은 서로 달라야 하므로, 山韻 2등 · 刪韻 2등의 운복은 /a/가 아니다.

山攝의 3등에는 仙韻 3등과 元韻 3등이 있고 4등에는 先韻 4등이 있다.

(23) 仙韻 3등과 先韻 4등의 음운대립 쌍 (6쌍)
  1. 來母 /l/의 평성 - $^{開}_{3}$連$_{仙}$: $^{開}_{4}$零$_{先}$
  2. 精母 /ts/의 입성 - $^{開}_{3}$折$_{仙}$, $^{開}_{3}$拙$_{仙}$, $^{合}_{3}$絶$_{仙}$: $^{開}_{4}$切$_{先}$
  3. 心母 /s/의 평성 - $^{開}_{3}$鮮$_{仙}$, $^{開}_{3}$仙$_{仙}$: $^{開}_{4}$先$_{先}$

(23)은 仙韻 3등과 先韻 4등의 음운대립 쌍이다. 이들은 운모에서도 다르고 등에서도 다르므로 운모의 최소대립 쌍이 아니다. 더욱이 3등은 개음을 가지지만(Karlgren 1954/92) 4등은 개음을 가지지 않는다(李榮 1956). 따라서 개음 차이 우선의 원칙에 따라 仙韻 3등과 先韻 4등의 운복이 서로 같아도 된다.

元韻 3등은 분포 분석표 (20)에서 확인할 수 있듯이 仙韻 3등이나 先韻 4등과 더불어 동일 칸에 오지 않는다. 따라서 元韻 3등의 운복은 仙韻 3등이나 先韻 4등의 운복과 같아도 된다. 이에 따라 이 세 운모의 운복에 동일 모음 /e/를 배당할 수 있다. 즉, 仙韻 3등, 元韻 3등, 先韻 4등의 운복 모음이 모두 /e/라고 추정할 수 있다. (24)에서 先韻 4등과 寒韻 1등이 음운론적으로 대립하는데, 이들의 운복을 각각 /e/와 /a/로 추정하면 운복의 최소대립을 정확히 유지할 수 있다.

(24) 先韻 4등과 寒韻 1등의 음운대립 쌍
  1. 精母 /ts/의 평성 - $^{開}_{4}$千$_{先}$, $^{開}_{4}$前$_{先}$: $^{開}_{1}$殘$_{寒}$
  2. 心母 /s/의 거성 - $^{開}_{4}$先$_{先}$: $^{開}_{1}$散$_{寒}$

그런데 아래의 (25)에서 볼 수 있듯이, 先韻 4등이 山韻 2등과 동일 칸에 옴으로써 음운론적으로 대립한다. 이 두 운모는 개음이 없으므로 운복에서 음가가 서로 다르다고 보아야 한다. 先韻 4등의 운복에 /e/를 배당했으므로 山韻 2등의 운복은 /e/가 아니다.

(25) 山韻 2등과 先韻 4등의 음운대립 쌍
心母 /s/의 평성 - $^{開}_{2}$山$_{山}$: $^{開}_{4}$先$_{先}$

위의 (22)에서 山韻 2등과 寒韻 1등의 음운대립이 성립하므로 山韻 2등의 운복은 /a/가 아니다. 결론적으로, 山韻 2등의 운복은 /a/도 아니고 /e/도 아니다. 이 운복 모음을 제3의 모음이라고 하면 이 모음은 중설 평순모음 /ə/일 가능성이 크다. 고구려어에는 저모음이 /a/ 하나뿐이고, 山韻 2등의 운복은 평순모음이기 때문이다.

이제, 臻攝에 대한 논의로 넘어간다.

臻攝의 1등에는 魂韻과 痕韻이 있다. 痕韻 1등에 속하는 것은 曉母 /h/의 입성인 '$^{開}_{1}$紇$_{痕}$' 하나뿐이다. 그런데 曉母 /h/의 입성 칸에는 山韻 2등·刪韻 2등이 오지 않는다. 따라서 이 둘을 하나로 묶어서 痕韻 1등·山韻 2등·刪韻 2등이라 할 수 있고 이들의 운복에 /ə/를 배당할 수 있다.

魂韻 1등은 항상 합구이다. 魂韻 1등은 이 점에서 痕韻 1등·山韻 2등·刪韻 2등과 차이가 난다. 이 점을 강조하여 魂韻 1등의 운복에 /o/를 배당할 수 있다. 痕韻 1등의 운복을 /ə/이라 하고 魂韻 1등의 운복을 /o/라고 하면 아래의 음운대립 쌍을 운복 모음의 차이로 기술할 수 있다.

(26) 痕韻 1등과 魂韻 1등의 음운대립 쌍
曉母 /h/의 입성 - $^{開}_{1}$紇$_{痕}$: $^{合}_{1}$忽$_{魂}$

臻攝에서는 2등에 속하는 운모가 없다. 그 대신에 3등에 속하는 운모가 많은데, 그 중에서 文韻 3등과 諄韻 3등은 상보적 분포를 이룬다. 文韻 3등은 항상 순음이나 이후음의 뒤에 오는 데에 반하여 諄韻 3등은 항상 설치음의 뒤에 온다. 이 둘은 漢語 上古音에서 동일 韻部에 속하고 전설 원순 개음 /*ɥ/를 가진다. 이 개음을 고구려어에서 수용할 때에 순음과 아후음 뒤에서는 /w/로 수용하고 설치음 뒤에서는 /j/로 수용한다(이승재 2016나). 따라서 文韻 3등은 /wun, wut/으로, 諄韻 3등을 /jun, jut/으로 추정할 수 있다.

文韻 3등이나 諄韻 3등이 魂韻 1등과 더불어 동일 칸에 온 것으로는 다음의 예가 있다.

(27) 魂韻 1등과 諄韻 3등의 음운대립 쌍
　　精母 /ʦ/의 입성 - $^{合}_{1}$捽$_{魂}$: $^{合}_{3}$述$_{諄}$

위의 음운대립 쌍은 운모뿐만 아니라 等에서도 차이가 나므로 운모의 최소대립 쌍이 아니다. 魂韻은 1등이고 諄韻은 3등이므로 개음 차이 우선의 원칙에 따르면 이 두 운모의 운복이 같아도 된다. 그런데도 우리는 魂韻 1등의 운복이 文韻 3등 · 諄韻 3등의 운복과 달랐다고 본다. 1등인 魂韻의 음가를 /*on, *ot/으로 재구하고, 3등인 諄韻의 음가는 /*jun, *jut/으로 추정한다. 3등은 개음 /*j/를 가지고, 이 개음의 영향으로 高母音化가 일어났다고 할 수 있기 때문이다. 이 고모음화는 遇攝의 虞韻 3등에서도 확인되므로(이승재 2016나), 臻攝의 諄韻 3등과 文韻 3등에도 동일한 규칙을 적용한다.

다음으로, 眞韻 3등에 대한 논의로 넘어간다.

(28) 眞韻 3등과 文韻 3등의 최소대립 쌍
　　明母 /m/의 입성 - $_{3}$密$_{眞}$: $_{3}$物$_{文}$

(29) 眞韻 3등과 仙韻 3등의 최소대립 쌍
　　1. 泥母 /n/의 평성 - $^{開}_{3}$人$_{眞}$: $^{開}_{3}$然$_{仙}$

2. 來母 /l/의 입성 - $^{開}_{3}$栗$_{眞}$: $^{開}_{3}$列$_{仙}$

(30) 眞韻 3등과 寒韻 1등의 음운대립 쌍

1. 端母 /t/의 거성 - $^{開}_{3}$鎭$_{眞}$: $^{開}_{1}$旦$_{寒}$
2. 精母 /ʦ/의 평성 - $^{開}_{3}$眞$_{眞}$: $^{開}_{1}$殘$_{寒}$
3. 心母 /s/의 입성 - $^{開}_{3}$悉$_{眞}$: $^{開}_{1}$薩$_{寒}$

(28)과 (29)의 최소대립 쌍을 통하여 眞韻 3등의 운복이 /u/나 /e/가 아님을 알 수 있다. (30)은 최소대립 쌍이 아니라 음운대립 쌍이기는 하지만 眞韻 3등의 운복이 /a/가 아님을 보여 준다. 또한 분포 분석표 (20)에서 眞韻 3등이 魂韻 1등과 동일 칸에 온 예가 없지만, 眞韻 3등의 운복이 魂韻 1등의 운복 /o/와 동일하다고 보는 견해가 없다. 종합하면 眞韻 3등의 운복은 /u/, /o/, /e/, /a/ 등의 모음이 아니다.

그렇다면 眞韻 3등의 운복은 /ə/나 /i/의 둘 중 하나일 것이다. 앞에서 우리는 痕韻 1등의 운복에 /ə/를 배당한 바 있는데, 분포 분석표 (20)에서 眞韻 3등과 痕韻 1등이 동일 칸에 온 예가 없다. 眞韻 3등은 欣韻 3등과도 동일 칸에 오지 않는다. 이것을 중시하면 眞韻 3등, 欣韻 3등, 痕韻 1등의 운복에 두루 /ə/ 모음을 배당해도 된다.

그러나 고구려어 표음자 집합에서는 欣韻 3등자가 4자에 불과하고 痕韻 1등자가 3자에 불과하다는 점을 강조할 필요가 있다. 즉 眞韻 3등이 欣韻 3등이나 痕韻 1등과 더불어 동일 칸에 오지 않는 것은 우연한 공백이라고 할 수 있다. 이에 따르면 眞韻 3등의 운복에 /i/를 배당하고, 欣韻 3등이나 痕韻 1등의 운복에는 /ə/를 배당할 수 있다. 즉 眞韻 3등의 음가는 /jin, jit/으로 추정하고 欣韻 3등의 음가는 /jən, jət/으로 추정한다. 이처럼 추정해야만 후대의 한국 중세 한자음과도 잘 어울릴 뿐만 아니라 /-n, -t/ 운미의 앞에 /i/ 모음이 오지 않는다는 특이성도 해소할 수 있다.

지금까지의 논의를 요약해 보면 다음과 같다.

(31) 山攝과 臻攝 운모의 음가 추정

1. 寒韻 1등 = /an, at/
2. 桓韻 1등 = /wan, wat/
3. 痕韻 1등 · 山韻 2등 · 刪韻 2등 = /ən, ət/
4. 欣韻 3等 = /jən, jət/
5. 仙韻 3등 · 先韻 4등 = /jen, jet/
6. 元韻 3等 = /wen, wet/
7. 魂韻 1等 = /on, ot/
8. 文韻 3등 = /wun~un, wut~ut/ (순음, 아후음 뒤)
9. 諄韻 3等 = /jun, jut/ (설치음 뒤)
10. 眞韻 3等 = /jin, jit/

이 음가 추정에 따르면 고구려어의 모음 음소에 /a, ə, e, o, u, i/의 6개가 있었다고 할 수 있다. 지금까지 논의 대상을 /-n, -t/ 운미의 바로 앞에 올 수 있는 모음으로 한정했지만, 모든 음운론적 환경을 두루 고려하더라도 고구려어의 모음체계가 6모음체계라는 것이 두루 확인된다. /-ø/ 운미 앞에서는 /a, e, i, o, u/의 5개가 확인되고, /-i/ 운미 앞에서는 /a, e, ə/의 3개가 확인되며, /-ŋ, -k/ 운미 앞에서는 /a, e, o, u, ə/의 5개가 확인된다.[32] 따라서 고구려어의 모음체계가 /a, ə, e, o, u, i/의 6모음체계임은 분명하다.

(32) 고구려어의 모음음성도와 모음체계도

1.

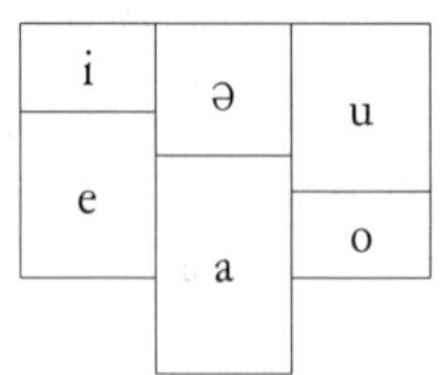

2.

i ə u
e o
a

32) 자세한 논의는 이승재(2016나)를 참고하기 바란다.

고구려어의 /e/는 중세 한국어의 'ㅓ'에 대응하고, /ə/는 'ㅡ'뿐만 아니라 '·'에도 대응한다. 이것을 母音音聲圖와 母音體系圖로 그려 보면 위와 같다. (32.1)의 모음음성도는 6개 모음의 분포 상황만을 고려한 것이다. 반면에 (32.2)는 여러 모음이 어느 모음과 잘 어울리는가 하는 점을 감안한 모음체계도이다. 고구려어에는 母音調和가 없지만 /i, ə, u/의 세 모음이, /e, a, o/의 세 모음이 각각 서로 잘 어울린다.[33] 이 경향성을 모음조화라고 명명할 수는 없지만, 고구려어의 모음체계에서 [±high]가 가장 중요한 음운자질임을 말해 준다.

5. 고구려어, 백제어, 전기 중고어의 자음체계 대비

위에서 프라그 학파의 음운대립 이론을 적용하여 고대 한자음을 분석하는 방법을 설명해 보았다. 상보적 분포와 최소대립 쌍이라는 기초적인 음소 설정 방법만으로도 한자음의 음운체계 분석이 가능하다. 이제, 분석 결과를 활용하여 고구려어, 백제어, 전기 중고어의 자음체계를 상호 대비해 보기로 한다.[34]

(33) 고구려어 자음체계

고구려어 자음체계				
	全淸	次淸	全濁	次濁
脣音	幫·非·滂·敷 /*p/ 16+16+4+3=39		並·奉 /*b/ 17+9=26	明·微 /*m/ 42+11=53

33) 이에 대해서는 이승재(2016나)를 참고하기 바란다.

34) 백제어와 전기 중고어의 모음체계를 아직 분석하지 못했다. 따라서 모음체계의 상호 대비는 다음 기회로 미룬다.

舌音	端・知 /*t/ 29+13=42	透・徹 /*th/ 13+1=14	定・澄 /*d/ 23+13=36	泥・娘・日 /*n/ 18+2+25 =45
				來 /*l/ = 58
齒音	精・莊・章・淸・昌・從・崇・船 /*ʦ/ 23+4+22+15+7+19+5+4 =99			
	心・生・邪 /*s/ 51+5+16= 72			
	書・常 /*sj/ 19+16= 35			
				羊 /*j/ = 24
牙音	見・溪 /*k/ 66+9=75		群・疑 /*g/ 19+15=34	/*ŋ/ (운미에만)
喉音	影・云 /*ʔ/ 43+14=57			
	曉・匣 /*h/ 14+39=53			
762	472(62.0%)	14(1.8%)	96(12.6%)	180(23.6%)

(34) 백제어의 자음체계[35)]

백제어 자음체계					
방식 위치	全淸	次淸	全濁	不淸 不濁	
순음	幇・非・滂・敷 /p/ 20+12+3+2 =37 5.2%		並・奉 /b/ 16+10 =26 3.7%	明・微 /m/ 32+10 =42 5.9%	105 14.9%
설음	端・知 /t/ 26+15 =41 5.8%	透・徹 /th/ 9+2 =11 1.6%	定・澄/d/ 27+7 =34 4.8%	泥・娘・日 /n/ 12+3+18 =33 4.7%	119 16.8%

35) 이승재(2013: 123)에서는 전청, 차청, 전탁, 불청불탁의 점유 비율이 각각 42.7%, 7.8%, 23.6%, 25.9%라고 했다. 이것은 음소분석을 실시하기 전의 점유율이므로, 음소를 분석한 다음에는 각각 46.4%, 4.1%, 26.0%, 23.5%로 수정해야 한다.

				來 /l/ 46 =46 6.5%	46 6.5%
치음 마찰	心·生 /s/ 34+13 =47 6.6%		邪 /z/ 8 =8 1.1%		55 7.8%
	書 /ɕ/ 13 =13 1.8%		常 /ʑ/ 25 =25 3.5%		38 5.4%
치음 파찰	精·莊 /ʦ/ 24+2 =26 3.7%	淸·初·昌 /ʦh/ 11+3+4 =18 2.5%	從·崇·船 /dz/ 17+3+5 =25 3.5%		69 9.8%
	章 /ʨ/ 28 =28 4.0%			羊 /j/ 29 =29 4.1%	57 8.1%
아 후 음	見·溪·曉 /k/ 70+21+20 =111 15.7%		群·匣 /g/ 18+31 =49 6.9%	疑 /ŋ/ 16 =16 2.3%	176 18.5%
	影 /ʔ/ 25 =25 3.5%		云 /ɦ/ 17 =17 2.4%		42 5.9%
707	328 46.4%	29 4.1%	184 26.0%	166 23.5%	707 100%

(35) 『세설신어』의 전기 중고어 자음체계

『세설신어』의 전기 중고어 자음체계					
방식 위치	全淸	次淸	全濁	不淸不濁	
脣音	幫·非 /p/ 69+30=99 4.2%	滂·敷 /pʰ/ 23+20=43 1.8%	並·奉 /b/ 61+44=105 4.5%	明·微 /m/ 85+25=110 4.7%	357 15.3%
舌音	端·知 /t/ 56+38=94 4.0%	透·徹 /tʰ/ 39+13=52 2.2%	定·澄 /d/ 87+58=145 6.2%	泥·娘·日 /n/ 27+8+35=70 3.0%	361 15.5%

				來 /l/ =143 6.1%	143 6.1%
齒音 마찰	心 /s/ =101 4.3%		邪 /z/ =27 1.2%		128 5.5%
	生 /ʂ/ =37 1.6%				37 1.6%
	書 /ɕ/ =60 2.6%		常 /ʑ/ =54 2.3%	羊 /j/ =93 4.0%	207 8.9%
치음 파찰	精 /ʦ/ =70 3.0%	淸·初 /ʦ^{h}/ 42+14=56 2.4%	從 /dz/ =65 2.8%		191 8.2%
	莊 /ʈʂ/ =17 0.7%		崇·船 /dʑ/ 18+15=33 1.4%		17 0.7%
	章 /ʨ/ =59 2.5%	昌 /ʨh/ =25 1.1%			117 5.0%
牙音	見 /k/ =225 9.7%	溪 /kh/ =87 3.7%	群 /g/ =51 2.2%	疑 /ŋ/ =81 3.5%	444 19.1%
喉音	影 /ʔ/ =95 4.1%				95 4.1%
	曉 /h/ =65 2.8%		匣·云 /ɦ/ 116+52=168 7.2%		233 10.0%
2,330	922 39.6%	263 11.3%	648 27.8%	497 21.3%	2,330 100%

위의 분석표는 여러 성모가 어느 음소로 묶이는지를 구체적으로 드러내어 보인 것이다. 黃笑山(1995)와 이토 지유키(이진호 역)(2007: 91)에 따르면 성모가 최대 42개인데, 俟母는 고구려어, 백제어, 전기 중고어에서 모두 용례가 없으므로 성모 목록에서 제외했다. 俟母를 제외한 41개의 성모 중에서 변이음에 지나지 않는 성모를 음소의 자격을 가지는 성모에 편입하여 음소 목록을 결정하면, 전기 중고어는 29개, 백제어는 22개, 고구려어는 16개의 자음을 가진다. 이 수치는 羊母 /j/를 자음으로 간주할 때의 수치이다(이하 같다).

3개 언어의 순음에서 脣重音(양순 폐쇄음)과 脣輕音(순치 마찰음)의 구별이 없고 설음에서 舌頭音과 舌上音의 구별이 없다. 3개 언어 상호간의 이 일치를 기술할 때에, 동일하게 『切韻』계 운서의 음운체계로 분석했으므로 동일한 결과가 나올 수밖에 없다고 해석할 수 있다. 그러나 여타의 자음 목록에서는 3개 언어가 아주 크게 차이가 나므로 이 해석은 옳지 않다. 후술하겠지만 치음이나 아후음에서 특히 3개 언어의 음소 목록이 크게 다르다. 따라서 동일하게 『切韻』계 운서의 음운체계로 분석한다 하더라도, 用字의 모집단이 서로 다르면 음소 목록도 달라진다고 기술해야 한다.

우리의 연구 방법에 따르면, 用字의 모집단이 커지면 커질수록 최소대립 쌍이 많아지고 작으면 작을수록 최소대립 쌍이 줄어든다. 이 명제는 분명히 참이다. 그러나 최소대립 쌍이 무한대로 늘어난다고 해서 음소의 수가 이에 비례하여 무한대로 늘어나는 것은 아니다. 이것을 확인하기 위하여 『世說新語』의 2,212(2,486)자 중에서 사용 빈도가 높은 1,112자로 한정하여 동일한 방법으로 음소를 설정해 보았다.[36] 그랬더니 2,212(2,486)자의 분석 결과와 동일하게 1,112자에서도 전기 중고어의 자음 음소가 29개였다. 이것은 분석 대상의 양적 크기에 비례하여 음소의 수가 결정되는 것이 아님을 말해준다. 달리 말하면, 모집단이 커짐에 따라 최소대립 쌍이 계속 늘어나더라도, 그것은 잉여적 증가에 불과하다.

백제어와 고구려어의 표음자는 둘 다 690여 자이므로 양적 차이가 거의 없는데도, 음소분석 결과로 등록된 백제어 자음은 22개이고 고구려어 자음은 16개이다. 6개의 차이는 아주 큰 차이이다. 따라서 분석 대상의 양적 크기가 음소의 숫자를 결정하는 기준이라고 할 수가 없다. 오히려 중요한 것은 분석 대상의 질적 차이다. 질적 차이란 달리 말하면 음운론적 대립관계에서의 차이를 가리킨다. 아래 (36)의 치음에서 볼 수 있듯이, 백제어의 파찰음과 마찰음에는 유·무성 대립이 있지만 고구려어의 파찰음과 마찰음에

36) 『세설신어』 대화문에서 3회 이상 사용된 한자로 한정하면 1,112자가 된다.

는 유·무성 대립이 없다. 이것은 음운대립의 유무에 따라 음소의 수가 많아지기도 하고 적어지기도 함을 말해준다.

그렇다고 하여 모집단의 양적 크기를 완전히 무시하면 안 된다. 『世說新語』 대화문에서 6회 이상 사용된 656자로 한정하여[37] 우리의 연구 방법을 적용하면 권설음인 莊母 /tʂ/와 경구개음인 昌母 /tɕh/가 음소 목록에서 제외된다. 즉 656자 세트에서는 두 개의 음소가 줄어 자음 음소가 27개가 된다. 이것은 음운체계 전반을 빠짐없이 기술하려면 일정량 이상으로 모집단이 확보되어야 함을 의미한다.

몇 자 이상의 한자를 확보해야 음소가 누락되지 않는지는 경험적으로 구할 수밖에 없다. 전기 중고어의 음운체계를 『세설신어』의 대화문에서 구한다면, 모집단의 양적 크기가 적어도 1,200자 이상이 되어야 한다. Karlgren (1957)이 Grammata Serica Recensa에서 분석 대상으로 삼은 한자가 마침 1,260자였다(李敦柱 2003: 468).

백제어 694(707)자와 고구려어 690(727)자는 멸망 이전의 표음자로 한정하면 340자 안팎으로 줄어든다. 그렇다면 분석 대상이 너무 적은 것 아닌가? 이 의심에 따르면, 백제어 자음 22개와 고구려어 자음 16개는 最小値에 불과하므로 실제로는 자음의 수가 더 늘어날 가능성이 있다.

그러나 우리는 이 가능성을 믿지 않는다. 백제어와 고구려어 표음자는 自國語를 표기하기 위하여 엄격히 선정되었다. 따라서 이들 표음자는 구조주의 언어학에서 강조하는 '전형성 요건'을 갖추었다고 할 수 있다. 이와는 달리 『세설신어』의 대화문에 나오는 2,212(2,486)자는 이러한 선별 과정을 거치지 않았다. 음운대립 관계를 고려하여 엄선된 690자는 무작위로 차출된 2,212(2,486)자보다 음운대립에 관한 한 더 많은 정보를 담을 수 있다.[38] 이

---

37) 이 670자는 백제어와 고구려어의 표음자인 690자에 근사한 수치가 되게 맞춘 것이다.
38) 각주 18)의 비유를 참고하기 바란다.

해석에 따라 백제어와 고구려어의 자음 음소가 실제로도 각각 22개와 16개였다고 간주한다. 3개 언어의 자음이 체계적으로 대응하기 때문이다.

3개 언어의 자음 음소 상호간의 대응관계를 구조방언학의 Diasystem을 응용하여 나타내면 아래의 (36)과 같다.

이 대비표에서 세 언어의 자음 음소가 완전히 일치하는 것은 설음밖에 없다. 반대로, 상호간에 극심하게 차이가 나는 것은 치음과 아후음이다. 대표적인 것이 匣母와 云母(또는 喩母 3등)의 소속이다. 전기 중고어에서는 云母가 항상 3등인 데에 반하여 匣母는 항상 1·2·4등이다. 즉 云母와 匣母가 상보적 분포를 이루므로, 이 두 운모가 하나의 음소 匣母·云母 /ɦ/가 된다.

(36) 3개 언어의 자음 음소 대응표

성모 \ 언어		전기 중고어	백제어
순음	幫·非	/p/	/p/
	滂·敷	/p^{h}/	
	並·奉	/b/	/b/
	明·微	/m/	/m/
설음	端·知	/t/	/t/
	透·徹	/t^{h}/	/t^{h}/
	定·澄	/d/	/d/
	泥·娘·日	/n/	/n/
	來	/l/	/l/
치음마찰음	心	/s/	/s/
	生	/ʂ/	
	書	/ɕ/	/ɕ/
	邪	/z/	/z/
	常	/ʑ/	/ʑ/
치음파찰음	精	/ʦ/	/ʦ/
	莊	/tʂ/	
	章	/ʨ/	/ʨ/
	淸·初	/ʦ^{h}/	/ʦh/
	昌	/ʨ^{h}/	
	從	/dz/	/dz/

성모 \ 언어		전기 중고어	고구려어
순음	幫·非	/p/	/p/
	滂·敷	/p^{h}/	
	並·奉	/b/	/b/
	明·微	/m/	/m/
설음	端·知	/t/	/t/
	透·徹	/t^{h}/	/t^{h}/
	定·澄	/d/	/d/
	泥·娘·日	/n/	/n/
	來	/l/	/l/
치음	心	/s/	/s/
	生	/ʂ/	
	書	/ɕ/	
	邪	/z/	
	常	/ʑ/	
	精	/ʦ/	/ʦ/
	莊	/tʂ/	
	章	/ʨ/	
	淸·初	/ʦ^{h}/	
	昌	/ʨ^{h}/	
	從	/dz/	

	崇·船	/dʑ/	
	羊	/j/	/j/
아후음	見	/k/	/k/
	溪	/kʰ/	
	曉	/h/	
	疑	/ŋ/	/ŋ/
	群	/g/	/g/
	匣	/ɦ/	
	云		/ɦ/
	影	/ʔ/	/ʔ/
5	41	29	22

	崇·船	/dʑ/	
	羊	/j/	/j/
아음	見	/k/	/k/
	溪	/kʰ/	
	群	/g/	/g/
	疑	/ŋ/	/ŋ/[39]
후음	曉	/h/	/h/
	匣	/ɦ/	
	云		/ʔ/
	影	/ʔ/	
5	41	29	16

백제어에서는 匣母가 群母와 상보적 분포를 이루고, 曉母도 見母와 상보적 분포를 이룬다. 따라서 이 둘을 평행적으로 처리해야 한다. 曉母를 見母에 편입하여 見母·曉母 /k/가 되므로, 匣母도 群母에 편입하여[40] 하나의 음소 群母·匣母 /g/가 된다. 전기 중고어와 백제어에서는 마찰음에도 유·무성 대립이 있으므로 匣母나 云母가 유성자음으로 분류된다. 이 유성자음 云母 /ɦ/가 무성자음 影母 /ʔ/와 음운론적으로 대립한다.

반면에 고구려어의 파찰음과 마찰음에서는 유·무성 대립이 없다. 따라서 파찰음인 從母 [dz]가 精母 /ʦ/에 편입되고, 마찰음인 邪母 [z]가 心母 /s/에 편입된다. 후음에서 匣母는 무성음인 曉母 /h/에 편입되고, 云母는 역시 무성음인 影母 /ʔ/에 편입된다. 고구려어에서는 실제로도 匣母와 曉母가 상보적 분포를 이루고 云母와 影母도 상보적 분포이기 때문에 이처럼 묶을 수 있다.

특히, 匣母와 云母의 음운론적 대립관계가 3개 언어에서 각기 다르다. 그리하여 3개 언어를 하나의 음소 대응표로 작성하려면, 단일 성모를 두 군데

---

39) 고구려어에서는 /ŋ/이 자음체계에 들어가지만, 語頭나 初聲 위치에는 /ŋ/이 오지 않는다.

40) 董同龢(1944), 王力(李鍾振, 李鴻鎭 譯)(1980: 146), 鄭張尙芳(2003)은 云母와 匣母의 상보적 분포를 중시하고, Karlgren(1954/92)와 李方桂(1980)은 群母와 匣母의 상보적 분포를 중시한 바 있다.

로 나누어 배열해야 하는 모순이 발생한다. 따라서 위의 (36)에서처럼, 전기 중고어와 백제어의 대응표를 먼저 제시한 다음에, 전기 중고어와 고구려어의 대응표를 따로 제시할 수밖에 없다.

한어 음운사와 관련하여, 칼그렌(崔玲愛 譯)(1985: 42)는 唐代에 와서 순중음과 순경음이 구별되었다고 보았다. 또한 칼그렌(崔玲愛 譯)(1985: 33)는 宋代의 韻圖에서 端組(설두음, 치조음)와 知組(설상음)를 구별한 것을 보고 한어 중고음에서 설두음과 설상음의 구별이 있다고 했다. 그러나 5세기의 『세설신어』에서는 순중음과 순경음의 구별뿐만 아니라 설두음과 설상음의 구별도 없다.

치음의 莊組가 독자적으로 분화했는지 여부는 한어 음운사에서 대단히 중요하다. 치음파찰음에는 精組(치조음), 莊組(권설음), 章組(경구개음)의 세 가지가 있는데, 『세설신어』의 한어에서는 이들의 음운대립 관계가 아래의 (37)과 같다.

(37) 『세설신어』 치음파찰음의 음운대립

위치 \ 방식		全淸	次淸	全濁
치음 파찰	精組	精 /ʦ/	淸・初 /ʦʰ/	從 /dz/
	莊組	莊 /tʂ/		船・崇 /dʑ/
	章組	章 /ʨ/	昌 /ʨʰ/	

전청(즉 무성무기음)에서는 莊組가 5세기 전반기에 이미 분리되어 莊母 /tʂ/가 독자적인 음소로 자리를 잡았다. 반면에 차청(즉 유기음)과 전탁(즉 유성음)에서는 아직 莊組(권설음)의 분리가 일어나지 않았다. 차청의 莊組인 初母는 精組인 淸母 /ʦʰ/와 상보적 분포를 이루므로 이 두 성모가 합쳐져서 하나의 음소인 淸母・初母 /ʦʰ/가 된다. 반면에, 전탁에서는 莊組인 崇母가 章組인 船母 /dʑ/와 상보적 분포를 이룬다. 따라서 전탁에서는, 차청에서와는 달리,

莊組가 章組와 하나로 묶여서 음소 船母・崇母 /dʑ/가 된다. 간단히 말하면, 유기음에서는 권설음이 치조음과 하나로 묶이는 데에 반하여, 유성음에서는 권설음이 경구개음과 하나로 묶인다. 이것을 그림으로 나타낸 것이 (37)이다.

한어 상고음에서는 莊組(권설음)가 精組(치조음)와 병합되어 있었거나 서로 가까웠다(王力(李鍾振, 李鴻鎭 譯) 1980: 244). 그런데 Karlgren(1957)은 宋代의 韻圖를 그대로 믿고 莊組를 권설음이라 하고 章組를 경구개음이라 하였다. 이것을 魏晉南北朝 시대의 對譯 자료로 증명한 것이 水谷眞成(1967)이다. 즉 전기 중고음에서 치음 파찰음의 전청, 차청, 전탁에서 모두 齒頭音 1등인 精組(치조음), 正齒音 2등인 莊組(권설음, 照二系), 正齒音 3등인 章組(경구개음, 照三系)가 서로 구별되었다고 했다. 이것은 각각 우리의 치조음 /ʦ/, 권설음 /ʈʂ/, 경구개음 /ʨ/에 해당한다. 마찬가지로 치음 마찰음의 전청에서도 치조음 心母 /s/, 권설음 生母 /ʂ/, 경구개음 書母 /ɕ/의 음운대립이 있었다고 보았다. 이것이 지금까지의 통설이다.

그런데 (37)에 정리한 것처럼 5세기 전반기의 『세설신어』에서는 권설음(莊組, 정치음 2등)의 분화 과정이 전청, 차청, 전탁에서 각기 다르다. 『세설신어』에서는 전청에서만 권설음의 분화가 일어났고, 차청과 전탁에서는 권설음의 분화가 아직 일어나지 않았다. 차청에서는 권설음이 치조음과 묶이고, 전탁에서는 경구개음과 묶인다. 기존의 연구에서는 이러한 기술을 찾을 수 없다. 韻圖와 對譯 자료를 중심으로 연구하다 보면 이처럼 미세한 차이를 놓칠 수밖에 없다. 반면에, 미세하면서도 언어학적으로 유의미한 차이까지 지적할 수 있다는 점에서 우리의 연구 방법이 기존의 연구 방법보다 사실은 우위에 있다.

다음으로, (33~35)의 분포 분석표에서 세 언어의 전청, 차청, 전탁, 불청불탁이 차지하는 점유 비율을 구해보기로 한다.

(38) 고구려어, 백제어, 전기 중고어의 자음 조음방식 점유율 (%)

언어 \ 방식	전청	차청	전탁	불청불탁
고구려어	62.0	1.8	12.6	23.6
백제어	46.4	4.1	26.0	23.5
전기 중고어	39.6	11.3	27.8	21.3
평균	47.0	6.7	22.8	23.5

위의 (38)에서 볼 수 있듯이, 전기 중고어에서는 '전청(무성무기음, 39.6%) 〉 전탁(유성무기음, 27.8%) 〉 불청불탁(次濁, 기타 자음, 21.3%) 〉 차청(무성유기음, 11.3%)'의 순서로 점유 비율이 높다. 이것은 한어 상고음의 음운대립에 유・무성 대립이 분명히 있었음을 의미한다. 한어 상고음에서 음운변화가 일어나 이 대립에 유・무기 대립이 더해진다. 그 뒤로도 유기음이 늘어나는 변화가 계속 일어나, 마침내 유・무성 대립이 유・무기의 대립으로 변하게 된다. 이것을 입증해 주는 것이 濁音淸化이다.[41] 濁音(유성음) 즉 전탁 중에서 성조가 평성이면 무성유기음으로 바뀌고 측성이면 무성무기음으로 변화했다.[42] 현대 北京語에서는 이 변화가 이미 완료되어 유・무기의 대립만 존재한다.

백제어에서는 조음방식의 점유 비율이 '전청(46.4%) 〉 전탁(26.0%) 〉 불청불탁(23.5%) 〉 차청(4.1%)'의 순서이고, 고구려어에서는 '전청(62.0%) 〉 불청불

41) 탁음청화가 일어난 시기에 대해서는 학자들의 견해가 일치하지 않는다. 王力(1957)에 따르면 이 시기가 『中原音韻』의 14세기이고, 平山久雄(1993)에 따르면 邵雍(1011~1077년)의 『皇極經世聲音唱和圖』가 저술된 11세기이다. 이와는 달리, 周長楫(1994)는 閩南 방언에서 『切韻』 이전에 이미 탁음청화가 끝났을 가능성을 제기했다. 우리는 水谷眞成(1967)의 학설을 취하여, 탁음청화가 7세기 중엽에 시작되어 8세기 말에 완성되었다고 본다. 姜信沆(2015)에서는 탁음청화가 7세기에 시작되어 千年 가까이 지속되었다고 보았다.

42) 이것은 일반적인 경향일 뿐이라서 예외가 적지 않다. 이에 대해서는 이토 지유키(이진호 역)(2007: 92)의 각주 5)를 참고하기 바란다.

탁(23.6%) 〉 전탁(12.6%) 〉 차청(1.8%)'의 순서이다. 백제어의 전탁 점유율 26.0%는 전기 중고어의 27.8%와 더불어 점유 비율이 높으므로, 백제어에도 유성자음이 있었다고(이승재 2013) 할 수 있다. 반면에, 고구려어에서는 전탁(유성무기음)의 점유 비율(12.6%)이 현저히 떨어진다. 고구려어에서는 폐쇄음에만 유・무성 대립이 있기 때문이다.

(39) 고구려어와 백제어의 유・무성 대립

음 언어	폐쇄음			파찰음			마찰음			
전기 중고어	/p/ /b/	/t/ /d/	/k/ /g/	/ʦ/ /dz/	/tʂ/	/ʨ/ /dʑ/	/s/ /z/	/ʂ/	/ɕ/ /ʑ/	/h/
백제어	/p/ /b/	/t/ /d/	/k/ /g/	/ʦ/ /dz/		/ʨ/	/s/ /z/		/ɕ/ /ʑ/	/ɦ/
고구려어	/p/ /b/	/t/ /d/	/k/ /g/	/ʦ/			/s/			/h/

백제어와 전기 중고어에서는 모든 자음에서 유・무성 대립이 성립하지만, 고구려어에서는 폐쇄음에서만 이 대립이 성립한다. 이 점에서 백제어는 전기 중고어와 가까운 데에 반하여, 고구려어와는 크게 차이가 난다. 이것을 알기 쉽게 표로 나타내면 위의 (39)와 같다. 그렇다고 하여 고구려어의 전탁 점유율 12.6%를 무시할 수 없다. 이 정도의 비율이라면 고구려어에도 유성자음이 있었다고 할 수 있다.

유기자음에서는 백제어와 고구려어의 점유 비율이 각각 4.1%와 1.8%이므로 아주 낮다. 실제로 고구려어에는 유기음이 透母・徹母 /tʰ/뿐이고, 백제어에서는 여기에 淸母・初母・昌母 /ʦʰ/가 추가된다.43) 반면에 전기 중고어

43) 이승재(2013: 257~8)에서는 경흥의 반절자와 『일본서기』의 백제어 표기자를 백제어 표음자에 넣을 것인가의 여부에 따라 /kʰ/를 백제어 음소 목록에 넣을 수도 있고 뺄 수도 있다고 하였다. 이 글에서는 백제어 표음자를 백제 멸망 이전의 자료로 한정하므로 /kʰ/를 음소 목록에서 제외했다.

는 그 비율이 11.3%에 달하고, 유기자음에 滂母・敷母 /p^h/, 透母・徹母 /t^h/, 淸母・初母 /ts^h/, 昌母 /$tɕ^h$/, 溪母 /k^h/의 5개가 있다. 이 차이를 중시하면 고구려어와 백제어를 하나로 묶을 수 있다. 이 두 언어에서는 유기음이 이제 막 독자적인 음소로 자리를 잡기 시작했다고 할 수 있다. 반면에 전기 중고어에서는 이 무성유기음의 분화가 일찍부터(아마도 한대 상고음에서 이미) 일어났다고 할 수 있다.

아래의 (40)은 자음의 조음위치에 따라 3개 언어가 어떻게 차이가 나는지를 보인 것이다. 조음위치에서는 세 언어가 거의 차이가 없는 것처럼 보인다.

(40) 고구려어, 백제어, 전기 중고어의 자음 조음위치 점유율 (%)

<table>
<tr><th colspan="2">언어
위치</th><th colspan="2">고구려어</th><th colspan="2">백제어</th><th colspan="2">전기 중고어</th><th colspan="2">평균</th></tr>
<tr><td colspan="2">순음</td><td colspan="2">15.5</td><td colspan="2">14.9</td><td colspan="2">15.3</td><td colspan="2">15.2</td></tr>
<tr><td colspan="2">설음</td><td colspan="2">25.6</td><td colspan="2">23.3</td><td colspan="2">21.6</td><td colspan="2">23.5</td></tr>
<tr><td rowspan="2">치음</td><td>마찰</td><td rowspan="2">27.0</td><td>14.0</td><td rowspan="2">26.9</td><td>13.2</td><td rowspan="2">25.9</td><td>12.0</td><td rowspan="2">26.6</td><td>13.1</td></tr>
<tr><td>파찰</td><td>13.0</td><td>13.7</td><td>13.9</td><td>13.5</td></tr>
<tr><td rowspan="2">아후음</td><td>아음</td><td rowspan="2">28.7</td><td>14.3</td><td rowspan="2">24.4</td><td>18.5</td><td rowspan="2">33.2</td><td>26.3</td><td rowspan="2">28.8</td><td>19.7</td></tr>
<tr><td>후음</td><td>14.4</td><td>5.9</td><td>6.9</td><td>9.1</td></tr>
</table>

(羊母 /j/의 점유 비율은 제외했음)

그런데 아후음에서 아주 흥미로운 차이가 하나 발견된다. 고구려어와 전기 중고어에서는 아음과 후음을 구별하는 것이 아주 쉽다. 그 경계가 뚜렷하여 見母・溪母・群母・疑母를 아음이라 하고 曉母・匣母・影母・云母를 후음이라 할 수 있다. 따라서 고구려어와 전기 중고어에서는 아음과 후음의 조음위치가 서로 달랐다고 해야 한다. 그러나 백제어에서는 이 구별이 불가능하다. 후음인 曉母가 아음인 見母・溪母에 편입되어 음소 /k/가 되고, 후음인 匣母가 아음인 群母에 편입되어 음소 /g/가 된다. 이러한 상황에서는 아음과 후음의 조음위치를 구별할 수 없으므로, 이 두 조음위치를 아후음 하나로 합쳐야 한다.

고구려어에서는 아음과 후음의 조음위치가 구별되지만 백제어에서는 이 구별이 없다. 그런데 흥미롭게도 치음에서는 정반대이다. 고구려어에서는 치음의 조음위치에 치조음 하나밖에 없지만, 백제어의 치음은 치조음과 경구개음의 둘로 나뉜다. 그리하여 결과적으로는 고구려어와 백제어에서 조음위치의 구별이 5개씩으로 같아진다. 고구려어의 조음위치가 순음, 설음, 치음, 아음, 후음의 5가지라면, 백제어는 순음, 설음, 치조음, 경구개음, 아후음의 5가지이다.

마지막으로, 고구려어나 백제어의 자음체계를 후대의 방언 현상과 연결지어 논의해 보기로 한다.

고구려어에서는 書母·常母 [ɕ]가 心母·邪母 /s/와 음운론적으로 대립하는 것 같지만, 書母·常母가 항상 구개음화 환경인 /i/나 /j/의 앞에만 온다. 이 점을 강조하면 書母·常母 [ɕ]는 독자적인 음소가 아니라 心母·邪母 /s/의 변이음이라 할 수 있다. 또한 고구려어에서는 경구개음인 章母 [tɕ]가 독자적 음소가 아니라 精母·莊母에 편입되어 하나의 음소인 精母·莊母·章母 /ts/로 묶인다. 위의 두 가지를 한 마디로 종합하면, 고구려어의 치음에는 치조음만 있고 권설음과 경구개음이 없었다는 결론이 나온다.

현대의 서북방언과 일부의 동북방언은 /ㅈ, ㅊ/ 등의 자음이 경구개음이 아니라 치조음으로 발음된다(李基文 1972/77, 崔明玉 1985, 金英培 1997: 204~5, 郭忠求 1994: 319~24). 중세 한국어의 /ㅈ, ㅊ/도 경구개음이 아니라 치조음이었다(李基文 1972/77). 이것은 고구려어의 치조음 /ts/를 그대로 이어받은 것이라고 할 수 있다. 이 추론이 가능하다는 점에서 우리의 연구 결과가 설득력을 갖는다.

또한, 중세 한국어에서는 'ㅿ'이 독자적인 음소였지만, 현대의 여러 방언 중에서 'ㅿ'이 존재했음을 증명하기가 가장 어려운 방언이 서북방언이다.[44] 일부의 동북방언에는 아직도 'ㅅ' 불규칙 동사가 없다(郭忠求 2015). 이처럼 북부 방언에서 'ㅿ'의 존재를 입증하기 어려운 것은 고구려어의 음운체계를 그대로 이어받은 데에서 비롯된 것은 아닐까? 고구려어에서는 邪母 [z]가 독자적인 음소가 아니라 心母 /s/의 변이음이었기 때문에 이러한 추론이 가능하다

한편, (36)의 대응관계에서 백제어의 무성마찰음 [h]가 음소가 아닌 대신에 유성마찰음 /ɦ/가 음소라는 사실이 눈길을 끈다. 현재의 서남방언에서는 '밥허고, 못한다, 만족했다' 등에서 유기음화가 일어나지 않는 대신에 유성음화가 일어나 각각 [pabəgo, modanda, mandʑogɛt'a] 등으로 발음된다. 이 방언에서는 'ㆆ'이 유기음화의 동화주가 아니라 유성음화의 동화주이므로, 이 'ㆆ'이 유기음 [h]가 아니라 유성음 /ɦ/라는 가정이 성립한다. 유성음 앞에서는 /p, t, k/ 등이 [b, d, g] 등으로 유성음화할 수 있기 때문이다. 바로 이 유성음 /ɦ/가 백제어의 云母 /ɦ/에 기원을 둔 것 같아 무척 흥미롭다.

논의를 마치면서 한 마디 덧붙여 둔다. 宋代의 韻圖를 연구 대상으로 삼으면 Karlgren이 그랬던 것처럼 음성학적 재구에 집착하게 된다. 운도는 송대 학자들의 한자음 분석 이론일 뿐이고 자연언어 그 자체는 아니다. 반면에 우리는 고구려어, 백제어, 전기 중고어 등의 자연언어를 음운론적으로 재구하는 데에 연구 목표를 둔다. 자연언어를 연구 대상으로 삼으면 現實口語에서 사용된 用字나 表音字를 망라하여 자료를 먼저 갖추게 되고 이것을 분석의 대상으로 삼는다. 분석할 때에는 송대의 운도를 적극적으로 활용하되, 운도의 성모(또는 운모)가 음운론적으로 대립하는지를 실증적으로 자료를 통

44) 李丞宰(1983)에서는 한반도 전체에 'ㅿ'이 있었다고 가정하고, 서북방언에서 가장 먼저 'ㅿ'이 없어진 것으로 보았다. 그러나 서북방언에는 애초부터 'ㅿ'이 없었을지도 모른다.

하여 검증한다. 이 과정에서 『세설신어』의 莊組가 전청, 차청, 전탁에서 각기 다른 행동을 보인다는 사실을 발견하였고, 匣母와 云母의 소속이 언어마다 다를 수 있다는 사실을 발견하였다. 반면에 운도 대상의 연구에서는 현실구어 자료를 모으는 과정과 자료를 통한 실증적 검증 과정이 생략된다. 따라서 우리가 발견한 현상을 운도 중심의 연구에서는 찾아낼 수가 없다. 이 차이는 아주 크다.

6. 마무리

지금까지 프라그 학파의 음운대립 이론을 고대 한자음 분석에 적용해 보았다. 상보적 분포와 최소대립 쌍의 유무를 중심으로 고구려어와 백제어의 자음체계를 설정해 보면, /j/를 포함하여 고구려어는 16개의 자음이, 백제어에는 22개의 자음이 음소로 등록된다. 이 둘을 대비해 보면, 고구려어에서는 유・무성 대립이 폐쇄음에서만 성립하지만 백제어에서는 모든 자음에서 유・무성 대립이 성립한다. 이것은 언어학적으로 유의미한 차이이다.

무엇보다 중요한 것은 고구려어와 백제어의 자음체계가 후대의 방언에 그 흔적을 남겼다는 사실이다. 고구려어에서는 치조음(精組)과 경구개음(章組)의 음운대립이 없다. 따라서 치조음 /ʦ/만 자음목록에 등록되는데, 이것이 중세 한국어와 현대의 서북방언에 그대로 이어진다. 고구려어에서는 유성마찰음이 없으므로 /z/가 자음목록에서 제외되는데, 현대의 서북방언에서는 실제로 'ㅿ'의 존재를 확인하기가 무척 어렵다. 반면에 백제어에서는 /z/가 자음 음소였고, 'ㅿ'의 흔적을 현대의 서남방언에서 바로 찾아낼 수 있다.

백제어에서는 [h]가 독자적인 음소가 아니었다. 현대의 서남방언에서는

'못한다' 등에서 유기음화가 일어나는 것이 아니라 유성음화가 일어난다. 이 방언의 'ㅎ'이 백제어의 유성음 /ɦ/에 기원을 두고 있다고 하면 이것을 아주 쉽게 기술할 수 있다.

고구려어 표음자를 대상으로 그 운모를 분석해 보니, 고구려어의 모음체계는 6모음체계였다. 중세 한국어의 모음체계와 거의 같고, 중세 한국어의 'ㅡ'와 'ㆍ'가 고구려어의 /ə/에 대응한다는 점만 차이가 난다.

우리의 연구 결과에 따르면, 5세기 전반기의 『세설신어』에 반영된 전기 중고어에서는 후설 저모음과 전설 저모음의 음운대립이 성립한다. 또한 脣重音과 脣輕音의 구별이 없고 舌頭音과 舌上音의 구별이 역시 없다. 특히, 莊組(권설음)인 /tʂ/와 /ʂ/가 음소의 자격을 가진다. 이러한 것들은 기존의 전기 중고음 연구 결과와 일치하므로 우리의 연구 방법에 잘못된 것이 없음을 증명해 준다.

그런데 莊組(권설음)인 初母 [tʂʰ]가 치조음인 淸母 /tsʰ/에 편입되지만, 역시 莊組인 崇母 [dʐ]는 경구개음인 船母 /dʑ/에 편입된다. 이 미세한 차이는 기존의 한어 중고음 연구자들이 전혀 거론한 바 없다. 우리의 연구 방법은 이처럼 미세한 차이까지 들춰낼 수 있으므로 진일보한 것이다.

한편, 후음인 匣母는 역시 후음인 云母와 상보적 분포이면서 동시에 아음인 群母와도 상보적 분포를 이룬다. 전기 중고어에서는 匣母와 云母를 하나로 합쳐서 음소 匣母·云母 /ɦ/라 하는 것이 옳다. 이와는 달리 백제어에서는 匣母가 群母와 합쳐져서 음소 群母·匣母 /g/가 된다. 이것은 曉母가 見母에 편입되어 見母·曉母 /k/가 되는 것과 평행적이다. 고구려어에서는 匣母가 曉母에 편입되어 曉母·匣母 /h/가 되고, 云母가 影母에 편입되어 影母·云母 /ʔ/이 된다. 고구려어의 마찰음에서는 유·무성 대립이 없기 때문에 이처럼 편입된다.

우리는 匣母와 云母의 분포를 중심으로 3개 언어에서 성립하는 음운론적

대립관계를 정확히 기술해 낼 수 있다. 언어에 따라 匣母와 云母를 분류하는 방식이 달라지는데, 우리의 연구 방법은 이것을 정확하게 포착해 낼 수 있다. 이 점에서도 기존의 연구 방법보다 한 걸음 앞섰다고 할 수 있다.

그렇다면, 상보적 분포와 최소대립 쌍의 유무를 중심으로 고대 한자음을 재구하는 연구 방법론을 세울 만하다. 이 연구 방법론에 따르면, 한자음 연구 자료를 押韻字나 동일 聲符字로 한정하지 않아도 된다. 모든 텍스트의 한자를 두루 분석 대상으로 삼을 수 있다. 다만, 現實口語에서 사용했음을 확인할 수 있어야 한다. 우리는 『세설신어』의 대화문에 나오는 2,212(2,486)자를 통하여 이것을 증명하였다. 기존의 연구에서는 이것을 연구 대상으로 삼은 적이 없는데, 그 원인은 연구 방법론의 不在에 있다. 우리처럼 상보적 분포와 최소대립 쌍의 유무를 중심으로 한자음을 분석하면, 『세설신어』의 대화문에 나오는 2,212(2,486)자도 음운론 연구 자료로서 전혀 손색이 없다.

위의 여러 가지 사실은 우리의 연구 방법이 경험적 타당성을 갖추었음을 말해 준다. 다만, 우리의 연구 방법을 적용할 때에 기본적으로 갖추어야 할 조건이 있다.

첫째는 魏晉南北朝에서 北宋까지의 언어 자료에만 적용한다는 조건이다. 이 시기는 『切韻』계 운서의 음성체계를 다시 말하면 한어 중고음의 음성체계를 적용하지만, 그 이전이나 이후의 시기에는 이 음성체계를 적용하지 않는다. 물론, 한어 상고음의 음성체계가 확정된다면 이것을 기반으로 삼아 상고음 시기의 다양한 자료를 분석 대상으로 삼을 수 있다.

둘째는 現實口語에서 사용된 한자임을 입증할 수 있어야 한다는 조건이다. 한자는 의미를 중심으로 사용하는 표의문자이므로 文語에는 당시의 현실 口語에서 사용하지 않는 한자도 다수 포함하게 된다. 이것은 현실 한자음의 음운대립을 연구할 때에 아주 중요한 장애물이 된다. 따라서 『세설신어』의 대화문처럼 현실 구어에서 실제로 사용했음을 증명할 수 있어야 한다.

셋째는 全數調査를 통하여 일정량 이상의 모집단을 확보해야 한다는 조건이다. 『세설신어』의 656자 집합에서 보았듯이, 모집단의 크기가 줄어들면 일부의 음운대립이 누락된다. 이러한 누락은 전체의 음운체계를 왜곡하는 결과를 가져온다. 따라서 우리는 분석 대상이 적어도 1,200자 이상이 되어야 함을 경험적으로 제시하였다. 이것은 자연발화에서 사용된 用字를 무작위로 추출했을 때의 수치이므로, 表音字로 사용하기 위하여 엄선한 상황에서는 그 수치가 더 작아진다. 자료의 전형성이 충족된 상황에서는 500자 이상이면 충분하다고 생각하지만, 이것은 경험적으로 조금 더 확인할 필요가 있다.

위의 세 가지 조건을 두루 충족하는 자료에는 어떤 것이 있을까?

우선, 떠오르는 것이 杜甫(712~770년)와 李白(701~762년)의 詩이다. 두보의 시 1,400여 수와 이백의 시 1,000여 수가 전하는데, 押韻字가 500자 이상이라면 이것을 자료로 삼아 8세기 중엽의 한어 음운체계를 재구할 수 있다. 이 두 시인은 출신지와 활동했던 지리적 배경이 서로 다르므로 음운체계의 분석 결과가 서로 다를 수 있다. 그 차이는 방언 차이로 해석하면 된다.

漢譯 불경에도 적지 않은 양의 대화문이 나온다. 5세기 초에 鳩摩羅什이 한역한 『법화경』이나 佛駄跋陀羅가 한역한 『화엄경』 등에서 대화문을 추출한 다음에 여기에서 각각 1,200자 정도를 확보할 수 있다면 5세기 초엽의 한어 음운체계를 재구할 수 있다. 이 『법화경』과 『화엄경』의 用字에서 상호간에 차이가 난다면 그것도 좋은 연구 대상이다.

일본의 『古事記』와 『日本書紀』에 적지 않은 양의 歌謠가 실려 있다. 여기에서 表音字(音假名)로 사용된 것을 500자 이상 확보할 수 있다면 이것을 자료로 삼아 7세기 말엽에서 8세기 초엽에 걸치는 시기의 일본어 음운체계를 재구할 수 있다. 8세기 후반의 『萬葉集』에는 4천여 수의 가요가 실려 있다. 우리의 연구 방법을 좇아, 분석해 보고 싶은 것이 한두 가지가 아니다.

참고문헌

姜信沆(2003),『韓漢音韻史研究』, 서울: 태학사.
姜信沆(2011가), 韓國漢字音(15・16世紀 現實音)과 魏晉南北朝時代音의 比較,『震檀學報』112, 서울: 震檀學會.
姜信沆(2011나), 南・北系 漢語와 韓國漢字音,『韓國語研究』8, 서울: 韓國語研究會.
姜信沆(2015), 전탁음에 대하여,『韓國語研究』12, 서울: 韓國語研究會.
郭忠求(1994),『咸北 六鎭方言의 音韻論』, 서울: 國語學會.
郭忠求(2015), 육진방언의 어간말 자음과 그 변화,『방언학』22, 서울: 한국방언학회.
權仁瀚(1997), 한자음의 변화,『國語史研究』, 서울: 태학사.
김무림(2007), 국어 한자음의 체계적 근대성,『한국어학』34, 서울: 한국어학회.
金英培(1997),『增補 平安方言研究』, 서울: 太學社.
朴炳采(1971),『古代國語 研究』, 서울: 高麗大 出版部.
王力(李鍾振, 李鴻鎭 譯)(1980),『中國言語學史』, 대구: 啓明大學校出版部.
魏國峰(2014), 고대 한국어 음운 체계 연구, 서강대 박사학위논문.
李基文(1972/77),『國語音韻史 研究』, 서울: 國語學會.
李敦柱(2003), 韓中漢字音 研究, 서울: 태학사.
李丞宰(1983), 再構와 方言分化 — 語中 '-ㅅㄱ-'類 단어를 중심으로,『國語學』12, 서울: 國語學會.
이승재(2013),『漢字音으로 본 백제어 자음체계』, 서울: 태학사.
이승재(2016가), 고대 한자음의 음운대립 연구, 한국언어학회 창립 40주년 기념 특강 원고.
이승재(2016나), 漢字音으로 본 고구려어 음운체계, 서울: 일조각.
이재돈(2007),『중국어 음운학』, 서울: 學古房.
이토 지유키(이진호 역)(2007),『한국한자음 연구』, 서울: 역락.
이토 지유키(이진호 역)(2011),『한국한자음 연구-자료편』, 서울: 역락.
장세경(2007),『한국고대 인명사전』, 서울: 역락.
崔明玉(1985), 존 로스의 Corean Primer「한국어 초보」와 평북 의주지역어,『國語學論叢』(素堂千時權博士華甲紀念), 서울: 형설출판사.
칼그렌, 버나드(崔玲愛 譯)(1985),『古代漢語 音韻學 槪要』, 서울: 民音社.

Karlgren, B. (1954/92), *Compendium of phonetics in Ancient and Archaic Chinese*, Taipei: SMC publishing Inc.

Karlgren, B. (1957), Grammata Serica Recensa, *The Bulletin of the Museum of Far Eastern Antiquities* no. 29, Stockholm.

Martin, Samuel E. (1953), The phoneme of Ancient Chinese, *Journal of the American Oriental Studies* supplement 16.

董同龢(1944), 上古音韻表稿, 臺北: 歷史語言研究所.

黃笑山(1995), 『『切韻』和中唐五代音位系統』, 鄭州: 文津出版社.

黃笑山(2006), 中古-r-介音消失所引起的連鎖變化, 『丁邦新先生七秩壽慶論文集』.

李方桂(1980), 『上古音研究』, 臺北: 商務印書館.

鄭張尙芳(2003), 『上古音系』, 上海: 上海教育出版社.

周長楫(1994), 濁音和濁音淸化芻議, 『音韻論硏究』 3, 中國音韻學硏究會.

周傲生(2008), 『切韻』的音韻格局, 浙江大學 博士學位論文.

王力(1957), 『漢語史稿』, 北京: 科學出版社.

李榮(1956), 『切韻音系』, 北京: 科學出版社.

河野六郎(1968/79), 朝鮮漢字音の硏究, 『河野六郎著作集 2』, 東京: 平凡社.

水谷眞成(1967), 上中古音の間における音韻史上の諸問題, 『中國文化叢書 1 言語』, 東京: 大修館書店.

平山久雄(1967), 中古漢語の音韻, 『中國文化叢書 1 言語』, 東京: 大修館書店.

平山久雄(1993), 邵雍『皇極經世聲音唱和圖』の音韻體系, 『東洋文化硏究所紀要』 120, 東京: 東洋文化硏究所.

안병희 저, 『훈민정음연구』(서울대학교출판부, 2007) 찾아가기

이 현 희(서울대)

1. 들어가기

안병희 선생[1]은 1933년 1월 11일 경남 진주에서 출생하여 2006년 10월 24일에 서울대학교병원에서 숙환으로 별세하였다. 서울대학교 문리과대학 국어국문학과 및 같은 대학 대학원 국어국문학과를 졸업하고, 건국대학교 문리과대학 교수, 서울대학교 인문대학 국어국문학과 교수를 역임한 바 있다. 국어연구소 소장과 국립국어연구원 원장을 맡아 한국의 어문정책을 총지휘한 바도 있다. 선생의 학문세계는 국어문법사·훈민정음·차자표기·국어사문헌자료·국어학사 등의 넓은 영역에 걸쳐 있었다.

이 글의 소개 대상인 『훈민정음연구』는 선생의 1주기를 추모하여 문하생들이 선생이 생전에 집필한 훈민정음 관계의 글들을 묶어 간행해 낸 것이다. 이 책은 제1부와 제2부로 구성되어 있는데, 제1부는 주로 문헌 『훈민정음』에 대한 연구업적들이, 제2부는 문자 훈민정음과 그 운용법에 관련된 연구업적들이 묶여 있다.

1) 앞으로는 '선생'이라 부르기로 한다.

이 글에서는 그 차례에 맞추어 제1부와 제2부의 내용을 간단히 소개해 나가면서 필자의 의견을 덧붙이기로 한다.

2. 제1부의 내용

제1장 <『훈민정음』의 이본>은 이른 시기에 훈민정음의 여러 이본을 간략히 정리한 글인바, 지금까지 매우 큰 영향력을 끼치고 있다. 당시로서는 새로운 이본으로 『배자예부운략』 권두본도 소개하였다. 숙종 4년(1678) 교서관에서 간행된 戊申字本의 범례에 언급된 분량과 내용 분석을 통하여 이 이본은 해례본과 언해본을 못 본 채 실록본만 보고 이루어졌다고 결론지었다.

제2장 <『훈민정음』해례본의 복원>은 『훈민정음』 해례본이 발굴되어 나올 때 낙장으로 되어 있었던 맨 앞 2장이 보사(補寫)되면서 저질러진 잘못을 교감하여 제대로 복원하고자 한 것이다. 서문의 '矣'자의 잘못과 '半舌音'에 붙은 구두점의 잘못을 바로잡은 외에, ①권두서명에 관한 것, ②파음자(破音字)의 권성(圈聲)에 관한 것, ③구두점과 행관(行款)에 관하여 교감을 더 행하였다. 이를 통하여 해례본의 복원이 이루어질 수 있음을 크게 강조하였다. 그 이후 많은 학자들에 의하여 해례본의 복원이 행하여졌으니 이 글이 그 연구를 촉발하였다고 해도 과언이 아닐 것이다.

① 해례본의 권두서명은 본문의 '御製訓民正音',2) 해례가 '訓民正音解例'이

2) 이에 대하여는 정우영, <『훈민정음』한문본의 원본 복원에 관한 연구>(『동악어문론집』 36, 2000)과 정우영, <훈민정음 한문본의 낙장 복원에 대한 재론>(『국어국문학』129, 2001)의 반론이 있었다. 언해본의 권두서명 '世宗御製訓民正音'에 붙어 있는 협주문의 글자수와 관련하여 권두서명이 '訓民正音'이 되어야 한다는 것이며, 해례본의 권두서명도 당연히 '訓民正音'이 될 수밖에 없다는 것이다. 안병희, <훈민정음(해례본) 3제>(2002)[본서 제1부 제4장]에서는 정우영 교수의 견해를 받아들여 언해본의 권두서명을 '訓民正音'인 것으로 수정하였다. 그러나 해례본의 권두서명은 여전히 '御製訓民正音'이어야 한다고 하여 수정을 하지 않

고 이들을 합친 책의 서명이 『세종실록』의 기사와 같이 '訓民正音'이 된다고 파악하였다.

② 해례본에는 파음자에 권성이 달려 있는데, 잘못이 많이 나타나 있기 때문에 교감을 통하여 복원해 내었다. 『용비어천가』에도 구두점과 권성이 사용되어 있기 때문에 해례본의 교감에 참조하였다. '便於日用'의 '便'자도 『신증유합』과 『용비어천가』를 근거로 하여 평성의 권성을 가지는 것으로 파악하였다.

③ 구두점과 행관에 관한 교감작업 역시 『용비어천가』가 참조되어 행해졌다. 행관의 문제는 초성의 각자병서에 대한 규정과 관련되는데, 보사는 별행(別行)으로 하였으나 앞 행에 계속되어 붙어야 할 것으로 파악하였다.[3] 언해본에서 병서가 그 초성에 관한 규정과 함께 하나의 단락으로 된 점이 방증이라는 것이다. 계속될 경우에는 반드시 구두점이 수정되어야 한다.

제3장 <훈민정음 해례본과 그 복제>는 특히 해례본의 됨됨이와 그 복제에 대하여 서술하였다. 지배(紙背)에 쓰인 글씨를 『소학언해』의 일부인 것으로 파악하였으나. 『십구사략언해』의 일부인 것으로 수정하여야 할 것이다.[4] 현재 해례본은 4침안정법(四針眼訂法)으로 되어 있는데, 이것은 우리의 전통적인 것이 아니므로 앞으로 5침안정법(五針眼訂法)으로 매인 책으로 고쳐져야 한다고 하였다. 책의 크기[冊大]에 대하여도 학자마다 큰 차이를 보였다. 그 이후, 김주원 교수가 컴퓨터를 이용하여 새로이 측정하여 그 개장(改裝)의 양

았다. 이 논쟁은 국어학계에 다시 한 번 형태서지학 및 내용서지학의 중요성을 일깨웠다는 의의가 있다.

3) 정우영, <훈민정음 한문본의 낙장 복원에 대한 재론>(『국어국문학』 129, 2001)과 정우영, <훈민정음 초성 제자원리의 '이체자(異體字)' 관련 문제점 분석>(『국어학』 80, 2015)에서는 별행으로 있어야 함을 주장하였다. 이 문제는 앞으로 더 깊이 추구될 필요가 있어 보인다.

4) 김주원 교수에 의하여 처음으로 밝혀졌다. 여러 글에서 그것이 언급되었으나, 김주원, <훈민정음 해례의 겉과 속>(『새국어생활』 16.3, 2006)과 김주원, 『훈민정음』(민음사, 2013)에 종합되어 있다.

상을 소상히 밝혀 낸 바 있다.[5] 판식에 관한 한 지금까지는 선생의 견해가 가장 정확하다. 새로운 복원본이 많이 시도되었지만, 선생의 견해를 잘 반영한 것은 찾아보기 힘들다.

이 글은 맺음말 부분에 덧붙어 있는 말이 깊이 음미할 필요가 있는 중요한 내용을 담고 있다. 서체의 문제와 한자음 표기의 문제가 그것이다. ①본문은 세종의 어제(御製)이므로 제왕의 어제를 신하가 옮겨 쓸 경우에는 해서체(楷書體)로 되지만, 집현전 학사들이 지은 해례는 해행서체(楷行書體)로 되어 있어 차별화되어 있다는 것이다. ②『동국정운』에서는 종성이 ㅇ과 ㅱ으로 표기되는 '快'자와 '虯'자가 해례본에서는 중성만으로 끝나는 '쾌'와 '뀨'(둘 다 <초성해>)로 표기되고, 입성으로서 방점이 한 점으로 표기되는 '業'자와 '卽' 자가 '업'(<초성해>), '즉'(<중성해>) 등으로 표기되어 있다. '快'자의 방점은 2점이나 1점으로 판독되어 왔으나 '快'의 한자음에도 방점 표기가 없어, 종래 영인에서 방점으로 판독되어 인쇄된 것은 지배에 있는 글씨의 먹이 스며 나온 흔적이고 방점표기가 아니라고 파악하였다. 따라서 해례본에서는 한자음의 표기에는 일체의 방점을 붙이지 않은 것이 되는 셈이다.[6]

제4장 <훈민정음 해례본 3제>는 그동안 선생이 행해 온 해례본 관계의 연구를 되돌아보고 강조할 것은 강조하고, 반성할 것은 반성하는 견지에서 작성된 것이다.

(1) 『훈민정음』의 권두서명에 대하여 다시 언급하였다. ①『월인석보』 권1의 권두에 실린 언해본의 권두서명 '世宗御製訓民正音'에서 '世宗'뿐 아니라

---

5) 김주원, <훈민정음 해례본의 크기>(『문헌과 해석』 52, 2010)과 김주원, 『훈민정음』(민음사, 2013) 참조.

6) 이와 동일한 견해는 같은 시기에 필자에 의하여도 제시된 바 있다. 이현희, <훈민정음>(『새국어생활』 7.4, 1997)을 참조할 수 있다. 최근에 필자는 정우영 교수에게서 '快'에 붙어 있는 것은 먹이 스며 나온 것이나 필자의 파악처럼 구멍이 뚫려 있는 것이 아니라 실제로 방점일 가능성이 있음을 들은 적이 있다. 앞으로 더욱 면밀히 살펴보아야 할 문제라고 판단된다.

'御製'가 제거되어야 원래 언해본의 권두서명이 되어야 한다는 정우영 교수의 견해를 수용하였다. 이렇게 수정된 견해를 바탕으로 하여, 선생은 언해본을 임금이 지은 글인 '御製'나 '御撰'이 아니라 '御定'인 것으로 이해하고자 하였다. 언해본의 뒤에 덧붙어 있는 이른바 <齒音章>을 신숙주·성삼문 등의 신하가 행한 것으로 이해하여 '御定'으로 볼 수 있다는 것이다. ②해례본의 권두서명이 '御製'가 붙은 '御製訓民正音'이 되어야 함을 재천명하였다. 1행 글자수 차이, 해례본과 언해본의 일치 여부, 글자 크기와 수효의 관점에서 반박이 행해졌다. 매우 길게, 그리고 자세하게 해례본의 권두서명에는 '御製'가 얹혀야 함을 주장하였다.

(2) 예의에 나오는 23개의 字母에 대하여 면밀히 고찰하였다. 기존 중국의 운서에서와는 달리, 자모의 수효가 달라졌을 뿐 아니라 자모로 채택된 한자도 『동국정운』에서는 '邪'란 자모를 제외하고는 모두 새로이 선정되었는데, 이 23字母가 초성·중성·종성의 체계까지 다 망라하여 설명할 수 있도록 매우 깊이 있는 사고를 통한 결과물인 것으로 파악하였다. 선생은 중성의 개념을 [초성 + X + 종성]의 구조 속에 들어 있는 X에 해당하는 것으로 파악하고서 중성을 언급할 때에는 이러한 세 요소가 다 있음을 전제하는 것이라 하였다. 그러므로 ㅇ과 ㅱ 종성을 표기하지 않는 『훈민정음』 <중성해>의 예를 보이는 한자나 <용자례>의 중성을 보이는 한자는 당연히 다 종성이 있는 한자가 선택되었어야 한다고 하였다. 여기서 한 걸음 더 나아가 선생은 한자의 字母를 매개로 하여 새 글자인 한글의 낱글자와 그것을 모아쓰는 합자법을 이해하도록 한 의도가 있었다고 파악하였다. 우리가 생각하지 못하였던 새로운 면을 많이 찾아내고 있다.

해례본에서 한자음 종성 ㅇ, ㅱ이 사용되지 않았고 t 입성운미를 가진 한자음의 종성을 ㄷ으로 표기하도록 하였음에 대하여 다시 한 번 음미를 하였다. ①적어도 해례본이 편찬될 당시에는 한자음의 표기에도 고유어의 경우와 같이 종성 ㆁ, ㅱ은 표기하지 않기로 하였음이 분명한데 <합자해>의 '孔子ᅵ 魯ㅅ사ᄅᆞᆷ之類'의 예도 그러하거니와 <종성해>의 '且ㅇ聲淡而虛 不必用於終 而中聲可得成音也'라는 설명도 고유어와 한자음 모두에 적용되는 것으로서 고유어건 한자음이건 간에 종성에 ㅇ을 적지 않아도 좋음을 말한 것이며, <종성해>에서 ㅱ에 대하여 전혀 언급하지 않은 것은 그 종성이 해례본 편찬 단계에서는 고려조차 되지 않은 데 이유가 있는 것으로 파악하였다. ②종성 ㄷ의 표기도 중도에 한자음 표기가 변경된 과정과 관련지어 설명하였다. 그 과정에서 원칙주의와 절충주의가 어떻게 작용하였는지 소상하게 밝혀내었다. 이것은『동국정운』에서 보게 되는 한자음 교정이 한 번에 이루어지지 않았음을 상정하는 것이다.

(3) 훈민정음의 제자원리에 대하여 선생은 당시 문자생활의 주된 방편인 한자의 造字, 즉 구성원리가 근저에 있었다는 가설을 제기하였다. 한자가 먼저 單體字인 '文'이 이루어진 뒤에 그것을 합한 合體字인 '字'가 순차적으로 만들어졌음을 훈민정음의 한글 제자과정에 적용시킨 것이다. <六書略>등 중국에서의 문자학이 참고되었을 뿐 아니라 한 걸음 더 나아가서 '起一成文圖'에 공교롭게도 훈민정음의 기본자의 글자꼴이 다 나타나며, 옛 전서(篆書)를 본떴다고 한 해례본의 한글 글자체도 전서인 '起一成文圖'의 한자와 똑같은 자체로서 둥근 글씨체로 되어,『홍무정운역훈』이후의 훈민정음이 보이는 모난 글씨체인 해서(楷書)와 다른 서체라는 점이 거론되었다.

한자가 단어문자와 음절문자의 이중적 성격을 가지듯이, 훈민정음도 결론적으로는 음소문자이면서 음절문자의 이중적 성격을 가지도록 하는 과정을 치밀하게 탐색하였다. 애초에 한자를 지양한 문자생활은 생각조차 할 형편이 아니므로 한자와 병용할 수 있는 이른바 방괴문자(方塊文字, 즉 네모글자)인 음절문자로 하는 데는 쉽게 생각이 모아졌을 터인데, 당시 우리 문자생활의 한 축을 담당한 이두(吏讀)나 일본의 고유문자인 가나(假名)와 같은 음절문자로 하는 방안도 유력하게 고려되었으리라는 것이다. 이두를 '어휘부는 훈독이나 음독을 하는 한자가 글자의 원래의 의미대로 쓰이고 형태부는 가차(假借)의 한자가 쓰이는데, 복잡한 음절구조는 어휘부에 나타나고 형태부에는 해당되지 않는다.'고 파악한 것도 새로운 관찰이다. 아닌 게 아니라 이른바 '어조(語助)'에 사용되는 이두나 구결은 다 간단한 구조의 음절로 되어 있다. 형태부의 표기원리를 육서(六書) 가운데 하나인 가차(假借)에 비정한 것도 새롭다.

훈민정음의 합자법을 한자의 합체자인 '字'가 이루어지는 방식과 혹사하다고 지적하였다. 부서(附書)의 원리와 합자의 원리도 한자에서 단체자인 '文'을 모아써서 '字'를 만드는 결합의 방식과 순서가 동일하고, 한글의 결합순서도 한자의 결합에 나타나는 필순과 같다고 파악하였다. 언제나 초성을 먼저 쓴 뒤에 중성을 이어 쓰고, 마지막으로 종성을 받쳐 쓰는 순서뿐 아니라 모아쓸 때에 한글 자모의 자형이 조금씩 변형되는 사실도 한자의 '字'에 있는 요소가 단독으로 쓰인 '文'에서 변형되는 것과 같다고 하였다. 탁월한 관찰이라 아니할 수 없을 것이다. 합자법의 필순이 한자의 필순과 분명히 같지만 표기의 결과가 음성연속의 순서와 일치함은 아주 다른 점이라고 파악하였다. /o/, /a/의 음가를 가지는 중성이 왜 'ㅗ'와 'ㅏ'의 자형을 가질 수밖에 없었는지 중성 병서의 원리에서 찾았다. 이것은 결국 합자법에도 한자의 영향이 있었음을 말하는 것이다.

<제자해>에서 가획의 원리와 관련하여 설명한 것을 가지고 자질문자라고 운위할 수 있다면 한자도 자질문자라고 할 수 있다고 하였다. 단어문자인 한자가 단어가 가지는 의미자질을 반영하는 사실도 있기 때문이라는 것이다. 예컨대, 사물의 부류를 나타내는 부수(部首), '木, 艸, 竹' 등이 거기에 소속된 한자가 나타내는 단어의 의미부류 내지 의미범주로서 그 한자의 의미자질이 되기 때문이라는 것이다.

제5장 <訓民正音序의 '便於日用'>은 해례본에 나타나는 한자 '便'의 권성을 어떻게 처리할 것인지 논의한 글이다. 이미 여러 번 언급된 바 있는 내용이지만, 논의과정에서 약간의 다른 사실들이 보충되었다. 어제인 본문(세종의 <훈민정음서>와 예의)[7]과 해례를 준별하고, 세종의 <훈민정음서>와 정인지의 <훈민정음서>의 성격을 밝혔다.

한자의 권성은 최세진이 편찬한 『훈몽자회』의 범례 끝에 붙어 있는, 사성점 및 <平上去入定位之圖>의 내용을 음미하면서 설명하였다. '行[녈 힝 平聲 本音]'에 들어 있는 '本音'을 주시경이 원용하여 '임시의 음'에 짝이 되는 개념으로 사용하였으며 『한글맞춤법통일안』에서 한자음의 대표음 또는 본음이라 한 용어도 이와 맥락이 닿는 것이라고 파악한 것은 흥미롭다.[8]

'便於日用'의 '便'은 "편안하다"의 의미로 확정하였다. 그리고 <중성해>의 '便於開口'를 "開口에 짝이 맞다"로 해석하였던 예전의 견해를 수정하여, 『훈몽자회』와 『신증유합』 두 책의 새김[字釋]을 종합할 때, 거성의 '便'은 "곧, 문득"의 의미와 함께 "便宜, 順適"의 뜻으로 쓰이므로 '便於開口'에 쓰인 경우는 "편리하다. (잘) 어울리다"의 의미를 가지는 것으로 풀이하였다.

제6장 <훈민정음언해의 두어 문제>는 언해본과 관련하여 (1)언해본의 원간 연대, (2)오역의 문제, (3)한자의 뜻풀이 협주를 다루었다.

(1)과 관련하여, 20여 종의 언해 문헌을 간행하면서 그 문자에 대한 해설이 필요하였기 때문에 만들어진 것이 훈민정음의 언해본이라고 파악하면서 그것은 원래 『석보상절』 권1의 권두에도 실려 있을 것이라고 추정하였다.

---

7) 本文 전체를 例義라 한 것은 홍기문, 『정음발달사』(서울신문사, 1946)에서 비롯되는 것이 아닌가 하나 序까지 포함한 것은 例義의 뜻에 비추어 잘못된 용법이라고 비판하였다.

8) 그러나 송철의 교수는 주시경이 『훈몽자회』를 보게 된 것은 1908년 무렵이고 이미 『국문문법』(1905년)이나 『대한국어문법』(1906년)에서 '본음'을 사용하고 있기 때문에 전통 음운학에서 널리 쓰여 오던 '본음'이 수용되었을 가능성을 제시하였다. 송철의, <주시경의 '本音'에 대하여>(『李崇寧 現代國語學의 開拓者』, 태학사, 2008)와 송철의, 『주시경의 언어이론과 표기법』(서울대학교출판문화원, 2010), pp. 41~50 참조.

이것은 『진언집』의 권두에 <언본(諺本)>과 <실담장(悉曇章)>이 실리고 『훈몽자회』의 권두에 <언문자모>가 실린 사실도 한자가 아닌 한글이나 범자에 대한 지식이 그 책을 읽는 데 필요하기 때문인 것과 동궤의 사실이라는 것이다. 그리고 『월인석보』 권두에 있는 언해본, <釋譜詳節序>, <月印釋譜序>를 서로 비교하면 앞의 두 글이 여러 면에서 일치하여 <월인석보서>와 대비되므로 언해본의 원간 연대는 『석보상절』의 印年인 1447년으로 소급되는 것으로 추정하였다. 행격, 본문의 분절, 구결과 한자음의 독음 표기, 협주의 체재, 언어사실, 본문의 변개 등을 그 근거로 들었다. 그리고 이른바 <치음장>의 치두음과 정치음에 대한 규정의 추가도 새로 발굴되어 나온 『석보상절』 권21에 진언(眞言)의 한자를 음역한 한글 표기에 치두음과 정치음이 구별되어 나타나므로 언해본이 『석보상절』 권1의 권두에도 실려 있을 것이라는 추정에 어긋나지 않으며, 한 걸음 더 나아가 중국한자음의 치두음과 정치음에 대한 구별 표기는 『석보상절』보다 빨리 『홍무정운역훈』의 편찬이 시작되면서 이미 확정된 것으로 단언하였다. 『석보상절』을 읽는 데에 한글에 대한 지식이 필요하여 언해본이 그 책 권두에 실렸다면, 치두음과 정치음의 규정을 추가하는 일도 당연한 귀결로 파악할 수 있다고 하였다.

(2) 언해본에 거성과 관련하여 오역이 있다는 지적들이 있어 왔는데, 선생은 그에 대한 해명을 시도하고 있다. '뭇 노폰 소리오'가 '上聲이오'나 '平聲이오'라는 구절에 비추어 볼 때 '去聲이오'라야 한다는 그간의 지적에 대하여, 고유어에서는 입성이 촉급하기만 할 뿐이고 평성 · 상성 · 거성의 성조로 나타나지만, 한자어의 입성은 거성적인 것 하나뿐이기 때문에 오역이라는 '왼녀긔 한 點을 더으면 뭇 노폰 소리오'를 '왼녀긔 훈 點을 더으면 去聲이오'로 고치게 되면, 거성으로 나타나는 국어의 고유어 입성은 말할 것도 없고 한자음의 입성도 모두 거성이 되고 마니 범위가 너무 넓어진다는 것이다.

(3) 언해본의 뜻풀이 협주가 당대 사람들의 문법단위에 대한 의식을 잘 보여 주는바, 한자의 품사가 크게 명사류・동사류・부사류・조사류로 나누어져 있는 것으로 파악하였다. '國은 나라히라'(명사류), '異는 다롤 씨라'(동사류), '相은 서르 ᄒᆞ논 ᄠᅳ디라'(부사류), '之는 입겨지라'(조사류)가 그 네 부류를 보인다. 선생은 16세기 이후 字學書에 보이는 '國 나라 국/異 다롤 이/相 서르 상/之 입겻 지' 등의 "이름"[9]처럼, 15세기 한자의 이름도 협주의 뜻풀이 문장을 통하여 재구해 낼 수 있을 것으로 파악하였다. 아울러 협주문 '予는 내 ᄒᆞᅀᆞᆸ시논 ᄠᅳ디시니라'에서 '내'는 '내라'로 되어야 할 것이 '라'가 탈락되어 '내'로 된 것이 아니냐 하는 의심에 대하여도 꽤 많은 지면을 할애하여 해명하고 있다. 주어와 부사어가 서술어에 대하여 가지는 관계가 동일적일 수도 있음을 원용하여 매우 어렵게 설명되어 있다. 그런데 'X는 Y ᄒᆞ논 {ᄠᅳ디라, 마리라}' 형식은 Y 자리에 부사뿐 아니라, 단어・구・문장 등 거의 모든 문법단위가 올 수 있다.[10] 대명사 '予'에 대한 뜻풀이 협주문은 '予는 내라'로도, '予는 내 ᄒᆞᅀᆞᆸ시논 ᄠᅳ디시니라'로도, '予는 나 ᄒᆞᅀᆞᆸ시논 ᄠᅳ디시니라'로도, '予는 내라 ᄒᆞᅀᆞᆸ시논 ᄠᅳ디시니라'로도 실현될 수 있었던 것이다. '予'를 굳이 부사로 파악하는 무리를 행할 필요가 없을 것이다.

제7장 <숙종의 「訓民正音後序」>는 잊혀진 채 긴 세월을 보내온 자료를 학계에 소개한 글이다. 국어학계에서는 거의 관심이 주어지지 않았던 '序'의 개념이 이 글을 통하여 확실하게 파악될 수 있었다.

---

9) '나라 국'이 '國'의 이름, '다롤 이'가 '異'의 이름, '서르 상'이 '相'의 이름, '입겻 지'가 '之'의 이름이라는 것이다. 매우 독특한 견해이다.

10) 이에 대하여는 이현희, 『중세국어 구문연구』(신구문화사, 1994)에서 이미 논의된 바 있다.

3. 제2부의 내용

제1장 <세종의 훈민정음 창제와 그 협찬자>는 세종의 친제설과 언문팔유의 협찬설을 묶어 친제협찬설을 내세웠다. 훈민정음을 창제에 세종이 중심이 되고 정인지, 신숙주, 성삼문 등 8인이 협찬을 하였다는 것이다. 또한 이 글에서는 정의공주가 훈민정음 창제와 관련이 있다는 이가원 교수의 견해에 대한 강력한 비판이 행해졌다.

제2장 <훈민정음의 제자 원리>는 한자를 구성하는 육서의 원리 가운데 상형(象形)과 지사(指事)는 단체자(單體字)인 '文'의 구성원리에 해당하고, 형성(形聲)과 회의(會意)는 합체자(合體字)인 '字'의 구성원리에 해당한다는 사실을 발전시켜 훈민정음의 제자원리에도 적용하려 한 것이다. 초성의 기본자는 상형에 해당하고, 중성의 기본자는 지사에 해당하며, 초성의 가획자는 형성에 해당하고, 중성의 합성자(초출자 · 재출자)는 회의에 해당한다는 것으로 결론을 내렸다. 세종 당대 사람들이 가장 익숙하였던 중국문자학의 관점에서 훈민정음을 해석하였다는 장점이 있으나 그동안 만만치 않은 비판도 행하여졌다. 이 글에서는 차자표기 체계와 한글 체계에서 '연속성'이 간취된다는 선생의 종래 가설을 한 번 더 힘주어 강조하였다. 특히 다 같이 부음(副音) j를 가지지만 상승적 이중모음은 ㅛ, ㅕ 등과 같이 한 글자인 데 비해, 하강적 이중모음은 ㅐ, ㅔ 등과 같이 합용의 방식인 사실도 차자표기에서 상승적 이중모음은 분석되어 표기되지 않는 일과 무관하지 않다고 파악한 사실을 눈여겨 볼 필요가 있을 것이다.

제3장 <한글 제자원리의 배경>은 제2장의 내용을 좀 더 평이하게 서술하고 있는 내용을 담고 있다. 그러므로 여기서 새삼스레 살펴볼 필요는 없을 것으로 생각된다.

제4장 <해례본의 팔종성에 대하여>는 이미 15세기에도 음절말 위치에

서 ㅅ과 ㄷ이 중화되었다는 일부의 견해에 대하여 해례본 <합자해>가 말한 바대로 전반적으로는 ㅅ과 ㄷ이 변별되고 있었음을 논증하고자 한 것이다. 이 과정에서 최세진의 『훈몽자회』에 들어 있는 <언문자모>의 내용을 곱씹어 새로운 관점에서 이해하고자 한 것이 주목된다. 흔히 생각하듯이 이 <언문자모>가 당시에 유포되던 한글자모의 설명을 전재한 것이 아니라, 최세진이 언어학적으로 다듬고 보완한 것임을 밝혀 그것이 그의 국어학적인 업적임을 밝힌 것이다.

제5장 <훈민정음 사용의 역사: 창제로부터 19세기까지>는 매우 긴 글이다. 그동안 이루어진 국어학계의 국어학사 서술을 종합하고 선생의 독창적인 해석을 덧붙였는데, 지금까지 이 글의 내용을 능가할 서술이 나오지 못하고 있으리만큼 이 방면의 가장 권위 있는 연구로 손꼽히고 있다. 한글의 학습과 반절표, 한글 사용과 관련된 법규, 한글 사용의 실제와 보급 등의 방대한 내용이 다루어졌다. 면밀한 검토를 통하여 한글이 15세기에는 서울을 중심으로만 보급되었고 16세기 후반에 가서야 지방에까지 보급되기 시작하였다고 파악하였다. 최근에는 지방에서도 15세기 말에 언간(諺簡)을 작성하였음이 밝혀지기도 하였으니 16세기의 한글 보급 상황은 좀 더 부연되어야 할 필요가 있을 것이다.

제6장 <한글의 창제와 보급>은 기존에 씌어진 선생의 여러 글들이 요약되어 있는 글이다. 차자표기와 한글의 운용에 초점이 맞추어져 있는데, 특히 위 제5장의 내용이 매우 평이하게 풀어져서 서술되어 있다. 분량이 많지 않고 쉬워서 일반인들도 읽을 만한 글이다.

제7장 <한글 맞춤법의 역사>는 현행 한글 맞춤법의 원리를 쉽게 해설하고 한글이 창제된 이후 표기법의 흐름을 살피고자 한 글이다. '한글 맞춤법'과 '국어 정서법'의 차이를 분명하게 밝히면서 글을 시작하였다. 한글 맞춤법은 한글이라는 문자 체계로써 국어를 표기하는 규범을 가리키는 반면, 국

어 정서법은 국어를 올바르게 표기하는 규범이기 때문에 문자는 한글 외에 한자・로마자 등도 가능하다는 것이다. 이런 점에서 한글 맞춤법은 국어 정서법에 포함된다고 할 것이다. 한글 맞춤법의 제1원리는 소리 나는 대로 적는 것이며, 제2원리는 어법에 맞도록 함이라고 파악하였다. 그러나 한글학회의 표기법 안이나 북한의 표기법 규정에서는 역으로 파악되어 있다. 제1원리는 표음적 표기에 해당하는데, 이것은 표음문자인 한글의 본질상 당연하다고 할 것이다. 단일어의 경우 반드시 이러한 표기 원리를 준수해야 한다. 그러나 말의 경계가 있을 경우, 즉 조사나 어미가 올 경우에는 그 경계를 밝혀 적는 것이 어법에 맞도록 함에 해당한다. 각각 다 분리하여 표기하는 것이다. 주시경의 본음의 이론이 여기에 크게 가미되어 있다고 할 것이다. 한글 창제 이후 연철에서 분철로 표기의 흐름이 이어져 온 것과 본음이 종성에 표기되는 형태음소적 표기에 대한 분석을 꾀하되, 『월인천강지곡』과 『용비어천가』 등에 분철과 형태음소적 표기가 행해진 이유를 책의 체재와 관련지어 해석한 것은 매우 특이하면서도 설득력이 있다.

제8장 <한글 맞춤법의 연혁과 그 원리>는 앞의 제7장의 내용과 중복되는 면이 없지 않다. 음소적 표기와 형태음소적 표기를 대비시켜 나가면서 한글 맞춤법의 연혁을 소상히 밝혔다. 1996년에 중국의 장춘에서 열린 국제학술대회에서 발표된 논문인바, 북한학자들도 함께 참석하였기 때문에 북한의 표기법 규정과도 연관지어 가면서 보충을 많이 행하였다.

제9장 <북한의 訓民正音 연구>는 단행본 두 책을 대상으로 소개하고 비평을 가하였다. 대상은 (1) 전몽수・홍기문, 『훈민정음 역해』(조선어문연구회, 1949), (2) 염종률[11]・김영황, 『『훈민정음』에 대하여』(김일성대학출판사, 1982)였다. 앞으로 (1)과 (2)로 위의 두 책을 가리키기로 한다.

(1)은 "훈민정음해제" 부분이 ①훈민정음의 성립과정(홍기문 집필), ②훈민

11) 원래 표기는 '렴종률'로 되어 있으나 선생은 두음법칙에 맞추어 '염종률'로 표기하였다.

정음의 음운조직(전몽수 집필)의 둘로 구성되어 있다. 선생은 특히 ②에 대하여 당시로서는 독창적인 견해가 상당히 나타난다 하여 특별히 관심을 기울였다.

(ㄱ)해례본에 사용된 23자모의 한자에 대한 깊은 이해를 가져, 그에 사용된 자모는 중국 운서의 전통적인 자모를 답습하지 않고 국어의 말소리를 설명하기에 적합한 한자로 정하였는데 이왕이면 그 초성의 글자로써 중성과 종성까지도 설명할 수 있도록 배려하였다는 것이다. 중성 11자와 한자음 종성 6자에 각각 2자가 배당되게 자모가 선정되었다고 한 것은 처음 보는 주장이었다고 높이 평가하였다. 아울러 『동국정운』의 한자음 종성으로 쓰인 ㅇ과 ㅱ에 대하여도 자모 2자 이상씩이 배당되게 되었다고 하면서, 자모인 한자 선택에서 국어의 음운 조직을 이해함에 필요한 초성・중성・종성을 극명히 하려고 애쓴 흔적이 역력하다고 하였음에 주목하였다.

(ㄴ)해례본에서 중성의 기본자를 하늘, 땅, 사람을 본뜬 것이라 설명하나, 전몽수는 말소리의 인상(印象)도 많이 가미되었다고 하면서 모음의 제자도 역시 "象形而字倣古篆"에 해당한다고 하였는데, 이 견해가 북한에서 정설화하였을 뿐 아니라 초성자와 마찬가지로 중성자도 발음 기관을 본떴다는 설명까지 나아갔다고 파악하였다.

(ㄷ)초성자와 중성자의 배열이 현대음성학의 양도(亮度)로써 설명된다고 한 전몽수의 견해를 중국 운학의 전청・차청・전탁・불청불탁에 대한 분류가 적용된 배열을 간과하고 있으나 재미있는 견해라고 평가하였다.

(ㄹ)중세국어의 모음조화와 음성상징, 유기음과 된소리의 분석, 8종성에 대한 견해도 정연한 논리와 다양한 자료로 설명되어 있을뿐더러 특히 종성에서 ㄷ, ㅅ이 엄격히 구별되는 사실을 분명히 지적한 점은 탁견이 아닐 수 없다고 높이 평가하였다.

(2)는 염종률과 김영황이 공동으로 저술한 것이다. 북한학계에서는 ㅸ이

나 ㅿ 등을 중세어 단계에 자립적인 음운이라고 파악하는 견해와 어음론적 과정을 보다 정확히 표기하기 위하여 만든 글자일 뿐이라고 파악하는 견해가 공존하고 있다. 전자는 전몽수 · 홍기문 · 유열[12] · 김영황 등이 대표적이고, 후자는 최정후 · 한영순 · 염종률 등이 대표적이다. 이 두 견해의 선두주자라 할 만한 염종률과 김영황이 함께 저술한 (2)는 북한의 훈민정음 연구를 종합하고 절충한 것이라 할 수 있고, 전문서적이기보다 대학교재로 편찬된 듯이 판단되기 때문에 그 책의 가치가 있다고 평가하였다. 언급할 만한 내용으로는, (ㄱ)고대문자의 존재와 사용을 인정하고 있다는 점, (ㄴ)훈민정음의 창제와 보급의 경위에 대한 설명을 앞의 (1)보다 분명히 하고 있다는 점, (ㄷ)해례 원본에 대한 정확하지 못한 서지적 설명이 아쉽다는 점, (ㄹ)앞의 (1)과 달리 김영황도 ㅸ과 ㅿ에 대한 견해를 후퇴시킨 듯, 음운체계의 변화가 아니라 표기상에서의 변동으로 생각되는 글자가 있다고 한 점,[13] (ㅁ)해례에서 행해진 음양오행설과 삼재론의 관념론적인 외피는 철저히 벗겨 버리고 오로지 조음기관의 상형에만 의지하여 초성과 중성 글자를 만들었다고 한 점, (ㅂ)해례의 성조에 대한 규정을 부정적으로 설명하고 있는 점,[14] (ㅅ)8종성에서 ㅅ은 ㄷ과 똑같은 발음을 표기한 것인데, ㅅ을 종성으로 쓰도록 한 것은 정음 창제자들이 서로 다른 운(韻)의 부류라 할 수 있는 치음과 설음을 서로 뒤섞을 수 없었으며 바로 이러한 음운론적 견해로부터 출발하여 ㄷ을 설음 ㄷ, ㅌ의 종성으로, ㅅ을 치음 ㅅ, ㅈ, ㅊ, ㅿ의 종성으

12) 북한에서는 '류렬'로 표기된다.

13) 'ㅸ'과 'ㅿ'에 대하여는 교정한자음 표기와 일정한 어음적 조건에서 고유어 표기에 사용되었다고 하면서, 유성음이라는 견해도 있다는 절충을 행하였으나, 'ㆆ'에 대하여는 두 사람의 견해가 일치하여 음운이 아니라고 분명히 말하였다는 점을 주목하였다.

14) 원래 사성은 의미 분화를 가져오는 중국어에서는 의의가 있으나, 국어에서는 그것을 인위적으로 적용하였을 뿐 큰 의의가 없다는 것이다. 그리하여 해례의 방점 표시는 현실성이 없어 곧 혼란을 입고 얼마 안 가서 폐기되었다고 한 것이다. 선생은 그 근거에 대한 설명이 없어서 이해하기 어려우나, 다른 책(예컨대, 김병제의 『조선어학사』)에서는 입성이 국어에서 성조로서 역할을 하지 못한 것을 인식한 규정이라고 평가하는 일도 있음을 들었다.

로 설정한 데 따른다고 한 점, (ㅇ)각자병서와 합용병서를 모두 된소리 음운의 표기라고 한 점 등이 특기할 만한 것으로 파악하였다.

선생은 결론 부분에서, ①훈민정음 창제자들의 "시대적 제한성과 세계관적 제약성"으로 성리학의 이론이 해례에 잘못 들어와 있다고 비난하는 것에서 북한 연구자들의 한계를 느끼게 된다는 점, ②종성의 ㄷ, ㅅ의 구별 표기를 우리는 60년대에 들면서 언급하기 시작하였는데, 위의 책 (1)에서는 이미 1940년대 후반에 그것을 설명하고 있으니 일찍이 남북교류가 있었다면 이러한 시간적 차이가 없을 것이고, 위의 책 (2)의 해례에 대한 서지적 설명에 보이는 잘못도 해례 원본을 비교적 정확히 영인한 책[예컨대, 이상백, 『한글의 起源』(1957) 등]을 볼 수 있었다면 일어나지 않았을 것이라면서, 남북의 분단이 훈민정음 연구에도 큰 걸림돌이 되고 있음을 아쉬워하였다.

제10장 <The Principles Underlying the Invention of the Korean Alphabet>는 1997년에 영역된 것으로 제2부 제2장 <훈민정음의 제자원리>를 번역한 것이다. 그러니 여기서 따로 더 부연할 것은 없다.

4. 나가기

훈민정음은 정인지가 말한 바처럼 어리석은 사람이라도 열흘이면 배울 수 있고 지혜로운 사람은 한나절이면 배울 수 있는 쉬운 글자이다. 그러나 그 운용원리, 제자원리 등을 담고 있는 해설서 『훈민정음』은 일반인이 다가가기에 무척 힘든 난해한 책 가운데 하나이다. 33장(현대식으로 하면 66 페이지)밖에 안 되는 자그마한 책이지만 그 무게는 결코 가볍지 않은 것이다. 그런데 사실은 훈민정음의 운용도 결코 쉬운 것만은 아니다. 『훈민정음』이 초성

·중성·종성을 네모꼴로 묶어 쓰는 음절합자법을 운용원리로 채택하였기 때문에 필연적으로 종성의 표기가 창제 당대부터 오늘날에 이르기까지 크게 문제되었다. 한 걸음 더 나아가 문자 훈민정음이건, 문헌 『훈민정음』이건 간에 그에 대한 연구도 또한 어렵기 짝이 없다. 그러니 그 두 가지 내용을 다 담고 있는 안병희 저, 『훈민정음연구』도 전공자라 하더라도 쉽게 읽어 내지 못하는 어려운 책 가운데 하나로 손꼽히고 있다.

필자가 요청받은 것은 이 『훈민정음연구』를 일반인들이 쉽게 이해할 수 있도록 풀어 달라는 것이었다. 어려운 내용을 쉽게 전달하는 일도 무척 힘들다. 선생의 책 체재를 따라가면서 쉽게 요약하고 필자의 의견을 덧붙이는 방식으로 이 글을 전개해 왔지만, 어느 정도 "쉽게"라는 요청에 부합하였을지 걱정되는 바 없지 않다.

그러나 훈민정음에 대한 연구는 다각도로 이루어져야 한다는 필자의 평소 생각이 이 글을 여기까지 이끌어올 수 있게 하였다. '훈민정음 관계 난해서적의 일상언어로의 전환작업'은 비단 이 『훈민정음연구』만이 아니라 앞으로 꽤 많은 연구서들이 그 대상이 될 수 있을 것이다.

大谷大學藏『判比量論』의 판독과 해석

권 인 한(성균관대)

1. 자료 소개

- 소장: 大谷大學圖書館(청구번호: 餘乙-85-1)

- 내용: 玄奘의 因明學(불교 인식론과 논리학)과 관계된 갖가지 比量(anumāna: 이미 아는 사실로 말미암아 아직 알지 못하는 사실을 추론하는 일)의 타당성을 비판적으로 검토한 독창적 論書.[1)]

- 서지: 卷子本 1卷, 27.2×178.0㎝,[2)] 荼毘紙.[3)]
  卷首缺, 本文 3紙 105行(1行 18～21字)+空白紙+卷末 迴向偈 2行・筆寫記 3行으로 構成, 1988년 日本 重要文化財로 指定됨.
  - 제1紙: 35행(제7절 후반～제10절 4행)

---

1) 김성철(2003: 19, 2016: 273) 종합.

2) 大谷大學圖書館(編)(1998: 50)에 의함.

3) 奈良時代 寫經紙의 하나로 麻紙(또는 楮紙; 이 자료의 바탕 종이는 楮紙로 판단됨)에 白土를 混入하고 防蟲과 莊嚴을 위하여 香木(마유미眞弓=참빗살나무)의 분말을 넣어서 뜬 종이를 말한다.

- 제2紙: 35행(제10절 5행~제11절 19행)
- 제3紙: 35행(제11절 20행~제14절 7행)

- 시기: 咸亨 2년(辛未, 671) 7월 16일 撰述. 7세기 말 또는 8세기 초엽 新羅에서 書寫된 직후에 角筆이 기입되어 733년 이전에 일본으로 傳來되었을 可能性(權仁瀚 2016: 9-10).

※ 자료 조사 일정 및 성과

자료 조사 장면(20160826, 大谷大 博物館)

-일시: 2016년 8월 25일(오전, 오후) ~ 26일(오전)

-장소: 大谷大學博物館 展示準備・實習室

-조사자: 鄭在永・權仁瀚

-성과: ① 角筆字 및 符號들 사이의 상대적 선명도 확인

'合符線>梵唄符>角筆字'(각기 異筆로서 이 순서대로 角筆이 記入되었을 可能性 有) ←022-4~5[梵唄符+角筆字], 025-2~3 聖教[合符線]([사진1, 2] 참조)

② 小林 先生 未報告 각필자 및 부호 발견(波形下線 부분)

021-1 不[聲點_左下](定)

022-4~5 當知[梵唄符_右上上向+角筆字_只]

036-10~11 若言[梵唄符_右上上向+聲點_右上+角筆字_白_左下]

廻向偈 제1자 證[梵唄符_左下下向] 등.

[사진1] 022-4~5 梵唄符+角筆字

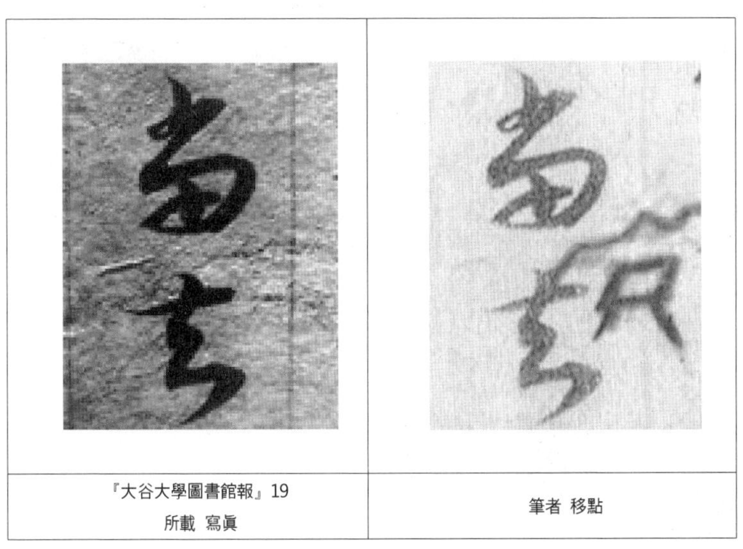

『大谷大學圖書館報』19 所載 寫眞 | 筆者 移點

[사진 2] 025-2~3 合符線

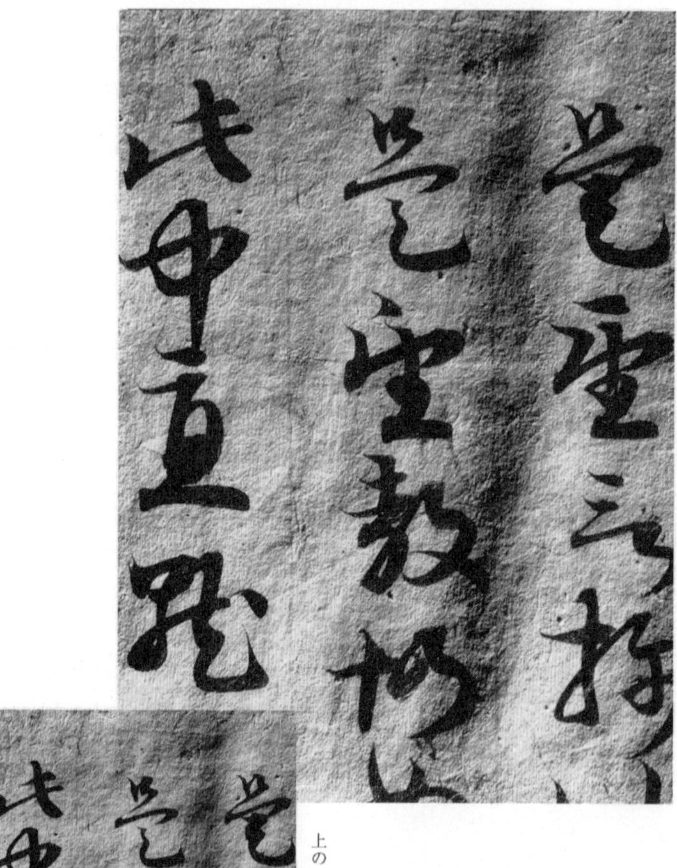
判比量論　大谷大學圖書館藏
寫眞3行目「中」の右傍下寄りに角筆の「ㄋ」、寫眞2行目「聖教」に角筆の合符「〉」（上巻276・298頁）
上の「ㄋ」と合符を色でなぞったもの

小林芳規(2004a: 58) 所載 寫眞

2. 원문 판독 및 해석

2.1. 원문 판독

① 김성철 교수의 재교정본(김성철 2003: 60-69)을 바탕으로 判讀 異見字들의 원문 자형 및『大書源』자형 자료를 참고로 제시하여 이해의 편의를 도모한 것이다.

※ 縱書→橫書, 위첨자: 補入字, A: 推讀字(단, 欄上의 節 表示字 八, 九, 十…… 등은 제외).

② 기존 판독 논저 약호

[富]=富貴原章信(1967)의 판독, [崔]=이영무(1973)에 소개된 崔凡述(曉堂)의 판독, [韓]=『韓國佛教全書 1』(1979)의 판독, [신]=申賢淑(1988)의 판독, [김]=김성철(2003)의 판독.

001 定過亦能破彼是等難故又應定問汝言非顯[4]淨

002 土言中淨土之惠[5]爲學淨土之體爲不擧耶[6]若言

003 擧者則違自宗此淨土教能顯[7]淨土故若不擧

004 者不違他宗非顯[8]之言不遮[9]淨土故於此兩兩[10]關[11]心

4) 원문  ≒  <大書源_顯>: [崔]→破. ※원문 자형은 정재영(2016, ms.)에서 인용함.

5) 원문  ≒  <大書源_惠>: [崔]→過.

6) 원문  ≒  <大書源:耶>: [富・신]→□(판독불능자).

7) =각주 4)

8) =각주 4)

005　　弁彼意在[12]前則隆[13]自語相違過失若彼救言此

006　　淨土惠[14]擧淨土體而之惠[15]不入淨土之敎故無自語

007　　相違過者則以此惠[16]亦成不定如是進退皆不應理

008　　二量

009 八 ‖ 執四分者爲破三分立比量云自證必[17]有卽[18]體能[19]證

010　　心分攝故猶如相分自證應非心分所攝以無卽[20]體

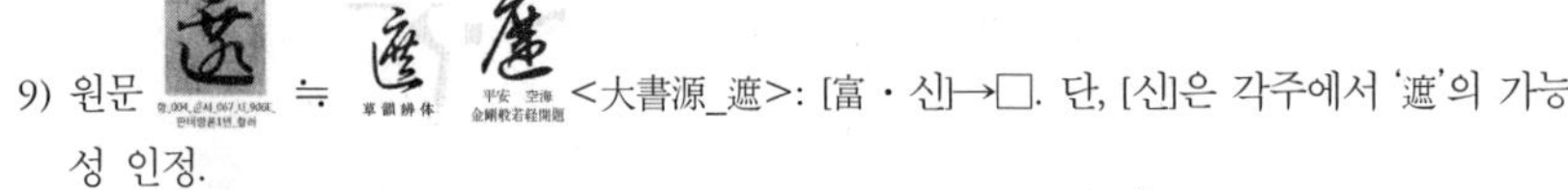

9) 원문 ≒ <大書源_遮>: [富・신]→□. 단, [신]은 각주에서 '遮'의 가능성 인정.

10) 원문 ≒ <大書源_兩>: [崔・韓]→當當.

11) 원문 ≒ <大書源_關>: [崔・韓]→開.

12) 원문 ≒ <大書源_在>: [崔]→立.

13) 원문 ≒ <大書源_墮>: [신]→隨.

14) 원문 ⇒ 각주 5): [富・신]→忽, [崔/韓]→缺/欠.

15) 원문 ≒ <大書源_而>: [富・신]→而云忽, [崔/韓]→問之缺/欠.

16) 원문 ⇒ 각주 5): [富・신]→忽, [崔]→缺.

17) 원문 ≒ <大書源_必>: [韓]→心.

18) 원문 ≒ <大書源_卽>: [崔]→有.

011 之能證故如兎角等判云此二比量是似非眞皆不
012 能離不定過故謂自證分爲如相分心分攝故有
013 卽[21]體能證爲如眼識生相心分攝故無卽[22]體能證如
014 是前因有不定過又自證分爲如兎角無卽[23]體能
015 證故非心分攝爲如耳識相分三相無卽[24]體能證
016 故是心分所攝如是後因亦有不定若彼救言五識三
017 相不離體故是其自證之所緣境理亦不然相分三
018 相不離相故五識見分亦得緣[故]此若不許彼何得然
019 設許彼前此必不許五識能[25]緣法界諸[26]處法相雜
020 亂違理教故只由如是相分三相於彼二因足[27]作
021 不定設彼救言相分三相非心分攝則有比量相
022 違過失當知第四分有言而無義 二量
023 [九] ‖ 無性攝論爲成第八對彼小乘立二比量謂八識教
024 是聖言攝[28]似[29]無我故如四阿含又八識教契當道理

19) 원문 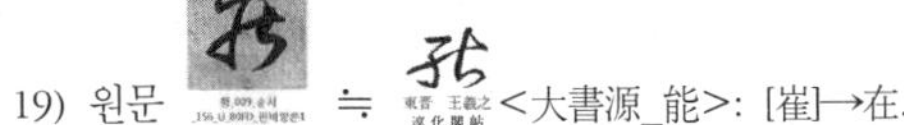 ≒ <大書源_能>: [崔]→在.
20) =각주 18)
21) =각주 18)
22) =각주 18)
23) =각주 18)
24) =각주 18)
25) 원문 ⇒ 각주 19): [韓]→所.
26) 원문 ≒ <大書源_諸>: [崔]→法.
27) 원문 ≒ <大書源_足>: [崔・韓・김]→並.
28) [韓] “爲成第八~聖言攝” 부분 누락.

025 是聖教故[30]如六識教如是展轉證[31]有八識今[32]於

026 此中直就所詮而立比量證第八識[33]謂眼耳鼻識

027 必有舌身意識不攝餘別[34]識體三[35]六門中三識攝故

028 猶如舌身意識此中極成六識爲他異[36]品自許八識

029 爲自異[37]品三識攝因於彼不轉是故此因決定能

030 立若以轉識攝故爲因則於他異[38]轉設以[39]是識性故爲

031 因亦於自異[40]品皆不能離不定過也 三量

032 十 ‖ 成唯識論立比量言第八必有俱[41]有所依是識性

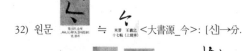

---

29) 원문 ≒ 東晋 王羲之 十七帖(上野本) <大書源_似>: [韓]→以.

30) [韓] 누락.

31) [신] 누락.

32) 원문 ≒ 東晋 王羲之 十七帖(上野本) <大書源_今>: [신]→分.

33) 원문 (蟲蝕?)≒ 西晋 陸機 平復帖 <大書源_識>: [崔]→□□識, [韓・신]→□□□, [김]→第八識.

34) 원문 ≒ 唐 懷素 草書千字文 <大書源_別>: [崔]→前.

35) 원문 (蟲蝕?): [崔・韓]→二.

36) 원문 ≒ 隋 智永 關中本千字文 <大書源_異>: [崔]→受.

37) =각주 36)

38) =각주 36)

39) 원문 (蟲蝕?): [崔]→心.

40) =각주 36)

41) 원문 ≒ 西晋 索靖 月儀帖 <大書源_俱>: [崔]→但.

033 故如六識等此因不定有等難故謂有立言第八必無
034 俱[42)]有所依是根本故猶如眞如若言此有有法差別
035 相違過失能成第八是無爲故是則前因亦有是
======== <이상 제1지>
036 過能成第[43)]八是轉識故若言自害[44)]故不成難彼亦
037 違自故非難也今者別立賴耶末那必無俱[45)]有所依
038 之根非六識性之所攝故如眼根等若難此因有
039 相違過能成七八非能緣性如眼根等此亦不然由
040 心所法成不定故若言望前亦有不定以心所法
041 非六識性有所依故此非不定以前立言所依[根]故若
042 望心所但是所依非所依根法處所攝不待根故
043 是故彼宗雖知依與所依差別未解所依與根有
044 異[46)]若論所依通於八識及與心所其所依根不通
045 心所及於七八有破此宗立比量云意識俱[47)]有根
046 定非能能:[48)]緣性六識心心所之所不攝故六識俱[49)]有
047 根隨一[50)]所攝故如眼根等彼宗反[51)]以法處所攝色法

42) =각주 41)
43) [韓] 누락.
44) 원문  ≒  <大書源_害>: [富・신]→□.
45) =각주 41)
46) 원문  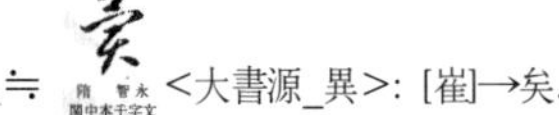 <大書源_異>: [崔]→矣.
47) =각주 41)
48) 삭제부.
49) 원문 (글자 일부 지워짐)≒ <大書源_俱>: [崔]→猶.

048 爲意故作是難[52]此塵通破大乘諸宗然有相違

049 決定過生謂立意根必非色性有分別識不共

050 依故如第六識俱有作意由此等難彼因不定

051 五量

052 ㊉ ‖ 如聲論師立聲爲常所聞性故若對勝論相違

053 決定對佛第[53]子不共不定以無共許同品法故有

054 難此因立比量言所聞性因應非疑因同品無故

055 如相違因又立此因應非不定異[54]品無故猶如正因

056 備法師云理門論言一向離故是通彼難謂立宗

057 言所聞性因是不定攝一向離故如共不定一向離

058 言闕[55]一相也

059 判云此因有不定過以所見性雖[56]闕[57]一相而非不定

060 是不成故謂立聲無常所見性故此因同有異[58]無

---

50) 원문 : [崔] 누락.

51) 원문  ≒  <大書源_反>: [崔]→及.

52) 원문  ≒  <大書源_難>: [富・신]→塵, [崔・韓]→雖.

53) 원문  ≒  <大書源_弟>: [韓]→第.

54) =각주 36)

55) 원문  ≒  <大書源_闕>: [富・韓]→闕.

56) 원문  ≒  <大書源_雖>: [신]→難.

57) =각주 55)

58) =각주 36)

061 唯闕[59]初相是故亦爲闕[60]一相也若爲避此不定過

062 故更立因言後二相中闕[61]一相故猶如共等四不定

063 因此因亦有餘不定過如於空[62]宗緣生故因雖於

064 後二相中闕[63]一而是眞因非不定故故不能作相違

065 決定又前所立異[64]品無故非疑因者亦有不定如

066 諸相違決定之因雖異[65]品無而是疑因故唯有

067 同品無故之因且離不定立非疑因此中應立相

068 違比量謂所聞性不定因攝等立相違宗故猶如

069 共不定因如理門論顯[66]此因云以若不共所成立法

070 立所有差別遍攝一切皆是疑因唯彼有性彼

======== <이상 제2지>

071 所攝故一向離[故]案云不共所成立者如立聲常所

072 聞性故或立無常所聞性故如是一切無不等立

073 故言所有遍攝一切由是道理所聞性因望彼一

074 切皆是疑因一向離故者轉成等立諸宗之義以

075 望諸宗皆同不共皆同是一向義不共是其[67]離

076 義由一向離故等立於諸々宗々相違故其因是

---

59) =각주 55)

60) =각주 55)

61) =각주 55)

62) 원문  ≒ <大書源_空>: [崔]→盡.

63) =각주 55)

64) =각주 36)

65) =각주 36)

66) =각주 4)

67) 원문  ≒ <大書源_其>: [崔]→共.

077 不定 五量

078 [十二] ‖ 相違決定立二比量文[68]軌[69]法師自作問答問具足

079 三相應是正因何故此中而言不定答此疑未決

080 不敢解之有通釋者隨而爲臣[70]此中問意立比量

081 云違決中因應是正因具三相故如餘眞因今

082 者通曰違決之因非正因攝有等難故如相違

083 因由此顯[71]彼有不定過又此二因非相違攝同品

084 有故猶如正因[72]又此二因非不成攝是共許故如不

085 共因[73]如是二因不定因攝非正非違非不成故如餘

086 五種不定因也

087 [十三] ‖ 或有爲難五種々[74]性立比量言無性有情必當作

088 佛以有心故如有性者此因不定故成不難爲如諸

089 佛以有心故非當作佛爲如菩薩以有心故必當作佛

090 前[75]別[76]立因言以未成佛之有情故此因亦有他不

091 定過爲如菩薩種性爲如決定二乘若爲避此更

---

68) 원문  ≒  <大書源_文>: [崔]→又.

69) 원문  ≒  <大書源_軌>: [崔]→執.

70) 원문  : [富・신]→注.

71) =각주 4)

72) [韓] "又此二因~正因" 부분 누락.

73) 원문  : [韓]→由.

74) 원문  : [韓]→之.

092 立宗言無性性:[77]有情決定二乘皆當作佛以未

093 成佛有情攝故猶如菩薩此有等[78]難故成不定如

094 是三人非當作佛以無大乘無漏種子而非菩薩種

095 性攝故如木石等諸無情物又有比量相違過

096 失謂五種姓[79]中餘四種姓[80]墮地獄時應有四德許

097 作佛故如菩薩姓許則違敎不許違理此違自悟[81]

098 比量過也 五量

099 卥 ‖ 成唯識論爲破我法立比量言凡諸我見不緣實

100 我有所緣故如緣餘心我見所緣定非實我是

101 所緣故如所餘法又言外道餘乘[82]所執諸法異[83]心

102 々所非實有性是所取[84]故如心々所能取[85]彼覺亦

103 不緣彼是能取[86]故如緣此覺判云此中有四比量

75) 원문 ≒ <大書源_前>: [崔]→差.

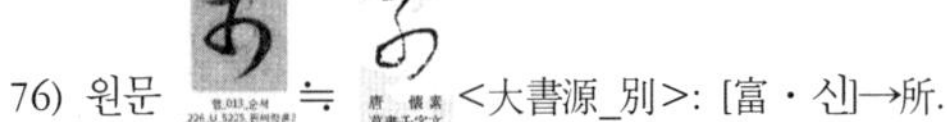
76) 원문 ≒ <大書源_別>: [富・신]→所.

77) =각주 48)

78) 원문 ≒ <大書源_等>: [韓]→求.

79) 원문 : [韓]→性.

80) = 각주 79)

81) 원문 ≒ <大書源_悟>: [崔]→語.

82) 원문 ≒ <大書源_餘乘>: [崔]→緣我.

83) =각주 36)

104 是眞能破破我法故無過生故或因此破破大乘

105 云諸緣第八識見不緣阿賴耶相有所緣故如緣

========= <이상 제3지>

證成道理甚難思 自非笑却微易解

今依聖典擧一隅 願通佛道流三世

判比量論一弓 釋元曉述

咸亨二年歲在辛未七月十六日住行

名寺着筆租訖

========== <이상 권말 5행>

2.2. 원문 해석

① 판독 시의 補入字, 推讀字를 모두 보통자로 전환하여 김성철 교수의 국역(김성철 2003: 400-411)을 바탕으로 문맥의 흐름상 중복되는 부분이나 용어상의 불일치(예: 오류~허물[過]→오류, 논증식~추론식[比量]→비량식, 동등한~대등한 비판[等難]→동등한 비판 등), 단락 구분의 불균형을 최소화하는 한편, 角筆字 또는 符號가 지시하는 바를 반영하는 등 가능한 범위 내에서의 正解를 모색한 것이다.

② 각필 문자 및 부호는 2016. 8. 25~26의 조사 결과를 [ ] 속에 반영한 것이다.

---

84) 원문 ≒ <大書源_取>: [崔]→依.

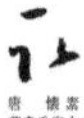

85) =각주 84)

86) =각주 84)

※當知[梵唄符B_右上-右向; 知平聲+角筆字 只]

: 小林 未報告點(波形 下線),

不待根*[ ]: 小林 旣報告點 중 筆者 確認不能點.

제7절: 淨土는 드러나지 않는다는 조망[慧]에 대한 論破

001定過亦能破彼. 是等難故.

[…… (不)定의 오류[過(失)](이 있어서) 역시 그것을 論破할 수 있다. 等難이기 때문에(=동등한 비판[等難]이 있을 수 있기 때문에).]

又應定問. 汝言非顯淨002土言中, 淨土之惠爲擧淨土之體, 爲不擧耶? 若言003擧者, 則違自宗. 此淨土教能顯淨土故. 若不擧004者, 不違他宗. 非顯之言不遮淨土故. 於此兩兩關, 心005弁彼意在前, 則墮自語相違過失.

[또 반드시 물어야 한다. 그대가 말하는 '드러나지 않는 淨土'라는 말에서, 淨土에 대한 (그대의) 眺望[惠=慧, 以下同][87]은 ①淨土 그 자체에 대하여 擧論하고 있는가, ②거론하고 있지 않은가? ③만일 거론하고 있는 것이라면, 자신의 주장[宗]에 違背된다. 淨土에 대한 그런 가르침에서는 (그런 조망으로) 능히 淨土를 '드러내고' 있기 때문이다. ④만일 거론하고 있지 않은 것이라면, 他派의 주장[宗]에 위배되지 않는다. '드러나지 않는다'는 말이 淨土를 부정하는 것이 아니기 때문이다. 이런 두 가지(①②)와 두 가지(③④)의 關門에 대하여 마음으로 판별[弁=辨·辯]해보아 그 뜻이 앞쪽

87) 慧: 산스크리트어 prajñā, 팔리어 paññā.
모든 현상의 이치와 선악 등을 명료하게 판단하고 추리하는 마음 작용.
<『시공 불교사전』>

(①③)에 있다면, 自語相違의 오류[88]에 빠지게 된다.]

若彼救言, 此006淨土惠擧淨土體, 而之惠不入淨土之敎故, 無自語007相違過者, 則以此惠亦成不定. 如是進退皆不應理. 008二量.

[만일 그러한 오류(窮地)에서 벗어나기 위하여 '이러한 淨土에 대한 眺望은 淨土 그 자체를 거론하는 것이기는 하지만, 이런 眺望은 淨土에 대한 가르침에 들어가지 않기 때문에 自語相違의 오류가 없다'고 말한다면, 바로 이런 眺望으로 말미암아 역시 不定을 이루고 만다. 이와 같이 나아가든 물러서든 모두 이치에 맞지 않는다. 이상 두 가지 量.]

제8절: 護法의 '識의 四分說'에 대한 비판

009八: 執四分者, 爲破三分, 立比量云, 自證必有卽體能證. 010心分攝故. 猶如相分. 自證應非心分所攝. 以無[梵唄符A_右上-右向; 無平聲]卽體011之能證故. 如兎角等.

[제8절: (識)의 四分說을 주장하는 자는 三分說을 논파하기 위하여 比量式을 세워 다음과 같이 말한다. <宗=주장> 自證分[89]은 '卽體能證'[90]을 필요로 한다. <因=이유> 心分에 포함되기 때문에. <喩=실례> 마치 相分

88) 自語相違過: 자신의 말에 모순을 포함하는 오류. <『시공 불교사전』>.

89) 自證分: 四分의 하나. 인식 주관과 인식 대상에 의한 자신의 인식 작용을 확인하는 부분. ※四分: 法相宗에서, 인식의 성립 과정을 네 부분으로 나눈 것. 相分(인식 대상, 인식 주관에 드러난 대상), 見分(대상을 인식하는 주관), 自證分(上同), 證自證分(자신의 인식 작용을 다시 확인하는 부분).
<『시공 불교사전』>

90) 卽體能證: 基體가 다르지 않은 능증, 自證分과 별개의 실체는 아니지만 별개인 것처럼 나타나 보이는 증명자. <김성철(2003: 219)>

과 같이. <宗> 自證分은 결코 心分에 포함되지 않아야 한다. <因> '卽體能證'이 필요없기 때문에. <喩> 마치 토끼뿔 등과 같이.]

判云: 此二比量是似非眞. 皆不$_{012}$能離不定過故. 謂, 自證分爲如相分, 心分攝故, 有$_{013}$卽體能證? 爲如眼識生相, 心分攝故, 無卽體能證? 如$_{014}$是前因有不定過.

[비판적으로 논의해보면 다음과 같다. 이상의 두 가지 비량식은 그럴 듯하기는 하나 참은 아니다. 이들이 모두 不定因의 오류에서 벗어나지 못하기 때문이다. 즉, 自證分은 相分[91]과 같이 心分에 포함되기 때문에 卽體能證을 필요로 하는가, (아니면) 眼識[92]의 生相[93]과 같이 心分에 포함되기 때문에 卽體能證을 필요로 하지 않는가? 이와 같이 앞에서 들었던 因은 不定의 오류를 지닌다.]

---

91) 相分: 四分의 하나. 인식 대상. 인식 주관에 드러난 대상.

92) 眼識: 六識의 하나. 시각 기관[眼]으로 시각 대상[色]을 식별하는 마음 작용. ※六識: 산스크리트어 ṣaḍ-vijñāna 眼・耳・鼻・舌・身・意의 六根으로 각각 色・聲・香・味・觸・法의 六境을 식별하는 眼識・耳識・鼻識・舌識・身識・意識의 여섯 가지 마음 작용. ①眼識: 上同, ②耳識: 청각 기관[耳]로 청각 대상[聲]을 식별하는 마음 작용, ③鼻識: 후각 기관[鼻]로 후각 대상[香]을 식별하는 마음 작용, ④舌識: 미각 기관[舌]로 미각 대상[味]를 식별하는 마음 작용, ⑤身識: 촉각 기관[身]으로 촉각 대상[觸]을 식별하는 마음 작용, ⑥意識: 의식 기능[意]로 의식 내용[法]을 식별・인식하는 마음 작용. <『시공 불교사전』>

93) 四相의 하나. 여러 인연이 모여 생기는 모습. <『시공 불교사전』>
※四相:
(1)깨치지 못한 중생들이 顚倒된 생각에서 실재한다고 믿는 네 가지 분별심, 곧 我相・人相・衆生相・壽者相을 이른다. <下略>
(2)모든 사람이 다 겪게 되는 네 가지 과정. 一期四相 또는 果報四相이라고도 하는데, 인생의 生・老・病・死를 말한다.
(3)우주만물이 생멸 변화하는 과정을 네 가지로 설명하는 것. 곧 온갖 법의 有爲를 설명하는 것으로 四有爲相이라 한다. ①生相: 만물이 발생하는 것. ②住相: 만물이 安住하여 그대로 존속하는 것. ③異相: 만물이 쇠퇴하여 가는 것. ④滅相: 만물이 파멸되어 버리는 것.
(4)우주의 成・住・壞・空. <『원불교대사전』>

又自證分爲如兎角，無[梵唄符A_右上-右向；無平聲]卽體能$_{015}$證故，非心分攝？爲如耳識相分三相，無卽體能證$_{016}$故，是心分所攝？如是後因亦有不定. 若彼救言，五識三$_{017}$相不離體故，是其自證之所緣境，理亦不然.

[또 自證分은 토끼뿔과 같이 卽體能證을 필요로 하지 않기 때문에 心分에 포함되지 않는 것인가? 耳識의 相分 三相(生・住・滅)과 같이 卽體能證을 필요로 하지 않기 때문에 心分에 포함되는 것인가? 이처럼 나중에 들었던 因도 不定의 오류를 지닌다. 만일 그가 이런 오류에서 벗어나기 위하여, '五識의 (相分의) 三相은 體에서 벗어난 것이 아니기 때문에 이는 그것의 (五識의) 自證分의 대상이다'라고 말하여도 이치에 맞지 않는다.]

相分三$_{018}$相不離相故，五識見分亦得緣故. 此若不許，彼何得然？$_{019}$設許彼前，此必不許，五識能緣，法界諸處，法相雜$_{020}$亂[梵唄符B_左下-下向；亂去聲]. 違理教故. 只由如是相分三相，於彼二因，足作$_{021}$不[梵唄符B_左下-下向+聲點_。□；不去・入聲][94]定[聲點_。□；定去聲]. 設彼救言，相分三相非心分攝，則有比量相$_{022}$違過[梵唄符B_右下-上向；過去・平聲]失[梵唄符B_左上-上向；失入聲]. 當知[梵唄符B_右上-右向；知平聲+角筆字只][95]第四分有言而無義. 二量.

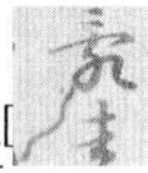

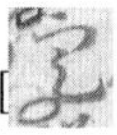

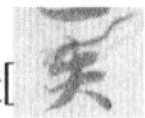

[(五識의) 相分의 三相은 相에서 벗어난 것이 아니기 때문에, 五識의 見分

94) '不'자에 去聲點이 기입되어 있으므로 '不定'의 한자음이 당시에 [브뎡>부정]이었을 가능성이 높다.

95) 角筆字 '只'(기/ㄱ)이 기입되어 있으므로 "當知" 구문이 "반ᄃᆞ기 ~ 아롫디니라" 정도로 읽혔을 것이다.

이 역시 대상으로 삼을 수 있기 때문이다. 만일 이 논증을 인정하지 않는다면, 저 논증은 어떻게 옳을 수 있겠는가? 설혹 앞의 저 논증은 인정하여도 이 논증은 인정할 수 없다면, 五識(의 自證分)이 法界 모두를 대상으로 삼는 꼴이 되어 法相이 뒤죽박죽되고 만다. 이치와 가르침에 위배되기 때문이다. 바로 이와 같은 논의로 말미암아 '相分의 三相'은 그 두 가지 因을 능히 不定因으로 만들 수 있는 것이다.[96] 설혹 그가 오류에서 벗어나기 위하여 '相分의 三相은 心分에 포함되는 것이 아니다'라고 말한다면 比量相違의 오류가 있게 된다. 제4분이란 말만 있을 뿐 이치에 맞지 않음을 반드시 알아야 하느니라. 이상 두 가지 量.]

제9절: 제8식의 존재에 대한 증명

$_{023}$九: 無性攝論爲成*[ ]第八, 對彼小乘立二比量. 謂, 八識教$_{024}$是聖言攝. 似無我故. 如四阿含. 又八識教*[ ]契當道理. $_{025}$是聖教[ ] 合符線]故. 如六識教. 如是展轉證有八識.

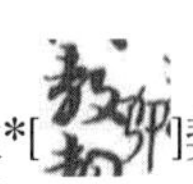

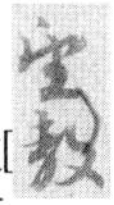

[제9절: 無性의 『攝大乘論釋』[97]에서는 제8식의 존재를 증명하기 위하여 小乘을 상대로 두 가지 비량식을 세운다. 즉, <宗> 八識[98]의 가르침은

96) '그 두 가지 因을 모두 不定因으로 만들고 만다.' <김성철(2003: 402)>, 權仁瀚(2016: 11) 각주 10) 참조.

97) 『攝大乘論釋』: 인도의 학승 無性이 해석한 것을 7세기 중엽 당나라의 학승 玄奘이 번역하였다. 총 10권 11분으로 구성된 이 論은 意識의 작용에 의하여 모든 것이 생산되며 小乘에 비한 大乘의 우월성을 논하고 있다.
<『한 권으로 읽는 팔만대장경』>

聖言에 포함된다. <因> 無我의 가르침과 유사하기 때문에. <喩> 마치 四阿含과 같이. 또 <宗> 8식의 가르침은 도리에 부합된다. <因> 이것이 聖教이기 때문에. <喩> 마치 6식의 가르침과 같이. 이와 같이 논의를 진행시켜 8식이 존재함을 증명한다.]

今於026此中[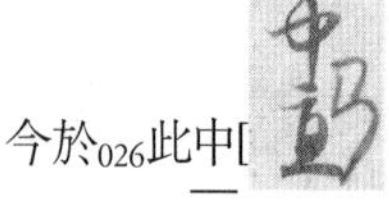 角筆字 良], 直就所詮, 而立比量, 證第八識. 謂, 眼耳鼻識, 027必有舌身意識不攝餘*[ ]別識體. 三六門中, 三識攝故. 028猶如舌身意識. 此中極成[梵唄符B_右上-上向; 成平聲]六識*[ ], 爲*[ ]他異品. 自許八識029爲自異品. 三識攝因, 於彼不轉. 是故此因決定能030立.

[그런데 이제 여기서는 직접 그 의미[所詮]로 나아가 비량식을 세워 제8식을 증명해보겠다. 즉, <宗> 眼耳鼻識은 舌身意識에 포함되지 않는 별도의 識體를 필요로 한다. <因> 三六門 중의 3식에 포함되기 때문에. <喩> 마치 舌身意識과 같이. 여기서 양측 모두 인정하는 6식은 타파의 異品[99]에 해당된다. (또 大乘唯識家인) 자파가 인정하는 8식은 자파의 異品에 해당된다. '3식에 포함된다'는 因은 (자파의 異品인 8식 및 타파의 異品인 6식) 양측(?)에 적용되지 않는다. 따라서 ('3식에 포함되기 때문에'라는) 이 因은 확고하게 성립할 수 있다.]

98) 八識: 眼識・耳識・鼻識・舌識・身識・意識・末那識・阿賴耶識.
<『시공 불교사전』 요약>

99) 異品: 산스크리트어 vipakṣa. 因明에서, 주장 명제인 宗의 술어와 전혀 다른 성질에 속하는 부류. <『시공 불교사전』>

若以轉識攝故爲因, 則於他異轉, 設以是識性故爲031因, 亦*[ ]於自異品, 皆不能離*[ ]不定過也. 三量.

[만일 '轉識에 포함되기 때문에'를 因으로 삼게 되면 (異品遍無性100)을 어기고) 타파(=小乘)의 異品에 적용되고, 설혹 '識性이기 때문에'를 因으로 삼는다고 해도 (異品遍無性을 어기고 타파인 小乘뿐만 아니라) 자파(=大乘唯識)의 異品에도 역시 적용되어, (이런 두 가지 因) 모두 不定의 오류에서 벗어나지 못한다. 이상 세 가지 量.]

제10절: 阿賴耶識은 俱有하는 所依(또는 所依根)을 갖는다는 護法의 주장에 대한 논파

032十: 成唯識論立比*[ ]量言. 第八必有[梵唄符B_左下-下向; 有上聲]俱有所依. 是識性033故. 如六識等.

[제10절: 『成唯識論』101)에서는 비량식을 세워 다음과 같이 말한다. <宗> 제8 阿賴耶識102)은 반드시 俱有所依를 가져야 한다. <因> 識性이기 때

100) 異品遍無性: 因三相의 하나. 因明의 三支作法에서, 주장 명제인 宗을 내세우게 된 이유로서 제시된 因이 갖추어야 할 조건. 예를 들면, '말은 무상하다[宗]', '지어낸 것이기 때문이다[因]', '지어낸 모든 것은 무상하다. 예를 들면, 甁과 같다[喩]'에서, 因은 宗의 술어와 다른 성질에는 전혀 포함되지 않아야 함. <『시공 불교사전』>

101) 『成唯識論』: 護法 등 지음/唐의 玄奘 번역. 世親의 唯識三十論頌에 대한 十大論師의 주석서에서, 護法의 주석을 중심으로 하고 다른 9명의 논사의 견해를 취사선택하여 하나의 論書로 엮어 번역한 책. <『시공 불교사전』>

102) 阿賴耶識: 阿賴耶는 산스크리트어 ālaya의 音寫로, 居住地・貯藏・執着을 뜻함. …… 과거의 인식・행위・경험・학습 등에 의해 형성된 印象・潛在力, 곧 種子를 저장하고, 六根

문에. <喩> 마치 6식 등과 같이.]

此因不定. 有等難故. 謂, 有立言, 第八必無$_{034}$俱有所依. 是根本故. 猶如眞如.

若言[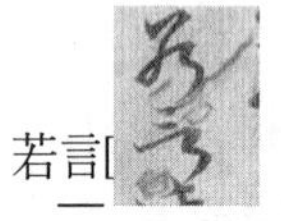 梵唄符B_右上-上向+聲點_□°; 言平聲 +角筆字_左下 白]此有有法差別$_{035}$相違過失, 能成第八是無爲故, 是則前因亦有是$_{036}$過. 能成第八是

轉識故. 若言[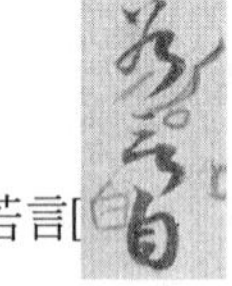 梵唄符B_右上-上向+聲點_□°; 言平聲 +角筆字_左下 白]自害故不成難, 彼亦$_{037}$違自故非難也.

[(그러나) 여기에 사용된 因은 不定因이다. 왜냐하면 동등한 비판이 있기 때문이다. 즉, 다음과 같은 비량식을 작성할 수가 있다. <宗> 阿賴耶識은 결코 俱有所依[103]를 가지지 않는다. <因> 근본적인 것이기 때문에. <猶> 마치 眞如[104]와 같이. 만일 '여기에는 有法差別相違의 오류가 있게 된다. 제8식이 無爲法[105]임을 증명하는 꼴이기 때문이다.'라고 말한다면(사뢴다면),[106] 앞의 因도 역시 동일한 오류를 지닌다. 제8식이 轉識임을 증명하는 꼴이기 때문이다. 만일 (나의 비판이) 스스로를 해치기 때문에

의 지각 작용을 가능하게 하는 가장 근원적인 심층 의식. <『시공 불교사전』>

103) 俱有所依: 마음[心]·마음 작용[心所]와 동시에 있으면서 그것의 의지처가 되고 그것에 도움을 주어 작용을 일으키게 하는 것. 俱舍論에서는 五根, 唯識說에서는 五根·제6식·제7식·제8식이 여기에 해당. <『시공 불교사전』>

104) 眞如: 불교에서 의미하는 중생심의 근원이 되는 참되고 한결같은 마음. <『한국민족문화대백과』>

105) 無爲: 불교에서, 여러 가지 원인·인연에 의해 생성되는 것이 아닌 존재(asam skrta). 시간적인 生滅變化를 초월하는 常住·절대의 진실로, 涅槃의 異名으로도 사용된다. <『원불교대사전』>

106) 白/숣; 부처에 대하여 또는 보살 상호간에 겸양을 나타내는 "말하다 類의 동사 '숣'". 현대어의 '사뢰다'에 이어지는 동사. <南豐鉉 2013: 76>

비판이 되지 못한다고 말한다면(사뢴다면), 그것 역시 스스로에 위배되기 때문에 비판이 되지 못한다.]

今者[合符線]別立，賴耶末那必無俱有所依038之根．非六識[梵唄符B_左上-下向；識入聲]性之所攝[角筆字 捷?][107]故．如眼根等．

[지금 별도로 다음과 같이 비량식을 작성한다. <宗> 阿賴耶識과 末那識[108]에는 俱有하는 所依根이 없어야 한다. <因> 六識性에 속한 것이 아니기 때문에. <猶> 마치 眼根[109] 등과 같이.]

若難此因有039相違過，能成七八非能緣性，如眼根等，此亦不然．由040心所法成不定故．若言望前亦有不定．以心所法041非六識性，有所依故，此非不定[合符線]．以前立言所依根故．若042望心所，但是所依非所依根，法處所攝不待根*

[][110]故．043是故彼宗，雖知依與所依差別，未解所依與根有044異．

---

107) 捷捷 <大書源_捷>

108) 末那識: 末那는 산스크리트어 manas의 음사로, 意라고 번역. 阿賴耶識을 끊임없이 自我라고 오인하여 집착하고, 阿賴耶識과 六識 사이에서 매개 역할을 하여 끊임없이 六識이 일어나게 하는 마음 작용으로, 항상 我痴·我見·我慢·我愛의 네 번뇌와 함께 일어남. 아뢰야식에 저장된 種子를 이끌어 내어 인식이 이루어지도록 하고, 생각과 생각이 끊임없이 일어나게 하는 마음 작용. <『시공 불교사전』>

109) 眼根: 六根의 하나.

※六根: 6근이란 ①眼根: 시각기관과 시각능력, ②耳根: 청각기관과 청각능력, ③鼻根: 후각기관과 후각능력, ④舌根: 미각기관과 미각능력, ⑤身根: 촉각기관과 촉각능력, ⑥意根: 사유기관과 사유능력 등을 가리키는데, 이 6근으로 인하여 저질러진 罪障을 뉘우치는 것을 '六根懺悔'라고 하며, 그렇게 참회하고 6근을 끊어 깨끗해지는 것을 '六根淸淨'이라고 한다. <『두산백과』>

[만약 '여기에서의 因은 相違의 오류를 지닌다. '<宗> 제7식과 제8식은 能緣性[111]이 아니다. <猶> 마치 眼根 등과 같이'라는 점을 입증하게 된다.'고 비판한다면, 이 역시 옳지 못하다. (異品에) 心所法[112](이 있음)으로 말미암아 不定의 오류를 지니기 때문이다. 만약 '앞의 경우도 역시 不定의 오류가 있다. 心所法은 六識性이 아니지만, 所依[113]를 지니기 때문이다.' 고 말한다면(사뢴다면), 이 또한 不定因이 아니다. 앞에서 비량식을 세우며 (내가) 말한 것은 (所依가 아니라) 所依根이기 때문이다. 心所의 경우는 所依일 뿐 所依根이 아니니, 法處[114]에 속한 것들은 根에 의존하지 않기 때문이다. 그러므로 위와 같이 주장하는 자는 비록 能依[115]와 所依의 차이는 알지라도, 所依와 所依根에 차이가 있음을 이해하지 못한 것이 된다.]

若論所依, 通於八識及與心所. 其所依根[梵唄符B_右上-上向; 根平聲]不通045心所及於七八.

[所依에 대하여 논한다면, 八識과 心所에 이르기까지 (모두가 그것과) 통한다. (그러나) 그 所依根은 心所와 제7・8식과는 통하지 않는다.]

---

110) ≑ <김영욱(2004: 87-88)>

111) 能緣: 산스크리트어 ālamba. 대상을 인식하는 주관. <『시공불교사전』>

112) 心所法: 客觀 對象의 일반성을 인식하는 '心王'의 從屬으로 일어나는 정신 작용.

113) 所依: 산스크리트어 āśraya. ①의지처, 근원, 기반, 근거. ②유식설에서는 色・受・想・行・識의 五蘊, 또는 과거의 경험을 저장하고 있는 심층 심리인 阿賴耶識을 말함. 이 둘은 인간 생존의 근원이라는 뜻으로 이르는 말.
<『시공 불교사전』>

114) 法處: 十二處의 하나. 의식 내용, 관념.
※十二處: ①眼處, ②耳處, ③鼻處, ④舌處, ⑤身處, ⑥意處, ⑦色處, ⑧聲處, ⑨香處, ⑩味處, ⑪觸處, ⑫法處. <『시공 불교사전』>

115) 能依: 산스크리트어 āśrita. 의지하는 주체. <『시공 불교사전』>

有破此宗, 立比量云. 意識俱有根[梵唄符B_右上-上向; 根平聲], 046定非能緣性. 六識心心所之所不攝故, 六識俱有047根隨一所攝故. 如眼根等.
[어떤 사람은 이러한 주장을 논파하기 위하여 다음과 같이 비량식을 세워 말한다. <宗> 意識의 俱有하는 根은 결코 能緣性이 아니다. <因> 六識의 心과 心所가 소속되어 있지 않기 때문에, 六識과 俱有하는 根 가운데 어느 하나에 소속되어 있기 때문에. <猶> 마치 眼根 등과 같이.]

彼宗反以法處所攝色法048爲意故, 作是難. 此塵通破大乘諸宗. 然有相違049決定過生. 謂, 立. 意根必非色性. 有分別識不共050依故. 如第六識俱有作意. 由

此[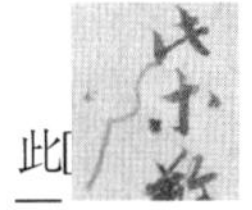 梵唄符B_左下-下向; 此上聲]等難, 彼因不定. 051五量.
[그런 주장에서는 거꾸로 法處에 소속된 色法을 意라고 보기 때문에, 이런 비판을 하는 것이다. 이런 비판은 大乘의 모든 주장을 파괴하게 된다. 그래서 이 경우는 相違決定[116]의 오류가 발생하게 된다. 즉, (다음과 같이 비량식을) 세울 수 있다. <宗> 意根은 결코 色性이 아니다. <因> 有分別識이 함께 의지하지 않기 때문에. <猶> 마치 제6식과 俱有하는 作意心所와 같이. 이러한 동등한 비판으로 말미암아 그런 因은 不定因이 되고 마는 것이다. 이상 다섯 가지 量.]

116) 相違決定: 각각의 비량식 그 자체는 논리적으로 타당하지만, 그 결론이 상반된 두 가지 비량식이 동시에 성립하는 것을 말함. <네이버 지식in>

제11절: 九句因[117] 중 제5구[同品無, 異品無]의 因이 不定因 임을 논증

$_{052}$十一: 如聲論師立, 聲爲常, 所聞性故. 若對勝論, 相違$_{053}$決定. 對佛第(=弟)子, 不$_{共}$[[illegible] 角筆字 宮]不定, 以無共許同品法故.

[제11절: 예를 들어 聲論師가 '<宗> 소리는 常住한다. <因> 귀에 들리기 때문에'라고 비량식을 세운다면, 勝論師에 대해서는 相違決定의 비량식과 같다. 佛弟子의 견지에서는 不共[118]不定[119]因을 갖는 비량식이 되는데, 왜냐하면 누구나 인정하는 同品[120]의 法이 존재하지 않기 때문이다.]

有$_{054}$難此因立比量言, 所聞性因, 應非疑因. 同品無故. $_{055}$如相違因. 又立此因應非不定. 異品無故. 猶如正因.

[어떤 사람은 이런 因을 비판하며 비량식을 세워 다음과 같이 말한다. <宗> '귀에 들리기 때문에'라는 因은 疑因이 아니어야 한다. <因> 同品에 존재하지 않기 때문에. <猶> 마치 相違因과 같이. 또한 <宗> 이와 같은 因은 不定因이 아니다. <因> 異品에 존재하지 않기 때문에. <猶>

---

117) 九句因

		異品		
		遍有	遍無	亦有亦無
同品	遍有	①共不定因	②正因	③共不定因
	遍無	④相違因	⑤不共不定因	⑥相違因
	亦有亦無	⑦共不定因	⑧正因	⑨共不定因

<김성철 2006: 304>

118) 不共: 함께할 수 없는.

119) 不定: ①八識 가운데 어느 識과 함께 일어나지도 않고, 특별한 대상에만 일어나는 것도 아니고, 善·惡·無記도 아닌 마음 작용. 悔·眠·尋·伺가 여기에 해당함. <『시공 불교사전』>

120) 同品: 산스크리트어 sapakṣa. 因明에서, 주장 명제인 宗의 술어와 같은 성질에 속하는 부류. <『시공 불교사전』>

마치 正因과 같이.]

056備法師云: 理門論言, 一向離故, 是通彼難. 謂, 立宗057言. 所聞性因[梵唄符B_右下-上向; 因平聲], 是不定攝. 一向離故. 如共不定. 一向離058言, 闕一相也.

[文備法師[121]는 다음과 같이 말한다. 『因明正理門論』[122]에서는 '어느 한 편이 벗어나 있기 때문에'라고 말하는데, 이것이 그런 비판을 해결한다. 즉, 비량식으로 세워 말하면 다음과 같다. <宗> '귀에 들린다'라는 因은 不定因에 포함된다. <因> 어느 한 편이 벗어나 있기 때문에. <猶> 마치 共不定因과 같이. (여기서) '어느 한 편이 벗어나 있다'라는 말은 (因의 3상 가운데) '한 가지 相이 결여되어 있음'을 의미한다.]

059判云: 此因有不定過. 以所見性, 雖闕一相而非不定, 060是不成故. 謂, 立. 聲無常. 所見性[梵唄符A_左下-右向; 性去聲]故. 此因同有異無. 061唯闕初相. 是故亦爲闕一相也.

[비판적으로 논의해보면 다음과 같다. 이러한 因은 不定의 오류를 지닌다. 왜냐하면 '눈에 보이기 때문에' 역시 한 가지 相이 결여되어 있는 因이지만 不定因이 아니라 不成因[123]이기 때문이다. 즉, '<宗> 소리는 무상하

121) 玄奘과 함께 『成唯識論』을 번역한 窺基의 제자 중 한 사람.
"在我國, 唐貞觀三年(629), 玄奘自長安啓程赴印度, 就學於僧伽耶舍・尸羅跋陀羅・勝軍等諸論師門下. 於硏習諸學之外, 玄奘亦修習因明. 後歸返長安, 將攜回之梵本因明諸書翻譯成漢文, 竝口授印度古今因明之梗槪豫弟子窺基. 其後, 窺基注釋商羯羅主之因明入正理論, 復記載玄奘所授之因明, 而成因明入正理論疏一書, 世稱因明大疏. 其時, 另有淨眼・神泰・文備・文軌・靖邁等諸學者輩出. ……" <【因明】, http://cafe.naver.com/citta/222>

122) 『因明正理門論』: 1권. 大域龍 지음, 唐의 義淨 번역. 新因明의 개론서. <『시공불교사전』>

123) 不成因: 因明用語。因明論式中，因(理由)須具備三相，方能成正因，缺乏任何一相皆成似因，

다. <因> 눈에 보이기 때문에.'라는 비량식이 세워진다. 여기에 사용된 因의 경우 同品은 존재하지만 異品은 존재하지 않는다. 다만 제1상만 결여되어 있는 것이다. 그러므로 이런 因 역시 한 가지 相을 결여하고 있다.]

若爲避此不定過062故, 更立因言, '後二相中, 闕一相故. 猶如共等四不定063因.'

'此因亦有餘[梵唄符B_右上-上向; 餘平聲+角筆字 多留][124]不定過. 如於空宗, 緣生故因, 雖於064後二相中[角筆字 良]闕一而[梵唄符B_右上-上向; 而平聲]是眞因非[梵唄符A_右上-右向; 非平聲]不定故.' 故不能作相違065決定. 又前所立, 異品無故, 非疑因者, 亦有不定. 如066諸相違決定之因, 雖異品無而是疑因故.

[그런데 만일 이러한 不定의 오류에서 벗어나기 위하여 다시 因을 세워 '<因> 나중의 2상 가운데 하나가 결여되어 있기 때문이다. <猶> 마치 共不定因 등 네 가지 不定因의 경우와 같이'라고 말한다면, <宗> 이런 因 역시 또다른[125] 不定의 오류를 지닌다. 이를테면 '<猶> 空을 주장할 때의 '緣生하기 때문에'라는 因은 <因> 비록 나중의 2상(同品定有性[126]・

其中因缺乏第一項而不能證明宗(命題)者，稱爲不成因。
<『佛光大辭典』>

124) cf)  <小林芳規(2003: 26)>

125) '餘'자에 角筆字 '多留'가 기입되어 있는데, 이는 현대국어의 '다른'으로 해석됨과 일치하는 訓으로 볼 수 있다. 이에 따라 앞으로 '餘'자를 가능한 한 '다른'으로 해석할 것이다.

126) 同品定有性: 因三相의 하나. 因明의 三支作法에서, 주장 명제인 宗을 내세우게 된 이유로서 제시된 因이 갖추어야 할 조건. 예를 들면, '말은 무상하다<宗>', '지어낸 것이기 때

異品遍無性[127]) 가운데 하나가 결여되어 있어도 이는 참된 因이며 不定因이 아니기 때문에'라고 할 수 있듯이. 그러므로 相違決定의 비량식일 수가 없다. 또 앞에서 '異品에 존재하지 않기 때문에 疑因이 아니다'라고 세운 바 있는데, 이 역시 不定의 오류를 지닌다. 왜냐하면 모든 相違決定因은 비록 異品에 존재하지 않지만 疑因이기 때문이다.]

唯有$_{067}$同品無故之因, 且離不定立非疑因. 此中應立[梵唄符A_左上?-右向+聲點_°□; 立$_{入聲}$]相$_{068}$違比量, 謂, 所聞性不定因攝. 等立相違宗故. 猶如$_{069}$共不定因. 如理門論顯此因云: 以若不共所成立法, $_{070}$立所有差別[聲點_°□+梵唄符B_左上-右上向; 別$_{入聲}$]遍攝一切皆是疑因. 唯彼有性, 彼$_{071}$所攝故. 一[梵唄符B_左上-右上向; 一$_{入聲}$]向離故.

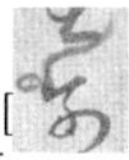

[그래서 '同品에 존재하지 않기 때문에'라는 因만 남게 되는데, (적대자는 그런 因을 통해) 不定因에서 벗어남, 즉 疑因이 아님을 입증(하려)한다. 이에 대해서는 '相違(決定)의 비량식'을 내세워야 하는데 즉, <宗> '귀에 들리기 때문에'는 不定因에 포함된다. <因> 상반된 주장을 동등하게 내세울 수 있기 때문에. <猶> 마치 共不定因의 경우와 같이. 『因明正異門論』에서도 이런 因에 대하여 다음과 같이 밝히고 있다. 만일 不共(不定)因으로 증명되는 (所證)法이라면, 증명되는 내용 중에 일체가 다 들어갈 수 있기 때문에 모두 다 疑因이다. 왜냐하면 그런 존재만 그것에 포함되기 때

문이다<因>', '지어낸 모든 것은 무상하다. 예를 들면, 甁과 같다<喩>'에서, 모든 因은 宗의 술어와 같은 성질에 포함되어야 함. <『시공 불교사전』>

127) 異品遍無性: 因三相의 하나. 因明의 三支作法에서, 주장 명제인 宗을 내세우게 된 이유로서 제시된 因이 갖추어야 할 조건. 예를 들면, '말은 무상하다<宗>', '지어낸 것이기 때문이다<因>', '지어낸 모든 것은 무상하다. 예를 들면, 甁과 같다<喩>'에서, 모든 因은 宗의 술어와 같은 성질에는 전혀 포함되지 않아야 함. <『시공 불교사전』>

문이다. 즉, 한결같이 벗어나 있기 때문이다.]

案云: 不共所成立者, 如立聲常, 所$_{072}$聞性故, 或立無常, 所聞性故. 如是一切無不等立$_{073}$故, 言所有遍攝一切. 由是道理, 所聞性因, 望彼一$_{074}$切, 皆是疑因.
[詳考해보면 다음과 같다. 不共(不定)因으로 증명되는 법이란 예를 들어, ‘<宗> 소리는 常住한다. <因> 귀에 들리기 때문에’라고 증명하거나, 혹은 ‘<宗> 소리는 無常하다. <因> 귀에 들리기 때문에’라고 증명하는 경우와 같다. 여기서 보듯이 대등하게 성립하지 않는 것이 전혀 없기 때문에 ‘내용 중에 일체가 다 들어갈 수 있다’고 말하는 것이다. 이런 이치로 말미암아 ‘귀에 들리기 때문에’라는 因은 그 어떤 것에 대해서든 疑因이 된다.]

一向離故者, 轉成等立諸宗之義. 以$_{075}$望諸宗, 皆同不共, 皆同是一向義, 不共是其離$_{076}$義. 由一向離[聲點_□°; 離$_{\text{平聲}}$]故, 等立於諸諸宗宗相違故, 其因是$_{077}$不定. 五量.
[‘一向離故’라는 것은 온갖 주장을 대등하게 성립시킨다는 의미이다. 그 어떤 주장에 대해서도 ‘모두 똑같이’[皆同]라는 것은 ‘한결같이’[一向]라는 의미이고, ‘不共’이라는 것은 ‘벗어나 있다’[離]는 의미이다. ‘한결같이 벗어나 있기 때문에’[一向離故] 상반된 갖가지 주장들에 대하여 대등하게 내세워질 수 있으며, 그 때문에 그런 因은 不定因이다. 이상 다섯 가지 量.]

제12절: 相違決定 비량식의 두 가지 因이 不定因임을 논증

078十二: 相違決定, 立二比量, 文軌法師自作問答. 問: 具足079三相, 應是正因, 何故此中而言不定? 答: 此疑未決, 080不敢解之. 有通釋者, 隨而爲臣. 此中問意[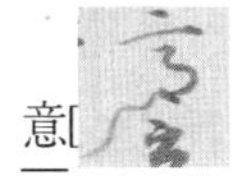 梵唄符B_左下-左下向; 意去聲], 立比量[ 梵唄符B_右上-上向; 量平·去聲]081云: 違決中[角筆字 良]因, 應是正因. 具三相故. 如餘眞因.

[제12절: 相違決定의 경우 두 가지 비량식이 세워지는데, 文軌法師[128]가 스스로 問答을 지은 바 있다. <問> 三相을 갖추고 있으니 이는 正因이어야 한다. 그런데 어찌하여 이에 대하여 不定因이라고 했을까? <答> 이런 의문은 아직 해결되지 않았으며, 이를 풀이할 엄두도 내지 못한다. 이를 의미가 소통되게 해석하는 사람이 있다면, 나는 그를 따르며 臣下가 되겠다. 이런 물음에 담긴 뜻을 비량식으로 작성하면 다음과 같다. <宗> 相違決定 중의 因은 正因이어야 한다. <因> 三相을 갖추고 있기 때문이다. <猶> 마치 다른 眞因과 같이.]

今082者通曰: 違決之因, 非正因攝. 有等難故. 如相違083因. 由此顯彼有不定過.
[이제 의미를 소통시키면 다음과 같다. <宗> 相違決定의 因은 正因에 속하지 않는다. <因> 동등한 비판이 있을 수 있기 때문이다. <猶> 마치 相違因과 같이. 이로 말미암아 그것에 不定의 오류가 있음이 드러난다.]

又此二因, 非相違攝. 同品084有故. 猶如正因. 又此二因, 非不成攝. 是共許故.

128) 窺基의 제자 중 한 사람. 각주 121) 참조.

如不[085]共因. 如是二因, 不定因攝. 非正非違非不成故. 如餘[086]五種不定因也. 六量.

[또한 <宗> 이런 두 가지 因은 相違因에 포함되지 않는다. <因> 同品이 존재하기 때문에. <猶> 마치 正因과 같이. 또한 <宗> 이런 두 가지 因은 不成因에 포함되지 않는다. <因> 양측 모두 인정하는 것이기 때문에. <猶> 마치 不共因과 같이. <宗> 이와 같은 두 가지 因은 不定因에 포함된다. <因> 正因도 아니고 相違因도 아니며 不成因도 아니기 때문에. <猶> 마치 다른 다섯 가지 不定因과 같이. 이상 여섯 가지 量]

제13절: '五性各別說 批判'에 대한 원효의 재비판

[087]十三: 或有爲難, 五種種性, 立比量言. 無性有情必當作[088]佛. 以有心故. 如有性者.

[어떤 이들은 五種의 성품을 비판하기 위하여 다음과 같이 비량식을 세워 말한다. <宗> 無性有情[129]은 반드시 成佛할 것이다. <因> 마음이 있기 때문이다. <猶> 마치 有性有情과 같이.]

此因不定故, 成不難. 爲如諸[089]佛. 以有心故. 非當作佛? 爲如菩薩. 以有心故.

129) 無性有情: 五性의 하나로, 부처가 되는 바탕이 없이 有漏 種子를 가진 性品. <『한자사전』_Naver>

※五性: 法相宗에서, 선천적으로 정해져 있는 중생의 소질을 다섯 가지로 차별한 것.

①菩薩定性: 보살의 소질을 지니고 있는 자.
②緣覺定性: 연각의 소질을 지니고 있는 자.
③聲聞定性: 성문의 소질을 지니고 있는 자.
④不定性: 보살·연각·성문 가운데 어떤 소질인지 정해지지 않은 자.
⑤無性: 청정한 성품으로 될 가능성이 전혀 없는 자.
<『시공 불교사전』>

必當[合符線]作佛? $_{090}$前別立因言, 以未成佛之有情故. 此因亦有他不$_{091}$定過. 爲如菩薩種性, 爲如決定二乘.

[여기서 사용된 因은 不定因이기 때문에 비판이 되지 못한다. <猶> 諸佛과 같이. <因> 마음이 있기 때문에. <宗> 成佛하지 않는 것일까? <猶> 菩薩과 같이. <因> 마음이 있기 때문에. <宗> 반드시 成佛하는 것일까? 앞에서 별도로 세운 因은 아직 成佛하지 못한 有情(=중생)을 염두에 두고 말한 것이기 때문이다. 이런 因도 역시 他派에 대하여 不定의 오류가 있다. 菩薩種性[130]과 같은지, 決定二乘[131]과 같은지.]

若爲避此[聲點_。□; 此$_{上聲}$], 更[梵唄符B_右上-上向; 更$_{平聲}$]$_{092}$立宗言, 無性有情決定二乘, 皆當作佛. 以未$_{093}$成佛有情攝[聲點_°□; 攝$_{入聲}$]故. 猶如菩薩. 此有等難故, 成不定. 如$_{094}$是三人, 非當作佛. 以無大乘無漏種子而非菩薩種$_{095}$性攝故. 如木石等諸無情物.

[만일 여기서 벗어나기 위하여 다시 주장을 세워, '<宗> 無性有情과 決定二乘은 모두 成佛할 것이다. <因> 아직 成佛하지 못한 有情에 속하기 때문에. <猶> 마치 菩薩과 같이'라고 말한다면, 이에 대해서도 동등한 비판이 가해질 수 있기 때문에 不定의 오류를 지니게 된다. <宗> 이와 같

130) 菩薩種性: 보살의 수행을 쌓아 반드시 깨달음에 도달할 수 있는 사람. <마음|작성자 임기영 http://blog.naver.com/dlpul1010/220715530753>

131) 二乘: 乘은 중생을 깨달음으로 인도하는 부처의 가르침을 뜻함. 중생을 깨달음으로 인도하는 부처의 두 가지 가르침.
①小乘: 자신의 깨달음만을 구하는 수행자를 위한 부처의 가르침.
大乘: 자신도 깨달음을 구하고 남도 깨달음으로 인도하는 수행자를 위한 부처의 가르침.
②聲聞乘: 성문을 깨달음에 이르게 하는 부처의 가르침.
緣覺乘: 緣起의 이치를 주시하여 깨달은 연각에 대한 부처의 가르침.
<『시공 불교사전』 요약>

은 三人은 成佛하지 못할 것이다. <因> 大乘의 無漏種子[132]도 없고 菩薩種性에 포함되지 않기 때문에. <猶> 마치 木石 등 諸 無情物과 같이.]

又有比量相違過$_{096}$失. 謂, 五種姓中餘四種姓, 墮地獄時, 應有四德. 許$_{097}$作佛故. 如菩薩姓. 許則違教, 不許違理. 此違自悟$_{098}$比量過也. 五量.

[또 比量相違의 오류가 있게 된다. 즉, <宗> 五種姓(=性?)[133] 가운데 다른(나머지) 四種姓(=性?)은 지옥에 떨어질 때에도 四德[134]을 지녀야 하리라. <因> 成佛이 인정되기 때문이다. <猶> 菩薩種性과 같이. 이를 인정하면 教學에 위배되고 이를 인정하지 않으면 理致에 위배된다. 이는 '스스로 알고 있는 것과 어긋나는 比量의 오류'이다. 이상 다섯 가지 量.]

제14절: 我執・法執에 대한 논파와 관계된 논의

$_{099}$十四: 成唯識論爲破我法, 立比量言. 凡諸我見, 不緣實$_{100}$我[梵唄符B_右下-上向; 我$_{\text{上聲}}$]. 有所緣故. 如緣餘心. 我見所緣, 定非實我. 是$_{101}$所緣故. 如所餘法.

[제14절: 『成唯識論』에서는 我와 法을 논파하기 위하여 비량식을 세워 다음과 같이 말한다. <宗> 무릇 갖가지 我見[135]들은 참된 我를 대상으로

132) 無漏種子: 깨달음에 이를 수 있는 원인으로 阿賴耶識에 잠재하고 있는 원동력. <『시공 불교사전』>

133) 五性 各別說: ①聲聞定性, ②獨覺定性, ③菩薩定性, ④不定定性, ⑤無有定性. <『한국민족문화대백과』 요약>

134) 四德: 열반에 갖추어져 있는 네 가지 성질・특성. 常・樂・我・淨. <『시공 불교사전』>

135) 我見: ①나라는 견해. 自我라는 견해. ②나에 변하지 않는 고유한 실체가 있다고 집착하는 그릇된 견해. 自我에 변하지 않고 항상 독자적으로 존속하는 실체가 있다고 집착하는 그릇된 견해. <『시공 불교사전』>

삼지 않는다. <因> 대상이 있기 때문이다. <猶> 마치 다른 것을 대상으로 삼는 마음과 같이. <宗> 我見의 대상은 결코 참된 我가 아니다. <因> 대상이기 때문이다. <猶> 마치 다른 法들과 같이.]

又言: 外道餘[角筆字 多留]乘所執諸法異心$_{102}$心所, 非實有性. 是所取故. 如心心所. 能取彼覺, 亦$_{103}$不緣彼. 是能取故. 如緣此覺.
[또 말한다. <宗> 外道[136]나 다른 乘에서는 집착하는 '心心所[137]와 다른 갖가지 法들'은 實在하는 것이 아니다. <因> 포착된 것[所取]일 뿐이기 때문이다. <猶> 마치 心心所와 같이. <宗> 포착하는 측[能取]인 저 覺[138]도 역시 그것(色法[139])을 대상으로 삼지 않는다. <因> 포착하는 측일 뿐이기 때문이다. <猶> 이 覺을 대상으로 삼는 것과 같이.]

判云: 此中有四比量, $_{104}$是眞能破. 破我法故, 無過生故. 或因此破, 破大乘$_{105}$云: 諸緣第八識見不緣阿賴耶相. 有所緣故. 如緣…….
[비판적으로 논의해보면 다음과 같다. 여기에는 네 가지 비량식이 있는데, 이는 참된 論破이다. 我와 法을 논파하기 때문이고 오류의 발생이 없기 때문이다. 혹 이런 논파로 말미암아 大乘을 논파하여 말하기를, <宗> 제8식을 대상으로 삼는 갖가지 견해들은 阿賴耶識의 相分을 대상으로 삼는 것이 아니다. <因> 대상이 있기 때문이다. <猶> 마치 (다른 것을) 대상

136) 外道: ①불교 이외의 가르침을 말함. 六師外道・六派哲學 등이 여기에 해당함. 이에 반해, 불교는 內道라고 함. ②그릇된 가르침. <『시공 불교사전』>

137) 心心所: 心과 心所. ※心所: 산스크리트어 caitta. 산스크리트어 caitasika. 五位의 하나. 心所有法의 준말. 대상의 전체를 주체적으로 인식하는 心王에 부수적으로 일어나 대상의 부분을 구체적으로 인식하는 마음 작용. <『시공 불교사전』>

138) 覺: 불교에서의 깨달음. 법의 실체와 마음의 근원을 깨달아 앎. <『한국민족문화대백과』>

139) 色法: 五位의 하나. 감각 기관과 그 대상, 그리고 형상도 없고 감각되지도 않는 작용・힘・잠재력. <『시공 불교사전』>

으로 삼(는 마)음과 같이…….]

卷末 廻向偈

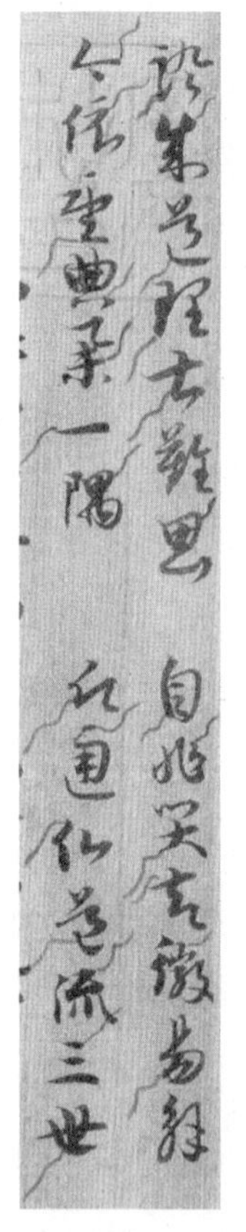

※ 각 글자의 [梵唄符B_] 생략함.

證[左下-下向_去聲]成[右上-上向_平聲]道[左下-下向_上聲]理[左下-下向_上聲]甚[左下-下向_去聲]難思[右上-上向_平聲]

[證成의 理致에 대하여 생각하는 일은 지극히 어렵지만]

自[左下-下向_去聲]非[右上-上向_平聲]笑[左下-下向_去聲]却[左上-下向_入聲]微[右上-上向_平聲]易[左下-下向_去聲]解

[내 웃으며 밀쳐버리지 않고 조금이나마 쉽게 풀어]

今[右上-上向_平聲]依[右上-上向_平聲]聖[左下-下向_去聲]典[右下-上向_上聲]擧[右下-上向_上聲]一[左上-下向_入聲]隅[右上-上向_平聲]

[이제 성스러운 佛典에 의지해 그 일부를 제시하니]

願[左下-下上_去聲]通[右上-上向_平聲]佛[左上-下向_入聲]道[左下-下向_上聲]流[右上-上向_平聲]三[右上-上向_平聲]世[左下-下向_去聲]

[佛道가 疏通되어 언제나 계속되기를 바라옵니다.][140]

140) 이 회향게에 대한 韓泰植(普光)(1994: 15)에서의 해석은 다음과 같다.

證成의 道理는 심히 헤아리기 어려워
스스로 웃을 수 없구나 쉽게 해석하지 못함을.
이제 聖典을 의지하여 일부분을 擧揚하나니

卷末 筆寫記

判比量論一弓, 釋元曉述. 咸亨二年, 歲在辛未, 七月十六日, 住行名寺着筆租訖.

[『判比量論』 1卷, 元曉(617~686) 지음. 咸亨 2년 辛未年(671), 7월 16일, 行名寺에 머물며 붓을 잡아 부담스럽던 일을 끝마치다.]

3. 남은 과제

- 추가적인 角筆點 조사를 통한 신라어 音韻·文法 등에 대한 연구의 심화 및 元曉師의 한문에 대한 문체론적 연구의 가능성 타진

- 卷末 廻向偈에 대한 佛敎音樂史的 연구의 가능성 타진

- 大谷大學藏『判比量論』 이외의 散佚部 해석 및 현존 斷簡들(11행 東寺切, 9행 落合博志 所藏本 등)에 대한 조사 및 판독과 해석

원컨대 佛道를 通하여 三世에 流轉케 하소서.

이 중에서 제2구에 대해서는 富貴原章信(1967: 25) 이래로 해석에 어려움이 지적되어 왔다. 필자로서는 '笑却'을 '웃어버리다'로 해석하는 동시에 부정사 '非'는 '未'의 잘못으로 보아 "아직 스스로 웃어버릴 수 없구나 쉽게 풀어내지 못함에" 정도로 해석함이 최선이 아닐까 한다. 11월 26일 구결학회 월례연구발표회에서는 이건식 교수로부터 '却'자를 접속사적으로 해석할 가능성, 김영욱 교수로부터 '微'자를 '拈華微笑'로 연결지어 해석할 가능성을 제안받았다. 두 분께 감사드리며 앞으로의 논의를 기약한다.

참고문헌

1. 사전 · 도록류

大谷大學圖書館(編)(1998), 『大谷大學圖書館所藏 貴重書善本圖錄-佛書篇-』, 大谷大學.
小林芳規(2004a), 『角筆文獻硏究導論 別卷 資料篇』, 東京: 汲古書院.
慈怡(主編)(1988), 『佛光大辭典』, 高雄: 佛光出版社.
정재영(2016, ms.), 『판비량론 자형 집성_원문순』
編輯部(2007), 『大書源』, 東京: 二玄社.
한국불교전서편찬위원회(1979), 『韓國佛敎全書 1』, 동국대학교출판부.
『두산백과』_NAVER 지식백과 제공.
『시공 불교사전』_NAVER 지식백과 제공.
『원불교대사전』_NAVER 지식백과 제공.
『한 권으로 읽는 팔만대장경』_NAVER 지식백과 제공.
『한국민족문화대백과』_NAVER 지식백과 제공.
『한자사전』_NAVER 지식백과 제공.

2. 논저류

權仁瀚(2016), 「古代 韓國漢字音의 硏究(Ⅰ)-최근 발굴된 角筆 聲點 資料를 중심으로-」, 『口訣硏究』 37, pp.5-38.
김성철(2003), 『원효의 판비량론 기초 연구』, 지식산업사.
______(2006), 「원효의 논리사상」, 『普照思想』 26, pp.283-319.
金永旭(2004), 「判比量論의 國語學的 硏究」, 『口訣硏究』 12, pp.81-97.
南豊鉉(2013), 「東大寺 所藏 新羅華嚴經寫經과 그 釋讀口訣에 대하여」, 『口訣硏究』 30, pp.53-79.
富貴原章信(1967), 「判比量論の硏究」, 간다 키이치로神田喜一郎(編), 『判比量論』, 東京: 便利堂, pp.1-76.
小林芳規(2002a), 「韓國における角筆文獻の發見とその意義-日本古訓點その關係-」, 『朝鮮學報』 182, pp.1-82.

小林芳規(2002b), 「大谷大學藏新出角筆文獻について-特に, 『判比量論』に書き入れられた新羅の文字と記號」, 『大谷大學圖書館報』 19, pp.4-6.

小林芳規(2004b), 『角筆文獻研究導論 上卷 東アジア篇』, 東京: 汲古書院.

小林芳規/尹幸舜(譯)(2003), 「新羅經典에 記入된 角筆文字와 符號-京都・大谷大學藏 『判比量論』에서의 發見-」, 『口訣研究』 10, pp.5-30.

申賢淑(1988), 『元曉의 認識과 論理-판비량론의 연구』, 민족사.

이영무(1973), 「元曉大師 著 『判比量論』에 대한 考察」, 『建國大學校學術誌』 15, pp.165-187.

韓泰植(普光)(1994), 「頌歌에 나타난 元曉思想」, 東國論叢(인문사회과학편)』 33, pp.1-37.

국어학 용어 '형태', '형태소', '형태론'의 문제

배 주 채(가톨릭대)

1. 머리말

학문에서 개념(槪念, concept)은 학문적 내용을 압축해 항목으로 만든 것이다. 개념은 생각(즉 사고)의 영역에 존재하기 때문에 학문적 소통을 위해서는 그것을 언어화해야 한다. 개념을 언어로 표현한 어구가 용어(用語, term)이다. 전문분야에서 사용한다는 함축을 강하게 드러내고자 할 때는 용어를 전문어(technical term)라 부른다. 학문적 내용, 개념, 용어는 각각 의미삼각형의 세 꼭짓점인 지시물, 개념, 단어에 해당한다. 이것을 [그림 1]로 표현할 수 있다.

학문이 발전하면 용어와 개념이 확충되고 정비된다. 역으로 용어와 개념을 확충하고 정비하는 것이 학문의 발전에 이바지한다. 국어학의 용어와 개념도 국어학의 발전과 함께해 왔다. 그러나 자세히 들여다보면 모든 용어와 개념이 태어나서 자라고 번성할 때까지 순조로운 길을 걷는 것은 아니다. 연구자들은 국어학의 성과를 쌓아가는 데 장애가 되는 용어와 개념을 정돈하기 위해 끊임없이 노력하며 그 과정에서 용어와 개념의 운명은 흥망성쇠를 거듭하며 엇갈리기 일쑤다.

[그림 1] 의미삼각형의 관점에서 본 개념과 용어

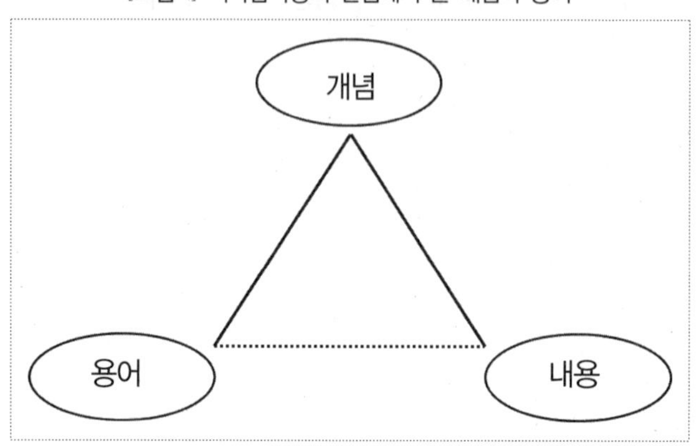

용어와 개념이 일단 정착하면 문제가 있더라도 바꾸기가 쉽지 않다. 이미 정착한 것들 가운데 명료하지 않은 개념, 학문적 내용을 잘 범주화하지 못하는 개념, 개념을 정확히 표현하지 못하는 용어, 비체계적인 용어 등은 학문 발전을 저해할 수 있다. 문제의 심각성을 고려해 바꿀 것은 바꾸고 버릴 것은 버려야 한다.

국어학 용어 '형태(形態)', '형태소(形態素)', '형태론(形態論)'과 이 셋이 나타내는 개념들은 오래 전에 정착해서 이제는 국어학의 발전에 도움이 될 뿐 장애가 되지는 않는 듯 보인다. 그러나 실상은 그렇지 않다. 이들이 안고 있는 문제점을 검토하고 대안을 모색하는 것이 이 글의 목적이다.

2. '형태'의 문제

국어학 용어 '형태(形態)'가 나타내는 대표적인 개념은 다음 두 가지이다.

형태(morph): 형태소의 음운적 실현형. =형태소의 발음.
형태(form): 의미를 가진 언어단위의 실현형. =형태소, 단어, 구, 문장, 담화의 실현형.

이 두 '형태'를 구별하기 위해 편의상 형태(morph)를 '형태1', 형태(form)를 '형태2'라 부르기로 한다.

2.1. 형태1

형태1은 형태소와 관련하여 약방에 감초 격으로 거론되어 왔다. 명사 '맛'을 예로 들면 형태소와 형태1의 쓰임을 다음과 같이 파악할 수 있다.

형태소: {맛}
형태1: /맛/, /맏/, /만/

이 세 형태1 /맛/, /맏/, /만/이 같은 형태소에 속한다는 것을 강조할 때는 이들 각각을 '이형태(異形態, allomorph)'라 부른다. 그리고 한 형태소가 둘 이상의 이형태로 실현되는 현상을 교체(交替, alternation)라 한다.

형태1을 '형태소의 발음'이라고 정의할 때 '발음'은 음소적 표상(phonemic representation), 즉 음소층위에 존재하는 발음을 가리킨다. 형태소 교체의 이론적 틀을 잡은 미국의 구조언어학에서 형태1은 발음이지 표기일 수는 없다. 문어 아닌 구어만을 언어학적 분석의 대상으로 보았기 때문이다. 그런데 국어학계에서는 형태1을 표기일 수 있는 것으로 보는 견해가 있어 왔다. 특히 학교문법에서는 형태1을 발음이 아닌 표기의 관점에서 이해하는 경향이 강하다. 예를 들어 '붓다'를 'ㅅ불규칙용언'으로 명명한 것은 '붓다 [붇따], 붓고

[붇꼬], 붓지 [붇찌]' 등에서의 표기 '붓'을 기준으로 형태소 {붓-}의 형태1을 파악한 결과이다. 발음 [붇]을 기준으로 형태1을 파악했다면 당연히 'ㄷ불규칙용언'이라고 불렀을 것이다.

2.2. 형태2

형태2는 형태1보다 더 넓은 범위의 다양한 대상을 지시한다. 형태2는 의미를 가진 모든 언어단위, 즉 형태소, 단어, 구, 문장, 담화의 실현형을 뜻한다. 실제로 구의 형태2, 문장의 형태2, 담화의 형태2를 거론하는 일이 드물기는 하지만 충분히 가능하다. 단어의 형태2는 어휘소(lexeme)와의 차이를 분명히 드러내기 위해 '어형(word-form)'이라 불러 왔다.

형태2도 발음도 될 수 있고 표기도 될 수 있다. 발음으로서의 형태2와 표기로서의 형태2를 각각 간단히 '발음형태'와 '표기형태'로 부를 수 있다. 예를 들어 '붓고'에서 형태소 {붓-}의 발음형태는 /붇-/이고 표기형태는 '붓-'이다. 이렇게 보면 형태소의 형태2 중 발음형태는 형태1과 같은 대상을 가리키게 된다.

단어의 형태2와 구의 형태2의 예를 하나씩 들면 다음과 같다.

단어의 형태2(=어형): 표기형태 '장미꽃', 발음형태 /장미꼳/
구의 형태2: 표기형태 '장미꽃 한 송이', 발음형태 /장미꼬탄송이/

단어~담화의 형태2는 발음형태, 표기형태가 아닌 구조를 뜻하는 용법도 있다. 즉 언어단위들이 단어~담화를 형성하는 구조를 나타내기도 한다. 이것을 임시로 '구조적 형태'라 부르기로 한다. 예를 들어 '맑은 물이 흐른다.'라는 문장의 형태2는 다음 세 가지를 뜻한다.

표기형태: 맑은 물이 흐른다.
발음형태: /말근 무리 흐른다/
구조적 형태: 【{맑-}+{-은} # {물}】+{이} # {흐르-}+{-는다}[1)]

이제 '형태2'의 개념을 다음과 같이 정리할 수 있다.

(1) 형태소의 형태2
① 형태소의 발음형태
② 형태소의 표기형태
(2) 단어~담화의 형태2
① 단어~담화의 발음형태
② 단어~담화의 표기형태
③ 언어단위들이 단어~담화를 형성하는 구조

2.3. 형태1과 형태2의 구별

형태2는 의미와 대립한다. 기호의 형식(기표)과 기호의 내용(기의)의 대립을 고려하면 의미를 가진 언어단위의 형식은 형태2이고 그 내용은 의미이다. 이러한 형태2는 언어를 기술할 때 필수불가결한 개념이다. 그리고 그 개념을 나타내는 용어로 '형태(form)'를 사용하는 것이 일반언어학적 관점에서도 적절하고 국어학계의 관용을 고려할 때도 마땅하다.

문제는 형태1과 형태2가 똑같은 '형태(形態)'라는 형태를 가지고 있으므로 연구자들에게 불편과 혼란을 준다는 데 있다. 영어 용어는 각각 'morph'와 'form'으로 명확히 구별되므로 이것은 국어학계가 해결할 문제이다. 'morph'도 어원적으로 'form'을 뜻하므로 둘을 같은 단어로 번역하게 되었겠지만 결

1) 이 구조적 형태의 표시에 어떤 정보를 포함해야 하는지에 대해서는 다양한 견해가 가능하다. 본문의 것은 임시적이다.

과적으로 용어체계가 개념체계를 효율적으로 반영하지 못하게 되었다. 개념이 다르면 용어도 다른 것이 이상적이다. 이제라도 형태1과 형태2를 구별하는 용어를 만들어야 할 것이다. 형태2를 '형태'로 두고 형태1만 다른 형태로 바꾸는 것이 편리한 방안이라고 판단한다. '형태1'을 대신할 새로운 용어가 속히 만들어지기를 기대한다.

용어체계가 개념체계를 효율적으로 반영하지 못하는 다른 예로 '단모음'을 들 수 있다. 국어학계는 오랫동안 '단모음(單母音)'과 '단모음(短母音)'의 동형충돌에 따르는 불편을 견디고 있다. 비슷한 맥락에 자주 나타나는 서로 다른 개념을 똑같은 형태 '단모음'으로 가리키는 것은 불합리하다. 당장 둘 중 하나를 다른 형태로 바꾸어 혼동을 피해야 한다. '단모음(單母音)'을 '단순모음'으로 바꾸면 간단하다. 그러면 한자를 병기할 필요도 없고 평소에 구별하지 않던 첫 음절의 음장을 새삼 구별할 필요도 없으며[2] 이러한 구별에 화자와 청자가 노력을 기울이고 신경을 쓸 필요가 전혀 없다.

3. '형태소'의 문제

형태소(morpheme)는 '의미를 가진 최소의 언어단위'로 정의된다. 형태소는 기호학적 관점에서 볼 때 일종의 언어기호이다. 언어기호로서의 형태소는 기의와 기표의 결합체이다. 기의는 형태소의 의미이고 기표는 형태소의 형태1, 즉 발음형태이다.

'형태소'라는 단어는 '형태(形態)+-소(素)'의 구조를 가지고 있다.[3] '형태소'

---

2) 표준발음에서 '단모음(單母音)'의 첫 음절 모음은 짧고 '단모음(短母音)'의 첫 음절 모음은 길다.
3) 『표준국어대사전』에는 최소 단위를 뜻하는 이 '소(素)'가 단어로도 접사로도 실려 있지 않다. 『고려대 한국어대사전』에서는 '형태소'의 구조를 [+형태-소]로 표시하여 '-소'를 접미사로 보았다. 그리고 접미소 '-소21(素)'을 표제어로 수록했다. 그 풀이는 다음과 같다.

라는 용어는 기의와 기표의 결합체인 형태소를 형태의 최소 단위, 즉 기표의 최소 단위인 것처럼 표현한 것이므로 부적절하다. 이것은 마치 형태소가 가진 기의, 즉 의미만을 기준으로 형태소를 '의미소'로 부르는 것 같은 부적절한 명명이다.

영어 'morpheme'을 직역한 것이 '형태소'일 것이다. 'morpheme'은 기표 중심의 형태소 분석이 횡행하던 미국 구조주의의 산물로 보인다. 즉 'morpheme'에서 명명의 오류가 기원한 것이라 하겠다.

형태소는 단어를 분석해 얻어진 단위이다. 그러므로 단어를 이루는 최소의 언어단위라는 뜻으로 '단어소(單語素)'라고 부르는 것이 나을 것이다. '단어소'를 줄여서 '어소(語素)'라 부를 수도 있다. 형태소를 가리키는 용어로 '형태소' 대신 '어소'를 쓰는 것은 일찍이 김민수(1964), 고영근(1993)에서 제안되었다.

4. '형태론'의 문제

4.1. 형태론의 개념

언어학의 하위 분야 중 형태론만큼 그 정체성의 논란이 심한 것이 없다. 그 근본원인은 각 언어의 형태론적 유형이 어떤지에 따라 언어마다 형태론적 내용이 매우 다른 데 있다.

유럽의 언어학자들이 '형태론'이라는 용어를 처음 만들 때 생각한 형태론의 내용은 굴절론이었다. 유럽의 언어들이 대부분 굴절어이므로 굴절어의

-소21[素] [접미] 일부 명사 뒤에 붙어, 그러한 성질을 가진 성분이나 요소라는 뜻을 더하여 명사를 만드는 말. ¶발효소 / 섬유소 / 엽록소 / 영양소 / 응집소 / 혈액소 / 활력소.

굴절을 기준으로 형태론의 성격을 규정한 것은 당연한 일이었다. 그 후 형태론적 유형이 다른 언어들에도 '형태론'이라는 용어와 개념이 적용되는 과정에서 형태론이라는 학문의 정체성에 혼란이 생기게 되었다.

형태론이 다루는 핵심적인 언어단위는 단어이다. 근래에 '형태론'을 '단어의 내부 구조에 대한 학문'으로 정의하는 데에도 그러한 사실이 반영되어 있다. 그런데 단어를 주로 다루는 학문으로 어휘론도 있다. 어휘론과 형태론의 관계를 명확히 하지 않으면 언어학 전체의 체계를 잘 파악할 수 없다. 바꿔 생각하면 언어학 전체의 체계를 바라보는 관점에서 형태론의 위상을 정립하는 것이 올바른 방법이다.

[그림 2]는 '언어부문과 언어기능의 관계 모형'이다(배주채 2017).

[그림 2] 언어부문과 언어기능의 관계 모형

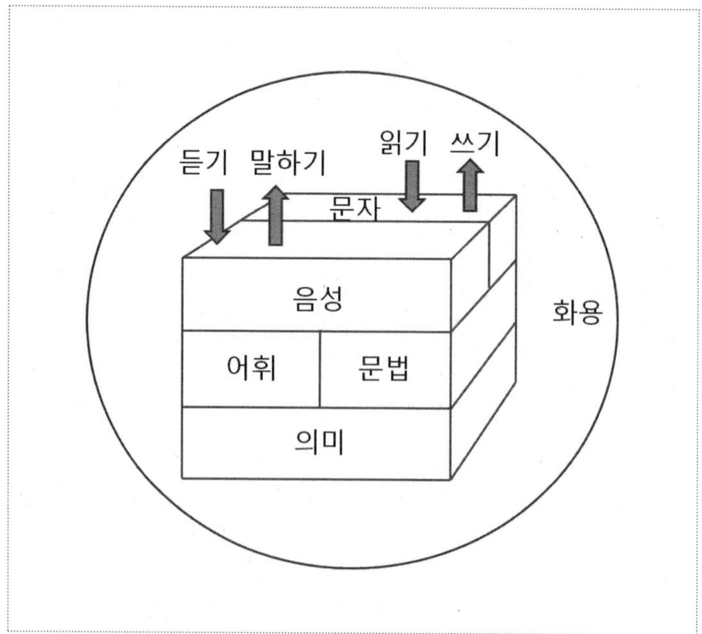

이 모형에 등장하는 언어부문 6개를 연구하는 학문 6개가 언어학의 핵심 분야이다. 이들이 미시언어학이다.

음성부문: 음운론, (음성학)
문자부문: 문자론
어휘부문: 어휘론
문법부문: 문법론
의미부문: 의미론
화용부문: 화용론

어휘부문의 단위는 어휘소(=단어)이다. 문장을 만드는 재료로서의 단어는 어느 언어에나 대량으로 존재한다. 그러한 단어들이 모여 있는 곳이 어휘부문이다. 어휘부문을 연구하는 어휘론의 주제는 크게 두 가지이다.

조어법: 한 단어가 어떻게 만들어지는가
어휘체계: 단어(들)와 단어(들)는 서로 어떤 관계를 맺고 있는가

문장을 만드는 기본 재료는 단어이다. 언어에 따라 문장을 만들 때 단어 이외의 언어요소(대개 자립성이 없는 언어요소, 즉 의존요소)를 동원하기도 하나 단어를 동원하지 않고 문장을 만드는 언어란 있을 수 없다. 단어만 이용하든 단어 이외의 언어요소도 동원하든 문장을 만드는 방법은 문법이다. 문장을 만들 때 단어와 단어가 가지는 관계가 통사론의 주요 내용이라면 의존요소가 문장과 가지는 관계는 관점에 따라 통사론의 대상으로 보기도 하고 형태론의 대상으로 보기도 한다.

통사론의 내용이 비어 있는 언어는 없다. 그러나 형태론의 내용이 비어 있는 언어는 있을 수 있다. 형태론의 내용이 얼마큼 차 있고 비어 있느냐는 그 언어의 형태론적 유형에 달려 있다. 언어에 따라 형태론의 내용이 풍부

하기도 하고 빈약하기도 한 것이다.

위의 모형에 '형태부문' 같은 것은 없다. 언어보편적으로 형태부문이라는 언어부문이 일정하게 존재하는 것은 아니라는 뜻이다. 간단히 말하면 한 언어의 형태론적 내용은 어휘부문과 문법부문의 경계에서 어떤 일이 일어나는지에 따라 결정된다. 즉 문장을 만들 때 단어 내부에서 어떤 일이 일어나는지에 따라 결정된다. 굴절어의 굴절은 문장을 만들 때 단어 내부에서 활발한 작용이 일어난다. 굴절어는 형태론적 내용이 풍부하다. 굴절어와 같이 형태론적 내용이 풍부한 언어의 경우에는 어휘부문과 문법부문 사이에 형태부문이 상당한 부피로 뚜렷이 존재할 것이다. 반면에 형태론적 내용이 빈약한 언어의 경우에는 형태부문의 부피가 작고 세력이 미약할 것이다.

한국어 형태론의 주제를 최형용(2016)을 바탕으로 간추리면 다음 세 가지이다.[4)]

품사
조사와 어미
조어법

조어법은 위에서 말한 대로 어휘론의 대상이다. 어떤 형태소가 단어를 만드는 것이 문장을 만드는 것과 관련된다면 그것은 형태론이나 통사론의 문제라 할 수 있다. 그러나 형태소로써 어휘부문의 단위, 즉 어휘소를 만드는 것은 일반적으로 문장을 만드는 일과 관계가 없다. 한국어 조어법의 대부분이 형태소로부터 어휘소를 만들어 전체 단어의 수가 느는, 즉 어휘의 크기가 조금 더 커지는 결과를 가져오지 단어를 가지고 문장을 만드는 데는 관

4) 최형용(2016)은 조사, 어미를 품사로 인정하여 품사론에서 다루고 있으나 본고에서는 품사를 단어의 문법적 부류로 정의하는 관점에 따라 조사와 어미를 의존요소로 보고 품사와 분리해 제시한다.

여하지 않는다. 그러므로 조어법은 기본적으로 어휘론의 대상이다.[5)]

품사는 단어의 문법적 부류이다. 즉 각 단어가 문장 안에서 어떤 역할을 할 수 있는지에 따라 분류한 것이 품사이다. 단어들을 분류하는 것은 그 관점이 문법이든 어떤 것이든 어휘론의 작업이다. 음성의 관점에서 1음절어, 2음절어, 3음절어 등으로 단어들을 분류하는 것이 음운론의 작업이 아니라 어휘론의 작업인 것과 마찬가지이다. 문법론에서는 다만 문장을 만들 때 각 품사가 어떤 역할을 하는지를 다룰 뿐이다.

조사와 어미는 한국어에서 문장을 만드는 재료로 사용하는 단어 이외의 요소, 즉 의존요소이다. 그러므로 조사와 어미에 대한 연구는 문법론에 속한다. 만약 체언, 부사 등에 조사가 붙은 어절을 단어라고 규정하면 조사의 쓰임을 문법론, 그 중에서도 형태론에서 연구할 수 있을 것이다. 또 용언에 어미가 붙은 어절을 단어라고 규정하면 어미의 쓰임을 형태론에서 연구할 수 있다. 그렇게 단어를 규정하면 '단어'를 형태론적 단어, 통사론적 단어, 어휘론적 단어, 심지어 음운론적 단어 등으로 갈가리 찢는 결과가 된다. '단어'라는 한 용어가 상황이나 관점에 따라 이런 뜻도 가지고 저런 뜻도 가지는 것은 언어학의 발전에 걸림돌이 된다. 누구나 자기 편할 때로 가져다 쓸 수 있는 헤픈 용어는 학문적 가치가 없다.

한국어의 어절을 단어처럼 오해해 온 것은 굴절어 중심의 편견에서 비롯된 일이다. 한국어든 다른 언어든 어휘소만 단어로 규정하는 것이 보편성을 얻을 수 있는 태도다. 요컨대 조사나 어미가 붙은 어절을 결코 단어라고 할

5) 동사 '먹-'에 접미사 '-이-'를 붙여 사동사 '먹이-'를 만드는 일, 접미사 '-히-'를 붙여 피동사 '먹히-'를 만드는 일은 단어 '먹-'이 문장을 만드는 일에 관여한다고 볼 수도 있다. '먹이-'를 서술어로 한 사동문이나 '먹히-'를 서술어로 한 피동문의 문장구조가 '먹-'을 서술어로 한 문장과 다르고 이들 사이의 관계를 문법론에서 다룰 수 있기 때문이다. 이렇게 본다면 동사에 사동접미사나 피동접미사를 붙이는 과정이 형태론의 내용이라고 볼 수 있을 것이다. 그러나 만약 이러한 조어과정이 공시적인 과정이 아니라 통시적인 과정이라는 견해를 취한다면 이야기는 달라진다.

수 없으며 조사와 어미에 대한 연구를 형태론으로 볼 수 없다. 조사와 어미에 대한 연구는 전통적인 용어로 말하자면 통사론이고 본고의 용어로는 문법론이다.

한국어에서 용언에 어미가 붙는 현상을 활용이라 부르고 굴절에 속하는 것으로 보아 왔다. 그러나 한국어의 활용이 굴절어의 굴절과는 다른 것이므로 다르게 다루어져야 한다는 것은 박진호(1999)에서 논의되었다. 박진호(1999)의 표현을 빌리면 "한국어에서 체언에 조사가 붙고 용언에 어미가 붙는 현상은 단어 자체의 꼴바꿈이 아니라 단어, 더 정확히 말하면 단어 이상의 단위에 어떤 의존 요소가 결합되는 현상이다." 굴절은 어형의 변화이지만 한국어에서 흔히 굴절처럼 다루어져 온 곡용과 활용은 결코 어형의 변화가 아닌 것이다.

예를 들어 다음의 독일어 문장에서 'liebe'를 어간 'lieb-'에 어미 '-e'가 결합한 것으로 기술하듯이 한국어의 '믿고'를 어간 '믿-'에 어미 '-고'가 결합한 것으로 기술하면 두 언어의 동사의 활용이 똑같아 보인다.

독일어
　Ich liebe dich. (나는 너를 사랑한다.)
　Du liebst mich. (너는 나를 사랑한다.)
한국어
　나는 너를 믿고 있다.
　나는 너를 믿었다.

독일어에서 'liebe'와 'liebst'는 동일한 어휘소의 서로 다른 어형이다. 이들을 분석한 어간 'lieb-'와 어미 '-e', '-st'가 한국어 연구자에게는 마치 각각 형태소인 것처럼 보이지만 그렇지 않다. 'liebe'와 'liebst'가 통째로 형태소이다. 어미 '-e', '-st'가 각각 어떤 문법적 의미 같은 것을 가진 단위라고는 도저히 인정할 수 없다.

한국어에서 '믿고'는 동사 '믿-'과 어미 '-고'로, '믿었다'는 동사 '믿-'과 어미 '-었-', '-다'로 분석된다. 독일어의 어미와 달리 한국어의 어미 '-고, -었-, -다'는 모두 형태소이다. 정확히는 모두 형태1이다. 형태1 '-고'는 형태소 {-고}의 실현형이고, 형태1 '-었-'은 형태소 {-었-}의 실현형이며, 형태1 '-다'는 형태소 {-는다}의 실현형이다. 한국어 동사의 활용을 독일어 동사의 활용과 똑같이 굴절이라고 할 수는 없는 것이다. 독일어의 굴절은 독일어 형태론의 주된 대상이다. 한국어에는 그러한 굴절이 없다. 그러므로 한국어 형태론에는 굴절론이 없다.

한국어 형태론에서 다룰 만한 주제인 조어법, 품사, 조사와 어미는 모두 형태론의 주제가 아니다. 결국 한국어 형태부문은 거의 비어 있다.[6]

4.2. 형태음운론의 소속

최초의 전면적이고 체계적이고 상세한 한국어 문법서인 최현배(1937)은 형태론을 '씨갈'이라는 이름 아래 기술했다. 씨갈의 내용 중에서 불규칙활용은 형태음운론에 속하는 주제이다. 형태소나 단어가 결합할 때 일어나는 규칙적인 음운현상들은 '소리갈', 즉 음운론에서 서술하고 있다. 이와 같이 형태음운론의 주제 중 불규칙활용을 형태론에 포함하는 것은 남기심・고영근(1985)에 그대로 이어졌다.

안병희(1959/1978)의 제목은 '十五世紀 國語의 活用語幹에 對한 形態論的 研

6) 한국어 형태부문이 완전히 비어 있다고 하지 않은 것은 정말로 형태론의 대상이라고 해야 할 현상이 한국어에도 있을 수 있기 때문이다. 흔히 '어근분리'라고 불러 왔던 어기분리 현상(울긋불긋하다→울긋불긋도 하다)은 단어 내부에서 일어나는 현상인데 문장의 형성과 관련하여 일어난다. 어기분리는 형태론의 대상이라고 볼 수 있다. 물론 어기분리는 통사론의 대상이기도 하다.

究'이다. 그 내용은 용언의 활용에 대한 형태음운론적 연구이다. 여기서 형태음운론의 위상에 대한 한 태도를 볼 수 있다. 안병희(1959/1978)의 관점에서 형태음운론은 형태론이었던 것이다. 이것은 미국 구조주의의 태도이기도 했다.[7)]

1960년대부터는 국어학계에서 '형태음소론' 또는 '형태음운론'이라는 용어가 자주 등장하기 시작했다. 허웅(1963)은 형태론의 맨 앞자리에서 형태소의 음운론적 교체를 소개하고 이것을 연구하는 분야를 "형태음운(소)론(morphophonemics)"이라 한다고 했다.

한편 Lee Pyonggeun (1970)에서 경기방언의 곡용, 활용, 조어법에 나타나는 형태소의 음운론적 교체를 다루면서 "morphophonological study"(형태음운론적 연구), 이익섭(1972)에서 강릉방언의 곡용, 활용, 파생에 나타나는 형태소의 음운론적 교체를 다루면서 "형태음소론적 고찰"이라 칭했다. 그런데 방언을 기술한 이 두 연구에서는 형태음운론이 음운론의 하위 분야인지 형태론의 하위 분야인지, 아니면 독립된 분야인지에 대해 분명한 태도를 보이지는 않았다.

1970년대에 생성음운론을 한국어에 본격적으로 적용하게 되면서 음운론

---

7) 이 논문의 서론에서 "言語構造의 闡明記述을 目標로 하는 記述言語學의 方法"으로 연구한다고 천명하고 이에 대한 각주에서 관련 저서와 논문 8편을 제시하고 있는데 아마 많이 참고한 순서로 배열한 듯하다. 주로 참고한 것으로 보이는 앞쪽 셋은 다음 책들이다. (널리 알려진 책들이므로 편의상 저자, 발행연도, 제목만 여기에 보인다.)

E. A. Nida (1949) *Mophology: The Descriptive Analysis of Words.*
H. A. Gleason, Jr. (1955) *An Introduction to Descriptive Linguistics.*
Z. S. Harris (1951) *Methods in Structural Linguistics.*

그 아래 "일반언어학개설서"의 관계 부분도 참고했다고 하고 다음 두 책을 제시했다.

L. Bloomfield (1933) *Language.*
C. F. Hockett (1958) *A Course in Modern Linguistics.*

이들은 모두 미국 구조주의를 대표하는 저서들이다.

연구자들 사이에서 형태음운론적 주제가 음운론의 소관이라는 인식이 일반화되었다. 이병근(1975), 최명옥(1982)를 비롯한 많은 음운론 논저가 그러한 인식을 보여준다.

한편 1980년대 이후의 한국어 문법론 개론서들에서는 '형태음운론, 형태음소론'이라는 용어를 도입하지 않은 채 허웅(1963)과 마찬가지로 형태론에서 형태소의 음운론적 교체를 소개하는 것이 일반화되었다. 이익섭 · 임홍빈(1983), 남기심 · 고영근(1985), 이익섭 · 채완(1999), 고영근 · 구본관(2008), 최형용(2016) 등이 대표적이다.

한국어 문법 전반을 다루는 책으로서 형태소를 설명하면서 형태음운론적 내용을 전혀 소개하지 않은 이익섭(2005)는 예외적인 경우이다. 조사를 다룬 이익섭(2005:115)의 각주에 다음과 같은 내용이 나와 있다.

> '을'은 자음(받침)으로 끝나는 명사 다음에, '를'은 모음으로 끝나는 명사 다음에 쓰인다. 앞으로 '을'을 대표로 삼는다. 앞으로 필요할 때마다 밝히겠으나 다른 단서가 없는 한 일관하여 자음(받침) 다음의 형태를 대표로 삼아 나가겠다.

문법론 논저에서 오랫동안 조사 '을/를'이라든지 어미 '-(으)면', '-아서/-어서/-여서/-서' 등으로 이형태를 일일이 나열해 가며 그 문법적 쓰임을 설명해 왔다. 조사와 어미를 문법적 관점에서 다룰 때 그 음운론적 교체를 계속 신경 쓰는 것은 올바른 문법 기술의 태도가 아니다. 조사의 형태가 '을'이든 '를'이든 그 문법적 쓰임은 변함이 없기 때문이다. 대표형을 하나 잡아서 조사 '을'이 어떻고 어미 '-어서'가 어떻고 하는 식으로 기술하면 훨씬 간결한 기술이 가능하다. 위의 이익섭(2005:115)의 각주는 이러한 인식을 보여주는 예라고 할 수 있다.

이러한 인식은 음운론과 문법론의 층위가 다름을 분명히 인식하는 데서 출발한다. 배주채(1996:62-63/2011:68-69)에서 다음과 같이 형태소와 기저형의 차이를 강조한 것은 그러한 인식에서 비롯한다.

> 형태소와 기저형은 명확히 구별해야 한다. 형태소는 문법적 단위이고 기저형은 음운론적 단위이다. 기저형은 형태소가 가진 음운론적 정보이다. 형태소를 음성과 의미를 가진 최소의 언어기호로 정의할 때 형태소가 가진 음성이라는 것이 바로 기저형이다. 어휘부(語彙部 lexicon, 언어학적인 의미의 사전)에 형태소마다 음운론적인 정보가 기저형이라는 형태로 들어 있다고 할 수 있다. 형태소가 음운론적 단위가 아니므로 형태소를 표기할 때 { } 속에 적는 대표형이 꼭 기저형이나 기본형과 같은 음운론적인 형태일 필요는 없다. 형태소가 가진 의미를 이용해 표기할 수도 있고 다른 임의의 기호를 써서 표기할 수도 있다. 예를 들어 {집}은 의미를 이용하여 {家}로 표기할 수도 있다. 또 국어의 형태소목록에 들어 있는 97번째 형태소가 '집'이라면 {97}과 같이 표기하는 것도 가능하다.

문법론에서는 어떤 단어나 형태소들이 만나 어떤 문법구조를 형성하고 어떤 문법기능을 발휘하는지만 다루면 된다. 각 형태소가 어떻게 발음되고 어떻게 표기되는지는 신경 쓸 필요가 없다. 형태음운론적 교체, 즉 형태소의 음운론적 교체를 문법 기술에서 거론할 필요가 없다. 이익섭(2005)에서 조사의 표기에 대해 취한 태도는 이러한 관점에서 아주 적절한 것이다.

형태음운론이 문법론에 속한다는 문법론 분야의 일반적 인식을 비판하고 음운론에 속한다고 주장한 것이 배주채(1991)이다. 박진호(1999)는 형태론의 위상을 점검하는 자리에서 배주채(1991)과 같은 편에 섰다. 이 관점에 따라 한국어의 형태음운론적 모습을 개략적으로 그린 것이 배주채(1996/2011)의 4장(형태음소)이고 전면적으로 그린 것이 배주채(2003/2013)의 제2편이다. 배주채(2003/2013)은 한국어의 음성부문 전반을 상세히 기술한 것인데 순수음운론(음운론에서 형태음운론 이외의 분야)에 해당하는 제1편보다 형태음운론에 해당하는 제2편의 분량이 훨씬 많다. 이것은 한국어음운론에서 형태음운론의 비중이 매우 크다는 것을 의미한다.

영문법서에서 형태음운론을 어떻게 다루고 있는지는 『코빌드영문법(*Cobuild English Grammar*)』(1990)에서 엿볼 수 있다. 이 책은 1장 '사람과 사물 가리키기(Referring to people and things)'부터 10장 '정보의 구조(The structure of information)'까지 다양한 문법현상을 체계적이고 간명하게 서술하고 있다. 책 끝에 부록으로 실은 '참고편(The Reference Section)'의 차례는 다음과 같다.

> 발음 안내 (Pronunciation guide)
> 가산명사의 복수형 만들기 (Forming plurals of count nouns)
> 형용사의 비교급형과 최상급형 만들기 (Forming comparative and superlative adjectives)
> 소유격형의 표기와 발음 (The spelling and pronunciation of possessives)
> 수 (Numbers)
> 동사 어형과 동사구의 형성 (Verb forms and the formation of verb groups)
> 부사 만들기 (Forming adverbs)
> 부사의 비교급형과 최상급형 만들기 (Forming comparative and superlative adverbs)

이 가운데 발음 안내, 수, 동사구의 형성, 부사 만들기를 제외한 나머지 항목들은 모두 형태음운론에 관한 것이다. 즉 명사의 경우 복수형, 소유격형의 표기와 발음, 동사의 경우 현재형, 과거형, 과거분사형의 표기와 발음, 형용사와 부사의 경우 비교급형과 최상급형의 표기와 발음에 대한 기술은 형태음운론이다. 이러한 영어 형태음운론의 내용이 1장~10장에는 전혀 나오지 않는다. 이것은 형태음운론이 문법론에 속하지 않는다고 본 결과이다.

한국어 문법서에도 형태음운론을 포함할 이유가 전혀 없다. 예를 들어 어떤 동사가 규칙활용을 하느냐 불규칙활용을 하느냐 하는 것은 그 동사의 문법적 성격과 전혀 상관이 없다. 또 어떤 어미가 매개모음을 가지는 어미인지 아닌지는 그 어미의 문법적 성격과 전혀 관계가 없다. 한국어 문법론은 오랜 미망에서 깨어나야 한다.

4.3. '형태론'과 '형태음운론'의 용어

§4.1.과 §4.2.의 논의에 따르면 한국어에서 형태론은 그 존재가 희미하기만 하다. 이와 별개로 '형태론'이라는 용어도 형태론의 본질을 잘 포착하지 못하는 용어이다. 2장과 3장에서 본 바와 같이 '형태'와 '형태소'라는 용어가 모두 부적절하기 때문에 이들에 근거한 '형태론'이라는 용어도 마찬가지로 부적절하다. 형태론은 형태나 형태소를 다루는 학문이 아니다. 형태론은 단어를 문법의 관점에서 다루는 학문이다. '형태론'보다는 '단어문법론' 또는 '어법론' 같은 용어가 더 적절할 수 있다. 아직은 결론을 내릴 수 없다.

§4.2.의 논의에 따르면 형태음운론은 음운론의 하위 분야이다. 그런데 '형태음운론'이라는 용어에서 '형태'는 '형태, 형태소, 형태론' 등의 용어에 의거하고 있다. '형태, 형태소, 형태론'이라는 용어가 모두 부적절하다면 '형태음운론'이라는 용어 또한 부적절하다. 이 역시 아직은 대안을 보일 수 없다.

5. 마무리

유럽의 언어학에서 들여온 '형태, 형태소, 형태론' 같은 용어와 그 개념은 일반언어학적으로도 문제를 안고 있지만 한국어를 연구하고 기술하는 자리에서는 더욱더 문제가 크다. 여기서 핵심이 되는 단어 '형태'가 모양이나 생김새를 뜻하는 기본적인 용법을 가지고 있는 한 '형태, 형태소, 형태론'은 계속 정확한 개념 규정에 장애가 될 것이다.

본고에서 문제를 삼은 용어 '형태, 형태소, 형태론, 형태음운론'을 대체할 마땅한 용어를 찾지 못했지만 그러한 노력은 계속되어야 할 것이다. 특히 형태론의 개념을 어떻게 설정하느냐 하는 문제는 한국어를 어떻게 체계적으로 기술하느냐 하는 문제의 관건이 되기 때문에 매우 중요하다. 본고에서는 기존에 한국어 문법론에서 전제해 온 한국어 형태론의 주제들을 대부분 어휘론이나 통사론이나 음운론의 소관이라고 판정했다. 한국어 형태론 연구자들은 집안 물건들을 모조리 도둑맞는 황당한 느낌이 들 수도 있을 것이다. 그러나 학문적 연구 주제는 누구의 소유물도 아니다. 누구든지 적절한 이론적 틀을 가지고 진실을 잘 밝혀내면 좋은 연구라 할 수 있다.

'형태, 형태소, 형태론'의 용어와 개념에 문제가 있는 줄 알면서 달려들지 못하는 것은 아마도 이들이 너무 큰 이론적인 문제와 얽혀 있기 때문일 것이다. 그렇다고 마냥 내버려둘 수는 없는 문제라고 본다.

참고문헌

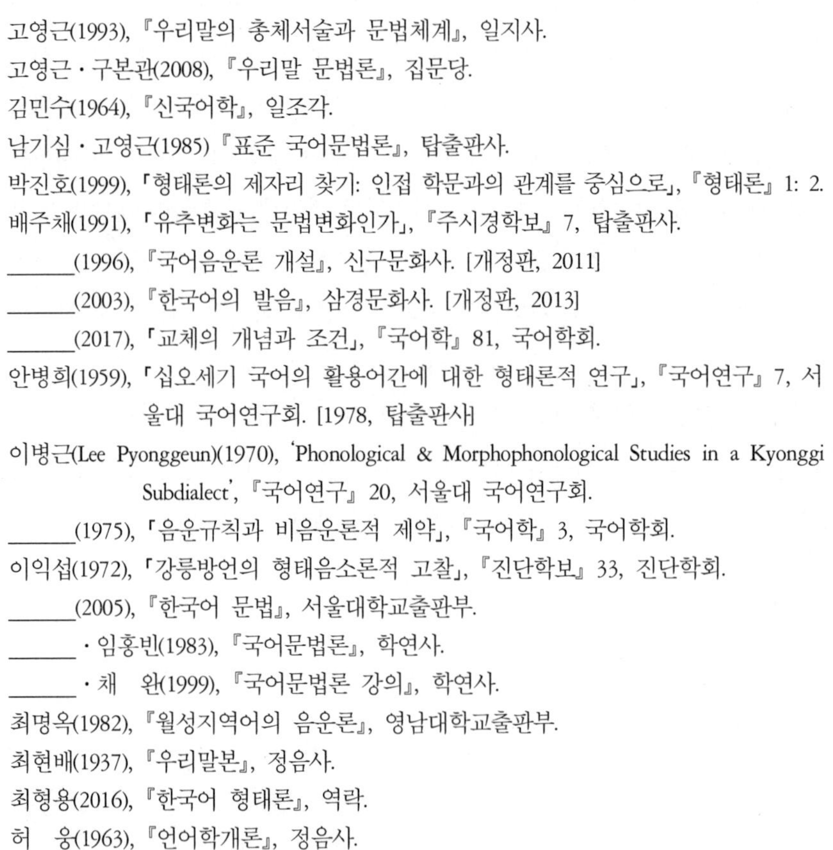

고영근(1993), 『우리말의 총체서술과 문법체계』, 일지사.

고영근 · 구본관(2008), 『우리말 문법론』, 집문당.

김민수(1964), 『신국어학』, 일조각.

남기심 · 고영근(1985) 『표준 국어문법론』, 탑출판사.

박진호(1999), 「형태론의 제자리 찾기: 인접 학문과의 관계를 중심으로」, 『형태론』 1: 2.

배주채(1991), 「유추변화는 문법변화인가」, 『주시경학보』 7, 탑출판사.

______(1996), 『국어음운론 개설』, 신구문화사. [개정판, 2011]

______(2003), 『한국어의 발음』, 삼경문화사. [개정판, 2013]

______(2017), 「교체의 개념과 조건」, 『국어학』 81, 국어학회.

안병희(1959), 「십오세기 국어의 활용어간에 대한 형태론적 연구」, 『국어연구』 7, 서울대 국어연구회. [1978, 탑출판사]

이병근(Lee Pyonggeun)(1970), 'Phonological & Morphophonological Studies in a Kyonggi Subdialect', 『국어연구』 20, 서울대 국어연구회.

______(1975), 「음운규칙과 비음운론적 제약」, 『국어학』 3, 국어학회.

이익섭(1972), 「강릉방언의 형태음소론적 고찰」, 『진단학보』 33, 진단학회.

______(2005), 『한국어 문법』, 서울대학교출판부.

______ · 임홍빈(1983), 『국어문법론』, 학연사.

______ · 채 완(1999), 『국어문법론 강의』, 학연사.

최명옥(1982), 『월성지역어의 음운론』, 영남대학교출판부.

최현배(1937), 『우리말본』, 정음사.

최형용(2016), 『한국어 형태론』, 역락.

허 웅(1963), 『언어학개론』, 정음사.

Cobuild English Grammar, 1990, Glasgow: Harper Collins Publishers.

『訓民正音』 解例本의 언어 관련 지칭어*

장 윤 희(인하대)

1. 서론

『訓民正音』 解例本(이하 해례본)은 국어학의 가장 기본적인 고전으로서 그 해석서나 주석서의 수가 결코 적다고 할 수 없을 정도임에도 문면의 정확한 해석은 여전히 현재 진행형이라고 할 수 있다. 안병희(2007) 등에 수록된 일련의 해례본에 대한 연구에서는 정확한 문면의 이해가 얼마나 중요한지를 잘 보여주고 있을 뿐만 아니라, 이러한 이해에 있어서 상식으로 생각하는 사실들이 어떻게 정확한 문면의 이해를 저해할 수 있는지를 잘 보여주고 있기도 하다. 사실 해례본은 주도면밀하게 편찬되어 있는 것인 만큼 그 자체의 논리를 통해서 문면을 이해하는 일이 가장 선행되어야 할 것이다. 최근 이러한 인식 아래 해례본을 새로이 해석하고 이해하고자 하는 관심이 높아지고 있는 것은 매우 의미 있는 일이라 할 것이다.

본고에서는, 특히 정밀하게 편찬되어 있는 해례본 문면의 글자 한 자도 빠뜨려서는 안 된다는 안병희(2007: 76)의 가르침에 따라 해례본에 나타난 언

---

* 이 글의 초고는 2018년 1월 4일~6일 이집트 카이로의 Ain Shams대학교에서 훈민정음학회와 Ain Shams대학교가 공동으로 개최한 *SCRIPTA 2017 in Egypt*에서 발표한 바 있다.

어·문자와 관련된 용어들의 용법을 검토하여 그 정확한 의미를 살펴보기로 한다. 이러한 용어들 가운데에는 당시의 "우리말"을 가리키는 '國語, 方言俚語, 諺(語)' 등은 물론, 한자어를 가리키는 '文', 기본적으로 문자를 가리키는 '字', 말이나 말소리와 관련된 '言, 語, 音, 聲' 등이 포함된다. 이 가운데 '諺(語)'은 우리말을, '文'은 한자어를 가리킨다는 사실과 같이 이미 널리 알려져 있거나 명시적으로 밝히지는 않았어도 연구자들이 공통적으로 인식하고 있는 사실들도 있다. 그럼에도 불구하고 이 자리에서 이들 용어를 한데 모아 살펴보고자 하는 것은, 우선 각 용어들 사이의 관계가 명확히 제시되지 않은 경우가 있는 것이 사실이기 때문이고, 무엇보다도 해례본 편찬의 목적과 직접적으로 관련되어 있는 언어 문자 관련 용어들을 한데 모음으로써 관련 연구에 참고가 될 수도 있을 것이기 때문이다.

2. '국어' 관련 지칭어: 諺(語), 國語, 方言俚語

해례본에는 요즘의 '국어' 또는 '우리말' 정도의 의미로 사용된 용어가 보인다. 이 가운데 가장 널리 알려져 있을 뿐만 아니라 이러한 의미를 통해 해례본의 문면의 이해를 깊게 한 것이 바로 '諺語' 또는 '諺'이다. 그 예를 보이면 다음과 같다.

(1) ㄱ. ㅅ如諺語·옷爲衣 ㄹ如諺語:실爲絲之類 <종성해>
ㄱ´. 戍閭用於諺衣絲 <종성해 결>
ㄴ. 初聲二字三字合用並書 如諺語·ᄯᅡ爲地 ᄡᅡᆨ爲隻 ·ᄢᅳᆷ爲隙之類 … 各自並書 如諺語·혀爲舌而·ᅘᅧ爲引 … 中聲二字三字合用 如諺語·과爲琴柱·홰爲炬之類 … 終聲二字三字合用 如諺語ᄒᆞᆰ爲土·낛爲釣 ᄃᆞᇌ·ᄣᅢ爲酉時之類 … 諺語平上去入 如활爲弓而其聲平 :돌爲石而其聲上·

갈爲刀而其聲去・붇爲筆而其聲入之類 <합자해>

ㄴ´. 諺之四聲何以辨 平聲則弓上則石 <합자해 결>

(1ㄱ,ㄴ)에서 '諺語'로 들고 있는 것이 '옷, 실, 짜, …' 등의 고유어라는 점을 확인할 수 있다. (1ㄱ´)은 (1ㄱ)을 요약 정리한 결의 내용이고, (1ㄴ´)은 (1ㄴ)의 '諺語平上去入'에 대응되는 결 부분인데 이들을 비교해 보면 (1ㄱ´, ㄴ´)의 '諺'은 (1ㄱ,ㄴ)의 '諺語'의 약어임을 알 수 있다. 이렇듯 해례본에서는 '諺語'나 '諺'이 고유어를 가리키는 말로 사용되었는데, 이들은 특히 한자 또는 한자어를 가리키는 '文'과 대조되어 쓰였다.(안병희, 2007: 61)

(2) ㄱ. 且半舌之ㄹ 當用於諺 而不可用於文 <종성해>

ㄱ´. 閭宜於諺不宜文 <종성해 결>

ㄴ. 六聲通乎文與諺 戌閭用於諺衣絲 <종성해 결>

ㄷ. 而文之入聲 與去聲相似 諺之入聲無定 或似平聲 如긷爲柱 녑爲脅 或似上聲 如:낟爲穀 :깁爲繒 或似去聲 如・몯爲釘・입爲口之類 <합자해>

ㄷ´. 語入無定亦加點 文之入則似去聲 <합자해 결>

ㄹ. 文與諺雜用 則有因字音而補以中終聲者 如孔子ㅣ魯ㅅ:사룸之類 <합자해>

종성의 ㄹ은 고유어에서만 쓰이고 한자음 표기에서는 종성 ㄹ을 쓸 수 없다는 사실을 진술한 것이 (2ㄱ)이다. 고유어의 경우에는 '둘爲月, 별爲星'에서와 같이 종성 ㄹ이 쓰일 수 있으나, 한자음 표기에서는 '볃爲彆'과 같이 ㄹ종성을 쓸 수 없고 ㄷ으로 쓴다는 사실[1)]을 설명하고 있는 것이다. 여기에서 ㄹ은 '諺'에 쓰이고 '文'에는 쓸 수 없다고 했으므로 '諺'은 고유어, '文'은 한자어를 가리킨다는 사실을 알 수 있다. 바로 이 내용을 요약한 것이 (2

---

1) 널리 알려진 바와 같이, 해례본에서 ㄷ으로 표기하도록 한 한자음 종성 표기가 『동국정운』에서는 이른바 '以影補來' 표기, 곧 ㅭ으로, 『홍무정운역훈』에서는 다시 ㄷ으로 나타난다.

ㄱ´)이다. (2ㄴ)에서도 이러한 '諺'과 '文'의 구분을 확인할 수 있다. (2ㄴ)은 종성 'ㄱ, ㆁ, ㄷ, ㄴ, ㅂ, ㅁ' 등은 '文'과 '諺'에 모두 쓸 수 있으나, 종성 'ㅅ, ㄹ'은 "옷, 실" 등과 같이 '諺'에만 쓸 수 있음을 설명한 것이다. 따라서 여기의 '文'은 한자어, '諺'은 고유어를 가리키고 있음을 분명히 알 수 있다. 이와 유사한 '文'과 '諺'의 용법을 보이는 또 다른 예가 (2ㄷ)이다. 이는 성조의 표시 방법을 설명하면서 한자음의 입성은 거성과 흡사하지만 고유어의 입성에는 평성, 상성, 거성 등이 있음을 설명하고 있다. 여기에서도 고유어는 '諺', 한자음은 '文'으로 가리키고 있는 것이다. 다만 (2ㄷ)의 "文之入聲 與去聲相似 諺之入聲無定…"에 해당하는 결인 (2ㄷ´)에서는 고유어가 '語'로 제시되어 있어 주목된다. 일관적인 용어의 사용을 고려하면 이는 '諺'의 오자일 가능성도 있으나, 해례본 구성의 치밀함을 고려하면 '諺語'의 생략형일 가능성이 크지 않은가 한다. 한편, (2ㄹ)은 "孔子ㅣ 魯ㅅ:사룸"과 같이 고유어와 한자어를 함께 표기할 때 선행 한자음에 따라 중성과 종성을 보충해 적는 방법을 설명한 것으로, 여기에서도 '文'은 '孔子, 魯' 등의 한자어, '諺'은 이에 따라 적은 'ㅣ, ㅅ, 사룸' 등의 고유어를 가리킨다.

이렇게 해례본에서 '諺語' 또는 '諺'이 고유어, '文'이 한자어를 가리키는 용어였다는 사실을 확인함으로써[2], 해례본에서 설명하고 있는 대상이 무엇인지 분명히 알 수 있기도 하다.

---

2) 해례본에서 '文'이 한자나 한자어가 아니라 일반적인 "문자"의 의미로 사용된 경우가 한 번 보인다. "有天地自然之聲 則必有天地自然之文 <정인지 서>"이 그것이다. 이러한 "문자"의 의미로 "蓋外國之語 有其聲而無其字 <정인지 서>"에서 보듯이 '字'가 사용되기도 하였다. 『설문해자』에 따르면 '依類象形'한 것이 '文'이고, '形聲相益'한 것이 '字'로 구별되는 것이지만, 이 당시에 이들을 엄밀하게 구별하지 않았음을 알 수 있다. 한편 '文'과 밀접한 '文字'가 <어제 서문>에서 "한자"를 의미하는 말로 쓰인 바 있기도 한데(國之語音 異乎中國 與文字不相流通), 이러한 용법은 해례본 외에 실록에서도 보인다. '凡于文字及本國俚語 皆可得而書 <세종실록 25년(1443) 12월 경술조>'의 '文字'가 그러한데, 엄밀하게 말하면 이때의 '文字'는 한자음을 가리킨다.

(3) ㄱ. 初聲之ㆆ與ㅇ相似 於諺可以通用也 <합자해>
ㄱ´. 挹欲於諺用相同 <합자해 결>)
ㄴ. 且ㅇ聲淡而虛 不必用於終 而中聲可得成音也 <종성해>

(3ㄱ)은 한자음 표기에서와는 달리 우리 고유어 표기에서는 초성의 ㆆ과 ㅇ이 같아서 서로 통용한다는(결국 ㅇ만을 쓴다는) 사실을 설명한 것으로, 이 진술이 고유어 표기에만 적용되는 것이라는 사실을 '諺'을 통해 분명히 알 수 있다. 이 부분의 결인 (3ㄱ´)에서도 마찬가지이다. 그런데 종성 ㅇ이 "淡而虛"하기 때문에 종성에서 ㅇ을 쓰지 않는다는 (3ㄴ)의 진술에는 '諺'이나 '文'이 제시되어 있지 않아 이 진술에서 대상으로 삼고 있는 것이 고유어인지 한자어인지 분명하지 않다. 이는 안병희(2007: 60~62)에서 정확히 지적한 바 있듯이, 여기에서 '諺'이나 '文'의 규정 없이 제시된 것은, 이 진술이 고유어는 물론 한자음 표기에도 적용되는 규정이기 때문이다. 해례본에서는 "뒤爲茅, 노로爲" 등에서와 같이 고유어는 말할 것도 없고, 한자음 표기에서도 '快쾌'와 같이 종성에 ㅇ을 표기하지 않고 있다. 이는 해례본 편찬 당시에 고안했던 한자음 표기 방식이 이후 동국정운식 한자음 표기 방식과 달랐음을 말해 주는 것으로서, (3ㄴ)은 고유어 표기는 물론 한자음 표기에도 적용되는 규정이기 때문에 '諺'과 '文'을 구별해 드러내지 않았던 것이다.

이상을 통해 해례본에서는 한자어를 가리키는 '文'과 대조적으로 우리의 고유어를 가리키는 용어로 '諺語' 또는 '諺'이 사용되었음을 알 수 있는데, 해례본에는 "우리말" 정도를 가리키는 것으로 보이는 또 다른 표현도 등장한다. '國語'와 '方言俚語'가 그것이다.

(4) ㄱ. 半舌有輕重二音 然韻書字母唯一 且國語雖不分輕重 皆得成音 <합자해>
ㄴ. ・一起ㅣ聲 於國語無用 <합자해>

(5) ㄱ. 吾東方禮樂文章 侔擬華夏 但方言俚語 不與之同 <정인지 서>
ㄴ. 方言俚語萬不同 有聲無字書難通 <합자해 결>

(4)의 ‘國語’는 “우리나라의 말” 정도로 해석되는 것이다. 여기의 ‘國語’에서 “모국어” 정도의 의미를 찾기 어려울 뿐만 아니라(장윤희, 2013: 59), 근대적 개념어로서의 ‘국어’의 의미를 찾기는 더더욱 힘들다. (4ㄱ)에서 말하고 있는 ‘반설경음’과 ‘반설중음’의 구분은 우리 고유어는 물론 당시 우리 한자음에도 존재하지 않았으므로, 이 진술은 앞에서 살펴본 ‘諺(語)’는 물론 ‘文’에도 적용되는 설명인 것이다. 또 (4ㄴ)에서 설명하고 있는 ‘ ㅣ, ㅡ’와 같은 소리와 표기 역시 우리 고유어와 한자음에 모두, 곧 ‘諺(語)’와 ‘文’에 모두 적용되는 것이다. 따라서 (4)의 ‘國語’는 훈민정음의 표기 대상이 되는 고유어와 한자어를 모두 포괄하는 용어로서, 당시에 우리나라에서 쓰던 말을 모두 가리키는 것임을 알 수 있다. 이렇게 보면 훈민정음으로 표기하고자 했던 대상이 ‘諺(語)’와 ‘文’을 포괄하는 ‘國語’였다는 사실을 다시금 확인할 수 있다.

(5)는 해례본에서 우리말을 가리키는 말로 쓰인 ‘方言俚語’의 예이다. 여기의 ‘方言俚語’의 의미에 대해서는 장윤희(2015)에서 자세히 다룬 바 있으므로, 여기에서는 그 핵심적인 내용만을 요약하여 제시하기로 한다. 이때의 ‘方言’은 “조선 지방의 말, 동방의 말” 정도의 의미로서 “우리말” 정도로 해석할 수 있고, ‘俚語’는 문자화할 때 차자 표기할 수밖에 없어서 정상적인 한문 속에 조화되기 어려웠던 우리말 정도의 의미로 해석할 수 있다. 이렇게 보면 결국 ‘方言俚語’는 “우리말” 정도의 의미로 해석할 수 있게 된다. 특히 우리말을 ‘俚語’로 지칭하는 일은 고려 시대부터 있어 온 것이다.

이상의 사실을 종합해 보면 ‘俚語’와 ‘諺(語)’는 “우리말” 또는 우리의 “고유어” 정도를 가리킨다는 점에서 그 의미가 유사하다고 할 수 있으나, 그 함의가 동일한 것은 아니다. ‘俚語’는 정상적인 한문으로 문자화할 수 없는 말이라는 부정적 함축이 포함되어 있으나, '諺(語)'는 앞서 살펴본 바와 같이 문자화할 수 있는 말을 가리킨다. 훈민정음의 창제를 계기로 우리말은 '俚語'로부터 '諺(語)'로 불릴 수 있게 된 것이다.

3. 언어 단위 관련 지칭어: 言, 語, 音, 聲, 韻, 字

해례본이 말소리를 표기하기 위한 문자인 훈민정음에 대한 해설서의 성격을 띠고 있는 만큼 해례본에 일반적인 언어나 문자를 가리키는 용어가 많이 발견되는 것은 자연스러운 일이다. 다음의 '言, 語'가 바로 그러한 경우이다.

(6) ㄱ. 指遠言近牖民易 天授何曾智巧爲 <제자해 결>
ㄴ. 兒童之言 邊野之語 或有之 當合二字而用 如ᄀᆞᆜ之類 <합자해>
ㄷ. 國之語音 異乎中國 與文字 不相流通 <예의>
ㄹ. 蓋外國之語 有其聲而無其字 <정인지 서>
ㅁ. 至於言語之間 則不能達其萬一焉 <정인지 서>

원래 '言'과 '語'는 『說文解字』의 "直言曰言 論難曰語"로 풀이가 되어 있고 실제로 『論語』「鄕黨」의 "食不語 寢不言"에서와 같이 쓰이고 있는 사실을 통해서 엄밀하게는 그 의미가 서로 구별되는 것이라고 한다. '言'은 "일방적인 말, 독백" 정도의 의미로, '語'는 "쌍방적인 대화" 정도의 의미로 구별될 수 있다는 것이다. 그러나 (6)에서 보듯이 해례본에서는 '言'과 '語'가 그렇게 엄밀하게 구별되어 쓰이지는 않은 것으로 보인다. (6ㄱ,ㄴ)의 '言', (6ㄷ,ㄹ)의 '語', (6ㅁ)의 '言語'는 모두 일반적인 "언어", "말" 정도의 의미로 사용되었을 뿐이다.

해례본에서 사람의 "말소리"를 가리키는 용어 가운데 우선 주목되는 것은, '正音', '牙音, 舌音, 脣音, 齒音, 喉音' 등에서 사용된 '音'과 '初聲, 中聲, 終聲', '平聲, 上聲, 去聲, 入聲' 등의 '聲'이다. 원래의 자의에서는 서로 유사한 이 두 용어가[3] 해례본에서는 분명하게 구별되어 사용된 것으로 보인다. 우선 '音'의 용례부터 살펴보면 다음과 같다.

(7) ㄱ. 凡字必合而成音 <예의>
ㄴ. 盖字韻之要 在於中聲 初終合而成音 <제자해>
ㄴ´. 中聲者 居字韻之中 合初終而成音 <중성해>
ㄷ. 音因左點四聲分 一去二上無點平 <합자해 결>
ㄹ. 終聲比地陰之靜 字音於此止定焉 <제자해 결>
ㄹ´. 母字之音各有中 須就中聲尋闢闔 <중성해 결>

(7´) ㄱ. 半舌有輕重二音 然韻書字母唯一 且國語雖不分輕重 皆得成音 <합자해>
ㄴ. 象形而字倣古篆 因聲而音叶七調 <정인지 서>

(7)에서 '音'은 "실제 발음되는 소리 단위" 곧 현대의 "音節"과 유사한 의미로 사용되고 있음을 알 수 있다. (7ㄱ)에서 초성자, 중성자, 종성자 등이 서로 합쳐져야 소리 단위의 표기가 될 수 있음을 말해주고 있고, (7ㄴ,ㄴ´)에서도 중성이 초성이나 종성과 합쳐짐으로써 '音'이 될 수 있다고 했으니 이 역시 음절에 가까운 의미로 사용되었다고 할 수 있다. 또한 왼쪽의 점, 곧 방점으로 사성을 구별하는 단위는 음절이라는 점에서 (7ㄷ)의 '音' 역시 음절의 의미로 사용되었음을 알 수 있다. 한편 (7ㄹ)에서는 여기의 '字音'을 "한자음"으로 해석하기도 하나(강신항, 2006: 150), 그렇게 보기 어려운 면이 있다. 만일 여기의 '字音'을 한자음으로 볼 경우에는 음절의 소리가 종성에 의해 결정되는 일이 한자음에서만의 일이라고 보아야 한다는 점부터 문제가

3) 『說文解字』에서는 '聲'의 의미를 "音也"로 제시하고 있다.

될 뿐만 아니라, 특히 이 진술이 한자음에만 적용되는 것이라면 2장에서 살펴본 바와 같이 여기에 해당하는 <제자해> 본문에 '文'으로 표시되어 진술되어 있어야 할 터이지만 그렇지 않기 때문이다. 그렇다면 이때의 '字'는 "한자"가 아닌 "글자" 특히 음절자로서의 글자를 가리키는 것으로(후술 참조), 여기의 '字音'은 "음절자의 소리" 정도로 해석된다고 할 수 있다. (7ㄹ´)은 '母字'를 어떻게 볼 것인지 문제가 되는 부분인데, 일반적으로는 강신항(2006: 157)에서와 같이 "字母字"로 보고 있다. 그러나 '字母'는 "正音初聲 卽韻書之字母也 <초성해>"나 "二十三字是爲母 萬聲生生皆自此 <초성해 결>", "半舌有輕重二音 然韻書字母唯一 <합자해>"에서와 같이 聲母만을 가리키는 전통적인 운학의 개념으로 사용되고 있어, 『訓蒙字會』 「범례」의 "諺文字母"에서와는 다른 인식을 보인다는 점에서, '母字'를 "字母字"로 보기는 어려워 보인다. 오히려 '字之音'에서의 '字'나 '音'의 일반적인 용법을 고려하면('字'의 용법은 후술 참조) '字之音'은 "한 글자(음절자)의 소리", 곧 "음절"로 보아야 할 듯하다. 그렇다면 이 부분의 내용 맥락을 고려할 때 여기의 '母字之音'은 "모체가 되는 음절 소리"(음절 소리의 모체) 정도의 의미로 해석될 수 있을 것이다.[4]

이렇게 '音' 자체가 실제 발음되는 소리 단위, 곧 음절자의 의미를 표시할 수 있는 것은 한자 '音'의 본원적인 의미에서 기원한 것이라 할 수 있다. 『說文解字』의 '音'에 대한 뜻풀이 "聲也 生於心有節於外 謂之音"에서 보듯이 인간의 말소리를 가리키는 '音'은 이미 그 자체가 音節의 의미를 내포하고 있었던 것이다. 따라서 이러한 '音'의 용법은 당시로서는 자연스러운 것이라고 할 수 있다. 이렇게 볼 때, (7´)의 밑줄 친 '音' 역시 "홀로 발음되는 소리"(음절)의 의미로 해석하는 편이 합리적이다. (7´ㄱ)은 우리말에서는 舌音이 舌輕音과 舌重音으로 구분되지 않지만, 설음이 '음절'의 일부로서 '음절'을 이룰 수 있다는 의미로('半舌有輕重二音'의 '音'에 대해서는 후술 참조), (7´ㄴ)의 '音' 역시

4) 물론 여기의 '母'가 '每'의 오자일 가능성도 완전히 배제할 수는 없다.

훈민정음으로 표기하여 나타내는 소리(음절) 단위의 의미로 해석해야 한다는 것이다.

이러한 '音'의 용법은 또 다른 용어 '聲'의 용법과의 대비를 통해서 그 차이점을 분명하게 알 수 있다. 우선 '聲'은 다음에서 보는 바와 같이 음향과 음성을 모두 포괄하는 용법을 보인다.

(8) ㄱ. 物於兩間有形聲 元本無二理數通 <제자해 결>
ㄴ. 有天地自然之聲 則必有天地自然之文 … 雖風聲鶴唳鷄鳴狗吠 皆可得而書矣 <정인지 서>
(9) ㄱ. 夫人之有聲本於五行 <제자해>
ㄴ. 所以古人因聲制字 以通萬物之情 以載三才之道 而後世不能易也 然四方風土區別 聲氣亦隨而異焉 <정인지 서>
ㄷ. 二十三字是爲母 萬聲生生皆自此 <초성해 결>
ㄹ. 方言俚語萬不同 有聲無字書難通 <합자해 결>
ㅁ. 喉乃出聲之門 舌乃辨聲之管 <제자해>

(8)의 '聲'은 세상에 존재하는 만물의 소리, 곧 "음향" 정도를 가리킨다. 그 구체적인 예로 제시된 것이 (8ㄴ)의 '風聲'과 '鶴唳鷄鳴狗吠'(즉 "鶴唳聲", "鷄鳴聲", "狗吠聲")인 것이다. 만물의 소리 중 인간의 소리도 '聲'으로 가리켰음을 (9)를 통해 알 수 있다. 여기에서 '聲'은 앞 (7)의 '音'과는 달리 "실제 발음되는 소리 단위(음절)"를 가리키지는 않는다. 여기의 '聲'은 자음일 수도 있고, 모음일 수도 있으며, 음절일 수도 있다. (9ㄱ)에서 '五行'에 들어맞는 '聲'은 초성, 중성에 모두 해당하는 사실이며, (9ㄴ)에서 '古人'이 '因聲制字'했다고 했을 때의 '聲'은 聲母와 韻母를 모두 포괄하는 것이다. 나머지 역시 마찬가지이다. 이상을 통해서 '聲'은 만물의 소리는 물론 그 중의 인간의 소리까지 모두 가리키고 있음을 알 수 있다.

이러한 까닭에 해례본에서 구체적인 자음이나 모음의 소리, 그 특성 등과 관련된 문맥에서는 '音'이 아닌 '聲'이 쓰였다.

(10) ㄱ. ㄱ牙音 如君字初發聲 <어제 서문>
ㄴ. ㅋ比ㄱ 聲出稍厲 故加畫 … ㅇ而ㆆ ㆆ而ㅎ 其因聲加畫之義皆同 而唯ㆁ爲異 <제자해>
ㄷ. 又以聲音淸濁而言之 … ㄴㅁㅇ 其聲最不厲 故次序雖在於後 而象形制字則爲之始 <제자해>
ㄷ. 盖以ㆆ聲深不爲之凝 ㅎ比ㆆ聲淺 故凝而爲全濁也 <제자해>
ㄹ. 唯牙之ㆁ 雖舌根閉喉聲氣出鼻 而其聲與ㅇ相似 <제자해>
ㅁ. 若用ㄹ爲彆之終 則其聲舒緩 不爲入也 <종성해>
ㅂ. ㆍ舌縮而聲深 <제자해>
ㅅ. ㅣ於深淺闔闢之聲 並能相隨者 以其舌展聲淺而便於開口也 <중성해>

(10ㄱ~ㅁ)은 자음, (10ㅂ~ㅅ)은 모음의 소리에 대해 설명하는 문맥에서 '聲'이 사용된 예이다. 여기에서는 'ㄱ'나 'ㅋ', 'ㆆ'나 'ㅇ', 'ㄹ' 등의 구체적인 자음, 'ㆍ'나 'ㆎ, ㅢ, ㅚ, ㅐ', 'ㅣ, ㅡㅣ' 등의 모음의 소리가 어떠한지 그 소리의 조음 방식이나 음성적 특성을 '聲'으로 설명하고 있다. 또한 개별적인 자음이나 모음을 가리킬 때에도 다음과 같이 '聲'을 사용하였다.

(11) ㄱ. 唯有欲聲所當處 中聲成音亦可通 <종성해 결>
ㄴ. 五音緩急各自對 君聲迺是業之促 <종성해 결>
ㄷ. 斗彆聲緩爲那彌 穰欲亦對戌與挹 <종성해 결>
ㄹ. ㆍㅡ起ㅣ聲 於國語無用 <합자해>
ㅁ. 君快虯業其聲牙 舌聲斗呑及覃那 <초성해 결>
ㅂ. 六聲通乎文與諺 戌閭用於諺衣絲 <종성해 결>
ㅅ. ㆍ之貫於八聲者 猶陽之統陰而周流萬物也 <제자해>

(11ㄱ)은 종성 위치에 초성 'ㅇ'을 쓰지 않은 중성만으로도 음절을 이룰

수 있다는 내용으로, 여기의 '欲聲'은 'ㅇ'을 가리킨다. 마찬가지로 (11ㄴ)의 '君聲'은 자음 'ㄱ'을 가리키는 것이다. 여러 자음이나 모음을 아우르는 경우를 보여주는 것이 (11ㄷ～ㅅ)이다. (11ㄷ)의 '斗彆聲'은 '斗聲'과 '彆聲'을 아우른 것으로 각각 'ㄷ'과 'ㅂ'을 가리키는 것이고, (11ㄹ)의 '·一起ㅣ聲'은, '·起ㅣ聲' 곧 'ᆝ'와 '一起ㅣ聲' 곧 'ㅢ'를 아우른 것이며, (11ㅁ)의 '君快虯業其聲'은 '君聲', '快聲', '虯聲', '業聲' 곧 자음 'ㄱ', 'ㅋ', 'ㄲ', 'ㆁ' 등을 아울러 가리키는 것이다. 이들처럼 구체적인 소리를 명시하지 않더라도 (11ㅂ)에서와 같이 '六聲'으로 자음 'ㄱ, ㆁ, ㄷ, ㄴ, ㅂ, ㅁ'을, (11ㅅ)의 '八聲'과 같이 모음 'ㅗ, ㅏ, ㅜ, ㅓ, ㅛ, ㅑ, ㅠ, ㅕ'를 아울러 가리키기도 했다.

이렇게 해례본에서 '音'이 실제 발음되는 단위로서의 소리, 곧 음절에 가까운 개념으로 사용되었고, '聲'이 개별적인 자음이나 모음, 또는 특정 소리의 음성적 특성을 가리키는 용어로 사용된 사실을 통해서 해례본에서의 용어가 나타난 이유를 어느 정도 추측해 볼 수 있다. 우선 음절 3분의 결과가 '初音, 中音, 終音'이 아닌 '初聲, 中聲, 終聲'이 된 이유를 알 수 있다. '音'으로는 '初聲'과 '終聲'을 가리킬 수 없었던 것이다. 또한 四聲 곧 '平聲, 上聲, 去聲, 入聲'의 명칭에서 '音'이 아닌 '聲'이 사용된 이유도, "聲有緩急之殊 故平上去其終聲不類入聲之促急 <종성해>"에서 보듯이 각 성조의 실제 특성을 고려한 것이기 때문이라고 할 수 있는 것이다.[5] 이렇게 보면 '五音' 곧 '牙音, 舌音, 脣音, 齒音, 喉音' 등의 명칭은 일반적인 '音'의 용법과는 차이가 있는 것이어서 문제가 된다. 이들은 자음임에도 '音'을 사용했기 때문이다. 해례본에서 이들 명칭 이외에는 "실제 발음되는 단위로서의 소리" 이외의 의미로 사용된 '音'을 찾아볼 수 없는데, 이들 명칭은 널리 알려진 바와 같이 중국 운학의 영향이었음에 틀림없을 것으로 보인다. 실제로 상형에 의한 제자가

5) 四聲의 명칭은 운학의 전통을 따른 것일 가능성이 높다. 그러나 전통적인 '평성, 상성, 거성, 입성'의 명칭이 우리말을 표기한 훈민정음의 해설에 그대로 수용된 데에는, 이러한 명칭과 '聲'에 대한 인식이 괴리되지 않았기 때문이었을 것이다.

기본적으로 운학에서의 오음 구분에 입각한 것일 만큼 운학에서의 오음 구분은 훈민정음에 절대적인 영향을 미쳤다. 그 결정적인 결과의 하나가 五音 명칭의 수용이라고 볼 수 있다.[6] 이러한 사실은 단적으로 "半舌有輕重二音 然韻書字母唯一 且國語雖不分輕重 皆得成音 <합자해>"를 통해서도 알 수 있는데, 국어에는 없는 '舌重音'과 '舌輕音'의 구분 및 명칭까지 중국 운학의 것을 그대로 사용하고 있는 것이다.

그런데 '音'과 '聲'의 또 다른 용법상 차이점도 보인다. '音'이 "실제 발음되는 단위"로서의 소리(음절)의 의미로 사용된 (7)에서 가리키는 그 소리는 구체적인 말소리가 아니라 추상적인 소리이다. 이에 비해 '聲'은 (9)에서와 같이 구체적이지 않은 추상적인 말소리를 가리키기기도 하지만, (10)과 (11)에서와 같이 구체적인 말소리를 가리키기도 한다. 이러한 이유에서인지 '音'이 다른 한자와 결합하여 복합어로 쓰일 경우에는 추상적인 말소리를 가리키는 말로 사용된다.

(12) ㄱ. 故人之聲音 皆有陰陽之理 顧人不察耳 今正音之作 初非智營而力索 但因其聲音而極其理而已 <제자해>
ㄴ. 正音初聲 卽韻書之字母也 聲音由此而生 故曰母 <초성해>
ㄷ. 又以聲音淸濁而言之 ㄱㄷㅂㅈㅅㆆ 爲全淸 ㅋㅌㅍㅊㅎ 爲次淸 … <제자해>

(13) 國之語音 異乎中國 <어제 서>

(14) 文與諺雜用則有因字音而補以中終聲者, 如孔子ㅣ 魯ㅅ:사ᄅᆞᆷ之類. <합자해>

(12)는 '聲音'의 경우인데 이는 모두 구체적인 말소리가 아닌 추상적인 말소리를 가리킨다. 이때의 '聲'은 (9)에서 쓰인 '聲'과 같은 성격의 것이라고

---

6) 해례본에서는 <제자해>에 성모 구분의 '五音'이 아닌 운율로서의 '五音'이 한 번 나타나기도 한다. "故合諸四時而不悖 叶之五音而不戾 <제자해>"가 그것인데 이 역시 樂學의 용어를 그대로 가져온 것이다.

할 수 있다. (13)의 '語音' 역시 말소리를 가리킨다. (14)의 '字音'은 "孔子ㅣ 魯ㅅ:사름"으로 인해 구체적인 소리로 보기 쉬우나 이는 추상적이고 포괄적인 '字音'의 한 예로 제시되었을 뿐이다. 이렇게 볼 때 '訓民正音', '正音' 역시 이러한 '音'의 용법이 반영된 것이라 할 수 있을 것이다.

이 밖에 해례본에서는 현대의 음절에 해당하는 용어로 '字韻'이 사용되기도 하였다.

(15) ㄱ. 蓋字韻之要 在於中聲 初終合而成音 <제자해>
ㄴ. 中聲者 居字韻之中 合初終而成音 <중성해>
ㄷ. 終聲者 承初中而成字韻 <종성해>.
(15´) 字韻則淸濁之能辨 樂歌則律呂之克諧 <정인지 서>

'字韻'은 원래 (15´)에서와 같이 한자의 소리, 곧 한자음을 가리키는 것이다. 이러한 까닭에 (15)의 '字韻'에 대해서도 한자음으로 해석하기도 하지만, 이는 한자음만이 아니라 고유어 음절자의 소리까지 포괄하는 것이다.해례본에서는 한자음이든 고유어 음절이든 초성, 중성, 종성의 결합으로 한 음절자를 표기하도록 했으므로 이때의 '字'를 '漢字'로 국한할 수는 없다.

여기에서 해례본에서 보이는 '字'의 용법을 살펴볼 필요가 있을 듯하다. 원래 '字'는 '形聲相益'한 한자들을 가리킨 것이지만(주2 참조), 일반적으로는 모든 '한자'를 포괄하여 가리키는 말로 사용되었다. 따라서 일반적인 문자의 의미로 '字'가 사용될 수 있었음은 물론, 개별적인 한자 하나 하나를 '字'로 가리킬 수도 있었다. 그러나 훈민정음이 기본적으로 음절자인 한자와는 달리 초성자, 중성자가 구별되는 문자 체계였던 만큼 이들 초성자, 중성자 각각의 글자, 곧 현대적 개념의 字母[7] 역시 '字'로 가리킬 수 있게 되었는데, 바로 이러한 세 가지 용법의 '字'가 해례본에서 모두 발견된다. 그 대표적인

7) 이러한 의미로 '字母'가 사용된 것은 최세진의 『훈몽자회』에서부터이다.

예를 들면 다음과 같다.

(16) ㄱ. 方言俚語萬不同 有聲無字書難通 <합자해 결>
ㄴ. 蓋外國之語, 有其聲而無其字. <정인지 서>
ㄷ. 假中國之字以通其用, 是猶枘鑿之鉏鋙也, 豈能達而無礙乎. <정인지 서>
ㄷ´. 然皆假字而用, 或澁或窒. <정인지 서>
(16´) 君字 <예의>, 卽字 <종성해 결>, 卽字 <종성해>, 業字 <합자해> …
(17) ㄱ. 凡字必合而成音. <예의>
ㄴ. 正音二十八字 各象其形而制之 <제자해>
ㄷ. 所以ㆁㄴㅁㅇㄹㅿ六字爲平上去聲之終 <종성해>
ㄹ. 猶ㆍㅡㅣ三字爲八聲之首 而ㆍ又爲三字之冠也 <제자해>
ㄹ. 二字合用者 ㅗ與ㅏ同出於ㆍ 故合而爲ㅘ <중성해>
ㅁ. 不淸不濁之字 其聲不厲 故用於終則宜於平上去 <종성해>
(18) ㄱ. 初中終三聲 合而成字 <합자해>
ㄴ. 凡字之左 加一點爲去聲 二點爲上聲 無點爲平聲 <합자해>
ㄷ. 以初中終合成之字言之 亦有動靜互根陰陽交變之義焉 <제자해>
ㄹ. 終聲比地陰之靜 字音於此止定焉 <제자해 결>조)

(16ㄱ)은 일반적인 "문자"의 의미로 '字'가 사용된 경우이다. 여기에서 주목되는 것은 <정인지 서>에서 한자를 (16ㄷ)의 '中國之字'로 명시하고 있으면서도 (16ㄷ´)에서와 같이 '字'만으로도 이를 가리키고 있다는 점이다. (16´)은 개별적인 한자들을 '자'로 가리킨 경우로서 이때의 '字'는 기본적으로 "음절자"의 의미이다. 이에 비해 훈민정음의 초성자, 중성자 곧 현대적 개념으로서의 '字母'의 의미로 사용된 '字'의 예가 (17)이다. 이러한 '字'의 용법은 기본적으로 훈민정음이 음소문자이기 때문에 나타난 새로운 용법이라고 할 수 있다. 또한 이들 자모를 결합하여 실제 발음되는 소리 단위인 음절을 나타내는 글자(음절자) 역시 '字'로 가리키고 있는 예를 (18)에서 볼 수

있다. 여기의 '字'는 기본적으로 "음절자"의 의미로 해석되는 것으로 (16′)의 '字'와 같은 인식이 반영되어 있다. '字'가 "자모"의 의미 외에 "음절자"의 의미로도 사용할 수 있었던 것은 훈민정음으로 한자음을 표기 대상으로 삼으면서 나타난 자연스러운 결과라 할 것이다.

4. 결론

지금까지 우리는 해례본에서 언어와 관련된 개념을 가리키는 지칭어들의 용법을 살펴보았다. 이 가운데에는 널리 알려져 있는 사실도 있지만 보다 정밀하게 의미를 파악하지는 않아왔던 용법도 존재함을 알 수 있었다. 본론에서 살펴본 내용은 다음과 같다.

해례본에서는 '文'으로 한자나 한자어의 표기에 해당하는 것임을, '諺' 또는 '諺語'로 고유어 표기에 해당하는 것임을 밝히고 있다. 이러한 사실은 해례본의 진술이 한자음 표기에 대한 것인지 고유어 표기에 대한 것인지를 확실히 알 수 있게 해 주는 역할을 한다. 또한 해례본에서는 조선 (지방)의 말, 우리의 말 정도의 의미를 표시하는 '國語', '方言俚語' 등도 보이는데, 훈민정음의 창제로 우리말을 문자로 표기할 수 있게 되면서 우리말을 가리키는 용어가 '俚語'에서 '諺語'로 불리게 되었다. 해례본에서 언어 단위를 지칭하는 말로는 우선 일반적인 말을 가리키는 '言', '語', '言語' 등이 있었다. 말소리를 가리키는 용어로는 '音'과 '聲', '韻' 등이 있는데 '音'은 실제 발음되는 단위로서의 말소리의 의미로서 음절이면서 추상적인 말소리를 가리키는 데 비해, '聲'은 추상적인 소리는 물론 자음, 모음, 특정 소리의 특성 등 구체적인 말소리, 곧 현대의 음성에 가까운 말소리를 가리킨다. 이 밖에 음절자의 소리,

곧 음절을 가리키는 말로 '字韻'이 사용되었다. 기본적으로 일반적인 문자는 물론 개별적인 한자 각각을 표시할 수 있었던 '字'는 음절자는 물론 훈민정음의 문자론적 특성으로 인하여 현대의 자모에 해당하는 낱글자들을 가리키는 말로도 사용되었다.

이렇게 언어 단위를 지칭하는 용어들의 용법들을 확인해 봄으로써 특히 '母字之音', '字音', '字韻' 등의 경우에 대해서는 지금까지와는 다른 해석이 이루어질 필요가 있음을 확인해 볼 수 있었다. 해례본 문면에 대한 면밀한 검토를 통해 정확한 이해가 가능할 수 있음을 확인해 본 셈이다. 얼마 되지 않는 분량이고 상식처럼 받아들여지는 해례본이지만, 상식에서 벗어나 문면에 충실하고 정밀하게 읽어야 할 필요가 바로 여기에 있는 것이다.

참고문헌

강신항(2006), 『(수정증보)훈민정음연구』, 성균관대출판부.

박창원(2005), 『훈민정음』, 신구문화사.

백두현(2004), 우리말(한국어) 명칭의 역사적 변천과 민족어 의식의 발달, 『인문과학연구』 28, 언어과학회, 115~140.

안병희(1992), 『국어사 연구』, 문학과지성사.

안병희(2007), 『훈민정음연구』, 서울대출판부.

이병기(2016), 안병희 선생의 훈민정음 연구, 한국어문교육연구회 제208회 전국학술대회 발표논문집, 101~116.

이현희(2003), 훈민정음 연구사, 『한국의 문자와 문자연구』, 집문당, 593~626.

장윤희(2013), 근대 이행기 한국에서의 자국어 인식, 『한국학연구』 30, 인하대 한국학연구소, 49~92.

장윤희(2015), 자국어를 가리키는 '俚語'와 차자 표기의 관련성, 『한국학연구』 37, 인하대 한국학연구소, 379~409.

정승철(2011), '방언'의 개념사, 『방언학』 13, 한국방언학회, 61~84.

간행사

문득 선생님의 빈자리가 느껴져 선생님께서 더 이상 우리 곁에 계시지 않음을 깨닫는 경우가 있기는 하였지만, 아직도 환하게 웃으시던 선생님의 모습이 눈앞에 생생한데, 안병희 선생님께서 돌아가신 지 어느새 10년이나 지났습니다. 시간의 덧없음을 새삼 실감하게 됩니다.

선생님께서 허허롭게 가신 계절에, 선생님의 10주기를 맞아 선생님께서 연구하시고 가르치셨던 서울대학교에서, 선생님께서 이사로 계셨던 韓國語文教育研究會의 第208回 全國學術大會를 통하여 선생님을 기리는 자리를 마련하였습니다. 선생님의 업적을 주제별로 나누어 살펴보았던 것입니다.

그 자리에서는 "安秉禧 선생님이 끼치신 학문적, 공적 생활의 영향"이라는 제목으로 서정목 교수의 기조강연이 있었고, "朝鮮王朝實錄과 安秉禧 선생"(임홍빈 교수), "安秉禧 先生의 國語學 旅程"(한재영 교수), "안병희 선생의 문법사 연구"(하귀녀 교수), "안병희 선생의 敬語法 硏究"(이승희 교수), "15世紀 國語 活用 語幹의 形態論的 交替 樣相"(박용찬 교수), "안병희 선생의 국어사 문헌 및 서지 연구에 대하여"(황선엽 교수), "安秉禧 선생의 훈민정음 연구"(이병기 교수), "安秉禧 先生의 表記法 硏究"(이지영 교수) 등의 발표가 있었습니다. 이어 각각의 발표에 대한 權仁瀚(성균관대 교수), 梁明姬(중앙대 교수), 梁正昊(덕성여대 교수), 尹容善(명지대 교수), 李玲景(가톨릭관동대 교수), 李浩權(방송대 교수), 張允熙(인하대 교수), 朴鎭浩(서울대 교수) 선생들의 토론이 있었습니다. 발표자와 토론자는 물론 진행을 맡은 사회자와 청중들까지 모두 함께 선생님을 기리는 마음을 담은 뜻깊은 자리였습니다. 기리는 마음들이 지극하여 선생님께서 함께 하시는 듯한 느낌마저 들게 하는 자리였습니다.

자리를 파하고 나서 몇몇 분들께서 발표로 끝낼 일이 아니라 책으로 묶어 선생님께 올리는 것이 어떻겠는가 하는 견해를 피력하여 주셨습니다. 다른 몇몇 분들께서는 각자의 사정 때문에 학회의 발표 자리에 함께하지 못하였음을 아쉬워하시면서, 책으로 묶을 경우에 글을 보태시겠다는 말씀도 하여 주셨습니다.

그리하여 "15세기 한국어 활용어간의 구조형태론과 생성형태론"(최명옥 교수), "'界面'의 뜻과 유래에 대하여"(성호경 교수), "부사의 통사론적 수식과 감탄사의 담화 수식"(서태룡 교수), "古代 漢字音의 音韻對立 연구 방법론"(이승재 교수), "안병희 저, 『훈민정음연구』(서울대학교출판부, 2007) 찾아가기"(이현희 교수), "大谷大學藏 『判比量論』의 판독과 해석"(권인한 교수), "국어학 용어 '형태', '형태소', '형태론'의 문제"(배주채 교수), "『訓民正音』 解例本의 언어 관련 지칭어"(장윤희 교수)와 같은 글들이 학회 발표 이후 논문집 간행을 진행하는 과정에서 더하여졌습니다.

선생님의 10주기를 맞아 마련하였던 학술대회에서 발표된 글들을 '제1부 선생님을 기리고'로 묶고, 학술대회 이후에 더하여진 글들을 '제2부 선생님을 그리며'로 구분하여 수록하기는 하였지만, 선생님을 기리고, 그리는 마음이 둘이 아님은 분명합니다.

선생님의 10주기를 지내며 선생님을 사모하는 마음을 담아 이 책을 삼가 선생님의 영전에 올립니다. 이 책의 출판을 기꺼이 맡아준 도서출판 역락의 이대현 대표와 책의 출판 과정을 살펴준 이태곤 편집이사께도 감사의 마음을 전합니다.

2018년 10월

안병희 선생 10주기 추모 논문집 간행위원회

송철의

집필자 소개(논문 게재 순)

임 홍 빈 서울대학교 명예교수

서 정 목 서강대학교 명예교수

한 재 영 한신대학교 교수

하 귀 녀 숙명여자대학교 강사

박 용 찬 대구대학교 교수

황 선 엽 서울대학교 교수

이 승 희 상명대학교 교수

이 병 기 한림대학교 교수

이 지 영 서강대학교 교수

최 명 옥 서울대학교 명예교수

성 호 경 서강대학교 명예교수

서 태 룡 동국대학교 교수

이 승 재 서울대학교 교수

이 현 희 서울대학교 교수

권 인 한 성균관대학교 교수

배 주 채 가톨릭대학교 교수

장 윤 희 인하대학교 교수

안병희 선생 10주기 추모 논문집 간행위원회

위원장 송철의(서울대 명예교수)
위 원 이광호(한국학중앙연구원 명예교수)
임홍빈(서울대 명예교수)
최명옥(서울대 명예교수)
서정목(서강대 명예교수)
이현희(서울대 교수)

안병희 선생 10주기 추모 논문집

초판 인쇄 2018년 10월 14일
초판 발행 2018년 10월 24일

엮 은 이 안병희 선생 10주기 추모 논문집 간행위원회
펴 낸 이 이대현

책임편집 이태곤
편 집 권분옥 홍혜정 박윤정 문선희 임애정 백초혜
디 자 인 안혜진 홍성권
마 케 팅 박태훈 안현진
펴 낸 곳 도서출판 역락
서울시 서초구 동광로46길 6-6 문창빌딩 2층(우 06589)
전화 02-3409-2058(영업부), 2060(편집부)
팩시밀리 02-3409-2059
이메일 youkrack@hanmail.net
홈페이지 www.youkrackbooks.com
블로그 http://blog.naver.com/youkrack3888
등록 1999년 4월 19일 제303-2002-000014호

ISBN 979-11-6244-308-8 93710

정가는 뒤표지에 있습니다.

* 이 도서의 국립중앙도서관 출판예정도서목록(CIP)은 서지정보유통지원시스템 홈페이지(http://seoji.nl.go.kr)와 국가자료공동목록시스템(http://www.nl.go.kr/kolisnet)에서 이용하실 수 있습니다.(CIP제어번호: CIP2018031140)